OEUVRES
DE POTHIER.

TRAITÉS DE LA PROCÉDURE CIVILE ET CRIMINELLE.

TOME QUATORZIÈME.

SE TROUVE

Chez MM. les Secrétaires caissiers des facultés de droit;
Chez MM. les Greffiers des tribunaux de première instance;
Et chez les principaux Libraires de la France et de l'étranger.

MM. les Souscripteurs aux Œuvres de Pothier sont prévenus qu'ils peuvent souscrire dès à présent aux *Pandectes* de *Justinien*, 12 vol. in-8°, chez M. SIFFREIN, éditeur, rue Saint-Jean-de-Beauvais, n° 1.

DE L'IMPRIMERIE DE J.-L. CHANSON,
RUE DES GRANDS-AUGUSTINS, N° 10.

OEUVRES

DE POTHIER.

NOUVELLE ÉDITION,

ORNÉE DU PORTRAIT DE L'AUTEUR,

PUBLIÉE

PAR M. SIFFREIN.

TOME QUATORZIÈME.

A PARIS,

CHEZ L'ÉDITEUR,
RUE SAINT-JEAN-DE-BEAUVAIS, Nº 1;

ET CHEZ CHANSON, IMPRIMEUR-LIBRAIRE,
RUE DES GRANDS-AUGUSTINS, Nº 10.

M. DCCCXXI.

TABLE

TRAITÉS

DE PROCÉDURE CIVILE ET CRIMINELLE.

TRAITÉ DE LA PROCÉDURE CRIMINELLE.

FIN DE LA TABLE.

TRAITÉ

DE

LA PROCÉDURE CIVILE.

ARTICLE PRÉLIMINAIRE.

La procédure est la forme dans laquelle on doit intenter les demandes en justice, y défendre, intervenir, instruire, juger, se pourvoir contre les jugements et les exécuter.

PREMIÈRE PARTIE.

De la procédure ordinaire, depuis la demande jusqu'au jugement définitif inclusivement.

CHAPITRE PREMIER.

De la forme d'intenter les demandes en justice.

Celui qui a une demande à intenter contre quelqu'un, doit commencer par l'assigner devant le juge compétent, pour répondre à cette demande; ce juge est ordinairement le juge du lieu du domicile de celui qui est assigné, suivant cette règle : *Actor forum rei sequitur.* Néanmoins le privilége du demandeur, ou la nature de l'affaire, peuvent rendre compétent un autre juge que celui du lieu du domicile du défendeur.

Nous ne nous étendrons pas sur la compétence des juges, cette matière méritant un traité particulier.

Chez les Romains, il n'y avoit aucune forme pour cette assignation : celui qui avoit une demande à former contre quelqu'un, pouvoit lui-même, lorsqu'il le rencontroit, le citer et le mener devant le juge pour entendre la demande qu'il avoit à former contre lui ; l'assignation se faisoit par ces mots, *ambula in jus;* et celui qui étoit ainsi assigné, devoit suivre son adversaire devant le préteur qui avoit son tribunal dans la place publique.

Parmi nous, les assignations doivent se faire par le ministère d'un officier qu'on appelle *huissier* ou *sergent,* et qui en dresse un acte par écrit.

On peut définir un ajournement, un acte par lequel un huissier ou sergent dénonce à quelqu'un la demande qu'une personne forme contre lui, et le cite à certain jour devant le juge qui en doit connoître, pour y répondre. C'est ce qu'on appelle ordinairement *assignation.*

ARTICLE PREMIER.

Par qui, en présence de qui l'ajournement doit-il être fait, et de quelle autorité?

§. I. Par qui?

L'ajournement doit être fait par un huissier ou sergent. Ce sergent doit être compétent, c'est-à-dire, qu'il doit être reçu dans la justice du lieu où il donne l'assignation; au reste, il n'est pas nécessaire qu'il soit sergent de la justice en laquelle la partie est assignée.

Il y a certains huissiers royaux qui, par le titre de leurs charges, ont droit de faire des exploits hors le territoire de la juridiction où ils sont reçus, et peuvent exploiter partout le royaume; mais, suivant la déclaration du premier mars 1730, il ne suffit pas que ce droit leur soit accordé par leurs provisions, il faut qu'il leur soit attribué par l'édit de leur création dûment registré.

Si l'huissier ou sergent, qui fait l'ajournement, étoit interdit de ses fonctions, l'ajournement seroit nul, et il seroit tenu des dommages et intérêts de la partie à la requête de qui il l'auroit fait.

Les huissiers ou sergents peuvent-ils faire ces actes d'ajournement pour leurs parents? L'ordonnance ne le décide pas en termes formels. On prétend que cela se tire par induction de ce qui est dit au titre 22, art. 11, ordonnance

de 1667 : « Que les parents et alliés des parties, jusqu'aux
« enfants des cousins issus de germain inclusivement, ne
« pourront être témoins; » or, l'ajournement contient un
témoignage solennel de la dénonciation de la demande qui
a été faite par le demandeur à la partie assignée, et de
l'assignation qui lui a été donnée par-devant le juge; donc
l'huissier ou sergent, parent du demandeur, ne peut pas
porter pour lui ce témoignage, ni par conséquent faire
pour lui cet ajournement. On tire aussi une induction
du titre 2, art. 2, « Qui ne permet pas que les recors,
« c'est-à-dire, les témoins qui assistent l'huissier, soient
« parents ou alliés de la partie. » D'où on conclut que,
puisque le témoignage des recors, qui ne fait que forti-
fier celui de l'huissier, est rejeté lorsqu'ils sont parents
de la partie, celui de l'huissier, qui est le principal témoin
de la vérité de l'ajournement, doit de même être rejeté.
C'est l'avis de M. Jousse. Voyez son commentaire.

Ces inductions ne me paroissent pas concluantes; le témoignage de l'huissier, contenu dans les exploits qu'il fait,
est différent de celui des témoins ordinaires; cet huissier
est un officier public, qui a un caractère que n'ont pas
les témoins ordinaires, lequel doit faire ajouter foi à ses
actes, nonobstant la parenté qu'il a avec les parties.

Il y a un arrêt du parlement de Paris, rendu en forme
de règlement, en 1721, qui déclare nul un exploit de demande en retrait lignager, pour avoir été fait par un huissier
parent au troisième degré du demandeur; mais dans d'autres
matières qui ne seroient pas de rigueur, comme le sont
les demandes en retrait lignager, j'aurois de la peine à
croire que la parenté de l'huissier fît une nullité dans l'a-
journement.

Je crois qu'on n'y devroit sur-tout pas avoir égard, si la
partie assignée avoit comparu sur l'assignation, et conve-
noit de la copie qui lui en a été donnée.

§. II. En présence de qui?

Suivant l'ordonnance de 1667, *tit.* 2, *art.* 2, l'huissier
devoit faire l'exploit d'ajournement, ainsi que tous autres
exploits, en présence de deux témoins, qu'on appelle *re-*

cors; mais, par l'édit du mois d'août 1669, portant établissement du contrôle, les exploits d'ajournement, comme tous les autres exploits de sergent, ont été dispensés de l'assistance de témoins, dont la nécessité n'a été conservée, par la déclaration du 21 mars 1671, que dans les exploits de saisies féodales, saisies réelles, criées et appositions d'affiches.

§. III. De quelle autorité?

L'huissier ou sergent fait les ajournements devant les juges des justices seigneuriales, et même devant les juges royaux inférieurs, en vertu du pouvoir général et de l'autorité qui lui est donnée par ses provisions et la réception en son office.

Mais un huissier ne peut assigner devant les cours souveraines et les présidiaux, qu'en vertu de commissions prises au greffe, par lesquelles, sur la requête du demandeur, il est mandé à tout huissier ou sergent d'ajourner aux fins de la requête du demandeur les parties contre lesquelles il entend intenter la demande. *Tit.* 2, *art.* 12.

Néanmoins les ducs et pairs, les hôpitaux de Paris et autres, qui ont droit de plaider en première instance par privilége au parlement, peuvent y assigner sans commission. *Art.* 12.

Depuis la réunion des prevôtés, on peut aussi assigner sans commission aux présidiaux, sur les demandes qui, avant la réunion des prevôtés auxdits présidiaux, avoient coutume de se porter auxdites prevôtés. *Arrêt du conseil du 7 novembre* 1749. (Il n'a point été enregistré dans aucune juridiction, n'étant point revêtu de lettres-patentes adressées au parlement.)

Les demandes qui sont données par des privilégiés devant les juges de leurs priviléges, doivent être aussi données en vertu de lettres de *committimus*, non surannées, ou de lettres de *garde-gardienne*, dont copie doit être donnée en tête de l'exploit, *art.* 11. Il faut excepter, suivant le même article, les ajournements dans le cours des instances liées aux requêtes de l'hôtel, ou du palais.

Au conseil et aux requêtes de l'hôtel au souverain,

les assignations ne peuvent être données qu'en vertu d'arrêt ou commission du grand sceau. *Art.* 13.

ARTICLE II.

Où l'ajournement doit-il être fait ?

L'ajournement peut se faire en quelque lieu que ce soit, où l'huissier rencontre la personne qu'il veut ajourner ; il faut néanmoins que ce soit un lieu convenable, *un lieu opportun*, comme s'explique la coutume de Berry, *tit. des exécutions*, *art.* 15. Par exemple, un ajournement ne seroit pas bien donné dans une église; la personne qu'on veut assigner ne seroit pas tenue de le recevoir en ce lieu : pareillement un docteur, ou un écolier, ne pourroient pas être assignés dans les écoles pendant le temps des leçons ou exercices; encore moins un juge pourroit-il être assigné sur son siége, etc. Les marchands ne peuvent être assignés dans les lieux appelés *Bourses*. *Édit des consuls de* 1563, *art.* 15.

Il n'est pas nécessaire que l'ajournement soit fait à la personne même qu'on veut ajourner; mais quand il n'est pas fait à elle-même, il ne peut être fait ailleurs qu'à son domicile. *Tit.* 2, *art.* 3.

Cette règle souffre plusieurs exceptions.

La première, lorsque la personne que l'on veut assigner est un seigneur, ou un gentilhomme qui demeure dans un château ou maison-forte, il n'est pas nécessaire que l'ajournement lui soit fait à ce château, quoique ce soit son vrai domicile; il peut lui être fait au domicile par lui élu en la ville la plus voisine de son château; et s'il ne paroît point par un acte d'élection de domicile, qu'il doit à cet effet faire enregistrer au greffe du lieu, qu'il ait un domicile élu dans ladite ville la plus voisine, l'ajournement pourra lui être fait au domicile, ou aux personnes des fermiers ou receveurs des terres dépendantes de son château, ou aux domiciles et personnes de ses juges, procureurs d'office et greffiers. *Ordonn. de* 1667, *tit.* 2, *art.* 15.

Observez que, par arrêt rendu pour le duc de Bourgogne, en 1380, et rapporté par Papon, l. 7, *tit.* 4, *art.* 10, il a été jugé que l'ajournement ne pourroit être fait aux officiers de justice du seigneur, que lorsqu'il s'agiroit des droits du seigneur; autrement ce n'est qu'à ses fermiers ou receveurs qu'il doit être fait.

2ᵉ *Exception.* Lorsqu'un vassal, en sa qualité de vassal, a une demande à intenter contre son seigneur, en sa qualité de seigneur, l'ajournement peut être fait au lieu du fief dominant, quand même le seigneur n'y auroit pas son domicile.

Vice versâ. Quand le seigneur a une demande à intenter contre son vassal, en sa qualité de vassal, il peut la former au lieu du fief servant, quoique le vassal n'y ait pas son domicile.

3ᵉ *Exception.* Les ajournements sur les demandes formées contre un bénéficier, sur les droits dépendants de son bénéfice, peuvent être faits au principal manoir du bénéfice, quoique le bénéficier n'y ait pas son domicile. *Tit.* 2, *art.* 3.

Il ne faut pas confondre les demandes sur les droits d'un bénéfice, avec celles qui auroient pour objet le bénéfice même, telle qu'est la demande sur la possession du bénéfice, qui est contestée entre deux parties, et que l'on appelle *complainte possessoire*; celle-ci ne peut être donnée qu'à personne ou domicile, lorsque celui qu'on veut ajourner est en possession actuelle du bénéfice; sinon elle peut se donner au lieu du bénéfice. *Tit.* 15, *art.* 3.

4ᵉ *Exception.* Les ajournements sur les demandes formées contre un officier ou commissaire, pour raison des droits et fonctions de son office et commission, peuvent se donner au lieu où s'en fait l'exercice. *Tit.* 2, *art.* 3. On les fait au domicile du greffier.

5ᵉ *Exception.* Les étrangers qui sont hors le royaume sont assignés à l'hôtel du procureur général du parlement où ressortit la juridiction à laquelle ils sont assignés. *Tit.* 2, *art.* 7.

Cela a lieu quand même ils seroient assignés à la requête du procureur général lui-même, ou de ses substituts, parce qu'il est partie désintéressée. *Voyez* le procès-verbal sur cet art. 7.

Les colons américains, qui n'ont point eu de domicile en France, doivent être assignés au domicile de M. le procureur général, et les délais sont de deux mois. *Arrêt du 6 juillet 1740.*

6ᵉ *Exception.* Ceux qui n'ont ou n'ont eu aucun domicile connu sont assignés, par un seul cri public, au principal marché du lieu de la juridiction où ils sont assignés, et l'exploit d'ajournement doit être paraphé par le juge, sans frais. *Tit. 2, art. 9.*

A l'égard de ceux qui se sont absentés de leur domicile pour faillite, ou voyage de long cours, ou qui ont été bannis ou condamnés aux galères à temps, ils doivent être assignés à leur dernier domicile connu. *Art. 8.*

Les ajournements sur une demande contre une communauté se font à la personne ou domicile du chef ou syndic de cette communauté; lorsque la demande est contre une ville, l'ajournement se fait à l'hôtel-de-ville aux maire et échevins.

Lorsqu'il s'agit des droits du roi, les assignations données aux bourgs et communautés doivent être faites au jour de dimanche ou de fête, à l'issue de la messe paroissiale, ou de vêpres, en parlant au syndic ou au marguillier, en présence de deux témoins, qui doivent être nommés dans l'exploit, à peine de vingt livres d'amende contre l'huissier. *Déclar. du 17 février 1698.*

Lorsqu'un mineur n'est point émancipé, on ne peut assigner que son tuteur; et alors on doit traduire ce dernier devant le juge de son domicile. Si le mineur est émancipé, il doit être assigné conjointement avec son curateur, et c'est alors le domicile du mineur que l'on doit suivre; s'il a deux tuteurs, l'un honoraire et l'autre onéraire, on peut les assigner tous deux; mais on ne peut se dispenser d'assigner l'honoraire. Lorsqu'un mineur n'a ni tuteur, ni curateur, il faut avant tout lui en créer un par justice.

Une femme sous puissance de mari peut être assignée avec son mari par le même exploit.

Un bénéficier mineur peut être assigné et condamné en jugement, sans assistance du tuteur ou curateur, *quia censetur major.*

ARTICLE III.

En quel temps l'ajournement doit-il être fait?

Les ajournements, ainsi que les autres exploits, doivent se faire de jour; il n'est pas permis de les faire de nuit, *solis occasus suprema tempestas esto.* Arrêt du 20 mars 1576, rapporté par Tournet. Quelques coutumes, comme celle de Bretagne, *art.* 19, en ont des dispositions.

Ils ne doivent point non plus être faits les jours des dimanches et des fêtes fêtées par le peuple, si ce n'est en cas de nécessité, lorsque le temps dans lequel la demande doit être intentée expire; sinon l'exploit de demande doit être déclaré nul : au reste, ces exploits peuvent être faits les jours de fêtes de palais qui ne sont point d'ailleurs fêtées par le peuple. *Déclar. du roi du 28 avril 1681, rendue pour le parlement de Toulouse.*

ARTICLE IV.

De la forme intrinsèque des ajournements.

L'huissier ou sergent qui fait l'ajournement, doit en dresser un acte original par écrit qui demeure au demandeur : il en doit aussi faire autant de copies qu'il y a de personnes à assigner, et il doit laisser à chacune d'elles une desdites copies. *Art.* 3 *du tit.* 2.

Il n'est pas nécessaire que cette copie leur soit remise en main propre, car l'huissier peut ne les pas trouver; il suffit qu'elle soit remise à quelque personne que ce soit, trouvée au lieu de leur domicile, comme au portier, à la servante, à un de leurs enfants.

Il faut pourtant que la personne à qui cette copie est laissée, soit en âge de discernement; on ne doit pas la laisser à un impubère : car Guenois sur Imbert, *liv.* 1, *chap.* 5, prétend que si elle étoit donnée à un enfant impubère, le défendeur pourroit demander la nullité de l'exploit, et de tout ce qui s'en seroit suivi, faute de remise de cette copie par l'enfant.

Si l'huissier ne trouve personne au domicile, il doit attacher la copie à la porte, et en avertir le plus proche voisin, le sommer de signer l'original de l'exploit, ou faire mention qu'il n'a pu ou voulu signer ; et s'il n'y a point de voisins, il doit le faire parapher par le juge du lieu, ou, en cas d'absence, ou de refus, par le plus ancien praticien. *Art.* 4.

L'original, aussi bien que les copies, doivent être écrits sur du papier timbré, c'est-à-dire, sur du papier empreint du timbre de l'autorité royale ; il y a un timbre pour chaque généralité ou province du royaume, qui se renouvelle de temps en temps ; le papier doit être timbré du timbre de la généralité ou province où se fait l'exploit, et qui soit en usage au temps où il se fait. *Ordon. du mois de juin* 1680, *titre des droits sur les papiers timbrés*, *art.* 14 *et* 19.

Exceptions. Les exploits pour la capitation et pour le dixième denier sont exempts de cette formalité, ainsi que du contrôle. *Déclarations du* 18 *janvier* 1695, *et* 12 *mai* 1701 ; *arrêt du conseil du* 25 *novembre* 1710.

Ces exploits d'ajournement doivent, 1° être libellés, c'est-à-dire, contenir les conclusions et les moyens sommaires de la demande, *art.* 1 *du tit.* 2 ; il doit en outre être fait mention, tant dans l'original que dans la copie, du *pur*, *du mois et de l'année* auxquels ils sont donnés ; quelquefois il est nécessaire d'exprimer l'heure à laquelle se fait l'exploit.

Dans les demandes qui sont données pour raison de quelque héritage, ou charges réelles, l'héritage doit être désigné par les *tenants et aboutissants*, sa *nature* et *qualité*, le lieu de sa *situation*, de manière que le défendeur ne puisse ignorer pour quel héritage il est assigné, *tit.* 9, *art.* 3 *et* 4. S'il est question d'un corps de terre, ou métairie, il suffit d'en désigner le *nom* et sa *situation*. Quant aux maisons, les tenants et aboutissants en doivent être désignés. *Art.* 4.

2° Par rapport à l'huissier qui le fait, l'exploit doit contenir cinq choses, le *nom*, le *surnom* de l'huissier, la *juridiction* où il est immatriculé (afin de connoître son pouvoir), le lieu de sa *demeure*, et sa *signature*, qui doit être tant au bas de l'original que des copies. *Tit.* 2, *art.* 2.

3° L'ordonnance requéroit, à l'égard des témoins qui devoient assister le sergent, cinq choses, savoir ; qu'il fût fait mention de leur *nom*, *surnom*, *vacation*, *demeure*, et leur signature, enfin tant de l'original que de la copie; l'usage des témoins n'étant plus nécessaire, il n'y a plus lieu à ces formalités, sinon dans les exploits où nous avons vu ci-dessus que l'usage des témoins avoit été conservé.

4° Parrapport au demandeur, l'ordonnance requiert trois choses, savoir; que l'exploit contienne le lieu de sa demeure, sa qualité, et le nom du procureur qui occupera pour lui. *Art.* 2 *et* 16.

L'ordonnance ne parle pas de son nom et surnom; c'est pourquoi un exploit seroit valable, si la personne du demandeur n'étoit désignée que par sa qualité, pourvu que ce fût une qualité qui le distinguât suffisamment, et qui ne lui fût pas commune avec d'autres personnes.

Par exemple, si on assignoit à la requête du lieutenant criminel d'Orléans, y demeurant, paroisse Saint-Michel, l'assignation seroit valable.

Observez, au sujet du lieu de la demeure, soit du demandeur, soit de l'huissier, dont l'ordonnance exige qu'il soit fait mention, que si ce lieu est dans une ville ou bourg où il y ait plusieurs paroisses, il faut exprimer la paroisse; et il ne suffiroit pas d'exprimer la ville.

Observez encore que, dans les demandes pour lesquelles le demandeur n'entend point se servir de ministère de procureur, dans les matières et juridictions où il n'est pas nécessaire, la formalité de coter par l'exploit le nom du procureur cesse d'avoir lieu; et, en ce cas, le demandeur doit, à la place, faire élection de domicile dans le lieu de la juridiction où l'affaire se poursuit, pour qu'on lui fasse, à ce domicile élu, les significations qu'il y auroit à faire; mais le défaut de cette élection de domicile n'emporte pas la nullité, comme l'emporte le défaut de nom de procureur, lorsque son ministère est nécessaire.

5° Par rapport à la partie assignée, l'acte d'ajournement doit contenir une mention de la personne à qui la copie a été laissée, *tit.* 2, *art.* 3, à peine de nullité et de vingt liv. d'amende contre l'huissier.

L'huissier n'est pas obligé de nommer cette personne, que souvent il ne connoît pas; il suffit qu'il fasse mention que c'est à un homme, à une femme, au portier, à la servante, etc.

Lorsqu'il n'a trouvé personne, l'exploit doit contenir la mention qu'il a attaché la copie à la porte; qu'il a averti le voisin lorsqu'il y en a, et que ce voisin n'a pu ou voulu signer.

Toutes les choses que nous avons rapportées jusqu'à présent, doivent être contenues tant dans l'original de l'ajournement que dans la copie, à peine de nullité de l'ajournement; mais ces nullités se couvrent lorsque la partie assignée s'est présentée sur la demande sans les opposer.

L'ordonnance ne s'explique pas, si la juridiction en laquelle la partie est assignée doit être exprimée par l'exploit; mais le bon sens seul suffit pour comprendre qu'il ne peut y avoir un plus grand défaut dans un exploit que cette omission, le défendeur ne pouvant pas se défendre, s'il ne sait pas en quelle juridiction il est assigné; on pourroit néanmoins peut-être dire qu'il est censé être assigné devant le juge de son domicile.

Quoique le terme d'ajournement paroisse signifier que l'exploit doit contenir le jour certain auquel la partie est citée à comparoir, néanmoins on se contente d'assigner *au délai de l'ordonnance*, sans désigner autrement le jour.

Cependant, en matière de retrait lignager, il paroît prudent d'indiquer le jour. *Voyez Lacombe*, *verbo Retrait*, *Ajournement*.

ARTICLE V.

Des formes extrinsèques des ajournements.

Toutes les formalités dont nous avons parlé en l'art. précédent, peuvent être appelées *formes intrinsèques de l'ajournement*; elles en sont comme les parties intégrantes qui le composent.

Outre ces formalités, il y en a d'extrinsèques. La première est le contrôle. On appelle *contrôle*, une note de l'exploit, qu'inscrit sur un registre un officier public, appelé *contrôleur des actes*, à qui, pour cet effet, l'exploit doit être exhibé à son bureau.

Il doit être fait mention de ce contrôle sur l'original de l'exploit par le contrôleur ou ses commis.

Ce contrôle se fait pour empêcher les antidates, et qu'on ne suppose de faux exploits.

L'exploit doit être présenté au contrôle dans les trois jours de sa date.

Le défaut de contrôle emporte nullité de l'exploit, et des amendes contre le procureur qui seroit assez imprudent pour vouloir s'en servir. *Édit du mois d'août* 1669.

Une deuxième formalité extrinsèque, est la copie qui doit être donnée à la partie assignée, des lettres de commission, ou *committimus*, par la même charte par laquelle il lui est donné copie de l'exploit, toutes les fois que l'ajournement ne peut être donné qu'en vertu desdites lettres de commission, ou *committimus*; le défaut de cette copie doit aussi emporter nullité de l'ajournement. *Tit.* 2, *art.* 11.

La troisième formalité extrinsèque est la copie qui doit être donnée avec celle de l'exploit des titres, servant de fondement à la demande; le défaut de cette formalité n'emporte pas nullité, la peine est seulement que les copies qui en seront données par la suite, et les réponses qui y seront faites, seront aux frais du demandeur, sans qu'il puisse en avoir de répétition. *Art.* 6.

Les pièces dont le demandeur donne copie doivent être contrôlées, et il doit être fait mention, dans la copie qu'on en donne, de la date du contrôle, du bureau et du nom du contrôleur. *Tarif du contrôle, du* 29 *septembre* 1721. *Décisions du conseil des* 31 *décembre* 1722 *et* 29 *mai* 1734.

Lorsqu'elles sont trop longues, on n'en donne copie que par extrait.

Lorsqu'on n'en peut faire d'extrait, on peut, au lieu d'en donner copie, en offrir la communication au lieu qui sera assigné par le juge. *Déclaration de* 1564 *sur l'ordonnance de Roussillon, art.* 3.

Lorsqu'il y a plusieurs parties assignées, on doit donner ces copies à chacune d'elles; néanmoins, comme plusieurs héritiers ne représentent tous ensemble qu'une même personne, lorsqu'ils sont assignés, il paroît devoir suffire de donner copie à l'un d'eux, et de sommer les autres d'en prendre communication par ses mains; cela évite les frais. M. Jousse est de cet avis sur cet article.

ARTICLE VI.

Des délais des assignations.

Les délais sont différents, suivant les différentes juridictions et la différente distance du domicile de l'ajourné, du lieu de la juridiction où il est assigné.

Aux siéges des eaux et forêts, élections, connétablies, traites-foraines, justices des hôtels-de-ville et autres inférieures, c'est-à-dire, aux justices des seigneurs; lorsque l'ajourné demeure sur le lieu, le délai ne peut être moindre de vingt-quatre heures, ni plus long de trois jours.

Lorsqu'il demeure hors le lieu, mais dans les dix lieues, il ne peut être plus long que huit jours; on ajoute un jour pour chaque dix lieues. *Tit* 14, *art.* 14, *ordonnance de* 1667.

Dans les prevôtés royales, lorsque l'ajourné est sur le lieu, le délai est de trois jours au moins, huit jours au plus.

Suivant d'Héricourt, les délais des officialités doivent être les mêmes que ceux des prevôtés.

Si l'ajourné est hors du lieu, mais dans le ressort, il est de huitaine au moins, quinzaine au plus.

Dans les bailliages et présidiaux, si l'ajourné est sur le lieu, ou dans les dix lieues, le délai sera de huitaine au moins, quinzaine au plus.

S'il est hors les dix lieues, il sera de quinzaine au moins, trois semaines au plus. *Art.* 3.

Aux requêtes de l'hôtel du palais, siéges conservateurs des priviléges, et aux cours, le délai est de huitaine pour ceux demeurant sur le lieu, dans la même ville et faubourgs; s'ils sont dans les dix lieues, de quinzaine; s'ils sont dans les cinquante lieues, d'un mois; s'ils sont au-delà, de six semaines; s'ils sont hors le ressort du parlement, de deux mois.

Au grand conseil, si l'ajourné est au-delà de cinquante lieues, le délai sera augmenté d'un jour pour dix lieues. *Tit.* 11, *art.* 1. Dans les matières qui requièrent une grande célérité, on peut ne pas observer ces délais; on présente en ce cas requête au juge, qui, vu le cas pressant, permet d'assigner sans délai, *putà*, au jour même, ou au lendemain; et on assigne en vertu de cette ordonnance.

ARTICLE VII.

De la présentation.

Le demandeur, après qu'il a formé sa demande contre sa partie, doit se présenter au greffe des présentations de la juridiction, s'il y en a un d'établi, dans la quinzaine après l'échéance de l'assignation, pour les cours, et dans la huitaine pour les autres siéges. Cette formalité n'a d'autre fondement que les besoins de l'état, pour lesquels le roi a créé des greffes des présentations, et attribué des droits aux greffiers pour chaque présentation.

Cette présentation consiste à faire inscrire sur le registre du greffe des présentations, le nom de la partie qui se présente, et celui de son procureur.

Dans les matières sommaires, les présentations, tant aux cours supérieures qu'aux siéges, doivent se faire dans trois jours. *Ordonnance de 1667, tit. 4, art. 1.*

Il y a cinq cents livres d'amende, et même interdiction contre les procureurs qui font des actes de procédure avant que de se présenter, lesquels sont déclarés nuls. *Déclarat. du 12 juillet 1695. Arrêt du conseil du 31 décembre 1715. Autre du 8 février 1729.*

L'ordonnance de 1667, *tit. 4, art. 2,* avoit abrogé l'usage des présentations, à l'égard des demandeurs et de ceux qui avoient relevé leur appel, ou fait anticiper; il a été rétabli par l'édit du mois d'avril 1695, et par la déclaration du 12 juillet suivant.

Il n'y a point de ces greffes dans les justices des seigneurs; de même, à Orléans, les causes qui se portent au petit siége du bailliage en dernier ressort, sont exemptes du droit de présentation. *Voyez le règlement de M. Barentin, intendant d'Orléans, du 25 novembre 1750, dans le Recueil chronologique de M. Jousse.*

On peut se présenter après les délais ci-dessus expirés, même les jours de fêtes du palais, pourvu que la partie adverse n'ait point pris de défaut ou congé.

CHAPITRE II.

De la formule dans laquelle on défend aux demandes.

SECTION PREMIÈRE.

Règles générales sur la forme de défendre aux demandes.

§. I. De la constitution du procureur.

Le défendeur doit, sur la demande qui lui a été donnée, constituer un procureur. *Tit. 5, art. 1.* Cette règle souffre exception dans les juridictions où le ministère du procureur n'est pas nécessaire.

Par exemple, aux siéges des connétablies, grenier à sel, traites-foraines, juridictions consulaires, conservation des priviléges des foires, et aux justices des hôtels-de-ville, on n'est point tenu de constituer procureur; mais on doit élire domicile dans le lieu de la juridiction, pour les significations qui peuvent être faites, et comparoir à l'audience à l'échéance de l'assignation; sinon il doit être, sur-le-champ, donné défaut ou congé emportant profit.

L'usage est de constituer procureur dans les maîtrises des eaux et forêts, et dans les justices des seigneurs : on ne peut tirer argument de l'art. 14 du tit. 14 pour s'en dispenser dans ces juridictions, parce que cet article ne parle que des délais sur les assignations.

Cette constitution de procureur se signifie au procureur du demandeur, coté par son exploit de demande.

Cette signification, ainsi que celle de tous les autres actes, qui se signifient de procureur à procureur, pendant tout le temps que dure le procès, se fait par le ministère des huissiers-audienciers de la juridiction où la demande est donnée; on en fait un original qui reste au procureur qui fait la signification, et une copie qui doit être laissée au procureur à qui on fait la signification : l'original et la copie de ces actes doivent être signés du procureur qui fait la signification. *Règl. du 28 juin 1738.*

§. II. De la présentation.

Le défendeur doit aussi satisfaire dans quinzaine pour

les cours, huitaine pour les autres juridictions ordinaires,
et trois jours pour les matières sommaires, à la formalité
de la présentation, lorsqu'il y a un greffe des présentations
dans la justice où il est assigné. *Tit.* 4, *art.* 1.

§. III. De la signification des défenses.

En constituant procureur, le défendeur doit signifier par
acte de son procureur, au procureur du demandeur, les
défenses qu'il a à opposer contre la demande. *Tit.* 5, *art.* 1.

Il peut attendre pour cela l'expiration des délais de l'assignation; mais comme le délai n'est établi qu'en faveur
du défendeur, il peut aussi le prévenir. L'ordonnance ne
parle que des justices royales; dans les justices des seigneurs, il n'est pas nécessaire de signifier les défenses par
écrit; il suffit de les plaider à l'audience. *Arg. de l'art.* 15
au tit. 14.

Même dans les justices royales, dans les affaires sommaires, les défenses se plaident à l'audience, et il n'est pas
nécessaire de les signifier par écrit. *Tit.* 17, *art.* 7.

§. IV. Des différentes espèces de défenses.

Le terme de *defenses* est général, et comprend tout ce
qu'on peut opposer contre une demande; il paroît qu'il est
pris en ce sens en l'article premier du *tit.* 5.

Cela paroît encore plus par l'article 5 du même titre,
où il est dit que, « dans les défenses seront employées les
« fins de non recevoir, nullité des exploits ou autres ex-
« ceptions péremptoires, si aucunes y a, pour y être préa-
« lablement fait droit. »

Dans une signification plus spéciale, on entend par *défenses*, les moyens qui attaquent le fond de la demande,
qui tendent à soutenir qu'elle n'est pas juste, qu'elle n'est
pas fondée.

On appelle *exceptions* ou *fins de non recevoir*, les moyens
qui, sans attaquer le fond de la demande, tendent à prouver
que le demandeur ne doit pas être écouté à la proposer.

Il y a deux espèces principales d'exceptions, les *péremptoires* et les *dilatoires;* celles-ci se subdivisent en *déclinatoires* et en *dilatoires* simplement dites.

SECTION II.

Des exceptions péremptoires.

Les exceptions péremptoires sont celles qui tendent à exclure la demande.

Les unes concernent la forme, les autres le droit.

ARTICLE PREMIER.

Des exceptions qui concernent la forme.

Ces exceptions sont celles qui tendent à faire renvoyer le défendeur de la demande contre lui donnée, à cause de quelques nullités qui se trouvent dans la forme de l'exploit de demande : par exemple, parceque l'exploit de demande n'est pas libellé, parceque l'huissier n'a pas exprimé la demeure ou la juridiction où il est immatriculé. *Titre 2, art. 1 et 2.*

Ces sortes d'excéptions doivent se proposer *à limine litis*. Lorsque le défendeur a défendu au fond, il n'est plus recevable à proposer ces exceptions, et toutes les nullités sont couvertes.

Si le juge trouve que les moyens de nullité, proposés par le défendeur, ne méritent pas de considération, il ordonne que, *sans y avoir égard, les parties instruiront au fond*; s'il trouve valables les moyens de nullité, il déclare *l'exploit nul, et renvoie, en conséquence, le défendeur de la demande*, sauf à se pourvoir, s'il y échet, par nouvelle demande; car il faut bien observer que ces exceptions, résultantes de la forme, ne sont péremptoires que de l'instance ou procès introduit par l'exploit de demande, qui se trouve nul : elles ne sont pas péremptoires du droit du demandeur, qui peut l'exercer en donnant une nouvelle demande; cela résulte de la nature de ces exceptions : comme elles ne concernent que la forme de l'exploit, elles ne peuvent opérer, contre le demandeur, que la déchéance de son exploit de demande et de toute la procédure qui a suivi, dont cet exploit est le fondement; mais elle ne doit pas opérer la déchéance du fond de son droit.

Il y a néanmoins une espèce d'action, qui se périme même pour le fond du droit, par ces exceptions résultantes de la forme; c'est la demande en retrait lignager; car, lorsqu'elle a été déclarée nulle, le lignager n'est plus reçu à en donner une nouvelle. *Arrêt du 31 mars 1609.*

Les moyens de nullité ne tendant qu'à détruire la demande, et non le fond du droit du demandeur, il s'ensuit que le demandeur, sans attendre qu'il soit statué sur les nullités que le défendeur lui oppose, ou pourroit lui opposer, peut donner au défendeur un nouvel exploit de demande, en déclarant qu'il se désiste du premier, et qu'il offre au défendeur les dépens faits sur le premier, si aucuns ont été faits.

En matière de retrait lignager, le demandeur n'a pas cette faculté, parcequ'en cette matière les nullités de la demande emportent non-seulement la déchéance de la demande, mais du fond de l'action.

ARTICLE II.
Des exceptions péremptoires qui concernent le droit.

Les exceptions péremptoires qui concernent le droit, qu'on appelle aussi *fins de non recevoir*, sont celles qui, sans entrer dans le mérite de la demande, tendent à prouver que le demandeur n'a pas le droit de la former, n'y est pas recevable, soit parceque le temps, dans lequel elle devoit être formée, s'est écoulé, ce qui s'appelle *prescription*, soit parcequ'il y a eu une transaction sur cette demande, soit parceque le demandeur est héritier de celui qui auroit été obligé d'en garantir le défendeur, ou pour quelque autre cause que ce soit.

Ces exceptions peuvent s'opposer, même après la contestation en cause sur le fond et jusqu'à la sentence définitive, *l. 8, cod. de except.*, parceque ces exceptions détruisent la demande, et que c'est la même chose de n'avoir point d'action, et d'en avoir une qui puisse être exclue par ces sortes d'exceptions.

Quoique le défendeur puisse être reçu, après la contestation sur le fond, à proposer les exceptions péremptoires, néanmoins, lorsqu'il en a connoissance, il doit les proposer par ses premières défenses, suivant qu'il est décidé par l'art. 5 *du tit.* 5; s'il ne le fait pas, la peine sera qu'il ne devra point avoir la répétition des dépens faits pour l'instruction du fond dans laquelle on sera inutilement entré.

L'ordonnance ajoute, par ledit article, qu'il sera préalablement fait droit sur les exceptions péremptoires, ce qui est juste ; car, si l'exception péremptoire précède, inutilement entrera-t-on dans la discussion du fond de la demande ; néanmoins si la justification de l'exception péremptoire demandoit une instruction plus longue que n'en demande la question du fond, le juge pourroit ordonner qu'on instruisît sur le fond, réservant les fins de non recevoir.

SECTION III.
Des exceptions dilatoires en général.

Les exceptions dilatoires sont celles qui tendent, non à exclure entièrement la demande, mais à en différer seulement la poursuite ; telles sont toutes les exceptions *déclinatoires* ; telle est l'exception de discussion qu'oppose, ou un tiers détenteur contre une action hypothécaire formée contre lui, ou qu'oppose une caution ; telles sont les exceptions qu'un héritier présomptif, assigné par les créanciers de la succession, ou une veuve assignée par les créanciers de la communauté, opposent pour jouir du délai de délibérer ; telles sont celles qu'opposent les défendeurs qui ont des garants à mettre en cause, pour avoir le temps de les y mettre ; telles sont celles qui résultent des lettres d'état et de répit.

C'est une règle commune à toutes les exceptions dilatoires, qu'elles doivent être opposées *à limine litis*, avant la contestation en cause : le défendeur, qui a contesté au fond, n'est plus recevable à les opposer.

C'est une règle générale que celui qui a plusieurs exceptions dilatoires, doit les proposer par un même acte.

Il faut excepter de cette règle, 1° les exceptions déclinatoires, qui se proposent d'abord avant les autres exceptions que le défendeur peut avoir ; car tant qu'il ne reconnoît pas la juridiction du juge, il ne peut point proposer devant lui ses autres exceptions.

2° Il faut aussi excepter de cette règle l'exception que des héritiers ou une veuve opposent pour jouir du délai de délibérer; ils ne sont point tenus de proposer les autres exceptions avec celle-ci; car les autres exceptions qu'ils opposeroient, supposeroient qu'ils auroient pris la qualité sur laquelle ils demandent délai pour délibérer.

SECTION IV.

Des exceptions déclinatoires, ou fins de non procéder, et des revendications des causes.

§. I. Ce que c'est, et combien il y en a d'espèces.

Les exceptions déclinatoires, qu'on appelle aussi *fins de non procéder*, sont celles qui ne tendent pas à exclure la demande, mais seulement à décliner la juridiction du juge devant qui elle est portée; ce sont celles par lesquelles le défendeur prétend qu'il ne doit pas plaider sur la demande en la juridiction où il est assigné.

Ces exceptions s'appellent *déclinatoires*, et sont de trois espèces : 1° Pour cause d'*incompétence*, dans le cas auquel le juge, devant qui il est assigné, seroit incompétent.

2° Pour cause de *privilége*, dans le cas auquel le juge, devant qui il est assigné, est à la vérité compétent, mais lorsque le défendeur a droit, par privilége, de plaider devant un autre juge.

Par exemple, si un docteur régent est assigné devant le juge de la justice de Sainte-Croix, où il a son domicile; quoique ce juge soit compétent, puisque ce docteur, ayant son domicile dans son territoire, est son justiciable, néanmoins le docteur peut demander le renvoi de la cause devant le juge-conservateur des priviléges de l'université, parce qu'il a droit, par sa qualité, de plaider devant ce juge.

3° Pour cause de *litispendance*. Lorsqu'il y a un procès pendant entre les mêmes personnes, pour même chose, et pour même cause, dans une autre juridiction que celle où le défendeur est assigné, le défendeur peut demander son renvoi dans la juridiction où il y a procès pour le même fait.

L'ordonnance, *tit. 6, art. 3*, ordonne de juger sommairement et à l'audience les déclinatoires. On peut les juger par délibérés, sur le bureau; car, comme l'observèrent MM. du parlement, contre le projet qui défendoit les délibérés, les jugements sur délibérés sont censés jugés à l'audience, et s'y prononcent.

Il est aussi défendu aux juges de réserver les déclinatoires, et de les joindre au principal même, *ibid.*

§. II. De l'incompétence.

L'incompétence résulte, ou de la matière qui fait l'objet de la demande, *ratione materiæ*, ou de la qualité de la personne assignée, *ratione personæ*. Il y a incompétence, *ratione materiæ*, non-seulement lorsque la demande est donnée devant un juge d'attribution, sur quelque matière qui ne lui est point attribuée, mais même lorsqu'elle est donnée devant le juge ordinaire, sur une matière qui, suivant les ordonnances et édits, a été distraite de la juridiction ordinaire, et attribuée à quelque juge d'attribution, comme si l'on formoit une demande devant le juge ordinaire, sur une matière d'eaux et forêts, ou sur une matière consulaire.

Il y a incompétence, *ratione personæ*, lorsque la personne n'est pas justiciable du juge devant qui elle est assignée, *putà*, parcequ'elle demeure hors l'étendue du territoire de ce juge.

Nous appelons *territoire du juge*, le territoire dans lequel il y a une juridiction de première instance; les personnes qui demeurent dans un territoire dans lequel le juge n'a pas juridiction de première instance, quoiqu'il ait juridiction d'*appel*, ne sont pas proprement ses justiciables : ce juge est incompétent pour connoître de leurs causes en première instance. Par exemple, si un habitant de Gien étoit assigné en première instance au présidial d'Orléans, le présidial d'Orléans seroit incompétent, quoique le bailliage de Gien soit dans son ressort; car il n'est que dans le ressort d'appel.

Il en est autrement des personnes qui demeurent dans les territoires de seigneurs; ces personnes sont vrais justiciables du juge royal où ces justices ressortissent.

Il y a plus : quand même ces justices par privilége ressortiroient nûment au parlement, les justiciables de ces justices sont censés être aussi véritablement justiciables des bailliages ou sénéchaussées royales, dans l'étendue desquelles ces justices sont situées; la raison est que ces justiciables étant sujets du roi, doivent reconnoître une juridiction royale à laquelle ils soient soumis.

Le juge royal n'est donc point incompétent pour connoître des causes des justiciables des seigneurs domiciliés dans l'étendue de son territoire, il est leur juge naturel et de droit commun; le juge du seigneur n'est juge de ces personnes que par privilége accordé au seigneur par la concession de la justice; c'est pourquoi, tant que le seigneur n'use pas de son privilége, tant qu'il ne réclame pas la cause, le juge royal peut en connoître, et le justiciable du seigneur ne peut proposer aucune incompétence, parce qu'il est vraiment justiciable du juge royal. *Déclarations du mois de juin* 1559, *art.* 1, *et* 17 *mai* 1574.

On ne peut demander le renvoi de la cause devant le juge du seigneur, tant que le seigneur ne le demande point, parceque la concession de la justice au seigneur, étant un privilége accordé au seigneur plutôt qu'à ses justiciables, ce n'est que le seigneur qui est reçu à le réclamer, et non le justiciable, qui, en le réclamant, exciperoit du droit d'autrui. *Bacquet, Tr. des droits de justice, chap.* 9.

Il y a des personnes qui, à raison de leur qualité, ne sont pas justiciables du siége dans le territoire duquel elles demeurent : tels sont les nobles qui, quoique demeurants dans l'étendue d'une prevôté royale, ne sont point justiciables du prevôt, mais du bailli. Le prevôt est absolument incompétent pour ces personnes; et lorsque les causes de ces personnes y sont portées, il doit les renvoyer devant le bailli, quand même le renvoi ne seroit pas demandé. *Ordonnance de* 1667, *titre* 6, *art.* 1. Car ce n'est pas seulement par un privilége accordé aux nobles, et dont ils seroient les maîtres de ne pas user, que le prevôt n'en peut connoître, mais parceque, dans la distribution de la juridiction qui a été faite entre les prevôts et les baillis royaux, par l'édit de Cremieu, les causes des nobles ont été attribuées aux baillis; c'est pourquoi le bailli pourroit lui-même demander que le prevôt lui renvoyât la cause, quand même la partie ne le demanderoit pas.

A l'égard des nobles qui demeurent dans les territoires des seigneurs, ils sont, comme les autres, justiciables, tant du juge du seigneur que du juge royal, ainsi qu'il a été dit ci-dessus.

Les personnes qui ne sont pas justiciables d'un juge, et qui sont demeurantes dans son territoire, peuvent le devenir par plusieurs causes : 1° à raison de la matière qui fait l'objet de la demande ; par exemple, dans les actions réelles, il est en la faculté du demandeur d'assigner, ou devant le juge du domicile du défendeur, ou devant celui du lieu où l'héritage qui fait le sujet de la contestation est situé. L. fin. cod. *ubi in rem actio exerceri debeat.* Les complaintes, pour les possessoires d'un bénéfice, se portent devant le juge royal du lieu où est le bénéfice.

Observez que tout juge est compétent pour la reconnoissance d'une promesse, sauf le renvoi pour le principal : ainsi un débiteur peut être assigné pour cette reconnoissance par-devant le juge du lieu où il est trouvé, quoique ce ne soit pas celui de son domicile. Un ecclésiastique peut de même être assigné pour la même cause par-devant le juge laïque, et il ne peut demander son renvoi devant l'official que pour le principal.

2° Une personne qui n'est pas personnellement justiciable d'un juge, le devient, à raison de la garantie qu'on prétend qu'elle doit prêter à une partie sur la demande en revendication formée contre cette partie devant son juge, *titre 8*, *art.* 8 ; car la garantie oblige de défendre celui à qui on la doit, devant quelque juge que ce soit.

3° Une personne qui n'est pas personnellement justiciable d'un juge, peut le devenir, à cause du privilège du demandeur qui a droit de l'y traduire.

§. III. Des appellations de déni de renvoi et d'incompétence.

Il y a lieu à l'appellation du déni de renvoi et d'incompétence, lorsque le défendeur ayant, *à limine litis*, proposé une exception déclinatoire pour quelqu'une des trois causes rapportées au §. premier, en a été débouté par le juge.

Il y a lieu à l'appel d'incompétence, lorsqu'un juge a jugé une cause qui n'étoit pas de sa compétence, quoique le renvoi de la cause ne lui ait pas été demandé ; car il y a cette différence entre l'incompétence et les autres causes qui donnent lieu aux exceptions déclinatoires, que pour celles-ci, il n'est obligé de renvoyer la cause que lorsqu'il en est requis, au lieu qu'il doit lui même, et sans aucune réquisition, renvoyer les causes qui ne sont pas de sa compétence devant les juges qui en doivent connoître.

Le défendeur qui s'est laissé condamner par défaut, sans avoir requis le renvoi pour cause d'incompétence, peut donc interjeter cet appel d'incompétence.

Que s'il avoit contesté au fond, ayant reconnu lui-même la compétence de ce juge, il ne pourroit être recevable en cet appel.

Les appellations de déni de renvoi et d'incompétence se portent directement au parlement, quoique le juge qui a dénié le renvoi, ou qui a connu incompétemment, ne ressortisse pas nûment au parlement; cela avoit été jugé par plusieurs arrêts, dès avant l'ordonnance de 1737, qui porte, *titre 2, art.* 21 : « Voulons que l'appel de toutes sen-« tences déclinatoires soit porté immédiatement à nos « cours, etc. »

Ces appellations doivent être vidées incessamment au parquet des gens du roi du parlement, qui donnent leurs avis, après avoir entendu les avocats des parties, sur lequel avis est expédié un arrêt en conformité; lorsque cet avis a été donné par défaut, il y a lieu à l'opposition de l'arrêt. *Ordonnance de* 1667, *titre* 6, *art.* 4.

Les appellations de déni de renvoi et d'incompétence n'empêchent pas que le juge dont on a appelé n'instruise le procès jusqu'au jugement définitif exclusivement; mais si, sur cet appel, le juge est déclaré incompétent, toute cette instruction sera déclarée nulle. *Arrêt du* 6 *février* 1703, *Journal des Audiences.*

C'est un droit particulier des juges consuls, qu'ils peuvent, nonobstant tout déclinatoire et toutes preuves d'incompétence, passer au jugement définitif des affaires qui sont de leur compétence. *Ordonnance de* 1673, *titre* 12, *art.* 13.

Il n'y a que les sentences contradictoires des officiaux, dont on puisse interjeter appel comme d'abus, quand ils sont incompétents; et, en ce cas, l'appelant est tenu de payer les dépens faits par lui volontairement, et par l'intimé, devant le juge d'église. C'est le sentiment d'Imbert.

§. IV. Des revendications de cause.

Non seulement la partie assignée peut demander le renvoi, mais les autres personnes qui, pour l'intérêt de leur juridiction, à qui la connoissance de la cause appartient, ont intérêt au renvoi, peuvent le demander; et cette demande de leur part s'appelle *revendication de cause.*

Tels sont les seigneurs des justices dont les justiciables sont traduits devant le juge royal. Ces seigneurs, pour l'intérêt de leurs justices, peuvent revendiquer la cause; et le juge, en ce cas, doit la renvoyer à leur justice.

Cette revendication ne peut être faite qu'au nom du seigneur qui doit, pour cet effet, intervenir en la cause, et en demander le renvoi, ou par lui-même en personne, ou par un procureur du siége fondé de sa procuration.

Elle ne pourroit être faite au nom de son procureur fiscal, parcequ'en France, il n'y a que le roi qui plaide par procureur; car le seigneur n'a pas droit de plaider par procureur ailleurs qu'en sa justice; mais ce procureur fiscal, s'il est procureur du siége, peut faire cette revendication au nom du seigneur, et il n'est pas tenu de rapporter de procuration, sa qualité de procureur fiscal lui en tenant lieu, et renfermant un pouvoir général de faire, pour le seigneur, tout ce qui est de l'intérêt de sa juridiction.

Lorsque le juge est incompétent, le juge, à qui la connoissance de la cause appartient, peut aussi la revendiquer.

Ces revendications de causes peuvent se faire en tout état de cause, en quoi elles diffèrent des exceptions de renvoi, qui ne peuvent être proposées par le défendeur après qu'il a contesté; et le juge doit statuer sur ces revendications de la même manière que sur les renvois : la raison de différence est que le défendeur, en proposant d'autres exceptions ou défenses, a reconnu la juridiction, et par conséquent n'est plus recevable à la décliner : on ne peut pas opposer une pareille fin de non recevoir à ceux qui revendiquent la cause.

§. V. De la peine du juge qui dénie le renvoi, ou connoît des causes qui ne sont pas de sa compétence.

L'ordonnance de 1667, *tit.* 6, *art.* 1er, défend aux juges de retenir des causes qui ne sont pas de leur compétence, à peine de nullité des jugements, et à peine contre les juges de pouvoir être pris à partie.

Il paroît, par le procès-verbal, que MM. du parlement s'opposèrent beaucoup à la prononciation de la peine de prise à partie, qui néanmoins a passé.

SECTION V.
Des récusations de juges.

Les récusations de juges ont quelque rapport avec les exceptions déclinatoires; c'est pourquoi nous avons cru qu'il étoit de l'ordre d'en traiter après avoir parlé des exceptions déclinatoires.

La principale différence entre les exceptions déclinatoires et les récusations, est que la partie qui propose une exception déclinatoire, décline le juge du tribunal devant lequel elle est citée, au lieu que la récusation ne tend pas à décliner le tribunal, mais seulement à décliner la personne de quelqu'un des juges de ce tribunal.

Quelquefois on peut récuser un tribunal entier.

§. I. De la récusation du tribunal entier.

On peut récuser un tribunal entier, si la partie assignée a un procès contre le tribunal. *Arrêt du 23 Février 1708, tom. 5 du Journ. des Audiences. Voyez le procès-verbal, p. 341, édit. de 1724.*

Si c'est le demandeur qui a un procès contre le tribunal, dont la partie qu'il veut assigner est justiciable, il doit présenter requête au juge où ressortit le tribunal, et obtenir une ordonnance qui lui permette d'assigner sa partie directement au tribunal supérieur, attendu le procès qu'il a avec le tribunal inférieur.

Si ce tribunal ressortit nûment au parlement, il doit donner la requête en la cour, pour être renvoyé dans quelque tribunal voisin.

Si le défendeur prétend que ce procès n'est qu'imaginaire, et que le demandeur n'a pas droit de récuser le tribunal, dont lui défendeur est justiciable, il peut s'opposer à l'ordonnance du juge supérieur, ou à l'arrêt de la cour qui a renvoyé dans un autre siége, et y assigner le demandeur pour être statué sur cette opposition.

Lorsque, parmi les officiers d'un siége, et parmi les praticiens qui peuvent les substituer, il n'y en a aucun contre qui il n'y ait quelque cause de récusation, c'est un cas où on peut récuser le tribunal entier.

Lorsqu'un seigneur de justice me fait assigner dans sa justice, je peux, pour cette raison, récuser le tribunal entier, quoique j'en sois justiciable, et évoquer la cause devant le juge supérieur où il ressortit ; car tous ceux qui le composent étant ses officiers, ont une cause de récusation qui leur interdit la cause de ce seigneur.

Par la même raison, si j'ai une demande à former contre ce seigneur, je l'assignerai devant le juge supérieur, et non point à sa justice.

Il y a néanmoins quelques demandes (quoique données au nom du seigneur) desquelles son juge peut connoître ; ce sont celles qui concernent les domaines, droits et revenus ordinaires et casuels, tant en fief que roture de la terre, même des baux et jouissances. *Titre* 24, *art.* 11.

Suivant cet article, un seigneur peut plaider devant son juge contre ses vassaux censitaires, ou fermiers reconnus pour tels, pour le paiement des redevances seigneuriales, rentes foncières, fermages, profits féodaux ou censuels, amendes ou autres droits de sa terre qui lui sont dus ; mais si le fond des droits lui est contesté, son juge n'en peut plus connoître.

Le même article interdit aux juges de seigneurs la connoissance de toutes les autres causes où les seigneurs sont parties intéressées.

Par cette raison, les arrêts ont jugé qu'un juge de seigneur ne pouvoit mettre le scellé après la mort du seigneur sur ses effets ; car il est l'officier des héritiers de ce seigneur qui succèdent à la seigneurie, et qui sont parties intéressées à l'apposition du scellé. *Arrêts des 6 février* 1702, *et* 17 *janvier* 1708, *au* 5e *tome du Journal des Audiences.*

Cette raison cesse si la justice dépend d'un bénéfice du défunt ; le bailli de la justice peut mettre le scellé sur les effets de son défunt seigneur, car il n'est pas son officier puisqu'il est mort, ni de ses héritiers qui ne succèdent point à son bénéfice. *Arrêt du 23 avril 1704, pour le bailli de St-Germain, à Paris, rapporté par Augeard, t. 2, ch. 61.*

C'est aussi une espèce de récusation du tribunal entier lorsqu'une partie fait évoquer d'une cour souveraine en une autre le procès qu'elle y a, à cause des parents que sa partie adverse a dans cette cour.

Les évocations font la matière de l'ordonnance du mois d'août 1737, à laquelle nous renvoyons; nous nous contenterons seulement d'observer qu'une partie peut aussi évoquer d'un présidial en un autre les affaires qui doivent s'y juger en dernier ressort, lorsque la partie adverse y est officier, ou lorsqu'elle a dans ce siége son père, son fils, ou son frère. *Ordonn. de 1737, art. 87, titre premier.*

On ne peut évoquer des autres siéges inférieurs, ni même des présidiaux, lorsque l'affaire n'est pas de nature à y être jugée en dernier ressort. L'ordonnance néanmoins laisse à la prudence de la cour de renvoyer l'affaire dans un autre siége, lorsque, par le grand nombre des parents ou autre cause, il y aura des raisons suffisantes de soupçon contre le siége où elle auroit dû être portée. *Ordonnance de 1737, art. 90.*

§. II. Des causes de récusation contre la personne des juges.

Comme rien n'est davantage requis dans un juge que le désintéressement, le juge est récusable toutes les fois qu'il se trouve avoir quelque avantage indirect à la décision de l'affaire portée devant lui.

Par cette raison, l'ordonnance, *titre 24, art. 5*, décide que le juge pourra être récusé, s'il a un différent avec quelque autre personne sur pareille question.

Observez que le juge, contre qui on proposeroit cette cause de récusation, doit être reçu à sa déclaration, s'il a effectivement un différent sur pareille question, à moins que la partie qui le récuse n'en eût à la main la preuve par écrit. *Ibid.*

La raison d'intérêt fait aussi que, si le juge étoit associé à l'une des parties, tellement que le gain du procès pût tourner à son avantage ou à sa perte, il seroit récusable.

Par la même raison, s'il est créancier de sommes considérables de l'une des parties, et que le procès soit si important, que de l'évènement de ce procès dépende la conservation ou la perte de ses créances, le juge doit s'abstenir.

C'est peut-être aussi par cette raison que l'ordonnance défend aux juges de connoître des causes de ceux dont ils sont héritiers présomptifs. *Titre 24, art.* 10.

C'est pour cette raison qu'un juge ne peut pas connoître aussi des causes d'un chapitre, collége ou communauté dont il est membre; car il a un intérêt à cette cause, et un membre s'intéresse naturellement aux affaires de son corps. *Ibid. art.* 10.

Non seulement l'intérêt pécuniaire que le juge peut avoir à la décision de la cause l'en doit faire abstenir, quelque autre espèce d'intérêt, soit d'honneur, soit d'affection, doit le rendre récusable; c'est pour cela que l'ordonnance, *art.* 6], décide qu'un juge peut être récusé lorsqu'il a sollicité ou recommandé le droit de l'une des parties; car, par cette sollicitation, il a fait connoître qu'il n'étoit pas lui-même désintéressé, et qu'il avoit un intérêt au moins d'affection à la décision de la cause.

Il est décidé, par le même article, que le juge peut être récusé lorsqu'il a donné conseil, ou connu du différent comme juge ou comme arbitre, ou lorsqu'il a ouvert son avis; car, dans tous ces cas, il a un intérêt d'honneur, ou du moins d'affection, à ce que la cause soit décidée conformément à l'avis qu'il a donné, ou au jugement qu'il en a porté; il n'est donc point juge désintéressé, et par conséquent il est récusable.

Les relations de parenté, amitié, et autres, que le juge a avec une de ces parties, pouvant intéresser le juge à ce que la cause soit décidée en faveur de la partie avec laquelle il a ces relations, elles doivent être des causes de récusation.

C'est pourquoi, 1° la parenté ou affinité est cause de récusation en matière civile jusqu'au quatrième degré de la ligne collatérale, selon la computation canonique, c'est-à-dire, jusqu'aux enfants des cousins issus de germain inclusivement. *Art.* 1, *titre* 24.

2° Elle l'est en matière criminelle jusqu'au cinquième degré inclusivement; et si le juge est de même nom et armes que l'accusateur ou l'accusé, il sera récusable, en quelque degré de parenté ou alliance que ce soit. *Titre 24, art.* 2.

3° Le juge dont la femme est parente ou alliée de la partie, est récusable, comme s'il étoit lui-même parent; *et vice versâ*, le juge, parent ou allié de la femme de la partie, est récusable, comme s'il étoit parent de la partie même. *Ibid. art.* 4.

L'affinité et la récusation qui en est l'effet, s'éteint lorsque le mariage qui la formoit est dissous, et qu'il ne reste aucun enfant de ce mariage; néanmoins un beau-père, un gendre, ou un beau-frère, sont récusables même après la dissolution du mariage qui formoit l'affinité, quoiqu'il n'en reste point d'enfant. *Ibid.*

4° Le juge n'en est pas moins récusable, quoiqu'il soit le parent ou l'allié commun des deux parties et au même degré. *Ibid. art.* 3.

La parenté spirituelle, telle qu'est celle qui se trouve entre un parrain et un filleul, n'est point cause de récusation. *Arrêt de* 1618, *rapporté par Auzanet en ses arrêts, page* 214.

5° La relation de bienfait et d'amitié est une cause de récusation lorsque le juge, son père, quelques-uns de ses enfants, son frère, oncle ou neveu, ou allié au même degré, ont obtenu quelque bénéfice de la nomination ou collation de l'une des parties. *Ibid. art.* 9.

L'ordonnance ajoute, *pourvu qu'elles aient été volontaires;* car une collation nécessaire, telle qu'est celle faite à un gradué, en vertu de ses grades ou sur une permutation, n'est pas un bienfait.

6° C'est aussi sur ce fondement que le juge, qui est donataire d'une de ses parties, est récusable. *Ibid. art.* 10. Je pense néanmoins qu'une donation faite au juge par la partie avant le procès, ne forme une cause de récusation que lorsqu'elle est considérable; mais il est défendu aux juges de recevoir des parties, depuis le procès intenté, le moindre petit présent, ni de se laisser défrayer par elles de leurs dépenses, ni de permettre que leurs domestiques reçoivent rien d'elles ; et s'ils le font, c'est une cause de récusation : cela est défendu notamment aux juges-commissaires, à peine de concussion et de trois cents livres d'amende. *Titre* 21, *art.* 15.

7° On peut, par argument de cet article, décider que le juge qui auroit reçu quelque autre bienfait signalé de l'une des parties, ne pourroit être juge ; l'espèce de bienfait mentionné en cet article paroît ne devoir être regardé que comme un exemple, d'autant plus que l'ordonnance, *titre* 24, *article* 12, déclare qu'elle n'entend point exclure les autres moyens de fait et de droit.

8° Un juge qui est lié d'une amitié très-étroite avec l'une des parties, doit se récuser, cette liaison étant beaucoup plus forte que celle qui résulte d'une parenté collatérale en degré éloigné ; mais comme on ne peut pas estimer le degré d'amitié, cette cause de récusation doit être laissée entièrement à la prudence, l'honneur et la conscience du juge.

Mais au moins, pendant le procès, le juge doit s'abstenir de ce qui peut ressentir une trop grande familiarité entre lui et une des parties, comme d'aller manger chez elle, ou de lui donner à manger chez lui, ce qui peut être une cause de récusation ; mais ce n'en est pas une s'ils mangent ensemble chez un tiers.

Une troisième espèce de relation, qui fait une cause de récusation, est la relation de domesticité, c'est-à-dire, lorsque le juge est maître ou domestique de l'une des parties, lorsqu'il vit avec elle sous même toit et à même pot. *Ibid. art.* 10.

Une quatrième espèce de relation, qui est une cause de récusation, est la relation de protection et de subjection ; comme nous prenons naturellement intérêt aux personnes qui sont sous notre protection, et par conséquent aux affaires qui les concernent, et qu'il faut être parfaitement désintéressé pour être juge, on en conclut qu'un juge ne doit pas connoître des causes des personnes à qui il doit une protection particulière.

Par ces raisons il est décidé en l'article 10, qu'un maître ne doit point être juge des causes de ses domestiques ;

Un tuteur onéraire ou honoraire, subrogé tuteur ou curateur, de celles de ses mineurs.

À l'égard des protecteurs d'ordre, syndics d'ordre, comme c'est un pur office de charité qu'ils rendent, et que ce seroit priver les ordres de la protection des magistrats qui ne voudroient plus s'en charger, s'il falloit descendre de leurs siéges dans les procès des ordres dont ils seroient protecteurs, l'ordonnance a réglé qu'ils ne seroient récusables que lorsqu'ils seroient spécialement nommés dans les qualités du procès ; par exemple, lorsque la maison des capucins plaide sous le nom de son père temporel, le père temporel ne peut être juge.

Il paroît même, par le procès-verbal de l'ordonnance, que les commissaires convenoient, par les considérations ci-dessus, qu'un juge pouvoit connoître des causes d'un hôpital dont il étoit administrateur, quoique les administrateurs fussent en qualité et en nom collectif, pourvu qu'il n'eût pas signé la délibération pour soutenir le procès. *Voyez* le procès-verbal, *page* 341, *édit. de* 1724.

Par la même raison, un juge, marguillier d'honneur, peut connoître des affaires de la fabrique.

Il y a un arrêt du parlement de Toulouse, de 1665, dans Catelan, qui a jugé qu'un juge étoit récusable dans la cause de son vassal ; mais je ne pense pas qu'on doive suivre la décision de cet arrêt, y ayant très-peu de relation, dans l'usage présent des fiefs, entre un seigneur et ses vassaux.

La raison de suggestion et de dépendance rend un juge récusable dans la cause d'une partie qui est juge dans une autre chambre ou juridiction dans laquelle il a un procès. *Ibid. art.* 7. Car il y a lieu de craindre (comme il est observé dans le procès-verbal) qu'il ne fût détourné de juger contre cette partie, dans la crainte qu'en revanche elle ne lui fût pas favorable dans le procès qu'il a lui-même devant elle.

C'est par une semblable raison que l'ordonnance décide, *Ibid. art.* 1, qu'un juge ne doit pas connoître des causes d'une personne dont il est héritier présomptif, ainsi que nous l'avons déjà vu ci-dessus ; car il y a une certaine relation de suggestion et de dépendance vis-à-vis d'une personne dont nous sommes héritiers présomptifs; et il y a lieu de craindre qu'un juge ne soit détourné de juger contre cette personne, de peur de l'indisposer et de la porter à le priver de sa succession. Il y a une autre raison dans cette espèce, qui se joint à celle-ci; savoir, que le juge a un intérêt personnel, directement dans la cause, par l'espérance d'avoir un jour une meilleure succession, si la partie gagne son procès.

On a agité la question, si un créancier, un locataire, un débiteur pouvoit être juge de son débiteur, maître-d'hôtel, créancier; on a jugé qu'il le pouvoit. *Arrêt du* 15 *juillet* 1562, rapporté au Journal du Palais. *Arrêt du* 13 *juillet* 1609, *rapporté par Bouvot, tom.* 2, *q.* 13.

Nous avons vu les relations qui peuvent servir de causes de récusation, dans la crainte qu'elles ne portassent le juge à favoriser la partie avec laquelle il a ces relations. Par une raison contraire, l'inimitié qui est entre une partie et le juge, est une seconde cause de récusation, de peur qu'elle le porte à juger contre elle.

C'est pourquoi l'art. 8 du même titre porte que « le juge « pourra être récusé pour menace par lui faite verbale- « ment, ou par écrit, depuis l'instance, ou dans les six « mois précédant la récusation proposée, *ou s'il y a eu* « *inimitié capitale*. » Par exemple, si la partie avoit tué un proche parent du juge, ce seroit une présomption d'inimitié capitale entre le juge et la partie qui donneroit lieu à la récusation.

L'ordonnance ne parle que d'inimitié capitale; mais l'usage a étendu cet article; quoiqu'il ne résulte pas une inimitié capitale d'un procès qui est entre le juge et l'une des parties, néanmoins comme il en peut résulter des aigreurs, l'usage est que le juge doit s'abstenir de juger des causes d'une partie avec laquelle il est lui-même en procès.

Cet usage reçoit plusieurs limitations, 1° si la partie n'a intenté un procès à son juge que depuis qu'elle est en instance devant lui, elle ne pourra pas, sous le prétexte de ce procès, le récuser, afin qu'il ne soit pas au pouvoir des parties de se procurer une cause de récusation contre leurs juges, en intentant mal-à-propos un procès.

2° Il faut que le procès subsiste, ou du moins n'ait été fini que depuis très peu de temps ; car l'aigreur qui résulte d'un procès, n'est censée durer que tant que le procès dure, et s'éteint avec le procès.

3° Il faut que le procès soit avec le juge lui-même. Une partie ne pourroit récuser un juge pour raison d'un procès qu'elle auroit avec le plus proche parent de ce juge.

Cela dépend néanmoins de la nature du procès et des circonstances : on a jugé qu'un juge étoit valablement récusé pour raison d'un procès criminel qui étoit entre la partie et le frère du juge. *Arrêt du 4 mai 1610, rapporté par Bouvot, tom. 2, q. 10.*

L'aigreur qui résulte d'un procès ne se présume qu'envers la partie avec qui on plaide, et non envers l'avocat ou procureur. C'est pourquoi un juge ne peut pas être récusé par une partie, sous prétexte que cette partie seroit l'avocat ou le procureur de la partie adverse de ce juge dans quelque affaire.

L'inimitié, aussi bien que toutes les relations ci-dessus mentionnées, qui forment des causes de récusation, ne se considèrent que vis-à-vis la vraie partie, et non pas vis-à-vis des personnes qui, quoiqu'elles soient dans les qualités du procès, *putà*, comme tuteur d'un mineur, marguillier d'une fabrique, ne sont point partie en leur nom.

C'est pourquoi le juge n'est point récusable, quoiqu'il soit le parent ou l'ennemi du tuteur qui est en qualité ; mais il est récusable s'il est parent du mineur.

Pareillement dans les causes où le procureur du roi, en sa qualité de procureur du roi, est partie, le juge, quoique parent du procureur du roi, n'est point récusable.

Il reste à observer qu'en matière civile, un juge en qui il y a quelque cause de récusation, peut demeurer juge, lorsque les deux parties y consentent par écrit.

L'ordonnance le décide, *art. 1 du tit.* 24, *pour la parenté et l'affinité,* et il paroît y avoir même raison pour les autres causes de récusation, lorsqu'elles sont connues des deux parties.

Lorsque le juge est parent de l'une des parties, suffit-il que l'autre partie consente ? Il sembleroit qu'oui, car il semble qu'il n'y ait qu'elle qui soit intéressée à le récuser ; néanmoins l'ordonnance décide expressément qu'il faut que les deux parties consentent, la partie parente aussi bien que celle qui ne l'est pas. Il n'est pas vrai qu'il n'y ait que l'autre partie qui ait intérêt à la récusation, la partie parente peut y avoir aussi intérêt, 1° parceque si la parenté et l'affinité produit de l'affection qui puisse donner lieu de craindre que le juge ne se prévienne en faveur de son parent, elle produit aussi quelquefois de la haine qui peut donner lieu de craindre qu'il ne se prévienne contre lui. Ces relations sont *inter concordes incitamenta charitatis, inter iratos verò incitamenta odiorum.* 2° Parcequ'il y a des juges scrupuleux qui, dans la crainte de se prévenir pour la cause de la personne à qui ils portent de l'affection, se préviennent contre elle.

L'ordonnance requiert que les parties consentent. Le tuteur de l'une des parties y pourroit-il consentir pour elles ?

On peut faire la même question à l'égard des autres administrateurs, et elle paroit souffrir quelque difficulté ; je penserois néanmoins qu'ils le peuvent : ce sentiment, qui tend à conserver à la partie un bon juge, est un acte qui ne paroît pas passer les bornes d'une bonne administration.

En matière criminelle, le consentement des parties, quand même celui du procureur général ou de son substitut y seroit joint, ne peut faire cesser les causes de récusation. *Ibid.*, art. 2.

La raison de différence paroît être, qu'en matière civile, il n'y a que les parties qui soient intéressées à la récusation du juge, au lieu qu'en matière criminelle, c'est le public qui a le principal intérêt à la décision de la cause, et, par conséquent, à la récusation du juge ; et elle ne doit pas, par cette raison, dépendre des parties.

De plus, le préjugé national faisant retomber sur la famille d'un condamné une partie de l'ignominie de sa condamnation, on ne peut jamais regarder le juge comme désintéressé en matière criminelle.

5.

§. III. Du devoir du juge en qui il y a une cause de récusation.

Le juge, qui sait en lui quelque cause de récusation, ne doit pas attendre que les parties le récusent; il ne doit pas néanmoins s'abstenir si la cause de récusation n'est jugée valable, car l'office de juge est un office nécessaire et dû aux parties, dont il n'est pas permis au juge de se déporter sans une excuse suffisante.

Il ne doit pas non plus s'en rapporter à son propre jugement, sur la validité de la cause de la récusation qu'il croit être en sa personne; car ce seroit s'établir juge en sa propre cause. C'est pourquoi l'ordonnance, *tit.* 24, *art.* 17 et 18, décide qu'il en fera sa déclaration à la compagnie, et que cette déclaration sera communiquée aux parties, qui seront tenues de proposer leur récusation dans la huitaine du jour que cette déclaration leur aura été signifiée; néanmoins, en cas d'absence des parties, on leur accorde un délai plus long. *Ibid.*, *art.* 20.

La même ordonnance, *art.* 18 du même titre, « défend « aux juges de se déporter du jugement et rapport des pro- « cès, qu'après qu'ils auront déclaré en la chambre les « causes pour lesquelles ils croient ne pouvoir demeurer « juges, et qu'elles auront été déclarées valables. » Le motif de cet article est que l'office du juge est nécessaire, et qu'un juge ne peut refuser son ministère sans cause.

Lorsque la récusation a été déclarée valable, le juge doit s'abstenir, non seulement du jugement, mais même de l'entrée de la chambre où se juge le procès; et si c'est à l'audience, il doit descendre du siége, fût-il le président. *Ibid.*, *art.* 15 et 16.

S'il étoit besoin que le juge, qui auroit procès en son nom, ou pour des parties dont il est tuteur, fût entendu en la chambre où se rapporte le procès, il y viendra; mais il sera obligé de se retirer après qu'il aura été entendu. *Ibid.*, *art.* 14.

Quoique le juge, par la récusation, ne demeure plus juge, néanmoins il lui est défendu de solliciter la cause pour l'une des parties; cette sollicitation est cependant permise pour ses propres procès et ceux de ses parents jusqu'aux degrés d'oncles, tantes, neveux et nièces inclusivement, pourvu qu'il le fasse dans la maison des juges, et non dans le lieu de la séance. *Ibid.*, *art.* 13.

§. IV. De la procédure pour les récusations de juge; des jugements de récusations, et de l'appel de ces jugements.

Quoique le juge n'ait pas proposé lui-même les causes de récusation qu'il croit être en lui, l'une des parties peut le faire.

Régulièrement cela doit se faire avant la contestation en cause; néanmoins une partie peut y être admise après, et en tout état de cause, en affirmant, par elle, que la cause de récusation est nouvellement venue à sa connoissance. *Ibid.*, *art.* 21.

La récusation doit être proposée par requête, qui en contienne les moyens, qui soit signée de la partie, ou du procureur fondé de sa procuration spéciale, attachée à sa requête. Néanmoins, en cas d'absence de la partie, le procureur est dispensé du pouvoir spécial. *Ibid.*, *art.* 23.

Cette requête doit être remise au juge d'instruction, pour être ensuite communiquée au juge récusé, qui doit donner sa réponse. *Ibid.*, *art.* 23.

Sur sa réponse, la récusation sera jugée par cinq juges au moins, dans les siéges où il y a six juges, y compris le récusé; et par trois au moins dans les autres siéges, même dans ceux où le juge récusé seroit le seul juge; et le nombre des juges sera suppléé par des avocats ou praticiens du siége. *Ibid.*, *art.* 25.

Il est même défendu au juge récusé d'être présent au jugement de récusation. *Ibid.*, *art.* 24.

Les présidiaux peuvent aussi juger, en dernier ressort, les récusations au nombre de cinq, dans les matières du premier chef de l'édit. *Ibid.*, *art.* 28.

Si les moyens de récusation sont valables, on ordonnera que le juge s'abstiendra, sinon on donnera congé de la requête, et la partie qui aura mal-à-propos récusé le juge, sera condamnée en l'amende portée par l'art. 29. Le juge pourra même, outre cela, demander réparation des faits proposés contre lui, suivant sa qualité et la nature des faits. *Ibid.*, *art.* 30.

Cette amende est de 200 livres dans les parlements, grand conseil et conseil du roi. *Reglement de* 1738.

De 100 livres aux requêtes de l'hôtel et du palais; de 50 livres aux présidiaux, bailliages et sénéchaussées.

De 35 livres dans les châtellenies, prevôtés, vicomtés, élections, greniers à sel, et aux justices des seigneurs ressortissantes nûment en la cour, et des duchés pairies, et de 20 livres aux autres justices des seigneurs.

Cette amende est applicable, moitié au fisc, et l'autre moitié à la partie adverse de celle qui a proposé la cause de récusation.

Les jugements sur les récusations doivent être exécutés nonobstant l'appel, sauf, lorsqu'il est question de procéder à quelques descentes, informations et enquêtes, auquel cas le juge récusé ne peut passer outre, nonobstant l'appel du jugement qui a donné congé de la requête en récusation; mais il y doit être procédé par un autre juge. *Ibid.*, *art.* 26.

Ces appellations doivent être jugées sommairement et sans frais. *Ibid.*, *art.* 27.

S'il est intervenu pendant l'appel une sentence au principal, dont il y ait appel, l'appel des jugements sur la récusation sera joint à cet appel. *Ibid. art.* 27.

SECTION VI.
Des différentes espèces d'exceptions dilatoires.

ARTICLE PREMIER.
De l'exception d'un héritier ou d'une veuve, pour avoir le délai pour délibérer.

L'ordonnance, *tit.* 7, *art.* 1, accorde un délai de trois mois aux héritiers, pour faire l'inventaire des effets, titres et enseignements de la succession, qui court depuis l'ouverture de la succession.

Ce délai court, tant contre le mineur que contre le majeur; si néanmoins le mineur étoit dépourvu de tuteur, personne n'ayant pu, pour lui, faire inventaire, il y a lieu de penser que ce délai ne devroit courir, pour lui, que du jour qu'il en auroit été pourvu.

Outre ce délai, pour faire inventaire, l'ordonnance en accorde un autre à l'héritier, pour délibérer et se consulter s'il acceptera ou répudiera la succession.

Ce délai est de 40 jours, et commence à courir du jour que l'inventaire a été achevé, s'il l'a été dans les trois mois ; sinon du jour de l'expiration du terme de trois mois, dans lequel il a dû être achevé, quoiqu'il ne l'ait pas été. *Tit.* 7, *art.* 1 *et* 3.

L'ordonnance accorde le même délai aux veuves, pour faire l'inventaire des effets de la communauté qui étoit entr'elles et leurs défunts maris, et pour délibérer si elles accepteront la communauté, ou si elles y renonceront. *Tit.* 7, *art.* 5.

Si, avant l'expiration de ces délais, on donne une demande contre un héritier présomptif, en sa qualité d'héritier, ou contre une veuve en sa qualité de commune, ou que l'on assigne l'une ou l'autre pour reprendre une instance commencée avec le défunt, cet héritier présomptif, ou cette veuve, ont une exception dilatoire contre cette demande, et l'effet de cette exception est d'arrêter la poursuite de la demande, jusqu'à l'expiration des délais accordés par l'ordonnance : le juge, sur cette exception proposée par l'héritier présomptif, ou par la veuve, doit ordonner qu'il sera sursis à faire droit sur la demande jusqu'à l'expiration des délais accordés par l'ordonnance.

Il n'y a pas lieu à cette exception dilatoire, lorsque les délais sont expirés, à moins que le défendeur ne justifiât que l'inventaire n'a pu être achevé dans le temps prescrit par l'ordonnance, à cause des oppositions et contestations qui sont survenues, ou par quelque autre cause, auquel cas, le juge peut accorder un nouveau délai pour faire inventaire, et un délai de 40 jours pour délibérer ; ce jugement de prorogation doit être rendu à l'audience, et il est défendu d'appointer sur cette exception. *Art.* 4.

Quoique, hors ce cas, l'ordonnance défende d'accorder aucun autre délai, *art.* 2 *et* 3, néanmoins elle ne s'exécute pas à la rigueur, et on ordonne seulement que l'héritier, ou la veuve, seront tenus de prendre qualité dans la huitaine, faute de quoi sera fait droit ; mais ces dépens doivent être portés par le défendeur, qui est en faute de n'avoir pas pris qualité dans les délais.

L'héritier ou la veuve peuvent encore se proroger le délai, en appelant de la sentence de condamnation ; car en rapportant par la suite une renonciation à la communauté, ou à la succession, cet héritier ou cette veuve seront déchargés de la condamnation portée par la sentence ; mais ils doivent être condamnés en tous les dépens faits jusqu'au jour du rapport de cette renonciation.

Observez que la condamnation portée contre un héritier, en sa qualité d'héritier, quoique confirmée par arrêt, l'oblige bien à subir la condamnation, mais elle ne le rend pas véritablement héritier ; et comme *res inter alios judicata alteri nec prodest, nec nocet*, cela n'empêchera pas que, s'il est assigné par d'autres créanciers, il ne puisse se défendre, en rapportant une renonciation à la succession.

Il faut dire la même chose de la veuve.

ARTICLE II.
De l'exception pour appeler garant.

§. I. Ce que c'est que garant, garantie, et leurs différentes espèces.

Garantie, en général, est l'obligation de défendre une personne de quelque action donnée, ou qui pourroit être donnée contre elle.

Garant est celui qui est tenu de cette action.

Il y a deux espèces de garantie, *la formelle* et *la simple*.

La garantie *formelle* est celle qui a lieu dans les actions réelles ou hypothécaires, qui résultent de l'obligation qu'une personne a contractée envers quelqu'un, de le défendre de tous troubles dans la possession d'une chose, et qui a lieu toutes les fois qu'il y est troublé par quelqu'un prétendant droit à cette chose. Telle est la garantie dont sont tenus un vendeur, et les cautions de ce vendeur, envers celui qui a acheté de lui.

Celui qui est tenu d'une telle garantie, s'appelle *garant formel*.

Observez que la garantie formelle ne peut être demandée que par celui qui jouit de l'héritage, à titre de propriétaire ou d'usufruitier : un locataire ou fermier, assigné pour délaisser l'héritage dont il jouit, doit seulement indiquer au demandeur le nom de son bailleur, afin qu'il agisse contre lui.

La garantie simple est celle qui a lieu dans les actions personnelles qui résultent de l'obligation qu'une personne a contractée d'acquitter quelqu'un en tout ou en partie d'une dette dont il est tenu envers un tiers, et qui a lieu toutes les fois qu'il est poursuivi pour cette dette.

Celui qui est tenu d'une telle garantie, s'appelle *garant simple*.

§. II. Des délais pour appeler garant, et des exceptions qui en résultent.

Lorsque celui qui est assigné sur une demande, prétend avoir garant *formel* qui soit obligé de le défendre, ou garant *simple* qui soit obligé de l'acquitter, l'ordonnance lui accorde un délai pour assigner ce garant, afin que ce dernier soit tenu de prendre sa défense, ou de l'acquitter; ce délai est de huitaine, à compter du jour que l'exploit de la demande originaire a été donné, et elle accorde, outre cela, le temps nécessaire pour appeler ce garant, selon la distance du lieu de sa demeure, à raison d'un jour pour dix lieues, et autant de temps pour retirer l'exploit. *Tit. 8., art. 2.*

Si le défendeur qui a un garant à assigner, étoit assigné en qualité d'héritier, et que le délai qui lui est accordé pour délibérer ne fût pas expiré, le délai pour assigner son garant ne courroit que du jour que le délai, pour délibérer, auroit expiré, *ibid.*; car tant qu'il délibère, et n'a pas pris de qualité, il ne peut pas assigner son garant; le délai pour l'assigner ne peut donc pas courir, suivant la règle: *Contrà non valentem agere non currit præscriptio.*

On doit observer la même chose à l'égard d'une veuve assignée comme commune. *Ibid.*

Lorsque celui qui est assigné en garantie, a lui-même un garant qui doit le défendre et l'acquitter de cette garantie, il doit avoir les mêmes délais pour assigner ce second garant, à compter du jour que l'exploit de la demande en garantie, ou en sommation, lui a été donné; et si ce second garant avoit lui-même un garant qui le dût défendre, il devroit avoir les mêmes délais pour assigner le troisième garant, à compter du jour que l'exploit de contre-sommation lui a été donné, *et sic deinceps.*

Ces délais qu'accorde l'ordonnance au défendeur, pour

assigner son garant, opèrent une exception dilatoire, par laquelle le défendeur peut arrêter les poursuites du demandeur, et empêcher qu'il ne puisse être pris défaut contre lui avant que les délais de l'assignation en garantie soient expirés. *Ibid.*

Le défendeur doit pour cela opposer cette exception dilatoire, et la fonder par la copie qu'il donnera au demandeur originaire de l'exploit de demande en garantie qu'il a donné contre son garant, et des pièces justificatives de sa garantie. *Ibid.*

Cette exception dilatoire cesse d'avoir lieu lorsque les délais accordés par l'ordonnance sont expirés. L'ordonnance défend d'en accorder d'autres, sous prétexte de minorité, biens d'église, ou autres causes privilégiées; le juge doit donc statuer sur la demande, nonobstant que le défendeur allègue qu'il a un garant; il doit s'imputer de n'avoir pas appelé ce garant dans le délai que l'ordonnance lui accordoit pour cela. *Ibid.*

La contestation sur cette exception, si elle doit avoir lieu ou non, doit être jugée sommairement à l'audience. *Ibid.*

Au reste, le défendeur n'est pas déchu pour cela de son action de garantie, il peut sur l'appel appeler son garant en cause, soit en la cour, soit en une autre juridiction où se poursuit l'appel; et si la condamnation qui a été prononcée contre lui est en dernier ressort, ou, s'il n'en a point appelé, il peut encore intenter l'action de garantie contre son garant, non pas en la juridiction en laquelle il avoit été assigné lui-même, parceque l'instance y est terminée, mais devant le juge du domicile de son garant.

Si le garant soutient que la demande originaire, sur laquelle celui qui l'appelle en garantie a été condamné, ne procédoit pas, et qu'en conséquence il ne lui doit point de garantie, il faudra renouveler devant le juge la question originaire; car le jugement rendu sur cette demande originaire, dans une instance où ce garant n'étoit point partie, ne peut faire loi contre lui.

De là il suit que le défendeur, qui a un garant à appeler, se fait un grand préjudice en ne l'appelant pas dans les délais que l'ordonnance lui accorde devant le juge de la juridiction où il est assigné ; car, en ne le faisant pas, il se charge de prouver le droit du tiers qui a obtenu contre lui, ainsi que nous l'avons fait voir dans notre *Traité du Contrat de vente*, part. 2. *chap.* 1, *n°* 109. Et il peut arriver qu'étant condamné sur la demande originaire donnée contre lui, il soit obligé de subir cette condamnation, et qu'il n'ait point de recours contre son garant, parceque l'autre juge devant lequel il assignera ce garant, jugera que la demande originaire ne procédoit pas.

Un autre préjudice que le défendeur se fait, en n'appelant pas son garant dans les délais prescrits par l'ordonnance, c'est qu'il n'a aucune répétition contre ce garant, de tous les dépens, tant par lui faits que ceux auxquels il a été condamné, jusqu'au jour qu'il a appelé son garant, si ce n'est seulement du coût de l'exploit de la demande originaire. *Titre* 8, *art.* 14.

Les garants contre-sommés, qui succombent, sont tenus non-seulement des dépens de leur temps, mais même de tous les exploits donnés, tant contre le défendeur originaire que contre les garants qui le précèdent, et qu'ils sont tenus de garantir médiatement ou immédiatement.

§. III. De la demande et sommation en garantie.

Le défendeur peut assigner son garant, tant formel que simple, en quelque lieu qu'il soit demeurant, par-devant le juge devant lequel il est assigné, pour qu'il soit tenu de l'y défendre ou de l'acquitter. *Tit.* 8, *art.* 1.

Il n'est besoin, pour donner cette assignation, d'aucune commission ni sentence, quoique le garant demeure hors la juridiction du juge devant lequel on l'assigne, à moins que l'assignation ne se donnât en une cour souveraine ou présidiale, auquel cas il faut une commission.

L'exploit de demande en garantie, ou sommation, doit être fait dans la forme des autres exploits : il doit être libellé, c'est-à-dire, contenir les conclusions du demandeur en garantie, et les moyens sur lesquels il les établit. Il doit contenir la copie des pièces sur lesquelles il la fonde, la copie de la demande originaire qui lui a été donnée, et des pièces dont on lui a donné copie, et qui en sont le fondement. *Ibid.*

Le garant assigné en garantie doit défendre devant le

juge où l'instance, sur la demande originaire, est pendante, et devant lequel il est assigné, quand même il dénieroit être garant : il ne peut pas demander son renvoi devant son propre juge sur la question, s'il est garant ou non.

Cela a fait autrefois difficulté; mais c'est un point aujourd'hui décidé par l'ordonnance. *Ibid.*

Cette règle souffre deux exceptions : la première est que, s'il paroît par écrit, ou par l'évidence du fait, que la demande originaire n'a été donnée contre le demandeur originaire, qu'à dessein de traduire le garant hors de sa juridiction, la cause doit être renvoyée, *ibid.* Ce renvoi doit même être fait sans attendre que les parties le requièrent. *Voyez le procès-verbal de l'ordonnance.*

La seconde exception est, lorsque le garant est privilégié; car il a droit de demander son renvoi devant le juge de son privilége : tels sont tous ceux qui ont droit de *committimus*, ou *lettres de garde-gardienne*; les docteurs et écoliers qui jouissent du droit de scolarité; tels sont encore les bourgeois de Paris, qui ont droit, en défendant, de ne pouvoir être traduits qu'au châtelet de Paris, suivant l'*art.* 112 de la coutume de Paris. *Bacquet, des droits de justice, chap.* 8, *n.* 43.

Un laïque ne pourroit pas être assigné en garantie simple par-devant l'official par un ecclésiastique qui y seroit assigné; mais il faut assigner ce laïque devant le juge séculier de son domicile.

Contrà vice versá. Un ecclésiastique, assigné en garantie par un laïque devant le juge séculier, ne peut pas demander son renvoi par-devant l'official. *Voyez* le commentaire de M. Jousse, et les auteurs par lui cités sur l'*art.* 8.

C'est une question, lorsque le garant privilégié obtient son renvoi devant le juge de son privilége, sur la demande en garantie donnée contre lui, s'il peut aussi y évoquer la demande orginaire. Bacquet, *chap.* 8, *n.* 44, décide pour l'affirmative. M. Jousse pense que ce n'est pas à lui à demander cette évocation, mais au défendeur originaire, qui a intérêt de ne pas plaider dans deux juridictions; ce dernier sentiment paroît plus plausible.

Le garant formel, assigné en garantie, qui convient être

garant, doit prendre le fait et cause du défendeur originaire qui l'a sommé en garantie, c'est-à-dire, qu'il doit se charger de le défendre contre le demandeur originaire.

Au moyen de cette prise de fait et cause, le défendeur originaire doit être mis hors de cause, s'il le requiert, et la demande originaire doit s'instruire entre le demandeur originaire et le garant qui a pris le fait et cause du défendeur. *Ibid.*

Par exemple, si moi, possesseur d'un héritage, j'ai été assigné pour le délaisser par une demande en revendication, ou par une demande hypothécaire, c'est mon vendeur que j'ai sommé en garantie qui sera tenu de défendre pour moi à cette demande, et de soutenir que l'héritage n'appartient point au demandeur, et qu'il ne lui est point hypothéqué; et toute la procédure qui se fera sur cette contestation, ne sera qu'entre le demandeur et lui, et non avec moi qui dois être mis hors de cause.

Néanmoins, encore que le garanti ait été mis hors de cause, il peut y assister pour la conservation de ses droits; c'est-à-dire, que si la cause se plaide, il peut avoir sur le barreau un avocat pour plaider les moyens contre sa demande originaire, qui pourroient échapper à l'avocat de son garant. *Ibid., art.* 10.

Pareillement si la cause s'instruit en procès par écrit, il pourra signifier, au demandeur originaire, des écritures contenant des moyens contre sa demande, de peur qu'ils n'échappent à son garant.

Le défendeur ayant été mis hors de cause, si la demande originaire se trouve bien fondée, la condamnation sera prononcée, non contre le garanti défendeur originaire, puisqu'il n'est plus en cause, mais contre le garant qui sera condamné à délaisser l'héritage, et aux dépens.

Mais, quoique la condamnation soit prononcée contre le garant, néanmoins elle ne s'exécute contre lui que pour les dépens, dommages et intérêts, etc. C'est contre le garanti qu'elle s'exécute pour le principal, sur une simple signification qui lui est faite de la sentence. *Ibid., art.* 11.

Lorsque le garanti n'a pas été mis hors de cause, il ne peut répéter contre son garant que les frais de taxe, et non les faux frais, tels que ceux de voyage, et autres qui n'entrent pas en taxe.

Il en est autrement dans la garantie *simple*, qui a lieu dans les demandes personnelles; le garant simple ne peut être reçu à prendre le fait et cause du défendeur originaire; car ce défendeur étant assigné comme étant obligé personnellement envers le demandeur, comme étant son vrai débiteur, c'est à lui à se défendre; son garant ne peut qu'intervenir pour défendre conjointement avec lui; c'est ce défendeur originaire qui doit être condamné, si la demande se trouve fondée, et qu'il se trouve être effectivement le débiteur du demandeur; le garant, s'il y a lieu à la garantie, sera seulement condamné envers celui qui l'a sommé en garantie, à l'acquitter. *Ibid., art.* 12.

ARTICLE III.

De quelques autres espèces d'exceptions dilatoires.

Lorsqu'un tiers détenteur est assigné en action hypothécaire, il a une exception dilatoire qu'il peut opposer contre cette demande, qui s'appelle *l'exception de discussion*, dont l'effet est d'arrêter la demande jusqu'à ce que le demandeur ait discuté les biens de son débiteur, tant meubles qu'immeubles, pourvu que les immeubles soient situés dans le royaume, et même dans le ressort du même parlement; ces immeubles lui doivent être indiqués par celui qui oppose cette exception, qui doit aussi lui avancer des deniers pour cette discussion d'immeubles. Cette exception étant opposée, la demande est arrêtée jusqu'à ce que la discussion du débiteur ait été faite, et qu'il paroisse que le demandeur n'a pu être payé de sa créance par cette discussion.

Les *fidéjusseurs* qui, par leur cautionnement, n'ont point renoncé à l'exception de discussion, peuvent aussi, lorsqu'ils sont assignés, en vertu de leur cautionnement, opposer l'exception de discussion, et arrêter par cette exception la demande donnée contre eux, jusqu'à ce que le demandeur ait discuté son débiteur principal.

L'exception de division est aussi une exception dilatoire par laquelle l'un de plusieurs cofidéjusseurs, en offrant aux créanciers sa part virile de la dette pour laquelle ils ont tous répondu, arrête la demande pour le surplus, jusqu'à ce qu'il ait été constaté de l'insolvabilité des autres fidéjusseurs.

Le débiteur qui est assigné pour le paiement d'une dette avant le terme de paiement, a aussi une exception dilatoire qui arrête jusqu'à ce terme la poursuite de cette demande.

Ces exceptions dilatoires doivent être proposées avant de défendre au fond, et on ne seroit pas recevable à les opposer en cause d'appel, si on avoit instruit en première instance sans en faire usage. D'Héricourt, dans son traité de la Vente des immeubles, *chap.* 4, *n.* 16, n'est contraire à notre sentiment que parce qu'il met l'exception de discussion dans la classe des exceptions *péremptoires*; mais comme c'est le temps auquel le défendeur propose cette exception qui en doit déterminer la nature, et non pas l'évènement qui en peut résulter, lequel est incertain, nous croyons que cette exception n'est que suspensive, et que par cette raison elle doit être proposée *à limine litis.*

L'exception des *vues et montrées* étoit aussi une exception dilatoire qui avoit lieu en matière réelle, par laquelle le possesseur d'un héritage pouvoit demander qu'avant toutes choses, le demandeur ou son fondé de pouvoir se transportât avec lui sur le lieu, et lui fît voir *au doigt et à l'œil* l'héritage pour lequel il lui faisoit la contestation, dont il seroit dressé acte; comme ces *vues et montrées* causoient de grands frais, l'ordonnance les a abrogées par la disposition qui ordonne au demandeur de désigner l'héritage par tenants et aboutissants, *tit.* 9, *art.* 5, suivant qu'il a été dit au titre des ajournements. *Tit.* 2, *art.* 6.

SECTION VII.

Des répliques et abrogations de toutes autres procédures; des demandes incidentes, et des interventions.

§. I. Des répliques et abrogations de toutes autres procédures.

Le demandeur, à qui le défendeur a signifié des défenses contre la demande par lui donnée, peut répliquer à ces défenses par un acte signifié au procureur du défendeur, *tit,* 14, *art.* 2; mais il le doit faire dans trois jours, à compter de la signification des défenses, sans qu'après ce délai, qui ne peut être prorogé, la procédure ou le jugement puisse être arrêté.

Ces répliques, ainsi que les défenses, se fournissent par un acte signifié de procureur à procureur.

Autrefois le défendeur, à qui ces répliques avoient été signifiées, pouvoit y opposer des moyens qu'on appeloit *dupliques*, et le demandeur opposoit des *tripliques* contre ces dupliques. L'usage de ces *dupliques* et *tripliques* a été prescrit par l'ordonnance, *ibid.*, *art.* 3; et ces actes ne doivent pas passer en taxe.

§. II. Des demandes incidentes.

Le défendeur, outre les défenses contre la demande donnée contre lui, peut former lui-même des demandes contre le demandeur, s'il en a quelqu'une à former contre lui; c'est ce qui s'appelle *réconvention*, ou *demandes incidentes*.

Ces demandes se forment par un simple acte que le procureur du défendeur signifie à celui du demandeur. Cet acte n'est sujet à aucune formalité, sinon qu'il doit être libellé comme un exploit, c'est à-dire, contenir les conclusions desdites demandes, et un précis des moyens sur lesquels elles sont fondées. On doit aussi, par le même acte, donner copie des pièces qui y servent de fondement. *Tit.* 11, *art.* 23.

Le demandeur peut aussi, dans le cours de l'instance, former des demandes incidentes, autres que celles portées par son exploit, pourvu qu'il puisse les justifier par écrit; et il les donne par un acte de procureur signifié au procureur du défendeur, dans la même forme, et de la même manière que nous avons dit que se donnent les demandes incidentes du défendeur.

L'ordonnance a une disposition très sage au sujet de ces demandes incidentes, au *tit.* 20, *art.* 6. « Toutes les demandes, « à quelque titre que ce soit, qui ne seront entièrement « justifiées par écrit, seront formées par un même ex- « ploit, après lequel les autres demandes, dont il n'y aura « pas de preuves par écrit, ne seront reçues. »

Cet article ne se doit pas restreindre aux demandes du demandeur; il y a même raison pour décider que toutes les demandes incidentes que le défendeur doit former, le doivent être par un même acte, et qu'après en avoir formé, il ne doit pas être reçu à en former par la suite de nouvelles qui ne seroient pas justifiées par écrit.

Quoique le demandeur soit reçu à former de nouvelles demandes depuis son exploit, et le défendeur depuis l'acte par lequel il a formé ses premières demandes incidentes, lorsque ces nouvelles demandes se justifient par écrit, néanmoins, s'il avoit pu les former lors de la demande principale, il ne doit pas avoir la répétition des frais que ces nouvelles demandes ont causés, de plus qu'elles n'en auroient causé, si elles eussent été formées par un même exploit, ou par un même acte.

Observez que, suivant l'article 106 de la coutume de Paris, « la réconvention (en cour laïque) n'a lieu, si elle « ne dépend de l'action, et que la demande en réconven- « tion soit la défense contre l'action premièrement inten- « tée, etc. » parceque, dit Coquille, liv. 30, celui qui auroit été convenu en aucune action d'expédition aisée, auroit pu mettre avant une action de grande longueur et difficulté, pour empêcher et retarder l'autre.

§. III. Des interventions.

L'intervention est un acte par lequel un tiers demande à être reçu partie dans une instance formée entre d'autres parties, soit pour s'y joindre au demandeur, et demander la même chose que lui, ou quelque chose de connexe, soit pour se joindre au défendeur, et combattre avec lui la demande du demandeur qu'il a intérêt de détruire.

On peut former une intervention, soit avant, soit après contestation en cause : soit dans les causes qui se jugent à l'audience, soit dans les procès par écrit; soit en cause principale, soit en cause d'appel. *Titre* 11, *art.* 28.

Cette intervention se forme par une requête présentée à un juge, qui contient les moyens sur lesquels l'interve- nant prétend fonder son intervention. Le juge ordonne, au bas de la requête, que les parties viendront plaider un certain jour; l'intervenant doit signifier l'ordonnance du juge et la requête, ensemble la copie des pièces sur lesquelles elle est fondée, à la partie contre qui elle veut intervenir; le juge statue à l'audience contradictoirement, ou par défaut, sur la première assignation, si l'intervention doit être reçue ou non. *Ibid.*

Ces interventions peuvent aussi se former sans requête, lors de la plaidoirie de la cause dans laquelle quelqu'un veut intervenir; il peut, par son procureur et avocat, demander à être reçu partie intervenante, en faisant plaider ses moyens d'intervention.

Lorsque l'intervenant est privilégié, ou qu'il a un intérêt direct dans la cause qui lui donne droit d'intervenir, il peut faire renvoyer la cause devant le juge de son privilége, quoique la cause fût déjà contestée, ou que le procès fût déjà distribué à un rapporteur, pourvu néanmoins qu'il ne fût pas déjà en état d'être jugé; c'est ce qui résulte du règlement de Montdidier, du 5 juin 1659, rapporté au Journal des Audiences, *tit.* 2.

Lorsque l'intervention n'est formée qu'en cause d'appel, l'intervenant ne peut demander, ni son renvoi devant le juge de son privilége, ni faire évoquer la contestation, à moins que ses droits n'eussent pas été encore ouverts, ou que lui ou ses auteurs n'eussent pu agir avant le jugement de cause principale. *Argument tiré du tit.* 1, *art.* 29, de *l'ordonnance de* 1737.

Tous intervenants doivent se pourvoir à l'audience, pour y faire statuer sur le mérite de leur intervention, même aux chambres des enquêtes des parlements.

Dans le cours des procès par écrit, lorsque les interventions qui surviennent paroissent fondées, les juges doivent ordonner, par le jugement qui reçoit la partie intervenante, qu'il sera fait droit sur le surplus de la demande, en jugeant l'instance principale.

Les parties en l'instance doivent défendre à cette intervention, ou employer pour moyens ce qu'elles ont déjà dit, et remettre leur requête de contredits, ou d'emploi, ès mains du rapporteur.

Dans une cause d'audience, lorsque le droit de l'intervenant est apparent, et que la cause est en état, on peut, en recevant l'intervention, faire droit sur le tout par un seul et même jugement. Mais si le procès est par écrit, on appointe en droit, et on joint sur l'intervention qui est ensuite réglée par le même jugement que le principal, s'il y a lieu, sauf à disjoindre.

CHAPITRE III.

De la contestation en cause et de l'instruction.

SECTION PREMIÈRE.

De la contestation en cause, et de la procédure pour y parvenir.

Après les défenses fournies, l'ordonnance donne un délai de trois jours, soit afin que le demandeur puisse donner ses répliques, soit afin que les avocats de l'une ou l'autre partie puissent se préparer pour la plaidoirie.

Après ces trois jours, l'une ou l'autre des parties peut poursuivre la cause à l'audience sur un simple acte, par lequel un procureur signifie à l'autre procureur qu'à un tel jour il se trouvera ou fera trouver l'avocat de la partie à l'audience, et qu'il le somme de s'y trouver. Cet acte s'appelle *avenir;* et il a été substitué aux avenirs qui se prenoient au greffe avant l'ordonnance de 1667, *tit.* 14, *art.* 1.

En conséquence de cet avenir, la partie qui l'a donné, ou celle à qui il a été donné, fait présenter son placet au juge qui doit présider à l'audience, qui fait appeler la cause par l'huissier, si le temps de l'audience le permet, et qu'il n'y ait pas de cause plus pressée.

Ce placet ne contient rien autre chose que les noms et qualités des parties en instance; *pour un tel et tel demandeurs, contre un tel et tel défendeurs;* il se donne sur du papier ordinaire, et non timbré.

Si la cause n'a pas été appelée, la partie la plus diligente signifiera par son procureur au procureur de l'autre partie un pareil *avenir*, pour un autre jour d'audience, et donnera un autre placet, et ainsi dorénavant, jusqu'à ce que la cause soit appelée.

Au lieu de poursuivre la cause sur des avenirs, la partie qui la veut faire juger peut la faire inscrire sur un rôle des causes qui se tient au greffe, et signifier à l'autre partie, par un acte de procureur à procureur, qu'elle l'a mise au rôle : dès-lors, l'audience ne peut plus se poursuivre sur des avenirs et placets, et la cause est appelée à son tour sur le rôle.

Mais comme le tour de rôle ne vient quelquefois qu'après un temps très-long, lorsqu'il est chargé de beaucoup de causes, si la cause qui a été mise au rôle est de la nature de celles qui requièrent célérité, la partie à qui on a signifié qu'elle étoit au rôle, peut demander, par un acte de procureur à procureur, qu'elle en soit retirée, avec un avenir à la prochaine audience pour faire statuer sur cet incident. *Voyez* le règlement fait le premier septembre 1758, pour la confection des rôles du présidial et du bailliage d'Orléans.

Suivant ce règlement, le procureur doit, avant de faire inscrire une cause au rôle, examiner si elle est provisoire, et si elle a reçu toute son instruction ; ainsi dans ces siéges il ne doit y avoir lieu que très-rarement à l'incident, pour tirer des causes du rôle. *Voyez* les autres dispositions du même règlement.

Si néanmoins cet incident se trouve bien fondé, le juge ordonne que la cause sera tirée du rôle, et que les parties viendront plaider à certain jour, auquel cas l'audience se poursuit pour le jour indiqué, sur un avenir et un placet, en la manière ci-dessus expliquée.

Lorsque la cause a été appelée, soit à tour de rôle, soit sur un avenir ou placet, elle se plaide, ou par les avocats des parties, ou par les procureurs, lorsque la cause ne mérite pas le ministère des avocats.

Si, sur la plaidoirie, la cause peut se juger définitivement, elle est plaidée, contestée et jugée tout à-la-fois et en même temps.

Si elle ne se peut juger définitivement, la sentence interlocutoire que rend le juge sur cette plaidoirie, quelle qu'elle soit, forme la *contestation en cause:* c'est ce qui est porté par l'*art.* 13 du *tit.* 14, où il est dit : « La cause « sera tenue pour contestée par le premier règlement, « appointement ou jugement qui interviendra après les dé-« fenses fournies, encore qu'il n'ait pas été signifié. »

Cela est assez conforme à l'idée que le droit romain nous donne de la contestation en cause : *Quùm judex per narrationem negotii causam audire cœperit*, l. 1 , cod. *de litis contest.*

De là il résulte qu'il n'y a point de *contestation en cause* tant qu'on n'a proposé que des exceptions déclinatoires, et que le juge n'a donné règlement que sur ces sortes d'exceptions. Mais aussitôt qu'il y a eu des défenses fournies sur le fond de la contestation, ou même sans avoir été fournies par écrit, si elles ont été prononcées devant le juge, la première prononciation du juge qui intervient sur la plaidoirie de ces défenses, forme ce qu'on appelle *contestation en cause.*

On a demandé si un simple jugement de continuation de cause au prochain siége, ou à huitaine, forme la contestation en cause. Il a été jugé pour l'affirmative ; et Chenu, *cent.* 2, *question* 196, en rapporte un arrêt du 19 janvier 1587.

Un jugement rendu par défaut peut-il former la contestation en cause ? On décide pour l'affirmative ; et on se fonde sur l'art. 104 de la coutume de Paris, qui porte qu'il y a « contestation en cause, quand il y a règlement sur les de- « mandes et défenses des parties, ou bien quand le défen- « deur est défaillant, ou débouté de défenses. »

Mais si le défaillant est reçu opposant au jugement par défaut, la sentence qui le reçoit opposant, en détruisant le jugement, détruit la contestation.

Si ce jugement, qui reçoit opposant, ordonne qu'au principal les parties en viendront, ce règlement forme une contestation en cause.

SECTION II.

Des différentes espèces d'instructions.

1° Lorsque la demande du demandeur, ou les défenses du défendeur, sont fondées sur des actes sous signature privée, et que la partie à laquelle ils sont opposés ne veut point en reconnoître l'écriture et la signature, le juge ordonne la *reconnoissance et vérification des écritures.*

2° Lorsque l'une ou l'autre des deux parties se fonde sur des actes qu'elle n'a point en sa possession, et qu'elle dit être en la possession d'un tiers, qui ne peut ou ne veut les lui délivrer sans l'ordonnance du juge, le juge en ordonne le *compulsoire*.

3° Lorsque la contestation roule sur l'état de la chose contentieuse, le juge en ordonne *la visite* par des experts, et quelquefois même, lorsqu'il en est requis, il ordonne *de sa descente* sur les lieux contentieux.

4° Lorsque la décision de la cause dépend des faits avancés par l'une des parties, et déniés par l'autre, le juge permet de faire la *preuve* de ces faits par *enquête*, et ce jugement s'appelle *appointement à vérifier*.

5° Quelquefois une partie, pour se procurer la preuve des faits tendants à la décision de la cause par l'aveu de l'autre partie, demande qu'elle soit *interrogée* par le juge sur *faits et articles*, ce que le juge permet.

6° Lorsque la cause portée à l'audience n'y peut être jugée, soit par le grand nombre des chefs de demande qui n'y peuvent être discutés, soit par le nombre des actes, de l'examen desquels dépend la décision de la cause, le juge prononce un *appointement en droit*, ou un appointement *à mettre*, ou un appointement *de délibéré*, que nous appelons à Orléans un appointement *sur le bureau*. Nous traiterons de toutes ces différentes espèces d'instructions dans des articles séparés.

ARTICLE PREMIER.

De la reconnoissance et vérification des écritures.

§. I. De la reconnoissance.

Lorsqu'un demandeur fonde sa demande sur une promesse ou autre acte sous signature privée du défendeur, il doit lui en donner copie et conclure à ce que le défendeur soit tenu de reconnoître l'acte comme signé de lui, et que faute par lui de s'en expliquer dans un court délai, qui ne pourra être moindre de trois jours, la promesse ou billet sera tenu pour reconnu. *Édit de* 1684, *art.* 1 *et* 2.

Il faut excepter de cette règle les justices consulaires dans lesquelles les demandeurs ne sont point tenus de conclure à la reconnoissance, et peuvent obtenir condamnation sur des billets non reconnus, tant qu'ils ne sont pas déniés. *Déclaration du* 15 *mai* 1703.

S'ils étoient déniés, les consuls doivent renvoyer devant les juges ordinaires du lieu, pour procéder à la vérification. *Ibid.*

La partie assignée devant le juge du lieu où elle réside, pour la reconnoissance de sa promesse, doit y répondre, ou la reconnoître, ou dénier, sans pouvoir demander son renvoi devant le juge de son privilége, si ce n'est pour le principal; et faute par lui de reconnoître l'écriture ou la signature, le juge, quand même il ne seroit pas le vrai juge du défendeur, peut valablement prononcer que la promesse demeure reconnue; car tous juges sont compétents pour cette reconnoissance. *Ordonnance de Roussillon en* 1539, *art.* 10.

Cela ne doit pas s'entendre en ce sens, qu'un juge incompétent, *ratione materiæ*, puisse être compétent sur cette matière; comme si on m'assignoit à l'élection, ou aux eaux et forêts, pour reconnoître un billet que j'aurois fait pour prêt d'argent.

Ces dispositions de l'ordonnance ne doivent pas non plus s'entendre du lieu où le défendeur ne feroit que passer, et où il n'auroit aucune résidence.

Nous avons vu que celui qui étoit assigné pour reconnoître sa promesse, devoit la reconnoître, ou dénier devant le juge du lieu où il se trouvoit domicilié, quoique la connoissance du principal n'appartînt point au juge; *contrà vice versâ*, quoique l'affaire principale soit pendante devant le juge, si l'une des parties veut se servir de l'acte signé par son adversaire, et qu'il en demande la reconnoissance, elle ne pourra le faire devant le juge où le procès est pendant, si la partie à qui on la demande n'est, ou présente, ou domiciliée sur le lieu; et celui qui la demande, sera tenu d'assigner sa partie devant le juge de son domicile, qui statuera seulement sur la reconnoissance; et au cas que la partie dénie que la pièce soit signée d'elle, il renverra pour la vérification devant le juge où le procès est pendant. *Tit.* 12, *art.* 5.

Lorsque la partie assignée pour reconnoître quelque acte,

qu'on prétend signé d'elle, comparoît à l'assignation, la pièce doit lui être communiquée en présence du juge, et paraphée par le juge. *Edit de* 1684, *art.* 5.

Elle est tenue de déclarer précisément si l'acte est signé d'elle ou non, faute de quoi le juge le déclare pour reconnu, de même que lorsqu'elle fait défaut. *Art.* 7.

Il en est autrement lorsqu'une partie est assignée pour reconnoître la signature du défunt dont elle est héritière; faute par elle de la reconnoître, ou de comparoir, le juge ne doit pas ordonner qu'elle demeurera pour reconnue, mais il en doit ordonner la vérification par experts. La raison de différence est, qu'un héritier n'est pas obligé de connoître la signature d'un défunt, au lieu que nul n'est présumé ignorer s'il a signé, ou non, l'acte qu'on lui présente, ou ne pas connoître sa signature.

§. II. De la vérification.

Lorsqu'une partie, assignée pour reconnoître un acte qu'on prétend signé d'elle, le dénie, ou, lorsqu'étant assignée pour reconnoître la signature d'un défunt dont elle est héritière, elle ne la reconnoît pas, le juge ordonne la *vérification*.

La partie qui poursuit la vérification présente requête pour avoir une ordonnance, afin de contraindre les dépositaires des actes et minutes qu'il veut produire pour servir de pièces de comparaison, et les apporter; on fait, en conséquence, commandement au dépositaire : s'il y a opposition de la part de ce dépositaire, elle doit se porter devant le juge qui a rendu l'ordonnance, quand même ce dépositaire seroit domicilié hors de son ressort; il suffit en ce cas de prendre un *pareatis* du juge de son domicile pour lui signifier l'ordonnance. Lorsque ces pièces ont été rapportées, le juge, sur la requête de celui qui poursuit la vérification, donne assignation en son hôtel à certain jour et certaine heure, pour par elle convenir des pièces de comparaison sur lesquelles la vérification se fera, et des experts pour la faire.

Pour qu'une pièce puisse servir de pièce de comparaison, il faut qu'il soit constant que la signature, qui est au bas

de cette pièce, est celle de la personne que l'on prétend
être au bas de la pièce dont la signature est contestée, afin
que, si les experts décident que les signatures qui sont au
bas des pièces de comparaison, sont de la même main que
la signature contestée, on en puisse conclure que c'est
effectivement cette personne qui a signé la pièce dont la
signature est contestée; tels sont les actes authentiques,
c'est-à-dire, reçus par personnes publiques, qui ont été signés par la personne dont la signature est contestée; car
l'authenticité de ces actes, et le caractère de la personne
qui les a reçus, assurent la vérité des signatures qui y sont.
Telles sont les minutes des actes des notaires, les actes des
greffes, les registres des baptêmes, mariages et sépultures.

Pareillement tous actes que la partie dont il s'agit aura
signés en qualité de juge, greffier, notaire, procureur,
huissier, ou faisant, à quelque titre que ce soit, fonction
publique, seront regardés comme ayant une signature authentique, et pourront servir de pièces de comparaison.

A l'égard des actes privés, il est évident qu'ils ne peuvent servir de pièces de comparaison; car rien n'assurant
la vérité de la signature qui est au bas, il n'est pas constant
qu'ils soient signés de la personne dont il s'agit de comparer l'écriture. Si néanmoins ces actes privés étoient
avoués entre les parties, ou avoient déjà été reconnus pour
être signés de la personne dont il s'agit de comparer l'écriture, la signature devenant constante par cet aveu, pourroit servir de pièce de comparaison.

Les parties doivent aussi convenir d'experts pour la vérification; on prend pour experts, des maîtres écrivains.
Tit. 12, *art.* 8.

Si l'une des parties nomme un expert, et que l'autre n'en
nomme point, le juge en nomme un d'office pour elle. *Art.* 9.

Les experts, en procédant à la vérification, en dressent
leur procès-verbal, *ou rapport*, en la forme des rapports,
dont il sera parlé ci-après, *art.* III.

La partie qui paroît, par la vérification, avoir mal-à-propos dénié sa signature, doit être condamnée en une amende :
cette amende est de 100 liv. dans les cours, et de 50 liv.
dans les autres siéges et juridictions. *Edit de* 1684, *art.* 11.

ARTICLE II.

Des compulsoires.

Les actes des notaires appartiennent, en quelque façon, aux personnes entre lesquelles ils sont passés : les notaires n'en sont que les dépositaires, ils ne doivent donc pas les communiquer, ni en délivrer des expéditions, qu'à ces personnes ou à leurs héritiers, ou à ceux qui les représentent, à moins qu'ils n'y soient contraints par l'autorité du juge. *Ordonnance de* 1539, *art.* 177.

Lors donc que des tiers ont besoin de ces actes pour fonder leurs demandes, ou défenses, dans quelque cause ou procès, soit qu'il ait déjà été intenté, ou qu'il soit prêt à l'être, il faut que ces tiers aient recours au juge, et obtiennent de lui un jugement ou ordonnance qui enjoigne au notaire de leur en donner communication et de leur en délivrer des expéditions; c'est ce qu'on appelle *compulser*.

Le juge, en l'ordonnant, ne blesse point les parties à qui ces actes appartiennent; cette condamnation ne tend qu'à découvrir la vérité et à rendre justice à qui elle appartient.

Il n'en est pas de même des greffiers; leurs registres sont publics, et ils sont tenus d'en délivrer des expéditions à toutes les personnes qui le requièrent, aux offres qu'elles font de payer le salaire qui leur est dû.

Les registres des baptêmes, mariages et sépultures, sont aussi des registres publics; toutes personnes sont bien fondées à demander au curé qui en est le dépositaire, qu'il leur en délivre des extraits.

Si ces greffiers ou curés refusoient de le faire, on auroit aussi recours à l'autorité du juge.

Une partie peut aussi demander et obtenir du juge la permission de compulser des actes qui sont dans des archives particulières, comme d'un chapitre, d'une abbaye, ou de quelques seigneurs particuliers.

La partie qui a obtenu l'ordonnance du juge, qui lui permet de compulser, doit la signifier à l'autre partie, avec assignation à jour et heure certaine, pour être présente au compulsoire, c'est-à-dire, à la communication qui sera faite de la pièce.

Cette assignation se donnoit autrefois, pour se trouver au portail d'une église, ou autre lieu public, pour de là aller à la maison où étoit la pièce; l'ordonnance a prescrit que dorénavant elle seroit donnée pour se trouver au domicile du greffier ou notaire, soit que la pièce à compulser fût chez eux, soit qu'elle fût ailleurs, pour, en ce cas, aller de là au lieu où est la pièce. *Tit.* 12, *art.* 1.

L'ordonnance qui permet de compulser, doit aussi être signifiée à la personne chez laquelle le compulsoire doit être fait, avec commandement de se trouver en son étude, ou dans ses archives, au jour et heure indiquée par la signification.

La partie qui veut compulser, ou son procureur, étant venu au jour et à l'heure portée par l'assignation, si l'autre partie, ou son procureur, s'y trouvent aussi, on procède au compulsoire en sa présence, sinon, après avoir attendu une heure, on y procède en son absence, et l'on fait mention dans le procès-verbal du temps que l'on a attendu. *Ibid.*, art. 2.

Ce compulsoire se fait par un huissier ou un sergent, que la partie amène avec elle, qui fait commandement au notaire, ou autre dépositaire, de représenter la pièce; après que ce notaire, ou dépositaire, a obéi, l'huissier dresse son procès-verbal, contenant la description de la pièce, la collation de cette pièce entière, ou par extrait qu'il en tire; et on doit donner copie du tout à la partie, ou à son procureur, comme aussi faire mention des dires des parties, si elles en font.

Si le notaire, ou autre dépositaire, refusoit d'obéir, ou se portoit opposant à l'ordonnance qui permet le compulsoire, il faudroit l'assigner pour le faire débouter de son opposition, et lui enjoindre d'y obéir, à peine de tous dépens, dommages et intérêts, et d'y être contraint par saisie de ses biens. Il y a lieu de penser qu'un notaire et un greffier doivent représenter la minute même de l'acte, et non pas seulement l'expédition signée d'eux; mais cela peut souffrir difficulté, suivant les circonstances.

Si l'acte est entre les mains d'un tiers, à qui il appartient, et que la production de cet acte puisse lui préjudicier, on ne peut l'obliger à le communiquer. Il en est de même de la partie adverse : *Quia nemo tenetur edere contrà se* ; mais si cet acte avoit été produit, il devient commun, et, quelque préjudice qu'il cause à la partie, elle ne peut le retirer.

Si la pièce est en dépôt chez un juge, on doit donner assignation en son hôtel, pour y faire la collation qui se fait par le greffier du siége.

Si la partie, qui a requis le compulsoire, ne comparoît pas, ni son procureur pour elle, elle doit être condamnée envers la partie qui s'y est trouvée, en vingt livres de dommages et intérêts, et aux frais du voyage. *Tit.* 12, *art.* 5.

ARTICLE III.

Des visites, rapports d'experts et descentes de juges.

§. I. Des visites et rapports d'experts.

La décision d'une cause dépend souvent de quelque fait contesté entre les parties, qui ne peut se justifier que par la *visite* de la chose qui fait l'objet de cette contestation ; par exemple, l'acheteur d'un cheval donne contre son vendeur l'action *rédhibitoire*, pour qu'il soit tenu de le reprendre, parce qu'il prétend qu'il a quelque vice, qui donne lieu à la rédhibition ; si le vendeur le dénie, ce fait, dont dépend la décision de la cause, ne peut se justifier que par la visite du cheval par experts : il faut donc que le juge, avant qu'il puisse rendre son jugement définitif, ordonne que le cheval sera vu par des experts, qui constateront s'il a ce vice, ou non.

Pareillement, si j'ai fait marché avec un ouvrier, de lui faire faire certains ouvrages à une maison, et que j'oppose à cet ouvrier, lorsqu'il m'en demande le prix, que ces ouvrages sont mal faits et non recevables, il faudra pareillement ordonner la visite par experts.

Suivant *l'art.* 8 *du tit.* 12 de l'ordonnance, les jugements qui ordonnent une visite doivent contenir la mention de trois choses :

1° Du fait contesté, sur lequel les experts nommés doivent faire leur rapport.

2° Du juge qui sera commis pour procéder à la nomination des experts, recevoir leur serment et leur rapport.

3° Du délai dans lequel les parties comparoîtront devant le commissaire, pour convenir des experts.

Le projet de cet article, qui est dans le procès-verbal, ajoutoit « du jour et de l'heure que les parties devront « comparoître devant le commissaire. » MM. du parlement dirent que cet article étoit impossible dans l'exécution, qu'on ne pouvoit pas savoir si le commissaire pourroit être prêt, précisément à tel jour et à telle heure; le motif de cet article étoit d'abréger les procédures.

La décision de l'ordonnance, qui règle que le jugement contiendra mention du juge qui sera commis pour procéder à la nomination des experts, souffre exception dans les juridictions où il n'y a qu'un seul juge; car quand même, en ordonnant la visite, il auroit simplement prononcé cette visite *par experts dont les parties conviendront par-devant nous, sinon nommés d'office*, le jugement seroit bon; car étant le seul juge, on entend assez que c'est par-devant lui qu'il entend qu'il soit procédé.

Pareillement dans les juridictions, comme le bailliage d'Orléans, où le lieutenant-général, en sa qualité d'enquêteur-examinateur, a seul droit de faire toutes instructions, ou en son absence, l'officier qui le suit, suivant l'ordre du tableau, il est inutile de nommer dans le jugement le juge devant qui on procédera, parcequ'on ne peut ignorer que ce doit être par-devant lui. *Voyez* l'arrêt du conseil du 31 août 1689, servant de règlement entre les officiers du présidial d'Orléans.

Lorsque le lieu dont on ordonne la visite est éloigné, le juge qui ordonne la visite, pour éviter les frais, commet quelquefois, par le jugement, le juge du lieu pour procéder à la nomination des experts, et à la prestation de leurs serments; pour cet effet, on délivre au greffe du juge, qui a ordonné la visite, des lettres de commission adressées au juge qu'il a commis. Ces lettres s'appellent, *lettres de commission rogatoire*, lorsqu'elles s'adressent à des juges d'un rang égal, ou supérieur à celui qui l'a commis, ou simplement *lettres de commission*, lorsque ce juge commis est d'un rang inférieur.

En exécution du jugement qui ordonne la visite, la partie qui la poursuit donne assignation à l'autre en l'hôtel du juge, à jour et heure certaine, pour convenir de la nomination des experts, à moins qu'ils n'eussent été nommés par le jugement même qui a ordonné la visite, ou par un acte signifié de procureur à procureur, ce qui peut arriver. Lorsque les parties se sont rendues à l'assignation, elles peuvent convenir d'un même expert : si elles en ont nommé chacune un de leur part, alors chacune d'elles peut proposer ses moyens de récusation contre l'expert nommé par sa partie adverse ; s'il n'en a point été proposé de part et d'autre, le juge ordonne que les experts nommés par les parties, passeront à la visite ; s'il en avoit été proposé, le commissaire renverroit à l'audience, pour être statué sur les causes de récusation.

Ces causes de récusation contre les experts, sont les mêmes que contre les juges.

Si l'une des parties ne comparoît, ou qu'elle comparoisse et refuse de nommer un expert de sa part, le juge en nomme pour elle d'office, pour par cet expert, s'il n'est pas récusé, faire la visite conjointement avec celui nommé par l'autre partie. *Tit.* 21, *art.* 9.

MM. du parlement s'opposèrent à cette disposition ; ils prétendirent que lorsqu'une des parties ne nommoit pas un expert, on ne pouvoit pas dire que les deux parties en fussent convenues, et que le juge seul devoit, en ce cas, en nommer un pour les deux parties ; néanmoins la disposition a passé.

Lorsqu'il s'agit de visites d'ouvrages d'un certain art ou métier, il n'est pas nécessaire que les experts soient de cet art et métier ; on peut nommer, pour experts, des bourgeois intelligents dans ces ouvrages. *Tit.* 21, *art.* 11.

Le procès-verbal de nomination d'experts doit contenir le jour et l'heure auxquels ils doivent comparoître devant le juge ou commissaire, pour prêter le serment, *ibid.* *art.* 10, au cas que ce ne soient pas des experts jurés, tels qu'il y en a à Paris; car ces experts ayant prêté serment une fois en justice, ne sont point obligés de le renouveler toutes les fois qu'ils sont nommés.

Ces experts, sur la première assignation qui leur est donnée par la partie qui poursuit l'exécution, sont obligés d'aller, au jour et heure indiqués, prêter le serment devant le commissaire. Cette prestation de serment doit être constatée par un acte ou jugement que doit donner le juge ou le commissaire.

Dans le projet de l'article 10, il étoit dit que l'assignation seroit donnée tant aux parties qu'aux experts; mais dans l'article, tel qu'il est rédigé, il n'est fait aucune mention des parties; d'où on doit conclure qu'on a jugé que la présence des parties n'étoit pas nécessaire. En vain voudroit-on tirer en argument, dans ce cas-ci, ce qui est porté en *l'art. 5 du tit. 22 des Enquêtes;* car en fait de formalités qui sont de droit étroit, il ne faut pas argumenter d'un cas à un autre.

Les experts, après avoir prêté le serment, doivent, le plus tôt qu'il leur sera possible, procéder à la visite. Ils ne doivent recevoir aucun présent des parties, ni souffrir même qu'on les défraye dans le voyage qu'ils font, pour la visite sur le lieu. *Ibid, art.* 15. Mais il y a lieu de penser qu'ils seroient en droit de demander, qu'avant qu'ils fussent tenus de partir pour procéder à la visite, leurs vacations fussent consignées telles qu'elles seroient réglées par le juge; et on doit pour cela tirer argument de *l'art. 5 du tit.* 21, qui porte que (dans le cas de descente de juge) la partie requérante *doit consigner les frais ordinaires.* Si le juge peut faire consigner ses frais avant les vacations, il semble que cela doit être accordé, à plus forte raison, à des experts qui sont des mercenaires : néanmoins cela ne se pratique point ici dans l'usage; on a seulement ordonné, par un règlement du 22 décembre 1750, que les greffiers ne pourroient délivrer aux parties, des expéditions des rapports d'experts, qu'ils n'eussent au préalable fait payer entre leurs mains la taxe des vacations des experts, à peine d'en répondre envers les experts.

S'il est ordonné que la visite sera faite en présence des

parties, les experts la doivent faire en leur présence, ou elles dûment appelées; et à cet effet, la partie qui poursuit l'exécution du jugement, par lequel la visite a été ordonnée, doit faire signifier, par acte de procureur à procureur, le jour et l'heure qu'elle se fera, faute de quoi la visite faite en l'absence d'une partie non dûment appelée, seroit de nul effet.

Si le jugement ne porte pas qu'elle sera faite en présence des parties, elles n'y sont pas nécessaires, et alors il n'y a rien à signifier.

Les experts, de retour chez eux, dressent leur rapport sur les notes qu'ils en ont pu faire sur les lieux lors de leur visite. Le projet de l'ordonnance les obligeoit à le dresser sur le lieu, de peur qu'à leur retour ils ne pussent être corrompus et changer d'avis; mais cet article a été retranché, et le motif qui a déterminé à le faire, est que ces rapports demandant souvent un temps considérable pour être dressés, cela auroit arrêté trop long-temps sur le lieu ces experts, et augmenté considérablement les frais; d'ailleurs il ne faut pas si mal présumer de la probité des hommes.

Si les experts sont d'un même avis, ils doivent faire ensemble leur rapport; s'ils sont d'un avis différent, ils le doivent faire séparément.

Les experts ayant fait leur rapport, et fait taxer leurs vacations par le juge auquel ils doivent le présenter, ils le mettent au greffe; lorsqu'ils ne savent point écrire, ils le font rédiger par un notaire avant de le présenter au juge et de le déposer au greffe.

Dans les juridictions où il y a des *greffiers de l'écritoire*, ce sont eux qui dressent les rapports des experts, en délivrent des expéditions, et en gardent les minutes.

La partie qui veut tirer avantage du rapport, en lève au greffe une expédition, et la signifie au procureur de l'autre partie, et peut, trois jours après, poursuivre le jugement de la cause sur un simple acte, et conclure à ce que le rapport soit homologué, c'est-à-dire, confirmé par le juge, et qu'il soit fait droit en conséquence. L'autre partie oppose ce qu'elle a à opposer contre le rapport; et sur les moyens de part et d'autre, le juge, ou homologue le rapport, ou le déclare nul, et ordonne une autre visite par d'autres experts, s'il le juge nécessaire.

Il n'y a pas de meilleur moyen à opposer contre le rapport d'un expert, dont une partie veut tirer avantage, que le rapport de l'autre expert qui se trouve contraire; le juge, en ce cas, nomme un tiers expert. *Ibid.*, *art.* 13.

Lorsqu'il s'agit de visites d'ouvrages dans une cause entre un bourgeois et un artisan, le tiers expert doit être un bourgeois, et non un artisan du même métier, même dans les juridictions où il y a des jurés experts, à moins qu'il n'y en ait de bourgeois, qui, dans ce cas, doivent être nommés. *Ibid.*, *art.* 11.

Ce tiers expert, lorsqu'il a été nommé, doit prêter serment sur la première assignation, et procéder ensuite à la visite, dans laquelle il doit se faire assister de deux autres experts. *Ibid.*, *art.* 13. L'ayant fait, il dresse son rapport, et la partie qui prétend en tirer avantage en poursuit l'*homologation* à l'audience sur un simple acte, ou, si l'affaire est appointée, le produit par inventaire ou par requête.

Lorsque les deux experts font un rapport uniforme, les parties ne peuvent être reçues à demander qu'il en soit fait un nouveau, même à leurs frais, à moins qu'il ne fût pas concluant, ou qu'il fût ambigu. Dans ce cas, le juge en peut même ordonner un d'office, s'il ne se trouve pas suffisamment instruit. Au reste, la fonction des experts est libre, et ils peuvent refuser la commission; alors il en faut nommer d'autres.

§. II. Des descentes des juges.

Il y a des cas où il est nécessaire que le juge, pour son instruction, voie de ses propres yeux les lieux contentieux; dans ces cas, le juge ordonne de sa descente. *Voyez* le procès-verbal de l'ordonnance. Mais, hors ces cas, il est défendu aux juges d'ordonner de leurs descentes sur les lieux, s'ils n'en sont requis par écrit par l'une ou l'autre des parties. *Tit.* 21, *art.* 1.

Le cas auquel la descente peut être ordonnée d'office, est lorsque le différent tombe sur la situation du lieu; encore souvent, même en ce cas, n'est-elle pas nécessaire,

et on y supplée par un plan et figure que le juge ordonne
être fait par des experts nommés par les parties.

Le jugement qui ordonne la descente du juge ordonne
aussi ordinairement que les parties conviendront d'experts
pour assister le juge, ou d'arpenteurs pour dresser, en sa
présence, le plan des lieux contentieux. Il peut néanmoins
y en avoir où la descente du juge seul puisse suffire. Le
jugement qui ordonne la descente doit contenir le nom
du juge commis pour la faire. *Ibid., art.* 4.

Dans les cours, c'est le président qui commet celui qui
doit faire la descente : ce doit être un des conseillers qui a
assisté au jugement, mais jamais le rapporteur de l'affaire.
Ibid., art. 2. La raison en paroît être, de peur que le rapporteur, qui auroit intérêt à être chargé de la commission,
n'engageât une partie à la requérir, ou plutôt afin qu'il y
ait deux juges pleinement instruits de l'affaire.

Dans les bailliages et présidiaux, c'est le premier des
juges qui ont assisté à l'audience, suivant l'ordre du tableau, qui doit faire la descente ; le rapporteur n'en est pas
exclus. *Arrêt du* 6 *septembre* 1712. Soit que la descente
ait été ordonnée sur la demande de l'une des parties, soit
qu'elle ait été ordonnée d'office, le juge, commis pour la
faire, ne peut y procéder et la faire sans la réquisition de
l'une des parties, qui doit, à cet effet, lui présenter requête,
et consigner les frais nécessaires, *ibid., art.* 5, c'est-à-dire,
ceux du commissaire, ceux du greffier, des experts, de
son procureur ; elle n'est pas tenue de consigner les vacations du procureur de l'autre partie ; si elle le fait, on lui
délivre l'exécutoire pour le répéter. *Ibid., art.* 21.

Le jugement qui ordonne la descente et la requête donnée par l'une des parties pour y être procédé, étant remis
entre les mains du commissaire, celui-ci rend son ordonnance, par laquelle il donne assignation aux parties à jour
certain, et au lieu auquel il fera la descente. La partie poursuivante doit signifier cette ordonnance au procureur de
l'autre partie. Le commissaire doit partir dans le mois du
jour de la réquisition, sans que le temps puisse être prorogé ; si le commissaire ne le pouvoit, l'une des parties
pourroit, sur une requête, en faire subroger un autre, sans

que le temps du voyage pût être prorogé, à peine de nullité. *Ibid., art.* 6.

Le commissaire peut être récusé pour les mêmes causes pour lesquelles on récuse les juges; et cette récusation doit être jugée par le siége avant que le commissaire procède à l'exécution de la commission.

Si néanmoins le jour du départ a été signifié au moins huit jours avant, la partie doit récuser le commissaire au moins trois jours avant son départ; faute de quoi, il peut passer outre nonobstant la récusation, sauf à y faire droit après le retour. *Ibid., art.* 7.

Il est défendu aux commissaires de rien recevoir des parties, ni de se laisser défrayer par elles. *Ibid., art.* 15.

Les parties doivent se trouver avec leur procureur au jour et lieu indiqués pour la descente; si quelqu'une des parties ne s'y trouve pas, ni son procureur pour elle, le commissaire donne défaut contre elle, et ne laisse pas de procéder à la visite.

Si une des parties veut, outre cela, y faire trouver un avocat ou un conseil, elle le peut, mais à ses dépens, et sans espérance de répétition. *Ibid., art.* 21.

Le commissaire dresse un procès-verbal de sa visite, qui doit contenir ce qu'il a vu et remarqué, les dires et réquisitions des parties; il doit faire aussi mention des jours qu'il a employés à se transporter sur les lieux, de ceux de son séjour et retour; de ce qui a été consigné pour les taxes des vacations, tant de lui que de ceux qui ont assisté à la commission. *Ibid., art.* 19.

A la minute de ce procès-verbal doit être attachée la minute du rapport des experts, qu'ils délivrent, à cet effet, au commissaire; et ce rapport doit être transcrit dans le même cahier de la grosse qui sera levée du procès-verbal. A la fin du procès-verbal, le juge doit taxer toutes les vacations.

Dans les descentes qui se font dans les villes et banlieues, la taxe est d'une certaine somme par chaque vacation, selon la qualité du juge. *Voyez* l'arrêt de règlement du 10 juillet 1665, *art.* 38.

Lorsqu'elles sont hors la banlieue, la taxe est d'une certaine somme par jour, depuis celui du départ jusqu'à celui du retour. *Voyez* l'arrêt du conseil, du 16 octobre 1684, qui a réglé la taxe des officiers du présidial d'Orléans. Lorsque le commissaire n'est pas venu exprès sur le lieu, il ne peut se taxer aucun voyage ni retour. *Ibid.*, *art.* 20.

Si le commissaire exécute plusieurs commissions à la fois, il ne peut être payé qu'une seule fois de la taxe pour chaque jour, qui se répartira entre les parties intéressées, si le départ a été requis pour les deux commissions; mais s'il n'a été requis pour la seconde commission que lorsqu'il s'est trouvé sur le lieu pour l'exécution de la première, les frais du départ et du retour seront portés en entier par les parties intéressées à la première. *Ibid.*, *art.* 18.

La descente faite, la partie qui en veut tirer avantage lève une expédition du procès-verbal, qu'elle signifie à l'autre partie au domicile de son procureur; et elle poursuit le jugement, trois jours après, sur un simple acte, *ibid.*, *art.* 23, sauf que le juge peut appointer, si la cause n'est pas de nature à être jugée à l'audience.

ARTICLE IV.

Des enquêtes.

Lorsque la décision d'une cause dépend d'un fait contesté entre les parties, qui peut se prouver par le rapport des témoins, celle qui fonde sa demande ou ses défenses sur ce fait doit l'articuler avec précision, sans mêler aucun raisonnement, et l'autre partie doit y répondre de la même manière.

Le juge, avant d'ordonner la preuve, doit examiner, 1° Si ce fait est de nature à être prouvé par témoins. 2° S'il n'est pas du nombre de ceux dont la preuve testimoniale est défendue par l'ordonnance. 3° Si de la preuve de ce fait dépend la décision de la cause. Lorsque ces trois choses concourent, le juge, en ce cas, rend une sentence interlocutoire, que l'on appelle *appointement à vérifier*, par laquelle il permet à la partie qui a mis le fait en avant, d'en faire la preuve par témoins, et à l'autre partie, d'en faire la preuve contraire.

§. I. **En quel cas la preuve par témoins peut être admise.**

On peut établir plusieurs règles générales, sur les cas auxquels la preuve par témoins peut être admise, ou non.

Première règle générale. On n'admet la preuve par témoins que des faits, et non du sens des coutumes. C'est ce qui résulte de l'art. unique du tit. 15 de l'ordonnance, qui abroge l'usage où l'on étoit de faire des enquêtes par *turbes*. On faisoit entendre, pour cet effet, les juges, avocats et praticiens par *turbes* ou *troupes;* c'est-à-dire, au nombre de dix au moins de chaque côté, lesquels exposoient le sens dans lequel la coutume étoit entendue dans leur siége, suivant ce qu'ils en avoient vu juger et consulter. Mais aujourd'hui on a recours, en cas de doute sur le sens des coutumes, à des actes de notoriété dont le juge ordonne le rapport.

Seconde règle. On n'admet la preuve par témoins, que des faits desquels dépend la décision d'une cause pendante devant le juge, et non pour des affaires futures; c'est ce qui résulte du même article de l'ordonnance, qui a abrogé les enquêtes d'*examen à futur.* Lorsqu'une personne avoit lieu de craindre que la preuve, dont elle prévoyoit pouvoir se servir un jour dans un procès qu'elle pourroit avoir, ne vint à périr, elle étoit reçue à faire entendre des personnes âgées ou malades, pour conserver la preuve qui seroit périe par leur mort; ce qui étoit sujet à de grands inconvénients.

Néanmoins ces enquêtes peuvent avoir lieu en certains cas; comme lorsque les marchandises viennent à périr entre les mains d'un voiturier, par un accident imprévu, ou un cheval entre les mains de celui qui l'a loué. En ce cas, et autres semblables, il paroît juste de faire entendre des témoins devant le juge du lieu où la chose est périe, pour faire mention de leurs déclarations dans le procès-verbal qu'il dressera à cet effet.

Troisième règle. Toutes les fois que l'objet de la demande excède cent livres, et que le fait qui y sert de fondement est tel, qu'il ait été au pouvoir de la partie de s'en procurer la preuve par écrit, la preuve pure testimoniale ne doit pas être permise ; c'est ce qui est porté au tit. 20, art. 2, dont voici les termes : «Seront passés actes par-de- « vant notaires, ou sous signature privée, de toutes choses « excédant la somme ou valeur de cent livres , etc. »

Lorsque la même partie a formé , en une même instance, plusieurs demandes pour lesquelles il n'y a aucun commen- cement de preuve par écrit, quoique l'objet de chacune n'excède pas la somme de cent livres ; si néanmoins l'objet de toutes excède cette somme, la preuve testimoniale ne peut être admise. *Ibid., art.* 5.

Les choses dont l'ordonnance veut qu'il soit passé un acte par écrit, sont , non seulement les conventions, mais généralement toutes les choses dont on peut se procurer la preuve par écrit : tel est un paiement, qui n'est pas une convention , car c'est également une chose dont on peut se procurer la preuve par écrit, en retirant une quittance de celui à qui on paie.

On avoit douté si la preuve testimoniale d'un dépôt qui excède cent livres pouvoit être reçue ; la raison de douter étoit, qu'une certaine pudeur naturelle empêchoit de de- mander la reconnoissance d'un dépôt à un ami, qui ne s'en charge que pour nous faire plaisir ; d'où il sembleroit qu'on dût conclure qu'il n'avoit pas été tout-à-fait au pouvoir de celui qui avoit fait le dépôt, de s'en procurer la preuve par écrit, et que conséquemment la preuve par témoins ne de- voit pas être défendue.

Néanmoins l'ordonnance décide que la preuve testimo- niale n'y doit pas être reçue lorsque l'objet excède cent livres ; il a été au pouvoir de celui qui a fait le dépôt d'en demander reconnoissance, ou , s'il n'osoit, de ne pas faire le dépôt. *Ibid., art.* 2.

L'ordonnance, *ibid., art.* 3, excepte de cette règle les dépôts nécessaires, c'est-à-dire, ceux qui se font dans les circonstances d'un naufrage, d'une ruine de maison , d'un tumulte, d'un incendie, ou de quelque autre semblable accident imprévu. Elle permet la preuve testimoniale de ces dépôts, parceque la nécessité pressante ne permet pas dans telle circonstance de retirer une reconnoissance du dépositaire.

L'ordonnance, *art.* 4, excepte aussi les dépôts faits par les voyageurs entre les mains des maîtres d'hôtelleries où ils logent : elle permet la preuve par témoins, quoique l'objet excède cent livres. La raison est, que ces dépôts sont des espèces de dépôts nécessaires, un voyageur étant dans la nécessité de confier à un maître d'hôtellerie les choses qu'il porte avec lui, et le maître, qui est obligé de répondre à tous les voyageurs qui arrivent à peu près en même temps, n'ayant pas le loisir d'en donner reconnoissance. La permission de cette preuve testimoniale des dépôts faits à des aubergistes étoit indéfinie suivant le projet qui fut proposé lors des conférences sur l'ordonnance ; mais sur les observations que fit M. le premier président, que cette disposition exposoit les aubergistes à être ruinés par des filous qui suborneroient de faux témoins des dépôts qu'ils prétendroient avoir faits dans des hôtelleries, on a ajouté une restriction à la disposition de l'ordonnance, qui permet la preuve de ces dépôts, savoir, qu'elle pourra être ordonnée suivant *la qualité des personnes et les circonstances du fait.* Le juge, pour ordonner cette preuve, doit donc avoir égard à la qualité des voyageurs qui demandent à faire cette preuve ; la réputation de l'aubergiste doit aussi y entrer pour quelque chose : il doit avoir égard à toutes ces circonstances : s'il est vraisemblable que le voyageur eût toutes les choses qu'il prétend avoir confiées à l'aubergiste, et, suivant toutes ces circonstances, permettre ou refuser cette preuve. Nous avons un arrêt remarquable rendu dans notre province le 7 juillet 1724, contre un aubergiste de Toury, route d'Orléans à Paris, qui a été condamné à payer environ 2,000 liv. à deux prêtres qui avoient logé, en passant, dans cette auberge, et qui se plaignirent d'y avoir été volés ; la cour leur déféra le serment sur la quantité des choses volées ; il y avoit cette circonstance que, lorsque le procureur fiscal de Toury se transporta à l'auberge pour recevoir la plainte des deux étrangers, il dressa procès-verbal d'une ouverture qui se trouva à la cloison, et par laquelle on avoit pu faire passer un enfant de douze ou quinze ans.

Quatrième règle. On ne doit point être reçu à prouver par témoins qu'il y a eu un acte par écrit d'une chose dont l'objet excède cent livres, et qu'on allègue sans aucun fondement avoir été égarée ; la raison est que la disposition de l'ordonnance, contenue en la règle précédente, deviendroit illusoire si cette preuve, qu'il y a eu un acte, étoit admise sur la simple allégation qu'il a été perdu : car il ne seroit pas plus difficile de trouver de faux témoins qui diroient qu'ils ont vu un acte où étoit contenue la convention, qu'il ne seroit difficile d'en trouver qui diroient qu'ils ont été présents à la convention même.

Que si l'allégation de la perte de l'acte avoit quelque fondement, comme si j'alléguois que j'ai perdu l'acte dans un incendie, en ce cas, je pourrois être reçu à la preuve testimoniale de l'existence de l'acte ; car, n'ayant pas dépendu de moi d'avoir une preuve par écrit, l'incendie étant une force majeure, on ne peut me refuser cette preuve.

Cinquième règle. L'ordonnance, *ibid.*, *art.* 2, défend de recevoir aucune preuve par témoins contre et outre le contenu en un acte, encore que l'objet de la contestation n'excédât pas cent livres. Par exemple, s'il paroît, par un acte, que je vous ai vendu une chose soixante livres, je ne serai pas reçu à prouver par témoins que nous sommes convenus de soixante-dix livres, et que c'est par erreur de copiste que l'acte ne porte que soixante livres ; car ce seroit admettre la preuve par témoins contre la disposition d'un acte.

Pareillement, je ne serai point reçu à prouver, par témoins, que nous sommes convenus que je ne serois pas tenu de la garantie ordinaire dont un vendeur est tenu, si l'acte de vente n'en porte rien ; ce seroit admettre une preuve, par témoins, outre le contenu de l'acte.

Peut-on être reçu à la preuve testimoniale du paiement d'une somme moindre que cent livres, lorsqu'il y a un acte par écrit de la dette ? Plusieurs bons auteurs ont pensé que cette preuve étoit permise ; que l'allégation du paiement d'une dette portée par un acte n'a rien qui contredise la vérité de cet acte ; que ce n'est donc point une preuve contre le contenu en un acte défendue par l'ordonnance : néanmoins, dans l'usage, on ne reçoit pas la preuve ; car, comme le paiement éteint l'obligation portée par l'acte, on a jugé que ce seroit, en quelque façon, admettre la preuve par témoins contre un acte; c'est pourquoi on dit communément au palais, *qu'on ne peut opposer contre un acte que des quittances.*

La disposition de l'ordonnance, qui défend la preuve testimoniale contre le contenu aux actes, n'a d'application qu'aux personnes qui ont été parties dans ces actes, parcequ'elles doivent s'imputer d'avoir souffert qu'on insérât le contraire dans l'acte, ou de n'y avoir pas fait insérer tout ce dont elles étoient convenues; mais un tiers est recevable à la preuve testimoniale, contre le contenu en un acte dans lequel il n'a point été partie, et qu'il prétend avoir été passé en fraude de ses droits. Par exemple, un seigneur de censive sera reçu à prouver que les parties sont convenues d'un prix plus fort que celui qui est exprimé dans le contrat de vente qu'on a voulu faire paroître, pour diminuer les lods et ventes; un lignager sera reçu à prouver qu'on a exprimé un prix plus fort que celui dont on est convenu, ou que, pour exclure le retrait, on a fait le contrat dans les termes d'un bail à rente non rachetable, quoique, par une contre-lettre, on ait accordé au preneur la faculté de racheter la rente. La raison est que, dans tous ces cas et autres semblables, on ne peut rien imputer au tiers qui offre la preuve testimoniale de la fraude qu'on a commise contre lui : il n'a pas été en son pouvoir de s'en procurer une preuve par écrit; ainsi la preuve testimoniale ne lui peut être refusée; le juge doit néanmoins, pour la permettre, avoir égard aux circonstances, et entrer en connoissance de cause.

Exceptions que souffrent les règles troisième, quatrième et cinquième.

Première exception contenue en l'article 3 du tit. 20. Lorsqu'il y a un commencement de preuve par écrit, on admet la preuve testimoniale des conventions, et autres choses dont l'objet excède cent livres, et même contre le contenu aux actes. *V. G.* Si j'ai une lettre d'une personne par laquelle elle me prie de lui prêter trois cents livres, cette lettre n'est pas la preuve du prêt que je prétends lui avoir fait de cette somme, mais c'est un commencement de

preuve par écrit, qui doit servir à admettre la preuve testimoniale, quoique l'objet du prêt excède cent livres.

Pareillement, si j'ai vendu une chose par un contrat qui
porte quittance du prix, et que j'aie une lettre par laquelle
l'acheteur me promet qu'il satisfera à ses engagements par
rapport à l'acquisition de cette chose, cette promesse générale ne forme pas une preuve suffisante que le prix n'a point
été payé; car ces engagements, dont il est parlé par la lettre,
pourroient avoir pour objet, non le prix principal, mais quelque accessoire dont on auroit omis de faire mention dans le
contrat; cependant c'est un commencement de preuve, qui
sert à m'admettre à prouver, par témoins, contre l'acte, que
le prix n'a point été payé.

Ces commencements de preuve par écrit doivent résulter
de la partie contre qui je demande à faire preuve; car l'é-
crit d'un tiers ne peut valoir qu'autant que vaudroit la déposition d'un témoin.

*Seconde exception contenue à la fin de l'art. 2 du même
titre.* La disposition de l'ordonnance, qui défend la preuve
testimoniale des conventions dont l'objet excède cent livres,
souffre exception dans les matières consulaires; c'est-à-dire,
dans les marchés et conventions entre marchands pour marchandises; c'est ce qui résulte de ces termes : « Sans toute-
« fois rien innover, pour ce regard, en ce qui s'observe en
« la justice des juges-consuls des marchands; » ce qui doit
s'entendre en ce sens, que la preuve testimoniale des marchés qui excèdent la somme de cent livres peut être admise,
non pas néanmoins indistinctement, mais eu égard aux circonstances, suivant qu'il résulte du procès-verbal de l'ordonnance.

Troisième exception. On peut aussi excepter de la règle
troisième les marchés qui se font en foire; il n'est guère
possible que les parties s'en procurent la preuve par écrit :
on n'y trouve point de notaires pour rédiger par écrit les
conventions. C'est le sentiment de Boiceau en son Traité de
la Preuve par témoins, *part.* 1, *ch.* 9.

Quatrième exception. Lorsqu'on allègue des faits de violence, employés contre la partie, pour lui faire souscrire
l'acte.

Il paroît aussi, par le procès-verbal, qu'on avoit agité la question si on ajouteroit, dans l'ordonnance, une exception pour les promesses usuraires, et celles qui viennent du jeu, et qu'on avoit jugé à propos de ne pas exprimer cette exception, afin de n'en pas faire une exception générale, et de laisser seulement à l'arbitrage du juge de les admettre, quand de violentes présomptions l'y engageroient.

On peut également admettre la preuve testimoniale contre des registres de baptême, lorsqu'il y a des adminicules contraires, *V. G.*, par contrat de mariage, ou lorsqu'un enfant a été gardé quelque temps avant le baptême. Mais, dans tous ces cas, il est de la prudence du juge de n'ordonner la preuve par témoins que lorsqu'il y est engagé essentiellement.

Sixième règle. Régulièrement les preuves de la naissance, de l'âge, du mariage, du décès, ou de la profession religieuse, ne se font que par les registres.

Si néanmoins il étoit constaté que ces registres fussent perdus, ou qu'un curé n'en ait point tenu, là preuve pourroit s'en faire, ou par les papiers domestiques des père et mère décédés, ou même par témoins. *Tit.* 20, *art.* 14.

Septième règle. La preuve testimoniale de tous faits d'où dépend la décision d'une cause, est admise, toutes les fois que le fait est de nature qu'il n'ait pas été possible de s'en procurer une preuve par écrit.

Il y a une infinité d'exemples de cette règle ; tels sont les faits de possession, de délit, de fraude, etc.

Huitième règle. Lorsque les faits articulés ne paroissent pas pertinents à la contestation, et que leur justification ne peut être d'aucun poids pour la décision, le juge ne doit point en ordonner la preuve, parceque ce seroit prolonger mal-à-propos la cause.

D'un autre côté, il ne doit jamais admettre les parties en faits contraires, lorsqu'un procès peut être expédié par un point de droit, ou par une fin de non recevoir évidente. Theveneau, sur les ordonnances, *l.* 3, *tit.* 17, *art.* 4. *Ordonnance de* 1535, *chap.* 12, *art.* 11.

§. II. De la procédure des enquêtes.

Le jugement qui ordonne l'enquête doit contenir les faits respectifs des parties, sur lesquels il leur est permis de faire enquête. *Titre* 22, *art.* 1.

Le jugement qui permet à une partie de faire preuve, exprime ordinairement qu'il sera permis de faire la preuve contraire. Si le jugement ne l'exprimoit pas, cela devroit être sous-entendu.

La partie qui veut aller en avant lève le jugement, et le signifie au procureur de l'autre partie. Du jour de cette signification, court le délai de faire enquête; il est de huit jours, dans les cours, bailliages, sénéchaussées et présidiaux, pour la commencer, non compris le jour de la signification, si l'enquête se fait au même lieu où le jugement a été rendu, ou dans la distance de dix lieues, et d'une autre huitaine pour l'achever. *Ibid.*, *art.* 2.

Dans les prevôtés royales, et dans les justices subalternes, le délai n'est que de trois jours. *Ibid.*, *art.* 32.

Lorsque l'enquête ne se fait pas sur le lieu où le jugement est rendu, soit que le juge s'y transporte, soit qu'il commette le juge d'un autre lieu pour entendre les témoins qui y demeurent, et ordonne qu'à cet effet il lui sera adressé commission; en ce cas, ces délais seront augmentés d'un jour par dix lieues. *Ibid.*, *art.* 2.

Lorsqu'il y a appel du jugement qui a ordonné l'enquête, ces délais ne courent que du jour du jugement, ou arrêt confirmatif; cela est indubitable à l'égard de la partie qui a appelé de l'appointement, car elle n'a pu, pendant l'appel, faire l'enquête contraire, puisque c'eût été renoncer à son appel, que d'y procéder; mais cela doit aussi avoir lieu même à l'égard de la partie contre laquelle on a appelé; car, quoiqu'elle eût pu faire son enquête, nonobstant l'appel, ces sortes de jugements s'exécutant par provision, on ne peut lui faire un crime d'avoir déféré à l'appel.

Le délai pour faire enquête est fatal, aussi bien que celui pour la parachever; c'est pourquoi, si, dans la première huitaine, la partie a manqué de commencer son enquête, elle en est déchue de plein droit; si elle l'a commencée, elle peut faire entendre des témoins pendant la deuxième huitaine, laquelle expirée, on n'en entend plus ; elle peut néanmoins demander au commissaire une prorogation, pour achever son enquête ; et le juge peut, si l'affaire le requiert, lui accorder une troisième huitaine, et non plus. *Ibid., art.* 2.

La partie qui veut faire son enquête commence par donner sa requête au juge devant qui elle doit être faite, lequel, en conséquence, rend son ordonnance, portant que les témoins seront assignés pour déposer devant lui à tel jour, telle heure.

La partie qui a obtenu son ordonnance assigne les témoins qu'elle veut faire entendre à personne, ou domicile, aux fins qu'ils aient à venir déposer ; et elle assigne sa partie adverse au domicile du procureur, pour qu'elle vienne les voir jurer, si bon lui semble. *Ibid., art.* 5.

Les assignations données, soit aux témoins, soit à la partie, doivent contenir le jour et l'heure auxquels lesdits témoins et la partie doivent comparoir. *Ibid., art.* 6. Il n'est pas nécessaire que ces assignations contiennent le nom du procureur de la partie à la requête de qui l'enquête doit être faite ; ainsi jugé par arrêts du 12 mai 1747, et 5 août 1763.

Si le juge, ou commissaire, étoit récusé, ou pris à partie, il devroit surseoir à l'audition des témoins jusqu'au jugement de la prise à partie, ou récusation ; hors ces cas, lorsque, au jour et heure de l'assignation, les témoins et la partie assignée pour les voir jurer comparoissent, le juge, ou commissaire, prend le serment des témoins en présence de la partie. Si cette partie et les témoins ne comparoissent pas, le juge, ou commissaire, ayant attendu une heure après l'échéance de celle indiquée par l'assignation, suivant l'article 6 du même titre, donne défaut contre la partie, et, pour le profit du défaut, ordonne qu'il prendra le serment des témoins, en son absence ; ce qu'il fait : il donne pareillement défaut contre les témoins qui ne pas sont comparus, et pour le profit, ordonne qu'ils seront réassignés. Il peut les condamner en dix livres d'amende, faute d'être comparus ; mais il ne doit les contraindre par emprisonnement, qu'en cas de manifeste désobéissance. *Ibid., art.* 8.

Les officiaux ne peuvent prononcer cette amende de 10 liv. contre les témoins qui sont assignés devant eux pour déposer, même contre des ecclésiastiques.

Le juge, ou commissaire, doit entendre chaque témoin séparément, hors la présence des parties, de tous autres témoins, et d'autres personnes que le greffier, pour rédiger la déposition. *Ibid.*, *art.* 15. Il faut cependant excepter les enquêtes sommaires, qui se font à l'audience.

Il est expressément enjoint aux juges de faire prêter eux-mêmes serment aux témoins, et recevoir leurs dépositions, sans que le greffier, ni autre, puisse les recevoir, ou rédiger hors la présence du juge. *Ibid.*, *art.* 13.

La prémice de la déposition de chaque témoin doit contenir, suivant l'*article* 14 *du même titre*, 1° le nom du témoin; 2° son surnom; 3° son âge; 4° sa qualité; 5° sa demeure; 6° la mention du serment prêté; 7° s'il est serviteur ou domestique, parent ou allié de l'une ou de l'autre des parties, et en quel degré.

Outre ces sept articles, l'usage veut encore que la prémice de chaque déposition contienne la représentation faite par le témoin de l'exploit d'assignation, la lecture faite du jugement ou appointement, qui contient les faits sur lesquels la preuve est ordonnée.

Le corps de la déposition doit contenir tout ce que le témoin aura dit sur le fait contesté; le juge ou commissaire ne doit rien retrancher des circonstances. *Ibid.*, *art.* 17.

On y ajoute, par apostilles ou renvois, ce que le témoin, lors de la lecture à lui faite, y aura augmenté, diminué, ou changé, lesquels renvois ou apostilles doivent « être si-« gnés par le juge et le témoin, s'il sait signer, sans qu'il « puisse être ajouté foi aux interlignes, ni même aux ren-« vois qui ne seroient pas signés; et si le témoin ne sait si-« gner, en sera fait mention sur la minute et sur la grosse. » *Ibid.*, *art.* 18.

La fin de la déposition doit contenir trois choses, que l'ordonnance requiert. *Ibid.*, *art.* 16.

1° Qu'il soit fait lecture au témoin de sa déposition; 2° qu'il soit tenu de déclarer si elle contient la vérité, et s'il y persiste ; 3° sa signature ou sa déclaration, qu'il ne sait ou ne peut signer.

L'ordonnance exige encore que le juge demande au témoin s'il requiert taxe ; et s'il la requiert, qu'il la lui fasse eu égard à la longueur du voyage, du séjour et de la qualité du témoin. *Ibid.*, *art.* 19.

Le juge, ou commissaire, fait dresser par son greffier, dans un cahier attaché à celui qui contient les dépositions des témoins, un procès-verbal de la confection de l'enquête, lequel contient huit choses : 1° le jour et l'heure des assignations données aux témoins pour déposer, et à la partie pour les voir jurer.

2° Le jour et l'heure des assignations échues.

3° La comparution tant des témoins que de la partie, ou défaut donné contre eux.

4° La prestation de serment.

5° Si elle s'est faite en présence ou en l'absence des parties.

6° Le jour de chaque déposition.

7° Le nom, surnom, âge et qualité des témoins.

8° Les réquisitions des parties, et les actes qui en sont accordés. *V. G.* Si un témoin prétend n'être pas tenu de déposer, il doit en être fait mention au procès-verbal. *Ibid.*, *art.* 22.

Lorsque l'enquête a été faite en vertu d'une commission adressée à un autre juge, par celui qui a ordonné l'enquête, le greffier de cette commission doit, dans les trois mois du jour qu'elle est achevée, remettre au greffier de la juridiction où le procès est pendant, la minute de l'enquête ou du procès-verbal, à peine de 200 livres d'amende, s'il y manque ; et il doit être délivré au greffier exécutoire de ses salaires, contre la partie à la requête de qui l'enquête a été faite, *ibid.*, *art.* 23, laquelle partie la lève au greffe : le greffier ne doit la délivrer qu'à elle. *Ibid.* *art.* 24.

La partie signifie d'abord le procès-verbal *de jurande* au procureur de l'autre partie ; et, du jour de cette signification, la partie à qui elle est faite a un délai de huitaine, ou de trois jours, suivant la juridiction, pour fournir des reproches contre les témoins entendus. *Ibid.*, *art.* 27.

Si les reproches étoient justifiés par écrit, ils pourroient être opposés même après ce délai. (Argum. de ce qui sera dit ci-après.)

Le délai étant expiré, la partie signifie son enquête à l'autre ; après cette signification, l'une ou l'autre peut poursuivre l'audience sur un simple acte. On y discute, tant les moyens de nullité contre l'enquête, que les moyens du fond.

Lorsque l'enquête se trouve nulle, si c'est par le fait de la partie, comme si elle l'a faite hors les délais, elle ne peut plus en faire d'autre, et le juge, sans y avoir égard, peut prononcer au fond. Si c'est par le fait du juge, *putà*, s'il n'a pas déclaré le nom des témoins, le juge la déclare nulle, et permet à la partie de la recommencer aux frais du juge par la faute de qui elle est nulle. *Ibid., art.* 36.

La partie peut, en ce cas, faire entendre les mêmes témoins qui ont été entendus dans l'enquête déclarée nulle.

Si la partie qui a fait l'enquête ne la levoit pas, soit qu'elle eût seulement levé ou signifié le procès-verbal de jurande, ou même qu'elle n'eût levé ni ce procès-verbal, ni l'enquête, alors l'autre partie doit la sommer, par acte signifié, de procureur à procureur, d'y satisfaire dans trois jours ; sinon, et après ce délai, elle peut lever le procès-verbal, et le greffier ne peut lui en refuser une expédition, en lui payant ses salaires de la grosse, et lui représentant la sommation faite à l'autre partie. *Ibid., art.* 28.

Mais si elle-même avoit fait une enquête, elle ne pourroit demander copie de l'enquête de l'autre partie, qu'elle n'eût donné auparavant copie de la sienne. *Ibid., art.* 33.

Si la partie contre laquelle l'enquête a été faite veut en tirer avantage, soit qu'elle ait fourni des reproches, ou renoncé d'en fournir, elle peut pareillement demander copie de l'enquête ; pour quoi elle aura un délai de huitaine pour lever le procès-verbal de jurande, et pareil délai pour lever l'enquête : en cas de refus, cette enquête doit être rejetée sans y avoir égard, en jugeant le procès. *Ibid., art.* 29, 30 *et* 31.

Observez que, dans tous les cas où une partie est obligée de lever l'enquête de l'autre partie, qui a négligé ou refusé de le faire, il doit lui être délivré exécutoire du coût de cette enquête, même du voyage, si elle a été obligée d'en faire pour cet effet. *Ibid.*, *art.* 28 et 30.

§. III. De la preuve qui résulte des enquêtes, et des témoins qu'on y fait entendre.

La déposition d'un seul témoin, quelque digne de foi qu'il soit, ne peut former la preuve du fait contesté, *etiamsi præclaræ curiæ honore præfulgeat*, dit la loi 9, §. 1, *Cod. de testibus.*

La déposition de deux témoins irréprochables suffit pour former la preuve, quand même ce seroit le père et le fils qui déposeroient du même fait. *L.* 12, ff. *de testibus. L.* 22, *tit.* 5. *L.* 7, ff. *eod. tit.*

Lorsque des témoins sont contredits par d'autres qui déposent le contraire, le juge ne doit pas toujours se décider par le plus grand nombre des témoins qui se trouvent d'accord sur un fait; mais il doit s'attacher aux dépositions qui, quoiqu'en moindre nombre, lui paroissent, soit par la qualité des témoins, soit par la manière dont ils ont déposé, et par la probabilité des choses, les plus dignes de foi.

Lorsque les choses sont à peu près égales de part et d'autre, le juge doit regarder le fait comme n'étant pas prouvé; les preuves qui sont contraires entre elles se détruisent de part et d'autre.

Quoiqu'un fait puisse être suffisamment prouvé par deux témoins, néanmoins on peut en faire entendre un plus grand nombre, soit pour rendre la preuve plus évidente, soit parceque celui qui fait entendre plusieurs témoins n'est pas toujours assuré que les témoins savent le fait sur lequel il les fait déposer, ou qu'ils le voudroient dire, quand même ils le sauroient; il ne faut pas cependant en multiplier le nombre inutilement, afin de ne pas multiplier les frais. L'ordonnance, *tit.* 22, *art.* 21, défend d'en faire entendre plus de dix sur un même fait; si la partie en faisoit entendre un plus grand nombre, ses frais ne lui seroient pas remboursés, quand même elle obtiendroit gain de cause avec dépens. *Même art.*

14.

On peut produire pour témoins dans les enquêtes les femmes aussi bien que les hommes, quoique les femmes ne puissent être témoins aux actes pour lesquels les témoins sont requis pour leur solennité ou validité, *V. G.*, un testament, ou autre acte par-devant notaire. La raison de différence est que, pour ces actes, les parties ayant le pouvoir de se choisir des témoins, elles ne doivent point avoir recours aux femmes, dès qu'elles peuvent trouver des hommes, et qu'on ne doit pas, sans un juste sujet, les faire sortir de leurs maisons, ni les faire trouver avec des hommes. Au contraire, dans les enquêtes, n'étant pas au pouvoir de la partie de se choisir ses témoins, ne pouvant assigner que les personnes qu'elle croit informées du fait, il ne doit pas lui être interdit d'avoir recours au témoignage des femmes.

Par la même raison, les religieux, quoiqu'ils ne puissent servir de témoins dans les actes où les témoins sont requis pour la solennité, ils peuvent néanmoins déposer dans les enquêtes, et être même contraints à déposer par saisie de leur temporel; *ordonnance de 1670, tit. 6, art. 3*; et leur témoignage fait foi.

Les impubères ne sont pas des témoins qui puissent faire une pleine foi, *propter lubricum consilii sui*; ils peuvent néanmoins être entendus, pour, par le juge, y avoir tel égard qu'il jugera à propos, lorsque les faits sur lesquels ils déposent sont des faits qui peuvent être à leur portée.

Les infâmes, et même ceux dont la réputation a reçu quelque atteinte par les accusations ou décrets, qu'ils n'ont pas encore purgés, ne sont pas des témoins dignes de foi; c'est donc un reproche valable, et qui doit faire rejeter les dépositions du témoin, si l'on oppose qu'il a été repris de justice, ou qu'il a été décrété; mais les reproches doivent être justifiés par écrit, soit par les sentences de condamnation, ou par les décrets, écrous et autres actes; autrement ils demeurent calomnieux. *Titre 23, art. 2.*

Les parents et alliés, jusqu'aux enfants des cousins issus de germains, inclusivement, ne peuvent, en matière civile, déposer en faveur de leurs parents, ni contre eux. *Tit. 22, art. 11.*

Cette règle souffre quelques exceptions, comme lorsqu'il est question de prouver l'état, la naissance, le décès, la parenté de quelqu'un, les registres étant perdus; et lorsqu'il s'agit de prouver quelque fait qui s'est passé dans le *secret* de la famille, comme les faits de sévices, en cas de demande en séparation d'habitation.

Par le droit romain, un serviteur ne pouvoit déposer pour son maître, suivant cette règle : *Idonei non videntur testes esse, quibus imperari potest ut testes fiant;* il ne pouvoit pas non plus déposer contre eux : *Servus contrà dominum interrogari non potest.* L'ordonnance ne s'explique pas formellement, si les serviteurs peuvent être témoins pour et contre leurs maîtres; elle dit seulement qu'il sera fait mention si le témoin est serviteur de quelqu'une des parties; ce qui paroît signifier qu'elle laisse à l'arbitrage du juge, quel égard il aura à la déposition de ce serviteur, plutôt qu'elle ne rejette absolument cette déposition.

Le pouvoir que nous avons sur nos serviteurs est bien différent, et bien moindre que celui qu'avoient les Romains sur leurs esclaves; les nôtres sont des personnes libres; néanmoins dans l'usage on n'admet guère les dépositions des serviteurs pour et contre leurs maîtres, sur-tout lorsqu'ils sont aussi *domestiques*, c'est-à-dire, lorsqu'ils logent chez nous, et sont employés à notre service domestique. Car à l'égard des ouvriers qui travaillent pour nous, nos vignerons, nos fermiers, ils peuvent déposer pour et contre nous.

Vice versâ, il y a des *domestiques* qui ne sont pas *serviteurs;* ce sont tous ceux qui vivent à même pot que la partie; la grande familiarité qui résulte de cette habitude peut rendre leur témoignage suspect; c'est pourquoi l'ordonnance dit : *Serviteurs ou domestiques.*

Il y a encore quelques autres causes pour lesquelles on peut reprocher les témoins, et demander le rejet de leurs dépositions, *putà*, 1° S'il y a présomption de séduction du témoin, comme si on met en fait que depuis l'assignation pour déposer, ou même depuis l'appointement qui ordonne l'enquête, la partie lui a fait quelque présent, lui a donné à manger, si elle s'est assurée par écrit de sa dépo-

6.

sition. *Arrêt du 11 août 1696, au tit. 5 du Journal des Au-*
diences.

2° Une partie peut reprocher un témoin avec qui elle a
un procès criminel, *Nov.* 90, *ch.* 7, ou même un procès
civil, lorsqu'il est considérable et de nature à indisposer.

3° C'est un très bon moyen de reproches si le témoin a
un avantage indirect dans l'affaire, car l'affaire est par là
sa propre affaire; or, personne ne peut être témoin dans
sa propre cause, *Nemo testis idoneus in re suâ intelligitur.*
Voyez le Commentaire de M. Jousse sur l'art. premier du
tit. 23; il s'étend beaucoup davantage sur les causes de reproches.

Les reproches, pour être admis, doivent être *circonstan-*
ciés, et non en termes vagues et généraux, *tit.* 23, *art.* 1.
V. G. Il ne suffiroit pas de dire qu'un témoin a été séduit
par la partie, il faut dire en quelle manière, quel présent la
partie lui a fait; il ne suffit pas de dire qu'un témoin est mon
ennemi, il faut articuler en quoi il est mon ennemi.

Ces reproches doivent être signifiés par acte de procureur à procureur, à la requête de la partie contre qui l'enquête est faite; mais le procureur doit pour cela se munir
d'un pouvoir spécial de la partie, ou lui faire signer l'acte
qui contient les reproches, *tit.* 23, *art.* 6. Autrement le
témoin pourroit demander réparation contre le procureur,
lorsque le reproche est injurieux. L'autre partie peut signifier de même ses réponses aux reproches. *Ibid., art.* 3.

Lorsque le fait de reproche est contesté, *putà,* que la
partie a fait des présents au témoin, ou lui a donné à
manger, le juge ne peut appointer les parties à informer,
c'est-à-dire, permettre la preuve de ce fait par enquête,
qu'en voyant le procès, *ibid., art.* 4, ou lorsque la cause
est portée à l'audience, si c'est une cause d'audience.

Les reproches doivent être jugés avant le procès, *ibid.,*
art. 5, ce qui n'empêche pas qu'ils ne puissent être jugés par
même sentence que le fond de l'affaire; et le juge pronon-
cera ainsi: *sans avoir égard aux reproches contre tel té-*
moin, au principal, disons, etc.; ou bien, *ayant égard*
aux reproches..... ordonnons que leurs dépositions seront
rejetées,..... et au principal, etc.

Au reste, les juges doivent opiner sur les reproches avant que d'opiner sur le fond; et lorsque les reproches sont jugés valables, les dépositions ne doivent pas être lues. *Ibid.*, *art.* 5.

Des interrogatoires sur faits et articles.

Dans le cours d'une instance, une partie qui ne peut prouver par écrit, ni par témoins, un fait d'où dépend la décision de la cause, peut en chercher la preuve dans les réponses que fera l'autre partie, en la faisant interroger par le juge.

§. I. Quelles personnes peut-on faire interroger?

L'ordonnance, tit. 10, *art.* 1, porte : « Permettons aux « parties de se faire interroger. » Il n'y a donc régulièrement que les parties au procès qu'on peut faire interroger.

Néanmoins lorsqu'un tuteur est partie en sa qualité de tuteur, quoique ce ne soit pas lui qui soit partie, on peut le faire interroger sur faits et articles, suivant le sentiment des meilleurs praticiens, tel qu'Imbert. *L.* 1, *ch.* 38, *n.* 4. On peut aussi faire interroger le mineur lorsqu'il est pubère et en état de répondre, quoiqu'il ne soit partie que par son tuteur, et qu'il n'ait pas, par lui-même, *legitimam standi in judicio personam.*

Dans les causes où le mari est partie avec sa femme, ou même sans sa femme, comme seigneur des actions mobiliaires de sa femme, on peut faire interroger l'un et l'autre. La femme n'a pas besoin, pour cela, de l'autorisation de son mari. *Arrêt du* 17 *décembre* 1713.

On peut même faire interroger un chapitre, ou autre communauté partie dans un procès : cette communauté répondra par une personne à qui elle passera un pouvoir spécial de répondre telle ou telle chose, sur chacun des faits communiqués à la communauté. *Ibid., art.* 9.

Le même article permet aussi de faire interroger les syndics, procureurs et autres qui ont agi par ordre de la communauté, sur les faits qui les concernent en particulier; l'article ajoute *pour y avoir tel égard que de raison;* car les dépositions d'un syndic, ou autre personne semblable qui pourroit quelquefois être corrompue, pour trahir les intérêts de son corps, ne doivent pas faire une aussi pleine foi contre son corps, qu'en fait la réponse d'un particulier contre lui-même, lorsqu'il a répondu dans sa propre cause.

§. II. Sur quels faits peut-on permettre cet interrogatoire ? Sur quels faits le commissaire peut-il interroger ?

L'art. 1 du tit. 10 de l'ordonnance déclare que cet interrogatoire se fait *sur faits et articles* concernant seulement la matière dont est question, c'est-à-dire, qui tendent à la décision de la cause.

Le juge, ou commissaire à l'interrogatoire, peut interroger, non seulement sur des faits contenus en la requête de la partie, sur laquelle elle a obtenu permission de faire interroger, et qui ont été communiqués à la partie qui doit être interrogée; mais il peut l'interroger d'office sur tels autres faits qui y auront rapport, suivant qu'il jugera à propos, quoiqu'il n'ait point été donné copie de ces faits. *Ibid., art.* 7. Dans la règle, ces faits secrets ne doivent pas être fournis par la partie qui poursuit l'interrogatoire.

§. III. En quel état de cause cet interrogatoire peut-il être demandé ; et par qui se fait-il ?

Cet interrogatoire peut être demandé *en tout état de cause, ibid., art.* 1, en cause principale comme en cause d'appel.

Dans nos juridictions, cet interrogatoire se fait par le commissaire enquêteur; dans les juridictions où il n'y en a point, il se fait par un des juges commis à cet effet, ou par le juge même lorsqu'il est seul. Si l'affaire est distribuée à un rapporteur, il doit faire l'interrogatoire. Quelquefois on commet un juge étranger, à qui on adresse une commission ; cela est sur-tout nécessaire si la partie qu'on veut faire interroger demeuroit hors le territoire de la juridiction. C'est pourquoi l'art. 1 du tit. 10 porte : «Par-« devant le juge où le différent est pendant ; et en cas d'ab-« sence de la partie, par-devant le juge qui sera par lui « commis. »

§. IV. De la procédure pour les interrogatoires sur faits et articles.

La partie qui veut faire interroger l'autre, donne sa requête au juge, laquelle contient les faits sur lesquels il veut la faire interroger : le juge met au bas de la requête son ordonnance, portant permission d'assigner la partie par-devant lui, à certain jour et heure, pour répondre sur les faits contenus en la requête. *Ibid.*, *art.* 2.

Lorsque le juge qui répond la requête n'est pas celui qui doit faire l'interrogatoire, il permet seulement de faire interroger par-devant un tel commissaire ; et il faut aller présenter une nouvelle requête au commissaire, pour qu'il accepte la commission, et donne jour et heure, ce qu'il met au bas de la requête.

La partie poursuivant en conséquence de cette ordonnance, donne assignation à l'autre partie, pour comparoir au jour et à l'heure marqués, pour subir interrogatoire, et lui donne copie, tant de l'ordonnance que des faits et articles. Cette assignation ne doit point être donnée au domicile du procureur, mais au domicile de la partie qu'on veut faire interroger, ou à sa personne. *Ibid.*, *art.* 3.

La personne assignée doit comparoir au jour et à l'heure indiqués en l'hôtel du juge, pour subir interrogatoire. Elle est tenue de répondre de vive voix, et non par procureur ou par écrit. *Ibid.*, *art.* 6.

Si elle ne peut comparoir, elle doit faire présenter un exoine, c'est-à-dire, un certificat de l'impuissance où elle est de comparoir, donné par un médecin ou chirurgien ; et le juge doit ordonner alors qu'il se transportera au domicile de la partie. *Même art.*

La partie étant comparue, le commissaire lui fait prêter serment, l'interroge sur chacun des faits dont il lui a été donné copie, et fait rédiger, par le greffier, les réponses sur chacun desdits faits ; il peut même l'interroger d'office sur des faits qui ne lui aient point été communiqués, *ibid.*, *art.* 7; et les réponses doivent être *précises et pertinentes*. *Ibid.*, *art.* 8.

Si la partie comparoît, mais refuse de répondre, soit à tous, soit à quelqu'un des faits, pour quelque raison que ce soit, *V. G.*, parce qu'ils ne sont pas pertinents, le commissaire doit renvoyer la partie à l'audience, pour statuer sur l'incident; et, s'il est jugé que les faits sont pertinents, elle sera tenue de comparoir de nouveau, et on observera la même procédure.

§. V. Des effets des interrogatoires.

L'effet de ces interrogatoires est de tirer une preuve, contre la partie à qui on les fait subir, qui peut résulter des aveux et confessions contenus dans ses réponses.

On peut aussi tirer des arguments contre elle, des contradictions qui se trouveroient dans ses réponses.

Au surplus, celui qui fait subir à sa partie cet interrogatoire, n'entend pas s'en rapporter à ce qu'elle répondra; en quoi cet interrogatoire est très différent du serment *décisoire.* C'est pourquoi cet interrogatoire ne peut faire de preuve que contre la partie qui le subit, et non point en sa faveur : on ne peut pas néanmoins syncoper ou diviser ses réponses; la partie qui veut en tirer avantage doit prendre ces réponses en entier, et elle ne peut tirer avantage d'une partie de la réponse, si elle rejette l'autre.

§. VI. De la peine de la partie qui refuse de comparoir ou de répondre.

Lorsque la partie assignée ne comparoît pas, ou qu'elle refuse de répondre sans en dire la raison, même depuis que le fait a été jugé pertinent, le juge en doit dresser un procès-verbal sommaire, sans qu'il soit besoin d'ordonner que la partie sera réassignée; et, lors du jugement, il doit tenir les faits pour avérés et confessés. *Ibid., art.* 4. Il faut excepter le cas où un tuteur est en cause pour son mineur; car, quoiqu'il refuse de répondre, les faits ne peuvent être tenus pour avérés au préjudice du mineur. Il en faut aussi excepter les matières bénéficiales. *Voyez Bornier, sur le titre* 10 *de l'ordonnance, ibid.*

La partie néanmoins peut éviter cette peine en se présentant avant le jugement, ou même sur l'appel, pour subir interrogatoire : elle y doit être reçue sans retarder le jugement du procès, et à la charge de payer par elle les frais de l'interrogatoire, d'en donner copie à la partie, et de rembourser les frais du premier procès-verbal sans répétition. *Ibid.*, *art.* 5. *Voyez* aussi le procès-verbal de *l'ordonnance.*

La partie qui veut se servir de l'interrogatoire en lève le procès-verbal, le signifie et en fait lecture à l'audience; ou, si c'est en procès par écrit, elle le produit par production nouvelle. En cause d'audience, les inductions tirées d'un interrogatoire doivent se plaider et se contredire verbalement par les avocats, et non par des écritures signifiées.

ARTICLE VI.

Des appointements en droit, à mettre, et autres.

Lorsque les juges, sur la plaidoirie des avocats, ne se trouvent pas assez instruits pour juger la cause, parcequ'elle est de trop difficile discussion, ils prononcent l'appointement en droit, ou à mettre, ou de délibéré; quelquefois même ils renvoient les parties devant leurs avocats et procureurs, ou devant des arbitres, pour les entendre et régler.

§. I. Ce que c'est que l'appointement en droit, ou à mettre.

L'appointement en droit est une sentence interlocutoire, par laquelle le juge, qui ne se trouve pas assez pleinement instruit de la cause pour pouvoir la juger à l'audience, ordonne que les parties produiront chacune leurs titres et pièces, et donneront sommairement par écrit les moyens de droit sur lesquels elles se fondent.

L'appointement à mettre est aussi une sentence interlocutoire, par laquelle on ordonne que les parties mettront entre les mains de l'un des juges, qui ont assisté à l'audience, leurs titres et pièces, et donneront par écrit sommairement les moyens qu'elles en tirent.

Il suit de ces définitions, que l'appointement en droit ne doit avoir lieu que lorsque la décision de la cause dépend non seulement de l'examen des titres et pièces, qui n'a pu se faire à l'audience, mais encore de quelques questions de droit qui ont besoin d'être discutées par des avocats.

Dans les procès qui ne sont que de faits dépendants d'un examen de titres et pièces, qui ne peut se faire à l'audience, il y a lieu à l'appointement à mettre.

C'est une règle commune à l'un et à l'autre appointement, qu'ils ne peuvent être prononcés que lorsque le juge ne peut faire autrement ; car, selon l'ordonnance du 11 février 1519, *art.* 9, tout ce qui peut se juger à l'audience y doit être jugé.

Dans la plupart des affaires, la loi charge l'honneur et la conscience des juges, de prononcer ces appointements; il y a néanmoins certaines matières dans lesquelles il est défendu expressément de les prononcer.

Telles sont, 1° toutes les matières sommaires. *Tit.* 17, *art.* 10.

2° Les matières de déclinatoires, renvois, incompétence. *Tit.* 6, *art.* 3.

3° Les questions sur la solvabilité d'une caution. *Tit.* 28, *art.* 3.

4° Celles sur les faits et reproches des témoins. *Tit.* 23, *art.* 4.

5° Celles sur les récusations de juges. *Tit.* 24, *art.* 27.

6° Les causes où l'on évoque le principal. *Tit.* 6, *art.* 2.

7° Les oppositions à la publication des monitoires. *Tit.* 7, *art.* 8 et 9 de *l'ordonnance* de 1670.

8° En matière d'aides dans les élections, sauf les cas exprimés par la déclaration du 30 janvier 1717, registrée en la cour des Aides, le 20 février suivant.

Enfin, dans les causes qui se jugent par défaut. *Tit.* 5. *art.* 4, *de l'ordonnance* de 1667.

On ne peut prendre ces appointements au greffe ; ils doivent être prononcés à l'audience, sur les plaidoiries contradictoires des avocats ou procureurs, et à la pluralité des voix, à peine de nullité. *Tit.* 11, *art.* 9 *et* 32.

Il y a néanmoins quelques matières pour lesquelles on les prend au greffe : telles sont les redditions de comptes, liquidations de dommages et intérêts, appellations de taxes de dépens. *Ibid.*, *art.* 10.

Elle ordonne, par l'article 9, que les juges délibéreront si on appointera, ou non, avant que d'ouvrir leurs opi-

nions sur le fond; ce qui a été introduit de peur que les
parties, venant à avoir connoissance des opinions, missent
tout en œuvre pour se procurer un rapporteur favorable,
ou sollicitassent une évocation lorsqu'elles sauroient que
les opinions n'étoient pas en leur faveur.

L'ordonnance, même article, semble résoudre la question de savoir si, lorsque la cause est décidée de nature à
être jugée à l'audience, les juges qui ont été pour l'appointement peuvent opiner au fond. La raison de douter est,
que l'opinion dont ils avoient été, étoit un aveu qu'ils n'é-
toient pas suffisamment instruits de la cause. Néanmoins,
on doit décider qu'ils pourront opiner au fond, parceque
les opinions des autres juges ont pu achever de les instruire.

L'instruction sur l'appel, d'une sentence rendue en procès
par écrit, se fait aussi par écrit en cause d'appel. On obtient, à cet effet, un jugement interlocutoire qui porte :
« Après que l'appelant a conclu au mal jugé, et l'autre
« partie au bien jugé, le procès demeurera pour conclu et
« reçu. » C'est ce qu'on appelle *appointement de conclusion.*

Lorsque, dans une instance appointée, l'une des parties
forme de nouvelles demandes, qui sont de nature à être jugées avec la demande principale, on doit obtenir un jugement à l'effet de joindre l'incident à la contestation principale. C'est ce qu'on appelle *appointement de jonction.*

§. II. De la procédure sur l'appointement en droit.

Après que l'appointement a été prononcé, le procureur
le plus diligent signifie à l'autre la copie de ses avertissements.

On appelle *avertissement* une pièce d'écriture composée
par un avocat, qui contient les moyens de droit de sa partie. Ensuite le procureur fait son inventaire de production.
Cet inventaire est un acte qui contient la description de
tous les titres et pièces qu'il produit, et les rôles des pièces ;
car les pièces produites doivent être cotées par première et
dernière, ou par les lettres de l'alphabet; et l'inventaire doit
contenir ces cotes. Cet inventaire doit être un peu raisonné,
et contenir en peu de mots le motif pour lequel on produit
chaque pièce, et l'induction qu'on en tire ; mais il ne doit

contenir aucune raison de droit. Cet inventaire ne se signifie pas à l'autre partie ; mais il se met dans un sac avec
tous les autres titres, pièces et procédures : c'est ce qui
forme la *production*.

Le procureur met cette production au greffe, et garde
un double de cet inventaire, pour la sûreté de ces pièces.
Le greffier doit les collationner, et écrire sur chacune,
apportée au greffe. Il est défendu de faire des productions
en blanc, *tit.* 11, *art.* 33, à peine d'amende contre le procureur, et contre le greffier qui reçoit les productions.
Voyez le procès-verbal de l'ordonnance.

Aussitôt que la production de l'une des parties est au
greffe, le président peut distribuer le procès à l'un des
juges du tribunal, qui s'en charge sur le registre du greffe ;
mais il attend ordinairement qu'il y ait un certain nombre
de procès au greffe pour faire cette distribution.

Lorsque l'affaire requiert célérité, la partie présente requête pour que le procès soit distribué extraordinairement.
On met *viennent* sur cette requête ; et, sur un simple acte,
l'incident est porté à l'audience, et il y est statué.

Lorsque le procureur a mis sa production au greffe, il
signifie à l'autre procureur qu'il a produit. C'est ce qui
s'appelle *acte de produit*.

Lorsque le procès a été distribué, le procureur doit aussi
le signifier avec le nom du rapporteur.

C'est du jour de la signification de l'acte de produit que
court le délai qu'a l'autre partie pour produire de son côté,
répondre aux avertissements, fournir les contredits contre
les titres et pièces de la partie qui a produit.

Ces contredits ne peuvent être faits que par les avocats,
et les procureurs ne peuvent prétendre avoir le droit de les
faire concurremment avec eux, suivant le règlement du
28 novembre 1693 ; car ce règlement dit le contraire ; en
voici les propres termes : « Les avocats feront les griefs,
« causes d'appel, moyens de requête civile, réponses,
« contredits, salvations, avertissements, etc. »

Ces contredits doivent se signifier au procureur de l'autre
partie. Le délai pour les donner est de huitaine, non compris les délais de signification.

Après ce délai expiré, le rapporteur peut juger l'affaire sur la seule production de la partie qui a produit, sans qu'il soit nécessaire de faire aucune sommation à la partie qui n'a pas produit, ni d'obtenir un jugement qui la déclare *forclose* de produire. *Tit.* 14, *art.* 8.

L'ordonnance déclare ces procédures inutiles, et veut que la partie qui n'a pas produit dans le délai, en soit *forclose de plein droit.*

Elle peut néanmoins après le délai, lorsque l'affaire n'est pas jugée, signifier les réponses aux avertissements ou contredits, et produire de son côté, soit au greffe, si l'affaire n'est pas encore distribuée, soit entre les mains du rapporteur, si elle l'est.

Du jour de la signification de l'acte de produit de l'autre partie, court le délai de huitaine qu'a l'autre partie pour fournir ses salvations, c'est-à-dire, ses réponses aux contredits signifiés, et pour contredire, de son côté, la production de cette partie. Ces salvations doivent aussi être signifiées comme les contredits, sinon elles doivent être rejetées du procès, *ibid.*, *art.* 12 ; elles sont du ministère des avocats. *Règlement de* 1693, *ci-dessus cité.*

Le procureur de chaque partie peut prendre communication de la production de la partie adverse ; mais elle ne doit pas lui être accordée si elle n'a produit, ou renoncé de produire, c'est-à-dire, signifié, par un acte signé de son procureur, qu'elle n'a rien à produire, et qu'elle se réserve seulement de contredire la production de la partie adverse. *Ibid.*, *art.* 9.

L'ordonnance veut, *ibid.*, *art.* 10, que cette communication se fasse par les mains du rapporteur, et que la production ne soit pas communiquée au procureur sur son récépissé. Le motif a été afin que le retardement qu'apporteroient les parties à rendre les productions qui leur auroient été communiquées, ne retardât pas le jugement du procès. M. le premier président remontra, lors des conférences, que cet article seroit impossible dans l'exécution. Aussi ne s'exécute-t-il pas ; mais on oblige les parties, par des exécutoires d'une somme par chacun jour de retard, à rendre les procès qui leur ont été communiqués; et on décerne, en certains cas, une contrainte par corps.

Les procureurs peuvent aussi, sur leur récépissé, retirer des mains du rapporteur leur propre production, pour répondre à ce qui leur est signifié de la part de la partie adverse.

Lorsque, depuis l'appointement, l'une des parties a quelque demande incidente ou appellation incidente à former, elle la forme par une requête, qu'elle produit par production nouvelle entre les mains du rapporteur, avec les pièces qui y servent de fondement, ensemble un inventaire de cette production, et elle signifie le tout à l'autre partie.

C'est une différence qu'il y a entre une *production nouvelle* et une *production principale*, qui ne se signifie pas, mais qui se communique par les mains du rapporteur.

Le rapporteur rapporte cette requête à la chambre, et, s'il est jugé que cette demande incidente soit connexe à l'affaire principale, on rend sans frais un règlement portant que l'autre partie *répondra, produira et écrira de sa part*, dans trois jours, ou autre plus bref délai, à l'incident qui sera joint au principal.

S'il n'y a point de connexité, on renverra devant le premier juge.

Dans notre siége, ce n'est point sur le rapport du rapporteur, mais à l'audience, qu'on prend ce règlement, qu'on appelle *appointement en droit et joint*.

Ceci contient une seconde différence par rapport aux productions nouvelles, à l'égard desquelles le délai, pour y répondre, n'est que de trois jours, au lieu qu'il est de huitaine pour les productions principales.

La partie à qui cette production nouvelle est signifiée, ne doit y répondre que par une simple requête, *tit.* 11, *art.* 25, ce qui fait une troisième différence.

Pareillement, si, depuis que l'une des parties a produit, elle découvre de nouvelles pièces, elle les produit par une simple requête, qui sera signifiée et jointe au procès en la forme ci-dessus dite; et l'autre partie y répondra de même, dans le délai de trois jours, par simple requête. *Ibid.*, *art.* 26.

§. III. De la procédure sur l'appointement à mettre.

Lorsque l'appointement à mettre a été prononcé, le procureur le plus diligent peut produire entre les mains du rapporteur-commissaire qui est nommé par le jugement.

Cette production est composée des procédures et des titres sur lesquels la partie se fonde, et d'un inventaire de production qui contient sommairement l'état des pièces et les arguments que la partie en tire.

On ne doit faire aucunes écritures sur cet appointement; l'instruction se borne à ce que nous venons de dire. Le procureur qui a produit signifie à l'autre qu'il a produit; et du jour de cette signification court le délai qu'a l'autre partie de produire, lequel délai est de trois jours. *Tit.* 11, *art.* 13; *tit.* 14, *art.* 7. Il faut convenir cependant que l'usage a prévalu de faire des écritures dans ces sortes d'appointements, comme dans les appointements en droit; et, pour autoriser cet usage, on cite un arrêt du 22 février 1695, rendu sur une délibération de la communauté des procureurs au parlement, par lequel il est ordonné que les procureurs ne pourront produire, dans les instances d'*appointé à mettre,* sans au préalable signifier les moyens qu'ils emploieront; sinon que la procédure sera rejetée, et le procureur privé de ses frais, même sans répétition contre sa partie.

§. IV. Des appointements de délibéré et de renvoi devant des arbitres.

L'appointement de *délibéré sur le bureau* est une sentence interlocutoire par laquelle, lorsque l'affaire ne peut être facilement jugée à l'audience, et ne mérite pas néanmoins, par sa nature, un appointement à mettre ou en droit, on ordonne que les pièces des parties seront mises entre les mains d'un des juges, pour, sur le rapport desdites pièces, en être délibéré.

En exécution de cet appointement, les avocats chargés de l'affaire, ou les procureurs, devroient remettre sur-le-champ leurs pièces au greffier, qui les enverroit au rapporteur au sortir de l'audience; mais cela ne s'observe pas : les procureurs retirent leurs dossiers des mains de l'avocat, et les envoient chez le rapporteur après que le jugement a été signifié. On ne fait, en exécution de cet appointement, aucun inventaire, aucunes écritures, et on ne signifie aucun acte. Si l'on faisoit néanmoins quelque acte de procédure, quelque demande incidente, il faudroit faire juger qu'elle seroit jointe au délibéré.

On remet les dossiers au rapporteur tels que l'avocat les avoit; c'est pourquoi ces appointements ne forment pas un procès par écrit. La cause, nonobstant cet appointement, est une cause verbale.

Le rapporteur, lorsqu'on lui a remis les pièces, rapporte l'affaire en la chambre du conseil. Sur son rapport, l'affaire est jugée sans frais et sans épices. Il en dresse le jugement, qui se prononce à la prochaine audience, et s'écrit sur le plumitif de l'audience, avec les autres causes qui s'y jugent.

Ces appointements de délibéré sur le bureau ont lieu principalement dans les matières sommaires. Les bons juges les permettent aussi dans les matières ordinaires, lorsqu'ils croient que la simple vue des pièces les instruira suffisamment pour les mettre en état de juger; et ils évitent par ce moyen, aux parties, les frais que causent les appointements *en droit et à mettre*.

Il y a une autre espèce de délibéré. Quelquefois les juges, pour mieux discuter l'affaire qui vient d'être plaidée, font retirer l'audience, prennent les pièces, et, après avoir mûrement délibéré, font rentrer l'audience, et prononcent la sentence.

Il y a certaines causes que les juges renvoient devant les avocats des parties, ou devant quelques autres personnes, pour être terminées par leurs avis. Lorsque le jugement de renvoi a été prononcé, les parties remettent leurs pièces aux arbitres qui donnent leurs avis par écrit; la partie qui en poursuit l'exécution le signifie à l'autre, et donne un avenir à l'audience pour y faire prononcer l'homologation de cet avis.

CHAPITRE IV.

Comment les instances sont interrompues, reprises ou périmées.

ARTICLE PREMIER.

De l'interruption des instances.

Les instances peuvent être interrompues ou par des lettres d'état, ou par la mort et le changement d'état, soit des parties, soit des procureurs.

SECTION PREMIÈRE.

Des lettres d'état.

§. I. Ce que c'est, à qui et comment elles s'accordent et se prorogent.

Les lettres d'état sont des lettres par lesquelles le roi ordonne qu'il soit sursis, pendant un certain temps, à toutes poursuites contre celui qui les a obtenues.

Elles sont appelées *lettres d'état*, ou parceque le procès doit demeurer dans le *même état* qu'il étoit lorsqu'on les a signifiées, pendant tout le temps de la surséance, ou parcequ'elles sont accordées à des personnes occupées au *service de l'état*. Quelques anciennes ordonnances les appellent *lettres de surséance*. Voyez *la déclaration du roi du 23 décembre 1702, servant de règlement pour les lettres d'état.*

Elles ne doivent être accordées qu'aux officiers servant actuellement dans les troupes sur terre ou sur mer, et à des personnes employées hors de leur résidence à des affaires importantes pour le service du roi. Elles ne peuvent être expédiées qu'après qu'elles ont été signées du très exprès commandement du roi, par le secrétaire d'état. *Même déclaration de 1702, art. 1 et 2.*

Elles s'accordent pour le temps de six mois, qui courent du jour de leur date, et elles ne peuvent être prorogées par de nouvelles lettres, plus tôt que quinze jours avant l'expiration du temps des premières, et en cas de continuation de service actuel. *Même déclaration, art. 3.*

14. 7

Il ne peut y avoir lieu à cette prorogation lorsque la sur-séance a été levée par arrêt du conseil d'état; et les lettres obtenues depuis l'arrêt ne peuvent avoir effet pour les af-faires pour lesquelles la surséance auroit été levée, mais seulement pour celles que l'impétrant pourroit avoir d'ail-leurs. *Ibid., art.* 27.

Il en est de même lorsque celui qui les a obtenues s'en est désisté. *Ibid., art.* 10.

§. II. A qui peuvent servir les lettres d'état, contre qui et pour quelles affaires?

Les lettres d'état ne peuvent servir qu'à celui qui les a obtenues pour ses propres affaires, et pour celles de sa femme, quoique séparée de lui, pour les affaires qu'elle auroit contre d'autres que contre son mari. *Ibid., art.* 6 *et* 7.

Mais elles ne peuvent servir aux pères et mères, ni autres parents de celui qui les a obtenues, ni à ses coobligés et cautions. *Ibid., art.* 6.

Elles ne lui peuvent servir que pour ses propres affaires, et non pour celles de ses pupilles. *Ibid., art.* 8.

Elles ne peuvent arrêter le cours même des instances dans lesquelles l'impétrant auroit intérêt, lorsqu'il n'a point été reçu partie intervenante, et donné copie du titre sur lequel est fondée son intervention. *Ibid., art.* 18. Si ce titre d'intervention est une cession ou transport, il faut, ou qu'elle soit contenue dans un contrat de mariage ou partage de fa-mille, ou qu'elle soit antérieure de six mois à la significa-tion des lettres d'état, si le titre est par-devant notaires, et d'un an, du jour qu'il aura été reconnu en justice, s'il est sous seing-privé. *Ibid., art.* 19.

Les lettres d'état ne peuvent être opposées dans les af-faires où le roi a intérêt, ni dans celles où les hôpitaux de Paris sont intéressés. *Ibid., art.* 4 *et* 24.

Elles ne peuvent servir à l'impétrant, ni en matière cri-minelle, ni en matière de faux incident en matière civile, *ibid., art.* 5; ni en matière de partage de succession, *ibid., art.* 21; ni en matière de restitution de dot, paiement de douaire, et conventions matrimoniales, *ibid., art.* 22; ni lorsqu'il s'agit du paiement des légitimes des puînés, de pensions viagères, aliments, médicaments, frais funéraires, gages de domestiques, journées d'artisans, loyers de maisons, arrérages de rentes seigneuriales et foncières, et redevances de baux emphytéotiques; de même lorsqu'il s'agit de reliquats de compte de tutelle, ou même d'instance en reddition de compte, *ibid.*, *art.* 20, *et art.* 19 *du tit.* 29, *ordonnance de* 1667; ni pour maniement de deniers publics, dépôts nécessaires, cautions judiciaires, lettres et billets de change, et exécution de société de commerce, *ibid.*, *art.* 23. Elles ne peuvent non plus retarder le paiement du prix des biens immeubles que l'impétrant auroit acquis en justice, ou même volontairement, *ibid.*, *art.* 14; encore moins le prix de la charge dont il est revêtu, ou le peiement *d'un brevet de retenue* sur ladite charge, *ibid.*, *art.* 13. Ceux qui ont intenté une demande en retrait lignager ou féodal ne peuvent se servir de lettres d'état, pour retarder le remboursement qu'ils doivent faire à l'acquéreur, *ibid.*, *art.* 15; ni les opposants à un décret ou à une saisie mobiliaire, pour retarder les poursuites et la vente. *Ibid.*, *art.* 16 *et* 17.

§. III. De l'effet des lettres d'état.

L'effet des lettres d'état est d'empêcher, du jour de leur signification, toutes les poursuites des parties à qui elles sont signifiées, à peine de nullité des procédures qu'elles feroient, et de tous dépens, dommages et intérêts, et sans qu'elles pussent s'aider des jugements qui seroient intervenus au préjudice de ces lettres. *Ibid.*, *art.* 26.

Ce qui a lieu, quand même ces lettres seroient débattues d'obreption et de subreption, pour autres cas que ceux ci-dessus spécifiés, sauf aux parties à se retirer devers le roi, sans retardation de l'effet desdites lettres. *Ibid.*, *art.* 26.

Elles ne peuvent pourtant arrêter le jugement définitif, si les juges ont commencé les opinions avant la signification. *Ibid.*, *art.* 11.

SECTION II.

De l'interruption des instances par mort ou changement d'état.

Lorsque, pendant le cours d'une instance qui n'est pas encore en état d'être jugée, l'une des parties vient à mourir, dès-lors le procureur du mort ne peut plus faire aucune procédure; car c'est une règle générale de droit, que le mandat finit par la mort du mandant. Néanmoins, lorsqu'il ignore la mort, la procédure qu'il fait peut être valable.

Pareillement, l'autre partie ne peut plus faire de procédure contre la partie dont on lui a signifié la mort; car on ne peut pas plaider contre les morts; mais, tant qu'on ne la lui a pas signifiée, la procédure qu'elle fait, quoique depuis la mort, est valable, car elle peut prétendre l'avoir ignorée. *Tit.* 26, *art.* 2 *et* 3.

L'article 2 porte que si la cause, instance ou procès, ne sont en état, les procédures faites depuis le décès de l'une des parties sont nulles, s'il n'y a reprise.

L'article 3 apporte ce tempérament, que le procureur qui saura le décès sera tenu de le signifier à l'autre, et que les poursuites seront valables jusqu'au jour de la signification.

Tout ce qui vient d'être dit de la mort reçoit pareillement application au cas auquel une fille, ou une veuve qui seroit en instance, viendroit à se marier; car passant, par son mariage, sous la puissance de son mari, elle n'a plus *legitimam standi in judicio personam;* elle n'est plus capable d'ester en jugement sans son mari, sous la puissance duquel elle est passée; c'est pourquoi son procureur, qui sait son changement d'état, ne peut plus faire aucune procédure pour elle, et l'autre procureur n'en peut plus faire contre elle, dès qu'on lui a signifié son changement d'état.

Il en est de même lorsqu'une personne qui étoit en instance, non en son propre nom, mais en quelque qualité, comme de tuteur, de fabricier, cesse, pendant l'instance, d'avoir cette qualité par la majorité de son mineur, ou par la subrogation de nouveaux fabriciers; elle ne peut plus dès lors procéder, et les procédures faites contre elle par l'autre partie, à qui l'on a signifié que sa qualité a cessé, sont pareillement nulles.

Une instance est interrompue, non seulement par la mort, le changement d'état et de qualité de l'une des parties, elle l'est aussi par la mort de l'un des deux procureurs, ou lorsqu'il cesse de pouvoir faire ses fonctions, soit qu'il ait résigné son office à un successeur qui s'est fait recevoir en sa place, soit parcequ'il a été interdit; la partie de ce procureur se trouvant par-là sans défenseur, l'autre ne peut plus poursuivre ses procédures; il n'est pas même nécessaire que cette mort du procureur, ou ce changement d'état, soit signifié, car cela ne peut s'ignorer dans une juridiction.

A l'égard de la révocation qu'une partie fait de son procureur, la signification qui en est faite à la partie adverse est sans effet, si elle n'est accompagnée de la constitution d'un nouveau procureur; et, sans cela, la partie adverse peut continuer la procédure, et signifier valablement au procureur révoqué, afin qu'il ne soit pas au pouvoir d'une partie d'arrêter le cours d'une instance par une révocation.

Lorsqu'une affaire est distribuée à un rapporteur, elle peut encore souffrir quelque interruption par la mort du rapporteur à qui elle est distribuée, ou lorsqu'il résigne son office, ou se déporte du rapport. En ce cas, le rapporteur, ou ses héritiers, remettent au greffe les productions.

La partie qui veut aller en avant présente requête, sur laquelle elle fait distribuer le procès à un autre rapporteur; et elle en donne avis à l'autre partie par acte de procureur à procureur.

SECTION III.

Des reprises d'instances et constitution de nouveau procureur.

§. I. Des reprises d'instances.

La mort, ou le changement d'état d'une des parties, n'éteint pas l'instance; elle ne fait que l'interrompre, jusqu'à ce que les personnes qui succèdent aux droits de la partie l'aient reprise, ou aient été condamnées à la reprendre.

De là il suit qu'il y a deux espèces de reprises : *la reprise volontaire et la reprise forcée.*

La reprise volontaire est la déclaration que font les héritiers , ou autres successeurs universels, qu'ils reprennent l'instance dans laquelle le défunt étoit partie , et entendent la poursuivre.

Je ne pense pas que les successeurs à titre singulier puissent reprendre l'instance , ils peuvent seulement intervenir ; mais les successeurs universels peuvent la reprendre, du chef de la partie décédée , tels que les légataires universels qui reprennent l'instance par elle commencée, et déclarent qu'ils entendent la poursuivre suivant *les derniers errements.*

On n'en excepte pas même les instances de séparation d'habitation , dans lesquelles l'héritier ou le légataire universel de la femme peuvent, après son décès, reprendre l'instance , à cause des demandes accessoires à cette séparation , ainsi qu'il a été jugé par arrêt du 28 mai 1746 , au profit du Sr de Bouillé, légataire universel de la marquise du Pont-du-Château.

La reprise d'instance se fait au greffe par le procureur qui y comparoît pour la faire; le greffier lui en délivre un acte , qu'on appelle *acte de reprise d'instance ;* le procureur signifie cet acte au procureur de l'autre partie , et dès ce moment, sans qu'il soit besoin qu'il intervienne aucun jugement, l'instance est reprise et peut se poursuivre , de part et d'autre , sur les derniers errements.

Le mineur devenu majeur doit reprendre , de cette manière , l'instance commencée par son tuteur ; *arrêt rendu en la grand'chambre le 26 mai 1759 ;* de même, un mari, celle commencée par sa femme ; des successeurs , ou administrateurs , celle commencée par leurs prédécesseurs.

Lorsque les héritiers , ou autres successeurs universels de la personne décédée, ne reprennent pas l'instance à sa place, l'autre partie peut les assigner devant le juge où elle est pendante, pour qu'ils soient tenus de la reprendre.

Il faut donner copie par l'exploit d'assignation du dernier acte de procédure , pour justifier que l'instance subsiste et n'est pas périmée ; la procédure se fait sur cette assignation comme sur toute autre demande; et, sur cette demande en reprise d'instance, intervient sentence qui ordonne que l'instance demeurera pour reprise avec ces héritiers, ou successeurs universels de la partie décédée.

Si les personnes assignées en reprise d'instance comme héritiers de la personne décédée, rapportoient une renonciation à la succession, le demandeur en reprise d'instance doit faire créer un curateur à la succession vacante l'assigner en reprise d'instance, et suivre contre lui.

Lorsque l'instance est interrompue, non de la part d'une des parties, mais de la part de son procureur qui est mort, ou a résigné son office, ou a été interdit, la partie peut faire cesser cette interruption par un acte de constitution de nouveau procureur; si elle n'en constitue pas, l'autre partie peut l'assigner en constitution; faute par elle de le faire dans le délai de l'ordonnance, le demandeur peut prendre défaut contre la partie.

Il y a lieu de penser que ce droit d'assigner en reprise d'instance, ou en constitution de nouveau procureur, se prescrit par trente ans, comme les autres actions.

Il n'y a lieu à ces deux assignations que lorsque la partie ou le procureur sont morts avant que l'affaire fût en état d'être jugée; car, si elle étoit en état, ces assignations seroient inutiles. *Tit.* 26 *, art.* 1.

Un procès par écrit est en état d'être jugé lorsque les parties ont écrit, produit, fourni de contredits et salvations, ou lorsque, par l'expiration des délais, pour les fournir, elles en sont de plein droit forcloses.

Une cause verbale est aussi en état d'être jugée lorsque, sur la plaidoirie à l'audience, les pièces ont été mises entre les mains du rapporteur, pour en être délibéré sur le bureau; mais une cause verbale n'est point en état d'être jugée lorsqu'elle n'est point entièrement plaidée.

SECTION IV.

Des péremptions d'instance.

§. I. Ce que c'est.

La péremption d'instance est l'extinction d'une instance, par une discontinuation de procédures, pendant trois ans, à compter du dernier acte. *L. properandum*, §. 1, *Cod. de Judiciis*. Voyez à ce sujet l'ordonnance de 1539 ; celle de Roussillon, de l'année 1563, et principalement l'arrêté du 28 mars 1692, qui a fixé la jurisprudence sur ce point.

Il ne faut pas confondre l'*instance* avec l'*action*. L'action est le droit qu'on a de demander quelque chose en justice ; l'instance n'est pas ce droit même, mais la demande qui est formée en justice, en exécution et en vertu de ce droit.

La discontinuation de procédure pendant trois ans périme et éteint l'instance, met les choses au même état que s'il n'y en avoit jamais eu, mais elle n'éteint pas l'action ; c'est pourquoi celui qui a donné une demande, et qui a laissé périmer son instance, ne peut pas, à la vérité, suivre sa procédure ; mais il peut donner une nouvelle demande, parceque la prescription n'a périmé que l'instance, et n'a pas éteint son action.

Il arrive néanmoins quelquefois que la prescription de l'instance occasione indirectement l'extinction de l'action ; car si une demande a été donnée avant l'accomplissement du temps par lequel l'action se prescrit, et que la demande tombe en péremption, après l'accomplissement du temps de la prescription de l'action, la péremption, en ce cas, occasione indirectement l'extinction de l'action, en détruisant l'effet de la demande qui auroit interrompu la prescription de l'action.

§. II. Quelles instances peuvent tomber en péremption.

On avoit douté autrefois si l'exploit de demande donné à quelqu'un, sur lequel il ne seroit intervenu aucune constitution de procureur, ni aucune présentation de la part d'aucune partie, pouvoit former une instance sujette à péremption.

Mais l'art. 1er de l'arrêté de la cour, du 28 mars 1692, a déclaré qu'il y avoit lieu en ce cas à la péremption, et que la discontinuation de procédure sur cette demande ne pouvoit perpétuer, ni proroger l'action, ni même interrompre la prescription.

Il n'est pas douteux qu'un simple commandement ne tombe pas en péremption, car ce n'est pas une instance.

Les instances se périment en quelques juridictions qu'elles soient formées, même celles qui sont pendantes aux officialités ; car les officiaux sont obligés de se conformer aux ordonnances. *Ordonnance de 1667, tit.* 1, *art.* 1.

Il en est de même de celles qui sont devant des arbitres ; ils doivent pareillement se conformer aux ordonnances.

Les instances d'appel y sont sujettes comme celles des causes principales, lorsqu'il y a assignation sur l'appel, et que l'appelant se laisse anticiper. *Arrêt du* 19 *mars* 1742. Mais, s'il n'y a eu aucune assignation, il n'y a pas lieu à la péremption, car un simple acte d'appel n'est pas une instance.

Les instances pendantes devant le juge de qui on peut appeler sont sujettes à péremption, même après qu'elles ont été mises en état d'être jugées ; car il n'a tenu qu'à la partie de la faire juger en faisant une *sommation au juge de juger*, et en appelant comme de *déni de justice*, au cas qu'il n'eût pas déféré à cette sommation. La partie qui n'a pas fait cette procédure doit se l'imputer, et l'instance se périme.

Mais l'instance pendante en une cour souveraine, distribuée à un rapporteur, lorsqu'elle est en état d'être jugée, n'est plus sujette à péremption ; car il ne dépend plus de la partie de la faire juger, ne pouvant y avoir lieu à l'appellation de *déni de justice* d'une cour souveraine ; on ne peut donc imputer à la partie aucune négligence ; il ne peut donc y avoir lieu à la péremption de l'instance. *Voyez* l'arrêt du 19 février 1687, au Journal du Palais.

Les instances dans lesquelles il s'agit des droits du roi, ou des domaines de Sa Majesté, et du droit public, n'y sont pas sujettes. *V. G.* Les causes de régale, les causes d'appel comme d'abus, et autres de pareille nature. *Règlement de* 1692, *art.* 3.

Les saisies réelles, lorsqu'il y a établissement de commissaire, et bail judiciaire, n'y sont pas sujettes, parceque, par cet établissement de commissaire et bail judiciaire, le saisi est dépossédé de fait, et l'héritage saisi est mis sous la main de justice ; la discontinuation de procédures, pendant le temps réglé pour les péremptions, peut bien périmer une instance qui ne gît qu'en procédures, mais non pas une saisie réelle qui consiste dans une dépossession réelle.

Mais les instances d'oppositions faites à cette saisie, *afin de distraire,* y sont sujettes; car elles n'ont rien de commun avec la saisie réelle, et ont une fin bien contraire.

§. III. Contre quelles personnes peut avoir lieu cette péremption.

La péremption a lieu, tant contre les mineurs que contre les majeurs, sauf aux mineurs à avoir leur recours contre leur tuteur. Arrêt de règlement du 5 juin 1703. *Voyez* les autres arrêts rapportés par Bouchel. Cela est fondé sur ce que l'ordonnance de 1539, art. 120, défend toutes lettres de restitution contre les péremptions.

La péremption a lieu contre les communautés laïques. *Lange, liv. 4, chap.* 24, rapporte un arrêt qui l'a jugé ainsi contre les habitants de la paroisse de Taillefer, au pays de la Marche, qui, ayant été déclarés mortaillables par sentence, en avoient interjeté appel au parlement, où l'ayant laissé périr, la sentence a été confirmée par la péremption.

A l'égard des églises, des hôpitaux, des fabriques, il est sans difficulté que la péremption a lieu contre eux, s'il ne s'agit en l'instance que de fruits et de jouissances; mais on a jugé que la péremption n'auroit pas lieu, si elle tendoit à leur faire perdre leurs fonds. Arrêts du 13 avril 1518, au profit de l'Hôtel-Dieu de Paris, et un autre du 23 décembre 1630, rapportés par Brodeau, Lett. P, n° 14. *Voyez* néanmoins Lacombe, *verbo* Péremption, n° 13. Il ne paroît pas admettre cette distinction, et il se fonde sur le règlement de 1692, pour décider indistinctement que la péremption a lieu contre les religieux, les administrateurs des pauvres et les fabriques.

Mais, dans le cas où il ne s'agit que des revenus, la péremption a lieu même contre l'église.

§. IV. Comment s'opère la péremption? Quelles choses l'opèrent et la couvrent?

La péremption s'opère, comme nous l'avons dit, par la discontinuation de procédures pendant le temps de trois ans; la mort des parties, ou même de l'une des parties, ou de leur procureur, qui arrive dans les trois ans, empêche la péremption ; la raison est, qu'il faut qu'une chose existe pour qu'elle puisse être sujette à périr ; ces morts interrompent l'instance, et font que, tant qu'il n'y a point de reprise, ni de constitution de nouveau procureur, il n'y a pas, en quelque façon, d'instance subsistante, et par conséquent il ne peut y avoir lieu pendant tout ce temps à la péremption ; mais si l'instance est reprise, ou qu'on constitue nouveau procureur, il y aura lieu à la péremption, par la discontinuation de procédures depuis la reprise, *ut sit litium finis.*

S'il n'y a point de reprise d'instance, mais seulement une assignation en reprise, l'instance sera-t-elle périmée par la discontinuation de procédures pendant trois ans depuis cette assignation ? Il y en a qui pensent qu'il n'y aura de sujet à péremption que cette demande en reprise d'instance ; d'autres pensent que la cause principale se périme : mais la décision de cette question dépend de savoir si l'assignation en reprise renouvelle l'instance, même avant qu'elle ait été déclarée reprise : il me paroît qu'elle la renouvelle ; d'où il suit que l'instance principale devient dèslors sujette à péremption.

Toutes les autres causes qui interrompent une instance, jusqu'à ce qu'elle soit reprise, doivent aussi empêcher que, jusqu'à ce temps, il puisse y avoir lieu à la péremption ; par exemple, si une des parties change d'état, si elle passe, par le mariage, sous puissance de mari ; si le procureur de l'une des parties résigne son office, ou est interdit.

La mort d'un rapporteur est une espèce d'interruption d'instance qui empêche la péremption jusqu'à ce qu'elle soit distribuée à un autre.

Les compromis que les parties ont faits pendant le cours de l'instance, pour s'en rapporter à un arbitre, empêchent la péremption tant que le compromis dure, quoiqu'il n'ait pas eu d'effet, l'arbitre n'ayant pas jugé ; la raison est, que le compromis a suspendu l'instance pendant qu'il a duré ; c'est l'avis de Grimaudet. *Traité du Retrait lignager,* iv. 10, *chap.* 7.

On a jugé, dans quelques espèces particulières, que des

accidents imprévus, causés par quelques forces majeures, avoient pu empêcher la péremption; comme si les pièces d'un procès étoient restées chez un avocat dont la maison étoit inaccessible par la contagion de la peste, ou si elles avoient été consumées dans un incendie.

Il n'est pas douteux que la péremption est couverte par quelque acte de procédure signifié depuis l'expiration des trois ans par le défendeur qui auroit pu l'opposer; car il est censé par-là avoir renoncé à la péremption. L'article 4 de l'arrêté de 1692 en contient une disposition : il porte que, « La péremption n'aura lieu, si la partie qui a acquis la pé- « remption a fait quelques procédures, pourvu que ces « procédures lui aient été connues et faites par son ordre. »

La jurisprudence moderne va plus loin; car, quoiqu'aux termes de cet arrêté la péremption soit acquise de plein droit, et qu'il faut que celui au profit de qui elle est ac- quise, y renonce par son fait en faisant quelques procé- dures au contraire, il paroît qu'on juge aujourd'hui au parlement, que la péremption n'est point acquise de plein droit, et que, tant qu'elle n'a point été demandée par celui au profit de qui elle est acquise, l'autre partie peut la cou- vrir en faisant quelque acte de procédure. *Voyez* l'arrêt rendu en la grand'chambre, sur les conclusions de M. Joly de Fleury, avocat général, le 12 août 1737, rapporté par Denisart, *verbo* Péremption, n° 18.

§. V. De l'effet de la péremption.

L'effet de la péremption d'une première instance est de détruire l'instance, et de mettre les choses au même état que si la demande qui a introduit l'instance n'avoit pas été donnée.

Lorsqu'une instance est périmée, chaque partie porte les frais qu'elle a faits en cette instance; la péremption d'ins- tance n'empêche pas cependant que le demandeur ne puisse donner une nouvelle demande aux mêmes fins, s'il est en- core temps de la donner.

Mais si le temps de la durée de l'action se trouvoit expiré, il ne pourroit plus donner l'action; car celle qu'il a donnée étant périe et ne subsistant plus, elle ne peut pas interrompre la prescription de l'action, et il arrive par-là que la péremption, en détruisant l'instance, détruit indirectement l'action.

Du principe que la péremption détruit l'instance, et par conséquent tout l'effet de la demande qui l'avoit formée, en peut encore tirer cette conséquence, que les intérêts de la somme due ne peuvent être prétendus du jour de cette demande qui est périmée, quoique l'action ne fût pas prescrite, et qu'on pût former une nouvelle demande : l'ancienne étant périmée, les intérêts ne pourront courir que du jour de la nouvelle.

Quoique la péremption détruise l'instance, les enquêtes, rapports d'experts et autres actes probatoires qui ont été faits pendant le cours de l'instance, ne laissent pas de subsister, et les parties peuvent s'en servir sur la nouvelle demande que le demandeur intentera, s'il est encore dans le temps de l'intenter, comme elles pourroient s'en servir dans toutes les autres instances qu'elles auroient ensemble. C'est l'opinion de Barthole, sur la loi *properandum, §. 1, Cod. de Judic. Voyez* aussi les arrêts rapportés par Brodeau, Lett. P. n° 38.

La péremption ne détruit pas non plus une sentence de condamnation, quoique provisionnelle; mais il est évident qu'elle détruit les jugements d'instruction. *Arrêt du 11 décembre 1609, rapporté par Brodeau*, Lett. P, n° 15.

À l'égard des sentences par défaut, lorsqu'il y a eu un jugement qui a reçu opposant, ou que la sentence n'ayant pas été levée, les parties ont procédé comme si elle n'eût pas été rendue, elles tombent en péremption.

CHAPITRE V.

De quelle manière on doit procéder aux jugements.

ARTICLE PREMIER.

De l'obligation où sont les juges de juger, et de la forme pour les y contraindre.

Il est enjoint par l'ordonnance de 1667, tit. 25, art. 1, à tous juges, tant des cours que des juridictions inférieures, de juger les causes qui sont en état d'être jugées, à peine de répondre en leur nom des dommages et intérêts des parties.

La forme pour contraindre les juges qui ne connoissent pas en dernier ressort, à s'acquitter de cette obligation, est prescrite au même titre, *art.* 2.

La partie qui veut être jugée peut, lorsque la cause est en état de l'être, faire deux sommations au juge de la juger. Il doit y avoir huitaine entre l'une et l'autre sommation, lorsque le juge ressortit nûment en une cour; sinon elles se font de trois jours en trois jours. *Ibid., art.* 4.

Les sommations se font au rapporteur lorsqu'il y en a un à qui le procès est distribué; car c'est de lui qu'il dépend que la cause soit jugée : si c'est une cause d'audience, elles se font au président, par un huissier, ou à son domicile, ou à son greffe; elles ne doivent rien contenir d'injurieux à la personne du juge à qui elles sont faites. *Art.* 2 *et* 3.

Si le juge ne satisfait pas à ces sommations, la partie peut appeler comme de déni de justice, et intimer le rapporteur, ou le président en son nom, pour le faire condamner aux dommages et intérêts résultants du déni de justice. *Art.* 4.

La partie qui a interjeté cet appel peut n'intimer que les parties de l'instance, pour, sur cet appel, faire juger le principal en la cour.

Lorsque l'appel, comme de déni de justice, est interjeté d'un juge royal qui ressortit à un bailli royal, il semble qu'il devroit se porter devant le bailli; car, suivant toutes les anciennes ordonnances, la correction des juges royaux appartient au bailli au siége duquel ils ressortissent. *Édit de Cremieu, art.* 21. Le Grand Coutumier, p. 78, 79, porte expressément que les baillis peuvent corriger les prevôts, ce qui est confirmé par l'ordonnance de 1670, qui, attribuant aux baillis la correction des juges royaux, ne fait aucune distinction, et renferme par conséquent sous ces termes, *juges royaux*, tous les officiers royaux; néanmoins, malgré toutes ces raisons, les parlements paroissent être en possession de connoître directement de tous appels de déni de justice, quoique les juges de qui ils s'interjettent ne ressortissent pas nûment en la cour.

Cette forme de contraindre les juges à juger ne concerne que ceux qui ne jugent pas en dernier ressort ; car il n'y a pas lieu à cet appel lorsqu'ils sont en dernier ressort, tels que les présidiaux au premier chef de l'édit, et il n'y a que la voie de se pourvoir en prise à partie au parlement.

ARTICLE II.

Des jugements et de leurs prononciations.

Après les plaidoiries faites, si la cause est d'audience, ou après le rapport du rapporteur et la visite des pièces, si la cause est de rapport, le président recueille les opinions des juges.

Lorsqu'il se trouve parmi les juges un père et un fils, deux frères et beaux-frères, un oncle et un neveu, les opinions de ces juges, lorsqu'ils sont de même avis, ne peuvent être comptées que pour une. *Édits du mois d'août* 1669*, et de janvier* 1681 *; déclarations du roi du* 25 *août* 1708*, et* 30 *septembre* 1728.

En matière civile, lorsque les juges se trouvent partagés d'opinions, on ne peut prononcer de jugement, et il faut le renvoyer à une autre chambre, ou à un autre siége ; ou peut aussi, pour épargner les frais que causeroit le renvoi en un autre siége, faire venir quelqu'un des juges du siége qui ne s'y seroit pas trouvé, et, après un nouveau rapport qui lui sera fait de l'affaire, prendre de nouveau les opinions des juges, et la sienne, afin que son opinion puisse ôter le partage. *Voyez* l'ordonnance de Louis XII de 1498, et l'édit de Henri II du mois de février 1549.

Lorsque l'un des avis l'emporte au moins d'une voix, on doit former le jugement sur cet avis.

S'il se trouve partagé d'opinions dans un siége présidial, le jugement de la cause doit être renvoyé au présidial le plus prochain ; ainsi jugé par arrêt du 13 juillet 1587, contre le présidial de Tours, qui avoit ordonné qu'un procès seroit départi par sept avocats du siége.

La formule du jugement doit être conforme aux conclusions du demandeur, lorsqu'on trouve la demande bien fondée ; et alors le juge doit prononcer, *faisant droit sur la demande*, ou *ayant égard à la demande*. Lorsqu'on ne la trouve pas bien fondée, les formules ordinaires sont : *Nous avons donné congé de la demande*, ou *nous avons débouté un tel de sa demande*, ou *nous avons renvoyé le défendeur de la demande d'un tel ;* c'est encore une formule très usitée que celle-ci : *Nous avons mis les parties hors de cour ;* elle a même sens que les précédentes ; les termes en sont seulement plus doux pour le demandeur qu'on déboute de sa demande. On se sert ordinairement de cette formule lorsqu'on ne juge pas à propos de condamner le demandeur aux dépens, ce qui arrive lorsque sa demande n'est pas absolument mal fondée.

Si le juge croit qu'il soit nécessaire pour l'instruction de la cause, ou pour l'éclaircissement de quelques faits, d'ordonner, ou une visite d'expert, ou une enquête, ou un compulsoire, il rend un jugement qu'on appelle *interlocutoire*, qui commence par ces termes : *Avant de faire droit, nous ordonnons*, etc.

Lorsque la cause est d'audience, le président prononce à l'audience le jugement, suivant l'avis qui a prévalu : c'est cette prononciation du juge qui est le jugement ; il a sa perfection aussitôt qu'il a été prononcé contradictoirement. Le juge ne peut plus le réformer après que l'audience est levée, et le greffier rédige le jugement, sur le registre de l'audience, tel qu'il a été prononcé.

Celui qui a présidé doit, à l'issue de l'audience, ou au moins dans le même jour, voir le registre, et signer et parapher chacun des jugements prononcés ledit jour, qui se trouveront inscrits. *Tit.* 26, *art.* 5.

Si le greffier n'a pas rédigé exactement, le juge réforme par des renvois et ratures qu'il doit approuver.

Lorsque dans une audience un autre que le président a présidé, et que quelque autre a prononcé le jugement, c'est le juge qui a prononcé qui doit faire le *visa* sur le registre.

Il est défendu aux greffiers de délivrer aucune expédition

des jugements avant qu'ils aient été vérifiés. *Ordonn. de* 1495 , *art.* 6.

Le greffier, dans les expéditions, doit écrire tous les noms des juges qui ont assisté à l'audience.

Lorsque le jugement a été rendu sur un appointé de délibéré sur le bureau, le rapporteur le donne au greffier, qui le publie à la première audience, et l'inscrit sur le registre de l'audience. Il doit être visé par le juge qui a présidé au rapport, et n'a sa perfection que du jour qu'il est ainsi publié.

Lorsque le jugement a été rendu sur un appointement en droit, ou à mettre, le rapporteur en doit dresser le *dictum*, c'est-à-dire, le prononcé, et le mettre au greffe dans trois jours, avec les sacs du procès, sans qu'il puisse donner aux parties, ni à leur procureur, communication des sacs. *Tit.* 11 , *art.* 15.

Le *dictum* doit être écrit de la main du rapporteur, suivant l'ordonnance de Moulins, *art.* 63 , et celle de 1629, *art.* 84.

Le rapporteur doit écrire, au bas de ce *dictum*, le jour que le jugement aura été arrêté et rendu. *Tit.* 26 , *art.* 8.

Il doit aussi mettre en marge les juges qui ont rendu le jugement.

Sur le *dictum*, le greffier dresse la minute du jugement qui doit être daté du jour qu'il a été rendu, et signé de tous les juges. Les minutes ne sont signées que du président et du rapporteur. Il est défendu aux greffiers d'en donner des expéditions avant qu'elles soient signées. *Ordonnance de Moulins*, *art.* 64. *Voyez* le Code Henri, *l.* 5 , *tit.* 17 , §. 6, et les ordonnances citées.

Le greffier avertit les procureurs du jugement, et leur en donne communication. Il lui est défendu de faire payer des épices, ni aucune chose pour cette communication.

Chaque procureur retire du greffe sa production, et en donne décharge. Il est défendu aux greffiers de communiquer au procureur d'une partie celle des parties adverses.

ARTICLE III.

Des défauts et congés.

§. I. Ce que c'est que défaut et congé; et combien il y en a d'espèces.

Le défaut est un acte qu'on donne en justice au demandeur de la contumace, ou demeure, en laquelle est la partie assignée de se présenter sur la demande à elle donnée, ou de fournir ses défenses, ou de plaider à l'audience. De cette définition, il résulte qu'il y a trois sortes de défauts,

1° Celui faute de se présenter;

2° Celui faute de défendre;

3° Celui faute de venir plaider.

Le congé est l'acte qui est donné au défendeur, c'est-à-dire, à la partie assignée de la contumace, ou demeure, en laquelle est le demandeur, ou de se présenter, c'est-à-dire, de faire inscrire le nom de son procureur sur le registre des présentations, ou de donner copie des pièces justificatives de sa demande, dans les délais portés par l'ordonnance, ou de plaider à l'échéance de l'assignation.

§. II. Du défaut faute de se présenter.

La partie assignée dans le délai de l'assignation doit constituer procureur, et quinzaine après, dans les cours, ou huitaine dans les autres juridictions, le procureur doit se présenter et se faire inscrire sur le registre du greffe des présentations. Huitaine ou quinzaine après que ce délai est expiré, s'il n'y a point de procureur de présenté sur le registre des présentations de la part de la partie assignée, le demandeur en prend un acte au greffe des présentations, qui lui est expédié par le greffier des présentations, et qu'on appelle *un défaut*.

Dans les justices subalternes, où il n'y a point de greffe des présentations, lorsque la partie assignée n'a pas, dans le délai, constitué procureur par acte signifié au procureur du demandeur, le demandeur, huitaine après l'expiration du délai, prend son défaut à l'audience, c'est-à-dire, que le juge lui donne acte du défaut du défendeur.

Si le défendeur avoit été assigné à un délai plus court

que celui réglé par l'ordonnance, le demandeur ne laisseroit pas de pouvoir prendre son défaut, mais il ne le pourroit prendre valablement que huitaine après le délai de l'ordonnance expiré.

Lorsqu'il y a plusieurs parties assignées sur une demande, lesquelles demeurent en différents lieux, qui font toutes défaut, ce défaut ne peut être valablement pris que huitaine après le délai, qui doit être réglé suivant la demeure de la partie la plus éloignée. *Règlements du Conseil de* 1687 *et* 1734.

Lorsqu'entre les parties assignées les unes se présentent et non les autres, le défaut ne se prend que contre celles qui ne se présentent pas.

Après que le demandeur a pris son défaut, soit au greffe des présentations, soit à l'audience, il ne peut le faire juger qu'après un autre délai, qui est encore de huitaine, lorsque celui de l'assignation est de huitaine et de quinzaine, et qui est de la moitié du temps porté par le délai de l'assignation, lorsque ce délai est plus long. *Tit.* 5, art. 5.

Observez que, dans ces délais, on ne comprend ni les termes, ni les jours de l'échéance.

Si, depuis le défaut pris au greffe, le défendeur persiste dans sa contumace, et ne fait point présenter de procureur pendant tout le temps du délai, le demandeur, après le délai expiré, peut, à la première audience, faire juger le défaut; si la demande se trouve bien fondée, le juge, pour le profit du défaut, y fera droit, et rendra une sentence de condamnation contre les défaillants. *Tit.* 5, *art.* 5.

La demande est regardée comme suffisamment fondée lorsqu'elle a pour fondement un billet du défaillant, quoique non reconnu par lui; car sa contumace, à ne pas s'expliquer sur le billet, le fait passer pour reconnu.

Lorsque la demande n'est pas suffisamment bien fondée, le juge rend une sentence interlocutoire; si elle est mal fondée, il en donne congé au défaillant.

Les sentences contre les défaillants doivent être rendues sur-le-champ, c'est-à-dire, à l'audience. *Ibid.*, *art.* 3.

Il n'est pas permis aux juges de prononcer sur les demandes, quand le défendeur est défaillant, aucun appointement en droit ou à mettre; mais si la demande contient plus de trois chefs, le juge pourra la juger sur un appointement à délibérer sur le bureau, sans épices. *Ibid.*, *art.* 4.

Lorsqu'il y a plusieurs défendeurs, dont quelques-uns seulement font défaut, le défaut est joint au principal, et le profit du défaut ne se juge que par le jugement qui sera rendu avec les parties comparantes.

Lorsqu'après le défaut pris au greffe, le défaillant constitue procureur et donne des défenses, on ne fait point juger le défaut, et on procède, avec cette partie, de la même manière que si elle eût d'abord constitué procureur; elle doit seulement les frais du défaut pris contre elle.

§. III. Du congé faute de se présenter.

Lorsque les demandeurs n'étoient pas obligés à la présentation, il n'y avoit pas lieu à cette espèce de congé; mais si le demandeur avoit manqué de constituer procureur par son exploit de demande, la partie assignée pouvoit seulement opposer la peine portée par l'ordonnance, *tit.* 11, *art.* 16, et faire prononcer contre lui la nullité de l'exploit de demande, et de toute la procédure du jugement rendu sur cet exploit; aujourd'hui que la présentation des demandeurs, abrogée par l'ordonnance de 1667, a été rétablie, si le demandeur ne se présente point dans le délai accordé, le défendeur lève au greffe des présentations un acte qu'on appelle *congé*, et il le fait juger à l'audience dans les mêmes délais que nous venons de voir pour les défauts.

Le juge, pour le profit, doit toujours donner congé de la demande; et, en cela, le congé est différent du défaut qui se donne au demandeur contre le défendeur défaillant. Le juge, pour faire droit sur la demande contre le défendeur défaillant, doit entrer en connoissance de cause, et examiner si elle est bien fondée; mais il n'est pas besoin qu'il entre en aucune connoissance de cause, pour donner congé au défendeur de la demande du demandeur défaillant: il suffit qu'il ne se présente pas, pour qu'il ne puisse pas être écouté dans sa demande.

§. IV. *Des autres espèces de défauts et congés.*

Lorsque le défendeur, dans les délais, a constitué procureur, mais n'a pas signifié ses défenses, c'est le cas du défaut *faute de défendre :* le demandeur, en ce cas, après l'expiration des délais, prend son défaut, savoir, dans les cours, au greffe; dans les autres juridictions, à l'audience; il le fait juger dans les délais de la même manière que les défauts *faute de se présenter.*

Si, au contraire, c'est le demandeur qui est en demeure de communiquer les pièces justificatives de sa demande, c'est le cas du congé *faute de communiquer*, qui se prend dans les mêmes délais et de la même manière que le défaut.

Si, après les défenses fournies par le défendeur, les pièces justificatives de la demande communiquées par le demandeur, l'une des parties ne comparoît pas à l'audience, soit à l'appel du rôle, si la cause a été mise au rôle, soit que la cause ait été portée à l'audience sur un avenir, c'est le cas du défaut ou congé *faute de venir plaider.* Si le demandeur ne comparoît pas, le défendeur prend à l'audience un congé sans aucun examen de la demande du défaillant. Si c'est le défendeur qui ne comparoît pas, le demandeur prend défaut; mais on examine si sa demande est bien fondée.

SECONDE PARTIE.

De la procédure particulière de certaines matières.

CHAPITRE PREMIER.

De la procédure particulière aux matières sommaires.

§. I. Quelles matières sont sommaires?

On appelle *matières sommaires* celles dont l'instruction se fait d'une manière plus sommaire, c'est-à-dire, plus courte que l'instruction ordinaire.

Les matières sommaires sont, 1° Les causes pures personnelles, dont l'objet n'excède pas, dans les cours et aux requêtes, la somme de 400 liv., et celle de 200 liv. dans les autres juridictions. *Tit.* 17, *art.* 2.

2° Les causes qui concernent la police, à quelques sommes qu'elles puissent monter. *Ibid., art.* 3.

3° Toutes les causes qui concernent les achats et fournitures de vivres, comme grains, vins, farines, bois et autres denrées. *Ibid.*

4° Les causes qui concernent les sommes dues pour les ventes faites aux marchés et foires. *Ibid.*

5° Les actions qui naissent du contrat de louage des maisons et fermes de campagne, soit qu'il y ait bail, soit qu'il n'y en ait pas. *Ibid.*

6° Les prises de bestiaux en délit, et tout ce qui en dépend. *Ibid.*

7° Les gages des serviteurs et ouvriers. *Ibid.*

8° Les salaires et fournitures d'apothicaires, chirurgiens, médecins, procureurs, huissiers, gens d'affaires, et tout ce qui est dû à titre d'appointement ou récompense. *Ibid.*

Observez que toutes ces matières, depuis et compris le 3ᵉ *art.* jusqu'au dernier, ne sont sommaires qu'autant qu'elles n'excèdent pas la somme de 1,000 liv. *Ibid.*

9° Les causes qui concernent les appositions ou levées de scellés, les confections et clôtures d'inventaires; les oppositions formées à la levée des scellés, ou à la clôture d'inventaire, en ce qui concerne la procédure seulement. *Tit.* 17, *art.* 4.

10° Les oppositions aux saisies, exécutions et ventes de meubles; les préférences et priviléges sur le prix, pourvu qu'il n'y ait pas plus de trois oppositions, et que les prétentions des opposants n'excèdent pas 1,000 liv. *Ibid., art.* 4. L'ordonnance ajoute ces termes, qui ne sont pas fort clairs : *sans y comprendre le cas de contribution au marc la livre;* ce qui semble vouloir dire que c'est la somme entière dont les opposants sont créanciers, et non celle pour laquelle ils peuvent être colloqués, *au marc la livre,* qu'il faut considérer.

11° Les demandes en main-levée d'effets saisis et exécutés, établissement, ou décharge de gardiens, commissaires, dépositaires ou séquestres ; les demandes à fin d'élargissement et provisions de prisonniers, *intrà* 1,000 liv. *Ibid., art.* 5.

12° Les provisions pour nourritures et aliments, *intrà* 1,000 liv. *Ibid.*

13° Les réintégrandes, c'est-à-dire, l'action pour être remis en possession des choses dont on a été dépouillé par violence, *intrà* 1,000 liv. *Ibid.*

14° Enfin généralement tout ce qui requiert célérité, *intrà* 1,000 liv. *Ibid.*

§. II. De ce qu'il y a de particulier en matière sommaire.

Les parties peuvent plaider par elles-mêmes, et sans le ministère d'avocats, ni de procureurs, dans ces matières, à l'exception des cours et des présidiaux. *Tit.* 17, *art.* 6.

Dans les cours et présidiaux, où le ministère d'un procureur est nécessaire pour ces matières, au lieu que le délai pour la présentation est, dans les matières ordinaires, de quinzaine dans les cours, et de huitaine dans les autres juridictions, il n'est que de trois jours après l'échéance des assignations, tant dans les cours que dans les autres juridictions. *Tit.* 4, *art.* 1.

A l'égard du délai de l'assignation, il est le même ; mais si la matière, outre qu'elle est sommaire, est de nature à ne souffrir aucun retardement, telles que les matières de police, les demandes faites par des hôteliers ou ouvriers à des étrangers voyageurs ; les demandes en main-levée d'arrêt de marchandises prêtes à partir, et main-levée d'emprisonnement de personnes qualifiées, constituées en charge, ou négociants, le juge peut permettre d'assigner le jour même en son hôtel, sans autre délai, et y statuer par provision.

En matière sommaire, le défendeur ne signifie point les défenses par écrit, mais les plaide, ou les fait plaider à l'audience où la cause doit être portée, après les délais échus sur un simple avenir, sans autre procédure. *Tit.* 17, *art.* 7.

En matière sommaire, quand le juge permet aux parties de faire preuve par témoins, les enquêtes ne se font point par-devant un juge commissaire, comme dans les matières ordinaires ; mais les témoins sont entendus à l'audience. *Ibid.*, art. 8. Ces témoins doivent être entendus à la première audience, à moins que le juge, sur la réquisition de l'une des parties, pour bonne raison, par exemple, si les témoins étoient éloignés, n'eût prescrit un délai plus long. Si la partie ne fait pas paroître ses témoins à cette audience, elle demeure déchue de plein droit de faire son enquête ; si elle a fait assigner ses témoins pour comparoître à l'audience, et qu'ils ne comparoissent pas, elle obtient un jugement qui donne défaut contre les témoins, et ordonne qu'ils seront réassignés.

La partie qui veut faire entendre ses témoins à l'audience, porte la cause à l'audience sur un avenir donné à l'autre partie, qui doit s'y trouver pour former des reproches contre les témoins ; faute par elle de comparoir, on donne défaut contre elle, pour le profit ; le juge entend les témoins, qui ne peuvent plus être reprochés que sur des moyens de reproches justifiés par écrit.

Si la partie comparoît et fournit des reproches, on statue sur-le-champ : si on les juge valables, on n'entend point les témoins ; si on les juge inadmissibles, on rend un jugement qui, en les déclarant inadmissibles, ordonne que les témoins seront présentement entendus. On rédige les dépositions sur le plumitif de l'audience, et on y fait mention des reproches. *Art.* 9.

Aux cours et aux présidiaux, au lieu d'entendre les témoins à l'audience, ils sont entendus à l'issue de l'audience, ou pendant l'audience, au greffe, par un conseiller qui fait dresser le procès-verbal des serments des dépositions des témoins, et des reproches fournis contre eux ; ce conseiller n'étant que commissaire, ne peut statuer sur la validité des reproches, et doit entendre les témoins, en faisant mention des reproches. *Art.* 8.

Lorsque les témoins ont été entendus à l'audience, le juge peut incontinent juger l'affaire au fond, ou continuer la cause. *Art.* 10.

Dans les matières sommaires, on ne peut point appointer *en droit* ou à *mettre*, il faut juger à l'audience, ou sur un appointement de délibéré sur le bureau, sans frais. *Ibid.*

Voyez, pour ce qui concerne l'exécution des affaires sommaires, les *art.* 12, 13, 14, 15, 16 *et* 17 *de ce tit.*, et ce qui sera dit ci-après, *partie* 3, *sect.* 1, *art.* 3.

CHAPITRE II.

De la procédure particulière aux matières de reddition de compte.

§. I. De l'obligation de rendre compte; et de l'action en reddition de compte.

Toutes personnes qui ont géré les affaires d'autrui sont obligées d'en rendre compte, soit qu'elles aient eu la qualité pour les gérer, soit qu'elles les aient gérées sans qualité.

L'obligation de rendre compte dont sont tenus tous les tuteurs, protuteurs, curateurs, fabriciers, fermiers judiciaires, séquestres, gardiens et tous autres qui ont géré le bien d'autrui, consiste, non seulement à rendre compte de leur recette et mise, mais même à payer le reliquat, et à remettre toutes les pièces justificatives de leur compte : jusqu'à ce qu'ils aient satisfait à tout cela, ils sont toujours réputés comptables, *tit.* 29, *art.* 1; d'où il suit que les tuteurs sont incapables des dons et legs des mineurs, à qui ils sont obligés de rendre compte, jusqu'à ce qu'ils aient rempli en entier cette obligation.

De cette obligation de rendre compte naît l'action en reddition de compte que celui dont les affaires ont été gérées, a contre celui qui les a gérées.

Lorsque celui qui a géré les affaires d'autrui a été commis à cette gestion par ordonnance du juge, il peut être assigné en reddition de compte devant le juge qui l'a commis. *Ibid.*, *art.* 2.

L'ordonnance dit, *il pourra*, ces termes n'emportent pas nécessité ; c'est pourquoi il peut être aussi assigné devant le juge de son domicile, qui est son juge naturel ; cela n'exclut pas non plus le juge du privilége, si le comptable est privilégié, et il peut être assigné devant ce juge, la demande en reddition de compte étant personnelle, et de la compétence des juges de privilége.

Lorsque celui qui a géré n'a été commis par aucun juge, on l'assigne devant le juge de son domicile, comme sur toutes autres actions. *Ibid.*

La partie assignée doit se présenter et constituer procureur; si elle ne le fait, on lève un défaut, après les mêmes délais, et de la même manière que sur les autres demandes; on le fait juger, et pour le profit, le juge condamne le défaillant à rendre compte. *Ibid., art.* 3.

Il résulte de cette disposition que, sur l'action en reddition de compte, il n'y a que deux défauts, celui faute de comparoir, c'est-à-dire, de se présenter et coter procureur, et celui faute de plaider; l'ordonnance ne fait mention que de ces deux espèces. Il n'y a point de défaut faute de défendre, comme dans les actions ordinaires; d'où il résulte qu'en action en reddition de compte, il n'est pas nécessaire de signifier des défenses par écrit, et qu'il suffit de les plaider à l'audience.

Lorsque le défendeur comparoît, et soutient n'être point obligé à rendre le compte qu'on lui demande, si la cause ne peut être jugée à l'audience, le juge peut prononcer un appointement à mettre. *Ibid., art.* 4. L'ordonnance dit, *dans trois jours.*

Le jugement qui condamne à rendre compte doit commettre le juge devant qui ce compte sera rendu et affirmé, *Ibid., art.* 5.

Le jugement contient aussi un terme, ou délai, dans lequel le comptable sera tenu de rendre son compte.

Après le délai expiré, s'il est en demeure de le rendre, la partie peut, sur un simple acte, porter la cause à l'audience, et obtenir sentence portant que, faute par lui de le rendre, il sera contraint de payer une certaine somme par provision; pour quoi il sera contraint par saisie et vente de ses meubles, et même par emprisonnement de sa personne, s'il y a lieu. *Ibid., art.* 8.

Aucunes lettres d'état ne peuvent être obtenues par le comptable, pour se dispenser de rendre compte; et si elles l'étoient, à moins qu'il n'y ait une clause spéciale dans les lettres, qui fit mention de l'instance de compte, l'ordonnance veut qu'elles soient réputées pour subreptices, et que les juges n'y aient aucun égard. *Ibid.*, *art.* 19. *Vice versâ*, la déclaration du 23 décembre 1702, *art.* 20, veut que ceux qui seront tenus de rendre compte puissent réciproquement faire les poursuites nécessaires pour y parvenir et se libérer, nonobstant toutes lettres d'état qui leur auroient été signifiées.

§. II. **Devant qui le compte doit-il être rendu?**

Entre majeurs, le comptable, quoique commis par justice, peut rendre son compte à qui il doit, par-devant notaires, par un acte entre celui à qui le compte est dû et lui. *Ibid.*, *art.* 22.

M. Jousse rapporte un arrêt du 23 août 1752, qui a jugé, pour les notaires, contre les commissaires au châtelet de Paris, que, même lorsque le compte est dû à un mineur, si le compte n'a point été ordonné par une sentence, il peut être rendu à l'amiable par le tuteur de ce mineur. *Voyez son commentaire sur l'art.* 22 *du tit.* 29.

Si le compte a été ordonné par un jugement qui a condamné le comptable à rendre compte, il doit se rendre en justice, c'est-à-dire, devant le commissaire-enquêteur, dans la justice où il y en a, sinon devant le juge commis par le jugement.

Le rapporteur du procès sur lequel a été rendu le jugement portant condamnation à rendre compte, ne peut être commis pour le recevoir. Cela a lieu quand même le juge-rapporteur seroit lui-même le commissaire-enquêteur. *Ibid.*, *art.* 5. Règlement du Conseil, du 31 août 1689, pour le présidial d'Orléans, *art.* 9.

§. III. **De la procédure pour la présentation du compte, et de la forme du compte.**

Le comptable, après qu'il a donné son compte, peut, en exécution de la sentence qui le condamne à le rendre, présenter requête au commissaire devant qui il le doit rendre, pour qu'il donne assignation à jour et heure certains au demandeur, à l'effet d'être présent tant à la présentation qu'à l'affirmation de son compte.

Il signifie cette ordonnance à celui à qui le compte doit être rendu, pour qu'il ait à se trouver en l'hôtel du commissaire, pour être présent à la présentation et affirmation de son compte, au jour et à l'heure indiqués.

Le comptable doit se trouver en l'hôtel du commissaire, y présenter et affirmer son compte, soit en présence de la partie, soit en son absence, auquel cas le commissaire donne défaut contre elle.

Le comptable doit présenter et affirmer ce compte en personne, ou du moins par un procureur fondé de procuration spéciale. *Tit.* 29, *art.* 8.

Ce compte doit contenir une préface, qui est une explication sommaire de l'espèce de gestion de laquelle le comptable rend compte. On transcrit dans cette préface l'acte par lequel le comptable a été chargé de sa gestion; par exemple, l'acte de tutelle, si c'est un tuteur; comme aussi le jugement portant condamnation de rendre compte. Ces pièces ne doivent être transcrites que par extrait, lorsqu'elles sont trop longues. Il est défendu d'en transcrire aucune autre, et la préface ne doit jamais excéder six rôles. *Ibid.*, *art.* 6. Ce compte doit être transcrit sur du grand papier, à raison de vingt-deux lignes par page, et de quinze syllabes par ligne, *art.* 17, à peine de radiation, dans la taxe, des rôles où il se trouveroit de la contravention. Il doit être, en outre, composé de trois articles : de la recette, de la mise et de la reprise.

L'article ou chapitre de recette doit contenir toutes les sommes que le rendant a reçues, et même celles qu'il a dû recevoir dans la gestion de l'affaire dont il rend compte.

Celui de mise doit contenir les sommes que le comptable a dépensées pour cette gestion. Il n'y peut employer que celles qu'il a faites à propos; les dépenses superflues ne doivent point lui être allouées. Au reste, lorsqu'elles ont été faites utilement, quoique par un accident imprévu elles soient devenues inutiles, elles ne doivent pas moins lui être allouées.

Le chapitre de reprise doit contenir les sommes dues par les débiteurs de celui à qui le compte est rendu, dont le rendant s'est chargé en recette, comme ayant dû les recevoir, et desquelles néanmoins il n'a pu être payé, par l'insolvabilité ou caducité des débiteurs. Ces sommes doivent lui être allouées en reprise, en justifiant par lui des diligences qu'il a faites, ou même de l'insolvabilité des débiteurs survenue avant qu'il pût exiger ces sommes, laquelle insolvabilité l'auroit par conséquent dispensé de faire ces diligences.

À ce chapitre, le rendant peut ajouter les frais du compte qu'il rend. Ils doivent être portés par celui à qui il le rend. Il peut comprendre parmi ces frais le coût du jugement qui l'a condamné à le rendre, lorsqu'il a offert de le rendre avant que de se laisser condamner; sinon il ne peut y comprendre le coût de ce jugement. *Ibid., art.* 18.

Les autres frais qu'il peut comprendre sont : 1° ceux des voyages, lorsqu'il ne demeure pas sur le lieu. *Ibid.*

2° La vacation du procureur qui a mis par ordre les pièces du compte. *Ibid.*

3° La vacation du commissaire pour la présentation et affirmation du compte, et l'assistance des procureurs. *Ibid.*

4° La grosse et copie du compte. *Ibid.*

À la fin du compte, le rendant doit insérer la somme totale de la recette, de la mise, de la reprise, et les frais de compte par articles séparés. *Art.* 7. Si la recette excède la mise, la reprise et les frais du compte, le juge délivre à la partie au profit de laquelle le compte est rendu, un exécutoire de l'excédant, au paiement duquel elle pourra contraindre le rendant, sans préjudice des débats à fournir. *Ibid.*

5° Cet article ajoute, *les assignations pour voir présenter et affirmer le compte.*

§. IV. De la communication du compte.

Le compte étant ainsi présenté et affirmé, le rendant en doit donner copie à l'oyant, par acte de procureur à procureur, et il doit aussi lui communiquer, sur son récépissé, les pièces justificatives des articles de mise, dépense et reprise, pour qu'il les examine pendant une quinzaine, au bout duquel délai l'oyant doit les rendre, *à peine de prison,* d'amende et de dommages et intérêts. *Tit.* 29, *art.* 9.

Le juge peut néanmoins, en certains cas, proroger le délai d'une autre quinzaine, et non plus. *Ibid., art.* 10.

L'ordonnance dit : *en connoissance de cause, et pour considérations importantes.*

Lorsque les oyants n'ont qu'un même intérêt, ils ne doivent tous ensemble avoir qu'un même procureur. Faute par eux d'en convenir, ils peuvent prendre à leurs frais chacun le leur ; mais le rendant n'est tenu de donner qu'une seule copie du compte, et une seule communication des pièces au plus ancien procureur. *Ibid., art.* 11.

Si les oyants avoient des intérêts différents, il faudroit donner copie du compte, et communication des pièces justificatives à chaque procureur. *Ibid., art.* 42.

S'il y a des créanciers intervenants, on ne doit donner pour eux tous qu'une seule copie et une seule communication, par les mains du plus ancien des procureurs. *Ibid.*

§. V. De la procédure pour débattre le compte ; et des jugements rendus sur le compte.

Lorsque la partie à qui le compte est rendu ne juge pas à propos de le passer en entier, après le délai de la communication expiré, la partie la plus diligente prend au greffe un appointement de fournir par les oyants leurs débats ou consentement, et par les rendants leurs soutenements dans les délais de l'ordonnance, qui sont de huitaine ; écrire et produire dans une autre huitaine, et contredire dans une autre huitaine. *Ibid., art.* 13.

En exécution de cet appointement, l'oyant doit fournir ses débats dans la huitaine de la signification faite de l'appointement à son procureur ; et, le délai expiré, le rendant peut produire son compte avec les pièces justificatives, et faire distribuer le procès au rapporteur. Après le délai de huitaine, pour contredire par les oyants sa production, il peut, sur une simple sommation de satisfaire à l'appointement, poursuivre le jugement par forclusion. *Ibid., art.* 16.

Si les oyants ont fourni leurs débats, le rendant, du jour de la signification, a huitaine pour donner ses soutenements, c'est-à-dire, ses réponses aux débats ; et s'il ne le fait pas, les oyants qui auront produit peuvent, sur une simple sommation, poursuivre le jugement du procès. *Ibid.*

Le juge doit rendre son jugement sur chaque article du compte. Ce jugement doit contenir un calcul de tous les articles passés et alloués; ensuite fixer un reliquat d'une somme certaine, en laquelle le juge condamne le rendant, si la recette excède la mise, ou les oyants, si la mise excède la recette. *Ibid., art.* 20.

Si le compte contient des omissions de recette, erreurs, faux ou doubles emplois, les parties peuvent se pourvoir par-devant le même juge, ou par appel pour la réformation, et en plaider les moyens à l'audience. *Ibid., art.* 21.

§. VI. De l'action du comptable envers les oyants.

De même que celui dont on a géré les affaires a une action en reddition de compte contre celui qui les a gérées, de même celui qui a géré les affaires a une action contre celui dont elles ont été gérées, pour qu'il soit tenu d'en recevoir le compte, et de l'en décharger.

Si, sur l'assignation donnée à cet effet, le défendeur ne comparoît pas, le comptable doit lever son défaut au greffe, le faire juger, et pour le profit, les articles de son compte doivent être alloués, s'ils sont bien vérifiés; et s'il se trouve créancier, il doit obtenir condamnation du reliquat contre le défaillant. Si, au contraire, il se trouve débiteur reliquataire, il sera ordonné qu'il en demeurera dépositaire, sans intérêts, en donnant caution, ou même sans caution, si c'est un tuteur. *Ibid., art.* 23. Mais si le comptable n'a pas de caution à donner, le juge ordonne le dépôt du reliquat.

Il faut observer que le comptable n'est point obligé de se charger de ce dépôt. Il peut, en rendant son compte, offrir de remettre le reliquat pour être déposé à qui, par justice, il sera ordonné.

Si celui à qui le compte doit être rendu est absent du royaume, *d'une absence longue et notoire,* comme s'exprime l'ordonnance, le défaut qu'obtient le rendant, contre cet absent, ne doit être jugé, et le compte apuré qu'avec le ministère public.

CHAPITRE III.

De la procédure sur les actions possessoires.

Nous distinguons, dans notre droit françois, les actions possessoires en matière profane, et celles en matière bénéficiale.

Nous avons deux actions possessoires, la complainte et la réintégrande.

La complainte donne souvent lieu au séquestre ; c'est pourquoi nous diviserons ainsi ce chapitre, et nous traiterons :

1° De la complainte en matière profane.

2° Des séquestres.

3° De la réintégrande.

4° De la défense de cumuler en matière profane le pétitoire avec le possessoire.

5° De la complainte en matière bénéficiale.

6° Enfin, de deux espèces d'actions particulières en matière bénéficiale, la demande en dévolu et celle en régale.

ARTICLE PREMIER.

De la complainte en matière profane.

§. 1. Ce que c'est.

L'action appelée en droit *interdictum uti possidetis*, est ce que nous appelons *complainte*. Cette action a lieu lorsque quelqu'un est troublé dans la possession de quelque héritage, ou dans la quasi-possession de quelque droit dans un héritage, contre celui qui l'y trouble, aux fins d'être maintenu dans sa possession, et que défenses soient faites de l'y troubler.

L'ordonnance de 1667, *tit.* 18, *art.* 1, s'explique ainsi sur cette action :

« Si aucun est troublé en la possession et jouissance d'un « héritage, ou droit réel, ou universalité de meubles qu'il « possédoit publiquement, sans violence, à autre titre que « de fermier ou possesseur précaire, il peut, dans l'année

« du trouble, former complainte, en cas de saisine et nou-
« velleté, contre celui qui lui a fait le trouble. »

§. II. Pour quelles choses il y a lieu à la complainte.

Il résulte de l'article ci-dessus rapporté, que la complainte
peut avoir lieu non seulement pour raison des héritages,
lorsque quelqu'un est troublé dans leur possession, mais
aussi qu'elle a lieu pour raison des droits réels, c'est-à-dire,
des droits qu'on est en quasi-possession d'exercer sur quelque héritage. Par exemple, si je suis en possession de lever
un champart sur un héritage, et qu'on me le refuse, ce
refus est un trouble à la possession en laquelle je suis du
droit de champart sur cet héritage, qui donne lieu à l'action de complainte, sur laquelle action, en prouvant une
possession d'an et jour, je serai maintenu à percevoir ce
droit jusqu'à ce que la contestation que les propriétaires
peuvent me former au pétitoire soit jugée.

Pareillement, si je suis en possession de quelque droit
de servitude sur un héritage voisin, et qu'on m'empêche
d'en jouir, il y a lieu à la complainte; mais, pour qu'il paroisse que je suis en possession de ce droit de servitude,
par exemple, d'un droit de passage, il ne suffit pas que
j'aie passé, car on présume que c'est par tolérance que
j'ai passé; or, une possession précaire et de tolérance ne
donne pas lieu à la complainte, mais il faut qu'il paroisse
que j'ai passé comme usant du droit de passer.

L'ordonnance, à l'article ci-dessus cité, dit qu'on peut aussi
former complainte pour une universalité de meubles, ce
qui est conforme à ce qui est porté par plusieurs coutumes.
Celle de Paris, *art.* 97, s'exprime en ces termes : « Aucun
« n'est recevable de soi complaindre et intenter le cas de
« nouvelleté pour une chose mobiliaire particulière, mais
« bien *pour université de meubles*, comme en succes-
« sion mobiliaire. » La nôtre, *art.* 489, porte : « Pour sim-
« ples meubles, on ne peut intenter complainte, mais bien
« *pour université de meubles*, comme en succession mobi-
« liaire. » C'est pourquoi, si, étant en possession de la succession d'une personne, quoiqu'elle ne consiste qu'en mobilier,
quelqu'un me trouble dans la possession en faisant des

14.

saisies et arrêts sur les débiteurs de la succession, et se prétendant héritier à mon exclusion, je peux former la complainte pour être maintenu en possession de cette succession, sauf à contester au pétitoire.

§. III. Pour quelle espèce de possession peut-on former la complainte ?

Quelle que soit la possession en laquelle quelqu'un est troublé, juste ou injuste, de bonne ou de mauvaise foi, qu'elle procède d'un titre, ou qu'elle soit sans titre, elle donne lieu à la complainte, pourvu qu'on ait possédé *animo domini*. Mais la simple détention de ceux qui ne possèdent pas pour eux, mais pour un autre, ne suffit pas; c'est pourquoi un fermier ne peut former la complainte; ce n'est pas lui proprement qui possède, c'est celui qui a affermé qui possède par lui.

La possession que quelqu'un auroit usurpée par violence, ou clandestinement, au préjudice de celui contre qui il intenteroit la complainte, ou qu'il tiendroit précairement de lui, ne peut pas non plus servir de fondement à sa complainte; car, vis-à-vis de lui, il n'est pas réputé possesseur; c'est pourquoi notre ancienne coutume, *art.* 369, disoit, qu'on acquiert possession, en jouissant par an et jour, *nec vi, nec clàm, nec precariò ab adversario.* Ces derniers mots ont été retranchés lors de la réformation, parcequ'étant de droit, on les a crus superflus; c'est aussi ce que signifie l'ordonnance, au lieu cité, lorsqu'elle dit : *Si aucun est troublé en la possession d'un héritage qu'il possédoit publiquement,* non clàm, *sans violence,* nec vi, *à autre titre que de possesseur précaire,* nec precariò.

Les vices de violence et de clandestinité empêchent bien la complainte contre celui sur qui je l'ai usurpée de cette manière, ou ses successeurs; mais si c'est un tiers qui me trouble dans ma possession, il n'est pas recevable à m'opposer ce vice; ainsi cette possession peut servir contre lui de fondement à une complainte.

Il en est de même de la possession précaire dans laquelle quelqu'un m'a permis d'être; elle ne peut pas servir de fondement à une complainte contre celui de qui je la tiens; mais elle peut me servir contre un tiers.

Observez une différence entre un possesseur précaire et un fermier; celui-ci n'est aucunement possesseur, et est seulement *in possessione* pour et au nom de celui de qui il tient la ferme; c'est pourquoi il ne peut intenter de complainte, non seulement contre celui de qui il tient la ferme, mais contre personne; au lieu que le possesseur précaire ne peut, à la vérité, former complainte contre celui de qui il tient à titre de précaire, mais il peut la former contre un tiers, car il est vrai possesseur.

§. IV. Quel trouble donne lieu à la complainte?

On distingue deux espèces de trouble en la possession, le trouble de fait, et le trouble de droit.

Le trouble de fait est lorsque quelqu'un me trouble en la possession de mon héritage par quelque fait, comme s'il recueille les fruits pendants, s'il s'y transporte pour le labourer et cultiver malgré moi.

Le trouble de droit est celui qui résulte de quelque acte judiciaire par lequel quelqu'un s'oppose à ce que je jouisse; comme si quelqu'un intente contre moi une demande pour qu'il me soit fait défenses de me transporter sur un héritage dont je me prétends en possession. Cette demande est un trouble de droit de la possession en laquelle je prétends être de cet héritage, et donne lieu à la complainte, aussi bien que le trouble de fait. Je peux donc alors intenter la complainte en déclarant que je prends pour trouble en ma possession, la demande donnée contre moi.

§. V. Dans quel temps doit s'intenter la complainte? De la procédure et du jugement de cette action.

L'ordonnance, en l'article ci-dessus cité, déclare que la complainte doit être intentée dans l'année du trouble.

Cette demande doit se former comme les autres actions. Le demandeur doit désigner l'héritage en la possession duquel il a été troublé, de manière que la partie assignée ne puisse l'ignorer, et exposer l'espèce de trouble qu'il prétend lui avoir été fait; en conséquence de quoi, il déclare qu'il forme la complainte, et conclut à ce qu'il soit maintenu en sa possession, et que défenses soient faites à la partie assignée de l'y troubler; il peut aussi conclure à des dommages et intérêts, si le trouble qui lui a été fait lui a causé du préjudice.

Si la partie assignée convient par ses défenses de la possession du demandeur, et dénie les faits de trouble, et que le demandeur persiste à demander des dommages et intérêts, il n'y a plus lieu à la complainte, l'action dégénère en une simple action de dommages et intérêts, qui est une action personnelle, *ex delicto*, sur laquelle le juge permet à la partie de faire preuve par enquête des faits par elle avancés, sauf au défendeur à faire preuve contraire.

Si la partie assignée ne convient pas de la possession du demandeur, et soutient que c'est elle-même qui est en possession; en ce cas, elle doit, par ses défenses, s'opposer à la complainte du demandeur, et soutenir que c'est elle qui est en possession.

Cette opposition vaut trouble de fait, suivant que s'exprime l'*art.* 488 de notre coutume, c'est-à-dire qu'elle interrompt la possession en laquelle se prétend être le demandeur, autant que l'interromproit quelque acte de possession fait par le défendeur qui s'est ainsi opposé.

Sur ces défenses, le juge rend un appointement à vérifier; cet appointement est ordinairement conçu en ces termes :

« Après que le demandeur a soutenu être en possession
« de tel héritage, et l'avoir possédé paisiblement pendant
« l'année qui a précédé le trouble qui a donné lieu à la com-
« plainte, et qu'il a été soutenu au contraire par le défen-
« deur, que c'est lui qui est en possession, et qu'il a pos-
« sédé publiquement pendant l'année qui a précédé le
« trouble qui a donné lieu à la contestation, nous avons
« permis, etc. »

Le fait de la possession, pendant l'année qui a précédé immédiatement le trouble, est celui qu'il faut prouver, et celui d'où dépend la décision de la contestation. Inutilement l'une des parties auroit-elle possédé pendant beaucoup d'années auparavant; si c'est l'autre partie qui a possédé pendant l'année qui a précédé immédiatement le trouble, ce sera cette partie qui doit être déclarée en possession; car la possession s'acquiert par la jouissance d'an et jour. *Coutume d'Orléans, art.* 486.

La matière s'instruit comme tous les autres procès sur lesquels se rendent de pareils appointements; et lorsque l'affaire est en état d'être jugée, le juge, par son jugement, maintient en possession celle des deux parties qui a le mieux justifié être en possession paisible de l'héritage pendant l'année, et fait défense à l'autre partie de l'y troubler à l'avenir.

Ce jugement peut aussi contenir une condamnation de dommages et intérêts, si le demandeur a souffert par le trouble qui lui a été fait, et même quelquefois une condamnation d'amende, suivant la nature du trouble. *Ordonn. de* 1667, *tit.* 18, *art.* 6.

ARTICLE II.

Des séquestres.

§. I. Ce que c'est que séquestre.

Le séquestre, ou la séquestration, est la remise qui est faite en vertu d'un jugement, à une tierce personne, de la possession d'un héritage contesté entre deux parties, ou commun entre elles, à la charge de le restituer à celle des deux parties à qui le juge ordonnera qu'il soit restitué. On appelle aussi séquestre cette tierce personne.

C'est dans les matières possessoires qu'il y a le plus ordinairement lieu au séquestre. Par exemple, si, après l'instruction de la complainte, le juge trouve que l'une des parties n'a pas plus prouvé sa possession que l'autre, il ordonne que les parties instruiront au pétitoire, et qu'en attendant, la possession sera séquestrée; le séquestre est en ce cas ordonné d'office.

Quelquefois le juge l'ordonne sur la demande de l'une des parties, comme sur une complainte, lorsque le procès peut être long. *Tit.* 19, *art.* 2.

On ordonne aussi quelquefois le séquestre sur la demande de l'une des parties, en matière de partage de succession ou de communauté, en attendant que le partage soit fait, orsqu'il y a des contestations qui le retardent, et pour prévenir celles que la jouissance par indivis pourroit causer.

Les meubles, les immeubles et même les personnes, peuvent être séquestrés. Par exemple, on ordonne quelquefois qu'une fille, ou une femme mariée, sera séquestrée, l'une pour éviter les sévices de ses parents, ou pendant une instance de rapt, l'autre pour la soustraire aux mauvais traitements de son mari. *Lange, liv. 3, chap. 5.*

§. II. De la procédure des demandes en séquestre.

La demande en séquestre peut être formée par l'exploit introductif de la demande principale, ou lorsque la cause est engagée, pourvu que ce soit avant la contestation.

Si le séquestre n'a point été demandé par l'exploit, cet incident se forme par une requête que présente au juge la partie qui demande le séquestre, sur laquelle le juge met une ordonnance de *viennent* les parties ; le demandeur en séquestre signifie sa requête et l'ordonnance, par acte de procureur à procureur, à l'autre partie, avec assignation par le même acte pour venir plaider sur cette requête au premier jour d'audience, et convenir d'un séquestre, sinon voir ordonner qu'il en sera nommé d'office. *Tit.* 19, *art.* 1.

Les séquestres ne peuvent être nommés qu'en connoissance de cause, et lorsqu'il ne paroît pas laquelle des parties a le droit ou la possession la plus apparente. Claude le Brun, en son Livre des Procès civils et criminels, *liv.* 3, apporte quatre cas auxquels on ordonne communément le séquestre : le premier, si les preuves des parties sont égales ; le second, s'il est question de la possession d'une hérédité qui consiste en meubles précieux et de grande valeur ; le troisième, s'il s'agit du possessoire d'un bénéfice dont les fruits sont tels, que l'une ni l'autre des parties n'est capable d'en répondre ; le quatrième, s'il y a lieu de craindre que les parties n'en viennent aux mains pour la levée des fruits, ou jouissance de la chose contentieuse. *L. Si ususfructus,* §. *sed si inter duos 3 ff. de usufr.*

La cause plaidée, si le juge estime qu'il doit avoir égard à la requête, il rend sa sentence qui ordonne le séquestre. Cette sentence doit contenir le nom du juge, ou commissaire, et le temps auquel les parties comparoîtront devant lui pour convenir de la personne qui sera nommée séquestre, *ibid. art.* 3. Cela est ainsi ordonné pour abréger la procédure, et éviter la multiplicité des sentences. Cette sentence s'exécute par provision, nonobstant l'appel, même dans les justices seigneuriales. *Ibid., art.* 19.

§. III. De la procédure qui se fait en exécution de la sentence qui ordonne le séquestre.

La partie qui poursuit le séquestre fait signifier la sentence qui a ordonné le séquestre avec assignation à l'autre partie, au domicile de son procureur, pour se trouver au jour marqué.

Si les parties comparoissent à l'assignation chez le juge, ou le commissaire, et conviennent d'une personne, le juge, ou le commissaire, la nomme pour séquestre; si elles n'en peuvent convenir, le juge en nomme un d'office.

Pareillement, si l'une des parties ne comparoît pas, le commissaire donne défaut, et nomme d'office un séquestre, à moins qu'en connoissance de cause il ne juge à propos d'accorder une prorogation de délai, qui ne peut être de plus de huitaine, et sans pouvoir être prorogé davantage. *Ibid., art.* 4.

On doit nommer pour séquestre un homme *suffisant*, c'est-à-dire, capable de bien administrer les biens séquestrés; *solvable*, pour répondre de son administration; *résidant proche du lieu où sont situés les biens qui doivent être séquestrés*, pour être à portée de régir et gouverner les biens séquestrés. *Ibid.*

Il ne doit être ni parent, ni allié du juge qui le nomme, jusqu'au degré des cousins germains inclusivement, à peine de nullité, de 100 liv. d'amende, et de répondre par le juge de son insolvabilité, *ibid., art.* 5. Quoiqu'en général, et suivant l'esprit de l'ordonnance, le séquestre doive être une personne autre que l'une des parties, néanmoins, lorsque l'objet de la contestation est de peu valeur, et que l'une des parties demande à être nommée séquestre en donnant caution, le juge peut la nommer, sur-tout si elle a un droit apparent à la chose; c'est ce qui a été jugé par arrêt rendu en la troisième chambre des enquêtes, le jeudi 6 septembre 1759. Il ne s'agissoit que des fruits de quatre

journaux de terre, situés près Amiens, et le procès étoit
entre deux frères.

Si l'une des parties conteste la solvabilité du séquestre,
il faut se pourvoir à l'audience pour faire statuer sur cet
incident, et faire nommer un autre séquestre, s'il y a lieu.

En exécution de cette nomination de séquestre, la partie assigne la personne nommée pour accepter la charge
et prêter le serment, et elle y peut être contrainte par
amende et saisie de ses biens. (*Voyez* dans le Commentaire
de M. Jousse, sur l'*art.* 6 du *tit.* 16, quelles sont les excuses que le séquestre peut alléguer pour se faire décharger
du séquestre, et la procédure qu'on doit tenir en conséquence de ces excuses.)

§. IV. De la mise en possession du séquestre, et de ses fonctions.

Après que le séquestre a prêté serment, un huissier, ou
sergent, à la requête de la partie poursuivante, le met
en possession des biens séquestrés, et en dresse procès-
verbal en présence de deux témoins qui doivent signer. *Ibid.*,
art. 7 et 9.

Ce procès-verbal doit contenir une déclaration spéciale
des choses séquestrées, le nom, surnom, qualité, vacation
et demeure des témoins en présence de qui il est fait; il
doit être signé, tant du sergent et de ses témoins que du
séquestre; ou il doit être fait mention de l'interpellation
qui aura été faite au séquestre de signer, et de la cause
pour laquelle il n'aura pas signé. *Ibid.*, *art.* 8 et 9.

Le séquestre établi en possession doit faire procéder devant le juge, les parties dûment appelées, au bail judiciaire des héritages séquestrés, lorsqu'ils ne sont pas affermés, ou qu'ils l'ont été en fraude, *ibid. art.* 10; et il
doit faire arrêter les frais du bail par le juge, lors de la sentence d'adjudication, *ibid. art.* 11. Il doit pareillement
faire, par autorité de justice, parties appelées, les réparations qui sont à faire aux biens séquestrés, et il lui est défendu de s'en rendre adjudicataire, *ibid.*, *art.* 12, aussi
bien qu'aux parties, soit par elles-mêmes, soit par personnes interposées, à peine de nullité, et de 50 liv. d'a-
mende. *Ibid.*, *art.* 18.

Il ne doit néanmoins faire procéder au bail au rabais, que lorsque les réparations sont considérables ; il doit suffire, pour les autres, que sur une permission du juge, au bas d'une requête, il fasse marché avec les ouvriers en présence des parties, ou elles dûment appelées. On peut même lui allouer celles qu'il fait faire de sa seule autorité, lorsqu'elles sont très modiques ; c'est l'interprétation que l'usage donne à cet article.

Si l'une des parties empêchoit, par violence, soit l'établissement, soit l'administration du séquestre, la peine est qu'elle soit déchue du droit qu'elle auroit pu prétendre aux fruits qu'elle a enlevés, lesquels appartiendront incontestablement à l'autre partie ; qu'elle soit condamnée en 300 liv. d'amende, et que l'autre partie soit mise en possession des biens contentieux, sans préjudice des poursuites extraordinaires. *Ibid., art.* 16.

§. V. Quand finit le séquestre.

Le séquestre finit quand les contestations à l'occasion desquelles il avoit été ordonné, ont été définitivement jugées ; et le séquestre demeure dès-lors déchargé de plein droit, sans qu'il soit besoin qu'il obtienne aucun jugement de décharge, à la charge néanmoins par lui de rendre compte de son administration pour le passé. *Ibid., art.* 20.

Il peut être contraint à rendre ce compte, même par emprisonnement de sa personne, comme dépositaire de biens de justice ; mais si, par l'évènement de ce compte, il se trouve qu'il lui est dû, il a le droit de se pourvoir par saisie-exécution sur les choses séquestrées.

Il est particulièrement déchargé de plein droit après l'espace de trois ans écoulés du jour de son établissement, à moins qu'il n'ait plu au juge, en connoissance de cause, de le continuer. *Ibid., art.* 21.

ARTICLE III.

De la réintégrande.

La réintégrande est une action possessoire par laquelle celui qui a été dépossédé par violence de quelque héritage conclut à y être rétabli.

On appelle en droit cette action *interdictum undè vi :* celui qui a été ainsi dépossédé a le choix de se pourvoir par cette action, ou par la voie criminelle; et lorsqu'une fois il s'est pourvu par l'une de ces deux voies, il ne peut plus avoir recours à l'autre, à moins que le juge, en prononçant sur la voie criminelle qu'il auroit prise, ne lui eût réservé l'action civile. *Tit.* 18, *art.* 2.

La procédure se fait sur la demande en réintégrande, comme sur les autres actions.

Si le défendeur convient de la spoliation, ou que, sur sa dénégation, le demandeur l'ait justifiée, le juge condamne le défendeur à rétablir le demandeur en possession, à lui restituer les fruits, en des dommages et intérêts, et même en quelque amende, suivant la nature de la violence. *Ibid.*, *art.* 4 *et* 6. Les jugements rendus par les juges royaux, en matière de réintégrande, s'exécutent par provision en donnant caution, *ibid.*, *art.* 7; mais il n'en est pas de même de ceux des juges de seigneurs, suivant l'ordonnance de 1535, *chap.* 16, *art.* 18.

De même que, par le droit romain, l'*interdictum undè vi* étoit annal, on en doit conclure que l'action de réintégrande doit être formée dans l'année de la spoliation, sur-tout lorsqu'on a pris la voie civile. *Voyez sur cet art. notre introd. au tit. des Cas possessoires sur la coutume d'Orléans, sect.* 3, §. 1.

ARTICLE IV.

De la défense de cumuler le pétitoire avec le possessoire.

On ne doit point, dans les instances de complainte, cumuler le pétitoire avec le possessoire; c'est pourquoi, lorsqu'une demande en complainte, ou réintégrande, a été intentée, on ne peut point former de demande au pétitoire, c'est-à-dire, former aucune contestation sur la propriété de l'héritage, ou du droit dont la possession est contestée, jusqu'à ce que l'instance sur ce possessoire ait été entièrement terminée; et si la demande au pétitoire avoit été formée auparavant, il doit y être sursis, jusqu'à ce que la contestation sur le possessoire ait été entièrement terminée. *Tit.* 18, *art.* 5. Il ne suffit pas même qu'il ait été rendu un jugement définitif sur ce possessoire, dont il n'y a point d'appel; la partie qui a été condamnée par ce jugement n'est pas recevable à former sa demande au pétitoire, jusqu'à ce qu'elle ait entièrement exécuté le jugement rendu au possessoire, c'est-à-dire, jusqu'à ce qu'elle ait fait cesser le trouble, ou rétabli la partie en possession, et entièrement satisfait aux condamnations contre elle prononcées, soit par la restitution des fruits, soit par le payement des dommages et intérêts, et des dépens auxquels elle auroit été condamnée. *Ibid., art.* 4.

Néanmoins, si la partie au profit de qui la condamnation est intervenue, étoit en demeure de faire taxer les dépens, ou liquider les dommages et intérêts, dans le temps qui auroit été prescrit, l'autre partie pourroit être reçue à former sa demande au pétitoire, en offrant caution de satisfaire aux condamnations, lorsque la taxe et la liquidation auroient été faites. *Ibid.*

ARTICLE V.

De la complainte en matière bénéficiale.

§. I. Ce que c'est, et en quoi elle diffère des autres.

La complainte en matière bénéficiale est l'action qu'a un bénéficier, pour être maintenu dans la possession du bénéfice dont il est pourvu, contre celui qui l'y trouble.

Elle diffère des complaintes en matière profane; 1° en ce qu'au lieu que la possession d'an et jour destituée de titre suffit pour celle-ci, au contraire, la complainte en matière bénéficiale n'est accordée qu'au bénéficier qui possède en vertu d'un titre.

2° En ce que, dans cette complainte, on juge sur le mérite du titre de possession des parties contendantes, d'où naît cette troisième différence, qu'en matière profane le jugement définitif sur la complainte laisse entière la question du pétitoire, sur lequel la partie qui a succombé en la complainte peut former la demande, au lieu que, la complainte bénéficiale se jugeant par le mérite du titre, celui qui a succombé sur cette complainte ne peut se pourvoir au pétitoire. *Voyez-en les raisons plus au long, dans Domat, Lois civ., liv. 3, tit. 7, sect. 1, n. 15, aux notes.*

On peut ajouter cette quatrième différence, qu'en matière profane il n'y a que le vrai possesseur de l'héritage qui puisse former la complainte, quand il est troublé dans sa possession; mais qu'en matière bénéficiale toutes les actions se dirigent par la voie de la complainte, et que les deux contendants doivent avoir pris possession du même bénéfice.

§. II. Devant quel juge les complaintes en matière bénéficiale doivent-elles être portées, et par qui peuvent-elles être intentées?

Quoique les bénéfices soient quelque chose de spirituel, néanmoins la conservation de la possession du bénéficier, contre celui qui le trouble, est quelque chose qui appartient à la police extérieure, et qui, intéressant l'ordre public, est par conséquent du ressort de la puissance séculière. Cette puissance est ordonnée de Dieu même pour conserver la tranquillité publique dans tous les ordres de l'état, dont l'ordre ecclésiastique fait partie. C'est pourquoi la connoissance du possessoire des bénéfices doit appartenir aux juges royaux, à l'exclusion des juges ecclésiastiques, qui ne peuvent en connoître; et il y auroit lieu à l'appel comme d'abus, s'ils jugeoient en pareille matière. *Omnis anima potestatibus sublimioribus subdita sit; non est enim potestas nisi à Deo : quæ autem sunt, à Deo ordinata sunt.* Dumoulin, sur l'édit de 1550, contre les petites dates, *art.* 1, *lett. A, n. 4,* décide clairement que la connoissance du possessoire des bénéfices n'est pas spirituelle. *Cæterùm omne possessorium et omnis causa possessoria temporalis est et secularis, non ecclesiastici fori. In beneficialibus et spiritualibus causis, possessorium coràm judice seculari tractatur; quia, quùm agitur de possessorio, de re spirituali non spiritualiter agitur.*

Les complaintes en matière bénéficiale doivent être portées par-devant les juges royaux du lieu où le bénéfice est situé; c'est un point qui fait partie des libertés de l'Église gallicane, *chap.* 26, et reconnu par la bulle d'Eugène IV, de 1432.

La connoissance en est attribuée aux baillis et sénéchaux, par les anciennes ordonnances, privativement aux prevôts royaux, et aux juges des seigneurs, quand même le bénéfice pour lequel la complainte est formée seroit de la fondation d'un seigneur, et à sa présentation ou collation. *Ordonnance de 1667, tit. 5, art. 4. Edit de Cremieu du mois de juin 1536, art. 13.*

Mais s'il n'étoit pas question du droit et du possessoire du bénéfice, et qu'il s'agît seulement des revenus qui en dépendent, la connoissance en appartiendroit au juge du lieu, quoique de seigneur. Néron, sur l'ordonnance de Cremieu, *art.* 9, cite un arrêt du 21 novembre 1575, contre le curé de Beaulieu, près Noyon, qui fut renvoyé devant le bailli du marquisat de Nesle.

Un mineur de vingt-cinq ans, pourvu d'un bénéfice, peut ester en jugement, sans assistance d'un tuteur, ni d'un curateur, former la complainte pour raison de son bénéfice, et répondre à celle qui lui est formée, *ibid., art.* 14; car il est réputé majeur pour raison de tout ce qui concerne son bénéfice.

§. III. De la procédure particulière de ces complaintes, et des jugements qui se rendent en cette matière.

1° L'exploit d'assignation se donne au lieu, c'est-à-dire, au principal manoir du bénéfice, lorsque la partie assignée n'en est plus en possession actuelle; si elle étoit en possession actuelle, elle ne pourroit être assignée qu'à personne, ou à son vrai domicile. *Ibid., art.* 3. *Voyez* le procès-verbal de l'ordonnance, *pag.* 160.

La raison de cette distinction est la peine qu'on auroit à reconnoître le domicile de celui qui n'est point en possession : il pourroit en abuser, et se faire donner des assignations à lui-même, qu'on ignoreroit; c'est ce qu'observa M. Talon lors de la conférence.

Cet article ne m'a jamais paru bien clair, et je n'ai pas jusqu'à présent bien compris l'observation de M. Talon, ni quel seroit le but de ces assignations que le contendant se feroit donner. J'ai vu des avocats qui prétendoient que le mot *sinon* n'étoit pas, dans cet article de l'ordonnance,

une particule disjonctive, mais conjonctive ; qu'il étoit employé pour le mot *ou bien*, et que l'on avoit le choix des
trois choses exprimées dans cet article ; enfin, l'usage y
est conforme, comme le remarque M. Jousse, mais le texte
littéral, et la manière dont les commissaires entendirent
l'article proposé lors des conférences, me paroissent résister
absolument à cette interprétation.

Il faut observer qu'il n'est ici question que du titre, et
non des droits du bénéfice dont il est parlé dans l'*art.* 5
du tit. 2, et que pour ces droits on ne peut assigner devant le juge de la situation du bénéfice. *Voyez le procès-
verbal de l'ordonn. Voyez supra.*

2° Au lieu qu'il suffit en matière profane que le demandeur en complainte articule qu'il possède, et qu'il est troublé en sa possession, sans qu'il soit besoin d'exprimer à
quel titre il possède ; au contraire, en matière bénéficiale,
le demandeur en complainte doit exprimer par son exploit
le titre de sa possession, le genre de la vacance sur laquelle
il a été pourvu, si c'est *per obitum*, ou par démission ou
résignation. *Ibid.*, *art.* 2. La raison de cette différence
vient de celle que nous avons observée ci-dessus, au §. premier, entre les deux complaintes.

5° Il doit donner par cet exploit copie de ses titres et capacités, signée de lui et du sergent, ce qui est particulier
en cette matière ; les titres sont, les provisions du collateur, la prise de possession ; les capacités sont, les lettres
de tonsure, de prêtrise, de degrés, etc. Il suffit que les copies justificatives de la demande soient signées du procureur : au surplus, le défaut d'en donner copie ne doit pas,
selon mon avis, emporter nullité, et la peine doit être que
celle qu'il donnera par la suite, et les réponses qui y seront
faites, seront à ses frais et sans répétition, suivant qu'il
est décidé, *tit.* 2, *art.* 6, à l'égard du demandeur, qui,
dans les matières ordinaires, n'a pas donné copie, par son
exploit, des pièces justificatives de sa demande.

Il y a encore une autre peine prononcée par l'ordonnance
de 1539, *art.* 49, qui est que, faute par l'un des contendants de communiquer ou d'exhiber ses titres, la récréance
et maintenue seront accordées sur les titres et capacités de

l'autre qui les aura exhibés ; mais on est toujours à temps d'éviter cette peine en signifiant avant le jugement.

4° Le défendeur, par les défenses qu'il doit donner dans les délais ordinaires, doit pareillement, comme le demandeur, expliquer le titre de sa provision, le genre de vacance sur laquelle il a été pourvu ; et il doit pareillement donner copie, signée de son procureur, de ses titres et capacités, *ibid.*, *art.* 6 ; il n'est pas dit qu'elles soient signées de lui, comme cela est prescrit à l'égard du demandeur.

L'intervenant dans une complainte doit pareillement donner, au procureur des autres parties, copie signée de son procureur, tant de la requête d'intervention, qui doit contenir ses moyens, que de ses titres et capacités. *Ibid.*, *art.* 12.

Observez que, pour que les signatures de cour de Rome fassent foi, elles doivent être certifiées par un certificat de deux banquiers-expéditionnaires, écrit sur l'original et expédition des signatures. *Ibid.*, *art.* 8.

5° Si l'affaire, étant portée à l'audience, ne paroît pas aux juges suffisamment éclaircie pour prononcer la pleine maintenue, et mérite une plus grande instruction, ils peuvent, en attendant, rendre une sentence de récréance ou de séquestre.

On appelle *pleine maintenue* la sentence définitive qui met fin à l'instance, et maintient définitivement l'une des parties dans la possession du bénéfice.

La sentence de récréance est celle qui accorde par provision, jusqu'au jugement définitif, la possession du bénéfice à celle des deux parties dont le droit est le plus apparent.

Lorsque le droit de l'une des parties ne paroît pas plus apparent que celui de l'autre, et que le procès paroît devoir être long, on rend un jugement de séquestre, par lequel il est ordonné que les revenus du bénéfice seront perçus jusqu'à fin de cause, à la charge par le séquestre d'en rendre compte à celle des parties qui par la suite obtiendra la pleine maintenue.

Suivant l'art. 8 de l'édit du mois d'avril 1695, lorsque le bénéfice est à charge d'ames, juridictions, ou quelques autres fonctions spirituelles, les cours et autres juges doivent renvoyer devant l'archevêque, ou évêque diocésain, pour, par lui, commettre un ecclésiastique qui desserve le bénéfice pendant le procès, auquel l'archevêque ou évêque taxe une somme annuelle pour sa desserte, laquelle somme doit lui être payée par privilége sur les revenus du bénéfice, nonobstant toutes saisies et oppositions.

6° Les jugements de récréance, aussi bien que ceux de pleine maintenue, doivent être rendus par cinq juges au moins, *tit.* 15, *art.* 17; l'ordonnance n'excepte que les requêtes de l'hôtel et du palais.

7° Le jugement de récréance doit être exécuté avant qu'on puisse procéder sur la pleine maintenue; c'est-à-dire que celui à qui elle est accordée doit être mis ou laissé en possession actuelle du bénéfice, et de tout ce qui en dépend; et c'est à quoi se termine un jugement de récréance, lequel ne peut jamais contenir aucune condamnation de dépens, ni de restitution de fruits; ces choses ne doivent s'adjuger que par le jugement définitif. *Ibid.*, *art.* 10.

8° Il s'exécute, nonobstant l'appel, à la simple caution juratoire de celui à qui la récréance est accordée. *Ibid.*, *art.* 9. Il faut dire la même chose du jugement de séquestre.

9° Si, durant le procès, celui qui avoit la possession actuelle du bénéfice décède; la main-levée sera donnée à l'autre partie sur une simple requête faite judiciairement à l'audience, en rapportant l'extrait mortuaire et les pièces justificatives de la litispendance. *Ibid.*, *art.* 11.

Cela ne paroît pas souffrir de difficulté lorsqu'il ne reste qu'un contendant; mais, lorsqu'il en reste plusieurs, l'un d'eux ne paroît pas pouvoir obtenir à son profit cette main-levée, qu'en appelant les autres, et s'ils la demandent aussi bien que lui, elle doit être accordée à celui qui sera trouvé avoir le droit le plus apparent. *Voyez le procès-verbal de l'ordonnance.*

10° La résignation faite à l'une des parties, soit pure et simple; soit en faveur, n'empêche point que la procédure ne se continue contre le résignant, jusqu'à ce que le résignataire ait paru en cause, et ait repris l'instance à sa place, ce qu'il peut faire par une simple requête faite judiciairement, sans appeler la partie. *Ibid.*, *art.* 15 et 16.

La sentence sera exécutoire contre le résignataire, même pour la restitution des fruits perçus et les dépens faits avant la résignation, sauf son recours contre le résignant, pour les frais et dépens de son temps. *Ibid., art.* 18.

ARTICLE VI.

Des demandes en dévolu et en régale.

§. I. Des demandes en dévolu.

Lorsque quelqu'un s'est fait pourvoir et mettre en possession d'un bénéfice pour lequel il n'a pas les capacités requises par les canons et les ordonnances de nos rois, ou lorsque ses provisions sont entachées de quelque vice, comme de simonie ou de confidence, ou lorsque le bénéficier est tombé dans quelque crime, ou a encouru quelque condamnation, qui fait vaquer son bénéfice de plein droit, il est permis à celui qui a les capacités requises, d'obtenir son bénéfice comme vacant; c'est ce qui s'appelle obtenir un bénéfice par *dévolu*. Ceux qui l'obtiennent de cette manière sont appelés *dévolutaires*.

Quoique le dévolu soit nécessaire, comme un frein pour le maintien de la discipline ecclésiastique, et qu'en conséquence on admette les demandes de ceux qui obtiennent un bénéfice par dévolu; néanmoins les dévolutaires sont regardés de mauvais œil, à peu près comme les délateurs étoient regardés chez les Romains; c'est pourquoi l'ordonnance de 1667, *tit.* 15, *art.* 13, veut que l'audience leur soit déniée, s'ils n'ont donné au préalable caution *du jugé*, pour la somme de cinq cents livres, dans le délai qui leur sera prescrit par le jugement, et le délai une fois expiré, ils sont déchus de leur droit, sans pouvoir purger leur demeure.

Cette disposition s'observe si rigoureusement, qu'il a été jugé par deux arrêts rapportés par Bardet, que les offres d'un dévolutaire de consigner le double, au lieu d'une caution qu'il ne pouvoit trouver, étoient insuffisantes. C'est le seul cas auquel un regnicole soit assujetti à donner caution pour former sa demande en justice. Le premier arrêt est du 7 juillet 1620, rendu au parlement de Paris; *tit.* 1, *l.* 1, *chap.* 24. Le second est du 24 juillet 1663, *tit.* 2, *l.* 6, *chap.* 22 (1).

Le dévolutaire ne peut entrer en jouissance des fruits et revenus du bénéfice après sa prise de possession; cela lui est expressément défendu par l'ordonnance de Blois, *art.* 46, et par l'édit de Melun, *art.* 17, jusqu'à ce qu'il ait obtenu sentence de récréance, ou de pleine maintenue, à peine d'être déchu de son droit.

Suivant l'édit du contrôle du mois de novembre 1637, *art.* 22, et la déclaration du mois d'octobre 1646, *art.* 15, les dévolutaires doivent prendre possession du bénéfice dans l'année, à compter de la date de leurs provisions; et en cas d'opposition, ils doivent former la complainte dans les trois mois, après la prise de possession, à peine de nullité des provisions et de déchéance.

§. II. De la régale.

Le droit de régale qu'a le roi sur les évêchés de son royaume contient, entre autres choses, celui de conférer tous les bénéfices, à l'exception des cures qui sont à la collation de l'évêque, et qui se trouvent vaquer de fait et de droit depuis la vacance du siége, jusqu'à l'enregistrement à la chambre des comptes de Paris, de l'acte de prestation de serment de fidélité que le nouvel évêque doit au roi.

C'est une suite du droit de patronage qui appartient au roi, comme fondateur des églises de son royaume. Ce droit est inséparable de son sceptre, inaliénable et imprescriptible comme les autres droits de sa couronne, et les bulles de la cour de Rome n'y peuvent déroger, ainsi qu'il a été jugé pour l'évêché de Nîmes, après la mort de M. Fléchier, par arrêt rendu sur les conclusions de M. Joly de Fleury, avocat-général, en l'audience de la grand'chambre, le 27 avril 1714.

La connoissance du pétitoire des bénéfices qui ont vaqué en régale est attribuée à la grand'chambre du parlement de Paris, privativement à tous autres juges. *Tit.* 15, *art.* 19.

---

(1) Voyez les nouvelles formalités prescrites par la déclaration du roi du 10 mars 1776, registrée en parlement le 21 mai suivant.

C'est le seul cas auquel les juges séculiers connoissent du pétitoire des bénéfices.

La demande en régale se donne verbalement en l'audience, sans autres procédures; et sur cette demande intervient arrêt qui ordonne que les parties seront assignées dans les délais ordinaires. *Ibid.*, *art.* 20.

Si la cause n'est pas suffisamment instruite pour être jugée à l'audience, et que le régaliste ait le droit le plus apparent, on lui accorde la possession provisoire des fruits, ce qui s'appelle *état* en matière de régale, et qui est à peu près la même chose que la récréance dans les autres matières bénéficiales. *Voyez Lois ecclésiast. de d'Héricourt, part.* 2, *chap.* 19, *n.* 26.

S'il y avoit quelque contestation formée auparavant par d'autres parties, et devant d'autres juges, sur la possession du bénéfice, elle demeure évoquée de plein droit en la grand'chambre, du moment que la demande en régale en a été signifiée aux contendants, pour être fait droit avec toutes les parties sur la demande en régale. *Ibid.*, *art.* 23.

En matière de régale, tous les défauts doivent être obtenus à l'audience : ainsi, après le délai expiré, la cause doit être portée à l'audience, sur un simple acte; et si le défendeur ne constitue procureur, ou si, après l'avoir constitué, il ne comparoît, on doit prendre à l'audience un défaut ou congé, et le profit sera jugé sur-le-champ. *Ibid.*, *art.* 21 *et* 22.

D'où il résulte que, dans ces matières, les défenses se proposent à l'audience, par le ministère des avocats, et qu'il n'est pas nécessaire d'en donner par écrit.

La cause ayant été plaidée avec les gens du roi, s'il se trouve que le bénéfice ait vaqué en régale, il sera adjugé au régaliste; sinon celui des autres contendants, qui aura droit, obtiendra la pleine maintenue, ou la récréance du bénéfice. *Ibid.*, *art.* 24.

Le régaliste ne peut se désister de son droit au profit du pourvu par le pape, ou par l'ordinaire; mais il faut nécessairement faire juger, avec les gens du roi, s'il y a lieu à la régale, ou non.

CHAPITRE IV.

Des procédures particulières à certaines juridictions, et dans les arbitrages.

ARTICLE PREMIER.

De la procédure des consulats.

Le consulat est une juridiction composée de marchands, établie pour juger les causes entre marchands, pour fait de marchandises. Voici ce qu'il y a de particulier dans la forme d'y procéder.

1° Les assignations qui s'y donnent ne contiennent pas les délais ordinaires : la partie assignée doit *comparoir à la première audience, tit.* 16, *art.* 1.

Cela doit s'entendre lorsque la partie est domiciliée en la ville où le consulat est établi, ou aux environs; lorsqu'elle est éloignée, le bon sens veut qu'il lui soit accordé un délai, suivant la distance des lieux.

2° On plaide, dans cette juridiction, sans ministère de procureur; c'est pourquoi on doit comparoir en personne, *ibid.*; néanmoins, en cas d'absence, maladie, ou autre empêchement, le demandeur et le défendeur peuvent faire plaider leurs moyens et défenses, sur un mémoire signé de leur main, ou par un ami qui fera apparoir de sa procuration spéciale. *Ibid., art.* 2.

Depuis, l'usage a introduit qu'il y a dans les consulats des personnes nommées par les juges, qui, sans être procureurs en titre d'office, se chargent de la défense des parties; mais leur ministère n'est point nécessaire.

Si les juges estiment qu'il est à propos d'entendre les parties par leur propre bouche, ils ordonnent leur comparution, ou commettent l'un d'entre eux, pour leur faire subir un interrogatoire qui, doit être rédigé par écrit par le greffier. *Ibid., art.* 4.

3° Dans ce tribunal, il n'y a point de présentation, ou, si ce droit est établi dans quelques-unes de ces juridictions, comme à Orléans, il n'y a point de délai pour la présentation.

4° Les défenses ne se signifient point par écrit; c'est pourquoi, dans ces juridictions, il n'y a qu'une espèce de défaut, qui est, *faute de plaider*, dont le profit se juge sur-le-champ, en adjugeant les conclusions au demandeur, si c'est le défendeur qui ne comparoît pas, et en donnant congé de la demande si c'est le demandeur. *Ibid., art.* 5.

Celui qui a été condamné par défaut peut le faire rabattre à la première audience, après la signification qui lui est faite de la sentence, sur un avenir qu'il donne à cet effet à sa partie, à personne, ou à domicile élu. *Ibid., art.* 6.

5° Dans ces juridictions, la preuve des faits peut être admise par témoins, quoique l'objet de la convention qui donne lieu à la demande excède cent livres, non pas néanmoins indistinctement, mais selon les circonstances, suivant que les juges le trouvent à propos. *Tit.* 20, *art.* 2. *Voyez le procès-verbal de l'ordonnance.*

6° Dans le délai accordé par le jugement qui permet la preuve, les parties doivent faire comparoir leurs témoins, pour être ouis sommairement à l'audience, où les reproches doivent être fournis avant qu'ils soient entendus; car, après qu'ils l'ont été, et leurs dépositions rédigées par écrit, la cause est jugée sur-le-champ à l'audience, ou en la chambre du conseil, s'il y a quelques pièces à lire. *Tit.* 16, *art.* 7.

7° Régulièrement, la partie qui n'a pas fait comparoir ses témoins à l'audience, dans le temps à elle indiqué, est déchue de les faire entendre; néanmoins les juges, eu égard à la qualité de l'affaire, peuvent donner un nouveau délai pour les faire entendre, auquel cas ces témoins doivent être entendus secrètement en la chambre du conseil, et signer leurs dépositions, à moins qu'ils ne sussent pas signer, dont mention sera faite. *Ibid., art.* 8 *et* 9.

8° Les parties, qui, dans ces juridictions, fondent leurs demandes et leurs réponses sur quelque acte sous signature privée, ne sont pas tenues de les faire reconnoître, et ces actes passent pour reconnus tant qu'ils ne sont pas déniés. *Déclaration du* 15 *mai* 1705, *rapportée dans le Rec. chronol. de M. Jousse, tom.* 2, *pag* 516 *et suiv.*

Ces actes avoient aussi été exemptés de la formalité du contrôle, par arrêt du conseil du 30 mars 1706, rapporté dans le même recueil, *pag.* 393; mais, par l'*art.* 96 du tarif du 29 septembre 1722, on n'en a excepté que les lettres de change, billets à ordre, ou au porteur, entre gens d'affaires, marchands et négociants, les billets de marchands à marchands, causés pour fournitures de marchandises, et les extraits de leurs livres pour ces fournitures, concernant leur négoce seulement.

Si la signature est déniée, les consuls doivent renvoyer devant le juge ordinaire pour la vérification; *même déclaration.*

Lorsque la cause dépend de la discussion de livres de commerce, ou autres pièces, les juges nomment l'un d'entre eux, ou quelque autre marchand non suspect, pour les examiner, et sur son rapport ils rendent sentence, qui doit être prononcée à la première audience. *Ordonn. de* 1667, *tit.* 16, *art.* 3.

9° Les juges-consuls peuvent juger définitivement, nonobstant tous déclinatoires, ou appel d'incompétence, lettres de *committimus*, et prise à partie, *ordonn. du mois de mars* 1673, *tit.* 12, *art* 13; mais ils doivent faire mention dans leurs sentences des déclinatoires qui seront proposés. *Ordonn. de* 1667, *tit.* 16, *art.* 10.

10° Les juges-consuls ne peuvent prendre aucunes épices ni vacations pour quelque cause que ce soit. *Ibid.*, *art.* 11.

Voyez, sur les matières qui sont de la compétence des juges-consuls, et sur les autres questions qui ont rapport à ce titre, l'ordonnance du commerce du mois de mars 1673.

ARTICLE II.

De la forme de procéder devant des arbitres.

Les arbitres sont des personnes privées que les parties se sont choisies, pour juger de leurs contestations, par un acte de convention par écrit, qui se nomme *compromis;* cet acte de compromis doit contenir les noms des arbitres, l'objet des contestations sur lesquelles les parties s'en rapportent à leur décision, et le temps dans lequel ils les doivent juger.

Il contient aussi souvent la convention, que celle des parties qui n'acquiescera pas à la sentence des arbitres paiera, par forme de peine, une certaine somme à l'autre. Cette peine étoit, par le droit romain, de l'essence du compromis; mais par notre droit, suivant l'ordonnance de 1560, un compromis ne laisse pas d'être valable, quoiqu'il ne contienne pas de peine.

Il y a aussi des arbitres par-devant lesquels les deux parties sont renvoyées, par sentence, ou par arrêt, pour être réglées sur leurs contestations. Ce renvoi devant les arbitres a lieu ordinairement dans les contestations qui naissent entre proches parents, en matière de partage de succession, compte de tutelle, restitution de dot, ou de douaire, quand l'une des parties le requiert, suivant l'*art. 83 de l'ordonn. de Moulins.*

La forme ordinaire de procéder devant les arbitres est, que le demandeur donne aux arbitres un mémoire contenant sa demande et les moyens sur lesquels il l'appuie, auxquels moyens sont joints les titres et pièces qui y servent de fondement; les arbitres communiquent à l'autre partie le mémoire et les pièces, laquelle partie donne, de son côté, son mémoire servant de défenses, et elle reconnoît, par son mémoire, que celui du demandeur, ainsi que les pièces justificatives, lui ont été communiqués.

Le mémoire du défendeur, ainsi que les pièces, sont communiqués au demandeur, pour qu'il fournisse, si bon lui semble, un mémoire en réplique. S'il y avoit quelque danger dans cette communication, comme si on craignoit que la partie à qui on communiqueroit les pièces les retînt, il faudroit lui en signifier les copies, ou à son procureur si elle en avoit un.

La cause instruite, les arbitres jugent, et s'ils se trouvent de différents avis, ils appellent un tiers arbitre pour les départager, lequel tiers est choisi par eux lorsque le pouvoir leur en a été donné, sinon par les parties. Faute par elles de s'en choisir, le compromis demeure sans effet.

Les arbitres doivent, en jugeant les contestations, condamner aux dépens la partie qui succombe; car ils font les fonctions de juges : il n'y a que dans le cas où, par le com-

promis, il y auroit clause expresse de les remettre ou modérer. *Ordonnance de* 1667, *tit.* 31, *art.* 2.

Le jugement des arbitres doit être rendu et prononcé
aux parties, ou à leur procureur lorsqu'elles en ont, dans
le délai fixé par le compromis. Il y a un arrêt du 18 juin
1668, rapporté dans les Conférences de Bornier, sur l'*art* 7
du tit. 26 *de l'ordonn. de* 1667, qui a jugé que le défaut
de la prononciation de la sentence arbitrale en opéroit la
nullité.

La partie au profit de qui il est rendu, assigne l'autre
par-devant son juge, pour en faire prononcer l'homologation ; le juge l'homologue sans entrer dans l'examen du
fond de la contestation, pourvu que la sentence ne pèche
pas dans la forme, c'est-à-dire que les arbitres n'aient
point excédé leur pouvoir, et n'aient jugé que la contestation comprise au compromis, et dans le temps fixé par le
compromis ; car si la sentence renfermoit un de ces vices,
l'autre partie pourroit s'opposer à l'homologation, et en
soutenir la nullité.

La sentence ainsi homologuée est exécutoire comme toute
autre sentence, sauf l'appel, et elle s'exécute par provision, tant pour le principal que pour les dépens. *Edit du
mois d'août* 1560.

Observez qu'à Paris, où les notaires sont greffiers des
arbitrages, cette homologation n'est pas nécessaire ; il suffit
de déposer la sentence chez un notaire, ce dépôt équipolle
à une homologation, le notaire garde la minute du jugement, et en donne aux parties des expéditions qui sont
exécutoires.

TROISIÈME PARTIE.

Des manières de se pourvoir contre les sentences et contre les juges.

Il y a trois manières de se pourvoir contre les jugements,
l'appel, l'opposition et la requête civile.

Il y a une manière de se pourvoir contre la personne du juge, qu'on appelle *prise à partie*.

SECTION PREMIÈRE.

De l'appel.

ARTICLE PREMIER.

Ce que c'est qu'appel, de ses espèces, et de quels jugements on peut appeler.

§. I. Ce que c'est qu'appel, et de ses espèces.

L'appel est le recours d'une partie au juge supérieur, contre les torts ou griefs qu'elle prétend lui avoir été faits par les juges inférieurs.

Il y a deux espèces d'appel, le simple et le qualifié.

L'appel simple est celui par lequel la partie se plaint seulement que le juge a erré, et n'a pas jugé selon droit et raison.

L'appel qualifié est celui qui est fondé sur l'incompétence du juge, ou l'abus qu'il fait de son autorité. Le premier se nomme *appel comme de juge incompétent*, et il a lieu contre les jugements ou ordonnances d'un juge, rendus sur quelque matière qui n'est pas de la compétence de sa juridiction.

Le second se nomme *appel comme d'abus*, et a lieu toutes les fois que le juge d'église entreprend sur la juridiction séculière, ou décerne quelque chose de contraire aux saints canons, aux libertés de l'Eglise gallicane, aux ordonnances, édits et déclarations de nos rois.

On distingue aussi l'appel *indéfini*, et l'appel restreint à certains chefs d'une sentence. On peut restreindre son appel même au seul chef qui concerne les dépens.

L'appel interjeté d'abord indéfiniment peut être restreint par la suite, en déclarant pour l'appelant, par un acte signifié de procureur à procureur, qu'il restreint son appel à tels et tels chefs.

On distingue encore les appellations verbales, et les appellations sur procès par écrit.

Les appellations verbales sont les appels de sentences

rendues à l'audience. Comme les sentences rendues sur un appointement à délibérer sur le bureau passent pour sentences rendues à l'audience, qu'elles y sont prononcées et inscrites sur le registre de l'audience, les appellations de ces sentences sont des appellations verbales.

L'appellation d'une sentence rendue sur un appointement à mettre, lorsqu'il n'y a qu'une partie qui a produit, passe aussi pour appellation verbale. *Argument tiré de l'art. 14 du tit. 11 de l'ordon. de 1667.*

L'appellation sur procès par écrit est celle qui est interjetée d'une sentence rendue sur un appointement en droit, soit qu'elle ait été rendue sur les productions respectives des parties, soit qu'elle ait été rendue par forclusion.

L'appellation d'une sentence rendue sur un appointement à mettre est aussi une appellation sur procès par écrit, lorsque la sentence a été rendue sur productions respectives.

Lorsque l'appellation est d'une sentence rendue sur un défaut faute de comparoir, en la juridiction supérieure qui a confirmé une sentence rendue en la juridiction de première instance, sur procès par écrit, on a douté si cette appellation devoit passer pour verbale, et la raison de douter est qu'elle a été prononcée à l'audience; mais il a été décidé que c'est une appellation sur procès par écrit.

§. II. De quels jugements peut-on interjeter appel ?

On peut interjeter appel de tous les jugements des juges inférieurs, soit qu'ils soient rendus par défaut, soit qu'ils soient contradictoires; *secùs*, dans le droit romain.

On peut appeler des jugements interlocutoires, et même de simple instruction, aussi bien que des jugements définitifs : en quoi notre droit diffère encore du droit romain, qui ne permettoit pas l'appel des jugements interlocutoires, à moins que le grief n'en fût irréparable en définitif.

On ne peut appeler des jugements qui ont force de chose jugée, tels que sont; 1° les arrêts des cours souveraines, les sentences des présidiaux rendues au premier chef de l'édit; celles des juges-consuls, jusqu'à cinq cents livres; et celles des autres juges, dans les cas auxquels ils ont droit de juger en dernier ressort.

2° Les jugements auxquels les parties ont acquiescé, soit expressément en exécutant volontairement, soit tacitement, ont force de chose jugée vis-à-vis de cette personne, et elle n'est pas recevable à en appeler.

3° Les jugements ont force de chose jugée lorsque le temps prescrit pour l'appel est passé.

4° Lorsque l'appel interjeté est péri.

ARTICLE II.

Quelles personnes peuvent appeler, et quel temps ont-elles pour cela ?

§. I. Quelles personnes peuvent appeler?

Non seulement les personnes qui ont été parties, et contre lesquelles la sentence a été rendue, peuvent appeler, mais les tiers qui n'y ont pas été parties peuvent aussi appeler lorsqu'ils prétendent en souffrir quelque préjudice.

Les tuteurs et administrateurs peuvent interjeter appel pour les personnes dont ils administrent les biens; mais il est de leur prudence de se faire autoriser à cet effet; savoir, les tuteurs, ou curateurs, par un avis de parents; les maires et échevins, ou fabriciers, par avis d'habitants, pour ne se pas exposer à être condamnés en leur propre nom aux dépens, si leur appel étoit téméraire.

§. II. Dans quel temps peut-on appeler?

Par le droit romain, l'appel devoit être interjeté *intra biduum vel triennium*.

La novelle de Justinien n'accorde que dix jours depuis la prononciation de la sentence.

Suivant notre droit françois, toute personne qui n'a pas acquiescé à un jugement est recevable à en appeler pendant dix ans, à compter du jour de la signification qui en a été faite au domicile de la partie. *Ordonnance de 1667, titre 27, art. 17.*

Ce temps de dix ans ne court point contre les mineurs;

mais il court contre les absents, comme contre les présents. *Ibid.*

L'église, les hôpitaux, maladreries, colléges et universités, ont vingt ans pour appeler depuis le jour de la signification. *Ibid.* S'il n'y avoit point eu de signification, on pourroit appeler pendant trente ans, depuis la date de la sentence lorsqu'elle est contradictoire, ou depuis la signification faite au procureur lorsqu'elle est par défaut.

La règle qu'on a dix ans pour appeler reçoit quelques limitations.

La première est, que celui qui a obtenu sentence peut, trois ans après la signification du jugement faite à sa partie, avec toutes les solennités et formalités des ajournements, faire une sommation à cette partie d'appeler, auquel cas cette partie n'a plus que six mois, depuis cette sommation, pour appeler. *Tit.* 27, *art.* 12.

Le temps des trois ans, et celui de six mois, courent aussi contre les absents. Il faut excepter ceux qui sont hors le royaume pour le service du roi, et par ses ordres. *Ibid., art.* 14.

Il ne court pas contre les mineurs. *Ibid., art.* 16. Cette sommation ne peut être faite à l'église, aux hôpitaux, aux colléges, universités, etc., qu'au bout de six ans, au lieu de trois ans. *Ibid., art.* 12.

Si la partie décède dans les trois ans, ou, si c'est un bénéficier, dans les six ans, l'héritier, ou tout successeur, doit avoir un an outre ce qui resteroit à expirer du délai, au bout duquel temps la sentence devra lui être signifiée, avec sommation d'en appeler; et, de ce jour, il n'aura plus que six mois. *Ibid., art.* 13 *et* 15.

Cette signification de la sentence et sommation lui doivent être faites, quand même elles l'auroient déjà été à celui aux droits duquel il succède, lorsqu'il est mort avant l'expiration du deuxième délai de six mois, et l'héritier en doit jouir du jour de la sommation qui lui a été faite.

La seconde limitation est que, en certaines matières, et à l'égard de certaines juridictions, le délai pour appeler est plus court; par exemple, suivant l'ordonnance des eaux et forêts, du mois d'août 1669, *tit. des Appellations, art.* 2,

les appellations des grueries aux maîtrises doivent être re-
levées dans la quinzaine de la condamnation, et si on laisse
écouler le mois, la sentence de la gruerie passe en force de
chose jugée. Il en est de même, suivant l'*art.* 4 du même
titre, des appellations des maîtrises à la Table de Marbre;
elles doivent être interjetées dans le mois de la sentence
prononcée et signifiée à la partie, et mises en état d'être
jugées dans les trois mois, sinon la sentence s'exécute en
dernier ressort. *Voyez* pour les juridictions consulaires, l'édit
du mois de novembre 1563, et pour les élections, l'ordonnance des fermes, du mois de juillet 1681. *Tit. commun.*
art. 47 *et* 48.

ARTICLE III.

Comment on interjette appel ; de l'effet de l'appel, et des sentences qui
s'exécutent nonobstant l'appel.

§. I. Comment on interjette appel, et de l'effet de l'appel.

On interjette appel ordinairement par un simple acte de
procureur à procureur, par lequel la partie qui se plaint de
la sentence déclare à l'autre partie qu'elle en est appelante.

Quelquefois on interjette appel par une requête, que
la partie qui se plaint de la sentence présente au juge supérieur pour qu'il la reçoive appelante, sur laquelle requête
intervient jugement ou arrêt, qui reçoit le suppliant appelant, lui permet d'intimer qui bon lui semblera.

Quelquefois, à l'occasion d'une autre contestation que
quelqu'un a devant le juge supérieur, il interjette appel de
vive voix par son avocat, ou procureur, d'une sentence qui
lui est opposée par la plaidoirie, et demande à en être
reçu appelant sur le barreau.

L'effet de l'appel est ordinairement suspensif, c'est-à-
dire qu'il suspend la sentence dont est appel, et en arrête l'exécution ; il n'est quelquefois que dévolutif, c'est-
à-dire qu'il n'a d'autre effet que de porter la connoissance
du fond au tribunal supérieur, et n'empêche pas qu'en attendant, la sentence dont est appel ne s'exécute par provision.

Lorsqu'une partie fait signifier une sentence dont elle a
dessein d'interjeter appel, il n'est pas nécessaire qu'elle

interjette cet appel par l'exploit même de signification de la sentence; mais elle doit avoir attention de ne la faire signifier qu'avec *protestations et réserves*, autrement elle seroit par la suite non recevable dans son appel. C'est ce qui a été jugé par arrêt du 13 août 1765, contre le comte de Marcouville. *Voyez Denizart, Collect. de jurispr.* verbo *Appel*, n° 45.

C'est, ou par la nature de l'affaire que les sentences peuvent s'exécuter nonobstant l'appel, ou par la qualité des juges qui les ont rendues.

§. II. Des sentences qui s'exécutent nonobstant l'appel par la nature de l'affaire, ou par la qualité des juges.

Les sentences qui s'exécutent malgré l'appel, par la nature de l'affaire, sont : 1° Toutes les sentences et ordonnances interlocutoires, préparatoires et d'instruction, qui peuvent se réparer en définitif. Par exemple, un jugement interlocutoire qui ordonne la visite des lieux, celui qui permet de faire preuve par témoins, ou de compulser des titres, sont des jugements qui s'exécutent nonobstant l'appel. *Voyez plusieurs ordonnances rapportées par M. Jousse, tit. 17, art. 17 de son Commentaire.*

Le grief de l'exécution de ces jugements est réparable. S'il est jugé qu'il a été bien appelé, on n'aura aucun égard à l'enquête, ou à la visite faite, ni aux titres compulsés.

Au contraire, par exemple, si au lieu d'ordonner qu'un marchand donneroit, sans déplacer, communication à sa partie adverse de l'endroit de son livre de commerce qui fait l'objet de la contestation, on ordonnoit que le marchand mettroit entre les mains de sa partie adverse pendant un mois, sur son récépissé, ses livres de commerce, le marchand qui appelleroit de cette sentence prétendroit, avec raison, qu'elle ne doit point être exécutée nonobstant l'appel; car le préjudice qu'il souffriroit de son exécution, par la manifestation du secret, n'est pas réparable en définitif.

De même, il est évident qu'en matière criminelle un jugement de question préparatoire ne doit pas s'exécuter nonobstant l'appel; car le tourment que souffriroit l'accusé n'est pas réparable en définitif.

2° Les sentences intervenues sur les récusations s'exécutent nonobstant l'appel. *Tit.* 24, *art.* 26. Cet article porte une exception dans le cas d'un juge commis pour une descente, ou une information, ou une enquête, et le juge-commissaire ne peut passer outre pendant l'appel, jusqu'au jugement qui a déclaré la cause de récusation inadmissible.

3° Les sentences pour l'admission, ou le rejet des cautions, s'exécutent par provision. *Tit.* 28, *art.* 3.

4° En matière de criées, celles commencées s'exécutent nonobstant l'appel de la saisie réelle, aussi bien que les baux judiciaires. *Règlement du* 29 *janvier* 1658. L'appel de la saisie réelle arrête seulement le congé d'adjuger.

Les adjudications par décret, faites après arrêt confirmatif des criées, ou congé d'adjuger, s'exécutent aussi par provision. *Même règlement.* On le trouve dans Néron, *tom.* 2, *pag.* 750 de l'édition de 1720, et dans le Journal des Audiences, *tom.* 2, *liv.* 1, *chap.* 34.

5° En matière de police, tous jugements définitifs, ou provisoires, à quelque somme qu'ils puissent monter, s'exécutent par provision. *Tit.* 17, *art.* 12.

Les sentences pour la reddition des comptes des communautés paroissent concerner la police; c'est pourquoi, suivant ce même règlement, elle s'exécutent par provision.

Les jugements rendus touchant le ban et l'arrière-ban, s'exécutent aussi par provision, nonobstant l'appel; il y a même raison que pour la police, le service du roi ne devant pas souffrir plus de retardement. *Arrêt du conseil du* 9 *octobre* 1692.

6° Les sentences et ordonnances en matière de discipline ecclésiastique, suivant l'édit du mois d'avril 1695, *art.* 36.

7° Toutes les autres matières sommaires qui requièrent célérité, et auxquelles par conséquent il échet de juger par provision, s'exécutent nonobstant l'appel, pourvu que l'objet n'excède pas 1,000 liv. *Tit.* 17, *art.* 14.

Il y a plus, lorsque l'instance sur la provision et sur le définitif est en même temps en état, le juge prononce par une même sentence sur l'une et sur l'autre, en ordonnant qu'en cas d'appel, la sentence définitive s'exécutera par provision en donnant caution. *Ibid., art.* 17.

Le règlement du parlement, de 1658, énonce plusieurs de ces matières sommaires qui requièrent célérité, et pour lesquelles les jugements s'exécutent par provision ; savoir, les jugements et ordonnances touchant la confection d'inventaire, appositions et levées des scellés ; les sentences pour faire vider les lieux aux fermiers et locataires qui n'ont point de bail, ou dont les baux sont expirés, ou après le congé donné en vertu du droit de propriétaire ; les loyers des serviteurs, restitution de dépôt, restitution de bestiaux pris en délit, frais funéraires, legs pieux, exécution de testament, main-levée de saisie faite sur personnes non obligées, etc.

Quoique le règlement de 1658 dise indéfiniment que les sentences rendues sur ces matières s'exécutent nonobstant l'appel, il paroît que ce règlement doit s'entendre des cas où l'objet n'excède pas 1,000 liv. *Argument de l'art.* 3 *du tit.* 17.

Les sentences rendues sur toutes autres matières qui requièrent célérité, ou sur lesquelles il échet de juger par provision, doivent pareillement, suivant l'ordonnance, s'exécuter nonobstant l'appel, *intrà* 1,000 liv. *Art.* 5 *du même titre.*

8° Dans les matières sommaires qui ne requièrent point célérité, et dans lesquelles il n'échet pas de juger par provision, les sentences définitives s'exécutent nonobstant l'appel, lorsque la condamnation n'excède pas 25 liv. dans les justices subalternes ; 40 liv. dans les justices des pairies, ressortissantes sans moyen au parlement ; 60 liv. dans les prévôtés royales ; 100 liv. dans les bailliages royaux, et 500 liv. aux requêtes, encore qu'il n'y ait *contrats, obligations, ni promesses reconnues, ou condamnations précédentes. Tit.* 17, *art.* 13.

9° Les sentences rendues par les juges royaux sur les réintégrandes, et sur les complaintes, tant en matière profane que bénéficiale, s'exécutent nonobstant l'appel. *Tit.* 15, *art.* 9, *tit.* 18, *art.* 7. *Ord. de Louis XII, en* 1539, *art.* 83, *dans Fontanon, livre premier, tit.* 54.

Il en est de même des sentences de séquestres, rendues même par des juges subalternes. *Tit.* 19, *art.* 19.

Il faut dire la même chose des sentences de défenses sur des dénonciations en nouvelles œuvres, c'est-à-dire, sur la contestation que je fais à mon voisin, pour quelque ouvrage qu'il construit sur mon terrain, ou même sur le sien, lorsque je prétends qu'il n'a pas droit de construire. *Règlement du 26 janvier 1658, ci-dessus cité.*

10° Les dations de tutelle, curatelle, interdictions de biens des prodigues et insensés, s'exécutent nonobstant l'appel. Ordonn. du mois de mars 1498, *art.* 80. Ordonn. de 1535, *chap.* 16, *art.* 23, et déclaration du mois de juin 1559, *art.* 14.

11° Les sentences de provisions en matière de dot et douaire; même ordonnance de 1498; *ibid.* de 1493, *art.* 51; même déclaration de 1559, *ibid.*

Le règlement de 1658 dit simplement : *Provision de dot et douaire, excepté contre les tiers possesseurs.*

12° Les sentences rendues en faveur des ecclésiastiques sur la quotité des dîmes, celles rendues en faveur des curés pour leurs portions congrues, sont aussi exécutoires par provision. *Edit de Melun, de février 1580, art. 29; déclaration du 15 janvier 1731, art.* 13.

13° Enfin, toutes les fois que la sentence de condamnation est fondée en titre, c'est-à-dire, sur un contrat, obligation, promesse reconnue, ou condamnation précédente, à quelque somme qu'elle monte, *tit.* 17, *art.* 15, la sentence rendue par provision s'exécute nonobstant l'appel. Comme la provision est toujours due aux titres, le juge peut ordonner que la sentence définitive s'exécutera par provision, en donnant par le demandeur bonne et suffisante caution, lorsque le définitif et la provision se trouvent en état d'être jugés en même temps. *Ibid., art.* 17.

Les sentences qui s'exécutent nonobstant l'appel, par la qualité des juges, sont :

1° Les sentences des présidiaux au second chef de l'édit, tant en principal que dépens. *Edit des présidiaux, de janvier* 1551, *art.* 2.

2° Celles des juges consuls, à quelque somme qu'elles

montent au-dessus de cinq cents livres, parceque, jusqu'à cinq cents livres, elles se rendent en dernier ressort. *Tit.* 6, *art.* 4. *Edit du mois de novembre* 1563, *art.* 9.

3° Les sentences de certains juges d'attribution, et en certains cas.

4° Celles des arbitres, quand elles sont homologuées. *Edit du mois d'août* 1560.

L'ordonnance défend même aux cours d'accorder des défenses d'exécuter les sentences dont est appel, dans les cas auxquels elles doivent être exécutées; déclare nulles celles qui seroient obtenues, sans qu'il soit besoin d'en demander main-levée, et veut que les parties et procureurs qui les auront demandées soient condamnés en cent livres d'amende. *Tit.* 17, *art.* 16. Cette disposition de l'ordonnance ne s'observe pas.

Vice versâ. Il est défendu aux juges d'ordonner l'exécution provisoire de leurs sentences, nonobstant l'appel, hors les cas auxquels elles doivent être exécutées. *Voyez* l'arrêt de règlement du 7 décembre 1689, dans le Recueil chronol. de M. Jousse, *tom.* 2, *pag.* 54 *et suiv.*

Si le juge a ordonné l'exécution provisoire de sa sentence, dans un cas où il lui est défendu de le faire par les règlements, l'appelant doit se pourvoir devant le juge supérieur, et lui présenter requête aux fins d'obtenir des défenses d'exécuter la sentence; le juge ordonne sur la requête que les parties viendront plaider au jour marqué sur les défenses; quelquefois le juge ajoute à son ordonnance que *cependant toutes choses demeureront en état*, ce qui renferme des défenses provisoires, jusqu'à ce qu'il ait été statué sur les défenses au fond.

Quelquefois le juge accorde des défenses sur la requête de l'appelant, sans entendre l'autre partie, auquel cas cette partie, pour en avoir main-levée, doit former opposition au jugement ou arrêt qui sera accordé, et assigner sur cette opposition l'appelant qui les a obtenues.

Si la partie est bien fondée dans son opposition, on lève les défenses, sinon on la déboute de son opposition.

Lorsque le juge qui accorde les défenses n'est pas en

dernier ressort, on peut appeler de son ordonnance devant le juge supérieur dont il ressortit.

§. III. Si l'exécution des sentences provisoires s'étend aux dépens.

Ce n'est que pour le principal que les sentences s'exécutent par provision, et non pour les dépens auxquels l'appelant seroit condamné.

Il faut néanmoins excepter de cette règle :

1° Les sentences des présidiaux, au second chef de l'édit, qui s'exécutent tant en principal que dépens, ainsi que nous l'avons vu ci-dessus. *Edit des Présidiaux de l'année* 1551, *art.* 4.

2° Celles des arbitres. *Edit d'août* 1560.

Je ne sais s'il en est de même de celles des consuls; l'édit de 1563, *art.* 9, ne dit pas, à la vérité, comme celui des présidiaux et celui des arbitres, que les sentences seront exécutées par provision, nonobstant l'appel, tant en principal que dépens; mais il dit seulement *qu'il sera passé outre à l'entière exécution des sentences desdits juges et consuls, nonobstant oppositions ou appellations quelconques, et sans préjudice d'icelles.* Ces mots *entière exécution* comprennent-ils les dépens? Je le pense. Néanmoins M. Jousse, sur l'*art.* 13 *du tit.* 17, atteste que l'usage est que les sentences consulaires ne s'exécutent point pour les dépens par provision. *Le même sur l'art.* 17.

§. IV. Sous quelles conditions les sentences s'exécutent-elles nonobstant l'appel ?

Régulièrement les sentences qui peuvent, par la qualité de l'affaire, s'exécuter par provision pendant l'appel, ne le peuvent être qu'à la charge par celui au profit de qui elles sont rendues, de donner bonne et suffisante caution de la restitution de la somme qu'il recevra en exécution de la sentence. *Tit.* 17, *art.* 13, 14, 15, 17.

Il faut excepter de cette règle les sentences de récréance en matière bénéficiale, pour lesquelles l'ordonnance n'exige que la simple caution juratoire de ceux au profit desquels elles sont rendues. *Tit.* 15, *art.* 9.

Quand la somme adjugée par provision est très modique,

on peut aussi se contenter de la caution juratoire de la partie, lorsqu'elle est notoirement solvable.

On ordonne aussi l'exécution des sentences rendues au profit des communautés, à la caution du temporel de cette communauté.

A l'égard des sentences qui s'exécutent par provision par la qualité des juges qui les ont rendues, *V.G.*, les sentences présidiales, elles s'exécutent sans caution; il suffit que celui qui en poursuit l'exécution se constitue débiteur judiciaire, en faisant ses soumissions au greffe de rapporter ce qu'il recevra, au cas que, sur l'appel, la sentence soit infirmée.

L'édit des consuls, et celui des arbitres, n'exige pas de caution; néanmoins l'usage est d'en exiger une.

Dans le cas des sentences pour l'exécution desquelles il faut donner caution, celui au profit de qui elles sont rendues ne peut faire aucune contrainte avant qu'il ait donné une caution, et que cette caution ait fait ses soumissions. *Arrêt du 2 août 1696.*

Mais, après les soumissions, le débat qui seroit fait d'une caution n'empêche point la contrainte, à l'effet que le condamné soit tenu de consigner en attendant. *Ordonnance de Roussillon, de 1563, art. 9.* On peut même, après la caution donnée, saisir réellement les immeubles du condamné, jusqu'à l'adjudication exclusivement.

ARTICLE IV.

Des reliefs d'appel, désertion d'appel, et anticipation.

§. I. Ce que c'est que relever l'appel, et comment il se relève.

Relever l'appel, c'est donner assignation à la partie devant le juge supérieur qui doit connoître de l'appel, pour procéder devant lui sur cet appel; aux bailliages, l'appel se relève par un simple exploit d'assignation.

Dans les cours et dans les présidiaux, l'appel se relève en vertu de lettres prises au greffe, qu'on appelle *relief d'appel*, dont on doit donner copie, par l'exploit d'assignation, à la partie qui est assignée pour procéder sur l'appel.

L'appel comme d'abus des jugements rendus par les juges

ecclésiastiques a cela de particulier, qu'il ne peut être relevé que sur une consultation d'avocats, qui doit être jointe au relief d'appel.

Quelquefois l'appel se relève par un arrêt rendu sur requête qui reçoit le suppliant appelant, lui permet d'intimer, etc. Il est évident que, en ce cas, quand même il s'agiroit d'appel comme d'abus, il ne faudroit point de consultation d'avocats.

§. II. Par-devant quels juges doit se relever l'appel.

L'appel doit se relever devant le juge supérieur immédiat. Si cependant l'appelant relevoit son appel, *omisso medio*, devant le juge supérieur-ultérieur, pour cause de connexité, l'appel seroit valable; car en ce cas l'appellation peut être portée devant le juge, *omisso medio*; la raison est que, quand elle auroit été portée devant le juge supérieur immédiat, la connexité pourroit la faire évoquer.

§. III. Quelles personnes on peut intimer sur l'appel.

Autrefois on intimoit et assignoit sur l'appel le juge qui avoit rendu la sentence, lequel étoit obligé, sur l'appel, de soutenir et faire connoître le bien jugé de sa sentence, faute de quoi elle étoit infirmée, et le juge étoit condamné aux dépens.

La partie qui l'avoit obtenue étoit aussi intimée, pour voir déclarer commun le jugement qui seroit rendu sur l'appel.

Aujourd'hui, les juges ne sont plus obligés de soutenir devant le juge supérieur le bien jugé de leurs sentences, et on ne peut plus les intimer sur l'appel, si ce n'est en certains cas, comme lorsqu'ils ont jugé ce qui n'étoit pas de leur compétence, *tit.* 6, *art.* 1; ou lorsqu'ils ont évoqué les causes hors les cas auxquels il leur est permis, *ibid.*, *art.* 2; ou lorsqu'ils ont appointé les causes et incidents contre la prohibition de l'ordonnance; ou en cas d'autres contraventions à l'ordonnance, *V. G.*, dans le cas du *tit.* 21, *art.* 1; ou lorsqu'ils ont pris des épices excessives; ou dans le cas auquel ils n'en devoient pas prendre. *Édit de 1695, art.* 20. Dans le cas de déni de justice; dans le cas où ils

auroient jugé par dol, fraude, passion, corruption ; dans
tous ces cas on peut intimer les juges, et cette intimation
s'appelle *prise à partie* ; mais on ne peut, même en ce cas,
intimer les juges, qu'en vertu d'un arrêt obtenu sur requête,
sur les conclusions du procureur-général, qui permette de
prendre les juges à partie. *Arrêts de règlement de 1693 et
1699 ; arrêt en conséquence du 18 août 1702.* Hors ces cas,
les juges ne peuvent être intimés sur l'appel de leurs sentences, et ne répondent point de leurs jugements. On ne
peut donc intimer que les parties au profit desquelles la
sentence est rendue, ou les successeurs qui pourroient se
servir de cette sentence.

Lorsque l'appelant n'a eu en première instance d'autre
partie que le ministère public, c'est celui qui le représente
dans la juridiction supérieure où l'appel est porté, qui doit
défendre à l'appel, et être intimé sur icelui ; car le ministère public est en ceci solidaire.

Si l'appelant a eu pour partie le procureur fiscal d'une
justice subalterne, c'est le seigneur qui doit être intimé sur
l'appel, comme devant prendre le fait et cause de son procureur fiscal ; la raison est que, dans la justice du seigneur,
le procureur fiscal est censé agir au nom du seigneur, et
pour le seigneur ; c'est donc le seigneur qui est la partie,
et qui doit être intimé sur l'appel ; on ne peut intimer son
procureur fiscal ; car ce n'est que dans sa justice que son
procureur fiscal peut être pour lui, il ne peut l'être dans la
justice supérieure.

C'est par la même raison que, dans les appels comme
d'abus, l'évêque est intimé pour son promoteur, lorsque
son promoteur a été seul partie ; lorsqu'il y a eu une partie,
c'est elle qui doit être intimée, et en ce cas, l'ordonnance
de 1695, *art.* 43, défend d'intimer l'évêque.

§. IV. Dans quel temps l'appel doit être relevé, et de la désertion d'appel.

L'appel doit être relevé aux cours dans les trois mois du
jour qu'il a été interjeté, et dans les six semaines aux bailliages et sénéchaussées. Faute par l'appelant d'avoir relevé
son appel dans ce délai, celui au profit de qui la sentence
est rendue peut se pourvoir devant le juge de la sentence

duquel on a appelé, et obtenir une autre sentence qui ordonne que, faute par l'appelant d'avoir relevé l'appel, la sentence sera exécutée.

Celui qui a obtenu la sentence peut aussi s'adresser au juge supérieur, et assigner l'appelant en vertu d'une commission, pour voir prononcer la désertion de son appel; mais si, sur cette assignation, l'appelant comparoît, la demande en désertion sera convertie en anticipation sur l'appel; et s'il ne comparoît pas, l'appel sera déclaré désert.

L'appelant, dont l'appel a été déclaré désert, peut en interjeter un nouveau et le relever.

Observez qu'au parlement les folles intimations, et les désertions d'appel, se jugent par l'avis d'un ancien avocat, dont les avocats et procureurs des parties doivent convenir, et devant qui ils déduisent leurs moyens, duquel avis on dresse un appointement, qui est signé par l'avocat tiers et par les deux autres, ou du moins par celui de la partie au profit de laquelle il est rendu; après quoi, sur un simple avenir, on le fait recevoir et prononcer à l'audience. *Tit.* 6, *art.* 8.

§. V. Des anticipations.

L'anticipation est l'assignation que donne à l'appelant celui au profit de qui la sentence dont est appel est rendue, devant le juge qui doit connoître de l'appel, pour procéder sur cet appel et voir confirmer la sentence.

Aux bailliages et sénéchaussées, cette anticipation se fait par un simple exploit d'assignation; aux cours et aux présidiaux, en vertu d'une commission prise au greffe.

Cette assignation est appelée *anticipation*, parceque celui au profit de qui la sentence a été rendue prévient l'appelant qui n'a point relevé son appel; il n'est point obligé d'attendre, pour anticiper, que les délais accordés à l'appelant, pour relever son appel, soient expirés; il ne peut néanmoins l'anticiper que huitaine après que l'appel a été interjeté et signifié.

L'appelant doit avoir ce temps pour renoncer, s'il le juge à propos, à son appel, sans être tenu d'aucuns dépens. *Ordonnance de* 1453, *art.* 61.

ARTICLE V.

Des instances d'appel, et de leur péremption.

§. I. De la manière de procéder sur l'appel lorsque l'appellation est verbale.

Il n'est pas nécessaire dans les appellations verbales que l'appelant signifie par écrit ses griefs; lorsque la partie assignée a constitué procureur, trois jours après, l'une ou l'autre des parties peut porter la cause sur un simple avenir, ou la mettre au rôle, et l'appelant doit plaider à l'audience ses griefs, par un avocat auquel l'autre partie répond par son avocat, et, sur les plaidoiries respectives, le juge prononce le bien ou le mal jugé de la sentence dont est appel.

Si le juge estime que la cause ne se peut juger à l'audience, ni sur un simple délibéré sur le bureau, il prononce un appointement, qu'on appelle *appointement au conseil;* cet appointement s'instruit de la même manière que l'appointement en droit, en cause principale.

Lorsque la partie assignée ne comparoît point, on prend contre elle un défaut aux présentations, et on le fait juger de la même manière qu'en cause principale.

Si c'est l'appelant qui ne comparoît pas sur l'assignation qui lui a été donnée par l'anticipant, le juge, pour le profit du défaut, et sans autre examen, confirme la sentence dont est appel.

Si c'est l'intimé qui ne comparoît point, le juge, pour le profit du défaut, infirme la sentence, s'il trouve les griefs de l'appelant bien fondés.

Il en est de même du défaut faute de plaider; si c'est l'appelant qui ne fait point trouver d'avocat à l'audience pour plaider ses griefs, la sentence est infirmée.

Si c'est l'intimé qui ne fait point trouver le sien, le juge infirme la sentence, s'il trouve les griefs valables.

Il faut observer aussi qu'avant de pouvoir obtenir une sentence, ou arrêt, sur un appel, il est indispensable que l'amende soit consignée, et la quittance de cette amende signifiée à l'autre partie, à peine de cinq cents livres d'amende contre le greffier qui aura délivré le jugement, et contre le procureur qui n'y aura pas satisfait, même d'interdiction en cas de récidive. *Voyez la déclaration du 21 mars 1671, rapportée dans le Recueil chronologique de M. Jousse, et l'édit du mois de février 1691.*

§. II. De la forme de procéder dans les appellations sur procès par écrit.

Lorsque la partie assignée sur l'appel a constitué procureur, chacune des parties est tenue dans la huitaine, après l'échéance du délai de l'assignation pour comparoir, de mettre sa production au greffe de la cour, ou juridiction où l'appel est porté, et de la faire signifier au procureur de la partie adverse. *Tit.* 11, *art.* 14.

Si la partie assignée n'avoit pas constitué procureur, on prendoit défaut aux présentations, qu'on feroit juger à l'audience, comme dans les appellations verbales.

Si l'une des parties est en demeure de faire mettre dans la huitaine sa production au greffe, elle est forclose de plein droit, sans aucun commandement ni procédure, *tit.* 11, *art.* 17, c'est-à-dire que le procès peut être jugé sur ce qui se trouve produit; au reste, la partie peut toujours, avant le jugement, produire, soit au greffe, tant que le procès n'est point distribué, soit au rapporteur, s'il y en a un de nommé.

Dans la même huitaine de l'échéance de l'assignation, l'intimé est tenu de rapporter et mettre au greffe une expédition de la sentence dont est appel, en forme, ou par extrait, à son choix; faute par lui de le faire, et ce délai de huitaine passé, l'appelant, sans qu'il soit besoin d'aucune sommation, peut lui-même lever la sentence par extrait pour la produire, et il lui est délivré exécutoire contre l'intimé. *Ibid., art.* 18.

Lorsque les deux parties sont respectivement appelantes, c'est celle qui a été intimée la première, qui est obligée au rapport de la sentence. *Arrêt de règlement du 8 août 1714.*

Cette obligation de l'intimé de rapporter la sentence est particulière aux appels sur procès par écrit, l'intimé n'y est point obligé dans les appellations verbales. *Arrêt de règlement du 2 juillet 1691.*

Huitaine après que les parties, ou l'une d'elles, ont produit au greffe, et que la sentence a été rapportée, le procureur le plus diligent offre à l'autre l'appointement de *conclusion. Tit.* 11, *art.* 19.

La forme de cet appointement est : « Après qu'un tel « appelant a conclu au mal jugé de la sentence dont il est « appelant, et qu'un tel a conclu au bien jugé, ordonnons « que le procès demeurera pour conclu, et que les parties « fourniront respectivement griefs dans les délais de l'or-« donnance. » Cet appointement se prend au greffe dans les cours : le procureur le plus diligent signifie à l'autre le projet de cet appointement, et le somme de venir au greffe dans les trois jours le passer ; à faute de le venir passer dans ce délai, il lève au greffe un défaut faute de conclure, qu'il fait juger à l'audience comme tous les autres défauts.

Dans les juridictions inférieures, l'appointement de conclusion se rend à l'audience, sur un avenir que le procureur le plus diligent signifie à l'autre, pour venir conclure ; si la partie sommée de venir conclure à l'audience ne s'y trouve pas, le juge donne à la partie comparante défaut contre le défaillant ; et si c'est l'appelant qui fait défaut, il confirme la sentence ; si c'est l'intimé, il l'infirme.

Si l'intimé à qui l'appointement de conclusion est offert a quelques fins de non recevoir contre l'appel, il doit les signifier, et donner avenir pour les plaider à l'audience ; autrement, s'il passoit l'appointement de conclusion sans les alléguer, elles seroient couvertes par l'appointement. *Ordonn. de* 1510, *art.* 29. *Ordonn. de* 1535, *chap.* 8, *art.* 5. Le juge y statue, et déclare l'appelant non recevable en son appel, s'il les trouve bien fondées ; sinon, il ordonne que, sans y avoir égard, la partie sera tenue de conclure. Quelquefois les fins de non recevoir méritent une très longue discussion ; alors le juge rend l'appointement de conclusion, sous la réserve des fins de non recevoir, sur lesquelles il sera préalablement fait droit en jugeant.

Dans les appels des sentences rendues en procès par écrit, qui sont portés au parlement, les fins de non recevoir, et les incidents, doivent être portés à la grand'chambre, si on les propose avant l'appointement de conclusion ; mais s'ils ne surviennent qu'après l'appointement, on doit les porter aux enquêtes, dans la chambre où le procès est distribué, sinon, à la première chambre des enquêtes, lorsque la distribution du procès n'est pas faite.

L'appointement de conclusion forme, pour la cause d'appel, la contestation en cause ; après que cet appointement a été rendu, l'appelant doit signifier ses griefs par acte de procureur à procureur, et les produire ; et il a, pour cela, un délai de huitaine, à compter du jour de la sommation qui lui en aura été faite de procureur à procureur. Ce délai expiré, le procès peut être jugé, *tit.* 11, *art.* 19 et 20 ; mais, tant qu'il n'est pas jugé, il est toujours temps de les donner ; l'autre partie a pareil délai de huitaine pour donner et signifier *ses réponses à griefs*, à compter du jour de la signification des griefs, et après ce délai expiré, le procès peut être jugé sans que les réponses aient été données ; mais il est toujours temps de les donner avant le jugement.

L'ordonnance ne parle point de *salvations* contre les réponses à griefs ; néanmoins l'usage est que l'appelant en puisse fournir dans un pareil délai de huitaine, du jour de la signification des réponses à griefs.

On peut faire, en cause d'appel, des productions nouvelles ; on peut former des demandes incidentes lorsqu'elles sont connexes à l'objet de l'appel ; l'instruction se fait à cet égard comme en cause principale.

Il me reste à observer que, lorsque pour la même affaire il y a deux appellations, dont l'une est verbale, et l'autre sur procès par écrit, l'appellation verbale doit y être jointe.

§. III. De la procédure particulière aux appels d'incompétence et déni de renvoi.

Lorsque la partie assignée sur ces appels a constitué procureur, la partie qui veut avancer fait signifier ses qualités à l'autre, avec sommation de faire trouver son avocat au parquet des gens du roi, pour y être la cause plaidée, et appointement passé selon l'avis d'un des avocats généraux. *Tit.* 6, *art.* 6.

Au jour indiqué, les avocats se trouvent au parquet ; la présence des procureurs n'y est pas nécessaire lorsqu'il y a des avocats chargés. *Ibid.*, *art.* 5. Les avocats proposent leurs moyens à l'avocat général, lequel donne son avis, sur lequel on dresse la prononciation qui doit être signée par les avocats et par l'avocat général, aussitôt qu'elle a été arrêtée; on appelle aussi cette prononciation *un expédient.*

Lorsque cet appointement ou expédient a été ainsi signé par l'avocat général et par les avocats, ou même seulement par l'avocat de la partie au profit de laquelle il est rendu, l'autre avocat ayant refusé de signer, on porte la cause à l'audience pour l'y faire recevoir, et il intervient arrêt, sans connoissance de cause, qui ordonne que l'appointement sera reçu. Si l'avocat de l'une des parties ne s'est point trouvé au parquet, l'avocat général ne laisse point de donner son avis, qui est rédigé comme nous venons de l'expliquer, et sur lequel on rend arrêt; en ce cas, on peut former opposition à l'arrêt; mais lorsque l'avis de l'avocat général a été donné contradictoirement, on ne reçoit pas d'opposition.

Les dépens de ces appellations doivent être taxés par les procureurs des parties, sur un simple mémoire sans frais. *Ibid.*, *art.* 4.

§. IV. De la péremption des instances d'appel.

L'instance d'appel, qui se forme par la simple assignation donnée pour procéder sur l'appel, avant même que la partie ait constitué procureur, est sujette à la péremption, par la discontinuation de procédures pendant trois ans, de même qu'une instance principale. Les mêmes causes arrêtent le cours du temps en cause d'appel et en cause principale.

Dans les cours souveraines, lorsque le procès a été distribué à un rapporteur, et que l'appelant a fourni ses griefs, le procès n'est plus sujet à péremption, parcequ'il ne dépend plus de l'appelant qu'il soit jugé; il n'y a plus de procédure à faire, et par conséquent on ne doit pas lui imputer de l'avoir discontinuée. *Arrêt du* 19 *février* 1687, *au Journal du Palais.* Il en est autrement dans les juridictions inférieures; car, dans ces juridictions, l'appelant peut faire au rapporteur des sommations de juger.

L'effet de la péremption d'instance d'appel est, qu'elle emporte la confirmation de la sentence dont est appel; c'est pourquoi, sur la demande en péremption, le juge doit prononcer l'instance périmée, en conséquence ordonner que *la sentence dont est appel sera exécutée, et condamner l'appelant aux dépens.* Voyez *l'arrêt de règlement du 28 mars 1692, art. 2.*

L'appelant ne peut plus interjeter un nouvel appel; il peut seulement, si le juge d'appel qui a jugé la péremption n'est pas juge en dernier ressort, interjeter appel de la sentence qui a jugé la péremption, sur lequel appel on examinera s'il y avoit lieu à la péremption, ou non, sans entrer dans le mérite du fond.

§. V. Des jugements sur l'appel.

Les jugements sur l'appel ne doivent régulièrement juger que *an benè vel malè.*

La forme de prononcer dans les juridictions inférieures, lorsque le juge trouve qu'il y a lieu de confirmer la sentence, est de dire : *Nous disons qu'il a été bien jugé*, ou bien, *nous avons déclaré l'appelant sans griefs sur son appel;* cette formule de prononciation s'observe dans les présidiaux. Dans les cours, on prononce de cette manière : *La cour a mis l'appellation au néant*, etc.

Lorsqu'il y a lieu d'infirmer la sentence, les juges inférieurs prononcent ainsi : *Nous disons qu'il a été mal jugé, émendant,* etc.

Quoique régulièrement les juges d'appel ne doivent prononcer que *an benè vel malè*, néanmoins lorsque l'appel d'une sentence interlocutoire se plaide à l'audience, si le juge trouve le fond de la contestation en état d'être jugé sur-le-champ, il peut, sans qu'il soit besoin de prononcer sur l'appel, évoquant le principal, y statuer sur-le-champ : mais cette évocation du principal ne peut se faire que dans les causes d'audience, et à la charge de les juger à l'audience sur-le-champ.

Soit que le juge supérieur confirme, soit qu'il infirme la sentence dont est appel, il ne doit pas en retenir l'exécution; dans le cas auquel la sentence est infirmée, il doit en renvoyer l'exécution au tribunal dont est appel; mais à la charge qu'elle se fera par un autre juge que celui qui a rendu la sentence, et s'il n'y en a point d'autres, par l'ancien praticien. *Ordonn. de Blois, art.* 148; *déclaration du mois de juin* 1559, en interprétation de l'édit de Crémieu, *art.* 17.

Les présidiaux doivent observer la même chose suivant l'édit d'ampliation du mois de mars 1551, et les cours mêmes sont obligées de s'y conformer, suivant l'*art.* 179 de l'ordonnance de Blois.

SECTION II.

De l'opposition aux jugements.

L'opposition est une voie ordinaire de se pourvoir contre les jugements par-devant le juge qui les a rendus.

Elle diffère de l'appel, en ce qu'elle se porte devant le juge qui a rendu le jugement.

Elle diffère de la requête civile, en ce que l'opposition est une voie ordinaire, au lieu que la requête civile est une voie extraordinaire, qui n'est admise que dans des cas particuliers exprimés par l'ordonnance.

Il y a deux espèces d'oppositions aux jugements, *l'opposition simple, et la tierce opposition.*

§. 1. De l'opposition simple.

L'opposition simple est celle qui est formée par la partie contre laquelle le jugement a été rendu par défaut.

On reçoit l'opposition; 1° contre les jugements rendus par défaut faute de comparoir.

2° Contre les jugements rendus par défaut faute de plaider, lorsque le jugement a été rendu à l'audience sur placet.

L'ordonnance, *tit.* 35, *art.* 5, ne parle que de l'opposition aux arrêts et jugements en dernier ressort, parceque, quand le jugement n'est pas rendu en dernier ressort, l'opposition sembleroit ne devoir pas être admise, la partie contre laquelle il a été rendu ayant la voie d'appel; néanmoins l'usage a introduit pareillement la voie d'opposition contre les jugements des juges inférieurs qui ne sont point en dernier ressort.

On ne reçoit pas l'opposition contre les jugements rendus à l'audience faute de plaider, lorsque le jugement a été rendu à tour de rôle, *tit.* 35, *art.* 3; la raison est que la partie contre laquelle il a été rendu, ayant eu tout le temps de se préparer ou de prévoir quand la cause sera appelée, elle est inexcusable.

On ne reçoit pas non plus l'opposition contre les jugements rendus par forclusion en procès par écrit. On ne la reçoit pas non plus contre un jugement rendu sur un délibéré sur le bureau.

On ne reçoit pas non plus en notre siége les oppositions contre les sentences rendues sur la lecture des informations.

Enfin, une partie n'est point recevable à former opposition contre un jugement rendu contradictoirement avec elle.

L'opposition contre un arrêt, ou jugement en dernier ressort rendu par défaut, doit être formée par la partie contre qui le jugement a été rendu, dans la huitaine du jour de la signification faite à son procureur, si elle en avoit un, ou à sa personne, ou à domicile lorsqu'elle n'avoit point de procureur constitué. *Tit.* 35, *art.* 3.

Lorsque le jugement n'a pas été rendu en dernier ressort, l'usage est que la partie qui a laissé passer la huitaine interjette appel, et déclare ensuite qu'elle convertit son appel en opposition, et il est d'usage de la recevoir; lorsque le défaut a été pris dans les règles de la procédure, la partie qui est reçue opposante doit, par le jugement qui la reçoit opposante, être condamnée aux dépens du défaut; si le défaut n'avoit pas été pris dans les règles., *V. G.*, avant l'expiration des délais, le juge devroit déclarer nul le jugement par défaut.

L'effet du jugement qui reçoit une partie opposante à un jugement rendu par défaut contre elle, est de détruire, vis-à-vis d'elle, le jugement auquel elle a été reçue opposante. S'il y avoit d'autres parties opposantes contre lesquelles il auroit été rendu contradictoirement, il ne laisseroit pas de subsister vis-à-vis de ces autres parties; le juge peut, par le même jugement qui reçoit l'opposition, statuer au principal, s'il est en état de juger; sinon il ordonne, après avoir reçu la partie opposante, en refondant les dépens, que les parties en viendront au principal.

§. II. De la tierce opposition.

La tierce opposition est celle qu'un tiers, qui n'étoit point partie dans l'instance, forme au jugement qui lui préjudicie. *V. G.* Mon voisin a obtenu contre mon fermier un jugement qui lui fait défenses de faire paître sur ses héritages; si je prétends que ses héritages sont chargés envers ma terre d'un droit de pâturage, le jugement préjudicie à mon droit de servitude; j'y peux donc former opposition en tiers.

Si un décimateur a obtenu contre quelque particulier d'un canton, un jugement qui fixe la quotité de la dîme à un fur plus haut qu'il ne doit être, les habitants du même canton peuvent former une tierce opposition à ce jugement, afin que le décimateur ne puisse s'en prévaloir pour la quotité du fur de ce canton.

On peut imaginer mille autres cas semblables, qui peuvent donner lieu à la tierce opposition.

Cette opposition peut être formée en quelque temps que ce soit; mais, pour empêcher qu'on ne se porte à former témérairement des tierces oppositions, l'ordonnance veut que ceux qui l'auront formée mal-à-propos contre un arrêt, soient condamnés en 150 liv. d'amende, et en 75 liv., si c'est contre une sentence, lesquelles amendes sont applicables pour moitié au fisc, et pour l'autre moitié à l'autre partie. *Tit.* 27, *art.* 10.

Il n'y a pas lieu à cette amende lorsque le jugement auquel on forme opposition a été rendu sur requête, sans qu'il y ait eu de partie appelée. Il est parlé de cette opposition en l'*art.* 2 *du tit.* 35.

SECTION III.

Des voies extraordinaires pour se pourvoir contre les jugements.

ARTICLE PREMIER.

Des requêtes civiles.

§. I. Ce que c'est que requête civile.

La requête civile est une voie extraordinaire de se pourvoir en certains cas contre les arrêts et jugements en dernier ressort, par-devant le juge qui les a rendus.

Elle diffère de l'opposition; 1° en ce que c'est une voie extraordinaire qui n'a lieu qu'en certains cas.

2° En ce qu'elle a lieu contre les jugements contradictoires, aussi bien que contre ceux rendus par défaut.

§. II. En quel cas il peut y avoir lieu à la requête civile.

La requête civile étant une voie extraordinaire, il ne peut y avoir lieu qu'en certains cas particuliers; ces cas sont exprimés dans l'ordonnance, depuis l'*art.* 34 jusqu'en l'*art.* 41 *du tit.* 35.

1° Le dol personnel de la partie en faveur de qui ce jugement a été rendu. *V. G.* Si j'offrois prouver qu'elle a corrompu, par argent, mon avocat ou mon procureur, pour leur faire trahir ma cause; si j'offrois prouver qu'elle a empêché, par mauvaises manœuvres, que la signification de l'arrêt rendu par défaut contre moi ne parvînt à ma connoissance, pour m'ôter la faculté d'y former opposition dans la huitaine; ou si elle avoit intercepté la lettre par laquelle je donnois ordre de la former; on peut imaginer mille autres cas semblables de dol. *Ibid.*, *art.* 34.

2° S'il y a des pièces décisives, retenues par le fait de la partie, qui aient été nouvellement recouvrées; ce cas-ci est renfermé dans le précédent, car c'est un dol personnel de la partie d'avoir retenu ces pièces; mais le recouvrement des pièces décisives qui n'ont point été produites n'est point par lui-même un moyen suffisant pour se pourvoir par requête civile; cela est conforme à l'ordonnance, qui ajoute ces termes, *et retenues par le fait de la partie*, et à la disposition de droit en la loi 4, *Code de re judicatâ; sub specie novorum instrumentorum, posteà repertorum, res judicatas restaurari, exemplo grave est.*

3° Lorsque l'arrêt, ou jugement en dernier ressort, a été rendu sur pièces fausses, dont on est en état de démontrer la fausseté. *Ibid.*

Observez qu'il ne suffit pas que la partie en faveur de qui le jugement a été rendu ait produit les pièces fausses, il faut qu'il paroisse que ce jugement est fondé sur ces pièces.

4° Si le jugement a été rendu sur un consentement, ou des offres qui aient été désavouées, et que le désaveu ait été jugé valable. *Ibid.*

5° S'il y a des nullités d'ordonnance dans la procédure sur laquelle l'arrêt, ou jugement en dernier ressort, a été rendu. *V. G.* Si on a jugé sur une enquête faite après l'expiration du délai pour entendre les témoins, ou dans laquelle on a oublié de faire prêter serment aux témoins; ou sur des griefs, ou sur des réponses à grief, qui n'auroient point été signifiées à la partie.

6° Si le jugement a été rendu sur choses non demandées, et non contestées. *Art.* 34.

Par la même raison, si une partie assignée en qualité de tuteur a été condamnée en son nom, il y a ouverture à la requête civile; car, n'y ayant pas de demande formée contre cette partie en son nom, le jugement rendu contre elle en son nom est rendu sur chose non demandée.

7° S'il a été plus adjugé qu'il n'avoit été demandé. *Ibid.*

Ces deux moyens de requête civile sont fondés sur le principe de droit : *Sententia debet esse conformis libello, et potestas judicis, ultrà id quod in judicium deductum est, nequaquàm potest excedere.* L. 18, ff. *communi divid.*

8° Si on a omis de prononcer sur l'un des chefs de demande, même raison. *Ibid.*

9° S'il y a contrariété d'arrêt, ou jugement en dernier ressort, en la même juridiction, entre les mêmes parties, sur les mêmes moyens; car, ce qui a été jugé en dernier ressort devant être immuable entre les parties, un jugement qui juge le contraire entre les mêmes parties ne peut avoir aucun effet. *Ibid.*

Si les arrêts contraires étoient rendus en différentes cours, ou juridictions, l'ordonnance porte qu'en ce cas les parties se pourvoiront au grand conseil. *Ibid.*

10° S'il y a des dispositions contraires dans le même arrêt; car il ne peut y avoir un plus grand défaut que la contradiction.

Outre ces dix causes, qui sont générales pour toutes sortes de parties, et qui sont rapportées en l'article 34, il y en a quelques-unes de particulières à certaines personnes.

1° Dans les choses qui concernent le roi, le public, la police, ou l'église, il y a ouverture à la requête civile si le jugement a été rendu sans que la cause ait été communiquée au parquet. *Même art.* 34.

Il a été jugé par arrêt du 27 novembre 1703, rapporté par Augeard, que le moyen de requête civile en faveur de l'église n'avoit lieu que lorsque le jugement concernoit son domaine, et non lorsqu'il concernoit seulement les revenus qui appartiennent au bénéficier; car, en ce dernier cas, le jugement est plutôt rendu contre le bénéficier que contre l'église; c'est le bénéficier plutôt que l'église qui est intéressé.

2° Il y a lieu à la requête civile en faveur des ecclésiastiques, des communautés et des mineurs, lorsqu'ils n'ont pas été défendus, ou valablement défendus. *Ibid.*, *art.* 35.

Ce qui est dit dans cet article doit être restreint, comme nous l'avons observé en l'article précédent, aux causes qui concernent le fond et le domaine de l'église.

Le projet de cet article, qui est rapporté au procès-verbal de l'ordonnance, nous apprend le sens de ces termes, *lorsqu'ils n'ont pas été défendus, ou suffisamment défendus.*

Voici ce que portoit le projet : « Réputons encore à leur « égard pour ouverture de requête civile, s'ils n'ont point « été défendus; c'est à savoir, que les arrêt sou jugements « en dernier ressort aient été donnés contre eux par dé- « faut ou par forclusion : *s'ils n'ont pas été valablement* « *défendus,* en cas que les principales défenses de fait ou

« de droit aient été omises, quoique ces arrêts ou jugements
« en dernier ressort aient été contradictoires, ou sur les
« productions des parties ; en telle sorte néanmoins qu'il pa-
« roisse qu'ils n'ont point été défendus , ou non valablement
« défendus, et que le défaut de défenses omises ait donné
« lieu à ce qui auroit été autrement jugé s'ils avoient été
« défendus, ou que les défenses eussent été fournies. »

Lecture faite de l'article, il a été trouvé unanimement
bon ; d'où on peut conclure que s'il a été rédigé depuis tel
qu'il est , cela n'a été que pour abréger , pour une plus
grande précision ; et ce qui y étoit contenu doit être regardé comme le véritable commentaire de cet article.

5° C'est un moyen particulier à l'égard du roi, et dans
les causes qui concernent le domaine où le procureur du
roi est partie, qu'il y a ouverture à la requête civile quand
le procureur du roi n'a pas été mandé avant que de mettre
le procès sur le bureau, pour savoir s'il n'avoit pas d'autres
pièces ou moyens à fournir, et si ce jugement n'en fait pas
mention. *Ibid.*, art. 36.

On ne doit point admettre d'autres moyens de requête civile.

Par le projet de l'ordonnance, on proposoit pour moyen
de requête civile l'erreur sur un fait décisif, ou en un point
de coutume ; ce qui a été retranché sur la représentation
que M. le premier président fit, que ce seroit ouvrir la
porte aux requêtes civiles ; contre les arrêts qui jugeroient
quelques questions de coutume, parceque la partie qui auroit perdu son procès ne manqueroit jamais d'alléguer qu'on
a jugé contre la coutume.

Pareillement, dans les causes de fait, la partie qui auroit succombé prétendroit toujours qu'on auroit erré dans
le fait.

Le retranchement de ce moyen d'erreur est conforme
aux lois romaines, qui ne permettoient pas de venir contre
les choses jugées, sous prétexte de quelque erreur de fait ,
ou même de l'erreur de calcul, à moins que l'erreur de calcul ne se rencontrât et ne se justifiât par la sentence même,
auquel cas elle se réforme de soi-même. *L.* 3, *Cod. de errore
advoc. vel libell. seu preces concip. L.* 2, *Cod. de re judicatâ.*

§. III. Contre quels jugements, et combien de fois peut-il y avoir lieu à la requête civile?

La requête civile étant une voie extraordinaire, il s'ensuit qu'elle ne peut avoir lieu que contre les arrêts et jugements en dernier ressort; car, lorsque le jugement n'est pas rendu en dernier ressort, celui qui a succombé ayant la voie de l'appel, qui est une voie ordinaire, il ne doit point avoir recours à une voie extraordinaire.

Par la même raison, il ne peut y avoir lieu à la requête civile contre les arrêts ou jugements en dernier ressort, rendus par défaut, tant qu'il peut y avoir lieu à la voie ordinaire de l'opposition; mais on peut se pourvoir contre les arrêts et jugements en dernier ressort lorsqu'il n'y a pas lieu à la voie ordinaire de l'opposition, soit parcequ'ils sont contradictoires, ou du nombre de ceux contre lesquels l'opposition ne s'admet pas, soit parceque la huitaine dans laquelle l'opposition doit être formée est passée.

Quoiqu'on puisse se pourvoir par requête civile contre les jugements des présidiaux, au premier chef de l'édit, ainsi que contre les arrêts des cours, néanmoins la forme en est différente, et on n'appelle proprement requêtes civiles, que celles par lesquelles on se pourvoit contre les arrêts.

On peut se pourvoir non seulement contre les arrêts et jugements en dernier ressort définitifs, mais aussi contre les interlocutoires, suivant qu'il résulte de l'*art. 25 du tit.* 35; ce qu'il faut restreindre aux interlocutoires dont le grief est irréparable en définitif; car la requête étant un remède extraordinaire, elle ne peut avoir lieu que lorsu'il ne peut y en avoir d'autres.

On peut se pourvoir non seulement contre un arrêt entier, mais encore contre quelques chefs d'un arrêt, lorsqu'il n'a pas une connexité nécessaire avec les autres; la jurisprudence en est constante.

On ne peut se pourvoir qu'une seule fois par requête civile; celui qui a une fois succombé en sa demande en requête civile, ne peut plus se pourvoir de nouveau, ni contre le premier arrêt ou jugement en dernier ressort, contre lequel il s'est pourvu, ni contre le second, qui l'a débouté de sa requête civile. *Ibid., art.* 41. *Voyez aussi l'ordonnance de Moulins.*

Il y a plus, quand même sa requête auroit été entérinée *sur le rescindant,* et que, l'affaire ayant été de nouveau jugée, il eût succombé *au rescisoire,* il ne pourroit être reçu en aucune requête civile contre cet arrêt. *Même article.*

§. IV. Dans quel temps on peut se pourvoir contre la requête civile.

Pour être admis dans la requête civile, il faut l'obtenir, la faire signifier, et donner assignation, pour procéder en conséquence, à la partie ou au procureur, dans les six mois, à compter du jour de la signification de l'arrêt faite à la personne ou au domicile de la partie qui a obtenu la requête civile. *Tit.* 35, *art.* 5.

Cette signification est nécessaire pour faire courir le délai, quand même l'arrêt seroit contradictoire; il ne suffiroit pas qu'elle fût faite au domicile du procureur, quoique, hors ce cas, les jugements contradictoires aient leur effet quoiqu'ils n'aient pas été signifiés, et même ceux par défaut, lorsqu'ils l'ont été au domicile du procureur. *Ibid., art.* 11.

Lorsque la partie qui veut se pourvoir par requête civile est mineure, le délai ne court que du jour de la signification de l'arrêt qui lui est faite depuis sa majorité, à personne ou domicile. *Ibid., art.* 5, *in fin.*

Les ecclésiastiques, pour raison de leurs bénéfices, les communautés tant laïques qu'ecclésiastiques, les hôpitaux et les absents hors le royaume, pour la chose publique, ont un an, au lieu de six mois, du jour de la signification qui leur est faite de l'arrêt à domicile. *Ibid., art.* 7.

Si celui qui pouvoit se pourvoir par requête civile est mort dans les six mois, son héritier ou son successeur doit avoir pareil délai de six mois, ou d'un an, du jour de la signification de l'arrêt, qui doit être faite de nouveau au successeur ou héritier, à personne ou domicile. *Ibid., art.* 8 *et* 9.

Lorsque la requête civile est fondée sur le moyen que l'arrêt a été rendu sur pièces fausses, ou sur le moyen de pièces nouvellement recouvrées, et retenues par la partie adverse; s'il y a preuve, par écrit, du jour que la fausseté aura été reconnue, le délai ne courra que de ce jour. *Ibid., art.* 12.

Toutes lettres obtenues en chancellerie du palais, après ces délais, sont nulles, nonobstant la clause de dispense, et de restitution du temps qui y seroit inscrite, et sous quelque prétexte que ce soit. *Ibid., art.* 14. *Voyez* l'espèce de l'arrêt rendu le 14 juillet 1767, conformément aux conclusions de M. Séguier, avocat-général, contre les habitants du Saulzet, rapporté par Denizart, *verbo* Requête civile, n° 11.

Le roi seul peut relever du temps par des lettres de dispense en grande chancellerie, qui doivent être enregistrées, et s'accordent rarement.

Tout ce que nous avons dit des délais dans lesquels on doit se pourvoir, par requête civile, contre les arrêts, a lieu à l'égard des jugements présidiaux, sauf que les délais pour se pourvoir ne sont que de la moitié du temps. *Ibid., art.* 10.

§. V. De la forme de se pourvoir par requête civile.

Celui qui veut se pourvoir par requête civile contre un arrêt, doit prendre une consultation de deux anciens avocats, qui doit contenir sommairement les moyens d'ouverture à la requête civile, et être signée de ces deux avocats, et du troisième qui leur aura fait le rapport. *Ibid., art.* 13.

Sur cette consultation, il obtient en chancellerie des lettres par lesquelles, sur l'exposé qui est énoncé des moyens d'ouverture à la requête civile, il est mandé aux juges auxquels elles sont adressées que, si l'exposé leur est justifié, ils aient à remettre l'impétrant au même état qu'avant l'arrêt. Ces lettres doivent, à peine de nullité, contenir les moyens d'ouverture à la requête civile, et le nom des avocats qui ont donné la consultation sur laquelle elles ont été obtenues, laquelle consultation doit être attachée aux lettres. *Ibid., art.* 13 *et* 14.

L'impétrant, après avoir obtenu ces lettres, doit consigner deux amendes, l'une envers le roi, qui est de 300 liv., l'autre envers la partie, qui est de 150 liv., et donner sa requête en la cour, aux fins de l'entérinement de ces lettres. *Ibid., art.* 16.

Toute cette forme n'est point observée quand on se pourvoit contre un jugement présidial, rendu en dernier ressort; on s'y pourvoit par une simple requête présentée au siége présidial, aux fins d'être restitué contre le jugement.

§. VI. A quelle juridiction les requêtes civiles doivent-elles être portées et jugées?

Les requêtes civiles doivent être portées dans la cour ou juridiction qui a rendu le jugement en dernier ressort, contre lequel on se pourvoit. *Tit.* 35, *art.* 20.

Quoique l'arrêt contre lequel on se pourvoit ait été rendu en une chambre des enquêtes du parlement, néanmoins la requête civile se porte et se plaide en la grand'chambre du parlement, à moins que ce ne fût une requête civile renvoyée, par arrêt du conseil, en une chambre des enquêtes, auquel cas elle se porteroit en cette chambre, et non en la grand'chambre. *Ibid., art.* 21 *et* 23.

Quoique la requête civile, contre un arrêt d'une chambre des enquêtes, doive être portée en la grand'chambre, néanmoins, si la cause est appointée, l'appointement doit être renvoyé en la chambre des enquêtes qui a rendu l'arrêt contre lequel on se pourvoit. *Ibid., art.* 21.

Si, sur la plaidoirie, la grand'chambre rend à l'audience un arrêt qui entérine la requête civile, le procès principal ne laisse pas de devoir être porté en la chambre qui a rendu le premier arrêt contre lequel on s'est pourvu. *Art.* 22.

La règle que la requête civile doit être portée et jugée en la cour ou juridiction qui a rendu le jugement contre lequel on se pourvoit, reçoit une exception à l'égard de celles qui sont prises incidemment à une contestation pendante dans un autre tribunal, contre un jugement rendu même en définitif, dans lequel le demandeur en requête civile n'auroit pas été partie, ou contre un jugement interlocutoire produit et opposé sur la contestation; car, en ce cas, cette requête civile incidente doit être portée et jugée en la juridiction où est pendante la contestation à laquelle elle est incidente, et non en la cour ou juridiction qui a rendu le jugement contre lequel la requête est prise. *Art.* 25.

Si l'arrêt ou jugement contre lequel la requête est prise, quoique incidemment, est définitif et rendu entre les mêmes parties, la requête civile doit être portée et jugée en la cour ou juridiction qui a rendu le jugement contre lequel elle est prise, ce qui ne doit point retarder l'instruction ni le jugement de la contestation, sur laquelle on a produit et opposé l'arrêt contre lequel la requête civile a été prise incidemment, *ibid.*, *art.* 26, à moins que les juges, suivant les circonstances de l'affaire, ne jugent à propos de surseoir à leur jugement, ce qui est laissé à leur prudence. *Voyez le procès-verbal de l'ordonnance.*

Les parties, *lorsqu'il n'y en a point d'autres intéressées*, peuvent aussi convenir de porter, et faire juger cette requête civile en la juridiction où est pendante la contestation à laquelle elle est incidente. *Ibid.*

§. VII. De la procédure sur la requête civile.

La partie qui, après avoir pris des lettres de requête civile, a présenté sa requête à fin d'entérinement, doit assigner celui au profit de qui le jugement a été rendu, pour défendre à la requête. *Ibid.*, *art.* 5.

Lorsque la requête civile a été obtenue, et que l'assignation se donne *dans l'année du jour et date de l'arrêt*, ou jugement en dernier ressort, contre lequel elle est obtenue, l'assignation se peut donner au domicile du procureur qui a occupé dans la cause sur laquelle est intervenu l'arrêt ou jugement, et le procureur est obligé d'occuper sans qu'il soit besoin d'un nouveau pouvoir. *Ibid.*, *art.* 6.

Il doit être donné copie, par cette assignation, tant des lettres que de la consultation d'avocats sur laquelle elles ont été obtenues, et de la requête à fin d'entérinement. *Ibid.*, *art.* 17.

Si, depuis les lettres obtenues, le demandeur a trouvé de nouveaux moyens d'ouverture à la requête civile, que ceux employés dans les lettres et requêtes à fin d'entérinement, il n'est plus obligé, comme autrefois, d'obtenir des lettres d'ampliation ; il suffit qu'il donne une nouvelle requête, contenant ses nouveaux moyens, et qu'il la signifie au procureur du défendeur. *Ibid.*, *art.* 29.

Après que la partie assignée sur la requête civile a constitué procureur, la cause peut être mise au rôle, ou portée à l'audience sur deux simples avenirs, l'un pour venir communiquer au parquet, l'autre pour venir plaider, *sans autre procédure. Ibid., art.* 17.

Toutes requêtes civiles, soit principales, soit incidentes, doivent être communiquées aux gens du roi. *Art.* 27.

Celui qui communique pour le demandeur en requête civile doit nommer aux gens du roi les avocats sur la consultation desquels les lettres ont été obtenues, et leur communiquer cette consultation, les lettres et la requête. *Ibid., art.* 28.

Après la communication, la cause est portée à l'audience, et y est plaidée ; l'avocat du demandeur doit y déclarer les noms des avocats qui ont signé la consultation sur laquelle la requête civile a été obtenue, sans qu'il soit besoin, comme autrefois, de les y faire trouver. *Ibid., art.* 30.

On ne doit plaider d'*autres ouvertures*, ou moyens, que ceux énoncés aux lettres, ou requête civile, et en la requête tenant lieu d'ampliation, s'il y en a une. *Ibid., art.* 31. On doit plaider en même temps les réponses du défendeur ; mais il est défendu d'*entrer dans les moyens du fond. Ibid., art.* 37.

Les plaidoiries, tant des avocats des parties que des avocats du roi, finies, les juges doivent statuer sur la requête civile, s'ils se trouvent suffisamment éclairés ; sinon, ils prononcent un appointement ; mais cet appointement ne peut être rendu qu'en plaidant, ou du consentement commun des parties. *Ibid., art.* 27.

Le procès, sur la requête civile, ne peut être distribué à celui qui a été rapporteur du procès sur lequel a été rendu le jugement contre lequel elle est prise. *Ibid., art.* 38.

§. VIII. De l'exécution du jugement contre lequel la requête civile a été obtenue pendant l'instance sur cette requête.

La requête civile, et l'instance formée sur cette requête, n'empêchent point l'exécution de l'arrêt, ou du jugement présidial en dernier ressort contre lequel elle est prise; et on ne peut, sous ce prétexte, en aucun cas, accorder aucunes défenses, ni surséances, à l'exécution du jugement. *Ibid.*, *art.* 18.

Il y a plus; lorsque l'arrêt ou jugement, contre lequel la requête civile est prise, condamne quelqu'un à quitter la possession d'un bénéfice, ou à délaisser quelque héritage ou autre immeuble, toute audience sur la requête civile lui doit être refusée, jusqu'à ce qu'il rapporte la preuve de l'entière exécution de l'arrêt ou jugement en dernier ressort, *au principal. Ibid.*, *art.* 19.

§. IX. Du jugement sur la requête civile, et de son effet.

Soit que la requête civile se juge à l'audience, soit qu'elle se juge sur un appointement en procès par écrit, les juges ne doivent pas se déterminer par les moyens du fond pour l'entériner, ou en débouter le demandeur, mais sur les simples moyens d'*ouvertures* énoncés en la requête, et en celle d'ampliation, s'il y en a. *Ibid.*, *art.* 32 et 40.

Si les juges trouvent les moyens valables, ils prononcent l'entérinement de la requête, et doivent se contenter de remettre les parties *en pareil état qu'elles étoient avant l'arrêt*, ou le chef de l'arrêt contre lequel la requête a été prise; ils ne doivent point entrer dans le fond, quand même il ne s'agiroit que d'une pure question de droit ou de coutume. *Ibid.*, *art.* 33.

En exécution de ce jugement, on renouvelle la question du fond devant les mêmes juges qui ont rendu le jugement anéanti par la requête civile entérinée, et on le juge, soit à l'audience, si la matière y est disposée, soit par un appointement; auquel cas le procès ne peut être distribué à celui qui a été rapporteur la première fois; c'est ce que l'ordonnance entend par *le rescisoire. Ibid.*, *art.* 38.

Si les moyens de la requête civile ne sont pas jugés

valables, le juge doit débouter l'impétrant de sa requête, et le condamner aux dépens, même *à l'amende de trois cents livres*, s'il s'agit d'un arrêt. *Ibid., art.* 39.

Si la requête est entérinée, cette amende doit être rendue sans frais ni droits. *Ibid., art.* 16.

ARTICLE II.

De la voie de cassation.

La voie de cassation est une voie extraordinaire de se pourvoir contre un arrêt, ou jugement en dernier ressort, par le recours au roi, pour en obtenir de lui la cassation.

Le cas ordinaire auquel on peut se pourvoir par cette cassation, est celui auquel le jugement renfermeroit une contravention formelle aux coutumes, ordonnances, édits et déclarations. On peut tirer cet argument de ce qui est porté en l'*art.* 8 *du tit.* 1 *de l'ordonn.* de 1667.

On admet aussi cette voie, quoique très rarement, dans le cas d'une énorme et manifeste injustice.

Cette voie ne doit être admise que dans le même temps auquel on admet les requêtes civiles.

Les délais pour se pourvoir en cassation contre un arrêt, ou jugement en dernier ressort, sont d'un an pour l'église, et de six mois pour toutes autres personnes, même les ecclésiastiques, lorsqu'il ne s'agit que des revenus de leurs bénéfices. *Voyez le règlement du conseil du* 3 *février* 1714, *et celui du* 28 *juin* 1738, *partie* 1ere, *tit.* 4.

Celui qui veut se pourvoir par cette voie doit, avant toutes choses, présenter au conseil du roi sa requête en cassation, par le ministère d'un avocat; si elle est admise, il fait signifier à la partie l'arrêt, et l'assigne en conséquence au conseil.

Le détail de cette procédure n'est pas de notre dessein, et nous renvoyons à cet égard aux règlements du conseil de 1714 et 1738, ci-dessus cités.

Celui qui succombe en sa demande en cassation est condamné en une amende de 300 liv. envers le roi, et en une autre de 150 envers la partie adverse. Si le jugement contre lequel on s'est pourvu en cassation a été rendu par défaut, l'amende n'est que de moitié.

SECTION IV.

Des prises à partie.

La prise à partie est un moyen de se pourvoir contre la personne même du juge.

On peut la définir : « l'intimation faite d'un juge en son « propre nom, par une partie, devant le tribunal supérieur, « pour la réparation du tort que lui a fait le juge en sa qua-« lité de juge. »

Le dol, la fraude, ou la concussion du juge, donnent lieu à la prise à partie ; il y a lieu à cette intimation dans tous les cas auxquels les ordonnances prononcent la peine de la prise à partie, tel qu'est le cas de déni de justice. *Ordonn. de Blois, art.* 135. Celui auquel les juges inférieurs juge-roient par commissaires. Celui auquel ils s'attribueroient la connoissance d'affaires pour lesquelles ils ne seroient pas compétents : il n'y a lieu à la prise à partie que parceque, dans ce cas, le juge est présumé avoir agi, non par simple ignorance, mais *dolo malo;* c'est ce qui résulte de l'*art.* 147 de l'ordonnance de Blois, qui porte : « Défendons à tous « juges par-devant lesquels les parties tendront à fin de « non procéder, de se déclarer compétents, et dénier le « renvoi des causes dont la connoissance ne leur appartient « pas, sur peine d'être pris à partie, au cas qu'ils aient « ainsi jugé par dol, fraude, ou concussion, ou que « nos cours trouvent qu'il y ait faute manifeste du juge, « pour laquelle il doive être condamné en son nom. »

La prise à partie se porte devant les cours où ressortit la juridiction du juge qui est pris à partie.

Il a été jugé, par arrêt de la cour des aides, du 18 juillet 1691, que les juges ne pourroient être pris à partie dans les matières dont ils sont juges en dernier ressort, et sans appel ; il n'y a, en ce cas, que la voie de se pourvoir au conseil, en révision d'arrêt. *Cet arrêt est rapporté au cin-quième tome du Journal des Audiences.*

Lorsque le juge qu'on veut prendre à partie est un

prevôt royal, ou quelque autre juge qui ne ressortit pas nûment au parlement, la prise à partie doit-elle être portée au parlement, ou au bailliage, où il ressortit immédiatement?

Il paroît résulter des anciennes ordonnances, que la prise à partie doit se porter aux bailliages.

L'édit de Crémieu, *art.* 21, porte: «Qu'où les chatelains « ou prevôts seroient négligents de procéder contre les dé- « linquants, ils en seront punis, et muletés par nos baillis « et sénéchaux, auxquels nous enjoignons ainsi le faire.»

L'auteur du Grand Coutumier dit, conformément aux anciennes ordonnances, que les baillis peuvent corriger les excès des prevôts; c'est pour cela que les prevôts sont tenus de comparoître aux assises du bailli; ils y répondoient autrefois de leurs jugements. Enfin, l'ordonnance de 1670, *tit.* 1, *art.* 11, porte que «*la correction des officiers royaux,* « et la connoissance des malversations par eux commises « dans les fonctions de leurs charges, appartient aux bail- « lis, sénéchaux et juges présidiaux, privativement à tous « les autres juges, et à ceux des seigneurs;» ce qui com- « prend les juges aussi bien que les autres officiers. Néanmoins il y a plusieurs arrêts de règlement qui ordonnent que les prises à partie ne pourront être portées qu'en la cour, et défendent aux baillis royaux d'en connoître. *Voyez la deuxième note de M. Jousse, sur l'art. 4 du titre 25 de l'ordonnance de 1667.*

Pour pouvoir prendre un juge à partie, il faut donner sa requête en la cour pour obtenir arrêt qui en accorde la commission: cet arrêt ne se rend qu'après un examen des moyens de prise à partie, exposés dans la requête, lesquels doivent être circonstanciés, et sur les conclusions du procureur général, à qui la requête doit être communiquée; c'est ce qui est porté par les règlements du 4 juin 1699, et 18 août 1702.

On peut prendre à partie non seulement les juges, mais les procureurs du roi, ou fiscaux, *putà*, en cas d'accusations calomnieuses, à moins qu'il n'y ait une dénonciation faite dans la forme prescrite par l'ordonnance de 1670, *tit.* 3, *art.* 6, auquel cas les procureurs du roi, ou fiscaux, doivent, après le jugement, nommer le dénonciateur, suivant l'*art.* 73 de l'ordonnance tenue par Charles IX, aux Etats d'Orléans.

On prend aussi à partie les évêques pour le fait de leur official, dans les affaires poursuivies à la requête du promoteur, et les seigneurs, pour le fait de leurs juges, dans celles poursuivies à la requête du procureur fiscal.

QUATRIÈME PARTIE.

De l'exécution des jugements.

Nous traiterons dans cette partie des différentes procédures qui se font en exécution des jugements, et des voies de droit pour contraindre la partie condamnée à l'exécution d'un jugement.

CHAPITRE PREMIER.

Des différentes procédures qui se font en exécution des jugements.

Les procédures les plus ordinaires qui se font pour l'exécution des jugements, sont celles qui se font pour la taxe des dépens, ou pour la liquidation des dommages et intérêts auxquels une partie est condamnée, ou pour la liquidation des fruits qu'elle est condamnée de payer, ou de restituer, ou pour la réception des cautions, lorsque le jugement porte, que la partie au profit de laquelle il est rendu donnera caution pour recevoir la somme adjugée par la sentence.

ARTICLE PREMIER.

De la taxe des dépens.

§. I. De la condamnation aux dépens.

Il est ordonné à tous les juges de condamner aux dépens la partie qui succombe, sans que, sous prétexte de la proximité entre les parties, d'amitié, d'équité, et pour quelque cause que ce soit, elle en puisse être déchargée; et en conséquence il est défendu aux cours, et à tous les juges, de prononcer par, *hors de cour sans dépens.* Voyez *l'ordonn. de Charles* VII, *de* 1324, *celle de Charles* VIII, *en* 1493, *art.* 50, *et celle de* 1667, *tit.* 31, *des dépens, art.* 1.

Cette disposition n'est point suivie à la rigueur; car, si elle étoit suivie, on ne pourroit compenser les dépens; dans l'usage, il ne peut y avoir lieu à la compensation des dépens, que lorsqu'il y a plusieurs chefs de contestation, et que chacune des parties obtient sur des chefs, et succombe dans d'autres qui n'ont pas occasioné plus de dépens les uns que les autres; si les chefs auxquels une partie succombe ont occasioné plus de dépens que ceux pour lesquels elle a réussi, elle doit être condamnée en une portion de dépens proportionnée au chef dont les dépens auxquels elle a succombé, excèdent les autres.

La partie qui est condamnée à une portion de dépens doit seule le coût du jugement, et les épices, tant des juges que des conclusions du parquet. *Arrêts de règlement des* 10 *avril* 1691, *art. dernier, et* 8 *août* 1714.

Les arbitres ne sont point exceptés de la règle qui oblige à condamner aux dépens la partie qui succombe, si ce n'est que le pouvoir de remettre, ou de modérer les dépens, leur fût accordé par une clause expresse du compromis. *Ibid.,* *art.* 2.

On doit condamner non seulement la partie qui succombe au principal; celle qui succombe sur quelque incident, soit sur un renvoi, soit sur un déclinatoire, doit aussi être condamnée aux dépens, ou de ce renvoi, ou de ce déclinatoire. *Ibid., art.* 1 *et* 3.

Si le juge avoit omis de condamner aux dépens, par son jugement définitif, la partie qui a succombé ne les devroit pas moins à la personne qui a obtenu, laquelle pourroit en poursuivre la taxe. *Ibid., art.* 1, *in fine.*

La disposition de l'ordonnance qui veut qu'on condamne aux dépens la partie qui succombe au principal, a lieu lorsqu'il y a contestation; mais si la partie a offert, *à limine litis,* les choses auxquelles elle a été condamnée, elle ne peut supporter les dépens, à moins qu'elle ne fût en retard de payer les choses qui lui ont été demandées; car les dépens étant la peine de la mauvaise contestation, ou de la demeure, il ne peut y avoir lieu à la condamnation de dépens lorsqu'il n'y a ni contestation, ni demeure.

Au reste, il faut des offres pour éviter la condamnation de dépens; la partie assignée ne les évite pas en déclarant qu'elle s'en rapporte à justice sur la demande; car, s'en rapporter à justice, c'est contester, et ce n'est pas offrir.

Si la partie assignée a fait des offres tardives, elle doit être condamnée aux dépens, jusqu'au jour des offres; ce qui emporte aussi le coût du jugement; car nous avons vu qu'il devoit être porté par la partie qui étoit condamnée en une portion de dépens.

Si le demandeur persiste outre les offres du défendeur, et qu'elles soient déclarées suffisantes, le demandeur doit être condamné aux dépens faits depuis les offres; lorsqu'elles sont jugées insuffisantes, c'est comme s'il n'y en avoit point eu.

La disposition de l'ordonnance souffre encore exception dans les causes où le ministère public est seul partie contre quelqu'un; car on ne le condamne pas aux dépens lorsque le défendeur est renvoyé de sa demande, et on ne lui en adjuge point contre le défendeur qui succombe.

Dans les causes pour des droits utiles du domaine, où le procureur du roi est partie, à la poursuite et diligence du fermier du domaine, le défendeur, lorsqu'il succombe, est condamné aux dépens envers le fermier; et le fermier est condamné aux dépens envers le défendeur, lorsque celui-ci est renvoyé de sa demande.

Dans les causes où un seigneur plaide dans sa justice, par son procureur fiscal, pour les droits de son domaine, on lui adjuge des dépens s'il réussit, et on l'y condamne s'il succombe.

Dans les justices subalternes, et même dans les prévôtés royales, les sentences qui condamnent une partie aux dépens doivent contenir la liquidation de ces dépens à une certaine somme. *Ibid., art.* 33.

Dans les bailliages royaux, siéges présidiaux, et dans les cours, les sentences ou arrêts ne contiennent pas cette liquidation : les dépens sont liquidés et taxés sur une *déclaration de dépens*, que le procureur de la partie à qui ils sont adjugés fait signifier au procureur de celle qui a été condamnée (1).

Il y a néanmoins des cas où, dans les bailliages, et même dans les cours, la liquidation de dépens se fait sans cette procédure.

1° Les dépens d'une instance de liquidation de dommages et intérêts, ceux de l'instance d'une appellation de taxe de dépens, doivent se liquider par le jugement rendu sur les instances. *Tit.* 30, *art.* 4 *et* 5; *tit.* 31, *art.* 31; *tit.* 32, *art.* 3.

2° Les dépens des appels de déclinatoires doivent être taxés par les procureurs, sur un simple mémoire sans frais. *Tit.* 6, *art.* 4.

3° Au parlement, les frais de chaque procureur, sur un appointement à mettre, y compris le coût du règlement, ne peuvent excéder vingt livres. *Règlement du 25 novembre 1699.*

Ceux d'un arrêté sur une instance d'arrêt sont arbitrés à trois livres. *Règlement du 10 juillet 1665, art.* 4.

§. II. De la déclaration de dépens; et de ce qui y doit entrer, ou non.

La déclaration de dépens est un état détaillé de tous les articles de frais légitimement faits par la partie à qui les dépens sont adjugés, qui doit être signifié au procureur de la partie condamnée.

Dans cette déclaration, le procureur ne doit faire qu'un seul article de tout ce qui concerne une même pièce, pour l'avoir dressé, pour l'expédition, copie, signification, et autres droits qui la concernent, à peine de radiation. *Tit.* 31, *art.* 7.

Le procureur n'y peut comprendre qu'un seul droit de conseil pour toutes les demandes, tant principales qu'incidentes, que sa partie a formées, et un autre pour toutes celles qui ont été formées contre elle, s'il en a été formé,

(1) Par l'article 23 de l'édit du mois d'août 1777, portant règlement pour la juridiction des présidiaux, il est porté que les dépens seront taxés et liquidés dans les jugements définitifs.

à peine de 20 liv. d'amende contre le procureur pour chacun autre droit employé dans sa déclaration. *Ibid.*, *art.* 8.

Il est défendu d'y comprendre aucuns autres frais de consultation, quand même elle seroit rapportée et signée d'avocats. *Ibid.*, *art.* 9.

Les oppositions aux jugements rendus par défaut, les demandes en reprise d'instance, en constitution de nouveau procureur, ne forment point de nouvelles instances, et par conséquent ne doivent pas donner lieu à de nouveaux droits de conseil. Dans les causes de première instance, en matière sommaire, nous avons vu que les défenses se plaident, et ne se signifient pas par écrit : pareillement, nous avons vu que dans les causes d'appel, en quelque matière que ce soit, les moyens d'appel et les réponses à ces moyens se plaidoient à l'audience; de là il suit que, dans ces causes, il n'y a point d'actes avant le premier règlement sur la cause, qui puissent passer en taxe de la part du demandeur, ou de l'appelant, que l'exploit, la commission pour assigner, dans le cas où il en faut une, la copie des pièces donnée par l'exploit de demande, la présentation et l'avenir pour porter la cause à l'audience; et de la part du défendeur, il n'y a que la constitution de procureur, la présentation et l'avenir pour porter la cause à l'audience, si c'est lui qui l'y a portée.

Dans les matières ordinaires, en première instance, les défenses et les pièces justificatives de la part du défendeur, et les répliques de la part du demandeur, entrent en taxe.

Les actes que les procureurs sont obligés, depuis la contestation en cause, de faire en exécution des défenses, règlements, ou appointements rendus sur la cause, peuvent aussi être compris dans cette déclaration.

Les écritures qui sont du ministère des avocats se comprennent aussi dans cette déclaration pour la somme que les avocats ont reçue, pourvu que le reçu soit au bas des écritures; et il est enjoint aux avocats de le mettre. *Ibid.*, *art.* 10.

Cette somme est à leur discrétion; les juges peuvent pourtant la réduire, s'ils la trouvent excessive.

A Paris, les avocats se sont maintenus en la possession

de ne pas mettre au bas de leurs écritures aucune mention de la somme qu'ils ont reçue; elle passe en taxe à raison de vingt sous pour chaque rôle de grosse; le surplus de ce qu'elles ont coûté n'entre point en taxe.

Ces écritures, pour passer en taxe, doivent être faites et signées par un avocat exerçant en la juridiction, du nombre de ceux qui sont inscrits sur le tableau des avocats, qui se fait tous les ans. *Ibid.*, *art.* 10.

Les procureurs ne peuvent comprendre en la déclaration, pour leur droit de révision, que le dixième de ce qui entre en taxe pour les avocats; et dans les siéges où ce droit n'est pas en usage, ils ne le peuvent prétendre. On leur alloue aussi pour la grosse une somme par rôle. *Ibid.*, *art.* 12.

Lorsqu'il y a des écritures dans un procès, les procureurs ne doivent point faire de préambule à leurs inventaires de production, parceque ce ne seroit qu'une répétition des écritures; c'est pourquoi l'ordonnance défend de passer en taxe ces préambules, aussi bien que les rôles des inventaires et contredits dans lesquels on auroit transcrit des pièces entières et autres choses inutiles. *Ibid.*, *art.* 11.

On peut passer dans la déclaration les frais de voyage et séjour de la partie, pourvu que ce voyage soit constaté par un acte passé au greffe de la juridiction, qui doit contenir l'affirmation faite par la partie, qu'elle a fait le voyage exprès pour le procès, et que cet acte ait été signifié au procureur de l'autre partie aussitôt. *Ibid.*, *art.* 14.

Le séjour ne doit être compté que du jour de cette signification. *Ibid.*

Lorsqu'une partie a fait séjour pendant un temps considérable, on ne lui passe que le temps nécessaire. Il est d'usage de n'adjuger que deux voyages pour les causes qui se plaident à l'audience, et trois pour celles qui se jugent en procès par écrit. *Voyez*, sur ce qui a rapport aux voyages et vin de messager, l'arrêt de règlement du 10 avril 1691, et celui qui a été rendu en interprétation, le 28 août 1727. On peut consulter aussi, pour les voyages qui ont pour objet les instances pendantes au châtelet de Paris, le règlement du 24 février 1688, qu'on trouve dans le style du châtelet.

§. III. Des offres que doit faire sur la déclaration la partie condamnée aux dépens ; de la procédure pour parvenir à la taxe.

La partie condamnée aux dépens fait, avant toutes choses, à la partie à qui ils sont adjugés, par acte de procureur à procureur, des offres d'une somme suffisante. La partie doit les accepter; faute de quoi, si elles sont par la suite jugées suffisantes, la partie condamnée, qui a fait les frais desdites offres, ne doit pas être condamnée à ceux de la déclaration, et de toute la procédure faite pour les faire taxer : si elle n'a point fait d'offres, ou qu'elle en ait fait d'insuffisantes; en ce cas, le procureur de la partie à qui les dépens sont adjugés, doit donner au procureur de la partie condamnée copie du jugement qui l'a condamnée aux dépens, et de la déclaration. *Ibid., art.* 5.

La partie condamnée a huitaine pour pouvoir prendre communication, *sans déplacer*, par les mains et en la maison du procureur de la partie envers qui elle est condamnée, des pièces justificatives des articles compris en la déclaration; et si elle est absente, elle a pour cela le délai pour le voyage et retour, suivant la distance des lieux, à raison d'un jour pour dix lieues. *Ibid.*

Si ces offres ne sont point acceptées, et que, par la taxe qui en sera faite depuis les offres, elles soient jugées suffisantes, *en ce non compris les frais de la taxe*, les procédures pour y parvenir seront portées par la partie qui ne les a pas acceptées, et ne seront point comprises en l'exécutoire; au contraire, les frais y seront compris, s'il se trouve que les offres étoient insuffisantes. *Ibid., art.* 6.

Soit que la partie condamnée n'ait point fait d'offres sur la déclaration dans ces délais, soit que celles qu'elle a faites n'aient point été acceptées, il faut procéder à la taxe.

Pour y parvenir : 1° Le procureur du demandeur en taxe doit remettre entre les mains du *procureur tiers* la déclaration de dépens, avec les pièces justificatives, et le procureur tiers doit coter de sa main, au bas de cette déclaration, le jour qu'elle lui a été délivrée avec les pièces. *Ibid., art.* 15 *et* 16.

S'il y avoit des procureurs tiers taxateurs de dépens en

titre d'office, il faudroit s'adresser à eux ; sinon l'ordonnance veut que dans les juridictions où il n'y en a point, la communauté des procureurs commette quelqu'un d'entre eux tous les mois, ou pour tel autre temps qu'ils auront pour faire cette fonction.

2° Le procureur du demandeur en taxe doit signifier au procureur du défendeur un acte par lequel il lui déclare qu'il a mis un tel jour sa déclaration et les pièces justificatives entre les mains du tiers, et le sommer d'en prendre communication sans déplacer. *Ibid.*, art. 15.

5° Trois jours après la première sommation, on doit en faire une seconde au défendeur, de se trouver en l'étude du procureur tiers, à tel jour et telle heure, pour voir arrêter les dépens. *Ibid.*, art. 18.

§. IV. De la taxe des droits d'assistance et de l'exécutoire.

Le procureur tiers sera tenu d'arrêter, dans la huitaine depuis qu'il aura été chargé, les déclarations de dépens qui ne contiendront que deux cents articles, ou moins, et dans la quinzaine, celles qui en contiendront un plus grand nombre, à peine d'être tenu des dommages et intérêts des parties. *Ibid.*, art. 21.

Lorsque le procureur du défendeur fait défaut, et n'a mis aucune diminution sur aucuns articles de la déclaration, aucun article n'est censé passé ; et par conséquent tous les articles doivent être arrêtés par le procureur tiers, et le droit lui est dû pour chacun des articles, aussi bien qu'au procureur du demandeur qui a assisté à la taxe ; et il n'est dû aucun droit d'assistance au procureur du défendeur, qui n'a mis aucune diminution de sa main sur la déclaration. *Ibid.*, art. 22.

Lorsque, au contraire, le procureur du défendeur a mis de sa main les diminutions sur quelques articles de cette déclaration, les autres articles sont censés passés ; le tiers doit seulement arrêter ceux sur lesquels le procureur du défendeur a mis les diminutions ; et les droits d'assistance sont dus, tant au procureur du demandeur qu'au procureur du défendeur, et au procureur tiers.

Lorsque plusieurs parties, ayant chacune leur procureur,

ont le même intérêt, il n'y a que le plus ancien procureur à qui l'assistance soit due; les autres ne peuvent rien exiger, même de leurs parties, pour y avoir assisté, à moins qu'ils n'aient d'elles un pouvoir par écrit pour y assister. *Ibid.*, *art.* 23.

Le tiers, après avoir arrêté sur son mémoire les articles contestés, doit les mettre sur la déclaration, conformément à son mémoire, qui doit être attaché à cette déclaration. *Ibid.*, *art.* 20.

Il doit aussi mettre sur chaque pièce qui entre en taxe, *taxé*, avec son paraphe. *Ibid.*, *art.* 25.

Après que la déclaration de dépens est ainsi arrêtée, le procureur du demandeur doit faire signifier au procureur du défendeur que les dépens ont été arrêtés, avec sommation de les signer, et protestation, en cas de refus, d'en faire signer le calcul par le juge ou commissaire. Faute par le procureur du défendeur de les signer, la déclaration doit être portée au juge, ou commissaire-examinateur, qui, après le calcul et l'arrêté fait par son clerc, ainsi que la mention de la sommation faite au procureur du défendeur, doit signer cette déclaration sans frais, sauf le droit de calcul qui est dû à son clerc. *Ibid.*, *art.* 24 *et* 26.

§. V. De l'appel de la taxe des dépens.

On peut interjeter appel de la taxe des dépens. Dans les juridictions où l'exécutoire se décerne par le commissaire-examinateur, ou autre juge d'instruction, l'appel s'en porte au siége, suivant plusieurs règlements rapportés par M. Jousse, sur l'*art.* 28 *du tit.* 31.

Celui qui a interjeté appel doit, trois jours après, croiser sur la déclaration les articles dont il est appelant; faute de le faire, il doit, sur la première requête, être déclaré non recevable en son appel. *Même art.* 28.

Après que l'appelant a croisé quelques-uns des articles, le procureur de l'autre partie peut se faire délivrer exécutoire des articles non croisés, dont il n'y a pas d'appel. *Ibid.*, *art.* 29.

Lorsqu'il n'y a que deux articles croisés, la cause se porte à l'audience; lorsqu'il y en a davantage, on prend un appointement au greffe. *Ibid.*, *art.* 30.

Lorsqu'il y a plusieurs articles dont l'appel est sur un même moyen, ils peuvent être croisés tous par une seule et même croix.

L'appelant, par le jugement définitif, doit être condamné en autant d'amendes qu'il y a de croix sur lesquelles on juge qu'il a mal appelé, à moins qu'il n'en fût appelant par un moyen général. *Ibid., art.* 31.

Le jugement doit liquider les dépens faits sur l'appellation de la taxe. *Ibid.*

§. VI. De l'action de salaire.

La procédure dont il a été parlé aux paragraphes précédents n'a lieu que lorsque la partie à qui les dépens sont adjugés en poursuit le paiement, ou lorsque son procureur, qui les a faits et avancés pour elle, s'est fait subroger à ses droits, en se faisant accorder par le juge *la distraction de dépens,* et en poursuit le paiement contre la partie qui y est condamnée ; mais il n'y a pas lieu à cette procédure entre le procureur qui a occupé pour une partie, et cette partie : le procureur ne peut poursuivre le paiement des frais qui lui sont dus par la partie pour laquelle il a occupé, qu'en donnant contre elle *l'action en paiement de salaire,* qui est semblable aux autres actions. Il donne sur cette action un mémoire de ses salaires, comme un ouvrier donne un mémoire de ses ouvrages ; et si le défendeur ne fait point d'offres, ou en fait qui ne soient pas acceptées, le juge renvoie les parties devant quelque procureur, d'une probité reconnue, pour les régler ; et le juge homologue son règlement.

Cette action se prescrit par deux ans du jour du décès de la partie, ou de la révocation du procureur ; hors ces deux cas, elle ne se prescrit que par six ans, ou même que par trente ans, comme les actions ordinaires, lorsqu'il y a un arrêté de compte, ou reconnoissance de la dette. *Voyez le règlement du* 28 *mars* 1692, *à l'égard des frais et salaires des procureurs, art.* 1 *et* 2.

ARTICLE II.

De la liquidation des dommages et intérêts.

Les dommages et intérêts sont tout ce qu'une personne a perdu, ou manqué de gagner, par le fait ou la faute de l'autre partie.

Lorsqu'une partie a été condamnée envers l'autre en des dommages et intérêts, soit pour l'inexécution d'un engagement, *V. G.*, d'une promesse de mariage, ou de quelque autre convention; soit pour quelque fait injurieux, comme d'un emprisonnement injuste, d'une saisie de ses biens; soit pour le préjudice résultant de l'ignorance, ou de l'impéritie d'un ouvrier, ou d'un artiste, ou pour quelque autre cause que ce soit : la procédure pour liquider, en exécution du jugement, les dommages et intérêts adjugés à cette partie, est prescrite par le titre 32 de l'ordonnance de 1667.

1° La partie à qui les dommages et intérêts sont adjugés, doit dresser une déclaration de ses dommages et intérêts, c'est-à-dire, de tous les articles de perte qu'elle a soufferte, ou du gain qui lui a été intercepté par le fait qui a été l'objet du procès, et pour lequel les dommages et intérêts lui ont été adjugés.

2° Elle doit signifier au procureur de la partie condamnée aux dommages et intérêts, tant le jugement qui l'y condamne, que cette déclaration. *Ibid., art.* 1.

Le procureur à qui cette déclaration est signifiée n'a pas besoin d'un nouveau pouvoir pour occuper pour sa partie; car c'est une règle générale que les procureurs qui ont occupé pour les parties, dans l'instance sur laquelle est intervenu le jugement, peuvent et doivent occuper sans nouveau pouvoir, dans toutes les instances auxquelles peut donner lieu l'exécution de ce jugement. *Ordonn. de Roussillon, de janvier* 1563, *art.* 7 ; et l'ordonnance de 1667 le décide spécialement pour cette instance de liquidation de dommages et intérêts. *Ibid., art.* 4.

3° Les pièces justificatives doivent être communiquées au procureur de la partie condamnée, sur son récépissé, lequel est tenu de les rendre dans la quinzaine, à peine de soixante livres d'amende et de prison. *Ibid., art.* 1.

4° Si la partie condamnée fait des offres, et qu'elles soient acceptées, on passe un appointement de condamnation de la somme qui doit être reçue à l'audience. *Ibid., art.* 2.

5° Si la partie condamnée ne fait point d'offres, ou que celles qu'elle a faites ne soient point acceptées, on prend un appointement à produire dans les trois jours, qui s'instruit comme les autres appointements à mettre. *Ibid., art.* 3.

6° Si, par l'évènement, la somme à laquelle sont réglés les dommages et intérêts n'excède pas la somme offerte, le demandeur doit être condamné en tous les dépens faits depuis les offres; si elle excède, le défendeur y doit être condamné. *Ibid.*

7° Les dépens doivent être liquidés par le même jugement. *Ibid.*

Souvent il n'y a pas lieu à cette procédure pour les dommages et intérêts, *V. G.*, dans le cas où les juges renvoient par le jugement par-devant quelques personnes nommées d'office, ou par-devant des experts dont les parties conviendront; et, en ce dernier cas, on doit tenir la même procédure dont nous avons parlé ci-dessus, partie première, sur les rapports des experts.

La partie condamnée peut encore, en ce dernier cas, avant qu'il ait été passé à aucune procédure, faire les offres d'une somme, auquel cas, si celle réglée par les experts n'excède point celle offerte, les frais du règlement tomberont sur le demandeur.

ARTICLE III.

De la liquidation des fruits.

Lorsqu'une partie a été condamnée envers l'autre, sur une revendication, ou sur une autre action réelle, à lui restituer les fruits de quelque héritage qu'elle a perçus, on doit, en exécution du jugement, procéder à la liquidation de ces fruits devant le juge, ou devant le commissaire de la juridiction où le jugement a été rendu. *Tit.* 30, *art.* 1.

Dans les juridictions où il y a des commissaires-enquê-teurs-examinateurs établis, c'est devant l'un de ces com-missaires qu'on doit procéder à cette liquidation.

Pour y procéder, la partie au profit de laquelle le juge-ment a été rendu assigne la partie condamnée, au domicile de son procureur, à ce qu'elle ait à donner la déclaration, et présenter par-devant le juge-commissaire tous les comptes et papiers de recette et baux qui peuvent appuyer cette dé-claration. Si les héritages étoient affermés, la partie n'est tenue d'employer dans sa déclaration que le prix des fermes, par chaque année, tel qu'il est fixé par les baux qu'il doit à cet effet représenter. *Ibid., art.* 2.

A l'égard des héritages que cette partie faisoit valoir par ses mains, elle doit donner la déclaration de la quantité des fruits qu'ils ont produits par chaque année, ensemble celle des dépenses qu'elle a faites pour les labours, se-mences, frais de récoltes et autres, et compter du prix de ces fruits, sous la déduction des impenses; c'est pour la vé-rification de ces choses qu'elle doit produire tous les comptes et papiers qu'elle peut avoir relativement à ces héritages. *Ibid.*

Si le demandeur passe cette déclaration, le juge ou commissaire en donne acte, liquide et arrête la somme à laquelle monte le prix des fruits, déduction faite des im-penses, conformément à cette déclaration, laquelle somme la partie doit payer dans un mois pour tout délai. *Ibid.*

Lorsqu'il y a contestation sur la déclaration, le commis-saire ne doit pas la juger, il doit renvoyer à l'audience.

Si le demandeur soutient que la quantité des fruits est plus grande que celle portée par la déclaration du défen-deur, les juges, sur cette contestation, permettent aux par-ties de faire preuve, tant par titres que par témoins, de cette quantité. *Ibid., art.* 3.

Si la contestation a pour objet des frais de labours, se-mences, récoltes et autres semblables, que le demandeur prétend être portés par la déclaration à un prix trop haut, les juges doivent ordonner l'estimation par experts, dont les parties conviendront. *Ibid., in fine.*

Si les parties ne conviennent pas sur les fruits, les juges

doivent ordonner que l'appréciation en sera faite par-devant le commissaire, sur les extraits du registre de la valeur des fruits, au greffe le plus proche du lieu où l'héritage est situé. *Ibid.*

Dans tous les cas de contestation, si, par l'évènement de la preuve ordonnée, ou du rapport des experts, ou de l'appréciation, les offres faites par le défendeur se trouvent avoir été suffisantes, le demandeur doit être condamné aux dépens faits depuis les offres; si elles sont insuffisantes, le défendeur y doit être condamné, et ces dépens doivent être liquidés par le jugement. *Ibid., art.* 4 *et* 5.

Dans toutes les villes ou bourgs où il y a marché, les marchands de blé et les mesureurs sont tenus de nommer deux ou trois d'entre eux, qui sont chargés tour à tour, sans être appelés, de comparoir chaque semaine, à certain jour, par-devant le juge de police du lieu, et d'affirmer le prix qu'a valu chaque espèce de grains dans la semaine, laquelle déclaration ou affirmation est inscrite sur un registre destiné pour cet effet. *Ibid., art.* 6 *et* 7.

Le greffier doit délivrer, à tous ceux qui en ont besoin, des extraits de ce registre, et il ne se peut faire payer plus de cinq sous pour l'extrait du prix des quatre saisons de chaque année. *Ibid., art.* 9. C'est sur cet extrait, rapporté par la partie poursuivante, au jour et heure de l'assignation donnée chez le commissaire, que le juge doit faire l'appréciation des fruits de chaque année. Il y procède, tant en présence de l'autre partie qu'en son absence, pourvu qu'elle ait été dûment appelée par acte signifié à son procureur.

Pour apprécier le prix de chaque année d'une espèce de fruits, le juge doit faire un état du prix qu'a valu cette espèce de fruits pendant l'année; *V. G.*, si le blé a valu pendant la première saison 40 sous la mine, pendant la seconde 45 sous, pendant la troisième 43 sous, et pendant la quatrième 50 sous, il doit faire un total de ces quatre sommes, et prendre le quart du total qui fait *le prix commun*, suivant l'*art.* 1 *du tit.* 30, auquel il apprécie le blé pour le total de cette année.

On ne peut faire preuve en justice du prix des fruits

d'une autre manière que par le rapport de ces extraits. *Ibid.*, art. 8.

Observez que celui qui est condamné à restituer les fruits des héritages qu'il a perçus, n'est tenu de restituer en espèce que les fruits de la dernière année; et à l'égard des autres, il n'est tenu de les restituer que sur le pied de cette estimation, à moins qu'il n'ait été autrement ordonné par le juge, ou convenu entre les parties. *Ibid.*, art. 1.

S'il ne livre pas ceux qu'il doit livrer en espèce, il doit être condamné sur le pied du prix le plus cher qu'ils ont valu depuis le commandement qui lui a été fait.

ARTICLE IV.

De la procédure pour la réception des cautions.

On appelle *caution* celui qui accède à l'obligation d'un autre en s'obligeant pour lui, et conjointement avec lui, envers le créancier, à ce à quoi il est obligé.

Il arrive quelquefois qu'une partie est condamnée à payer une certaine somme, à la charge par celui qui la recevra de donner bonne et suffisante caution de la rapporter en certains cas: le jugement doit nommer le juge par-devant lequel la caution sera reçue. *Tit.* 28, *art.* 1.

Cela n'est pas néanmoins nécessaire dans nos juridictions, où il y a un commissaire-examinateur par-devant qui toutes ces instructions se doivent faire.

La partie qui est chargée par le jugement de donner caution doit déclarer, par un acte signifié à sa partie, ou à son procureur, la personne qu'elle présente pour caution. *Ibid.*, art. 2.

Si cette caution n'est pas contestée, la personne nommée pour caution doit faire ses soumissions au greffe. *Ibid.*

Cette soumission est un acte par lequel la personne, comparante au greffe en personne, ou par son procureur fondé de sa procuration spéciale, déclare qu'elle s'oblige, sous les peines ordonnées, à rapporter la somme, au cas que cela soit par la suite ordonné, de laquelle promesse est dressé acte, qu'elle signe.

La caution ayant fait ainsi ses soumissions, la partie peut poursuivre l'exécution du jugement.

Si la partie à qui la caution a été présentée veut la contester, elle le doit signifier par un acte de procureur à procureur.

Une caution peut être valablement contestée pour quelqu'une de ces trois raisons : 1° si elle n'est pas résidente sur le lieu : *Fidejussor enim in judicio sistendi causâ locuples videtur dari, non tantùm ex facultatibus, sed etiam ex conveniendi facilitate. L. 2, ff. qui satisd. cogantur.*

2° Si elle n'est point de qualité à pouvoir s'obliger, comme si c'est un mineur, ou à pouvoir être contrainte par corps, comme si c'est une femme, un ecclésiastique, etc.

3° Si elle n'est pas solvable.

Sur la contestation de la caution, la partie qui veut la faire décider, donne assignation à l'autre par acte de procureur à procureur, donne la déclaration des biens de la caution, et communique les pièces justificatives sur le récépissé du procureur. *Ibid., art. 3.*

Dans les juridictions consulaires, si un marchand notoirement solvable est présenté pour caution, on ne l'oblige pas à donner la déclaration de ses biens. *Arrêt du conseil, du 5 août 1668, pour la conservation de Lyon.*

Sur la première assignation donnée chez le commissaire pour la réception de la caution, le commissaire doit sur-le-champ procéder à la réception, ou au rejet de la caution. Il est défendu aux juges de rendre aucun appointement en droit, ou à mettre, ou de contrariété, sur la solvabilité, ou insolvabilité des cautions; ils en doivent décider par les pièces qui leur sont présentées. *Ibid., art. 3, in fine.*

Lorsque le commissaire trouve que la caution est solvable, et a toutes les qualités que doit avoir une caution, il ordonne qu'elle sera reçue. La partie qui la présente fait signifier alors à l'autre partie, ou à son procureur, l'ordonnance de réception de caution; en conséquence de quoi, la caution fait ses soumissions au greffe. *Ibid., art. 4.*

Si le commissaire juge au contraire que la caution n'a pas les qualités requises, il la rejette.

Quelquefois, lorsqu'il doute de la solvabilité, il ordonne qu'elle sera renforcée par un certificateur, qui fera ses soumissions avec la caution.

Les ordonnances du commissaire, pour la réception, ou rejet de la caution, s'exécutent nonobstant oppositions et appellations, et sans y préjudicier. *Ibid.*, *art.* 5.

Voyez, sur les autres questions qui ont rapport à cet article, notre *Traité des Obligations.*

CHAPITRE II.

Des voies pour contraindre la partie condamnée à exécuter le jugement.

SECTION PREMIÈRE.

De la voie de contraindre une partie à exécuter le jugement qui l'a condamnée à délaisser un héritage.

Lorsqu'une partie a été condamnée envers une autre, par un jugement qui a force de chose jugée, à délaisser quelque héritage, l'ordonnance, au titre 27, prescrit la procédure que doit faire la partie au profit de qui le jugement est rendu, pour contraindre la partie condamnée à l'exécuter.

Elle doit, après la signification du jugement au procureur de la partie condamnée, s'il y en a eu de constitué, le signifier à la partie elle-même, à sa personne, ou à son domicile. *Tit.* 27, *art.* 1 et 2.

La partie condamnée doit, dans la quinzaine de cette signification, délaisser l'héritage, à peine de deux cents livres d'amende, applicable moitié au roi, l'autre moitié à la partie, laquelle amende ne peut être modérée. *Tit.* 27, *art.* 1.

Elle est censée avoir fait le délais lorsqu'elle a laissé l'héritage vacant, et laissé la libre faculté à la partie qui a obtenu le jugement, de s'en mettre en possession.

Après la quinzaine expirée, si la partie condamnée ne satisfait pas au jugement, et se trouve encore occuper l'héritage, le demandeur doit lui faire sommation de le délaisser; et si elle n'obéit pas, il peut, quinzaine après, la faire condamner par corps à délaisser, et en des dommages et intérêts faute de l'avoir délaissé. *Ibid.*, *art.* 5.

Lorsque l'héritage est situé à plus de dix lieues du domicile de la partie, on doit ajouter un jour de délai par dix lieues. *Ibid., art.* 4.

SECTION II.

De la voie de saisie et exécution des meubles, pour contraindre une partie à payer les sommes qu'elle a été condamnée de payer.

ARTICLE PREMIER.

Ce que c'est que saisie et exécution de meubles; en vertu de quels actes on peut exécuter; et pour quelles créances.

§. I. Ce que c'est qu'exécution.

L'exécution de meubles est un acte par lequel un créancier, par le ministère d'un sergent, met sous la main de justice les meubles corporels de son débiteur, pour les vendre, et, sur le prix, être payé de ce qui lui est dû.

La saisie et exécution de meubles diffère de la saisie et arrêt de meubles, en ce que l'une tend à les vendre, l'autre à empêcher les détournements.

§. II. Quels actes sont exécutoires.

Lorsqu'une partie a été condamnée au paiement d'une certaine somme, par un jugement dont il n'y a point d'appel, ou qui est de la nature de ceux qui peuvent s'exécuter nonobstant l'appel, celui au profit de qui il a été rendu peut, après la signification du jugement au procureur de la partie condamnée, et ensuite à la partie condamnée, à personne, ou domicile, procéder contre elle par voie d'exécution.

On peut aussi procéder par voie d'exécution, en vertu d'un rôle d'imposition, contre les personnes qui y sont cotisées, lorsque le juge compétent a mis au bas de son ordonnance qu'il le déclare exécutoire; et pareillement en vertu d'un procès-verbal de vente de meubles faite à l'encan, lorsque le juge l'a pareillement déclaré exécutoire; car ces ordonnances de juges équipollent à des jugements de condamnation contre les personnes cotisées au rôle, ou dénommées adjudicataires.

On peut aussi procéder par voie d'exécution, en vertu des actes par-devant notaires. La raison est qu'autrefois les actes par-devant notaires étoient tels, que le juge, du nom duquel l'acte étoit intitulé, condamnoit, par cet acte, sur la relation du notaire, les parties à l'exécution de leurs conventions portées par cet acte. C'est pourquoi cet acte étoit regardé comme un jugement, à cette différence près, que les jugements sont ordinairement rendus *in invitos,* au lieu que les jugements renfermés dans l'acte par-devant notaires étoient rendus *in volentes;* mais de ce qu'ils sont ainsi rendus, ils n'en doivent avoir que plus de force; de là est venu qu'on a donné aux actes par-devant notaires la même vertu exécutoire qu'aux jugements. Le nom du juge, dont s'intitulent encore ces actes, est un vestige de cette ancienne forme; et, quoiqu'elle ne s'observe plus, l'effet d'être exécutoire leur est toujours demeuré; cela est confirmé par l'ordonnance de 1539, *art.* 65, qui dit en général que les lettres obligatoires, passées sous le sceau royal, seront exécutoires par tout le royaume.

Cela a lieu quand même la partie qui s'est obligée par l'acte ne seroit pas justiciable de la juridiction du juge, du nom duquel cet acte est intitulé, lequel, par cette soumission, qui doit être sous-entendue, a acquis sur elle juridiction de la condamner à l'exécution de ce qu'elle s'est obligée par cet acte, à l'effet seulement qu'il soit exécutoire; car ces soumissions de juridiction, quand même elles seroient expresses, ne sont pas permises, par notre droit, pour toute autre chose.

§. III. Où les actes sont-ils exécutoires?

Les actes par-devant notaires, même par-devant les subalternes, c'est-à-dire, les notaires des seigneurs, sont exécutoires par tout le royaume; l'ordonnance de 1539, *art.* 6, met néanmoins cette restriction à l'égard des subalternes, *pourvu que, au temps de l'obligation, la partie qui s'est obligée soit demeurante au lieu de la juridiction.*

Il est évident que les jugements sont exécutoires dans tout le ressort ou juridiction qui les a rendus; mais, pour qu'un arrêt où jugement soit exécutoire hors du ressort du parlement, ou juridiction où il a été rendu, il faut qu'il soit accompagné d'un *pareatis* du grand sceau qui le rend exécutoire par tout le royaume.

On appelle *pareatis* du grand sceau des lettres obtenues en la chancellerie, par lesquelles le roi mande au premier huissier, ou sergent sur ce requis, de mettre un tel arrêt, ou tel jugement à exécution ; à défaut de *pareatis* du grand sceau, il faut un *pareatis* pris en la chancellerie du parlement dans le ressort duquel on le veut faire exécuter ; ce *pareatis* le rend exécutoire par tout le ressort.

Il suffit même, lorsqu'on ne veut faire exécuter le jugement que dans un seul lieu, de prendre une simple permission du juge du lieu, au bas d'une requête.

Suivant l'édit de Charles IX, de 1564, et la déclaration de 1666, les sentences consulaires s'exécutent par tout le royaume, sans *visa* ni *pareatis*.

Il en est de même des jugements rendus par la conservation de Lyon, suivant l'*art.* 9 de l'édit du mois de juillet 1669.

Mais quoique, suivant l'article 44 de l'édit de 1695, les jugements rendus par les juges d'église soient exécutoires, sans qu'il soit besoin de prendre un *pareatis* des juges royaux, ou de ceux des seigneurs, néanmoins la jurisprudence des arrêts a interprété cet article en ce sens, que les jugements et décrets des juges d'église emportent seulement une *exécution personnelle*, et non pas à l'égard du possessoire, du séquestre, ou d'une saisie-exécution ; c'est ce qui a été jugé par arrêt de la grand'chambre, du 1er décembre 1744, qui a déclaré nulle la saisie-exécution, et la vente des meubles d'un curé, faite en vertu d'une sentence de condamnation rendue par un official, avec défenses à tous huissiers de mettre à exécution les sentences du juge d'église sans permission préalable du juge laïque.

Les jugements rendus, et les actes de notaires passés en pays étrangers, ne peuvent être exécutés dans le royaume. Nous ne connoissons en France d'autre autorité que celle qui émane du roi : celle des juges et notaires étrangers, n'émanant pas du roi, ne peut donner à leurs actes la vertu et le droit d'exécution.

Ces actes ne forment que des engagements privés, et *de simples promesses,* suivant l'*art.* 121 de l'ordonnance de 1629.

§. **IV.** De ce qui est requis pour la forme de l'expédition de actes en vertu desquels on veut exécuter.

Pour pouvoir faire une exécution, en vertu d'un acte exécutoire, il faut, 1° que l'huissier qui l'a fait soit porteur de l'expédition de l'acte en bonne forme; il faut pour cela que l'expédition soit signée du greffier, si c'est un jugement, ou du notaire par-devers qui est la minute, si c'est un acte par-devant notaire.

2° Il faut que l'acte soit scellé.

Il n'est plus néanmoins d'usage aujourd'hui d'apposer aucun sceau aux jugements, ou actes par-devant notaires; il suffit, pour pouvoir exécuter en vertu de ces actes, que le droit de sceau ait été acquitté, et qu'il en soit fait mention sur l'expédition de l'acte en vertu duquel on saisit.

3° Il faut, à l'égard des jugements royaux et des actes par-devant notaires, qu'ils soient expédiés en parchemin timbré. *Edit de* 1580.

Au reste, il suffit à l'égard des premiers qu'il y en ait une première expédition; et à l'égard des actes par-devant notaires, qu'il soit fait mention qu'il y en ait eu une première expédition en parchemin. *Déclaration du* 29 *juillet* 1691. *Voyez* la distinction portée dans l'article 7 de cette déclaration, entre les jugements définitifs et les interlocutoires. Les premiers sont assujettis à la formalité du parchemin timbré, les seconds en sont exempts.

L'usage de ce parchemin n'est pas nécessaire à l'égard des jugements des justices subalternes, ni à l'égard des sentences des consulats où l'usage ne s'en est pas introduit. On peut exécuter en vertu des expéditions, en simple papier timbré, de ces jugements.

4° A l'égard des actes des notaires, il faut qu'ils soient contrôlés, et qu'il soit fait mention du contrôle sur l'expédition; les jugements ne sont point sujets au contrôle.

§. V. Contre qui, et au préjudice de qui les actes sont-ils exécutoires?

L'ordonnance de 1539 avoit permis d'exécuter, tant contre les veuves que contre les héritiers, les titres qui avoient été exécutoires contre le débiteur ; mais Henri II, par sa déclaration du 4 mars 1549, abrogea cette disposition, sur les remontrances des parlements ; et il défendit de mettre les titres à exécution contre les héritiers, sans les avoir fait déclarer exécutoires par un jugement, ou à moins que les héritiers n'y aient eux-mêmes consenti, en passant *titre nouvel*.

De là cette maxime de droit, que *toute exécution cesse par la mort de l'obligé*; ce qui doit s'entendre, non seulement de la mort naturelle, mais aussi de la mort civile, telle que la profession religieuse. *Coutume d'Orléans, art. 433.*

Il en est de même du mariage d'une fille qui s'est obligée envers moi, ou a été condamnée par sentence ; le droit d'exécution que j'avois contre elle cesse, parceque, étant passée sous la puissance de son mari, sa personne est comme éteinte ; elle n'en fait plus, en quelque façon, qu'une avec son mari.

Il est vrai que l'héritier de mon débiteur devient mon débiteur ; le mari de ma débitrice, s'il n'y a séparation de dettes, devient aussi mon débiteur ; mais il faut bien distinguer l'obligation d'avec le droit passif de l'exécution qui en est l'accessoire ; l'obligation du défunt passe à son héritier, celle de la femme à son mari, mais le droit d'exécution passive n'y passe pas : ce droit est personnel à la personne condamnée ou obligée ; c'est pourquoi le créancier pourra bien agir par voie d'action contre l'héritier de son débiteur, contre le mari de sa débitrice ; il pourra même saisir et arrêter les effets de la succession de son débiteur ; mais il ne pourra procéder par la voie d'exécution contre l'héritier de son débiteur, ni contre le mari de sa débitrice, jusqu'à ce que le mari ou cet héritier se soient eux-mêmes obligés à la dette, par acte par-devant notaire, ou qu'il ait obtenu contre eux une sentence de condamnation.

Notre coutume, *art.* 433, apporte une exception à la

règle, que l'exécution cesse par la mort de l'obligé; savoir, lorsque la succession est *jacente*. En ce cas, le créancier doit faire créer un curateur à la succession vacante, contre lequel il procède par voie d'exécution.

Le droit d'exécuter ne cesse pas par la mort du créancier; son héritier et son successeur, soit à titre universel, soit à titre particulier, peut procéder par voie d'exécution, comme le créancier au profit de qui l'obligation a été passée, ou le jugement rendu, l'auroit pu lui-même. De là ce proverbe, *le mort exécute le vif*, mais *le vif n'exécute pas le mort*. Voyez *l'art.* 349 *de l'ancienne coutume d'Orléans.*

§. VI. Pour quelles créances on peut exécuter.

On ne peut procéder par voie d'exécution que pour les créances munies d'un titre exécutoire.

Néanmoins notre coutume, *art.* 406 *et suivants*, permet au seigneur d'hôtel, de métairie, ou de rente foncière, de procéder par voie d'exécution pour trois termes de loyers, ou arrérages de sa rente foncière, sur les meubles qui occupent sa maison ou métairie, par lui données à loyer, ferme, ou rente foncière, et sur les fruits qui sont provenus des héritages en dépendants, quoiqu'il n'ait aucun titre exécutoire contre le locataire, fermier, ou débiteur de la rente foncière.

Quelque titre exécutoire qu'ait un créancier, il ne peut procéder par voie de saisie-exécution que pour une créance certaine et liquide, *tit.* 33, *art.* 2 *de l'ordonnance de* 1667. C'est pourquoi, si quelqu'un a été condamné, *V. G.*, en des dommages et intérêts, celui au profit de qui ce jugement a été rendu ne peut procéder par voie d'exécution, jusqu'à ce que ces dommages et intérêts aient été liquidés et fixés à une somme certaine; *id est appareat quid, quale et quantùm debeatur.* Voyez *la coutume de Paris, art.* 166.

On peut procéder par voie d'exécution, soit que la créance consiste en une somme de deniers, soit qu'elle consiste en une certaine quantité d'espèce, comme de blé, de vin; avec cette différence néanmoins, que le créancier qui a procédé par voie d'exécution, pour une certaine quantité d'espèce qui lui est due, doit surseoir à la vente jusqu'à ce qu'il ait fait faire l'appréciation. *Art. 2 du tit.* 33.

ARTICLE II.

Quelles choses peuvent, ou ne peuvent pas être saisies par voie d'exécution.

On peut saisir ou prendre par exécution, tous les meubles corporels du débiteur.

Quoique les fruits pendants par les racines soient réputés immeubles dans la plupart des coutumes, néanmoins comme ils doivent devenir meubles par la perception qui s'en fera, on les saisit comme on saisit les meubles.

La règle qui permet au créancier de saisir-exécuter tous les meubles de son débiteur, reçoit exception à l'égard de certains meubles.

1° Les chevaux, bœufs et autres bêtes de labour, les charrues, charrettes et autres ustensiles servant à la culture des terres, ne peuvent être saisis, même pour les propres deniers du roi, ni par aucun créancier, si ce n'est pour le prix de la vente qui en auroit été faite, ou pour la somme qui auroit été prêtée pour les acheter, ou pour les fermes de métairie par le maître. *Tit.* 33, *art.* 16.

L'édit du mois d'octobre 1715 a apporté quelque changement à cette règle, en permettant de saisir une partie des bestiaux pour le paiement des deniers royaux.

2° Les moulins, métiers, ustensiles servant aux manufactures de soie, laine, fil et coton, ne peuvent être saisis sur les maîtres, ou ouvriers, si ce n'est pour le prix de ces ustensiles, ou pour les loyers de la maison où ils se trouvent. *Déclaration du 19 août* 1704.

3° On ne peut saisir les choses exposées sur les étaux des boucheries d'Orléans, si ce n'est pour deniers royaux. *Statuts, art.* 14.

4° On ne peut saisir l'habit dont le débiteur est couvert; on lui doit aussi laisser un lit, une vache, trois brebis ou deux chèvres, si ce n'est que la saisie fût faite pour le prix de ces animaux. *Ordonnance de* 1667, *tit.* 33, *art.* 14.

L'usage a été, en ce siège, de cette disposition, la

créance des loyers de maisons, et fermes de métairies ; on tient que le seigneur d'hôtel, ou celui qui est en son lieu, n'est pas obligé de laisser à son locataire un lit, ni le seigneur de métairie de laisser à son fermier un lit, des vaches, ni autres animaux.

L'ordonnance veut qu'on laisse un lit ; quelquefois, selon les circonstances, on en laisse plusieurs, un pour le débiteur et sa femme, un pour ses enfants mâles, un pour ses filles. Doit-on lui laisser la housse, et le tour du lit ? Cela dépend des circonstances, tirées de la qualité du saisi, et du prix de la housse, et de la qualité et valeur des effets saisis.

Il paroît que l'usage du châtelet de Paris est de ne comprendre dans la réserve du lit que le *coucher*, c'est-à-dire, les couvertures, draps, traversins, matelas, lits de plume, paillasses et bois de lit : le surplus n'y est pas compris. *Voyez les notes sur l'acte de notoriété du 4 avril 1693, dans le Recueil de Denizart.*

5° On ne peut saisir sur les personnes constituées aux ordres sacrés, leurs meubles qui sont destinés au service divin, ou qui servent à leur usage nécessaire. On doit aussi leur laisser leurs livres, jusqu'à concurrence de cent cinquante liv. *Art. 15 du tit. 33. Voyez l'ordonnance d'Orléans, art. 22, et celle de Blois, art. 57.*

6° On ne peut pareillement saisir sur les officiers militaires leurs armes et bagages nécessaires, si ce n'est à la requête de ceux qui les ont vendus ; on doit leur laisser un certain nombre de chevaux. *Ordonnance de 1629, art. 195.*

On ne peut saisir les ornements, vases et autres choses servant à une chapelle domestique : mais ce n'est pas une exception à notre principe ; c'est que ces choses, étant consacrées au service de Dieu, ne sont pas dans le commerce, et ne sont pas possédées proprement par elles-mêmes : de là vient que l'héritier mobilier n'y succède point, et qu'elles passent comme la chapelle, à laquelle elles servent, à la personne à qui passe l'héritage dont la chapelle fait partie.

ARTICLE III.
Du commandement qui doit précéder la saisie et exécution.

Il faut, pour parvenir à exécuter les meubles de son débiteur, l'avoir mis auparavant en demeure de payer. Il faut, pour cela, après la signification qui lui doit être faite, à personne ou à domicile, du jugement, ou autre acte en vertu duquel on veut exécuter, lui faire un commandement de payer. Ce commandement peut se faire, ou par le même acte que la signification du titre, ou par acte séparé *ex intervallo.*

Ce commandement se fait comme les exploits d'ajournement, à personne ou domicile du débiteur. *Ordonn. de* 1539, *art.* 74 *et* 75. Il doit contenir les formalités, tant intrinsèques qu'extrinsèques, des autres exploits; l'huissier qui fait le commandement doit être porteur du titre exécutoire, et en donner copie au débiteur.

Cet huissier a la qualité pour recevoir la somme portée par le commandement. Le débiteur qui la lui paie, paie valablement, et est pleinement libéré envers le créancier sur la quittance de l'huissier, quand même l'huissier seroit insolvable, et que le créancier ne pourroit pas retirer la somme que son huissier auroit reçue.

En cela, l'exploit de commandement diffère de l'exploit d'assignation, dans lequel l'huissier n'a pas le droit de recevoir la somme demandée.

Le commandement, outre l'effet qu'il a de constituer en demeure le débiteur, en a encore un autre qui est d'interrompre la prescription de la créance; et, en cela, il est encore différent de l'assignation qui tombe en péremption par le laps de trois ans, s'il n'est suivi d'aucunes procédures, et étant tombé en péremption il n'a plus aucun effet, et ne peut plus par conséquent interrompre la prescription; au lieu que le commandement ne tombe pas en péremption (acte de notoriété du châtelet, du 25 juillet 1707, dans le Recueil de Denizart). La raison de différence est que l'exploit d'assignation forme une instance, qu'il en est le premier acte introductif, et par conséquent il est sujet à ce qui a été réglé pour la péremption des instances.

C'est une question si on doit laisser un intervalle de temps entre le commandement et la saisie. M. Rousseau incline pour l'affirmative ; nous pratiquons à Orléans le contraire , afin que le commandement ne serve pas d'avertissement au débiteur pour détourner ses meubles et éluder la saisie.

Lorsqu'il s'agit de la perception des droits du roi , il faut laisser huit jours entre le commandement et la saisie, suivant la déclaration du 11 février 1688 ; mais c'est un droit particulier qui ne doit pas s'étendre hors ce cas ; et les dispositions de l'article 95 de l'ordonnance de 1539 , qui prescrivent un délai de trois jours entre le commandement et la saisie-exécution , ne sont pas suivies.

ARTICLE IV.

Où , et en quel temps se peut faire la saisie-exécution ; et des formalités de l'exploit de saisie.

§. I. Où peut-on saisir?

Un créancier peut saisir les meubles de son débiteur partout où il les trouve, soit en ville, soit en campagne, soit dans les champs, soit dans les chemins.

Observez néanmoins que les saisies qui se font sur les chemins ne doivent pas se faire d'une manière injurieuse au débiteur; c'est pourquoi, par un arrêt du 9 juillet 1571, rapporté par Chenu, sur Papon, *liv.* 18, *tit.* 5, *n°* 27, on déclara nulle et injurieuse une saisie d'un cheval faite dans la rue, parceque le sergent en avoit fait descendre publiquement la personne sur qui il l'avoit saisi, qui étoit une personne de qualité. Bruneau, *Traité des Criées, pag.* 75, rapporte aussi avoir vu juger qu'on n'avoit pas pu saisir le carrosse d'un duc, lui étant dedans.

Observez, 2° que la saisie de marchandises pour la provision de Paris, soit sur les chemins, soit sur le lieu du chargement, n'en doit point retarder le voyage, ni empêcher qu'elles ne soient conduites, à la garde des gardiens établis à la saisie, pour y être vendues sur les ports, quand elles y seront arrivées. *Édit de décembre* 1672, §. 2, *art.* 10.

La même chose est ordonnée à l'égard des marchandises chargées dans les bateaux sur la rivière de Loire; la saisie ne doit pas empêcher qu'elles ne soient conduites à la garde des gardiens, au lieu de leur destination. *Déclaration du 24 avril 1703.*

Lorsque les meubles d'un débiteur sont en la maison d'un tiers, le créancier ne peut pas les saisir et exécuter; il n'a que la voie de les y arrêter, et de l'assigner, pour qu'il en fasse la délivrance.

§. II. Dans quel temps on peut saisir.

L'huissier ne peut se transporter dans une maison que de jour, pour y faire un exploit de saisie; car c'est une règle commune à tous les exploits, qu'ils ne peuvent se faire après le soleil couché.

Si les meubles du débiteur étoient rencontrés de nuit dans une rue ou dans un chemin, ils ne pourroient y être saisis.

L'exploit de saisie ne peut aussi se faire, non plus que les autres exploits, un jour de dimanche ou fête fêtée par le peuple, si ce n'est en cas de détournements, et lorsque les effets sont rencontrés dans un chemin.

§. III. Des formalités de la saisie.

L'huissier, pour saisir les meubles qui sont en la maison du débiteur, doit se transporter en cette maison.

La porte ayant été ouverte à l'huissier, il doit, avant d'entrer dans la maison, appeler deux voisins pour être présents à la saisie, et leur faire signer l'exploit de saisie, ou faire mention qu'ils n'ont pu ou voulu signer, *tit. 33, art. 4,* ou qu'ils n'ont pas voulu être présents.

S'il n'y a point de voisins sur le lieu, l'huissier doit le déclarer par l'exploit, et le faire parapher par le plus prochain juge, incontinent après la saisie. *Ibid.*

L'huissier, outre les deux voisins qu'il est tenu d'appeler pour assister à la saisie, doit encore se faire assister de deux recors pour cet exploit de saisie, *ibid.;* mais la formalité des recors a été abrogée par la déclaration du 21 mars 1671, rapportée ci-dessus, quoique, dans l'usage, on l'observe encore dans les exploits de saisie mobilière.

Lorsque l'huissier ne trouve personne pour lui ouvrir la

porte, ou que ceux qui sont dans la maison refusent de lui ouvrir, il en doit dresser son procès-verbal, et le présenter au juge du lieu; le juge rend alors son ordonnance au bas de ce procès-verbal, par laquelle il permet à l'huissier de faire ouvrir la porte par un serrurier, et *nomme deux personnes pour être présentes à l'ouverture* qui s'en fera, et à la saisie. *Ibid.*, art. 5.

L'huissier, muni de cette ordonnance, retourne ensuite à la maison, assisté d'un serrurier et des deux personnes; il fait faire l'ouverture des portes, et procède à la saisie, et du tout dresse procès-verbal, qu'il fait signer par ces deux personnes.

Si les gens empêchent par violence l'huissier de procéder à la saisie, il doit en dresser son procès-verbal de rébellion, et se retirer par-devant le juge, lequel, au bas, rend son ordonnance par laquelle il permet à l'huissier de se faire assister par des archers en nombre suffisant pour que la force demeure à justice.

L'exploit ou procès-verbal de saisie que fait l'huissier, doit contenir, 1° une *description par le menu et en détail* de tous les effets saisis. *Ibid.*, art. 6.

2° Il doit contenir toutes les formalités requises dans les autres exploits (à l'exception néanmoins de la constitution de procureur), *ibid.*, art. 3, telles que sont : la mention du nom, surnom, demeure et matricule de l'huissier; la mention de la demeure et de la qualité de la partie à la requête de qui se fait la saisie; la mention de la personne à qui la copie a été laissée.

3° Outre la date du jour, mois et an, cet exploit doit encore faire mention si c'est avant ou après midi que se fait la saisie. *Ibid.*, art. 4.

4° L'exploit de saisie doit contenir une élection de domicile faite par le saisissant, dans la ville, bourg ou village, où se fait la saisie; si elle se fait à la campagne, cette élection doit se faire au village ou en la ville la plus proche. *Ibid.*, art. 1.

La raison de cette élection de domicile est afin que la partie saisie et les opposants puissent signifier au saisissant, à ce domicile, leurs oppositions, et y faire tous les actes, significations et assignations qu'ils jugeront à propos.

Cette règle reçoit exception à l'égard des saisies faites pour les deniers du roi, pour lesquelles le saisissant n'est pas tenu de faire autre élection de domicile que son bureau. *Edit de mars* 1668, *art.* 2.

5° L'exploit de saisie doit contenir le nom et domicile du gardien établi à la saisie. *Ordonn. de* 1667, *tit.* 33, *art.* 8.

6° Il doit être laissé sur-le-champ copie au saisi de l'exploit de saisie, laquelle copie doit être signée des mêmes personnes qui ont signé l'original. *Ibid., art.* 7.

Lorsque la saisie est faite sur plusieurs personnes, il faut laisser une copie à chacune de ces personnes; cette copie doit être laissée à la personne du saisi, ou à son domicile, quand même elle auroit été faite ailleurs qu'à son domicile, *putà*, dans un magasin, ou sur un chemin.

S'il n'y avoit personne en la maison du saisi à qui cette copie pût être laissée, il faudroit l'attacher à la porte, et observer à cet égard ce qui est prescrit pour les exploits d'ajournement. Toutes ces formalités sont requises, à peine de nullité, et à peine par l'huissier d'être tenu des dommages et intérêts des parties. *Ibid., art.* 19.

On doit aussi donner copie de la saisie au gardien qui y est établi; car il doit connoître les choses dont il est chargé.

Lorsqu'on saisit des fruits pendants par les racines, le sergent qui fait cette saisie doit, pour cet effet, se transporter sur l'héritage où ils sont pendants, et désigner par tenants, sur son procès-verbal de saisie, les différentes pièces d'héritage et la nature des fruits qui y sont pendants, ainsi que la personne du commissaire qu'il y établit. Le procès-verbal doit, au surplus, être revêtu de toutes les formalités expliquées ci-dessus pour les autres saisies, et il en doit être donné copie tant au commissaire qu'à la partie saisie, avec assignation à cette partie pour voir ordonner l'adjudication en justice des fruits saisis.

Cette assignation est particulière à la saisie des fruits pendants par les racines; dans la saisie des simples meubles, il n'y a point de pareille assignation, l'huissier pouvant vendre, après la huitaine, sur une ordonnance du juge, les effets saisis, s'il n'y a point d'opposition de la part du débiteur.

Quelquefois on ne procède pas à l'adjudication des fruits,

et le commissaire en fait la récolte; ce qui arrive quand il n'y a pas un temps suffisant, depuis la saisie jusqu'à la récolte, pour faire l'adjudication; il est évident qu'en ce cas il ne faut point d'assignation.

Au reste, l'usage est de ne point faire les saisies de fruits pour les blés avant la Saint-Barnabé, et pour les vignes avant la Magdeleine.

ARTICLE V.

Des gardiens et dépositaires des choses saisies.

§. I. Ce que c'est que gardien et dépositaire; et leur différence.

Le gardien est celui qui est préposé par l'huissier, de la part du saisissant, à la garde des choses saisies.

On peut en établir un, ou plusieurs, lorsqu'un seul ne seroit pas suffisant pour cette garde.

Lorsqu'on établit plusieurs gardiens, on les appelle *garnison*.

Le *dépositaire* des effets saisis est celui qui est présenté par le saisi, et qui, pour lui faire plaisir et éviter les frais, se charge volontairement et gratuitement de la garde des effets saisis.

Il suit de ces définitions, qu'il y a trois principales différences entre un gardien et un dépositaire.

La première est que l'office du dépositaire est un office d'amitié et gratuit, au lieu que l'office de gardien est un office nécessaire, pour lequel il est dû au gardien un salaire qu'il se fait taxer par chacun jour qu'il a vaqué à la garde; cette somme est laissée à la discrétion du juge; le juge écrit cette taxe au bas de l'acte de commission du gardien.

La seconde est que l'office de dépositaire est un office volontaire, il se charge volontairement; au contraire, l'office de gardien est une espèce de fonction publique; c'est pourquoi, si la personne que l'huissier veut établir gardien refuse de l'accepter, l'huissier doit l'assigner devant le juge, qui la condamnera à se charger de la garde, si elle n'a quelque cause d'excuse qui l'en exempte.

Ces excuses sont fondées, ou sur la qualité des personnes, ou sur l'état, ou sur l'âge et les infirmités.

Un ecclésiastique, un gentilhomme, un officier de judicature, un avocat, ne peuvent être contraints d'être gardiens; l'âge de soixante-dix ans accomplis, et les infirmités du corps, sont aussi une excuse. *Argument tiré de la loi* 2, §. 1, *ff. de Vacat. et Excus. munerum, et de la loi dernière, Cod. qui ætate vel profess. se excus.*

Il a été jugé, par un arrêt du 13 décembre 1614, rapporté par Tronçon, en son *Traité du Droit françois, tit.* 16, *art.* 350, *verbo Commissaires*, que le nombre de cinq enfants n'exemptoit pas de cette charge, parceque cette fonction n'est que passagère.

La troisième différence entre le gardien et le dépositaire, est que le gardien est préposé par l'huissier, de la part du saisissant, au lieu que le dépositaire est offert par le saisi.

De là il suit : 1° que, suivant le principe de droit, suivant lequel chacun est responsable des faits de son préposé, dans ce qui concerne l'affaire pour laquelle il a été préposé, l'huissier qui a préposé le gardien est responsable envers le saisi des faits de ce gardien, au cas que par sa faute il ne représentât pas les effets saisis. *Coquille, question* 313.

2° Que le saisissant en doit être responsable envers le saisi, car c'est de sa part qu'il a été préposé; il est censé l'avoir préposé lui-même, par le ministère de son huissier. C'est par cette raison que, par arrêt du 4 septembre 1766, rapporté par Denizart, *verbo Gardien,* il a été jugé que le saisissant étoit responsable du gardien pendant trente ans, de manière que la partie saisie pouvoit s'adresser au saisissant, sans que ce dernier pût le renvoyer au gardien.

Au contraire, le dépositaire étant offert et choisi par le saisi, celui-ci n'est pas recevable à vouloir rendre responsable l'huissier, ni le saisissant, des faits du dépositaire, parceque ce n'est point par leur choix, mais par celui du saisi, que la garde lui a été confiée.

A ces différences près, les charges du dépositaire et du gardien sont semblables, et leurs obligations sont les mêmes.

§. II. Quelles personnes peuvent, ou ne peuvent pas être gardiens et dépositaires.

L'ordonnance, *tit.* 19, *art* 13, défend aux huissiers d'établir pour gardiens aux saisies : 1° le saisi, sa femme, ses enfants ou petits-enfants; car, la saisie consistant à ôter les choses saisies des mains du saisi, pour les faire passer dans celles de la justice, il est contre la nature de la saisie de les laisser entre les mains du saisi ou des personnes qui sont comme d'autres lui-même.

La peine de l'huissier, pour la contravention à cette disposition, est qu'il soit tenu des dommages et intérêts du saisissant. *Ibid.*

2° Par la même raison, les domestiques du saisi ne doivent pas être établis pour gardiens; car ce seroit les laisser entre les mains du saisi, que de les laisser à la garde des personnes sur lesquelles il a le droit de commander. *Chenu rapporte un arrêt du 8 février 1590, qui l'a jugé ainsi.*

L'ordonnance de Blois va même plus loin; car, en l'article 106, elle défend d'établir pour commissaire aux biens du seigneur, son laboureur, quoique le saisi ait moins d'autorité sur son laboureur que sur son domestique; cette disposition est limitée dans l'usage, au cas auquel le seigneur saisi réside sur le lieu où sont les biens saisis, et le laboureur.

Il y a une seconde raison, pour laquelle la femme, les enfants et les gens qui sont au service du saisi, ne doivent pas être établis gardiens, qui se tire de l'intérêt qu'ont ces personnes à n'être pas chargées d'une fonction que leur proximité avec le saisi les met hors d'état de remplir, en ne leur donnant pas la liberté de s'opposer aux détournements qu'il voudroit faire.

3° Par une raison semblable à la dernière que nous venons de rapporter, les frères, neveux et oncles du saisi ne peuvent être établis gardiens, *ibid.*, *art.* 14; mais comme cette différence n'est fondée que sur les propres intérêts, et que *volenti non fit injuria*, ils peuvent être établis gardiens, s'ils y consentent expressément par le procès-verbal de saisie, qu'ils l'aient signé, ou déclaré ne pouvoir signer; cette restriction est exprimée dans le même article que je viens de citer.

Il y a donc cette différence entre les parents et les personnes mentionnées ci-dessus, que celles-ci ne peuvent être gardiens, quand même ils y consentiroient, au lieu que les autres le peuvent être, s'ils y consentent expressément.

4° Il est défendu aux huissiers d'établir pour gardiens aucuns de leurs parents ou alliés, *ibid.*, *art.* 13; à plus forte raison, l'huissier ne peut s'établir lui-même gardien; cela est défendu par une ordonnance de Philippe de Valois, de l'année 1338, et une autre de Charles VI, de 1408, qu'on trouve dans le style du parlement, *partie 3.*

Il ne peut pas non plus établir pour gardien son domestique; c'est comme s'il s'établissoit lui-même : cela a été ainsi ordonné pour empêcher les fraudes qui pourroient se commettre.

Denizart, *verbo Gardien*, *n*° 7, rapporte un arrêt du 17 septembre 1729, en vacations, qui a fait défenses aux procureurs de se rendre gardiens des choses saisies sur les parties adverses de leurs clients, lorsqu'ils auront occupé dans la cause. *Argument de l'art.* 132 *de l'ordonnance de Blois.*

Mais rien n'empêche que l'huissier ne puisse établir pour gardien son recors dans une saisie mobiliaire, parceque ce recors n'est pas partie nécessaire dans cet exploit, depuis l'édit du contrôle du mois d'août 1669, que nous avons déja cité.

5° Le saisissant ne peut pas être établi pour gardien, car ce seroit en quelque façon se faire justice par soi-même; mais rien n'empêche que les parents ou alliés du saisissant ne puissent être établis gardiens; quoiqu'un créancier opposant à la saisie soit en quelque façon saisissant, néanmoins rien n'empêche qu'il ne puisse être établi gardien.

6° On ne peut établir pour gardiens que des personnes en état de répondre des effets commis à leur garde, et qui puissent y être facilement contraintes par les voies usitées en pareil cas; d'où il suit qu'on ne peut établir pour gardiens : 1° des personnes insolvables.

2° Des non domiciliés sur le lieu; car il seroit trop difficile de les contraindre.

3° Des mineurs, car ils ne peuvent s'obliger.

4° Des ecclésiastiques, car ils ne sont pas sujets à la contrainte par corps, qui a lieu pour contraindre les gardiens à la représentation des effets saisis.

5° Enfin, des femmes, par la même raison, et parceque c'est *officium civile*, dont elles sont incapables.

Observez que si un huissier avoit établi pour gardien une personne prohibée par l'ordonnance, ou de l'une des qualités dont je viens de parler, ignorant de bonne foi la qualité de cette personne; *V. G.*, si cette personne avoit déclaré à l'huissier n'être parent, allié, ni domestique du saisi, alors il y a lieu de croire que cet huissier ne seroit point tenu d'aucuns dommages et intérêts envers le saisissant; ce qui doit dépendre, au surplus, des circonstances.

§. III. De l'acte d'établissement des gardiens.

L'huissier établit le gardien par un acte par lequel il déclare qu'il a commis un tel à la garde des effets saisis, par exploit de cejourd'hui. Cet acte est signé par cet huissier et par le gardien; ou bien il est fait mention que le gardien ne sait signer.

L'huissier ayant établi le gardien à la saisie, doit le mettre en possession des effets saisis, s'il le requiert, *tit.* 19, *art.* 15, et même les déplacer à cet effet, et les faire conduire en la maison du gardien, s'ils ne peuvent pas se garder sûrement sans cela; ou bien le gardien doit demeurer dans la maison du saisi pour les garder, et on doit lui remettre à cet effet les clefs des coffres et armoires où sont toutes les choses saisies.

Celui qui, par violence, empêcheroit l'établissement du gardien, ou enlèveroit les effets saisis, doit être condamné en cent livres d'amende envers le roi, et au double de la valeur des effets envers la partie, sans préjudice des poursuites extraordinaires. *Ibid., art.* 17.

§. IV. Des obligations des gardiens.

Les gardiens sont obligés à garder exactement les effets commis à leur garde, à les représenter, soit au saisissant, soit à son huissier, lorsqu'il voudra procéder à la vente, soit au saisi, s'il a obtenu main-levée de la saisie; s'il en a

14. 15

perdu quelques-uns, ou qu'ils aient été détournés par sa
faute, il est responsable du dommage, soit envers les créanciers saisissants et opposants, soit envers le saisi.

Si les effets ont été détournés par le saisi, ou c'est par
la faute du gardien, qui n'a pas vaqué à la garde, et il en
est responsable envers les créanciers, sauf son recours
contre le saisi; ou le saisi les a enlevés par violence, et
alors il n'en est pas responsable; il doit seulement en faire
dresser procès verbal.

Il est très expressément défendu aux gardiens de se servir des choses saisies pour leur usage particulier, ou de les
louer à d'autres, à peine de privation de leurs frais de garde,
et des dommages et intérêts des parties. *Tit. 33, art. 9.*

Si le gardien a été établi à la garde de bestiaux qui produisent quelque profit ou revenu, il doit en rendre compte,
soit aux créanciers, soit au saisi, *art.* 10. Cet article doit
s'entendre du croît des bestiaux et des laines des moutons;
car, à l'égard du lait, on doit le laisser aux parties saisies,
suivant l'édit du mois de décembre 1674; si le gardien ne
l'avoit pas laissé à la partie saisie, il devroit lui en tenir
compte sur les frais de garde.

S'il y a quelques dépenses à faire pour la garde des effets,
V. G., pour la nourriture des bestiaux saisis, le saisissant doit
remettre au gardien, à la première réquisition, des deniers
suffisants pour frayer à cette dépense, sinon il doit être déchargé de la garde, ainsi qu'il a été jugé par sentence du
présidial d'Orléans, du 23 mars 1744, citée par M. Jousse,
en ses notes sur l'*art.* 10 *du tit.* 33.

Lorsqu'on a saisi tous les effets d'une métairie, les chevaux, bestiaux, les grains, fruits, etc., le gardien peut employer à la nourriture des bestiaux les grains et les fruits
saisis, comme il est d'usage de les y employer.

Le gardien est contraignable par corps pour la représentation des effets commis à sa garde. *Tit. 34, art. 4.*

§. V. De la garde des gardiens, et de leur salaire.

Il est évident que le gardien est déchargé de sa garde
lorsque le saisi a eu main-levée, ou lorsqu'il a remis les
effets saisis à l'huissier, ou au saisissant, pour les vendre.

Si la vente a été retardée par des oppositions formées à la saisie, deux mois après que les oppositions ont été jugées, par un jugement dont il n'y a point d'appel, ou qui s'exécute nonobstant l'appel, le gardien est déchargé de plein droit, sans qu'il soit besoin qu'il obtienne une sentence de décharge. *Tit.* 19, *art.* 20.

Quoique les oppositions n'aient pas été jugées, le gardien est déchargé de plein droit, sans qu'il soit besoin qu'il obtienne une sentence de décharge après un an, à compter du jour de sa commission. *Ibid.*, *art.* 22. La négligence du saisissant de les faire juger ne doit pas prolonger le temps de sa garde au-delà des justes bornes.

Le gardien déchargé de la garde des manières ci-dessus expliquées, n'est pas pour cela déchargé du compte qu'il doit des effets saisis, soit au saisissant et créancier, soit au saisi.

Le gardien doit faire taxer ses salaires par le juge, au bas de sa commission; il a action, pour en être payé, contre l'huissier qui l'a établi, et contre le saisissant, à la requête de qui il est établi : l'huissier en doit être acquitté par le saisissant, ou par la partie saisie.

Le gardien a un privilége pour les frais de garde sur le prix des effets saisis.

Chacune des parties intéressées peut former opposition à la taxe du juge. Les moyens d'oppositions sont fondés, ou sur l'excès de la taxe, ou sur ce qu'on prétendroit que le gardien n'a pas vaqué; si le fait est allégué, le juge en doit permettre la preuve sommairement par enquête.

§. VI. Des commissaires aux fruits saisis.

On appelle commissaire celui qui est établi aux saisies des fruits pendants par les racines, et qui est chargé de les faire récolter et serrer. Le commissaire est une espèce de gardien; ainsi, ce que nous avons dit à l'égard des gardiens doit avoir lieu pour les commissaires.

Comme cette régie des fruits est coûteuse, elle donne lieu à des comptes et à des discussions; le poursuivant prend pour l'ordinaire le parti de poursuivre, en justice, l'adjudication des fruits pendants par les racines; le commissaire n'est donc chargé d'en faire la récolte que dans le cas où le temps instant de la récolte n'a pas laissé le temps de poursuivre l'adjudication des fruits, ou lorsque l'adjudication ayant été poursuivie, il ne s'est point trouvé d'enchérisseurs.

ARTICLE VI.

Des oppositions aux saisies.

§. I. De l'opposition du saisi.

Celui sur qui la saisie est faite peut y former opposition et l'attaquer, ou dans le fond, ou dans la forme, ou dans l'une et l'autre ensemble.

Dans le fond, en soutenant que le saisissant n'a pas eu droit de saisir-exécuter, soit parcequ'il ne lui est rien dû, soit parceque sa créance n'est pas liquidée, ou soit parcequ'elle n'est pas appuyée d'un titre exécutoire, qui donne le droit de saisir.

Dans la forme, en soutenant quelques défauts de procédure dans la saisie, qui la doit faire déclarer nulle.

L'opposition à la saisie, de la part du saisi, se signifie au saisissant, ou à son vrai domicile, ou à celui qu'il a élu par la saisie.

Cette opposition n'empêche pas que la saisie ne subsiste; mais elle en arrête la suite, et empêche le saisissant de procéder à la vente des effets saisis, jusqu'à ce qu'il soit statué sur l'opposition. Comme l'opposition, jusqu'à ce qu'il y soit statué, n'empêche pas la saisie de subsister, le saisi, pour avoir main-levée de la saisie, doit assigner le saisissant devant le juge, pour être fait droit sur l'opposition; ce qui forme une instance entre le saisi et le saisissant.

Si le saisi se contente d'avoir formé une simple opposition, et n'assigne pas le saisissant pour avoir main-levée de la saisie, le saisissant qui a intérêt de faire statuer sur cette opposition, pour pouvoir suivre la saisie, et procéder à la vente, peut prévenir le saisi et l'assigner devant son juge, aux fins qu'il soit débouté de son opposition, et qu'il soit ordonné que la saisie sera suivie.

Si le saisi, sur l'opposition, établit qu'il ne devoit rien au saisissant, il doit avoir main-levée de la saisie, avec dom-

mages et intérêts; s'il obtient main-levée pour défaut de
forme, on ne lui donne point de dommages et intérêts.

§. II. De l'opposition des créanciers.

Lorsqu'un créancier a saisi les effets de son débiteur, les
autres créanciers peuvent y former opposition.

Cette opposition se fait par un huissier, par un acte revêtu
des formalités des autres exploits, et se signifie à l'huissier
qui a fait la saisie, et au saisissant au domicile par lui élu.
L'huissier qui a fait la saisie peut aussi la recevoir par son
procès-verbal de saisie.

Cette opposition de la part des créanciers a pour fin d'être
payés sur le prix des effets saisis, soit par privilége, s'ils
sont privilégiés, soit par concurrence, soit du moins pour
être payés sur ce qui restera après que le saisissant aura été
payé, au cas que ce saisissant eût droit d'être payé préférablement aux opposants. De là il résulte que les créanciers
opposants deviennent en quelque façon saisissants; d'où il
suit, 1° que bien loin que leur opposition arrête le cours
de la saisie, au contraire, si le saisissant tardoit, après le
temps préfix de l'ordonnance, à procéder à la vente, l'un
des créanciers opposants seroit fondé à l'assigner, pour voir
dire qu'il seroit tenu de le faire, et que, faute par lui de le
faire, dans un bref délai, le demandeur seroit subrogé à la
saisie en le remboursant de ses frais, pour quoi le saisissant
seroit tenu de lui remettre l'exploit de la saisie, pour, sur
cet exploit, être par l'opposant, comme subrogé, procédé
à la vente des effets.

De là il suit, 2° que le saisissant ne peut faire cesser la
saisie au préjudice des opposants, par la main-levée qu'il
en donneroit à son débiteur; cette main-levée n'empêche
pas que la saisie ne subsiste au respect des opposants qui
peuvent s'y faire subroger.

De là il suit, 3° qu'on doit appeler les opposants à la
vente des effets saisis; et Denizart, *verbo Vente de meubles*,
rapporte un arrêt du 19 décembre 1727, qui a déclaré nulle
une vente de meubles faite à la requête du propriétaire
d'une maison, faute de paiement des loyers, parcequ'un
opposant à cette vente n'avoit pas été sommé de s'y trou-

ver, et d'y faire trouver des enchérisseurs. L'arrêt a même condamné le saisissant à représenter les meubles saisis, pour être vendus à ses frais, si mieux il n'aimoit payer les causes de l'opposition.

De là il suit, 4° que le débiteur saisi qui s'oppose à la saisie pour la faire déclarer nulle, doit faire statuer sur son opposition, non seulement avec le saisissant, mais avec les créanciers opposants; car autrement cette sentence n'ayant point d'effet vis-à-vis des opposants, elle ne lui procureroit pas une pleine main-levée des effets saisis.

Observez que, lorsque le débiteur saisi plaide contre le créancier saisissant, et les opposants, pour faire déclarer nulle la saisie, et dans toutes les autres causes où les créanciers opposants ont différents procureurs, les significations doivent se faire seulement à l'ancien de ces procureurs, et étant faites à lui, elles sont réputées faites à tous les opposants; le procureur ancien doit seulement donner avis de la signification qui lui est faite, pour qu'ils en prennent, si bon leur semble, communication par ses mains.

Observez encore que, lorsque, sur l'opposition du saisi, la saisie est déclarée nulle, cette nullité fait tomber toutes les oppositions; car ces oppositions étant accessoires de la saisie, il est nécessaire qu'elles tombent avec la saisie.

§. III. De l'opposition du seigneur d'hôtel, ou de métairie.

Le seigneur d'hôtel, ou de métairie, a droit de s'opposer à la saisie qu'un créancier de ses locataires, ou fermiers, a faite des meubles qui exploitent son hôtel, ou métairie, et d'en faire prononcer la main-levée; si mieux n'aime le créancier saisissant se charger envers le seigneur d'hôtel, ou de métairie, de l'entretien et de toutes les obligations du bail, non seulement pour ce qui est échu, mais pour ce qui est à échoir jusqu'à la fin du bail, et de lui en donner à cet effet bonne et suffisante caution.

Le fondement de cette opposition est que les meubles qui exploitent l'hôtel, ou la métairie, servent de nantissement au seigneur pour toutes les obligations du bail; d'où il suit qu'il est en droit d'empêcher qu'aucun autre créancier ne les en déplace, en les faisant saisir et vendre, au préjudice de ce nantissement, à moins qu'il ne lui donne une entière sûreté pour toutes les obligations du bail.

Le créancier assigné par le seigneur d'hôtel, ou de métairie, pour être statué sur cette opposition, doit donc se charger du bail, et donner caution, ou laisser prononcer la main-levée de la saisie.

§. IV. Des oppositions à fin de récréance.

L'opposition à fin de récréance est celle qui est formée par celui qui se prétend propriétaire de quelques-uns des effets saisis, aux fins que ces effets soient distraits de la saisie, et lui soient rendus.

Il est évident que cette opposition doit empêcher qu'il ne puisse être passé à la vente de l'effet réclamé, jusqu'à ce qu'il y soit statué.

Notre coutume d'Orléans, *art.* 456, veut que l'opposant qui demande la récréance d'une chose, qu'il soutient lui appartenir, en soit cru à son serment, et à celui du saisi, pourvu que le saisi et lui soient capables de porter témoignage l'un pour l'autre, qu'ils ne soient parents, alliés, serviteurs, ni domestiques l'un de l'autre.

Si l'opposant à fin de récréance est tel que le saisi ne puisse porter témoignage pour lui, ou que, sans être tel, il ne puisse faire comparoir le débiteur pour affirmer avec lui; en l'un et l'autre cas, cet opposant, pour réussir en son opposition, doit justifier par témoins, ou autrement, que la chose lui appartient; la reconnoissance qu'il en fait faire par témoins est à ses dépens, sauf à les répéter contre le saisi.

Cette opposition n'est pas reçue dans notre coutume contre un seigneur d'hôtel, métairie et rente foncière; c'est pourquoi l'article 456 dit : « Si un créancier, autre que de « loyers de maison, arrérages de rentes foncières, ou mois- « sons, fait arrêter, etc. » La raison est que les choses qui exploitent la maison, ou métairie, répondent des loyers, fermes et arrérages, quoiqu'elles n'appartiennent pas au débiteur.

Il y a une autre espèce d'opposition à fin de récréance, qui est formée par le créancier qui prétend avoir, non un

droit de propriété, mais un droit de privilége sur quelques-
uns des effets saisis; *V. G.* si ce créancier opposant prétend qu'il les a vendus à crédit au débiteur (je dis à crédit, car s'il les avoit vendus sans jour et sans terme, il en
auroit conservé la propriété), et il s'opposeroit comme propriétaire, et non comme simple privilégié. *Coutume de
Paris, art.* 176 *et* 177. *Coutume d'Orléans, art.* 458.

Ce créancier privilégié peut obtenir la récréance de la
chose, et la faire prononcer, ou du moins que la chose sera
vendue séparément, et qu'il sera payé sur le prix par privilége; il doit faire à ses dépens procéder à la reconnoissance
de cette chose.

Il y a une espèce de récréance, qui se forme de la part
du saisi, qui a lieu quand les effets que l'ordonnance défend de saisir ont été compris dans la saisie; il demande
alors qu'ils en soient distraits, et lui soient laissés.

Lorsque c'est un maître d'hôtel, ou de métairie, qui a fait
la saisie à laquelle il y a d'autres créanciers opposants,
comme cette récréance ne peut avoir lieu contre le maître
d'hôtel, ou de métairie, le juge peut ordonner qu'il sera
sursis à la vente des effets dont le saisi demande la récréance, jusqu'à celle des autres effets; si les créances du
maître d'hôtel se trouvent acquittées, il sera fait au saisi
récréance des effets par lui demandés.

§. V. De la concurrence des saisies, et de leur conversion en
opposition.

Saisie sur saisie ne vaut.

Cette règle a lieu, soit à l'égard du premier saisissant,
soit à l'égard de différents saisissants : 1° A l'égard du
premier saisissant, celui qui a saisi les effets de son débiteur
ne peut faire une seconde saisie, à moins que la première
n'ait été auparavant terminée, ou qu'il en ait été donné
main-levée. *Coutume d'Orléans, art.* 453.

Mais si la première saisie ne comprend pas tous les effets
du débiteur, le créancier peut saisir incontinent les autres
effets qui n'y étoient pas compris, et cette saisie n'est regardée que comme une continuation de la première, et non
comme une seconde saisie; elle n'est point par conséquent

contraire à la règle. *Voyez mes notes sur l'art.* 453 *, qui vient d'être cité.* Il sembleroit, aux termes de cet article, qu'il seroit nécessaire qu'il fût exprimé par le procès-verbal que la saisie se fait en continuant la première ; mais l'usage a établi que ces termes devoient se sous-entendre, quand même ils ne seroient pas exprimés.

2° La règle s'applique aussi à différents saisissants ; ainsi un créancier ne peut saisir les effets qui se trouvent déja saisis par un autre créancier ; et s'il le fait, la saisie de ce second saisissant ne doit point valoir comme saisie, mais se doit convertir en opposition à la première saisie.

Quelquefois, néanmoins, c'est la seconde saisie qui tient, et la première est convertie en opposition : 1° Lorsque le second saisissant est le maître d'hôtel ou de métairie, qui saisit les effets exploitant son hôtel, ou métairie, pour les fermes et loyers qui lui sont dus, cette saisie doit prévaloir à une précédente qui auroit été faite par un créancier, et la saisie de cet autre créancier doit être convertie en opposition à celle du seigneur d'hôtel, ou de métairie, à moins que ce créancier ne consentît de se charger de toutes les obligations du bail, tant pour le passé que pour l'avenir, et d'en donner caution. *Voyez* ce que j'ai dit dans le *Traité du Contrat de Louage* , *n.* 269.

3° Entre deux créanciers ordinaires qui ont saisi, lorsque la seconde saisie est plus ample que la première, et contient, outre les meubles compris dans la première, plusieurs autres effets, le juge peut ordonner que la seconde saisie, comme plus ample, tiendra, et que la première sera convertie en opposition.

Lorsque le premier saisissant n'a point enlevé les effets saisis, ni laissé de gardien qui vaque à cette saisie, il est suspect de collusion, et le second saisissant qui les a enlevés est préféré. Notre coutume d'Orléans, *art.* 452, en a une disposition précise ; on présume, en ce cas, que la première saisie a été feinte et simulée ; et c'est la jurisprudence dans les coutumes qui n'en parlent point. *Laurière,* sur l'art. 178 de la coutume de Paris, rapporte, d'après Labbe, sur l'art 171 de la même coutume, un arrêt du 19 juin 1591, qui l'a ainsi jugé.

ARTICLE VII.

De la vente des effets saisis.

Le saisissant ne peut procéder à la vente des effets saisis, qu'il ne laisse écouler une huitaine franche entre le jour de la saisie et celui de la vente. *Tit.* 33, *art.* 12.

Ce délai est accordé, tant en faveur du saisi, afin qu'il puisse trouver de l'argent pour s'acquitter, et éviter la vente de ses effets, qu'en faveur des tiers créanciers qui auroient quelques créances ou priviléges à prétendre sur les effets saisis, ou du moins qui auroient intérêt de former opposition pour être payés de leurs créances sur les effets saisis.

Lorsque ce délai est expiré, et qu'il n'y a aucunes oppositions qui arrêtent la vente, ou que, s'il y en a eu, elles ont été terminées, le saisissant, non seulement peut, mais il doit même procéder à la vente, sur-tout s'il y a des gardiens, et garnison établie à la garde des effets saisis.

Il y peut être contraint, soit par le saisi, qui a intérêt de n'être pas consommé en frais de garde, soit par chacun des opposants. Le juge peut néanmoins quelquefois, sur la demande du saisi, et lorsqu'il y a un dépositaire gratuit, proroger le délai de l'ordonnance, et ordonner qu'il sera sursis pendant un certain temps à la vente; ce qui doit sur-tout avoir lieu lorsque le saisi donne des espérances de trouver de l'argent pendant ce temps, et que ces espérances se trouvent fondées; ou lorsqu'il y a lieu de croire que la vente se fera au bout d'un certain temps à un prix plus avantageux.

§. I. Comment on procède à la vente.

Le saisissant, pour parvenir à la vente des effets, n'a pas besoin d'aucune ordonnance du juge; il suffit qu'il fasse dénoncer au saisi, à sa personne ou à son domicile, le jour et l'heure auxquels il entend procéder à la vente, afin qu'il y fasse trouver des enchérisseurs, si bon lui semble. *Tit.* 33, *art.* 11.

L'huissier, au jour indiqué, doit se faire représenter par le gardien les effets saisis; si le gardien ne les représentoit pas, l'huissier doit lui faire un commandement de les représenter par le même acte, et, sur son refus, l'assigner devant le juge pour y être condamné par corps, et en des dommages et intérêts.

Les effets ayant été représentés, l'huissier, après en avoir fait un procès-verbal de récapitulation, et en avoir donné décharge au gardien, doit les faire transporter par des voitures, qu'il doit faire trouver à cet effet; le lieu où ces effets doivent être conduits, doit être le prochain marché public; et la vente doit s'en faire au jour et heure accoutumés du marché. *Même art.* 11.

Quelquefois néanmoins la vente ne se fait pas au marché: 1° Lorsque le saisi et toutes les parties y consentent. *Ordonn. du mois de février 1556, art. 4 et 5, rapportée par Fontanon.*

2° Lorsque les meubles, à cause de leur fragilité, ne peuvent pas se transporter sans risque de les déprécier, ou lorsque la vilité de leur prix ne mérite pas les frais du transport; mais il faut dans ces deux cas une permission du juge.

Cette vente se fait par une simple exposition; il en faut excepter certains effets précieux qui ne peuvent s'adjuger qu'après trois expositions, à trois jours de marché différents. L'ordonnance le décide à l'égard des bagues et joyaux, et vaisselle d'argent de la valeur de trois cents livres et plus. *Ibid., art.* 13.

La déclaration du 14 janvier 1689 a dérogé à l'ordonnance à l'égard de la vaisselle d'argent; elle ne peut plus, lorsqu'elle est saisie, s'exposer à l'encan, mais elle doit être portée à la monnoie la plus prochaine, pour y être vendue au prix réglé par l'ordonnance. La partie saisie doit être assignée pour se trouver à tel jour et telle heure à l'hôtel de la monnoie, pour la voir peser et vendre; et le sergent doit retirer du commis de la monnoie un certificat qui constate le poids et le prix; il doit en dresser son procès-verbal, et garder par-devers lui le certificat qui doit demeurer annexé à son procès-verbal, qui tient lieu de procès-verbal de vente.

Ce que l'ordonnance veut pour la vente des effets précieux,

s'observe à Orléans pour la vente des vins saisis; ils ne s'adjugent qu'après trois expositions à la place publique de l'*Etape*, destinée pour ces sortes de ventes.

Suivant l'ordonnance de la marine, du mois d'août 1681, *liv.* 1, *tit.* 14, les barques, chaloupes, et autres bâtiments du port de dix tonneaux, et au-dessous, s'adjugent par le juge à l'audience, après trois publications sur le quai, par trois jours consécutifs; ce qui semble devoir être étendu aux bateaux de la Loire, au moins pour les trois publications.

A l'égard des bâtiments plus considérables, comme les navires, ils se vendent avec des formalités prescrites par la même ordonnance, à peu près semblables à celles des saisies réelles des immeubles.

Les moulins sur bateaux, quoique meubles, doivent aussi se vendre avec les formalités des saisies réelles. *Louet, lettre M.*

L'huissier doit adjuger les choses saisies au plus offrant et dernier enchérisseur, *tit.* 35, *art.* 17. Il doit aussi faire mention dans son procès-verbal du nom et domicile des adjudicataires, et il ne peut rien exiger au-delà du prix de l'adjudication, à peine de concussion. *Ibid., art.* 18.

Il ne doit pas lui-même se rendre adjudicataire, même par personne interposée.

Le prix doit être payé sur-le-champ par l'adjudicataire, et l'huissier ne doit pas lui délivrer les effets qui lui sont adjugés, qu'il n'ait payé.

Faute par l'adjudicataire de retirer les effets à lui adjugés, et de les payer, il peut être contraint, en vertu de l'ordonnance du juge qui aura déclaré la vente exécutoire. On peut aussi l'assigner aux fins que, faute par lui de payer les effets à lui adjugés, ils seront vendus sur sa folle enchère.

L'huissier, après la vente, doit porter la minute de son procès-verbal de vente au juge, qui doit lui taxer de sa main, et sans frais, son salaire au bas de ce procès-verbal. *Ibid., art.* 21.

L'huissier doit garder la minute de ce procès-verbal, et en délivrer des grosses, sur lesquelles il doit faire mention de la taxe. *Ibid.*

§. II. **De** la distribution du prix de la vente, et des priviléges qui s'exercent sur le prix des effets vendus.

Lorsqu'il n'y a aucune opposition à la saisie, l'huissier remet au saisissant le prix de la vente, jusqu'à concurrence de son dû, et le surplus, s'il y en a, au saisi. *Ibid.*, *art.* 20.

S'il y a des oppositions, l'huissier doit garder les deniers jusqu'à ce qu'elles soient jugées, ou les remettre à qui le juge ordonne par un jugement rendu entre toutes les parties. *Ibid.*

Lorsqu'il y a des créanciers privilégiés, ils doivent être payés suivant l'ordre de leurs priviléges.

1° La créance la plus privilégiée est celle des frais de saisie, de garde et de vente; car ils sont faits pour la cause commune de tous les créanciers.

2° Lorsque ce sont les meubles de la succession d'un défunt qui sont saisis, le privilége des frais funéraires obtient le premier rang, immédiatement après ceux dont nous venons de parler; cette créance est même préférée aux loyers sur les meubles qui exploitent l'hôtel. *Voyez les notes sur l'acte de notoriété du 4 août* 1692.

Mais il paroît par un autre acte de notoriété du châtelet de Paris, du 24 mai 1694, contre les jurés-crieurs de la même ville, que le privilége sur le prix des meubles d'une succession a été restreint par l'usage au port du corps, et à l'ouverture de la fosse, qu'on appelle frais funéraires *du premier ordre :* le surplus des frais funéraires, qu'on qualifie *du second ordre,* ne se paie que par contribution avec les créanciers privilégiés, au sou la livre, et par privilége à l'égard des autres créanciers non privilégiés.

Ce qui est dû pour la dernière maladie aux médecins, chirurgiens, apothicaires, gardes, est aussi une créance privilégiée, qui paroîtroit aller d'un pas égal avec les frais funéraires; je pense cependant que dans l'usage elle n'est placée qu'après.

Duplessis ne place ce privilége qu'après le maître d'hôtel, ou de métairie; et c'est ce qui paroît avoir lieu au châtelet de Paris, suivant l'acte de notoriété du 4 août 1692, ci-dessus cité; néanmoins cela eut souffrir difficulté.

Le privilége accordé par l'ordonnance de 1690, *tit.* 13, *art.* 23, au créancier qui a fourni les aliments au prisonnier, est aussi un privilége général ; je ne sais s'il doit prévaloir sur celui des seigneurs d'hôtel, ou de métairie.

Le privilége des deniers royaux est aussi un privilége qui ne doit avoir lieu qu'après les priviléges généraux dont nous venons de parler, et, à plus forte raison, après les priviléges particuliers dont nous allons parler, puisque ceux-ci l'emportent sur les généraux.

Ces priviléges particuliers qui n'ont lieu que sur certains effets, sont : 1° Le privilége du nanti de gage sur les effets qui lui ont été donnés en nantissement ; cependant, pour éviter les fraudes qui pourroient se commettre en fait de faillite, l'ordonnance de 1673, *tit.* 6, *art.* 8, veut qu'en ce cas le nanti justifie, par un acte par-devant notaire, que le nantissement s'est fait dans un temps non suspect ; faute de quoi les créanciers peuvent l'obliger à restituer les gages qui sont en sa possession, sans qu'il puisse prétendre de privilége sur les gages.

2° Les hôteliers et maîtres de pension ont aussi un privilége sur les effets qui sont en leur possession, pour les aliments des personnes qu'ils ont logées et nourries ; car c'est une espèce de nantissement. *Coutume de Paris, art.* 175. Si une personne avoit logé à différentes reprises, le privilége n'auroit lieu que pour les dernières dépenses.

3° Le privilége des seigneurs d'hôtel, sur les effets qui occupent leur hôtel, pour les loyers qui leur en sont dus, a quelque rapport avec les précédents ; ils sont censés avoir en nantissement les meubles, tant qu'ils occupent leur hôtel.

Par le droit romain, suivi encore en quelques coutumes, les seigneurs de métairie n'ont privilége pour leurs fermes que sur les fruits provenants de leurs héritages, et non sur les meubles qui occupent la métairie ; mais les coutumes de Paris et d'Orléans, et la plupart des autres, leur donnent ce privilége, ainsi qu'aux seigneurs d'hôtel.

4° Les seigneurs de rente foncière ont le même privilége sur l'héritage sujet à leur rente foncière, lorsque c'est le possesseur débiteur de la rente foncière qui l'occupe lui-même; mais s'il l'a donné à loyer, ces seigneurs n'ont de privilége que sur les loyers qui en sont dus à leur débiteur, et ils n'ont aucun droit sur les meubles du locataire qui n'est pas lui-même débiteur.

Nec obstat que le seigneur d'hôtel peut saisir les meubles des sous-locataires avec qui il n'a point contracté; la raison de différence est que le sous-locataire, avec qui il n'a point contracté, a pu facilement connoître que le locataire de qui il sous-bailloit n'étoit lui-même qu'un locataire, et le sachant, il a dû savoir en même temps que les effets qu'il porteroit en la maison répondroient du loyer du principal locataire; mais il n'est pas également facile de savoir si une maison est chargée d'une rente foncière, cette charge n'étant pas facile à connoître.

Lorsqu'une maison est chargée de plusieurs rentes foncières, subordonnées les unes aux autres, la plus ancienne est préférable, et les seigneurs de ces rentes sont payés suivant l'ordre de leur création. *Voyez l'introd. au tit. 19 de notre cout., n° 65.*

Le privilége des seigneurs d'hôtel, de métairie et de rente foncière, ne dure que tant que les meubles y sont; s'ils les ont laissé sortir, ils sont censés avoir renoncé à leur privilége : mais si le locataire ou fermier les a délogés à l'insu du maître d'hôtel, ou métairie, celui-ci conserve son privilége, pourvu qu'il les suive, dans un bref délai, dans l'endroit où ils ont été transportés; l'usage a réglé ce délai à huit jours, pour les meubles enlevés des maisons de ville, et à quarante jours, pour ceux enlevés des métairies, à compter du jour de l'enlèvement.

Si le seigneur d'hôtel, ou de métairie, ne les arrête pas dans ce temps, quand même il auroit ignoré l'enlèvement, il est déchu de son privilége; au contraire, s'il les suit dans ce délai, il conserve son privilége, même contre un maître d'hôtel chez qui le locataire seroit allé loger; car son locataire n'a pu les obliger, ni les donner en nantissement au nouveau maître d'hôtel, au préjudice du droit qu'a le premier, tant que ce droit subsiste : *Res priori obligata posteriori obligari non potest.*

Par la même raison, le maître d'hôtel peut, dans le même

délai, être préféré au maître de pension, qui les retiendroit pour frais d'hôtellage, ou de nourriture.

Mais s'il s'agissoit d'animaux détournés de la métairie, que l'hôtelier eût nourris, l'hôtelier devroit être préféré au maître de métairie, pour leur nourriture; car il a conservé le gage de ce seigneur de métairie en nourrissant les bestiaux.

Observez que, quoique ce privilége des maîtres d'hôtel et de métairie ait lieu pour tout ce qui leur est dû, néanmoins ce privilége n'a lieu contre celui de la taille que pour une année de ferme seulement. *Déclaration du 28 août 1665.*

Il y a certains priviléges particuliers qui passent avant celui des seigneurs de métairie.

1° Celui des moissonneurs, sur les grains dont ils ont fait la récolte.

2° Celui des métiviers, sur ceux dont ils ont fait la métive.

3° Celui des valets de labour, sur les fruits provenus des terres qu'ils ont labourées, pour le dernier terme de leurs gages, couru depuis la Saint-Jean jusqu'à la Toussaint; ces quatre mois leur sont payés sur le prix d'une demi-année, parceque c'est le fort du travail.

Il y a certaines provinces où on accorde le même privilége aux charrons, maréchaux, bourreliers, pour les ouvrages et fournitures de la dernière année qu'ils ont faits et fournis aux laboureurs; mais nous avons dans notre province rejeté, avec raison, ce privilége.

4° Celui qui a fourni les tonneaux a aussi un privilége sur le vin qui y est contenu, avant les autres créanciers, même avant le seigneur de métairie; car les tonneaux qu'il a fournis servent à conserver le vin à tous les créanciers.

5° Les valets de vignerons ont un privilége pour une année de leurs gages, sur les fruits provenus des vignes qu'ils ont façonnées pendant la dernière année: il sembleroit que ce privilége devroit aller avant celui des seigneurs de métairie; néanmoins l'auteur des notes de 1711, sur notre coutume, ne le place qu'après.

On n'accorde point ici de privilége à celui qui a fourni

des échalas, ou du fumier pour fumer, ou pour encharneler les vignes.

Il y a plusieurs autres priviléges particuliers qui l'emportent sur les généraux (excepté les frais funéraires, qui l'emportent sur tous les autres), mais qui ne vont qu'après celui du seigneur d'hôtel. Tel est le privilége de celui qui a fourni la semence; il a un privilége sur les grains qui en sont provenus; mais ce privilége ne va qu'après le seigneur de métairie, à moins que ce seigneur n'eût consenti par écrit qu'il fournît la semence; auquel cas il lui seroit préféré, ce qui se fait assez souvent.

Les pâtres ont, pour une année de leurs services, un privilége sur les troupeaux qu'ils ont gardés; il sembleroit naturel qu'ils dussent être préférés au seigneur de métairie, puisque ce sont eux qui lui ont conservé le troupeau; cependant je crois que l'usage est de ne les placer qu'après.

Les voituriers qui ont voituré des marchandises, les teinturiers qui les ont teintes, ont aussi, pour ce qu'il leur est dû, un privilége sur ces marchandises pendant le temps que dure leur travail; mais lorsque les marchandises ne sont plus en leur possession, ou qu'elles se trouvent être dans la maison de leur débiteur, leur privilége ne va qu'après celui du maître d'hôtel.

A l'égard des autres ouvriers qui ont travaillé et façonné quelque chose, je pense que leur privilége ne dure que tant que cette chose est en leur possession, et qu'ils n'ont que la rétention de la chose; mais que, lorsqu'ils l'ont délivrée, ils n'ont plus de privilége.

Le vendeur a privilége sur la chose qu'il a vendue pour le prix qui lui est dû; mais son privilége ne va qu'après celui du maître d'hôtel.

A l'égard du vendeur qui a vendu sans terme, il demeure propriétaire de la chose; par conséquent il peut en demander la récréance, ainsi que nous l'avons vu ci-dessus. *Cout. de Paris, art.* 176 *et* 177. *Cout. d'Orléans, art.* 458.

Celui qui a arrêté une bête qui lui a causé du dommage, et l'a fait saisir par un sergent, dans les vingt-quatre heures, a aussi un privilége : doit-il l'emporter sur le seigneur de métairie?

Observez, à l'égard des créanciers qui ont un privilége particulier, qui ne passe qu'après celui du maître d'hôtel, de métairie, ou rente foncière, qu'ils doivent exercer leur privilége sur les choses qui y sont sujettes, s'il y a de quoi satisfaire le maître d'hôtel dans le prix des autres effets.

Après les priviléges particuliers viennent les généraux, dans l'ordre que nous avons dit.

Nous avons oublié de parler d'un privilége qu'on accorde à Paris aux domestiques de ville pour une année de leurs gages. *Voyez* encore l'acte de notoriété du châtelet de Paris, du 4 août 1692, ci-dessus cité; ce privilége est très-favorable, et paroîtroit devoir être suivi ailleurs; cependant je n'ai pas vu ce privilége employé dans les ordres et distributions.

Les intérêts et frais dus aux créanciers privilégiés sont regardés comme accessoires de leurs créances, et sont payés par privilége également comme le principal.

Les meubles, dans la coutume de Paris, *art.* 170, et dans celle d'Orléans, *art.* 447, ne sont pas susceptibles d'hypothèque; c'est pourquoi les créanciers hypothécaires n'ont pas plus de droit que les simples chirographaires; ils ne viennent point en ordre d'hypothèque comme en Normandie, dans quelques autres coutumes et dans le pays de droit écrit; mais ce qui reste du prix, après les privilégiés payés, se distribue entre tous les autres créanciers au marc la livre de leurs créances. Cette contribution au marc la livre n'a lieu que lorsque le débiteur est en déconfiture. Quand il reste d'autres biens et effets pour satisfaire les créanciers, le plus diligent et premier saisissant est préféré aux autres créanciers, sur les effets qu'il a saisis.

SECTION III.

De la saisie-arrêt des choses incorporelles mobiliaires.

Le créancier de quelqu'un qui a obtenu contre lui un jugement de condamnation d'une somme certaine et liquide qui a passé en force de chose jugée, ou qui est de nature à s'exécuter par provision, ou celui qui est créancier en vertu de quelque autre acte exécutoire, peut contraindre son débiteur au paiement sur tous ses biens, de quelque espèce qu'ils soient; et par conséquent il peut, non seulement prendre par exécution ses meubles, saisir réellement ses immeubles, mais il peut aussi faire saisir et arrêter les créances de son débiteur.

On peut même, suivant l'*art.* 144 de l'ordonnance d'Orléans, saisir et arrêter en vertu d'une simple promesse non reconnue; mais il faut en ce cas une permission du juge, qui ne l'accorde, suivant l'usage, qu'aux risque, péril et fortune du créancier qui la demande.

§. I. Définition de la saisie et arrêt.

On peut définir la saisie-arrêt, un acte judiciaire, fait par le ministère d'un huissier, par lequel un créancier met sous la main de justice les créances qui appartiennent à son débiteur, avec assignation aux débiteurs de son débiteur, pour déclarer ce qu'ils doivent, et être condamnés à en faire délivrance à l'arrêtant, jusqu'à concurrence de ce qui lui est dû, et assignation au débiteur de l'arrêtant pour consentir l'arrêt.

Ces assignations données au débiteur arrêté, et au débiteur pour le fait duquel se fait l'arrêt, et qui est le créancier du débiteur, distinguent *la saisie-arrêt* du *simple arrêt*.

C'est un *simple arrêt*, lorsque le créancier se contente de signifier au débiteur de son débiteur, qu'il arrête tout ce qu'il doit à son débiteur, sans assignation pour faire la déclaration de ce qu'il doit, et en faire délivrance entre les mains des créanciers opposants.

Cet acte tend à dépouiller entièrement celui pour le fait duquel se font les arrêts.

§. II. Quelles créances ne sont pas susceptibles de saisies-arrêts.

De même qu'il y a certains meubles corporels qui ne peuvent être pris par exécution, il y a aussi certaines créances qui ne sont pas susceptibles de saisie-arrêt.

On ne peut saisir et arrêter entre les mains du receveur d'un chapitre ce qui est dû à un chanoine, ni à un pourvu de prébende pour distributions quotidiennes.

Pareillement on ne peut saisir et arrêter le casuel d'un curé, ni les oblations.

Les honoraires dus aux ecclésiastiques à cause de leur service actuel, et les revenus des titres cléricaux, sont pareillement insaisissables, suivant les *art.* 12 et 13 de l'ordonnance d'Orléans.

Mais les autres revenus des bénéfices sont susceptibles de saisie-arrêt, comme les autres biens; on laisse néanmoins aux évêques et prélats une pension alimentaire sur les revenus de leurs bénéfices, qui peut aller jusqu'au tiers de leurs revenus.

Il sembleroit que les portions congrues des curés ne devroient pas être susceptibles de saisie-arrêt, étant destinées pour leurs aliments; néanmoins, comme il n'est pas juste qu'ils affrontent leurs créanciers, il y a un arrêt du grand conseil, du 17 mai 1706, rapporté par Brillon, tom. V, fol. 272, col. 7, qui a jugé contre le curé de Blesse, que la saisie de son créancier tiendroit sur le tiers de sa portion congrue, que le créancier recevroit tous les ans, jusqu'à fin de paiement.

La solde des soldats, les appointements des officiers militaires ne peuvent être saisis, si ce n'est pour dettes contractées pour leur nourriture, et équipages; encore même pour ces dettes, on leur en laisse une portion.

La déclaration du 4 mai 1720, pour les maréchaussées, porte que, pour ces dettes, on ne pourra leur retenir que la moitié de leur solde.

A l'égard des gages des officiers de maréchaussées, ils peuvent être saisis par les créanciers dont les deniers ont été employés à l'acquisition de leurs offices, mais ils ne peuvent l'être par d'autres.

Les gages des officiers de la maison du roi ne peuvent pareillement être saisis, suivant les ordonnances et déclarations de 1353, 1567 et 1586, rapportées dans le Code Henri, par Fontanon, si ce n'est pour leur nourriture et équipages, suivant un arrêt du conseil, de 1698.

Les pensions des officiers, chevaliers de l'ordre du Saint-Esprit, et de leurs veuves, ne sont susceptibles d'ausune saisie-arrêt. *Édit du mois de décembre* 1725, *art.* 4. *Arrêt du* 15 *octobre* 1711.

Les gages et appointements des commis des fermes n'en sont pas non plus susceptibles. *Ordonnance des fermes du mois de juillet* 1681, *tit. commun. art.* 14.

Les épices et vacations des juges, et autres officiers de judicature, les émoluments et honoraires des professeurs, n'en sont pas susceptibles.

Les revenus des biens qui ont été donnés, ou légués, à la charge de n'être susceptibles d'aucune saisie-arrêt, n'en sont pas susceptibles; car il est permis au donateur, ou testateur, d'apposer telle condition que bon lui semble à sa libéralité; c'est ce qui a été jugé par arrêt du 29 novembre 1734, qui a donné main-levée des saisies-arrêts d'un usufruit légué par un parent collatéral, à la charge de ne pouvoir être saisi.

Les rentes viagères sur l'Hôtel-de-Ville, et sur les Tontines, n'en sont pas susceptibles, suivant les clauses des édits de leur création; il en est de même des loyers des maisons de Versailles, si ce n'est pour dettes privilégiées. *Déclaration du* 25 *mars* 1696.

Voyez, sur plusieurs autres créances qui ne sont pas susceptibles de saisie-arrêt, la Collection de Denizart, *verbo Saisie-arrêt*, n° 23 *et suiv.*

§. II'. De la procédure de la saisie-arrêt.

Le sergent, à la requête du créancier arrêtant, déclare au débiteur arrêté, par un acte qui lui est signifié à sa personne, ou à domicile, qu'il saisit, arrête, et met sous la main de justice, tout ce qu'il peut devoir et devra par la suite à celui pour le fait duquel l'arrêt se fait; pour sûreté de cette somme due à l'arrêtant, l'huissier lui fait défenses de payer à d'autres, l'assigne devant le juge du débiteur pour le fait duquel l'arrêt est fait, pour faire la déclaration de ce qu'il doit, et pour en faire le paiement à l'arrêtant, jusqu'à concurrence de ce qui lui est dû.

Le créancier arrêtant dénonce ensuite, par le ministère du sergent, cette saisie-arrêt à son débiteur, et l'assigne pour consentir l'arrêt, et voir ordonner la délivrance des sommes arrêtées entre les mains de l'arrêtant.

Cette assignation forme une instance qui se poursuit comme les autres.

L'arrêté doit déclarer s'il doit quelque chose à celui pour le fait duquel l'arrêt est fait, et combien il doit.

Si cet arrêté ne comparoît pas, ou que, après avoir comparu, il ne fasse pas de déclaration, l'arrêtant obtient contre lui un jugement par défaut, qui, faute par lui d'avoir fait sa déclaration, le condamne à payer les causes de l'arrêt, c'est-à-dire, la somme due à l'arrêtant pour laquelle est fait l'arrêt.

L'arrêté ainsi condamné peut se faire décharger de cette condamnation, sur l'appel qu'il interjettera, ou sur l'opposition qu'il formera devant le même juge en faisant sa déclaration; mais, en ce cas, il doit être condamné aux dépens de la cause principale, ou à ceux de réfusion.

Lorsqu'il y a un titre de créance contre l'arrêté, comme un bail à rente, ou à ferme, qui lui a été fait, ou un contrat de vente, ou une obligation que lui ou ses auteurs ont contractés avec la personne pour le fait de laquelle l'arrêt est fait, il ne suffit pas de dire qu'il ne doit rien, ou qu'il ne doit qu'une telle somme; il faut qu'il justifie sa déclaration par le rapport des paiements qu'il a faits, lesquels doivent avoir été faits avant l'arrêt; autrement ils seroient censés avoir été faits en fraude de l'arrêtant.

Si l'arrêté nie contre la vérité devoir aucune chose au débiteur pour le fait duquel l'arrêt est fait, le juge doit permettre, en ce cas, à l'arrêtant, de compulser les titres de créance.

Lorsqu'on ne peut produire contre l'arrêté aucun titre de créance, il faut nécessairement s'en tenir à sa déclaration ; s'il déclare ne rien devoir, et qu'on ne puisse pas justifier qu'il doit, le juge doit donner congé de l'arrêt, et condamner l'arrêtant aux dépens.

Lorsqu'il y a contestation sur ce qu'il peut devoir, il peut demander à être renvoyé devant son juge; c'est l'avis de M. Rousseau.

Lorsqu'il y a d'autres créanciers qui ont fait des saisiesàrrêts, ou même de simples arrêts entre les mains de l'arrêté, ou des cessionnaires de la créance arrêtée, auxquels elle auroit été transportée, cet arrêté doit les dénoncer au créancier arrêtant, afin qu'il les mette en cause; car l'arrêté a intérêt de ne faire la délivrance des deniers arrêtés qu'en vertu d'un jugement rendu avec tous les arrêtants et cessionnaires par transport, afin d'avoir sa sûreté contre tous.

Le créancier arrêtant, à qui cette dénonciation est faite, doit les mettre en cause, afin de faire juger à qui les sommes arrêtées seront adjugées et délivrées; c'est ce qui forme l'*instance de préférence*, entre tous les créanciers arrêtants, et entre tous les cessionnaires par transport.

Celui pour le fait duquel l'arrêté est fait, et qui est assigné pour le consentir, peut, de son côté, opposer ses moyens, s'il en a, contre l'arrêt, soit quant à la forme, soit quant au fond; soit qu'il prétende ne rien devoir; soit qu'il prétende que l'arrêtant n'a pas titre suffisant pour l'arrêter. Si ces moyens sont trouvés valables, le juge doit prononcer la main-levée de la saisie-arrêt, avec dépens; l'arrêtant est même quelquefois condamné en des dommages et intérêts, lorsque deux choses concourent.

1º S'il est prouvé qu'il n'étoit rien dû à l'arrêtant.

2º S'il paroît que celui pour le fait duquel l'arrêt a été fait, a souffert effectivement quelque dommage par l'arrêt des sommes qu'il n'a pu toucher de ses débiteurs arrêtés.

§. IV. De l'effet de la saisie-arrêt.

L'effet de la saisie-arrêt est que, dès qu'elle est faite, la créance arrêtée étant mise sous la main de justice, celui à qui elle appartient, et pour le fait duquel elle est arrêtée, n'en peut plus disposer; il ne peut donc pas la transporter au préjudice du droit de l'arrêtant, il ne peut la recevoir; et l'arrêté qui, au préjudice de l'arrêt, paieroit à son créancier, seroit à la vérité bien libéré envers son créancier, mais il ne le seroit pas envers l'arrêtant, qui peut le faire condamner à lui faire délivrance de la somme qu'il devoit lors de l'arrêt, sans avoir égard au paiement qu'il a fait depuis, sauf son recours en répétition contre son créancier, à qui il a mal-à-propos payé depuis l'arrêt.

Par la même raison, le créancier pour le fait duquel l'arrêt est fait ne peut pas, au préjudice des arrêtants, décharger son débiteur arrêté de son obligation; d'où il suit que, si un créancier a arrêté les loyers échus et à échoir, sur les locataires de son débiteur, ce débiteur ne peut pas, au préjudice de l'arrêtant, annuler le bail pour l'avenir, par une convention entre lui et son débiteur; car ce seroit décharger les locataires de leurs obligations pour les années à échoir, et ces années étant arrêtées, il ne peut, au préjudice de l'arrêtant, en disposer.

§. V. De la préférence entre les créanciers arrêtants.

De même que, sur le prix des meubles exécutés, les créanciers privilégiés sont payés avant tous les autres, de même, entre plusieurs créanciers arrêtants, les créanciers privilégiés doivent être payés sur les sommes dues à leur débiteur commun avant les autres, selon l'ordre de leur privilége; celui des frais funéraires précède tous les autres.

Après ce privilége, on doit placer, pour les fermes et loyers arrêtés, ce qui est dû aux maçons, couvreurs et autres ouvriers, pour les réparations nécessaires qu'ils ont faites à la maison, ou métairie, dont les fermes et loyers sont arrêtés; la raison de ce privilége est que, sans ces réparations, la maison, ou métairie, n'auroit pas été occupée, et par conséquent produit des loyers ou des fermes; ils ont donc travaillé pour la cause commune de tous les créanciers, et par conséquent ils doivent être préférés à tous.

Les ouvriers qui ont travaillé à des ouvrages non nécessaires, mais utiles, ont bien un privilége sur le fonds de la plus-value de la maison, eu égard aux dernières impenses, lorsque cette maison est vendue en décret; mais je ne pense pas qu'ils aient de privilége sur les loyers, à plus forte raison ne doivent-ils point l'avoir pour les impenses.

Le privilége des ouvriers pour les réparations nécessaires, lorsque le marché est verbal, ne doit avoir lieu que lorsqu'ils ont intenté leur demande dans l'année pour être payés; car leur action étant éteinte par le laps de l'année, le privilége attaché à cette action ne peut plus subsister. *Coutume d'Orléans, art.* 265; *ordonn. de* 1673, *tit.* 1, *art.* 7.

Cela doit avoir lieu quand même le débiteur conviendroit que les ouvriers n'ont pas été payés; car cet aveu empêche bien la prescription de cette action des ouvriers contre le débiteur, mais il ne doit pas leur servir contre des tiers, c'est-à-dire, contre les autres créanciers arrêtants, qui, si cela étoit admis, seroient exposés à être fraudés de leurs créances par le concert de la fraude entre le débiteur et les ouvriers qui feroient revivre les créances acquittées.

Par la même raison, je pense que l'ouvrier ne peut exercer son privilége après l'année, quoiqu'il rapporte un marché ou un arrêté de compte sous signature privée, et que cela ne doit proroger son action que contre son débiteur; mais si l'ouvrier étoit fondé dans un marché fait par-devant notaire, je pense qu'il pourroit exercer son privilége même après l'année.

Après les ouvriers, les seigneurs doivent être payés par privilége sur les fermes et loyers des métairies et maisons étant dans leurs censives et fiefs, pour les droits seigneuriaux qui leur sont dus.

Ensuite doivent être colloqués les seigneurs de rente foncière, pour les arrérages dus; et s'il y a plusieurs rentes foncières, elles doivent être placées selon l'ordre de leur création.

Le vendeur d'un héritage a un privilége sur l'héritage pour le prix qui lui est dû; mais il n'a aucun privilége sur les loyers ou fermes de cet héritage, car son privilége n'a lieu que sur la chose même qu'il a vendue.

Par la même raison, le créancier d'une rente constituée pour le prix d'un héritage n'a aucun privilége sur les fermes et loyers de cet héritage.

Après ces priviléges particuliers, on doit colloquer les priviléges généraux dont nous avons parlé en la section précédente.

Après ces priviléges, le créancier premier arrêtant est préféré au second, le second au troisième, lorsqu'il n'y a pas de déconfiture de leur débiteur commun; car, s'il y avoit déconfiture, ils viendroient tous au marc la livre. *Cout. d'Orléans, art.* 448 *et* 449.

Observez néanmoins que lorsqu'une saisie-arrêt est faite
d'arrérages, loyers et fermes échus et à échoir, le premier
arrêtant est à la vérité préféré aux postérieurs sur tout ce
qui est échu avant les saisies-arrêts postérieures des autres
créanciers, suivant la règle *melior conditio occupantis;*
mais il vient en concurrence avec les arrêtants postérieurs
sur tout ce qui n'étoit point encore échu lors des saisies-
arrêts postérieures; *nec enim occupare potuit quod non-
dùm extiterat.*

§. VI. De la préférence entre les créanciers arrêtants, et ceux par
transport.

*Non nudis conventionibus, sed traditionibus, dominia
rerum transferuntur, l.* 20, *Cod. de pactis.* Ce principe
qui a lieu pour les ventes et cessions des choses corporelles,
s'applique aux incorporelles, telles que sont les créances;
et comme ces choses ne sont pas susceptibles de tradition
réelle, on imagine quelque chose qui équipolle à la tradition
à l'égard de ces choses; c'est la signification faite au débiteur de la cession, ou transport de la créance, qui équipolle à cet égard à la tradition; c'est ce qui résulte de l'article 108 de la coutume de Paris, qui dit : « Un simple
« transport ne saisit point; et faut signifier le transport à la
« partie, et en bâiller copie auparavant que d'exécuter. »
Celui qui a transporté la créance qu'il a contre quelqu'un,
en demeure donc propriétaire jusqu'à ce que le cessionnaire ait signifié son transport au débiteur; le cessionnaire
ne devient propriétaire de la créance cédée que par cette
signification.

L'acceptation que le débiteur fait du transport équipolle
à cette tradition, et, par cette acceptation, le cédant est
dépouillé, et le cessionnaire revêtu de la créance transportée; mais cette acceptation, pour avoir effet contre un tiers,
doit avoir une date certaine, c'est-à-dire, celle d'un acte
reçu par-devant notaire; si cette acceptation s'est faite par
un acte sous signature privée, l'acte n'a de date contre le
tiers que du jour qu'il est rapporté au contrôle, ou du jour
que la mort de l'une des parties, qui l'a signé, en a assuré
la date.

Observez aussi que la signification et l'acceptation du transport ne peuvent saisir le cessionnaire de la créance qui lui est transportée, que lorsqu'elle lui est échue; car il n'est pas possible, *per rerum naturam*, d'être saisi de ce qui n'existe pas encore. Lors donc que quelqu'un a cédé des arrérages, loyers[1] ou fermes, à échoir, le cessionnaire, quoiqu'il ait fait signifier le transport, ou qu'il l'ait fait accepter par son débiteur, n'en est saisi qu'au moment de l'échéance, qui arrive après la signification du transport.

De ces principes il résulte : 1° que, lorsqu'un débiteur a fait transport d'une créance, quoique déja échue, les créanciers de ce débiteur ne laissent pas de pouvoir la saisir et arrêter valablement, tant que le cessionnaire n'a point encore fait signifier ou accepter son transport; c'est pourquoi le créancier arrêtant sera préféré au cessionnaire qui n'aura fait signifier ou accepter son transport que depuis la saisie-arrêt du créancier, et ce cessionnaire n'aura que l'action *ex empto* contre son cédant, pour lui faire rapporter main-levée des saisies-arrêts, ou le montant de la créance.

2° Si, au contraire, le cessionnaire d'une créance échue a fait signifier ou accepter son transport avant les saisies-arrêts des créanciers du cédant, il faudra donner congé de leur saisie et arrêt; ce qu'ils ont arrêté ayant cessé avant leur arrêt d'appartenir à leur débiteur.

3° Si le débiteur a fait transport de quelque créance qui n'étoit pas encore échue, la signification et l'acceptation du transport n'empêchent point les créanciers du cédant de l'arrêter jusqu'à ce qu'elle soit échue; et en ce cas ils viennent par concurrence, au marc la livre, avec le cessionnaire qui a signifié, ou fait accepter son transport avant l'échéance: cette signification ou acceptation n'équipolle, en ce cas, qu'à un arrêt.

4° Si la même créance a été cédée à deux différentes personnes, en différents temps, le second cessionnaire sera préféré au premier, s'il a le premier signifié son transport au débiteur, comme étant le premier saisi. *Argum. L. quoties duobus*, 15 *Cod. de rei vindicatione*.

Voyez ce que nous avons déjà dit *du transport des rentes et autres créances*, dans notre *Traité du Contrat de Vente*, tom. 3, *chap.* 4.

SECTION IV.

Des simples arrêts, tant des choses corporelles, que des créances.

Le simple arrêt est un acte judiciaire par lequel un créancier, pour sa sûreté, met sous la main de justice les choses appartenantes à son débiteur, pour l'empêcher d'en disposer. Il est bien différent de la saisie-exécution et de la saisie-arrêt; car l'exécution se fait à l'effet de vendre les meubles exécutés, et la saisie-arrêt aux fins de faire vider, au débiteur arrêté, les mains en celles de l'arrêtant, au lieu que le simple arrêt se fait seulement pour conserver les choses arrêtées, et empêcher que le débiteur n'en dispose.

On arrête ou des meubles corporels, en les faisant arrêter par un sergent qui y établit un gardien, ou des créances, en signifiant au débiteur, par un sergent, un acte par lequel il lui déclare qu'on arrête ce qu'il doit et pourra devoir à un tel, avec défenses de le lui payer.

L'exploit d'arrêt doit être revêtu des mêmes formalités que les autres exploits.

Il y a cette différence entre les exécutions et les simples arrêts, qu'on ne peut procéder aux exécutions que pour des créances liquides et exigibles, pour lesquelles le créancier a un titre exécutoire; au lieu qu'on peut en plusieurs cas procéder par voie de simple arrêt, sans être fondé sur un titre exécutoire, ou en vertu de la loi, ou en vertu d'une permission du juge.

La coutume d'Orléans permet d'arrêter sans titre exécutoire les biens d'un débiteur, dans les cas qui suivent :

1° Suivant l'article 441, lorsqu'un débiteur vient à mourir, si tous les héritiers sont demeurants hors le bailliage d'Orléans, les créanciers peuvent faire arrêter tous les effets qui sont dans le bailliage, quoiqu'ils ne soient créanciers que par des actes sous seing-privé, ou même qu'ils n'aient aucun titre de leurs créances.

Si les héritiers assignent les arrêtants en main-levée d'arrêt, et prétendent qu'il n'est rien dû à l'arrêtant, le juge doit accorder un bref délai à l'arrêtant, pour informer de sa créance, soit par témoins, dans les cas où cette preuve seroit admissible, ou autrement; et faute par lui d'en informer, le juge doit donner main-levée de son arrêt; lorsqu'il a informé de sa créance, l'arrêt tient jusqu'au paiement, suivant le même article 441.

A plus forte raison, lorsqu'un débiteur ne laisse aucun héritier, les créanciers, quels qu'ils soient, peuvent arrêter les effets de la succession.

2° Suivant l'article 442 de la même coutume, les habitants d'Orléans ont, par privilége, le droit d'arrêter les effets des forains, c'est-à-dire, de ceux qui ne sont pas d'Orléans, pour ce que ces forains leur doivent par quelque marché ou convention fait dans la ville, faubourgs et banlieue d'Orléans, quand même le marché ne seroit que verbal; et en cas d'opposition, il suffit, pour que l'arrêt tienne par provision, que l'arrêtant informe de sa créance par un simple témoin; ce qui doit se faire dans les vingt-quatre heures, ou autre délai, qui lui sera fixé par le juge.

3° Suivant l'article 445, ceux qui ont fait la métive ou cueillette des grains, ou *des blés* (ce qui doit s'entendre aussi de ceux qui ont fait la vendange), pareillement les voituriers par eau ou par terre, peuvent faire arrêter les blés, charrettes, chevaux, marchandises et biens de leurs débiteurs; ce qu'il faut restreindre à ceux qu'ils ont recueillis, métivés ou conservés; et à l'égard des voituriers, aux choses dont ils font la conduite, et les voitures; dans tous ces cas, on n'a pas besoin d'une permission du juge; la loi en accorde le droit.

On peut encore procéder par arrêt des biens de son débiteur, sans titre exécutoire, en vertu d'une permission du juge, dans les cas suivants :

1° Dans le cas où un créancier est fondé dans un billet sous signature privée du débiteur, quoiqu'il ne soit pas encore reconnu, le juge lui permet d'arrêter les biens du débiteur.

2° Toutes les fois qu'un marchand fait faillite, s'absente, détourne ses effets, le juge peut permettre à ses créanciers de procéder par voie d'arrêt.

Une autre différence entre le simple arrêt et exécution, c'est que celle-ci doit être précédée d'un commandement qui ait mis le débiteur en demeure, parcequ'elle tend à le dépouiller; au lieu qu'il n'est pas nécessaire que l'arrêt soit précédé d'un commandement, parcequ'il ne tend qu'à conserver.

Le simple arrêt se convertit quelquefois, par la suite, en exécution, lorsque le créancier qui a commencé par un simple arrêt obtient par la suite sentence de condamnation contre son débiteur, et, la après lui avoir fait signifier, lui fait commandement de payer, avec déclaration que, faute par lui de le faire, son simple arrêt demeurera converti en saisie-exécution, et qu'il sera procédé à la vente des effets saisis.

PREMIER APPENDICE.

De la saisie-gagerie.

La saisie-gagerie, qui a lieu dans la coutume de Paris, suivant les articles 161, 162 et 163, est un acte par lequel le propriétaire d'une maison, ou le créancier d'une rente assise sur une maison de la ville ou faubourgs de Paris, met sous la main de justice, par le ministère d'un sergent, les meubles du locataire exploitant cette maison, et les laisse à sa garde jusqu'à ce qu'il en ait fait ordonner la vente.

Observez que l'article 163 ne parle que des rentes constituées; mais comme ces rentes ne sont plus des charges réelles, il ne doit avoir son application qu'à l'égard des rentes foncières.

Cette saisie-gagerie tient plutôt de la nature de l'arrêt que de l'exécution, puisqu'elle ne donne aucun droit au saisissant de vendre les effets saisis, et qu'il faut qu'il fasse ordonner de la vente par le juge.

Elle diffère des autres arrêts et saisies, en ce que les effets saisis ne sont point mis en la garde d'autres personnes, mais sont laissés en la garde du locataire même sur lequel on saisit.

Le locataire, par cette saisie-gagerie, devient dépositaire de justice de ses propres meubles, et est par conséquent obligé par corps de les représenter lorsqu'il en sera requis, après que, sur l'assignation qui lui aura été donnée, la vente en aura été ordonnée.

Un principal locataire a droit de procéder, par saisie-gagerie, sur les meubles des sous-locataires, de même que le propriétaire, aux droits duquel il est. La coutume de Paris n'en a point de disposition ; mais l'usage est constant.

SECOND APPENDICE.

De la saisie-arrêt, à fin de revendication.

Le propriétaire de meubles, qui en a perdu la possession, doit, avant de les revendiquer, obtenir, sur une requête, une permission du juge de saisir et arrêter ces meubles, en quelques mains qu'ils soient.

Le sergent, porteur de cette permission, se transporte chez celui en la possession duquel sont ces meubles, et les saisit et arrête, jusqu'à ce qu'il ait été statué sur la demande en revendication de ces meubles, qu'il forme en même temps, ou pour laquelle il donne assignation au possesseur.

Cette saisie-arrêt peut se faire, non seulement par des propriétaires, mais par ceux qui prétendent quelque droit de gage ; on peut obtenir, sur une requête, permission du juge de les arrêter chez des tiers, chez qui ils seroient trouvés, et en conséquence les y arrêter par sergent, avec assignation aux possesseurs, pour être condamnés à les mettre en la possession du gardien établi à la saisie.

Par la même raison, les seigneurs d'hôtel, ou de métairie, obtiennent, dans le temps prescrit par l'usage, la permission d'arrêter les meubles détournés de leurs hôtels, ou métairies, par leurs locataires ou fermiers (dans notre province, ce temps est de quarante jours pour les meubles enlevés des métairies, et de huit jours pour ceux enlevés des maisons de ville, soit que le seigneur ait eu connoissance, ou non, de l'enlèvement, soit que le locataire les ait enlevés de bonne foi, ou en fraude de son seigneur). Si les meubles enlevés avoient été vendus en justice, le seigneur ne seroit plus en droit de les réclamer ; la vente judiciaire est une espèce de décret qui purge ce droit du seigneur. Il faut dire la même chose s'ils ont été vendus en foire, marché, ou place publique.

Il faut, pour que le seigneur puisse exercer son droit de suite, que les meubles soient reconnoissables, et n'aient pas changé de nature.

Quand les meubles ont été acquis de bonne foi par le possesseur, la reconnoissance doit être faite aux dépens du seigneur qui exerce son droit de suite, sauf à répéter ces frais contre son débiteur.

SECTION V.

De la saisie réelle.

La saisie-réelle est un acte judiciaire par lequel un créancier met sous la main de justice l'héritage, ou autres immeubles de son débiteur, à l'effet d'en poursuivre la vente, pour être payé sur le prix.

ARTICLE PREMIER.

Pour quelles dettes, sur qui, et dans quelles juridictions peut-on saisir réellement?

§. I. Pour quelles dettes?

On ne peut saisir réellement les biens de son débiteur, quels qu'ils soient, que pour une dette qui provienne d'un titre exécutoire, c'est-à-dire, d'un jugement dont il n'y ait point d'appel, ou qui s'exécute par provision, nonobstant l'appel, ou d'un acte par-devant notaires, comme nous l'avons dit ci-dessus, *part. IV, chap.* 2, *sect.* 2, *art.* 1, §. 2.

Il faut encore, comme nous l'avons remarqué au même endroit, que cette dette soit certaine et liquide.

On ne pourroit pas saisir pour une condamnation de dépens non taxés, ou dommages et intérêts non liquidés. Au reste, la dette d'une certaine quantité de grains est regardée comme liquide, quoique les grains n'aient pas encore été appréciés; et on peut saisir réellement pour cette dette; mais on ne peut passer à la vente que l'appréciation n'en ait été faite.

Il est évident qu'on ne peut saisir pour une dette, avant

que la condition sous laquelle elle est due existe, ni même avant que le terme de paiement soit échu; ceci n'a lieu cependant qu'à l'égard du terme accordé par la convention, et qui en fait partie; car le terme de grâce, accordé à des débiteurs par des lettres de répit, n'empêche point qu'on ne puisse exécuter les meubles, et saisir réellement les immeubles de celui qui les a obtenues, et poursuivre le bail judiciaire et les criées, sauf néanmoins que le créancier ne peut pas, tant que le terme de ces lettres dure, procéder à la vente, que du consentement du débiteur, si ce n'est de meubles périssables. *Ordonnance de* 1669, *tit.* 6, *art.* 6.

Les lettres d'état n'empêchent point pareillement qu'on ne puisse procéder à la saisie réelle des immeubles de celui qui les a obtenues; mais elles ont cela de plus que les lettres de répit, qu'elles empêchent qu'on ne puisse procéder au bail judiciaire, si elles ont été signifiées auparavant; si elles ne l'ont été que depuis, non seulement elles n'empêchent pas l'exécution du bail judiciaire, mais elles n'empêchent pas même de procéder au nouveau bail après qu'il est expiré. *Déclaration du* 23 *décembre* 1702, *art.* 12.

Enfin, il faut que la dette pour laquelle on saisit réellement des immeubles, soit d'une certaine considération; il seroit trop dur pour un débiteur de se voir dépouiller, pour une somme modique, de son patrimoine, d'autant plus que ces saisies ne peuvent se faire sans de grands frais. La plupart des auteurs pensent, par ces raisons, que la somme pour laquelle on peut saisir doit être au moins de cent livres; et c'est ce qui s'observe ici dans l'usage, nonobstant l'acte de notoriété du châtelet d'Orléans, du 21 décembre 1703, rapporté par Denizart, *verbo Saisie réelle*, n° 3.

§. II. Sur qui on peut saisir réellement.

On ne peut saisir réellement que sur la personne qui s'est obligée par l'acte, ou qui a été condamnée par le jugement en vertu duquel on saisit; car toute exécution cesse par la mort de l'obligé, ou condamné.

Si cette personne meurt, il faut donc, pour pouvoir saisir réellement les immeubles de sa succession, faire déclarer auparavant le titre exécutoire contre ses héritiers, et, s'il n'y en a point, il faut faire déclarer le titre exécutoire contre le curateur à la succession vacante, et saisir sur lui.

Pareillement si la femme qui étoit mon obligée, ou ma condamnée, s'est mariée, il faut, pour que je puisse saisir réellement ses biens, que j'assigne son mari, et que je fasse déclarer mon titre exécutoire contre lui, pour pouvoir saisir ensuite les biens de sa femme, sur lui et sur sa femme.

Lorsque celui qui est mon obligé, ou mon condamné, est mineur, ou interdit, c'est sur le tuteur, ou curateur, que la saisie doit être faite ; et s'il parvient en majorité, ou est relevé de son interdiction, pendant le cours de la saisie, il faut l'assigner pour être ordonné qu'elle sera suivie sur lui, sur les derniers errements.

La saisie-réelle doit se faire sur le propriétaire de l'héritage ; une saisie faite *super non domino* est nulle.

Observez néanmoins qu'on entend par propriétaire, non pas seulement celui qui l'est dans la vérité, mais encore celui qui possède l'héritage *animo domini*, soit qu'il en soit véritablement propriétaire, soit qu'il ne le soit pas ; car il est réputé l'être, lorsque le véritable propriétaire ne réclame point ; ce qui suffit pour que la saisie faite sur lui soit valable, et purge même le droit du véritable propriétaire, s'il ne s'y oppose pas.

Ce qui a été dit ci-dessus, qu'on saisit sur les tuteurs et curateurs, n'est point contraire à notre principe, quoique les tuteurs et les curateurs ne soient à proprement parler ni les propriétaires, ni les possesseurs des biens de leurs mineurs ; car lorsqu'on saisit sur un tuteur, ou curateur, c'est véritablement sur le mineur ou interdit, étant représenté par eux, sur qui la saisie se fait.

Suivant notre principe, on ne peut saisir un héritage sur un usufruitier, encore moins sur un fermier ; mais on peut saisir sur cet usufruitier son droit d'usufruit dans l'héritage.

Lorsqu'un héritage n'est possédé par personne, il faut créer un curateur sur lequel la saisie se fera ; cela a lieu en plusieurs cas :

1° Lorsque l'héritage dépend d'une succession vacante.

2° Lorsque celui qui en étoit possesseur l'a délaissé sur une action hypothécaire donnée contre lui, il faut le saisir sur un curateur créé à l'héritage délaissé.

3° Lorsqu'un débiteur fait cession et abandon de ses biens à ses créanciers; car, quoiqu'il ne soit pas dépouillé de la propriété de ses biens, jusqu'à ce qu'ils soient adjugés, néanmoins comme il cesse, par l'abandon, de les posséder, et qu'il fait même l'abandon pour s'épargner l'affront de les laisser saisir sur lui, on doit saisir sur un curateur.

§. III. En quelle juridiction doit se faire la saisie réelle.

Le règlement du 23 novembre 1698 porte que les décrets faits en exécution des arrêts, ou exécutoires de la cour, doivent être poursuivis en la cour; ceux faits en vertu de sentences doivent être faits en la juridiction où les sentences ont été rendues; ceux faits en vertu des obligations et contrats, devant le juge auquel l'exécution de ces actes appartient.

Lorsque l'arrêt confirme une sentence de condamnation, et condamne l'appelant aux dépens, comme les dépens sont taxés par un exécutoire de la cour, ce n'est qu'en la cour qu'on peut saisir réellement; car la saisie-réelle, pour l'exécutoire des dépens, ne peut être portée ailleurs qu'en la cour où il a été pris.

Mais si la saisie ne se fait que pour le principal, je penserois qu'on pourroit la porter ou devant le juge dont la sentence a été confirmée, ou en la cour qui a rendu l'arrêt confirmatif, et que le créancier doit avoir le choix.

Ce qui est dit dans le règlement, que les saisies-réelles qui se font en vertu de sentences, se poursuivent dans les juridictions où elles ont été rendues, doit s'entendre des juridictions civiles et ordinaires; on ne pourroit pas, par exemple, poursuivre une saisie-réelle au siége criminel, en vertu d'une sentence qui y auroit été rendue.

On ne peut pas poursuivre dans les juridictions des eaux et forêts et des trésoriers de France, ni dans les siéges de police, une saisie-réelle, en vertu d'une sentence rendue en ces juridictions, et en général on ne peut poursuivre des saisies-réelles devant des juges établis pour connoître seu-

lement de certaines matières à eux attribuées, à moins que
quelque ordonnance, ou un usage constant, ne leur ait aussi
attribué les saisies-réelles qui se feroient en vertu de leurs
jugements; à plus forte raison, on ne peut poursuivre de
saisie-réelle devant les juges-consuls; car ces juges ont
encore cela de moins, qu'ils n'ont pas l'exécution de leurs
sentences; car le droit de faire exécuter les jugements est
une propriété de la magistrature, à laquelle ne prétendent
pas les juges-consuls, qui sont de simples arbitres nécessaires.

Les saisies-réelles peuvent encore moins se poursuivre
aux officialités, les officiaux étant incompétents pour toutes
les matières où il entre quelque objet réel, et par conséquent
des décrets.

Les saisies qui se font, soit en vertu d'une sentence de
ces juges devant qui elles ne peuvent être portées, soit en
vertu d'actes par-devant notaires, doivent se faire devant
le juge du domicile du saisi.

Cette règle a deux exceptions : la première, si le contrat
a été passé sous un scel attributif de juridiction, tels que
sont ceux des châtelets de Paris, d'Orléans et de Montpel-
lier; car en ce cas, c'est au châtelet, sous le sceau duquel
l'acte a été passé, que doit se porter la saisie.

La seconde est, que si le saisissant, le saisi, ou les opposants, sont privilégiés, le privilégié peut, avant l'appointement à décréter, faire porter la saisie-réelle devant le juge
de son privilége, tels que sont ceux des requêtes du palais,
ou les conservateurs des universités.

Les opposants en sous-ordre n'ont pas ce privilége.

Ce renvoi devant le juge du privilége doit être demandé
avant l'appointement à décréter, qu'on appelle autrement
congé d'adjuger; car cet appointement fait la contestation
en cause de l'instruction de la saisie-réelle; or toute exception déclinatoire, telle qu'est un renvoi, doit être proposée
avant la contestation en cause, ainsi que nous l'avons vu
ci-dessus.

En concurrence de priviléges, le plus grand l'emporte;
par conséquent, le privilége de ceux qui ont droit de *committimus* aux requêtes de l'hôtel et du palais, doit l'emporter sur celui de scolarité.

Si les priviléges sont égaux, comme si l'une des parties qui est privilégiée évoque la saisie-réelle aux requêtes de l'hôtel, et qu'une autre partie aussi privilégiée l'évoque aux requêtes du palais, celui qui a prévenu doit l'emporter.

ARTICLE II.

De ce qui doit précéder la saisie réelle, et de la commission que quelques coutumes exigent.

§. I. Du commandement.

Il est évident qu'on ne peut saisir réellement le bien de son débiteur, qu'on ne l'ait mis en demeure; il faut donc, avant la saisie-réelle, faire commandement au débiteur, à sa personne, ou à son domicile, de payer la somme pour laquelle on se propose de saisir; il faut que l'huissier, par ce commandement, lui donne copie du titre en vertu duquel il doit faire la saisie-réelle.

Ce commandement doit contenir une élection de domicile dans le lieu où elle se doit poursuivre, lorsque le créancier n'y est pas domicilié. *Voyez* l'arrêt des grands jours de Clermont, du 30 janvier 1666, contenant règlement sur les criées; et l'ordonnance de Blois, *art.* 175.

C'est une question si le commandement fait pour parvenir à la saisie-réelle doit être recordé de témoins; la raison de douter est que l'édit de 1669, au moyen de l'établissement du contrôle, dispense les huissiers de se faire assister de recors dans leurs exploits, et que la déclaration de 1671 n'a excepté de cette dispense que les saisies-féodales, criées et appositions d'affiches; d'où il semble que l'on doit conclure que le commandement, pour parvenir à la saisie-réelle, n'étant pas compris dans l'exception, et le commandement n'étant point la saisie-réelle elle-même, mais une procédure pour y parvenir, les recors n'y sont point nécessaires; néanmoins l'usage est que l'huissier se fasse assister de deux recors pour le commandement, et cette formalité est prescrite par un acte de notoriété de M. le Camus, du 25 mai 1699, suivant lequel on juge au châtelet de Paris que le défaut de témoins est une nullité pour le commandement; la raison est que le commandement étant une procédure nécessaire pour parvenir à la saisie-réelle, il en fait en quelque façon partie; que les témoins sont aussi nécessaires dans les actes qui assurent la vérité de cette saisie, comme dans l'exploit même de la saisie; que c'est pour cette raison que la déclaration de 1691 les requiert, non seulement dans l'exploit même de saisie, mais dans les criées et appositions d'affiches, et que par la même raison ils doivent être jugés nécessaires pour le commandement qui doit précéder la saisie.

Il semble que la coutume d'Orléans exige deux commandements avant la saisie-réelle; elle s'explique ainsi au pluriel, *art.* 465 : « Après commandements faits au débiteur, « celui qui veut parvenir au décret, etc. » Néanmoins de Lalande pense qu'un seul commandement suffit; d'Héricourt a suivi le sentiment de de Lalande, et il le fonde sur un raisonnement qui ne me paroît pas juste; il dit que les coutumes n'ont pu déroger à l'ordonnance de 1539, qui ne demande qu'un commandement; mais les coutumes ayant été réformées par l'autorité du roi, ont une égale autorité que celle de l'ordonnance; elles peuvent ajouter des formalités que ne prescrit point l'ordonnance, et qui leur sont particulières.

L'auteur des Notes de 1711 pense qu'au moins il doit suffire que le second commandement se fasse par l'exploit même de la saisie; dans l'usage, on fait précéder la saisie de deux commandements, et c'est le plus sûr.

Au surplus, la coutume n'ayant pas prescrit d'intervalle entre les commandements, il n'est pas douteux que le second peut être fait le lendemain du jour qu'a été fait le premier.

Hors le territoire de la coutume d'Orléans, la saisie-réelle ne doit être précédée que d'un seul commandement; cela suffit pour constituer le débiteur en demeure.

Il n'y a aucun intervalle prescrit entre le commandement et la saisie; on peut saisir dès le jour du commandement, ou beaucoup d'années après.

§. II. Si la discussion des meubles doit précéder la saisie réelle.

Autrefois on ne pouvoit saisir réellement les biens de son débiteur, que l'on n'eût auparavant discuté ses biens-meubles ; cela est conforme au principe du droit romain, en la loi 15, §. 2, ff. *de re judicatâ.*

L'ordonnance de 1539, *art.* 74, a dispensé de cette discussion des meubles, même dans les coutumes qui, ayant été rédigées avant l'ordonnance de 1539, requièrent expressément cette discussion ; car l'ordonnance a dérogé à ces coutumes à cet égard.

Il y a néanmoins des provinces, comme l'Artois, où cette discussion est encore en usage ; ces provinces n'ayant été réunies à la couronne que depuis cette ordonnance, qui n'y a pas par conséquent été publiée, se sont maintenues à cet égard dans leur ancien usage.

Cette dispense de la discussion du mobilier a lieu lorsque le débiteur est majeur ; mais lorsqu'il est mineur, il faut discuter ses meubles avant que de saisir ses immeubles ; car l'esprit de l'ordonnance, en dispensant de la discussion des meubles, n'a pas été de déroger aux lois qui ne permettent pas l'aliénation des meubles d'un mineur, tant qu'il n'est pas justifié par cette discussion, qu'il n'y a pas eu d'autre moyen pour acquitter les dettes.

Cette discussion du mobilier se fait par un bref état de compte, que le créancier du mineur fait condamner le tuteur du mineur à lui rapporter ; s'il paroît par cet état que le tuteur n'ait aucuns deniers entre ses mains, appartenants au mineur, ou n'en a pas suffisamment pour payer le créancier, le mobilier du mineur est discuté, et on peut parvenir à la saisie-réelle de ses immeubles.

Observez que la discussion des meubles du mineur n'est pas requise comme une formalité pour parvenir à la saisie-réelle des mineurs, puisqu'aucune loi ne l'a prescrit ; elle n'est requise que comme une suite du principe de droit, que les immeubles d'un mineur ne peuvent être aliénés que pour cause nécessaire ; qu'ainsi ils ne peuvent être vendus pour leurs dettes, tant qu'elles peuvent être payées d'ailleurs par leur mobilier.

De là il suit que si un créancier du mineur avoit saisi réellement les immeubles de ce mineur, la saisie-réelle ne seroit pas nulle, s'il étoit effectivement constant que, lors de cette saisie, le mineur n'avoit pas un mobilier suffisant pour acquitter ce qui étoit dû au créancier.

Renusson prétend même que c'est au mineur qui se plaint de la saisie-réelle à justifier que son mobilier étoit pour lors suffisant, et que faute de le pouvoir faire, la saisie-réelle doit être déclarée valable; et son sentiment paroît autorisé par un arrêt du 30 mai 1656, rapporté par Soëfve, *tom.* 2, *cent.* 1, *chap.* 28.

Cette discussion des meubles du mineur, lorsqu'ils sont suffisants pour acquitter la dette, est si nécessaire, que si la saisie-réelle a été commencée sur un majeur, auquel, durant le cours de la saisie, un mineur vient à succéder, on ne peut reprendre la saisie-réelle contre le mineur héritier, qu'on n'ait discuté son mobilier; c'est ce qui a été jugé par arrêt du parlement de Bordeaux, de 1569.

Au surplus, il suffit qu'on ait discuté les biens mobiliers du mineur pour que la saisie-réelle des immeubles soit valable; un mineur ne pourroit pas alléguer que la saisie-réelle est nulle, sur le prétexte que, depuis cette première discussion, il lui est survenu un mobilier suffisant pour acquitter ses dettes; car le créancier n'est point obligé de prendre garde, à chaque procédure qu'il fait, si le mineur n'a point acquis de mobilier, cette seule discussion suffit; et cela a été ainsi jugé par arrêt du 14 mars 1600, que Brodeau rapporte.

Lorsqu'un créancier a saisi sur un majeur et sur un mineur, sans discuter leur mobilier, un héritage qui leur appartenoit en commun, la nullité de la saisie pour la partie du mineur qui avoit un mobilier suffisant pour acquitter ses dettes, entraîne-t-elle la nullité de la saisie pour la part du majeur? Il faut décider pour la négative: le mineur ne relève le majeur que *in individuis*, et dans le cas où l'intérêt du majeur est tellement lié avec celui du mineur, qu'on ne pourroit subvenir au mineur sans subvenir au majeur, ce qui ne se trouve pas dans cette espèce, où rien n'empêche que la part du mineur dans l'héritage saisi réellement lui soit conservée, et la saisie-réelle annulée pour cette part, pendant qu'elle subsistera pour celle du majeur; c'est ce qui a été jugé par arrêt de la première des enquêtes du 13 mars 1574, rapporté par Louet, *lettre M.*

§. III. De la commission pour saisir réellement.

De droit commun, le créancier peut saisir réellement en vertu d'un seul titre exécutoire de sa créance.

La coutume d'Orléans, par une disposition particulière, *art. 465,* exige que le créancier prenne au greffe une commission spéciale du juge, qui fasse mention de la dette et cause *pour laquelle il veut procéder par saisies et criées,* c'est-à-dire, du titre en vertu duquel il veut saisir; et c'est en vertu de cette commission qu'il doit procéder à la saisie; cette commission se prend au greffe de la justice où se doit faire cette saisie; le même formalité est en usage en Beaujolois.

Lorsque la saisie réelle d'un héritage situé à Orléans se fait à Paris, où la coutume n'exige pas de commission, la commission est-elle nécessaire? Oui; car c'est un principe à l'égard des saisies réelles, qu'on doit suivre les formalités prescrites par la coutume du lieu où se fait la saisie.

Mais, en ce cas, où se prend la commission, puisqu'elles ne sont pas en usage dans le lieu où se poursuit la saisie? L'auteur des Notes de 1711, sur l'article 465 de notre coutume, dit que l'usage est de prendre la commission au greffe du siège royal dans le ressort duquel l'héritage est situé.

ARTICLE III.

De l'exploit de saisie réelle.

La saisie-réelle se fait par le ministère d'un huissier. Pour cet effet, il doit se transporter sur l'héritage, et le saisir réellement et actuellement, par déclaration détaillée, y apposer brandons et panonceaux royaux, y établir commissaire, mettre des affiches devant la principale porte de la paroisse où l'héritage saisi est situé, et dresser de tout cela un procès-verbal, qui s'appelle *exploit de saisie-réelle,* dont il doit donner copie à celui sur qui la saisie est faite, à personne ou à domicile. *Cout. d'Orléans, art.* 466.

Cet exploit de saisie-réelle doit donc contenir, outre toutes les formalités communes à tous les exploits, celles qui suivent :

1° La mention du titre exécutoire, en vertu duquel se fait la saisie, et du commandement qui la précède.

2° La justice en laquelle le saisissant entend poursuivre la saisie, et la mention du domicile, tant du saisissant que du saisi, dans la ville où est le siége de ladite justice ; de plus, la résidence du commissaire aux saisies-réelles ; et si le saisissant et le saisi n'y avoient pas leurs domiciles, l'huissier, par son exploit, doit faire élection de domicile, pour le saisissant et le saisi, dans un lieu certain de la ville, ou bourg où est la résidence du commissaire. *Voyez l'édit de création des commissaires aux saisies-réelles, du mois de février* 1626.

Cette élection de domicile, pour le saisi, cesse aussitôt que le saisi a signifié un autre domicile, dont il fait choix dans la ville de la résidence du commissaire. Cette signification doit se faire au domicile du commissaire, qui doit l'enregistrer au pied de la saisie. *Même édit de* 1626.

3° La déclaration du lieu où est situé l'héritage ; si c'est une maison située dans une ville où il y ait plusieurs paroisses, il faut déclarer le nom de la ville, la paroisse, la rue, les tenants et aboutissants.

De Lalande, après le Maître, sur l'article 466 de notre coutume, pense que si une maison de ville étoit suffisamment désignée, l'omission des tenants et aboutissants ne rendroit pas nul l'exploit de la saisie réelle, comme s'il étoit dit, *la maison de la Licorne, sise en cette ville, rue Bannier;* mais il cite, pour appuyer son sentiment, deux lois qui ne sont pas concluantes, parceque l'une est dans l'espèce d'un contrat de vente, et l'autre dans l'espèce d'un legs, et que l'expression des tenants et aboutissants n'est pas une formalité des legs, et encore moins d'un contrat de vente, qui, étant un contrat du droit des gens, n'est sujet à aucune formalité, au lieu que les coutumes exigent dans la saisie-réelle cette expression ; ainsi elle doit passer pour une formalité qui doit être observée, et à laquelle on ne satisfait pas par équipollent; jamais l'étendue et la contenance ne peuvent être si bien désignées que par les tenants et aboutissants; c'est pourquoi d'Héricourt pense que cette expression est absolument nécessaire.

Si c'est un héritage de campagne, l'exploit doit contenir en menu et en détail, la déclaration de toutes les différentes pièces de terre, leur nature, si c'est bois, vignes, prés, terres labourables, étangs, les tenants et aboutissants de chaque pièce. *Voyez l'édit des criées de Henri II, en 1551, art. 1; et la coutume d'Orléans, art. 466.*

Cette règle néanmoins souffre une exception à l'égard des fiefs, pour lesquels il suffit de déclarer qu'on saisit le principal manoir, *avec les appartenances et dépendances. Même édit, ibid., et même coutume, art 467. Coutume de Paris, art. 345.*

Cette expression générale suffit pour la saisie des fiefs et biens nobles. Il suffit donc de déclarer, « Qu'on saisit le « château d'un tel nom, situé en telle paroisse, tel village, « avec ses appartenances, » sans qu'il soit nécessaire de détailler, non seulement les différentes pièces de terres, mais même les différents corps d'héritages, *V. G.*, les différentes métairies et moulins qui en dépendent, ni même les différents droits, comme les justices, les mouvances féodales et censuelles qui y sont attachées; car tout ceci est compris dans les termes généraux d'*appartenances et dépendances* dont l'édit des criées se contente pour la saisie des fiefs.

L'auteur des Notes de 1711 pense néanmoins qu'on doit déclarer les différents corps d'héritages; mais son opinion résiste ouvertement aux termes de l'édit.

D'Héricourt pense que dans les provinces, telles que les nôtres, où l'on tient pour maxime que *Fief et justice n'ont rien de commun*, on doit comprendre le droit de justice dans l'exploit de saisie, et qu'il n'est pas censé compris dans ces termes généraux.

Je ne suis pas de son avis; la maxime ci-dessus citée ne signifiant autre chose, sinon qu'il n'est pas essentiel au fief que la justice y soit annexée; mais lorsque le seigneur de fief a effectivement un droit de justice qu'il porte en fief au même seigneur auquel il porte son fief, ce droit de justice fait une des parties intégrantes de son fief, de son héritage noble, de sa seigneurie, et est compris sous les termes généraux d'*appartenances et dépendances*.

4° Le droit de patronage attaché à un fief est aussi compris sous ces termes; mais si, d'une terre en fief, qu'on saisit réellement, dépendoient quelques héritages tenus en censives, quoiqu'ils fussent exploités comme un seul et même tout avec ce fief, il faudroit exprimer en détail tous les héritages tenus en censives; car cette destination du père de famille n'en change pas la nature.

Lorsqu'une terre est composée de plusieurs fiefs, qui ne sont pas tenus en un seul et même fief, il faut exprimer dans la saisie chacun de ces différents fiefs, en les désignant chacun par leur principal manoir, ou principal lieu, s'ils en ont un.

Lorsqu'un héritage saisi est en franc-alleu, les appartenances et dépendances en doivent-elles être détaillées ?

Il faut distinguer, si c'est un franc-alleu noble, où il y ait droit de justice, ou de fief, ou de censive; alors ce détail n'est pas plus nécessaire que lorsqu'on saisit un fief, car l'ordonnance de 1551 excepte de ce détail la saisie des fiefs et seigneuries; et ce dernier terme comprend le franc-alleu noble : à l'égard des autres franc-alleus, comme ils sont réputés héritages roturiers, on doit observer, lorsqu'ils sont saisis réellement, ce qui s'observe à l'égard des héritages roturiers.

5° La saisie-réelle doit contenir la déclaration que l'huissier a mis *panonceaux* à la principale porte de l'héritage saisi, en signe de saisie, et pour qu'elle soit connue à tous; ces panonceaux sont de petites bannières en lambeaux d'étoffe ou de linge; ils doivent être aux armes du roi, *édit de 1551, art. 3*, ce qui a lieu quand même la saisie se poursuivroit dans une justice de seigneur; et les arrêts ont jugé nulles des saisies, parceque les panonceaux étoient aux armes du seigneur de justice où se poursuivoit la saisie. L'auteur des Notes de 1711 cite un arrêt de 1573, qui a cassé une saisie-réelle, parcequ'on avoit mis les panonceaux aux armes de l'archevêque de Reims.

Pareil arrêt du 20 janvier 1609.

Notre coutume parle aussi de *brandons ;* ce sont des piquêts revêtus de paille ou d'herbe, qu'on pique dans les champs en signe de la saisie.

Les huissiers n'observent guère aujourd'hui cette formalité d'apposer panonceaux et brandons; mais ils ne manquent point, dans leurs exploits de saisie, de marquer qu'ils l'ont fait, et cette déclaration est nécessaire, à peine de nullité.

6° L'exploit de saisie doit contenir que le sergent a mis devant la principale porte de l'église paroissiale du lieu où est situé l'héritage, *ces affiches*, qui, suivant l'article 2 de l'édit de 1551, doivent exprimer la nature, qualité et situation de la chose saisie, le domicile du saisissant, et la justice où le décret se poursuivra.

Sous le nom d'église paroissiale, on doit entendre les succursales qui ont un territoire où les habitans de ce territoire reçoivent les sacrements, telle qu'est à Orléans l'église de Notre-Dame de Recouvrance.

Lorsque l'héritage saisi est dans le territoire de la succursale, c'est à la porte de cette église, et non à la porte de la principale paroisse que doivent se mettre les affiches; c'est le sentiment de le Maître.

Si les biens saisis sont en différentes paroisses, il faut mettre des affiches à chacune de ces paroisses.

Il y a des métairies qui sont alternativement une année d'une paroisse, une année d'une autre (nous en avons des exemples dans la Beauce) ; il semble qu'il doit suffire de mettre des affiches à la principale porte de la paroisse dont l'héritage se trouve être lors de la saisie.

7° L'exploit doit contenir l'établissement du commissaire.

8° La mention des noms, surnoms, domiciles et vacations des témoins qui doivent assister l'huissier pour cet exploit, et qui doivent avec lui signer l'original et la copie.

L'huissier, en donnant copie de la saisie-réelle au saisi, à sa personne, ou à domicile, est tenu, dans le cas où le saisi n'auroit pas son domicile dans la ville de la résidence du commissaire à la saisie-réelle, d'interpeller cette partie saisie, d'en élire un dans la ville, où bon lui semblera, en

lui déclarant que, faute de le faire, il sera procédé par défaut au bail judiciaire, sur les significations qui lui seront
faites au domicile élu par l'huissier, par l'exploit de saisie.

Outre la copie qui doit être donnée au débiteur sur lequel on saisit, à sa personne, ou à domicile, il est aussi
d'usage de donner copie de la saisie au fermier et locataire
de l'héritage saisi; mais ce n'est pas une formalité nécessaire pour la validité de la saisie; il est seulement utile de
le faire pour empêcher le locataire, ou fermier, de payer
à l'avenir au saisi; car sans cette signification les paiements
faits au débiteur seroient valables.

Enfin la saisie-réelle doit être enregistrée au greffe de la
justice où elle doit se poursuivre.

Il y a outre cela un autre enregistrement au bureau du
commissaire aux saisies-réelles, dont nous allons parler
dans l'article suivant.

ARTICLE IV.

Du commissaire à la saisie-réelle.

La saisie-réelle consistant à mettre l'héritage sous la
main de justice, il s'ensuit qu'il doit y avoir quelque personne préposée par la saisie pour régir cet héritage, au
nom de la justice sous la main de laquelle on le met.

C'est pour cela que l'ordonnance de 1539, *art.* 77, et
l'édit de Henri II de 1551, *art.* 4, veulent qu'aussitôt
après la saisie, et avant la première criée, il soit établi des
commissaires au régime et gouvernement des choses saisies, à peine de nullité des criées.

Ces commissaires, que les huissiers qui faisoient la saisie-
réelle établissoient en exécution de ces ordonnances, étoient
autrefois des personnes privées; comme on choisissoit ordinairement de pauvres gens qui dissipoient les revenus des
héritages saisis au régime desquels on les avoit commis,
ils étoient, par leur insolvabilité, hors d'état de rendre
compte. Le roi Louis XIII, sur la représentation des Etats
assemblés, par son édit de février 1626, pour remédier à
cet inconvénient, et à plusieurs autres énoncés dans le
préambule de cet édit, a créé des commissaires aux saisies-
réelles, en titre d'office, dans les différentes juridictions

du royaume, qui, lors de leur réception, doivent donner caution jusqu'à concurrence d'une certaine somme, pour la sûreté des deniers qu'ils recevront, à laquelle sûreté leurs offices sont aussi hypothéqués par privilége, même avant la créance du prix de l'office.

Depuis cet édit, les huissiers doivent établir ces officiers pour commissaires aux héritages qu'ils saisissent, et ils ne peuvent en établir d'autres.

La première fonction du commissaire est l'enregistrement de la saisie-réelle; le saisissant doit pour cet effet faire apporter au bureau du commissaire la saisie-réelle, au plus tard dans les six mois de sa date, pour y être enregistrée, à peine de nullité. *Édit du mois de mai* 1691.

Dans l'instant qu'elle est apportée, le commissaire doit l'enregistrer sur son registre d'apport; et il ne peut, en aucun cas, se dispenser de le faire, non pas même s'il y avoit une saisie précédente du même héritage. *Édit du mois de juillet* 1689, *art.* 12.

Cet enregistrement doit contenir le nom du saisissant, du saisi, et la qualité de la chose saisie, la date de l'apport et de l'enregistrement, *même édit*, *art.* 13; mais il ne peut enregistrer qu'une seule saisie du même héritage. (Ceci paroîtroit impliquer contradiction avec ce qui a été dit plus haut; pour l'éclaircir, il faut savoir qu'aux termes de l'édit de 1689, il paroît que le commissaire doit avoir deux registres; le premier est le livre d'*apport*, et il doit enregistrer la saisie sans pouvoir s'y refuser, sous quelque prétexte que ce soit, quand même il y auroit une autre saisie des mêmes biens, précédemment enregistrée, *édit de* 1689, *art.* 12; le second livre est proprement le registre des enregistrements sur lequel le commissaire doit, huitaine après l'apport, enregistrer la saisie; mais il n'y peut enregistrer qu'une seule saisie du même héritage.)

Lorsqu'il y a déja une saisie enregistrée, le commissaire doit rendre celle qui lui est apportée en dernier lieu, avec un acte qui contient la raison de son refus; toutefois, s'il n'y avoit qu'une partie des biens détaillés dans la première saisie enregistrée, et que la seconde contînt d'autres pièces d'héritage, le commissaire doit transcrire en entier cette seconde saisie sur son registre, et donner son refus pour ce qui étoit compris dans la précédente, dont il doit faire mention en marge de l'article; et l'enregistrement ne peut valoir que pour ce qui n'étoit pas compris dans la précédente saisie, sauf aux parties à se pourvoir en justice, pour faire régler laquelle des deux saisies doit prévaloir; et il en doit être fait mention à la marge du jugement qui sera rendu. *Édit de* 1689, *art.* 11.

Lorsque dans la suite une saisie-réelle est évoquée, ou renvoyée en une autre juridiction, on doit pareillement en faire mention à la marge de l'article, *art.* 10.

Cet enregistrement est ordonné afin que toutes les personnes qui peuvent avoir intérêt d'avoir connoissance de la saisie-réelle, en puissent prendre communication par les mains du commissaire, qui est obligé de la faire à tous ceux qui la demandent, sans déplacer et sans frais.

Il résulte encore une autre utilité de l'enregistrement; c'est qu'il fait accorder la poursuite, en cas de concurrence de saisies, à celui qui a fait enregistrer le premier, parcequ'il est réputé le plus diligent, quand même la saisie seroit postérieure.

La seconde fonction du commissaire est de faire procéder aux baux judiciaires des biens saisis.

Observez que s'il n'y avoit pas un mois d'intervalle entre le temps de la saisie-réelle et la maturité des fruits, le commissaire ne seroit pas tenu de se charger de ces fruits, sauf au saisissant à se pourvoir pour ces mêmes fruits, comme dans le cas d'une simple saisie de fruits pendants par les racines. *Édit de* 1626.

La troisième fonction du commissaire est de faire payer aux échéances les fermes et loyers des biens saisis, ou les arrérages des rentes, si c'est une rente qui est saisie.

Il peut prendre, pour argent comptant, des fermiers, des quittances des charges réelles par eux acquittées, telles que les rentes foncières, les réparations.

Si le commissaire a négligé de faire payer les fermiers ou débiteurs, il est responsable de leur insolvabilité, qui seroit survenue depuis l'enregistrement de la saisie-réelle.

La quatrième fonction du commissaire concerne les paiemens qu'il doit faire.

Il n'en doit faire aucuns qu'en vertu d'un jugement qui l'ordonne, et qui soit rendu avec le saisissant et le saisi, et l'ancien procureur des opposants. *Edit de* 1689, *art.* 18. *Arrêt de règlement du 29 avril* 1722.

Lorsque le jugement est par défaut contre eux, il doit, dans les vingt-quatre heures de la signification qui lui en est faite, le dénoncer à leur procureur, et il ne peut payer que trois jours après la dénonciation, s'il n'est survenu aucun empêchement. *Edit de* 1689, *art.* 19.

S'il avoit été fait des arrêts entre ses mains, par ceux à qui il auroit été ordonné qu'il paieroit, il doit se faire rapporter par eux-mêmes main-levée de ces arrêts, qui doivent, en outre, pour produire leur effet, être visés et enregistrés par lui, en lui payant vingt sous pour chaque saisie-arrêt, ainsi qu'il est prescrit par un édit du mois de mai 1691.

Si le commissaire dit qu'il n'a pas de deniers pour payer, il suffit, pour le justifier, qu'il donne un extrait de son registre, contenant la recette et dépense, par lui certifié véritable; et il n'est pas obligé à d'autres comptes avant la fin de sa commission. *Même édit de* 1689, *art.* 24.

La cinquième fonction du commissaire est de porter la foi pour les héritages, lorsque la partie saisie n'est pas en foi, ou lorsque la saisie est faite sur une succession vacante.

Quoique régulièrement la foi ne doive être portée que par le vassal, néanmoins la jurisprudence a permis au commissaire de la porter pour le vassal, n'étant pas juste que les créanciers perdent la jouissance des biens de leur débiteur par sa négligence de n'avoir pas porté la foi. La coutume de Paris, *art.* 34, et plusieurs autres coutumes en ont des dispositions. *Voyez ce que nous avons dit à ce sujet dans notre Traité des Fiefs, part.* 1, *chap.* 1, §. 2.

Le commissaire est obligé de s'acquitter de cette fonction aussitôt qu'il est averti.

La coutume d'Orléans, *art.* 4, n'autorise pas le commissaire à porter la foi, mais seulement à demander souffrance au seigneur, qui est tenu de l'accorder, ce qui a le même effet.

La sixième et dernière fonction du commissaire, est de rendre compte de son·administration, après que sa commission est finie, c'est-à-dire, après que l'adjudication a été faite; il doit rendre compte au saisi, au saisissant et à l'ancien procureur des opposants, et payer le reliquat huitaine après le jugement qui l'aura arrêté.

Il ne doit rendre qu'un compte pour les biens appartenants à une même personne qui seront adjugés, ou de la saisie desquels il aura main-levée dans le temps que le compte sera présenté, quoiqu'il y ait eu plusieurs adjudications ou saisies. *Édit de* 1689, *art.* 13.

Il ne peut être recherché pour le fait de sa commission, dix ans après la clôture, et la reddition de son compte, à l'égard duquel il y a prescription par le laps de ce temps. *Ibid.*, *art.* 23.

ARTICLE V.

Des baux judiciaires.

Le bail judiciaire est le bail à loyer, ou à ferme, de l'héritage saisi réellement, qui se fait, à la poursuite du commissaire, par le juge, à l'audience, au plus offrant et dernier enchérisseur.

§. I. En quel cas y a-t-il lieu au bail judiciaire? Et de la conversion des baux conventionnels en baux judiciaires.

Le commissaire doit faire procéder au bail judiciaire des héritages saisis, non seulement lorsque le débiteur sur qui ils sont saisis, et qui en est dépossédé par la saisie, en jouissoit par lui-même, mais aussi dans le cas auquel cet héritage auroit été donné à loyer ou à ferme, avant la saisie; le locataire ou fermier peut, malgré le bail qui lui a été fait, en être expulsé par le commissaire, qui, nonobstant ce bail conventionnel, peut faire procéder au bail judiciaire; la raison est que le droit qu'a un locataire ou fermier, de jouir de l'héritage qui lui a été baillé, est une suite de l'engagement et de l'obligation personnelle que le propriétaire a contractée envers lui; d'où on conclut qu'il ne peut se maintenir dans cette jouissance que contre celui qui en a fait le bail, et contre ceux qui succèdent aux obli-

gations personnelles de ce locateur, tels que sont ses héritiers; il ne peut donc pas se maintenir contre le commissaire à la saisie-réelle, qui tient l'héritage au nom de la
justice, pour les créanciers saisissants et opposants, qui ne
sont point tenus des obligations personnelles de leur débiteur, qui a fait le bail, et sur lequel l'héritage est saisi.

Tels sont les principes de droit, auxquels néanmoins on
apporte un tempérament d'équité, qui est, que le locataire
ou fermier de l'héritage saisi, est admis quelquefois à s'opposer à ce qu'il soit procédé au bail judiciaire, lorsque cela
peut se faire sans blesser l'intérêt des créanciers.

L'intérêt des créanciers étant conservé, lorsque le bail
conventionnel se trouve à son juste prix, le commissaire
chargé des intérêts des créanciers ne peut s'opposer à cette
demande en conversion, qui évite les frais d'un bail judiciaire, que les créanciers eux-mêmes ont intérêt d'éviter.

Pour qu'il puisse y avoir lieu à cette conversion, il faut
que trois choses concourent : 1° Que le bail conventionnel
ait été fait à prix d'argent, car les baux judiciaires ne peuvent être qu'en argent, et non pas en grains, et encore
moins à moitié; et par conséquent des baux conventionnels en grains et à moitié, ne sont pas de nature à pouvoir
être convertis en baux judiciaires.

2° Il faut que le bail ait été fait sans fraude; car s'il paroissoit qu'il eût été fait à vil prix par le débiteur, dans le
dessein de frauder ses créanciers, il est évident qu'il ne
pourroit y avoir lieu à la conversion.

3° *Cessante fraudis consilio*, il ne peut y avoir lieu à
la conversion, si, par le bail, il y a une somme plus considérable donnée par le locataire, ou fermier, par forme
de deniers d'entrée; car cette somme faisant partie du prix
du bail, il s'ensuit que le prix annuel de ce bail ne peut
être le juste prix de la jouissance de chacune année qui en
reste à expirer, et, par conséquent le bail ne peut être
converti en bail judiciaire.

Je pense qu'il faudroit encore le concours d'une quatrième condition; savoir, que le fermier, ou le locataire
conventionnel, qui demande cette conversion, fût de qualité
à pouvoir être soumis à la contrainte par corps, ou, s'il n'y

étoit pas sujet, comme si c'étoit un septuagénaire, un prêtre, une femme, il faudroit qu'il fournît une caution qui pourroit y être soumise pour lui ; car il est de la nature des baux judiciaires, et de l'intérêt des créanciers, que le fermier soit sujet à cette contrainte.

Lorsque ces choses concourent, le fermier peut intervenir en l'instance qui se forme pour le bail judiciaire, par un acte qu'il fait signifier au procureur du commissaire, en tête duquel il donne copie de son bail conventionnel, et conclut à ce qu'il soit converti en judiciaire. *Règlement de la cour, du 12 août 1664, art. 4.*

Cette intervention du locataire, ou fermier, ne peut être formée après l'adjudication du bail judiciaire.

Lorsque, sur cette intervention, on a ordonné la conversion du bail conventionnel en judiciaire, le bail conventionnel est converti, il est annulé, et le fermier ou locataire en est libéré envers le saisi, qui ne peut plus l'en faire jouir, et a contracté à la place un nouveau bail envers les créanciers aux mêmes prix et conditions que le conventionnel avoit été contracté.

La qualité de fermier judiciaire rend le fermier sujet à la contrainte par corps pour l'exécution de ce bail.

Lorsqu'il n'y a pas lieu à la conversion, le locataire ou fermier, en conséquence du bail judiciaire, est créancier du saisi qui lui a fait bail, pour les dommages et intérêts qui lui sont dus, pour raison de l'inexécution du bail conventionnel, et pour la répétition des deniers d'entrée qu'il lui a payés. Il doit, pour ces créances, être renvoyé à l'ordre qui sera fait du prix de l'héritage saisi, après l'adjudication ; il doit être colloqué à l'ordre, du jour de la date de son bail, s'il porte hypothèque, étant passé par-devant notaires ; sinon il ne peut venir qu'avec les créanciers chirographaires, au marc la livre, au cas qu'il reste quelque chose du prix, après les hypothèques acquittées.

De même que le locataire, ou fermier conventionnel, peut demander la conversion de son bail conventionnel en judiciaire, *contrà vice versâ,* peut-on le demander contre lui lorsque le saisissant et les opposants concourent à demander cette conversion? La raison de douter est que le règlement de 1664 porte, *sauf au fermier conventionnel d'in-tervenir si bon lui semble* : par ces termes, il paroît que cette conversion est laissée à leur choix, et qu'ils ne peuvent y être forcés ; néanmoins il faut décider que le fermier, ou locataire conventionnel, ne peut s'opposer à cette conversion, pourvu qu'on ne l'assujettisse pas à la contrainte par corps, s'il n'y étoit pas assujetti par le bail conventionnel ; car, par cette conversion, sa condition ne peut pas être rendue malgré lui plus dure qu'elle n'étoit par le bail conventionnel, et il ne peut avoir aucune raison pour se décharger de l'obligation de son bail. D'Héricourt cite un arrêt de 1539, qui l'a ainsi jugé, et M. Rousseau atteste que c'est la jurisprudence ; ce qui est très-juste.

Il y a plus ; je pense même que dans le cas où le saisi ne demanderoit pas cette conversion, et quand même il déchargeroit le locataire, ou fermier, de son bail, le saisissant et les opposants seroient recevables seuls à la demander ; car ayant droit d'exercer tous les droits et actions du débiteur, qui ne peut les remettre *in fraudem creditorum*, ils ont droit d'obliger le fermier, ou locataire, à exécuter les engagements qu'il a contractés avec le saisi, leur débiteur.

Mais le saisi ne pourroit, sans le consentement du saisissant et des opposants, s'il y en a, obliger le fermier, ou locataire conventionnel, à cette conversion ; car le fermier n'y peut être obligé malgré lui, qu'à la charge qu'il ne sera pas sujet à la contrainte par corps, à laquelle sont sujets les fermiers judiciaires, et il n'est pas au pouvoir du saisi d'accorder au fermier judiciaire, sans le consentement des créanciers, la remise de cette contrainte.

Si le bail conventionnel porte la contrainte par corps, je pense que le saisi, qui a intérêt à la conversion, pourroit obliger, tant le fermier que le saisissant, d'y consentir, puisqu'ils n'auroient plus aucun intérêt de s'y opposer.

§. II. Quand le commissaire est-il tenu de faire procéder au bail judiciaire ? et de la procédure qui se tient pour cet effet.

Six semaines après l'enregistrement de la saisie-réelle, le commissaire doit assigner, à certain jour, le saisi, le saisissant et l'ancien procureur des o posants, s'il y en a, par-devant le juge où se poursuit la saisie, pour voir procéder au bail judiciaire, et y faire trouver des enchérisseurs; pour cet effet, il doit faire mettre des affiches à la porte de l'héritage saisi, s'il y a une maison, et à la porte de la paroisse où l'héritage est situé.

Ces affiches doivent contenir la consistance de l'héritage dont on poursuit le bail judiciaire, la juridiction où on y doit procéder, et enfin les charges du bail.

Il y a néanmoins quelques juridictions où l'usage n'est pas d'exprimer les charges dans l'affiche, mais seulement de marquer que le bail se fera aux charges portées par l'affiche, qui sera lue à l'audience.

Le procureur signifie aux parties qu'il a fait mettre les affiches, et au jour de l'assignation, le procureur du commissaire demande acte de la comparution des parties présentes, défaut contre les absentes, et que pour le profit, il soit au même instant procédé au bail judiciaire. Le juge l'ordonne, et en conséquence fait lire l'affiche avec toutes les clauses, reçoit les enchères, et remet à faire l'adjudication à huitaine, pour la dernière enchère.

L'adjudication ne se fait qu'à la troisième remise; on peut même en faire plus de trois, si les enchères ne montoient point assez haut : ces jugements de remise sont signifiés à la requête du commissaire, par acte de procureur à procureur, au saisi, au saisissant, et à l'ancien procureur des opposants.

Cette procédure peut quelquefois être suspendue; car si quelqu'un, se prétendant propriétaire de quelques morceaux d'héritages compris dans la saisie, a formé son opposition *afin de distraire*, et que, en conséquence, il s'oppose à ce que le morceau d'héritage soit compris dans le bail judiciaire de l'héritage saisi, le juge peut surseoir, pendant un certain temps, à l'adjudication du bail judiciaire, pour donner le temps de faire juger au fond cette opposition, si elle peut être jugée dans un temps court.

Le commissaire fait procéder au bail judiciaire des héritages saisis dans le commencement de sa commission, pour renouveler les baux qui sont prêts à expirer.

Le règlement de 1664 porte, qu'il sera procédé au renouvellement des baux judiciaires , six mois avant l'expiration de ceux qui subsistent, à l'égard des maisons de la ville de Paris , et un an avant l'expiration, à l'égard des autres biens.

Si l'héritage saisi étoit en mauvais état, et qu'il ne se présentât personne pour enchérir, le commissaire, après trois remises, est déchargé, et n'est point obligé de faire de nouvelles procédures, jusqu'à ce qu'il soit sommé par l'une des parties intéressées , qui sont le saisi, le saisissant et les opposants.

Voyez sur les devoirs des commissaires aux saisies-réelles, et sur tout ce qui a rapport aux baux judiciaires, l'édit des criées de l'année 1551; celui des mois de février 1626, juillet 1667; et les arrêts de règlement des 12 août 1664, 23 juin 1678, et 29 avril 1722.

§. III. De l'adjudication des baux judiciaires.

Le juge, à la dernière remise, adjuge purement et simplement le bail judiciaire, au plus offrant et dernier enchérisseur.

Ce sont des procureurs qui enchérissent pour des personnes inconnues qui leur en ont donné pouvoir. Le procureur, dernier enchérisseur, à qui le bail a été adjugé , doit, dans trois jours au plus tard , faire au greffe sa déclaration de la partie pour laquelle il s'est rendu adjudicataire. *Règlement de* 1664, *art.* 6.

Il y a certaines personnes auxquelles il est défendu de se rendre adjudicataires des baux judiciaires; l'ordonnance de Blois, *art.* 132, pour éviter les fraudes, assurer la liberté des enchères , et empêcher que , par des manœuvres, les baux judiciaires se fassent à vil prix, défend à tous juges, avocats, procureurs , solliciteurs, et à leurs clercs, de se rendre adjudicataires des fruits des biens saisis dans leur siége , ni de se rendre cautions pour l'adjudicataire.

L'arrêt de règlement de la cour, du 22 juillet 1690, ordonne l'exécution de cette ordonnance , en conséquence défend à tous procureurs et à leurs clercs, de prendre directement, ou indirectement, les baux judiciaires des biens saisis dans les juridictions où ils sont établis, et de se rendre cautions.

Cet arrêt fait la même défense au commissaire à la saisie-réelle, et à ses commis.

Le règlement du 29 avril 1722, *art.* 25, confirme ces défenses, dans lesquelles il comprend aussi les huissiers, et prononce contre eux de très grosses peines; savoir, 1° la nullité des baux, pour le temps qui en reste à expirer, pour quoi il doit être fait d'autres baux, et néanmoins les adjudicataires prohibés contraints de payer, comme s'ils en jouissoient encore.

2° La peine du quadruple du prix des baux pour le passé, si mieux n'aime le poursuivant, ou quelqu'un des opposants, l'estimation par experts du juste prix du bail, sans néanmoins que cela dispense l'adjudicataire de la peine du quadruple, dans le cas où l'estimation seroit plus foible que le quadruple.

3° La peine d'une interdiction de six mois contre les procureurs, d'une incapacité de devenir procureurs contre leurs clercs, et de punition exemplaire contre les commissaires et leurs commis, et en outre d'une amende de trois mille livres contre toutes ces personnes. Cette défense reçoit exception dans le cas où ces personnes sont créanciers opposants en leur nom, par titres légitimes, antérieurs à l'enregistrement de la saisie-réelle, ou le seroient devenues depuis par succession, donation, et sans fraude. *Édit de* 1744.

Le même règlement, *art.* 37, fait défenses aux commissaires aux saisies-réelles de recevoir pour fermiers judiciaires, cautions, ou certificateurs, la partie saisie, sous semblable peine de nullité pour l'avenir, et du quadruple pour le passé, solidairement, tant contre la partie saisie, que contre le procureur qui auroit enchéri pour elle, ou pour personne qu'il sauroit être interposée, et contre le commissaire qui en auroit connoissance.

Par l'article 38, il est défendu aux fermiers judiciaires de faire cession de leur bail à la partie saisie, soit à titre gratuit, soit à titre onéreux, à peine de 3.000 livres d'amende.

Les personnes qui ne sont pas sujettes à la contrainte par corps, sont aussi, par cette raison, exclues de pouvoir être fermiers judiciaires, ni cautions pour eux; c'est pourquoi le règlement du 22 juillet 1690 défend d'admettre aux baux judiciaires les mineurs et les septuagénaires.

On doit, par la même raison, en exclure les femmes et les ecclésiastiques.

Le temps pour lequel se doit faire l'adjudication du bail judiciaire ne peut être moindre de trois ans, si tant la saisie dure. *Édit de février* 1626.

Elle se fait à la charge par l'adjudicataire de donner caution ; *édit de* 1551, *art.* 4 ; elle doit être donnée dans la huitaine, suivant le règlement de 1664.

Cette caution se présente de procureur à procureur, par un acte que l'adjudicataire fait signifier au commissaire ; si le commissaire ne la conteste pas, la caution va faire ses soumissions au greffe ; si le commissaire la conteste, l'adjudicataire doit lui donner copie de la déclaration des biens de la caution, et des pièces justificatives, sous le récépissé de son procureur.

Quelquefois le juge ordonne qu'on joindra à la caution un *certificateur* qui s'obligera solidairement avec elle.

Le commissaire n'est pas garant de l'insolvabilité des cautions survenue depuis qu'elles ont été reçues.

Si l'adjudicataire n'en donne point, ou que celle qu'il donne soit rejetée, comme n'étant pas solvable, le commissaire doit faire ordonner que le bail sera crié à la folle enchère de cet adjudicataire.

Si quelqu'un, après l'adjudication, porte une enchère du tiers en sus du prix de l'adjudication, avec offre d'indemniser l'adjudicataire de ses frais, l'enchère est admise, pourvu qu'il se présente avant la Saint-Barnabé ; autrement il n'est point reçu pour l'année présente ; mais il peut l'être pour les suivantes.

Ces offres de tiercement doivent se faire par une requête présentée au juge, qui doit être signifiée au commissaire, à l'adjudicataire, au saisi, au saisissant, et à l'ancien procureur des opposants, avec assignation devant le juge, à l'effet que, si ce tiercement est jugé par lui admissible, il lui plaise ordonner que le bail sera crié de nouveau sur ce tiercement.

§. IV. De la manière dont les fermiers judiciaires doivent faire procéder à la visite et aux marchés des réparations.

Le fermier judiciaire, lorsqu'il veut se mettre en possession, doit présenter une requête au juge, pour que l'héritage soit visité, et qu'il soit dressé un état des réparations qui y sont à faire par experts. Il doit signifier cette requête, et l'ordonnance de *soient parties appelées*, au saisi, au saisissant, et au plus ancien procureur des opposants, avec assignation en l'hôtel du juge.

Sur cette assignation, le juge ordonne la visite par experts qu'il nomme.

Lorsque la visite est faite, le fermier doit donner la copie du rapport aux parties, et au commissaire, avec assignation pour se trouver à certain jour chez un notaire où se fera le marché en leur présence, ou eux dûment appelés, des réparations, pourvu qu'elles n'excèdent pas trois cents livres; et où elles excéderoient cette somme, il en doit être fait en justice un marché au rabais.

Ces formalités observées, le fermier peut donner, pour argent comptant, en paiement de ses fermes, au commissaire, les quittances des ouvriers, qui doivent être passées par-devant notaires, à la charge néanmoins qu'il ne pourra employer en réparations, tous les ans, plus des deux tiers de la ferme, pour les baux au-dessous de 300 liv.; plus de moitié, pour ceux de 320 liv., jusqu'à 1,000 liv.; plus d'un tiers, pour ceux au-dessus de mille liv., jusqu'à deux mille liv.; et plus d'un quart pour ceux au-dessus de deux mille liv. *Règlement du 23 juin 1678.* L'arrêt fait même défenses d'en employer davantage, à peine de perdre le surplus.

Le fermier doit faire la même chose à l'égard des réparations qui surviennent durant le cours du bail; néanmoins, si elles étoient si modiques qu'elles ne valussent pas les frais de visite, elles pourroient lui être allouées sur les simples quittances des ouvriers, jusqu'à concurrence d'une certaine somme.

S'il y avoit des réparations urgentes et nécessaires à faire au-delà des sommes que le règlement permet d'y employer, il faudroit faire ordonner par le juge, en connoissance de cause, qu'elles seroient faites, à quelque somme qu'elles pussent monter.

§. V. De la jouissance du fermier judiciaire.

Le bail judiciaire donne au fermier le droit de percevoir tous les droits et émoluments des biens saisis; c'est pourquoi les profits et droits censuels qui échéent pendant le cours du bail judiciaire des biens seigneuriaux saisis réellement, appartiennent au fermier.

Il en est autrement des choses, *quæ magis in honore quàm in utilitate consistunt,* qui sont plus honorables qu'émolumentaires, *V. G.,* la chasse, les menus cens qui se paient, *in recognitionem dominii directi,* les nominations aux bénéfices; ces choses n'appartiennent pas au fermier, mais à la partie saisie, qui demeure toujours propriétaire jusqu'à l'adjudication.

Il est défendu par l'édit de 1551, à la partie saisie et à tout autre, de troubler le fermier judiciaire dans sa jouissance, à peine de confiscation de biens, comme pour rébellion au roi et à justice, sous la main de qui est l'héritage.

Cette défense ne comprend que les troubles qui seroient faits sans droit, et n'empêche pas le seigneur de qui relève le fief donné à bail judiciaire, de le saisir féodalement, s'il est ouvert; en ce cas, le fermier est tenu de dénoncer *incontinent* la saisie féodale au commissaire, à peine contre lui, s'il ne le fait pas, de supporter la perte des fruits, sans aucune diminution de son bail.

§. VI. Quand finit le bail judiciaire.

Le bail judiciaire finit non seulement par l'expiration du temps pour lequel il a été fait; il finit aussi, même avant l'expiration de ce temps, lorsque la commission du commissaire à la saisie-réelle finit; ce qui arrive, soit par l'adjudication de l'héritage saisi, soit par la main-levée qui seroit donnée de la saisie.

C'est ce qui résulte des termes de l'édit de février 1626, qui, en voulant que l'adjudication des baux judiciaires ne puisse être moindre de trois ans, ajoute : *Si tant la saisie dure.*

Aux termes de cet édit, le bail devroit être résilié dans l'instant de l'adjudication, ou de la main-levée; mais, suivant le règlement de 1664, *art.* 13, le fermier judiciaire qui a ensemencé les terres, ou qui a commencé la jouissance depuis le terme, si c'est une maison de ville, doit jouir pendant toute l'année commencée, en payant à l'adjudicataire qui a obtenu main-levée.

ARTICLE VI.

Des criées et de leurs certifications.

Les criées sont les proclamations qui sont faites par un sergent, pour annoncer au public qu'un tel héritage est saisi réellement, et sera vendu par décret.

§. I. Où, et à quel jour se doivent faire les criées.

Suivant l'édit de 1551, *art.* 3, les criées doivent se faire au jour de dimanche, à l'issue de la messe paroissiale des paroisses où les héritages saisis sont situés.

La raison en est, que c'est à l'issue de la messe paroissiale que se trouve une plus grande affluence de peuple, ce qui fait par conséquent le lieu et le temps auxquels les criées peuvent être rendues plus publiques.

Le même édit abroge l'usage de faire ces criées aux auditoires, ainsi qu'on avoit accoutumé de faire; l'édit ayant déterminé le lieu où se doivent faire ces criées, on ne doit plus suivre les coutumes antérieures à l'édit, qui ordonnent de les faire aux marchés publics.

Lorsque l'héritage en rôture s'étend dans plusieurs paroisses, il faut faire les criées dans chaque paroisse; sinon elles seroient nulles pour l'héritage situé où les criées n'auroient pas été faites.

Mais à l'égard des fiefs, de même qu'il suffit d'exprimer dans la saisie le principal manoir, *argument de l'art.* 467 *de notre coutume*, de même il doit suffire de faire les criées à la paroisse en laquelle est situé le principal manoir.

Les criées ne peuvent se faire que les jours de dimanche, l'édit ayant assigné ce jour pour les faire; au reste, on

peut les faire non seulement aux jours de simples diman
ches, mais même aux dimanches les plus solennels. Une
criée faite un dimanche de la Pentecôte, a été confirmée
par un arrêt de règlement du 22 mars 1626, sur les conclusions de M. Bignon, qui dit qu'il n'y avoit que le seul
dimanche de Pâques excepté.

§. II. Du nombre des criées, et de leur ordre.

L'édit de 1551 ne détermine pas le nombre des criées,
ni l'intervalle qu'il doit y avoir entre chacune; on doit
suivre à cet égard ce que prescrivent les différentes coutumes dans le territoire desquelles l'héritage saisi est situé.

Suivant la coutume d'Orléans, on en doit faire cinq à
jours de dimanche, *art.* 469.

Elles doivent se faire sans interruption, par trois quin-
zaines consécutives; huitaine après l'expiration de la première quinzaine, c'est-à-dire, le dimanche auquel expire
la quinzaine après celui auquel s'est faite la première criée,
doit se faire la seconde; au bout d'une seconde quinzaine,
la troisième; au bout d'une troisième quinzaine, la quatrième; et le dimanche auquel expire la huitaine depuis la
quatrième criée, doit se faire la cinquième.

Il ne doit y avoir aucune interruption dans cet ordre; si
on avoit manqué de faire une criée au jour auquel elle tomboit, il faudroit les recommencer toutes; néanmoins, un
sergent ayant remis une criée qui tomboit le jour de Pâques au lendemain, la cour, par un arrêt du 29 juillet 1653,
qu'on trouve dans le Journal des Audiences, *tome* 2, ne
déclara pas les criées nulles, mais ordonna qu'il seroit fait
une nouvelle et surabondante criée.

L'appel des criées d'immeubles saisis en vertu d'un titre
exécutoire, n'en peut même empêcher la continuation;
c'est ce qui se pratique au châtelet de Paris, où, malgré
l'appel des criées, on passe outre jusqu'à la sentence de
congé d'adjuger inclusivement, et même jusqu'à l'adjudication exclusivement, lorsqu'il n'y a point d'appel du
congé d'adjuger, ainsi qu'il est attesté par un acte de notoriété du 2 mars 1686.

Cet usage du châtelet de Paris n'est pas particulier à ce

tribunal, et beaucoup d'autres l'observent, comme étant conforme à ce qui est prescrit par l'article 1 de l'arrêt de règlement du 29 janvier 1658, qu'on trouve dans le Recueil chronologique de M. Jousse, *tom.* 1, *pag.* 53.

§. III. Des frais et procédures des criées.

Le sergent, pour faire chaque criée, doit avec les deux témoins se transporter devant la principale porte de l'église paroissiale où l'héritage est situé, à l'issue de la messe paroissiale, et là déclarer à haute voix et cri public : 1° que l'héritage est saisi et mis en criées, pour être vendu par décret. M. Rousseau atteste que les héritages doivent être détaillés dans la première criée, comme dans l'exploit de saisie, mais non dans les suivantes.

2° La justice où se poursuit le décret.

3° A la requête de qui la saisie est faite, et le domicile élu par le saisissant.

4° La somme de la créance pour laquelle elle est faite.

5° Il doit sommer en général tous ceux qui y ont intérêt de se présenter, et faire leurs oppositions.

Il est aussi d'usage que le sergent dise si la criée qu'il fait est la première, la seconde, ou autres suivantes, et qu'il nomme les jours auxquels elles se continueront.

A la première et dernière criées, il doit mettre des affiches : 1° A la principale porte de l'église où se font les criées.

2° A celle de l'héritage saisi.

3° A celle du juge de la juridiction où se poursuit la saisie.

Les affiches doivent contenir la déclaration des choses saisies, pourquoi la saisie se fait, le lieu où les ventes par décret doivent être faites. *Coutume d'Orléans, art.* 410.

Le sergent doit signer, avec les témoins, les procès-verbaux de chaque criée et apposition d'affiches ; il n'est pas nécessaire d'en donner copie au saisi, dans les cas qui ne l'exigent pas ; il est réputé suffisamment instruit par la publicité de la criée ; c'est le sentiment de d'Héricourt.

§. IV. De la certification des criées.

L'édit de 1551 porte en termes formels, *art.* 5 : « Les
« criées parfaites, elles seront certifiées par-devant le juge
« des lieux, lecture faite d'icelles ès-jours de plaids et iceux
« tenants. »

Cette certification est une formalité nécessaire pour la
validité des décrets, dont l'usage est très ancien, puisque
l'ordonnance de 1539 ordonne que les criées seront certifiées *selon les anciennes ordonnances.*

Cette certification est un jugement par lequel le juge atteste que les criées ont été bien et valablement faites, et
qu'on y a observé toutes les formalités requises.

L'édit de 1551 veut que la certification soit faite par-
devant le juge du lieu; ce qui a lieu quand même la saisie
se poursuivroit ailleurs.

La raison est que, les criées devant se faire suivant la
coutume où l'héritage est situé, le juge du lieu est plus en
état qu'un autre de certifier si toutes les formalités ont été
observées.

Si les héritages saisis étoient dans différentes juridictions,
il semble qu'il faudroit certifier les criées dans les différentes
juridictions, sur-tout si elles étoient en différentes coutumes.

Cette certification peut se faire non seulement dans les
siéges royaux, mais même dans les justices subalternes,
lorsqu'il y a dans ces justices un nombre suffisant de praticiens pour la certification; s'il n'y en avoit pas suffisamment, la certification doit se faire au siége royal du ressort.

La procédure pour les certifications consiste à remettre,
par le saisissant, les procès-verbaux entre les mains de
l'officier certificateur des criées; à Orléans, cet office est
réuni à la communauté des procureurs, qui nomment tour
à tour deux d'entre eux pour l'exercer.

Le certificateur en fait rapport à l'audience, et, sur son
rapport, le juge, après avoir pris l'avis de dix praticiens,
avocats ou procureurs, rend son jugement, par lequel il
déclare les criées bien faites, ou les rejette comme mal faites.

ARTICLE VII.

Des oppositions qui se forment aux saisies-réelles.

§. I. Combien il y a d'oppositions ; et comment elles se forment.

Il y a quatre sortes d'oppositions aux saisies-réelles :
1° L'opposition à fin d'annuler.
2° L'opposition à fin de distraire.
3° L'opposition à fin de charge.
4° L'opposition à fin de conserver.

Les oppositions se forment quelquefois entre les mains du sergent qui fait les criées, lequel en doit faire mention en son procès-verbal, et faire élire, à l'opposant, domicile au lieu où la saisie se poursuit.

Elles se forment le plus ordinairement au greffe de la juridiction où la saisie se poursuit ; et le greffier doit, à cet effet, avoir un registre pour enregistrer les oppositions. Déclaration du 16 juillet 1669, *art.* 7 ; coutume de Paris, *art.* 356 ; il est même d'usage, lorsqu'elles ont été formées entre les mains du sergent, de les inscrire au greffe ; et on prétend que cela est nécessaire.

Si l'opposant ne sait pas le greffe dans le registre duquel la saisie a été enregistrée, il doit sommer le procureur du saisissant de le lui déclarer ; et le procureur doit le faire, à peine d'être responsable des causes de l'opposition.

Celui qui forme opposition doit élire domicile dans le lieu de la juridiction où la saisie se poursuit ; le domicile dure même après la mort du procureur, ou autre, chez qui l'opposant a élu domicile, et toutes les significations qu'on y fait après leur mort sont valables. *Coutume de Paris, art.* 360.

Les procureurs qui, étant chargés des pièces pour faire des oppositions, négligent de les faire, sont tenus des dommages et intérêts des parties ; c'est ce qui a été jugé par un arrêt du 26 avril 1644, cité par d'Héricourt, en son Traité de la Vente des Immeubles, *chap.* 9, *somm.* 2.

§. II. De l'opposition à fin d'annuler.

L'opposition afin d'annuler est celle qui est formée ordinairement par la partie saisie, aux fins de faire déclarer la saisie nulle.

Un tiers peut aussi former une opposition afin d'annuler, *V. G.*, le propriétaire d'un héritage saisi réellement, comme appartenant à un autre; car il n'y a pas de nullité plus certaine que celle d'une saisie faite *super non domino*.

Cette opposition peut être fondée, ou sur des moyens de fond, lorsque le saisi prétend ne rien devoir des choses pour lesquelles la saisie-réelle est faite, ou sur des moyens de forme, *V. G.*, si on prétend qu'il y a eu quelque défaut de formalité, soit dans l'exploit de saisie réelle, soit dans les criées et procédures de la saisie.

Cette opposition n'est plus recevable après l'appointement à décréter, autrement appelé *congé d'adjuger*; mais la partie saisie peut, en ce cas, appeler de cet appointement, s'il n'a pas force de chose jugée; et elle peut, sur l'appel attaquer la saisie par les mêmes moyens par lesquels elle auroit pu l'attaquer, en s'opposant avant le congé d'adjuger.

Cette opposition, jusqu'à ce qu'il y soit statué, empêche le cours de la saisie jusqu'au congé d'adjuger.

La partie qui veut aller en avant donne assignation à l'audience pour faire statuer sur cette opposition. Si le juge la trouve fondée, il donne main-levée de la saisie réelle, et même avec dommages et intérêts, s'il paroît que le saisissant n'étoit pas créancier; mais il n'y a pas de dommages et intérêts lorsque la saisie est déclarée nulle pour des moyens de forme; on se contente, en ce cas, d'en prononcer la main-levée avec dépens.

Si le défaut de formalité ne se trouve que dans la procédure qui a suivi la saisie-réelle, on n'en donne pas main-levée, car la saisie subsiste; il n'y a de nulle que la procédure qui a suivi la saisie-réelle, et dans laquelle se trouve le défaut de forme; le juge doit donc se contenter de déclarer nulle cette procédure, et jusqu'à ce qu'elle ait été recommencée et réparée, le saisissant ne peut obtenir le congé d'adjuger.

Si l'opposition se trouve mal fondée, le juge en déboute la partie, et sans y avoir égard rend l'appointement à décréter.

L'édit de 1551, *art.* 15, veut que, en ce cas, l'opposant soit condamné, par corps, en trente livres d'amende parisis envers le roi, et autant envers le poursuivant.

§. III. De l'opposition à fin de conserver.

L'opposition *afin de conserver,* est celle qui est formée par les créanciers hypothécaires, pour être conservés dans le droit d'hypothèque qu'ils ont dans l'héritage saisi, et en conséquence être colloqués suivant l'ordre de leur hypothèque, dans l'ordre et distribution qui se fera du prix que l'héritage saisi aura été vendu.

Il suffit d'être créancier hypothécaire pour former cette opposition; il n'est pas nécessaire d'avoir un titre exécutoire.

Ces oppositions peuvent être formées en quelque temps que ce soit, avant ou après le congé d'adjuger, même après l'adjudication, qu'on appelle proprement *décret.* Avant que ce décret ait été levé et scellé, il doit être vingt-quatre heures entre les mains du scelleur, pour recevoir les oppositions. *Coutume de Paris,* art. 554 et 556.

Après que le décret est scellé et levé, les oppositions afin de conserver ne peuvent plus être formées, le décret a purgé les hypothèques des créanciers qui ont manqué à former leurs oppositions; c'est pourquoi il ne leur reste plus que la voie de la saisie-arrêt, pour être payés *au sou la livre,* comme simples créanciers chirographaires, sur ce qui restera du prix, après que les créances de ceux qui auront formé les oppositions auront été acquittées entièrement en principal et frais.

Il est évident que ces oppositions afin de conserver n'arrêtent pas le cours du décret, ni la vente de l'héritage saisi: ces oppositions se convertissent ordinairement en saisies-arrêts sur le prix.

Il nous reste à observer qu'on distingue deux sortes d'oppositions afin de conserver, les directes et les oppositions en *sous ordre.*

Les directes sont celles qui sont formées par les créanciers de la partie saisie.

Les oppositions en *sous-ordre*, sont celles qui sont formées par les créanciers de quelque créancier de la partie saisie, afin d'être colloqués sur une partie du prix du bien saisi, qui pourra revenir à leur débiteur, dans l'ordre d'hypothèque qu'ils ont sur les biens de ce débiteur, et être admis à le recevoir à sa place.

Si le créancier de la partie saisie n'avoit pas formé son opposition directe, les créanciers du créancier, après sommation faite de la former, peuvent, sur son refus, être autorisés à la former pour lui, et à ses risques; car c'est une maxime, que les créanciers peuvent exercer les droits de leur débiteur quand il néglige de les exercer lui-même.

Il a été jugé que les créanciers du saisi et de sa femme pouvoient, sans faire cette procédure contre la femme, être colloqués en sous-ordre sur ce que la femme peut prétendre dans le prix des biens de son mari; c'est ce qui résulte d'un arrêt de règlement du 31 août 1690, dont les dispositions sont rapportées par Denizart, *Collect. de Jurisp.*, verbo *Oppositions*, n. 33.

§. IV. Des oppositions à fin de distraire, et à fin de charge.

L'opposition afin de distraire est celle qui est formée par un tiers, qui se prétend propriétaire de quelque héritage compris dans la saisie-réelle, afin qu'il en soit distrait, et lui soit délaissé.

Cette opposition est une vraie demande en revendication de l'héritage dont on demande distraction.

L'opppoition à fin de charge est celle qui est formée par un tiers qui prétend avoir quelque droit réel dans l'héritage saisi, comme de rente foncière, d'usufruit, de servitude, aux fins que l'héritage soit vendu à la charge de ce droit.

La procédure qui se fait sur ces oppositions est, que le procureur de l'opposant fait signifier l'acte de son opposition à celui du saisissant, avec copie des pièces qui servent de fondement à son opposition, lequel le dénonce au saisi, et au procureur ancien des opposants, ce qui forme une instance particulière sur laquelle le juge prononce à l'audience, ou, s'il n'est pas en état, rend un appointement.

Si l'opposant afin de distraire prétendoit être en possession de l'héritage compris dans la saisie-réelle, et que cette possession fût déniée, le juge permettroit de faire enquête, comme dans la complainte possessoire.

Cette opposition, en ce cas, équipolle à une complainte.

Ces oppositions retardent l'appointement à décréter, ou congé d'adjuger, auquel le juge doit surseoir, jusqu'à ce qu'il ait statué sur ces oppositions. *Edit de* 1551, *art.* 16.

S'il y avoit un procès pendant, dans une autre juridiction, sur le décret auquel l'opposant a formé son opposition, le juge devroit fixer un temps dans lequel les parties seroient tenues de faire juger le procès dans la dernière juridiction; et faute de le faire juger dans ce délai, le procès doit être évoqué devant le juge où se poursuit la saisie-réelle, et où a été formée l'opposition. *Edit de* 1551, *art.* 6.

Il n'est pas douteux que ces oppositions ne peuvent se former après l'adjudication; en quoi elles diffèrent des oppositions afin de conserver, qui peuvent se former après l'adjudication, jusqu'à ce que le décret soit levé et scellé. C'est la différence qu'établit entre elles la coutume de Paris, *art.* 354.

C'est une question si ces oppositions peuvent se former après l'appointement à décréter; il semble qu'elles pourroient être formées, même après ce temps, pourvu que ce soit avant l'adjudication; car il n'y a que l'adjudication qui, en attribuant à l'adjudicataire un droit de propriété des héritages, franc et quitte de toutes charges et droits, non compris dans l'affiche, purge et éteint le droit de propriété, et autres droits réels qui appartiennent à des tiers dans ces héritages; ceux qui les avoient n'en étoient donc point dépouillés avant l'adjudication; il semble donc qu'ils peuvent jusqu'à ce temps les réclamer, en formant une opposition. L'article 6 de l'édit de 1551 n'a rien de contraire; il est vrai qu'il suppose que ces oppositions doivent se juger avant l'appointement à décréter; mais cela doit s'entendre de celles qui ont été formées avant cet appointement; et cela n'emporte point une défense de les former après : enfin, la coutume de Paris, *art.* 354, dit seulement qu'elles doivent se former avant l'adjudication, et ne défend point de les recevoir après l'appointement.

Nonobstant ces raisons, ces oppositions ne sont pas reçues après le congé d'adjuger, aux saisies-réelles qui se poursuivent au parlement, soit que les saisies y aient été portées directement, soit qu'elles y aient été évoquées ou renvoyées en d'autres siéges; c'est la disposition du règlement de la cour, de 1598, *art.* 4 *et* 6.

La raison est afin d'encourager les enchérisseurs, qui enchériront plus librement lorsqu'ils seront assurés de n'avoir à craindre aucune contestation de la part des opposants.

Au reste, ce règlement ne concerne que les saisies-réelles pendantes au parlement; il fait même expressément mention des différents usages des autres juridictions; car il est dit à la fin de cet article, *sans déroger, pour ce qui se décrète devant les juges ordinaires, à ce qu'ils ont accoutumé garder suivant la coutume des lieux;* aussi, au châtelet de Paris, l'usage est de recevoir les oppositions afin de distraire, et à fin de charge, même après le congé d'adjuger, jusqu'à l'adjudication, suivant l'art. 354 de la coutume de Paris, ainsi que l'atteste d'Héricourt, *chap.* 9, *somm.* 4. Voyez *l'acte de notoriété du 21 mars 1725, dans le Recueil de Denizart.*

Au châtelet d'Orléans, on suit l'usage du parlement, et ces oppositions n'y sont point reçues après le congé d'adjuger; comme l'atteste l'auteur des Notes sur la coutume, *édition de 1711.*

La jurisprudence a établi une exception à l'égard de l'église et des mineurs, et reçoit, après le congé d'adjuger, leur opposition afin de distraire, et à fin de charge, en refondant les dépens, pourvu qu'ils se présentent avant l'adjudication. *Voyez l'arrêt du 23 mars 1709, au 5ᵉ tome du Journal des Audiences.*

Les oppositions, afin de distraire, ou de charge, qui sont formées après le congé d'adjuger, dans les juridictions où elles ne sont pas reçues après ce temps, même celles qui sont formées après l'adjudication, avant que le décret soit scellé et délivré, sont converties en oppositions.

afin de conserver; et les opposants sont colloqués sur le prix de l'héritage saisi, pour la somme à laquelle on estime la valeur du droit qui leur appartient dans l'héritage.

ARTICLE VIII.

De plusieurs espèces d'incidents qui arrivent pendant le cours de la saisie-réelle.

§. I. De la contestation sur la préférence entre deux saisissants.

Suivant la maxime du droit français, *Saisie sur saisie ne vaut;* il ne peut y avoir qu'une saisie-réelle du même héritage qui subsiste : c'est pourquoi, lorsque deux saisissants ont, par différentes saisies, saisi réellement les mêmes héritages, il ne peut y avoir que l'une des deux saisies qui doive tenir ; l'autre doit être convertie en opposition.

Lorsqu'il y a contestation entre deux saisissants sur celle des saisies qui doit prévaloir, la règle ordinaire est que c'est celle qui a été enregistrée la première qui doit subsister; l'autre ne doit pas même être enregistrée, quand même elle seroit antérieure en date à celle qui a été enregistrée, et elle doit être convertie en opposition à celle faite par celui qui a été le plus diligent à faire enregistrer la sienne, comme nous l'avons vu ci-dessus, *art.* 4.

Cette règle reçoit exception lorsque la seconde saisie se trouve plus ample que celle qui a été enregistrée la première, c'est-à-dire lorsque, outre les héritages compris dans la première saisie, elle en comprend encore d'autres; en ce cas, l'usage est de faire prévaloir la seconde, et de convertir en opposition à cette saisie celle qui a été enregistrée la première ; cela se fait pour éviter la multiplicité des frais que causeroient deux différentes saisies, l'une des héritages compris dans la première, et l'autre de ceux qui, n'étant pas compris dans la première, le sont dans la seconde.

Néanmoins, s'il y a quelque lieu de soupçonner de l'intelligence entre la partie saisie et le second saisissant, on ne lui donne point la préférence, mais on ordonne que le procureur du premier saisissant aura la poursuite des deux saisies, en remboursant au second les frais de la seconde, qui n'en fait plus qu'une avec la première. *Arrêt du 7 septembre* 1713, *cité par d'Héricourt, chap.* 6, *somm.* 23.

§. II. De la demande en subrogation à la saisie.

Lorsque le saisissant a donné main-levée de la saisie, un créancier opposant peut demander à y être subrogé.

Quoiqu'il ne soit pas nécessaire d'avoir un titre exécutoire pour être opposant, je pense qu'il en faut un pour obtenir cette subrogation; la raison est que l'opposant, par cette saisie, est réputé le saisissant, et il ne peut l'être sans un titre exécutoire.

Entre plusieurs créanciers opposants qui demanderoient cette subrogation, c'est celui qui a été plus diligent à la demander qui doit être préféré.

En égalité de diligence on doit préférer celui qui a plus d'intérêt à la poursuite, tel qu'est celui qui a l'hypothèque la plus privilégiée et la plus ancienne, ou qui est créancier d'une somme plus considérable.

Cette subrogation peut être demandée, non seulement lorsque le saisissant a donné main-levée de la saisie, mais même lorsqu'il est en demeure de la poursuivre, soit que ce soit par collusion, soit par négligence, ou faute d'argent.

Le procureur d'un créancier opposant doit avoir un pouvoir spécial de sa partie pour demander cette subrogation; car, de ce qu'un créancier fait une opposition, il ne s'en-suit pas qu'il veuille s'engager dans la poursuite coûteuse d'une saisie. D'Héricourt dit qu'on peut désavouer un procureur faute d'un pareil pouvoir; et Bruneau, en son *Traité des Criées, chap.* 13, rapporte un arrêt du 22 juin 1675, qui a jugé que Me Noël Gobreau avoit été bien dés-avoué par la veuve Magy, au nom de laquelle il s'étoit fait subroger à une saisie-réelle, sans une procuration spéciale.

La procédure pour cette subrogation est, que celui qui la demande donne requête au juge devant qui est la saisie-réelle, aux fins de laquelle il donne avenir aux procureurs du saisissant, du saisi, et de l'ancien procureur des opposants.

Lorsque cette subrogation est demandée pour cause de négligence à poursuivre, le juge devant qui l'assignation est donnée, doit, si le saisissant conteste la subrogation, ordonner que, dans un certain délai par lui fixé, le saisissant

rapportera les diligences par lui faites pour la poursuite de
la saisie-réelle ; et, après le délai expiré, s'il paroît que le
saisissant persévère dans sa négligence, le juge doit accorder
la subrogation au demandeur, et en conséquence condamner le saisissant à lui remettre la saisie-réelle, et toute la
procédure, à la charge, par le demandeur en subrogation,
de rembourser le saisissant des frais de cette procédure.

Cette obligation qui lui est imposée de rembourser les
frais du saisissant, ne comprend que ceux utilement et valablement faits ; pour cet effet, il doit examiner la procédure,
avant que de rembourser les frais, et rabattre ce qu'il croira
être mal fait ; mais il n'est pas écouté à demander que le
saisissant et son procureur s'obligent envers lui à la garantie
de la procédure, dont il rembourse les frais. On a donné
congé d'une pareille demande, par arrêt du 6 juillet 1678,
rapporté par d'Héricourt, *chap.* 6, *somm.* 24, et qui se
trouve au Journal du Palais, *tome* 1.

Le créancier subrogé à la saisie doit-il faire un acte de
reprise au greffe ? D'Héricourt, dans le même chapitre que
nous venons de citer, dit que l'usage des requêtes du palais est qu'il fasse cette reprise, et qu'au contraire l'usage
du châtelet de Paris est de n'en point faire, suivant un
acte de notoriété de M. le Camus, du 11 janvier 1690 ; ce
qui est plus raisonnable, parceque le jugement de subrogation tient lieu de reprise.

§. III. De la demande du créancier privilégié, ou ancien, pour se faire
livrer l'héritage saisi, pour l'estimation qui en sera faite.

Lorsque des héritages sont saisis réellement sur le curateur à une succession vacante, ou à un délais, la jurisprudence permet qu'un créancier privilégié puisse demander
que, sans poursuivre la saisie-réelle, l'héritage lui soit adjugé pour le prix qu'il sera estimé, si mieux n'aiment les
autres créanciers l'enchérir à plus haut prix, en donnant
caution de faire porter l'héritage à si haut prix que le créancier privilégié soit payé de ce qui lui est dû, tant en principal, qu'intérêts et frais.

Par la suite on a admis cette demande, non seulement
de la part des créanciers privilégiés, lorsqu'il y en a, mais

même de la part d'un créancier qui est simplement l'ancien, et qui doit venir en ordre.

Cette jurisprudence est bien équitable : il ne doit pas dépendre de la mauvaise humeur d'un dernier créancier, de faire consommer en frais l'héritage saisi ; *nihil exinde laturi, nisi ut officiant antiquiori creditori.*

Un créancier postérieur, en remboursant l'ancien, et étant, par ce paiement, subrogé à ses droits, peut former la même demande.

Plusieurs prétendent que cette demande du créancier privilégié, ou ancien créancier, doit être formée avant le congé d'adjuger, et qu'il n'est plus temps de la former après ; la raison en paroît assez spécieuse : le juge, dit-on, ne peut rétracter lui-même son jugement ; or, ce seroit le rétracter si, après avoir ordonné par le congé d'adjuger que l'héritage saisi seroit vendu et adjugé par décret, il faisoit ensuite droit sur cette demande, et ordonnoit que cet héritage seroit adjugé au créancier, sans suivre la saisie-réelle, et sans décret. Ce sentiment est même appuyé sur deux arrêts, l'un du 23 janvier 1693, et l'autre du 10 août 1695, rapportés au cinquième tome du Journal des Audiences. Nonobstant ces raisons, d'Héricourt, au chapitre ci-dessus cité, *somm.* 21, est d'avis contraire ; il dit que le congé d'adjuger ne donne pas plus de droit aux derniers créanciers, sur les biens saisis, qu'ils en avoient lors des premières procédures ; que les mêmes raisons d'empêcher que l'héritage ne soit consommé en frais, au préjudice du premier créancier, sans que les derniers en profitent, sont des raisons qui subsistent après le congé d'adjuger, comme avant, et qui doivent faire décider la même chose.

D'Héricourt cite une sentence des requêtes du palais, du 5 juillet 1724, pour son sentiment ; ce qui fait voir que les derniers arrêts cités n'ont pas fixé la jurisprudence ; mais il ne répond pas à la raison sur laquelle on se fonde pour l'opinion contraire ; il paroît qu'on peut répondre, que si les lois décident qu'un juge ne peut pas rétracter ses sentences définitives, parceque alors l'affaire est consommée, elles décident aussi qu'il ne lui est point interdit de déroger à son jugement interlocutoire; or, le congé d'adjuger n'est qu'une espèce de jugement interlocutoire.

D'Héricourt néanmoins, *chap.* 10, *somm.* 10, regarde ce jugement comme un jugement définitif; ce qui ne me paroît pas vrai, car le jugement définitif est celui qui met fin à l'affaire, et qui consomme la fonction du juge; ce qu'on ne peut pas dire d'un congé d'adjuger : ce n'est point ce jugement qui est la fin d'une saisie-réelle, c'est l'adjudication dont le congé d'adjuger n'est qu'un préparatoire.

§. IV. De l'incident afin de vendre, sans observer les formalités nécessaires.

Lorsque l'héritage saisi réellement est de peu de valeur, le créancier qui l'a saisi forme ordinairement, aussitôt après, l'incident à ce que, attendu que l'héritage ne mérite pas les frais d'un décret qui absorberoit le total, ou la plus grande partie du prix de l'héritage, il lui soit permis de le faire vendre sur une *simple affiche et trois publications ;* et le juge doit le lui permettre.

Cette vente n'a pas le même effet que le décret, elle ne purge point l'hypothèque que des tiers peuvent avoir sur la chose qui a été vendue.

§. V. Des demandes en provision.

Ces demandes sont formées par le saisi, ou par quelque créancier dont la créance est favorable, ou par le saisissant, pour remboursement d'avances par lui faites pour la conservation de la chose saisie.

1° Le saisi est quelquefois en droit de demander une provision alimentaire sur le revenu des biens saisis. *V. G.* Si un débiteur a obtenu des lettres de répit, l'ordonnance de 1669, *tit.* des Répits, *art.* 6, décide que ces lettres n'empêchent pas que les biens de ce débiteur ne puissent être saisis réellement, et donnés à bail judiciaire; mais elle ajoute, *art.* 8, qu'il sera accordé, en ce cas, au saisi, sur les biens saisis, une provision alimentaire, telle que de raison.

Il en est de même, à plus forte raison, dans le cas des lettres d'état : comme elles n'empêchent pas le cours du bail judiciaire, si elles n'ont été présentées, l'impétrant doit au moins être admis à toucher, sur le revenu des biens saisis, une pension alimentaire qui le mette en état de servir le roi.

La minorité de la partie saisie peut aussi passer pour une cause suffisante, à l'effet d'obtenir des provisions alimentaires sur le revenu des biens saisis.

On peut tirer pour cela argument des lois 35 et 39, ff. *de rebus autorit. jud. possid.*, quoiqu'elles soient dans le cas du jugement prétorien, et par conséquent dans une espèce différente de la saisie-réelle.

Même à l'égard des majeurs, s'il paroît que la partie saisie, dont tous les biens sont saisis réellement, a beaucoup plus de biens que de dettes; qu'elle est digne de compassion, et ne cherche point de mauvaises voies pour prolonger la saisie-réelle, il est de la sagesse du juge de faire droit sur la provision qu'elle demande; au contraire, le juge doit la refuser au chicaneur qui tend, par ses chicanes, à faire consommer en frais tous ses biens, qui devroient servir à l'acquitter de ses dettes.

Ces provisions s'obtiennent sur une requête que le saisi donne, et sur laquelle il donne avenir au procureur du saisissant, et à l'ancien des opposants, à l'audience où le juge statue.

2° Il y a certains créanciers dont la créance mérite une faveur singulière, et qui sont en conséquence admis à demander une provision sur le revenu des biens saisis. *V. G.* Une femme créancière de la succession de son mari pour son douaire, est admise à demander des provisions à compte de ses créances pendant le cours de la saisie-réelle, pour subvenir à ses aliments.

Des enfants, créanciers de leur père ou mère, sont aussi admis dans de pareilles demandes, lorsque tous les biens de leur père ou mère sont saisis.

On admet même cette demande de la part des collatéraux du saisi, pour des créances favorables, comme si c'est un frère qui est créancier pour sa légitime, ou pour un compte de tutelle de son frère aîné, dont les biens sont saisis.

Ces provisions s'obtiennent pareillement par une requête qu'on signifie avec un avenir à l'audience au procureur du saisi, du saisissant, et à l'ancien des opposants, sur laquelle le juge statue.

3° Le saisissant qui a fait des avances pour la conservation de la chose saisie, comme pour payer la paulette d'un officier, pour de grosses réparations urgentes, pour acquitter des profits, avoir main-levée d'une saisie féodale, peut, sur une pareille procédure, obtenir, par la suite, un jugement qui ordonne qu'il sera remboursé sur le revenu des biens saisis.

Dans tous ces cas, le juge doit ordonner que les provisions qu'il accorde, soit au saisi, soit à des créanciers privilégiés, soit au saisissant, pour remboursement d'avances, seront payées sur les revenus des biens saisis par le commissaire aux saisies-réelles. Il est défendu aux juges, par l'édit de 1689, d'ordonner qu'elles seront payées par les mains du fermier judiciaire; si ce n'est qu'il s'agisse du paiement des sommes en acquittement de droits seigneuriaux.

Le commissaire doit payer, s'il a des fonds, les provisions aussitôt que le jugement qui les accorde lui a été signifié, lorsqu'il est contradictoire avec toutes les parties.

S'il est par défaut, il ne doit payer que trois jours après la dénonciation qui en a été faite aux parties, afin qu'elles aient le temps d'y former opposition, si bon leur semble.

ARTICLE IX.

Du congé d'adjuger, de l'adjudication, et de la procédure pour y parvenir.

Le congé d'adjuger est un jugement qui ordonne que l'héritage saisi sera vendu et adjugé au bout de la quarantaine, dans la forme ordinaire, et qu'à cet effet affiches seront mises.

§. I. De la procédure pour parvenir au congé d'adjuger.

Pour obtenir cet appointement, le saisissant doit, selon l'édit de 1551, *art.* 5, assigner le saisi pour voir adjuger le décret. Les conclusions qui se prennent ordinairement sont

« à ce que le saisi fournisse de moyens, s'il en a, contre
« la saisie, les criées et leur certification, pour voir ordon-
« ner que l'héritage saisi sera vendu par décret, après qua-
« rante jours, avec les formes ordinaires; » si le saisi avoit
formé son opposition, on concluroit, par cette assignation,
au débouté de son opposition.

Il y a des coutumes qui prescrivent des formalités particulières pour cette assignation.

Celle de Paris, *art.* 359, porte que si cette assignation
ne peut être faite à la personne même du saisi, elle doit lui
être faite à son domicile, et, en outre, au prône de l'église
paroissiale du lieu où l'héritage saisi est situé, avec affiches
contre la principale porte. Au lieu de la publication au prône,
que l'édit de 1695 a défendue, la publication de cette assignation doit se faire par le sergent à la porte de l'église, à
l'issue de la messe paroissiale.

Cette formalité n'est requise que dans les coutumes qui
l'exigent. Notre coutume d'Orléans n'ayant requis aucune
formalité pour cette assignation, dont elle ne parle pas, il
suffit de la faire, comme les autres, à la personne du saisi,
ou à son domicile.

Après l'assignation donnée pour rendre le congé, le saisissant doit déposer au greffe le procès-verbal des criées, et
signifier l'acte de dépôt au saisi et aux opposants, pour le
passer, ou contredire, dans la huitaine, et leur déclarer,
par ce même acte, que les oppositions ont été formées pour
donner les contredits contre les productions des opposants;
après quoi, sur un simple acte, il peut faire rendre l'appointement. *Règlement du bailliage d'Orléans, du* 15 *février* 1685, *art.* 22.

§. II. Quand et comment le congé doit-il être rendu?

Ce congé ne peut être rendu qu'un mois après que la saisie-
réelle a été enregistrée. *Arrêt du* 24 *janvier* 1634, *au Journal du Palais.*

S'il y a quelques oppositions afin de distraire, ou de charge,
qui aient été formées, ces oppositions doivent être terminées et jugées avant de rendre le congé, et par le même
jugement; le congé d'adjuger ne peut cependant être rendu

par le même jugement que celui de certification des criées,
car l'édit de 1551, *art.* 5 et 6, parle de ces deux jugements
comme de deux choses absolument distinguées; il ne faut
donc pas les confondre; d'ailleurs, le saisi peut empêcher
le congé, en proposant des moyens de nullité contre le jugement même de certification des criées.

La sentence portant congé d'adjuger doit se rendre à l'audience, en la même forme et de la même manière qu'en
toute autre matière. *Voyez* les actes de notoriété du châtelet
de Paris, des 21 mars 1725 et 9 janvier 1726.

§. III. Si le congé d'adjuger peut s'exécuter nonobstant l'appel.

S'il y a appel du congé d'adjuger, il ne peut s'exécuter
par provision; l'appel le suspend jusqu'à ce qu'il ait été
confirmé; cela a été jugé par grand nombre d'arrêts en
forme de règlements, rapportés par Louet et Brodeau, lettre D, *n.* 65.

La raison n'est pas, comme le dit d'Héricourt, que ce
jugement soit définitif; mais quoiqu'il ne soit proprement
qu'un jugement interlocutoire, qui régulièrement devroit
s'exécuter nonobstant l'appel, néanmoins il y a une raison
particulière pour que celui-ci ne s'exécute pas : c'est afin
que l'incertitude de l'évènement de l'appel ne détourne pas
les enchérisseurs, dans la crainte que l'adjudication qui
leur seroit faite ne subsistât pas si l'appointement à décréter étoit infirmé.

Mais, lorsque le congé d'adjuger est obtenu, les décrets
ne peuvent plus être évoqués par aucun des créanciers en
vertu de leur droit de *committimus*, ou autres priviléges,
et l'adjudication doit se faire dans le même siége, où le
congé d'adjuger a été obtenu par le poursuivant. C'est ce
qui a été jugé par un arrêt célèbre du 22 août 1676, rendu
sur les conclusions de M. l'avocat-général Talon.

§. IV. Procédure en exécution du congé d'adjuger jusqu'à l'adjudication.

Le jugement du congé d'adjuger doit être signifié au procureur du saisi, et à celui des opposants. Le saisissant, en
exécution du congé, lorsqu'il n'y a pas d'appel, ou que sur
l'appel il a été confirmé, doit mettre au greffe une enchère

qui contienne le sommaire des criées, la déclaration des héritages saisis, leur enchère, et le jour auquel doit échoir l'assignation pour procéder au décret.

On lui délivre au greffe une expédition de cette enchère, qu'il doit signifier au procureur du saisi, et à l'ancien procureur des opposants, et faire afficher aux portes du bien saisi, et à celles de l'audience où se poursuit le décret.

L'huissier doit dresser un procès-verbal de cette apposition d'affiches, qui doit être signé de deux témoins.

Ces affiches doivent demeurer quinze jours, suivant l'art 7 de l'édit de 1551. Ceux qui arracheroient, ou effaceroient ces affiches, avant la quinzaine, doivent être condamnés à une amende, et punis même corporellement, suivant l'arrêt de vérification de ce même édit.

Il paroît que l'édit de 1551, en ordonnant que ces affiches resteroient quinze jours, a seulement voulu défendre de les détacher, mais n'a pas voulu qu'il en résultât une nullité, si elles l'avoient été; c'est pourquoi on n'est pas recevable à attaquer le décret sous ce prétexte, à moins qu'on ne pût justifier que c'est par le dol de l'adjudicataire que les affiches ont été ôtées.

Le délai de quarante jours ne court que du jour du procès-verbal d'apposition d'affiches. *Coutume d'Orléans, art. 471.* Le jour que l'affiche a été mise ne doit pas être compté dans les quarante jours, suivant cette règle générale, *dies non computatur in termino.*

Pendant cette quarantaine, on reçoit au greffe les enchères qui se présentent; au jour qu'échet la quarantaine, et que l'héritage doit être vendu, on lit à l'audience les enchères, on reçoit celles qui se présentent, et on adjuge l'héritage au dernier enchérisseur.

Cette adjudication n'est pas pure et simple, mais sauf quinzaine, c'est-à-dire, avec la clause qu'elle n'aura lieu qu'au cas qu'il ne survienne pas de plus fortes enchères pendant un délai de quinzaine, à l'échéance duquel on remet à crier de nouveau l'héritage. Cette adjudication doit se signifier au procureur du saisi, et à l'ancien des opposants.

Au jour auquel échet la quinzaine, on fait de nouveau à l'audience la publication de l'enchère, et on reçoit celles qui se présentent; mais ce n'est qu'après trois remises, de quinzaine en quinzaine, que se fait l'adjudication pure et simple, suivant les *art.* 25 et 26 du règlement du bailliage d'Orléans, de 1685.

Il n'y a que le jugement d'adjudication sauf quinzaine, qui est rendu après la quarantaine, qui se signifie; le jugement de remise et de continuation ne se signifie point, mais se dénonce seulement, par un simple acte, au procureur du saisi, et à l'ancien des opposants.

Si, le jour de l'échéance de la quinzaine, il se rencontroit une fête, l'adjudication doit se faire à la huitaine suivante, sans qu'il soit besoin d'obtenir aucune sentence pour la remise. Acte de notoriété du châtelet de Paris, du 19 février 1667, confirmé par arrêt du 3 avril suivant. *Journal des audiences, tom.* 3.

Et suivant un autre acte de notoriété du même châtelet, du 11 janvier 1690, le délai de quinzaine court du jour que la remise a été donnée, et non du jour de la signification qui en a été faite.

§. V. De la forme et de la nature des enchères, et de leur différence d'avec l'adjudication sauf quinzaine.

L'enchère est un acte par lequel une personne offre une certaine somme pour le prix de la chose exposée en vente, et s'engage à l'acheter pour ce prix, au cas que personne n'en offre davantage.

Les enchères se font au greffe, ou à l'audience; si elles se font au greffe, l'enchérisseur doit nommer son procureur, et élire domicile chez lui. *Edit de* 1551, *art.* 19.

Cette enchère se signifie au dernier enchérisseur, ou à son procureur. *Même édit, art.* 18.

Pareillement on ne reçoit les enchères à l'audience que par des procureurs, ou des personnes assistées de procureur, *ibid., art.* 10; et cela a été ainsi ordonné pour empêcher les enchères de personnes inconnues et supposées, qu'on ne susciteroit que pour traverser l'adjudication.

C'est par la même raison que le même édit, *art.* 11, défend aux procureurs d'enchérir pour des inconnus, ou pour gens notoirement insolvables, ou pour les parties saisies, à peine d'être garants, en leur nom, du prix de l'adjudication; ils en sont pareillement garants, si la personne pour qui ils ont enchéri, dont ils n'ont point de pouvoir spécial, refuse de ratifier l'enchère. *Règlement de 1598, art.* 10.

Il résulte de la définition de l'enchère, qu'elle contient un engagement de l'enchérisseur d'acheter la chose pour le prix auquel il l'a enchérie, et que cet engagement dépend d'une condition, si personne ne l'enchérit à plus haut prix; car alors son engagement cesse.

L'enchérisseur seroit-il déchargé si celui qui a surenchéri, et dont l'enchère a été reçue, n'étoit pas solvable? Oui. Ainsi le décide la loi 14, §. 2, ff. *de in diem addictione.*

La raison est que, quoique celui qui a enchéri ne soit pas solvable, il n'en est pas moins vrai qu'il y a eu une surenchère de reçue, ce qui suffit pour révoquer la condition sous laquelle le précédent enchérisseur avoit contracté l'engagement, l'ayant contracté sous condition qu'il ne surviendroit aucune surenchère; la jurisprudence en est certaine. *D'Héricourt rapporte plusieurs arrêts.*

Il en seroit autrement si l'enchère étoit nulle dans la forme, car une enchère nulle n'est pas une enchère; *V. G.,* si une femme avoit enchéri sans la volonté de son mari.

Il y a donc une grande différence entre l'engagement qui se contracte par une enchère, et le droit qui résulte d'une adjudication sauf quinzaine.

L'enchère ne renferme aucun contrat de vente qui soit fait à l'enchérisseur, mais une simple promesse de l'acheter; l'enchérisseur n'achète pas actuellement, mais s'engage à acheter la chose pour le prix porté en son enchère, s'il ne survient aucun autre enchérisseur; il contracte cet engagement avec toutes les parties intéressées au décret, qui, de leur côté, n'en contractent aucun envers lui.

De là il suit que la chose que j'ai enchérie n'est pas à mes risques, jusqu'à ce qu'elle me soit adjugée : si cette chose vient à périr auparavant, mon engagement cesse, parce que je ne peux plus acheter ce qui n'est plus.

Si l'héritage étoit notablement détérioré depuis l'enchère, quoique sans la faute de personne, et par cas fortuit, je pense aussi que, en ce cas, l'engagement de l'enchérisseur devroit cesser ; car il ne doit être censé s'être engagé d'acheter l'héritage, qu'autant qu'il seroit tel qu'il étoit lorsqu'il a enchéri ; d'ailleurs, il n'auroit point profité des augmentations s'il en fût survenu, car il s'étoit bien engagé à acheter, mais il n'avoit été contracté envers lui aucun engagement réciproque ; c'est le sentiment de d'Héricourt.

Il n'en est pas de même de l'adjudication sauf quinzaine : cette adjudication renferme une vraie vente qui est faite à l'adjudicataire ; il est véritablement acheteur, sous la condition qu'un autre n'offrira pas, dans la quinzaine, un plus grand prix ; et sans entrer dans la question de savoir si cette condition doit être simplement regardée comme *résolutoire,* auquel cas il seroit sans difficulté que la perte de la chose jugée doit tomber sur l'adjudicataire, suivant la loi 26, ff. *de in diem addict.*

Je dis même qu'en la supposant *suspensive,* elle doit tomber sur lui ; car, en même temps que la chose périt, la condition sous laquelle la vente lui a été faite s'accomplit, puisqu'il devient dès-lors certain que personne n'enchérira.

ARTICLE X.

De l'interruption et péremption des instances de saisies-réelles.

L'instance de saisie-réelle peut être interrompue, comme les autres instances, par la mort de quelqu'une des parties, ou son changement d'état, ou par la mort de son procureur.

Les parties sont le saisissant et le saisi : à l'égard des opposants, quoiqu'ils soient aussi, en quelque façon, parties en la saisie-réelle, ni leur mort, ni celle de leur procureur, n'interrompt point l'instance de saisie-réelle, et il n'est point nécessaire de les assigner en constitution de nouveau procureur, ni d'assigner leurs héritiers en reprise d'instance ; l'instance de saisie-réelle ne laisse pas de se continuer valablement entre le saisissant, le saisi, et les autres opposants.

Si le saisissant meurt ou change d'état, comme si c'est

une femme qui se remarie, la saisie-réelle est interrompue, jusqu'à ce que les héritiers, ou le mari, aient repris l'instance ; et, s'ils tardent à le faire, un créancier opposant peut les assigner en reprise, et, où ils refuseroient et seroient en demeure de le faire, il peut se faire subroger en leur place à la poursuite.

Pareillement, si le procureur du saisissant étoit mort, interdit, ou avoit résigné son office, la saisie est interrompue, jusqu'à ce qu'il ait constitué un autre procureur ; et si le saisissant tarde à le faire, un opposant peut l'assigner à ce qu'il soit tenu de constituer un nouveau procureur, et suivre la saisie, sinon que l'opposant y sera subrogé.

Pareillement si la partie saisie meurt, ou change d'état, il faut assigner les héritiers, ou le mari, pour faire déclarer exécutoire contre eux le titre en vertu duquel la saisie se poursuit, et ordonner en conséquence qu'elle sera suivie contre eux ; et si elle avoit constitué un procureur qui mourût, ou eût vendu sa charge, il faudroit l'assigner en constitution de nouveau procureur.

Les saisies réelles se périment aussi par la discontinuation de procédure pendant trois ans, comme les autres instances, lorsqu'il n'y a pas de bail judiciaire ; s'il y en a, elles ne tombent pas en péremption. *Arrêté du 28 mars 1692, art. 3 et 4.*

Cette distinction entre les saisies-réelles, qui ne sont pas suivies de baux judiciaires, et celles où ces baux ont été faits, est fondée sur ce principe du droit romain, suivant lequel toute prescription est interrompue par une possession de l'immeuble obligé, et hypothéqué à la dette ; *L. cum notissimi. §. immò cod. de præscrip.* 30 *vel* 40 *annorum;* car la justice possédant pour le créancier qui a saisi, et par le fermier judiciaire, la péremption, qui est une espèce de prescription, ne peut courir contre le saisissant. *D'Héricourt, chap. 6, somm.* 17.

ARTICLE XI.

De l'adjudication pure et simple.

Après les remises, on parvient enfin à l'adjudication pure et simple, qui se fait à l'audience, au plus offrant et dernier enchérisseur; sur quoi nous devons voir quelles sont les personnes qui peuvent ou ne peuvent pas se rendre adjudicataires; quelle obligation contracte l'adjudicataire; quels sont les effets de cette adjudication; enfin quels sont les droits qu'elle purge ou ne purge pas.

§. I. Quelles personnes peuvent se rendre adjudicataires?

Toutes les personnes qui peuvent contracter des engagements, et acheter hors justice, peuvent se rendre adjudicataires en justice.

Les personnes qui ne sont pas sujettes à la contrainte par corps, telles que sont les femmes, les septuagénaires, les ecclésiastiques, et qui, pour cette raison, ne sont pas admises à se rendre fermiers judiciaires, ne laissent pas d'être admises à se rendre adjudicataires des biens qui se vendent par décret, parce que, si elles ne paient pas dans la huitaine, il y a un remède, qui consiste à faire revendre les biens à leur folle enchère, suivant que nous le verrons ci-après.

Les règlements ont néanmoins excepté certaines personnes, dans la crainte que, par leur autorité ou autrement, elles ne fussent à portée d'écarter les enchérisseurs, et de se faire adjuger les choses à vil prix.

C'est par cette raison que l'ordonnance de 1629, *art.* 17, défend aux lieutenants-généraux et particuliers, et autres officiers, même aux greffiers et clercs de greffe, tant des présidiaux que des autres juridictions, d'acquérir par décret les héritages qui se vendent en leur juridiction.

Il est vrai que l'ordonnance de 1629 n'est point suivie dans le ressort du parlement de Paris, quoiqu'elle le soit dans d'autres parlements; mais il y a des règlements du parlement de Paris qui contiennent les mêmes défenses.

Gourges rapporte un arrêt, en forme de règlement, rendu contre le lieutenant-général de Troyes, en 1553. Tronçon en rapporte un autre du 14 août 1614, qui fait défenses à tous juges, procureurs-fiscaux et greffiers, d'acquérir par décret dans leurs siéges. Le Bret en rapporte un de 1611, qui le défend aux procureurs du roi.

Le règlement de 1663, *art.* 13, porte que les juges et

autres officiers ne pourront se rendre adjudicataires dans leurs siéges, directement ni indirectement, ni même les acheter, dans les trois ans, des adjudicataires.

Ces règlements doivent être restreints aux principaux officiers; car, par arrêt du 18 janvier 1672, on a confirmé une adjudication faite à un conseiller du présidial d'Amiens, sur un décret poursuivi dans son siége.

Il y en a qui les restreignent encore davantage, en les restreignant au seul juge qui a fait l'adjudication; mais c'est trop les restreindre. D'Héricourt, *chap.* 10, *somm.* 24, *in fine*, rapporte un arrêt qui a cassé une adjudication faite au lieutenant-général de Roannois, quoique ce fût son vice-gérent qui l'eût faite.

Ces règlements n'ont pas lieu pour les décrets volontaires; la raison en est évidente: le saisi peut être adjudicataire lorsque la saisie est faite sur un héritier bénéficiaire, ou sur un tiers qui a laissé saisir sur lui l'héritage pour les hypothèques de ses auteurs; *nec obstat*, que, *rei suæ emptor esse non potest; nam esse potest, ut sit magis sua, à nexu creditorum, quibus obligata erat, sit libera;* mais le débiteur saisi pour ses propres dettes ne peut se rendre adjudicataire, parcequ'il est notoirement insolvable.

Observez que les mêmes règlements défendent aussi au receveur des consignations de se rendre adjudicataire, et d'acheter, dans les trois ans, des adjudicataires.

Mais ces règlements ne parlent pas des avocats et procureurs, et il semble qu'on n'en doit pas étendre jusqu'à eux les dispositions. On l'a ainsi jugé pour un avocat, par un arrêt du 19 septembre 1601, cité par M. le Prêtre.

Le saisissant et les opposants peuvent-ils être adjudicataires? Il n'est pas douteux, dans l'usage, qu'ils le peuvent; on pourroit peut-être proposer pour raison de douter, que, selon les lois romaines, le créancier qui vendoit, *lege pignoris*, la chose qui lui étoit hypothéquée, n'en pouvoit être lui-même l'acheteur, parce qu'il répugne que la même personne soit le vendeur et l'acheteur d'une même chose; la réponse est que, parmi nous, ce n'est pas le saisissant qui vend, c'est plutôt la justice qui vend, ou qui force de vendre celui sur qui la saisie est faite.

§. II. Quand l'adjudication pure et simple est parfaite ; et du tiercement par lequel elle peut être détruite.

L'adjudication n'étoit autrefois censée parfaite qu'après la délivrance du décret, c'étoit la loi générale du royaume ; mais aujourd'hui les usages sont différents dans les différents tribunaux : il y en a dans lesquels l'adjudication n'est point censée parfaite jusqu'à ce que le siége soit levé, et on reçoit les enchères, même après la prononciation, tant que le juge est encore sur son siége.

La coutume d'Orléans, *art* 476, a adopté cet usage, et elle permet expressément d'enchérir après l'adjudication, le siége tenant.

Dans quelques tribunaux, on admet les enchères après l'adjudication pure et simple, jusqu'à ce que l'expédition ait été délivrée.

A Orléans, on n'admet pas de simples enchères après que le siége où l'adjudication pure et simple est faite, s'est levé ; mais on admet dans la huitaine l'enchère du tiercement.

On appelle enchère du tiercement, l'enchère qui est du tiers au-dessus du prix pour lequel l'héritage a été adjugé ; par exemple, si l'héritage a été adjugé à soixante écus, l'enchère de tiercement doit être de vingt écus au-delà : c'est l'exemple que rapporte notre coutume, *art.* 476.

Cette enchère doit être faite dans la huitaine après le jour de l'adjudication ; par exemple, si l'adjudication a été faite le 1er mars, il est encore temps de la faire le 9 mars, qui est le jour auquel expire la huitaine d'après l'adjudication ; passé ce temps, on n'y est plus reçu, *même art.*

L'enchérisseur qui a fait le tiercement doit signifier son enchère à l'adjudicataire, au saisissant et au saisi, avec avenir au procureur du siége auquel cette enchère doit se publier ; et après la publication, l'héritage est de nouveau crié et adjugé au même siége.

Après l'adjudication faite sur ce tiercement, on ne reçoit plus aucune autre enchère, à quelque somme qu'elle soit portée. *Coutume d'Orléans, art.* 476.

Ces différents usages donnent lieu à la question de savoir lequel, de celui du lieu où l'héritage est situé, ou de celui où le décret de l'héritage se poursuit, doit être suivi. Je

pense que c'est l'usage du lieu où le décret se poursuit ; il est certain que c'est cet usage qui décide de l'admission ou de l'exclusion des oppositions afin de distraire, et
de charge après le congé d'adjuger ; et c'est ce qui a été
jugé *in terminis*, par arrêt du 21 avril 1760, rapporté par
Denizart, *verbo* Enchère, n°ˢ 10 et 11, pour la terre de
Sedage, en Auvergne, dont l'adjudication avoit été faite
aux requêtes du palais.

Il y a même raison pour suivre cet usage du siége sur
l'admission ou l'exclusion des enchères après l'adjudication
pure et simple ; ces choses font partie du style de chaque
juridiction, et c'est un principe certain qu'en fait de style,
qu'on peut appeler *litis ordinatio*, c'est la coutume du lieu
où l'acte se passe qui doit décider.

§. III. De l'expédition des lettres d'adjudication, ou décret.

L'adjudication étant prononcée, et n'étant survenu aucune enchère de tiercement, le greffier doit en faire, pour l'adjudicataire, une expédition qu'on appelle la grosse du décret.

Elle doit contenir une mention de la dette pour laquelle
la saisie-réelle a été poursuivie, et un détail sommaire de
toute la procédure de la saisie-réelle, jusqu'à l'adjudication, à l'effet de quoi, le procureur du saisissant remet au
greffier toutes les procédures. Cette expédition doit être
envoyée chez le scelleur, pendant vingt-quatre heures, pendant lequel temps on peut encore former des oppositions
afin de conserver ; ce temps passé, la grosse peut être scellée et délivrée à l'adjudicataire.

Aujourd'hui on n'appose plus de sceau ; on se contente
de faire mention sur la grosse que l'acte a été scellé, et du
reçu des droits.

Observez aussi que le procureur de l'adjudicataire doit
remettre au greffe la quittance du receveur des consignations, du prix que l'adjudicataire a dû consigner ; le greffier la garde comme minute du décret, et la transcrit au bas
de la grosse du même décret. *Edit de février* 1689, *art.* 30.

Il est expressément défendu aux greffiers, par le même
article, de délivrer les décrets, soit en entier, soit par extrait, que la quittance de consignation ne leur ait été remise.

§. IV. Des obligations du procureur qui s'est rendu adjudicataire pour la partie.

L'obligation du procureur qui s'est rendu adjudicataire pour sa partie, consiste à faire, dans la huitaine de l'adjudication, la déclaration de la personne pour qui il s'est rendu adjudicataire. *Règlement du* 29 *août* 1678.

Cette déclaration se fait au greffe, et doit contenir le nom, les qualités et la demeure de la personne pour qui il s'est rendu adjudicataire; le procureur, faute d'avoir fait cette déclaration, peut être poursuivi pour le paiement, comme s'il étoit adjudicataire en son propre nom.

Le procureur, après avoir fait cette déclaration, en rapportant la procuration spéciale de la personne pour qui il s'est rendu adjudicataire, ou sa ratification, est déchargé de toutes ses obligations, et ne peut être recherché pour la représenter, ni encore moins pour la faire payer : c'est ce qui a été jugé par un arrêt du 14 janvier 1687, rapporté par d'Héricourt, *chap.* 10, *somm.* 22.

Il faut en excepter le cas où un procureur se seroit rendu adjudicataire pour une personne notoirement insolvable, et dont il ne pouvoit ignorer l'insolvabilité, ou pour une personne incapable d'acquérir, tels que sont, depuis l'édit de 1749, les gens de main-morte, telle qu'est une femme non autorisée de son mari; auxquels cas, il pourroit être poursuivi en son nom.

Mais si la solvabilité de la personne pour laquelle le procureur s'est rendu adjudicataire est apparente, c'est sur elle seule qu'on peut poursuivre la folle enchère; on trouve deux arrêts récents dans Denizart, *verbo* Enchère, n° 6, qui ont déchargé, en pareil cas, le procureur; le premier est du 9 mai 1730, en faveur de M⁰ Thourette, procureur au parlement; et le dernier, du 26 janvier 1770, en faveur de M⁰ Dulion, procureur au châtelet.

§. V. De la consignation que doit faire l'adjudicataire.

L'adjudicataire est obligé de consigner, dans la huitaine, le prix de l'adjudication; et cette consignation doit se faire entre les mains du receveur des consignations, à moins que, lors de l'adjudication, il n'y eût aucune opposition ou saisie subsistante ; *édit de février* 1689, *art.* 12 ; car, en ce cas, l'adjudicataire ne doit pas consigner entre les mains du receveur des consignations, mais il peut payer le prix de son adjudication au saisissant, ou à telle autre personne que le juge ordonnera de payer.

Quoique l'adjudicataire soit créancier, il ne laisse pas de devoir consigner tout le prix, sauf à retirer, après l'ordre fait, la somme pour laquelle il sera colloqué.

Si l'adjudication étoit faite sous la condition qu'il retiendroit le prix, ou une partie, pour sûreté de quelque douaire, substitution, etc., il ne seroit pas obligé de consigner; mais les droits n'en seroient pas moins dus, en ce cas, au receveur des consignations. *Edit de* 1689, *art.* 13.

Observez qu'il est d'usage au châtelet de Paris, que s'il a été fait une délégation du prix, et qu'elle ne soit pas contestée, non seulement il n'y a point lieu à la consignation, mais encore il n'est dû aucun droit, suivant un acte de notoriété du 17 mai 1697.

En Provence, il n'est dû aucun droit de consignations sur le prix des immeubles vendus, en conséquence de l'abandonnement de ces mêmes biens fait par un débiteur à ses créanciers, par contrat homologué en justice. *Arrêt du parlement de Provence, du 23 mai 1724.*

Cette consignation libère l'adjudicataire du prix de son adjudication ; car une consignation équipolle entièrement au paiement, suivant ce principe de droit, *obligatione totius debitæ pecuniæ solemniter factâ, liberationem contingere manifestum est, l.* 9, *Cod. de solut.*

Le saisi est-il pareillement libéré jusqu'à due concurrence envers ses créanciers, en telle sorte que, de cette consignation, les intérêts cessent de courir contre lui, des sommes pour lesquelles ses créanciers se trouveroient par la suite utilement colloqués à l'ordre, et que les espèces consignées soient dès-lors aux risques de ses créanciers? Cette question dépend entièrement de la manière dont se fait le paiement, c'est-à-dire, si le receveur des consignations reçoit cet argent au nom du saisi, et pour le saisi, ou s'il le reçoit au nom et pour les créanciers, tant saisissants qu'opposants. S'il le reçoit au nom des créanciers, ceux-ci sont dès-lors payés jusqu'à due concurrence, et par conséquent le saisi est entièrement libéré ; si, au contraire, il le reçoit pour le saisi, à la charge de payer ensuite aux créanciers, à sa décharge, lorsque l'ordre sera fait, le saisi n'est point libéré, jusqu'à ce que les créanciers, après l'ordre fait, aient reçu leur collocation.

Cette question dépend encore de savoir qui on doit considérer comme le vendeur de la chose adjugée par décret ; si ce sont les créanciers qui vendent, l'acheteur est censé payer à celui qui lui vend, et par conséquent le prix consigné seroit censé reçu au nom des créanciers. Par le droit romain, c'étoit le créancier qui étoit le vendeur du gage ; aussi ne pouvoit-il en être l'acheteur ; par notre droit, ce ne sont point les créanciers, tant saisissants qu'opposants, qui vendent, puisqu'ils peuvent, comme les autres, se rendre adjudicataires ; c'est la justice qui vend, ou plutôt c'est le saisi qui est forcé par la justice à vendre ; c'est pour lui et en son nom que le juge vend, et par conséquent c'est à lui que le prix doit être réputé payé ; ce prix est sous la main de la justice, entre les mains du receveur des consignations, jusqu'à ce qu'il ait été réglé par l'ordre à quels créanciers il doit être payé ; mais il est, jusqu'à ce temps, le bien du saisi : les créanciers ne sont point payés jusqu'à la distribution ; d'où il suit :

1° Que, jusqu'à la distribution, les intérêts des sommes qui en produisent doivent courir.

2° Que la diminution qui surviendroit jusqu'à ce temps, sur les espèces, doit être soufferte par le saisi, et que, *vice versâ*, l'augmentation qui y surviendroit doit être à son profit.

Est-il juste, dira-t-on, que le saisi souffre des contestations qui surviennent entre ses créanciers à l'ordre ? Oui, parceque c'est lui qui y donne lieu ; car il n'y a lieu à ces contestations que parcequ'il n'a pas de quoi satisfaire à ses engagements envers chacun de ses créanciers ; néanmoins si, par les mauvaises chicanes de quelqu'un de ses créanciers, la distribution étoit retardée pendant un temps considérable, le saisi, qui souffre de ce retard par les intérêts qui courent contre lui, pourroit prétendre des dommages et intérêts còntre ce créancier chicaneur.

Observez que, quoique les créanciers ne soient proprement payés que lorsque, après l'ordre et distribution faite, ils ont retiré leur collocation du receveur, néanmoins, dès que la collocation est faite, et toutes les contestations définitivement réglées, comme il ne tient qu'à eux de recevoir et de retirer la somme pour laquelle ils sont colloqués, les intérêts de cette somme cessent de courir, et la perte qui surviendroit depuis sur les espèces doit être portée par eux ; ce sont les effets de la demeure en laquelle sont ces créanciers de recevoir.

Si, au contraire, il survenoit une augmentation sur les espèces, je pense que le saisi, qui est toujours propriétaire jusqu'à ce que le créancier ait retiré sa collocation, en doit profiter ; car la demeure en laquelle le créancier a été de recevoir pouvoit bien lui nuire, mais ne pouvoit pas lui profiter.

§. VI. Comment l'adjudicataire est contraint au paiement; et de la réadjudication sur sa folle enchère.

Si l'adjudicataire manque de payer dans la huitaine le prix de son adjudication, il y peut être contraint par corps, à moins qu'il ne soit de qualité à n'être pas sujet à cette contrainte par corps, comme si c'étoit une femme, un prêtre, etc. ; c'est ce qui résulte de l'édit de 1689, qui porte, *art.* 12, que *tous dépositaires seront contraints, comme dépositaires de biens de justice*, c'est-à-dire, par les mêmes voies, et par conséquent par corps.

L'adjudicataire est sujet à cette contrainte, tant pour le principal que pour les intérêts, qui, faute de paiement fait par lui dans la huitaine, doivent courir contre lui du jour de l'adjudication.

Il est encore sujet à une autre peine, qui est que l'héritage peut être recrié à sa folle enchère.

Il ne faut pas pour cela le crier de nouveau, car l'adjudication ne l'en fait pas propriétaire tant qu'il ne paie pas.

Pour parvenir à cette réadjudication sur la folle enchère de l'adjudicataire, le poursuivant doit assigner l'adjudicataire, pour voir ordonner que l'héritage sera crié et adjugé à sa folle enchère, aux frais de cet adjudicataire.

L'adjudicataire peut éviter cette peine en consignant avant le jugement, et même sur l'appel qu'il interjetteroit du jugement, le prix et les intérêts dus par son retardement.

Par ce jugement, qui ordonne que l'héritage sera recrié et adjugé à la folle enchère de l'adjudicataire, l'adjudication est rescindée; le saisissant, pour parvenir à une nouvelle adjudication, dresse une nouvelle affiche; il la fait publier à l'audience, il la signifie au procureur du saisi et à l'ancien des opposants, il la fait afficher aux lieux accoutumés et dans les délais, et, après les remises ordinaires, il fait procéder à la nouvelle adjudication.

Si l'héritage est adjugé à un moindre prix, l'ancien adjudicataire, à la folle enchère de qui il a été adjugé, peut être contraint de payer ce qui s'en manque, par forme de dommages et intérêts, résultants de l'inexécution du contrat, ensemble les frais faits pour parvenir à cette nouvelle adjudication, qui font partie des dommages et intérêts.

Si la nouvelle adjudication est faite à un plus haut prix que la première, l'ancien adjudicataire n'est tenu de rembourser les frais faits, pour parvenir à la nouvelle adjudication, que sous la déduction de l'excédant du prix de la nouvelle adjudication; car les parties, pour les dommages et intérêts desquels il est tenu, ne souffrent de ces frais que sous la déduction du profit qui leur revient de l'excédant du prix (1).

Si le prix de la nouvelle adjudication surpasse non seulement le prix de la première, mais encore la somme à laquelle peuvent monter les frais pour parvenir à la seconde, l'ancien adjudicataire ne peut pas prétendre en profiter,

(1) On trouve cependant dans la collection de Denizart, *verbo* folle Enchère, n. 7, un arrêt du 13 février 1762, rendu sur les conclusions de M. l'avocat-général le Pelletier de Saint-Fargeau, par lequel il a été jugé contre l'adjudicataire des biens d'une direction, moyennant 330,500 liv. qui avoient été revendus à sa folle enchère, moyennant 332,500 liv., que les 2,000 liv. d'excédant seroient distribuées entre les créanciers de la direction. L'Arrêtiste ne dit pas que les frais de cette nouvelle adjudication aient été prélevés sur cet excédant.

car ce n'est pas lui qui en est le vendeur ; ce sont le saisi et les créanciers qui en profiteront.

§. VII. De l'effet de l'adjudication.

L'adjudication contient une véritable vente, que la justice, pour le saisi et malgré lui, fait à l'adjudicataire de l'héritage saisi.

Cette vente a cela de moins que les ventes contractuelles, qu'elle ne donne point à l'adjudicataire d'action en garantie, au cas qu'il souffre éviction de ce qui lui a été adjugé ; ce qui peut arriver, y ayant certains droits, comme nous le verrons au paragraphe suivant, que le décret ne purge pas, qui peuvent donner lieu à des évictions.

Quoique l'adjudicataire n'ait pas, en ce cas, une action de garantie, il est néanmoins équitable qu'il ait au moins action pour la répétition du prix qu'il a payé, ou en total, s'il souffre éviction du total, ou à proportion de la perte dont il souffre éviction.

Par le droit romain, lorsque le créancier avoit vendu le gage *jure pignoris*, l'acheteur qui souffroit éviction n'avoit point l'action pour la répétition de ce prix contre le créancier, *qui suum receperat*, mais contre le débiteur qui avoit été libéré par le prix que son créancier avoit touché.

Par notre jurisprudence, on donne cette répétition contre les créanciers qui ont touché à l'ordre ; et lorsque l'éviction n'a été que pour partie, il n'y a répétition que pour partie du prix ; ce sont les derniers recevants à l'ordre qui sont seuls tenus de cette restitution du prix.

L'adjudication a cela de plus que les ventes ordinaires, qu'elle n'est point sujette à rescision, pour cause de lésion d'outre moitié du juste prix ; la raison est que les publications et les enchères assurent assez que la chose a été vendue autant qu'elle pouvoit l'être.

Par une disposition particulière de la coutume d'Orléans, *art.* 400, les ventes par décret ne sont point sujettes au retrait lignager ; mais cette disposition ne peut s'étendre au retrait féodal.

L'adjudication ne renferme point un simple contrat de vente, elle transfère aussi la propriété à l'adjudicataire,

sans qu'il intervienne tradition; car l'adjudication est mise
au rang des manières de transférer le domaine des choses
par le droit civil.

L'héritage adjugé par décret, est transféré à l'adjudicataire avec les seules charges exprimées par l'affiche ; le
décret purge toutes les autres et éteint tous les droits de
propriétés, et autres droits réels que des tiers auroient pu
avoir dans cet héritage.

Cela est fondé sur l'édit de 1551, *art.* 13, qui veut que
tous prétendants droits non seigneuriaux sur les choses
criées, soit foncières ou autres, soient tenus de s'opposer
pour lesdits droits.

Il y a néanmoins certaines provinces où cet édit n'est pas
suivi, et où le décret ne purge que les simples hypothèques,
et non les droits fonciers; telles sont les provinces d'Artois
et de Bresse; il n'est pas suivi non plus, quant à cette disposition, en Normandie. Il faut suivre à cet égard la loi du
lieu où l'héritage est situé.

Quoique la coutume d'Anjou, *art.* 479, et celle du Maine,
art. 489, aient une disposition qui dispense de s'opposer
pour les rentes anciennes, néanmoins, par un règlement
du 7 septembre 1688, rapporté par d'Héricourt, *chap.* 9,
somm. 6, il a été jugé que l'édit de 1551 seroit, à cet égard,
exécuté dans ces provinces, et que l'opposition seroit nécessaire pour la conservation de tous les droits fonciers non
seigneuriaux.

Cet édit a lieu, quelles que soient les personnes à qui ces
droits appartiennent; et, ni l'église, ni les mineurs, ne
peuvent être restitués contre ce défaut, parceque le sceau
de la justice qu'on peut appeler *fides auctoritatis publicæ*
doit prévaloir sur la faveur de ces personnes.

Cela a lieu, quand même les mineurs n'auroient eu aucun
tuteur.

Il y a néanmoins quelques droits que le décret ne purge
pas.

Ce sont, 1° les droits seigneuriaux, c'est-à-dire, les droits
de directe féodale et censuelle sur l'héritage adjugé par

décret, et tous les droits attachés par les coutumes des lieux à ces droits de directe.

C'est ce qui résulte de l'édit de 1551, *art.* 13, ci-dessus cité. Cet édit obligeant tous ceux qui prétendent des droits non seigneuriaux, dans l'héritage mis en criées, à s'opposer, il s'ensuit, suivant la règle, *inclusio unius est exclusio alterius*, qu'il n'oblige pas les seigneurs à s'opposer pour leurs droits de directe seigneuriale, et conséquemment que le décret ne peut purger ces droits faute d'opposition.

Cela doit sur-tout avoir lieu dans les provinces où la maxime, *Nulle terre sans seigneur*, est reçue; car l'adjudicataire a dû s'attendre que l'héritage qui lui étoit adjugé relevoit en fief, ou à cens, de quelque seigneur; c'est pourquoi, quoique cette charge de tenure féodale, ou censuelle, n'ait pas été exprimée par l'affiche, elle y est suffisamment sous-entendue, et l'adjudicataire est censé acquérir à cette charge, sans qu'il soit nécessaire que le seigneur s'oppose au décret pour conserver son droit.

On doit décider la même chose dans les provinces de *franc-alleu*, où les héritages sont présumés *francs*, si un seigneur ne justifie par titres les droits de seigneurie qu'il prétend sur ces héritages; car, quoique la raison ci-dessus alléguée ne milite pas dans ces provinces, et qu'on ne puisse pas dire que l'adjudicataire a dû s'attendre que l'héritage relevoit de quelque seigneur, et étoit sujet à des droits seigneuriaux, il y a une raison générale qui doit faire décider que le décret n'a pas purgé les droits du seigneur; cette raison est que personne ne peut être dépouillé malgré lui de quelque droit qui lui appartient, qu'en vertu d'une loi précise; or, il n'y a aucune loi qui dépouille un seigneur de son droit de seigneurie directe, sur l'héritage adjugé par décret, faute d'avoir formé opposition, puisque l'édit de 1551 n'oblige à cette opposition que ceux qui ont des droits *non seigneuriaux*.

La coutume de Troyes, quoique coutume de franc-alleu, *art.* 51, en a une disposition. Cette raison sert à la décision de la question suivante.

Si le seigneur, par des titres particuliers, avoit des droits seigneuriaux autres et plus forts que ceux réglés par la coutume du lieu où l'héritage est situé, seroit-il obligé de s'opposer au décret à fin de charge de ses droits? Par exemple, si une terre située en Dunois, où les fiefs ne sont, par la coutume, sujets qu'au rachat, relevoit en fief de quint et requint, en vertu de titres particuliers; le seigneur ne s'étant point opposé au décret, ne pourroit-il plus, en vertu de ses titres particuliers, se faire reconnoître à droit de quint; et le décret auroit-il purgé ce droit? La raison de douter est que l'adjudicataire n'a pas dû s'attendre à ces droits, qui résultent de titres particuliers qu'il ne pouvoit connoître.

La raison de décider au contraire, que le décret ne les purge point, est que l'édit de 1551 ne donne point au décret la vertu de purger les droits seigneuriaux, et ne fait, à cet égard, aucune distinction; tout ce qui résulte de la raison de douter est, que l'adjudicataire aura répétition contre les créanciers, derniers recevants, de ce *quanti minùs emisset.*

Observez que le seigneur n'est pas à la vérité obligé de s'opposer pour le fond de son droit, mais il est tenu de s'opposer pour les anciens profits qui lui sont dus.

La raison est que l'adjudicataire ne peut ignorer que l'héritage qu'il acquiert relève de quelque seigneur, et est sujet à des droits seigneuriaux; mais il n'est pas obligé de savoir qu'il y a d'anciens profits de dus; c'est ce qui est décidé par l'*art.* 355 de la coutume de Paris, et par l'*art.* 480 de celle d'Orléans.

2° Par une disposition particulière de ce même article de la coutume d'Orléans, le droit de champart, même lorsqu'il n'est pas seigneurial, n'est pas purgé par le décret.

L'édit de 1551, *art.* 15, qui ordonne que tous prétendants droits non seigneuriaux soient tenus de s'opposer au décret, ne détruit point cette disposition de la coutume d'Orléans, par rapport au droit de champart, la coutume étant une loi postérieure à l'édit, revêtue, aussi bien que l'édit, de l'autorité royale, et fondé en raison qui est, que la perception s'en faisant publiquement, l'adjudicataire a dû en avoir connoissance.

3° Par la même raison, les droits de servitude que les

maisons voisines ont sur la maison adjugée par décret, ne se purgent pas par le décret, lorsqu'elles sont visibles, telles que sont les droits de vues, ou d'égouts.

Il en est autrement de celles qui ne se voient pas; telles, par exemple, que sont le droit de passage, le droit de servitude, *altius non tollendi, etc.*; le décret les purge, lorsque le propriétaire de l'héritage, à qui ces servitudes sont dues, a manqué de s'opposer. *Voyez* Louet, *lettre* S, *n.* 1er. *Voyez* Chenu, le Prêtre, et autres.

4° Le douaire que la femme, ou les enfants du saisi, ont sur l'héritage adjugé par décret, ne se purge point par le décret, tant qu'il n'est point encore ouvert par la mort du saisi; car le décret ne peut pas éteindre un droit qui n'est pas encore ouvert; il faut être né avant de pouvoir mourir.

Cette décision a lieu, non seulement à l'égard du douaire coutumier, mais aussi à l'égard du conventionnel, d'une certaine somme, ou d'une certaine rente à prendre sur les biens du mari.

Le douaire des enfants se purge-t-il par le décret après la mort du père, du vivant de la mère? Il y a un arrêt du 13 décembre 1758, rapporté par Denizart, *verbo* Douaire, *n.* 63, qui a jugé l'affirmative. D'Héricourt, *chap.* 9, *somm.* 10, rapporte deux arrêts contraires, et il fait une distinction qui ne paroît pas fondée : il faut s'en tenir à celui qui a jugé que le douaire des enfants est purgé dans ce cas; car il est ouvert, quoique les enfants n'en aient pas encore la jouissance qui appartient à leur mère, ils en ont la propriété certaine.

5° Par la même raison le décret ne purge pas les droits de substitution, lorsque la substitution n'est pas encore ouverte. La nouvelle ordonnance des substitutions, du mois d'août 1747, *tit.* 1, *art.* 55, veut même que le décret ne puisse purger les substitutions, quoiqu'elles soient ouvertes, quand elles sont insinuées; la raison de cette disposition est que les substitutions étant registrées dans un registre public, l'adjudicataire a pu les connoître.

Nous avons vu quels droits réels étoient, ou n'étoient pas purgés par le décret.

14.   21

A l'égard des droits d'hypothèques, c'est une règle générale, et qui ne souffre point d'exception, que le décret les purge tous, faute d'opposition.

C'est pourquoi lorsque quelqu'un, pour purger les hypothèques de son vendeur, fait décréter sur lui un héritage dont il se rend adjudicataire, par le décret volontaire qu'il en fait faire, il doit s'opposer au décret qu'il fait faire sur lui pour les créances hypothécaires qu'il avoit lui-même contre son vendeur, et en paiement desquelles l'héritage lui a été vendu; comme aussi pour les créances qui lui auroient été déléguées par son vendeur; autrement le décret purgera ces hypothèques, et les créanciers qui étoient postérieurs en hypothèques, et qui se seront opposés au décret, l'obligeront de consigner le prix entier de son acquisition, et seront payés sur ce prix en principal et frais, sans qu'il puisse en rien retenir en déduction des siennes et de celles dont il s'est chargé sur ce qui resteroit, après que les opposants auroient été entièrement payés.

Le décret purge l'hypothèque des créances conditionnelles, lorsque le créancier ne s'est pas opposé, quoique la condition d'où elles dépendoient n'eût pas encore existé au temps du décret.

ARTICLE XII.

De l'ordre et distribution du prix qui se fait, après l'adjudication, entre les créanciers.

L'ordre est le jugement qui règle le rang dans lequel les créanciers, tant le saisissant que les opposants, doivent être payés de leurs créances, tant sur le prix de l'adjudication, que sur le revenu des biens saisis, qui peuvent rester entre les mains du commissaire aux saisies-réelles, dont, pour cet effet, il doit rendre compte.

Les revenus perçus depuis le bail judiciaire, par le commissaire, ne se distribuent pas comme un simple mobilier, mais dans le même ordre de privilége et d'hypothèque que le prix même du fonds; la raison est que, dès que le débiteur a été dépouillé de la jouissance de son héritage par la saisie-réelle, suivie du bail judiciaire, le commissaire en a joui pour et au nom des créanciers hypothécaires; la jouissance en a dès-lors appartenu aux créanciers, en acquit de leurs créances, selon l'ordre des priviléges et hypothèques de chacun d'eux.

Pour traiter méthodiquement ce qui concerne l'ordre, nous verrons, 1° Quelle est la procédure pour y parvenir.

2° Quelles sont les règles pour fixer le rang de chaque créancier dans l'ordre.

3° Nous parlerons des sous-ordres.

§. I. De la procédure pour parvenir à l'ordre.

Le procureur du poursuivant, sur un simple acte signifié au procureur du saisissant et à l'ancien des opposants, fait rendre un jugement, portant qu'il sera procédé à l'ordre devant le commissaire. Ce jugement est signifié au procureur du saisi, et à l'ancien des opposants, et on fait une simple sommation à chaque procureur des opposants, de produire leurs titres de créances entre les mains du commissaire.

Le commissaire ne peut procéder à l'ordre que huitaine après la sommation.

Le commissaire dresse l'ordre sur les productions de chaque créancier, et quand il est dressé, le poursuivant fait sommation à chaque procureur des opposants d'en prendre communication.

Si, à la communication, il survient quelques contestations, le commissaire en donne acte, et renvoie les parties à l'audience pour les régler.

Cela ne doit point empêcher les procureurs des créanciers, auxquels on ne fait point de contestations, de recevoir les sommes pour lesquelles ils sont colloqués.

Lorsqu'il y a plusieurs contestations sur l'ordre, on appointe en droit; le poursuivant forme ses contredits contre les productions de chacun des opposants, lorsqu'il en a à proposer, et les opposants y répondent par des salvations; le tout est signifié à l'ancien procureur des opposants.

Pareillement, l'ancien des opposants contredit les titres et productions du saisissant, qui y répond par des salvations.

§. II. Règles pour fixer le rang dans lequel chaque créancier doit être colloqué dans l'ordre.

1° Les droits de consignation se prennent sur les deniers consignés, par préférence à tous créanciers, même aux frais de justice. *Edit de* 1689, *art.* 28.

2° Immédiatement après le receveur des consignations, le poursuivant doit être colloqué pour ses frais extraordinaires des criées.

A l'égard des frais ordinaires, ils ne se prennent point sur les deniers consignés; mais ils sont remboursés et payés par l'adjudicataire, suivant l'édit de 1551, *art.* 12, qui porte que tous héritages criés seront adjugés à la charge des frais et mises des criées.

La raison est que, de même que dans les ventes volontaires les frais du contrat sont portés par l'acheteur, de même dans les ventes judiciaires les frais ordinaires des criées doivent être portés par l'adjudicataire ces frais sont, en quelque façon, les frais du contrat judiciaire, et répondent aux frais du contrat des ventes volontaires.

On appelle frais *ordinaires* de criées, tous les frais de procédures qui, indépendamment d'aucun incident, sont nécessaires pour parvenir à l'adjudication, à commencer depuis le commandement qui précède la saisie.

Les frais *extraordinaires* sont ceux que le poursuivant a été obligé de faire sur les incidents survenus pendant le cours de la saisie-réelle; par exemple, les frais sur un appel de la saisie-réelle, sur les oppositions, les frais d'ordre, les incidents sur l'ordre.

Le poursuivant, en faisant ces frais, a géré l'affaire commune de tousl es créanciers.

Il les a faits pour l'intérêt commun de tous les créanciers, qui avoient tous intérêt que la saisie fût mise à chef, pour pouvoir être payés de leur créance, et ces frais étoient nécessaires pour l'y mettre; il est donc juste que celui qui les a faits en soit remboursé par préférence.

On ne doit pas même obliger le poursuivant à se pourvoir contre ceux qui ont fait les incidents, et qui ont été condamnés aux dépens envers lui; il est seulement tenu de

céder, à cet égard, ses actions aux créanciers sur lesquels
l'ordre manquera, pour, par eux, les exercer en sa place,
ainsi qu'ils pourront.

Il y a de bons auteurs qui exceptent de cette règle les
droits seigneuriaux, et prétendent que les seigneurs doivent être colloqués avant les frais des criées, pour les anciens profits et arrérages de cens qui leur sont dus; c'est
l'avis du président le Maître, qui en rapporte un ancien arrêt; c'est celui de Duplessis et de d'Héricourt. La raison
est, que ces seigneurs n'avoient pas besoin de la saisie-
réelle pour se faire payer ces droits, qu'on ne peut par conséquent prétendre qu'ils aient été faits pour leurs intérêts.

Néanmoins on m'a assuré que l'usage est contraire à l'avis
de ces auteurs, et que les frais de criées sont colloqués
même avant les droits seigneuriaux; la raison de cet usage,
qui sert en même temps de réponse à celle alléguée pour l'avis
contraire, est que les seigneurs avoient, à la vérité, le droit de
demander à rentrer dans l'héritage, à défaut du paiement
des droits qui leur étoient dus, si mieux n'aimoient les
créanciers se charger de leur dû; mais les seigneurs n'ayant
point usé de ce droit qu'ils avoient, ils sont censés avoir
préféré la voie de la saisie-réelle, pour parvenir au paiement de leur dû : c'est pourquoi le saisissant a saisi pour
eux comme pour les autres créanciers, et par conséquent
ils doivent souffrir, comme les autres créanciers, que les
frais pour mettre à chef cette saisie soient prélevés comme
ayant été faits pour l'affaire commune. L'article 458 de la
coutume de Paris, qui porte que les seigneurs seront préférés à tous créanciers, n'a rien de contraire à cette décision; car cet article s'entend des créanciers ordinaires, et
non de ceux qui auroient un privilége plus fort que le leur.

Après les frais de justice, on colloque les créanciers privilégiés, suivant l'ordre de leur privilége.

Le premier privilége est celui des frais funéraires, et de
la dernière maladie; mais il n'est accordé qu'au cas qu'il
n'y auroit pas eu dans le mobilier de la succession de quoi
payer cette dette.

Le second privilége est de celui qui a conservé l'héritage;
il est évident qu'il doit être préféré à tous les autres créan-

ciers, même aux droits seigneuriaux; car, en conservant
l'héritage, il a travaillé pour tous les créanciers, pour le
seigneur comme pour les autres; *fecit ut res esset in bonis
debitoris;* il leur a conservé leur gage, ils doivent donc
tous souffrir qu'il prélève avant eux ce qu'il a dépensé pour
la conservation de l'héritage, ayant fait cette dépense pour
la cause commune.

Il ne doit néanmoins être colloqué qu'après les frais de
justice; car il auroit été lui-même obligé de faire ces frais
de justice pour se faire payer de ce qu'il a dépensé pour la
conservation de l'héritage.

A l'égard des frais funéraires, s'ils sont colloqués avant
ce créancier, c'est par une pure raison de piété.

Observez une différence entre celui qui a conservé l'héritage, de telle manière qu'il seroit totalement péri sans le
travail qu'il y a fait; tel est celui qui auroit fait faire une
digue sans laquelle la rivière auroit emporté tout l'héritage
qui en étoit voisin, et celui qui a seulement rendu l'héritage
meilleur, soit en y construisant des bâtiments, soit en ré-
parant ceux qui y étoient.

Le premier a un privilége sur le total de l'héritage, ayant
conservé le total aux créanciers, ayant fait *ut res esset in
bonis debitoris;* mais l'autre ne doit avoir de privilége que
sur la plus-value de l'héritage, car il n'a pas fait *ut res esset
in bonis debitoris,* mais seulement *ut res esset melior;*
c'est pourquoi il faut faire une ventilation du prix de l'adjudication, lui donner privilége seulement sur ce qu'on es-
timera que l'héritage aura été plus vendu qu'il ne l'auroit
été sans la dépense qu'il y a faite de ses deniers, et distribuer le surplus, sans avoir égard à son privilége.

A l'égard de ceux dont le travail n'a eu pour objet que
les fruits, leur privilége ne doit avoir lieu que sur les fruits,
et non sur le fonds.

Le troisième privilége est celui des droits seigneuriaux.

Le quatrième privilége est celui de ceux dont les oppositions afin de distraire ou à fin de charge, ayant été formées
à tard, ont été renvoyées à l'ordre; s'il est jugé qu'ils
avoient un droit de propriété, ou rente foncière, ils doivent être préférés sur le prix de la chose sur laquelle

ils avoient ce droit, préférablement à tous autres créanciers.

Observez que si leur droit ne s'étend que sur une partie des héritages adjugés, leur privilége n'a lieu que sur la partie du prix qui, par la ventilation qui s'en doit faire, répond à la partie sur laquelle s'étend leur droit.

Le cinquième privilége est celui du vendeur de l'héritage ; ce privilége ne va qu'après les précédents.

Le copartageant a un privilége semblable à celui du vendeur sur tous les héritages échus dans les lots de ses copartageants, pour tout ce que ses copartageants peuvent lui devoir pour raison du partage, soit pour la garantie de ceux échus dans le sien, soit pour les retours dont ils seroient chargés envers lui.

Observez aussi que les créanciers des auteurs du saisi sont privilégiés par rapport aux créanciers simples hypothécaires du saisi, le saisi n'ayant pu hypothéquer ses biens qu'à la charge des hypothèques qu'avoient constituées ses auteurs, ne les ayant lui-même qu'à cette charge.

Après tous ces priviléges vient celui du roi sur les biens acquis par le comptable, depuis qu'il a manié les deniers royaux, suivant l'édit de 1669, *art. 3.*

Ce privilége est fondé sur ce que les biens du débiteur sont présumés acquis des deniers royaux qu'il avoit entre les mains.

Entre priviléges, on n'a aucun égard à la date de la créance privilégiée, *astimantur non ex tempore, sed ex causâ.*

Après les priviléges, on colloque les simples créanciers hypothécaires, chacun selon l'ordre de la date de son hypothèque ; et s'il restoit encore quelque chose, après tous les créanciers privilégiés et hypothécaires payés, il se distribue au marc la livre, entre tous les chirographaires.

Le créancier dont les deniers ont servi à acquitter une créance privilégiée, ou plus ancienne, et qui a acquis la subrogation aux droits de ce créancier, est colloqué, pour la somme qui a servi à payer l'ancien créancier, au même rang auquel auroit été colloqué cet ancien créancier ; et, s'ils sont plusieurs qui ont prêté en différents temps leurs deniers pour payer par partie à ce créancier, et qui aient acquis la subrogation, ils seront colloqués, par concurrence, au rang auquel auroit été colloqué ce créancier auquel ils sont subrogés, sans qu'on ait égard à celui d'entre eux qui a prêté le premier ou le dernier ses deniers.

S'il restoit encore quelque chose de dû à cet ancien créancier, il seroit préféré, pour ce qui lui reste dû, aux créanciers qui lui ont été subrogés, pour la somme qui lui a été payée ; car on ne subroge pas contre soi-même ; mais si un tiers venoit à payer ce restant avec subrogation, il ne viendroit que par concurrence avec ceux dont les deniers ont servi à payer ce qui a été payé en premier lieu. *Arrêt du 17 juillet* 1694.

Les créanciers sont colloqués, pour les intérêts et les frais qui leur sont dus, dans le même rang que pour le principal, suivant la jurisprudence du parlement de Paris ; mais si j'ai prêté une somme pour servir à acquitter des arrérages ou intérêts dus à un ancien créancier à qui je me suis fait subroger, je serai colloqué, pour mon principal et mes frais, au rang auquel auroit été colloqué cet ancien créancier ; mais je ne serai colloqué, pour les arrérages et intérêts de mon principal, que du jour de mon propre contrat ; car ce qui a été payé à ce créancier de mes deniers, étant des arrérages qui n'auroient jamais pu lui produire d'intérêts, je ne peux lui être subrogé que pour mon principal, qui a servi à le payer, et non pour les arrérages et intérêts qui m'en sont dus ; autrement, la subrogation m'accorderoit plus que n'auroit pu avoir celui à qui je suis subrogé, ce qui ne peut être.

Les créanciers conditionnels, quoique la condition d'où leurs créances dépendent soit encore pendante, ne laissent pas d'être colloqués, dans l'ordre, pour la somme qui leur seroit due si par la suite la condition venoit à exister ; mais ils ne la doivent pas toucher jusqu'à ce que la condition existe ; les créanciers sur lesquels le fonds manque peuvent, chacun dans leur ordre, et jusqu'à concurrence de ce qui leur est dû, la toucher en leur place, en donnant caution de rapporter à leur profit lorsque la condition existera.

§. III. Du sous-ordre.

Le sous-ordre est l'ordre dans lequel la somme pour laquelle un créancier a été colloqué utilement, est distribuée entre les créanciers de ce créancier.

Comme le sous-ordre n'intéresse point le saisissant ni les autres créanciers du saisi, il n'est pas juste qu'ils supportent aucune chose des frais qui se font pour y parvenir.

Par cette raison, il a été ordonné, par l'arrêté de la cour du 22 août 1691, que les oppositions en sous-ordre ne seront jugées et réglées qu'après qu'on aura prononcé sur l'ordre, et par un jugement séparé, et que les frais, pour parvenir au sous-ordre, seront pris en entier, seulement sur la somme pour laquelle a été colloqué le créancier pour le fait duquel il y a eu des oppositions en sous-ordre; *art. 1 et 3.*

Cela n'empêche pas que les créanciers opposants en sous-ordre, pour le fait d'un créancier saisi, ne puissent intervenir à l'ordre pour y faire valoir la créance de leur débiteur commun, lequel pourroit négliger de la faire valoir, *ibid., art.* 4: mais on ne doit allouer dans l'ordre que les frais qu'auroit été obligé de faire le créancier, leur débiteur, s'il eût lui-même fait valoir ses droits.

La procédure, pour parvenir au sous-ordre, est semblable à celle pour parvenir à l'ordre.

On suit les mêmes règles pour dresser le sous-ordre, qui se suivent pour l'ordre; les frais pour y parvenir sont pris les premiers, par privilége, sur la somme qui doit se distribuer en sous-ordre; et les créanciers opposants en sous-ordre sont colloqués sur ce qui reste, selon l'ordre des hypothèques qu'ils ont sur les biens de leur débiteur commun.

On pourroit objecter que cette somme pour laquelle le créancier est colloqué, n'étant qu'une chose mobiliaire, et par conséquent non susceptible d'hypothèque, cette somme devroit se distribuer entre les créanciers de ce créancier, au marc la livre de leurs créances, et non point par ordre d'hypothèque. La réponse est que, si les créanciers de ce créancier ne s'étoient pourvus que depuis le décret par saisie et arrêt, de la somme pour laquelle il a été colloqué, cette somme se distribueroit effectivement comme une chose mobiliaire, au marc la livre, entre eux tous; mais s'étant opposés au décret de l'héritage, pour venir en sous-ordre de la somme pour laquelle leur débiteur commun seroit colloqué, c'est le droit d'hypothèque qu'avoit leur débiteur commun, à l'héritage saisi, qu'ils ont saisi, un droit dans l'héritage, un droit par conséquent immobilier; c'est par cette raison qu'ils doivent venir par ordre d'hypothèque, suivant la règle, *pignus pignori dari potest. L. 1, Cod. si pign. pign.*

ARTICLE XIII.

De l'appel du décret; et quelles peuvent être les différentes manières de se pourvoir contre le décret.

§. I. Quelles personnes peuvent interjeter appel de l'adjudication par décret.

Le saisi peut interjeter appel de l'adjudication par décret, lorsqu'elle a été faite par un juge qui n'est point souverain. Ces adjudications sont sujettes à l'appel, comme tous les autres jugements et ordonnances qui émanent de ce juge.

Non seulement le saisi peut interjeter appel; des créanciers postérieurs, qui ne se trouveroient pas utilement colloqués, et qui prétendroient que l'adjudication a été faite à vil prix, sont aussi recevables à interjeter appel de l'adjudication, et à opposer contre cette adjudication les moyens de nullité et de fraude que le saisi auroit pu opposer sur l'appel; car ils ont intérêt, aussi bien que le saisi, à faire détruire cette adjudication, et ils peuvent, comme créanciers du saisi, exercer le droit qu'il auroit d'en interjeter appel, le saisi ne pouvant abandonner ce droit à leur préjudice.

Un tiers peut aussi interjeter appel du décret, s'il prétend qu'on a mal-à-propos compris dans l'adjudication quelque chose qui lui appartenoit, et dont il étoit en possession : je dis, *dont il étoit en possession;* car s'il n'en étoit pas en possession, que la saisie eût été faite sur celui qui possédoit cette chose, ce propriétaire doit s'imputer de ne s'être pas opposé afin de distraire; le décret a purgé son droit de propriété; si néanmoins son droit étoit un de ces droits qui ne se purgent pas par le décret, il pourroit interjeter appel de l'adjudication.

Ceux même dont les droits sont de nature à être purgés par le décret, lorsque la procédure du décret a été régulière, et les créanciers hypothécaires qui ont manqué de s'opposer au décret, peuvent en interjeter appel lorsqu'ils prétendent que la procédure n'en a pas été régulière; et ils sont en droit de demander, sur cet appel, la communication de la procédure sur laquelle le décret est intervenu, afin de la débattre.

Mais cette communication ne peut plus être demandée après les dix ans écoulés depuis le décret; toutes les procédures énoncées dans la grosse du décret sont présumées avoir été faites régulièrement; mais si quelque procédure essentielle n'y étoit pas énoncée, cette omission donneroit un moyen valable d'appel contre le décret, à moins que l'adjudicataire ne fût en état de représenter l'acte dont la mention auroit été omise.

§. II. Du temps d'interjeter appel du décret.

Le temps d'interjeter appel des adjudications par décret est celui qui est réglé par l'ordonnance pour l'appel de tous les autres jugements.

On a néanmoins agité la question de savoir si on peut interjeter appel pendant trente ans, lorsque l'adjudication n'a point été signifiée comme il faut au saisi, de même qu'on peut interjeter appel de tout autre jugement pendant trente ans, lorsqu'il n'a point été signifié; quelques auteurs ont voulu, à cet égard, faire une différence entre les adjudications par décret et les autres jugements, et ils ont prétendu qu'on ne pouvoit interjeter appel du décret après dix ans, quoiqu'il n'eût pas été signifié. Ce sentiment a été adopté par l'ordonnance de 1629, *art.* 164, qui porte expressément que les majeurs peuvent se pourvoir contre le décret, même par voie d'appel, après dix ans (1); mais

____
(1) Denizart, dans sa Collection, *verbo* Adjudication, cite un arrêt du 31 août 1761, rendu aux enquêtes, par lequel il prétend qu'on a jugé que l'appel d'une sentence d'adjudication n'étoit plus recevable après dix ans.

on sait que l'ordonnance de 1629 n'a point eu d'exécution. La raison sur laquelle ces auteurs se fondent, est que celui qui a acheté en justice, de bonne foi, est aussi favorable que celui qui a acheté par contrat volontaire; or, un acheteur de bonne foi, par contrat volontaire (à l'exception de quelques coutumes, comme celle d'Orléans, *art.* 260, qui excluent toute prescription d'héritages moindre que trente ans), acquiert, *inter præsentes*, l'héritage par lui acheté, par une possession de dix ans; il ne peut plus, après ce temps, être évincé par le propriétaire de cet héritage : donc, disent-ils, un adjudicataire qui a acquis de bonne foi en justice, ne doit pas pareillement être évincé après ce temps.

Le sentiment de ces auteurs a été rejeté par les arrêts du parlement de Paris. Brodeau, *lett. D*, n° 26, en rapporte plusieurs qui ont jugé qu'on reçoit l'appel pendant trente années, des adjudications par décret, qui n'ont pas été dûment signifiées, et il ajoute que telle est la pratique du palais : *Gallicâ enim fori observatione, provocandi jus ad tricenum usque annum porrigitur.* La réponse à la raison ci-dessus alléguée est facile; celui qui a acquis par contrat volontaire, de bonne foi, *à non domino*, ne peut être évincé, après dix ans, par le propriétaire, parcequ'il possède de bonne foi, *ex justo titulo*, en vertu d'un titre qui n'est point attaqué; mais le titre de l'adjudicataire est attaqué par l'appel qui en est interjeté; il ne peut donc point servir de fondement à la prescription de dix ans, que l'adjudicataire réclameroit en sa faveur.

§. III. Quels peuvent être les moyens d'appel d'un décret?

Les moyens d'appel d'un décret peuvent être tirés du fond ou de la forme.

Du fond. Lorsqu'un tiers appelle du décret, comme fait *super non domino*, ou lorsque le saisi appelle du décret, comme fait pour une somme qui n'étoit point due; le saisi peut être non recevable en ce moyen, si on y a déja statué sur l'appointement à décréter.

Les moyens d'appel tirés de la forme sont ceux tirés des défauts de procédure, jusqu'à l'appointement à décréter.

Mais on peut opposer des défauts de procédure dans celle faite en exécution de l'appointement à décréter, pour parvenir à l'adjudication qui fait le sujet de l'appel.

L'appelant peut demander au saisissant la communication de la procédure sur laquelle est intervenue l'adjudication, pour relever les défauts qui s'y rencontreroient, et le saisissant est obligé de faire cette communication; mais le sentiment commun est que, lorsqu'il s'est passé onze ans depuis l'adjudication, le saisissant n'est plus obligé à cette communication, et que toutes les formalités sont présumées avoir été observées; *statur narrativis ex eo quod contrarium non probatur*. Le Maître, Tr. des Criées, chap. 45, n° 4, *in fine*.

On peut encore proposer pour moyen d'appel contre l'adjudication, le défaut de la personne de l'adjudicataire, s'il est du nombre de celles à qui les règlements défendent de se rendre adjudicataires; comme aussi la fraude, la collusion.

La seule cause de lésion dans le prix n'est pas un moyen suffisant, comme nous le verrons ci-après.

§. IV. De l'effet de l'appel du décret.

L'appel de l'adjudication, interjeté par le saisi, ne me paroît pas devoir en suspendre l'exécution, ni par conséquent pouvoir empêcher que l'adjudicataire entre en possession de l'héritage qui lui est adjugé; la raison est que cette adjudication se fait en vertu d'un titre qui est exécutoire contre le saisi, et auquel la provision est due.

A plus forte raison, si l'appel n'est interjeté qu'après que l'adjudicataire est entré en possession, cet appel ne doit pas empêcher qu'il n'y reste pendant l'appel.

Si l'adjudicataire entre en possession nonobstant l'appel, il doit aussi, nonobstant l'appel, consigner le prix de son adjudication; l'ordre se fera aussi nonobstant l'appel, mais il peut obliger les créanciers de lui donner caution pour recevoir du receveur des consignations les sommes pour lesquelles ils auront été colloqués.

Cela est conforme à la loi 18, §. 1, ff. *de peric. et comm. rei vend.*, qui décide que le vendeur ne peut exiger de l'acheteur le prix de la chose vendue sans lui donner caution, dès que quelqu'un a intenté à l'acheteur contestation sur la propriété de la chose, *dominii quæstione motâ ;* or, par l'appel, *dominii quæstio movetur emptori :* les créanciers ne peuvent donc recevoir ce prix sans lui donner caution; mais l'acheteur ne peut pas, sous prétexte de l'appel, se dispenser de consigner, parceque, par la consignation, les deniers sont en sûreté.

On a agité la question, si l'adjudicataire pouvoit demander à être déchargé de son adjudication, lorsqu'on en interjette appel. Quelques auteurs décident qu'il est recevable en cette demande : je ne le penserois pas ; car de même qu'un acheteur, par contrat volontaire, n'est pas recevable à demander contre son vendeur le résiliement du contrat, sous le prétexte d'une contestation qui lui seroit faite sur la propriété de l'héritage par lui acquis ; de même cet adjudicataire ne doit pas être recevable à demander la décharge de son adjudication, sous prétexte de la contestation qui lui est formée par l'appel de l'adjudication ; l'appel étant une voie de droit, il a pu la prévoir, et il en a couru les risques en se rendant adjudicataire ; il doit lui suffire de pouvoir sommer en garantie le poursuivant, qui doit garantir la validité de l'adjudication qu'il a poursuivie.

Il ne seroit pas juste qu'il dépendît du saisi, en interjetant un appel mal fondé, de détruire l'obligation qu'a contractée l'adjudicataire, et encore moins qu'il dépendît de l'adjudicataire lui-même de s'en décharger, ce qui lui seroit facile, en engageant, par quelque petit présent, le saisi, qui n'a rien à perdre, à interjeter un appel.

§. V. De l'effet de l'arrêt qui, sur l'appel, infirme l'adjudication.

Lorsque, sur l'appel interjeté de l'adjudication, elle a été déclarée nulle, il importe de savoir sur quels moyens la nullité a été prononcée.

Lorsque la nullité procède de la part du saisissant, celui-ci est tenu de tous les dommages et intérêts de l'adjudicataire ; il est tenu de rembourser à l'adjudicataire tout ce qu'il lui en a coûté pour l'adjudication, et à l'acquitter des condamnations prononcées contre lui, soit pour les dépens, soit pour la restitution des fruits ; à la charge, par

l'adjudicataire, de céder ses actions au saisissant, soit
contre les créanciers qui ont touché leur part du prix de
l'adjudication, lesquels doivent la rapporter lorsque l'adjudication est déclarée nulle, soit contre le receveur des consignations, pour la répétition des droits de consignation,
qui, pour la même raison, se trouvent n'être pas dus.

Lorsque l'adjudication est déclarée nulle par un défaut
de procédure, le procureur du saisissant doit l'acquitter
de ses condamnations.

Lorsque c'est par le fait de l'adjudicataire que l'adjudication est déclarée nulle, comme si c'étoit une personne
prohibée, il est évident qu'en ce cas le saisissant n'est tenu
envers lui d'aucuns dommages et intérêts ; au contraire,
cet adjudicataire paroît devoir être condamné, en ce cas,
aux frais qui se feront pour parvenir à une nouvelle adjudication ; cet adjudicataire peut seulement, en ce cas, retirer des consignations le prix qu'il a payé, s'il y est encore,
et répéter les profits seigneuriaux qu'il a payés ; si les deniers ont été distribués, il peut seulement répéter du receveur des consignations les droits de consignation, et répéter des créanciers ce qu'ils ont reçu.

On pourroit peut-être néanmoins dispenser les créanciers
de cette restitution, en subrogeant l'adjudicataire, pour
recevoir à leur place sur le prix de la nouvelle adjudication
qui sera faite.

§. VI. Des autres moyens de se pourvoir contre les adjudications.

Lorsqu'il ne peut y avoir lieu à l'appel de l'adjudication,
parcequ'elle a été faite par un juge en dernier ressort, on
ne peut se pourvoir contre, de la part d'un tiers qui n'auroit point été partie, que par la voie de la tierce-opposition.

A l'égard du saisi, il ne lui reste que la voie de la requête
civile, dans le cas où il peut y avoir lieu ; comme si la saisie
avoit été faite sur un titre de créance, dont on prétendroit
prouver la fausseté, ou si on alléguoit du dol de la part de
l'adjudicataire. (Nous avons traité ci-dessus des moyens
de requête civile qui peuvent s'appliquer ici.)

C'est une question, si la lésion d'outre moitié du prix donne
lieu de se pourvoir contre l'adjudication, de même qu'elle

donne lieu de se pourvoir contre une vente purement conventionnelle. Nous avons trois coutumes qui excluent formellement, en pareil cas, la restitution contre les adjudications par décret; savoir : celle de Bourbonnois , *art.* 487; celle d'Auvergne, *chap.* 16, *art.* 22, et celle de la Marche, *art.* 122; mais Dumoulin étoit d'avis qu'on devoit l'accorder ; et, en sa note sur l'*art.* 122 de la coutume de la Marche , il taxe cette coutume, de coutume injuste; l'ordonnance de 1629, *art.* 164, accordoit en ce cas la restitution , mais seulement lorsque le saisi étoit mineur. L'ordonnance de 1629 n'a point été, comme l'on sait, exécutée; la jurisprudence du parlement de Paris est de ne point accorder cette restitution, ni au mineur, ni au majeur ; les arrêts en sont rapportés par Brodeau, sur Louet, *lettre* D, n° 32. Les raisons que l'on donne de cette jurisprudence sont, que la vente par décret, étant revêtue de l'autorité de la justice, doit être plus hors d'atteinte qu'un simple contrat de vente : d'ailleurs, le prix des choses étant, dit-on, *quanti emptorem invenire possunt,* on ne peut pas dire que le prix de l'adjudication ne soit pas le juste prix, puisqu'après avoir pris toutes les précautions possibles, pour faire connoître que la chose étoit à vendre , et après plusieurs remises, la chose n'a pu être vendue davantage; c'est ce qui fait dire à Dumoulin, sur l'*art.* 487 de la coutume du Bourbonnois, que le prix du décret est présumé le juste prix, *post publicationem et licitationem plus offerenti factam; quæ præsumptio juris est, et de jure, quæ non admittit probationem in contrarium.*

Ces raisons ne me paroissent pas bien solides : le prix d'une chose n'est pas précisément *quanti ea res determinatè emptorem invenire potuit,* mais *quanti venire solent res ejusdem generis et qualitatis;* or , il peut arriver , comme l'expérience nous apprend qu'il arrive assez souvent, qu'un héritage est vendu par décret plus de la moitié au-dessous de la valeur ordinaire de ce qu'ont coutume de se vendre des héritages de pareille qualité ; il est donc vrai que , en ce cas, l'héritage adjugé par décret a été vendu plus de la moitié au-dessous de sa juste valeur, et qu'il y a lésion d'outre moitié du juste prix : or, si cette lésion énorme se rencontre dans l'adjudication, pourquoi ne pas admettre la restitution, comme contre toutes les ventes? L'autorité de la justice, dont est revêtue l'adjudication, est une autorité qui doit être employée pour faire régner la justice, et non pas pour autoriser l'iniquité d'une vente dans laquelle se rencontre une lésion énorme.

ARTICLE XIV.

Des décrets volontaires (1).

On appelle décret volontaire, celui qui intervient sur une saisie-réelle qu'un acquéreur fait faire sur lui, de l'héritage qu'il a acquis, à l'effet de purger les hypothèques, et autres charges que ses auteurs auroient pû imposer sur l'héritage.

On l'appelle décret *volontaire*, parceque cette saisie-réelle se fait du consentement de l'acquéreur sur qui elle est faite, et que c'est lui-même qui interpose un créancier vrai ou simulé, pour faire cette saisie-réelle sur lui.

Les décrets volontaires se font aussi quelquefois sur le vendeur, lorsqu'on en est convenu.

Non seulement un acheteur, mais quelque acquéreur que ce soit, même un donataire, peut décréter sur lui l'héritage qu'il a acquis, dont il se rend adjudicataire pour un prix qu'il y porte, lequel est un prix imaginaire, s'il ne survient point d'opposition.

Un acquéreur peut faire un décret volontaire sur lui, quoiqu'il n'y ait pas de clause pour cela dans son contrat d'acquisition; son vendeur n'en est pas moins tenu de lui faire donner, à ses frais, main-levée des oppositions qui y surviennent; car cela fait partie de l'obligation de garantir de tous troubles, qui est de la nature du contrat de vente.

Quoique le décret se fasse sur l'acquéreur, on doit, dans les procédures, nommer le vendeur, et déclarer que

---

(1) L'édit du mois de juin 1771, *art.* 37, a abrogé les décrets volontaires, à peine de nullité; et, par le même édit, portant création de conservateurs des hypothèques, Louis XV y a substitué les lettres de ratification, qui s'obtiennent aujourd'hui par les acquéreurs, pour purger les hypothèques et priviléges. *Voyez* les lettres patentes du 7 juillet suivant, registrées au bailliage d'Orléans, le 19 novembre de la même année.

c'est pour purger les hypothèques qu'il auroit constituées, que le décret se poursuit, afin que les créanciers soient avertis.

On observe, pour les décrets volontaires, toutes les formalités des saisies-réelles, depuis le commandement qui doit précéder la saisie, jusqu'au décret, sauf qu'on ne fait pas ordinairement procéder au bail de l'héritage saisi volontairement; ce bail néanmoins peut avoir quelquefois son utilité; car si quelqu'un, après le décret, réclamoit la propriété de quelque morceau d'héritage compris dans le décret, dont il prétendroit avoir été en possession au temps du décret, l'acquéreur ne pourroit opposer le décret, qui ne peut purger les droits d'un tiers dans un morceau d'héritage, tant qu'il ne paroît pas que celui sur qui il a été saisi en étoit en possession, ce qu'établit le bail judiciaire dans lequel il seroit compris.

Les créanciers du vendeur, quoiqu'ils aient été délégués par le contrat à l'acheteur, qui s'est obligé de les payer en acquit de son vendeur, ne doivent pas moins s'opposer au décret volontaire; car si d'autres créanciers postérieurs, dont les créances absorberoient le prix de l'héritage, y formoient oppositions, il ne resteroit plus rien pour les créanciers délégués, dont les hypothèques auroient été éteintes par défaut d'oppositions, et l'acquéreur, qui auroit été obligé de le payer aux opposants, ne pourroit pas être obligé de le payer une seconde fois à ceux qui lui auroient été délégués.

Il y a plus de difficulté sur la question de savoir si l'acquéreur, qui fait décréter sur lui, est obligé de former lui-même opposition pour les créances hypothécaires qu'il a contre son vendeur; il y a de très-fortes raisons pour soutenir qu'il y est obligé, et que, faute par lui de le faire, il ne peut rien retenir sur le prix de l'adjudication, qu'après que les créanciers opposants, quoique postérieurs à lui, auront été payes : ces raisons sont que la loi qui oblige tous ceux qui ont des hypothèques à s'opposer aux décrets, et qui purge celles pour lesquelles il n'y en aura pas eu de formées, est générale, et ne contient aucune exception en faveur de l'acquéreur, qui fait décréter sur lui pour des créances hypothécaires qu'il peut avoir contre son vendeur;

néanmoins d'Héricourt, *chap.* 15, *somm.* 4, cite un arrêt du 24 mars 1676, qu'on trouve *tome* 1ᵉʳ du Journal du Palais, qui a jugé que l'acquéreur n'étoit point obligé de s'opposer, pour pouvoir retenir dans son ordre d'hypothèque les créances hypothécaires qu'il avoit droit d'exercer contre son vendeur; mais il est beaucoup plus sûr de former cette opposition.

L'acquéreur, après toute la procédure requise pour parvenir à l'adjudication, se fait adjuger à l'audience l'héritage, pour le prix pour lequel il l'a acquis par le contrat de vente qui lui en a été fait.

Il ne gagneroit rien à se le faire adjuger pour une moindre somme, car il n'en seroit pas moins obligé à payer le prix total convenu par le contrat de vente; le décret qu'il a fait faire sur lui ne pouvant, à cet égard, éteindre ni diminuer l'obligation qu'il a contractée envers son vendeur.

Il n'y gagneroit rien non plus par rapport aux profits et au centième denier; car, lorsque l'adjudication est faite à l'acheteur pour un prix moindre ou égal à celui de son contrat, c'est le contrat de vente qui est son titre d'acquisition, le décret n'en est que la confirmation, et par conséquent ce n'est que pour raison du contrat qu'il doit les profits féodaux et le centième denier, et il les doit eu égard au prix porté par le contrat, qui est son vrai titre d'acquisition.

De ce que l'adjudication n'est qu'un acte confirmatif du contrat, il suit que, si le vendeur avoit des moyens pour se faire restituer contre le contrat, pour cause de lésion d'outre moitié du juste prix, la rescision du contrat entraîneroit la rescision de l'adjudication par décret; car l'acte confirmatif ne peut plus subsister lorsque la chose confirmée est détruite.

De ce que cette adjudication n'est qu'un acte confirmatif, il suit aussi que ceux auxquels il est interdit de se rendre adjudicataires des biens saisis réellement, peuvent néanmoins se rendre adjudicataires des biens qu'ils ont acquis par un contrat, et qu'ils ont fait décréter volontairement sur eux.

C'est pourquoi il a été jugé qu'un juge peut se rendre

adjudicataire, à son siége, d'un héritage qu'il fait décréter volontairement sur lui.

Lorsqu'il y a des oppositions de la part des créanciers du vendeur, pour une plus grande somme que n'est le prix porté par le contrat, et que l'héritage est enchéri à un plus haut prix que celui de son contrat, l'acheteur qui, sur ces enchères, enchérit lui-même, et se rend adjudicataire pour un prix plus haut que celui de son contrat, n'acquiert point en ce cas, en vertu de son contrat, mais en vertu de l'adjudication qui lui en est faite; l'acquisition qu'il avoit faite par son contrat est détruite par les enchères qui sont portées au-delà du prix du contrat; c'est une éviction qu'il souffre de l'héritage, qu'il ne peut conserver pour le prix porté par son contrat, et pour laquelle il a un recours de garantie contre son vendeur pour l'indemniser de ce qu'il lui en a coûté de plus.

De là il suit que les profits et le centième denier ne sont point dus en ce cas pour le contrat de vente, et ne se règlent point sur le prix du contrat, mais sont dus pour l'adjudication, et se règlent sur le prix de l'adjudication, qui est en ce cas le titre d'acquisition, celui qui résultoit du contrat étant détruit par la surenchère.

Lorsqu'il y a des opposants, l'acheteur est obligé de rapporter le prix de son acquisition, pour être payé aux créanciers opposants, et il ne peut jouir vis-à-vis d'eux des termes qui lui auroient été accordés par son contrat pour le paiement; car le prix de toute adjudication par décret doit être payé comptant.

Par cette même raison, il a été jugé par l'arrêt du 23 janvier 1738, connu sous le nom de l'arrêt de Pontchartrain, qu'un créancier de rente constituée, qui s'étoit opposé au décret volontaire, soit que son opposition eût été convertie en saisie-arrêt, ou ne l'eût pas été, et quoiqu'il eût été délégué à l'acquéreur qui offroit de lui continuer sa rente, pouvoit l'obliger au rapport du prix pour être payé sur le prix en principal et arrérages.

Le prix de l'adjudication par décret volontaire n'est point sujet aux droits de consignation, s'il n'y a aucune opposition subsistante au temps du décret, et pourvu que l'ordre et distribution du prix ne se fasse point en justice sur les contestations des créanciers. *Édit de février* 1689, *art.* 16.

Pour éviter les droits de consignation, on fait rendre un jugement qui convertit les oppositions que des créanciers ont formées au décret volontaire, en saisies et arrêts sur le prix, sur lequel les créanciers seront payés, suivant l'ordre de leurs hypothèques.

Le même édit, *art.* 17, permet de faire prononcer cette conversion, même après l'adjudication, et veut qu'en ce cas il n'y ait point lieu aux droits de consignation, pourvu que ce soit dans la quinzaine du jour que les oppositions auront été formées.

Quoique les oppositions aient été converties en saisies-arrêts, il peut y avoir lieu aux droits de consignation, si l'ordre s'en fait en justice sur les contestations des créanciers.

S'il n'y a eu de contestation portée en justice que pour la collocation d'un seul créancier, celles des autres ayant été réglées à l'amiable, il a été jugé favorablement, en ce cas, que les droits de consignation n'étoient dus que pour la somme pour laquelle ce créancier seroit colloqué, et non point pour le total du prix de l'adjudication. *Arrêt de* 1714, *sur les conclusions de M. Chauvelin, confirmatif d'une sentence du conseil d'Artois.*

ARTICLE XV.

De la saisie-réelle des offices.

Les offices vénaux de judicature et de finance, étant réputés immeubles, peuvent être saisis réellement, et vendus par décret comme les autres immeubles.

§. I. Procédures pour la saisie-réelle des offices.

Il y a une procédure particulière pour la saisie-réelle des offices dont nous allons parler.

A l'égard des offices domaniaux, pour lesquels il ne faut point de provision, la saisie-réelle se fait de la même manière que celle de tous les autres immeubles; et il n'est pas par conséquent ici question de ces offices.

Il est encore moins question des offices personnels ; tels sont ceux de la maison du roi et des militaires, car ces offices n'étant pas *in bonis,* ne sont pas susceptibles de saisie-réelle.

L'édit de février 1683 prescrit les formalités pour la saisie-réelle des offices.

Cette saisie-réelle se fait, comme les autres saisies, après un commandement recordé de témoins, fait à l'officier débiteur; on la signifie à la partie-saisie, à M. le chancelier, ou à M. le garde des sceaux, en la personne du garde du rôle, afin qu'il ne soit expédié aucune provision à personne, et au payeur, afin qu'il ne puisse payer les gages qu'entre les mains du commissaire aux saisies-réelles.

La copie de cette saisie s'affiche à la porte de l'église du lieu où se fait l'exercice de l'office, qui est réputé le lieu de sa situation.

Cette saisie-réelle doit être enregistrée au greffe du lieu d'où dépend, et où se fait la principale fonction de la charge, quand même la saisie se poursuivroit en une autre juridiction. *Edit de février* 1683, *art.* 6.

On ne fait pas de criées ni de bail judiciaire des offices; mais six mois après l'enregistrement signifié au saisi, si c'est un officier d'une compagnie supérieure, et trois mois après l'enregistrement à l'égard de tous autres, le saisissant, sur une assignation donnée au saisi, peut faire ordonner que le saisi sera tenu de passer procuration, *ad resignandum,* en faveur de celui qui se rendra adjudicataire, sinon que le jugement, sans qu'il en soit besoin d'autre, vaudra procuration. *Ibid., art.* 6.

Lorsque ce jugement n'est pas rendu par un juge en dernier ressort, il peut être suspendu par l'appel.

Lorsqu'il n'y a point d'appel de ce jugement, ou lorsqu'il a été confirmé par arrêt, trois mois après la signification de ce jugement, ou trois mois après la signification de l'arrêt qui l'a confirmé, faite à personne, ou domicile du saisi, et au greffe du lieu d'où dépend l'office du saisi, le saisi demeure interdit de plein droit de son office.*Ibid., art.* 8.

Ce délai, pour donner procuration, ne peut être prorogé pour quelque cause que ce soit. *Ibid.*

En exécution de ce jugement, pour parvenir à l'adjudication de l'office, le sergent doit faire trois publications, de quinzaine en quinzaine, aux lieux accoutumés, et même au lieu où la saisie-réelle aura été enregistrée. *Ibid.,art.* 6.

L'édit entend par *lieux accoutumés,* ceux où les différentes coutumes veulent que les criées soient faites; la nôtre, *art.* 484, ne prescrivant qu'un lieu où se doivent faire les criées des offices, savoir, en la paroisse du lieu où est le principal exercice de l'office, qui est aussi le lieu où la saisie-réelle est enregistrée, il paroît qu'il n'est nécessaire de les faire que là; et je ne vois pas pourquoi de Lalande veut qu'elles se fassent aussi en la paroisse de l'officier.

Ces proclamations se font par un sergent, à jour de dimanche, à l'issue de la messe paroissiale.

Après ces proclamations, sur l'enchère mise au greffe, dont on délivre une expédition, qui est affichée pendant quinzaine, aux lieux accoutumés, et sur la lecture qui est faite de cette enchère à l'audience, on crie l'office à vendre; mais il ne peut être adjugé qu'après deux remises de mois en mois. *Ibid., art.* 7.

Il y a une forme particulière pour la saisie-réelle, et vente des offices des comptables, prescrite par l'édit de 1669.

§. II. De l'opposition au sceau et au titre; et de l'effet du sceau.

Il ne suffit pas aux créanciers de former leurs oppositions au décret de l'office, ils doivent s'opposer au sceau.

Cette opposition est une signification qu'un créancier fait à M. le garde des sceaux, en la personne du garde des rôles, qu'il est créancier d'un tel, pour une telle somme, et qu'en conséquence il s'oppose à ce qu'il ne soit délivré aucunes provisions à personne, de l'office dont il est revêtu, qu'à la charge de l'opposition.

Les directeurs ou syndics, valablement établis par les créanciers d'un officier, peuvent, en leur nom de directeurs, former cette opposition, laquelle conserve les droits de tous les créanciers.

L'effet de cette opposition est qu'on ne délivre les provisions, sur la résignation de celui pour le fait de qui l'opposition a été faite, qu'à la charge de l'opposition ; et en conséquence le pourvu doit rapporter le prix entier de son office, pour être distribué entre les créanciers qui ont formé ces oppositions.

Ces oppositions doivent être renouvelées tous les ans.

Il y a une autre espèce d'opposition qui se forme au titre de l'office, par ceux qui y prétendent quelque droit de propriété ; l'effet de ces oppositions est d'empêcher qu'il ne soit délivré aucunes provisions jusqu'à ce qu'il ait été statué sur ces oppositions. *Voyez* à ce sujet la déclaration du 29 avril 1738, non enregistrée, mais publiée, le sceau tenant, composée de 27 articles, et rapportée en entier par Denizart, *verbo* Oppositions au titre des offices, *n.* 2.

C'est au conseil qu'on plaide sur cette opposition ; elle doit être renouvelée tous les six mois. *Même déclaration, art.* 21 et 26.

Si celui qui a un droit de propriété sur l'office, au lieu de s'opposer au titre, ne s'opposoit qu'au sceau, il ne pourroit empêcher les provisions du résignataire, et ne pourroit prétendre qu'un privilége sur le prix.

L'effet du sceau est de purger, non seulement toutes les hypothèques, mais tous les droits qui pourroient être prétendus sur l'office par ceux qui n'ont pas formé d'oppositions.

Le sceau a cela de plus que le décret, qu'il purge même les droits de douaire et de substitution, quoiqu'ils ne fussent pas ouverts ; la raison est, que le pourvu tient son office du roi plutôt que du résignant, et par conséquent il ne peut le tenir qu'aux charges sous lesquelles les provisions ont été accordées. *Voyez* Renusson, *Traité du Douaire. chap.* 3, *n^{os}* 61 et 62, *et les arrêts rapportés par Denizart,* verbo *Sceau.*

L'effet des oppositions au sceau est de conserver aux créanciers qui s'y sont opposés, le droit de se faire payer sur le prix.

Quoiqu'il n'y ait point eu de saisie-réelle, le résignataire est, en vertu de ces oppositions, obligé de rapporter aux créanciers opposants le prix entier de l'office, non seulement lorsqu'il l'a acheté, mais lorsqu'il se fait pourvoir, soit comme héritier du défunt titulaire, soit à quelque titre que ce soit.

Il n'est pas même reçu à offrir aux créanciers de rentes constituées, qui ont formé opposition, de leur continuer leurs rentes, et de leur en passer titre nouvel; le remboursement en peut être exigé : telle est la jurisprudence des arrêts, qui a néanmoins excepté le cas d'un fils qui se fait pourvoir, soit par mort, soit par résignation, de l'office de son père.

§. III. De la distribution du prix des offices adjugés par décret.

Autrefois, suivant la coutume de Paris, *art.* 95, et celle d'Orléans, *art.* 485, quoique les offices fussent réputés immeubles, et pussent être criés et adjugés par décret, le prix, après les priviléges acquittés, s'en distribuoit néanmoins au marc la livre.

L'édit de 1683, *art.* 10, a dérogé en cela expressément à nos coutumes; suivant cet édit, les créanciers opposants au sceau doivent être préférés à tous autres qui auroient manqué de s'opposer, quoique privilégiés, saisissants ou opposants à la saisie-réelle.

Entre les créanciers qui se sont opposés au sceau, voici l'ordre qui doit être suivi.

1° On doit colloquer en premier lieu le poursuivant, pour les frais de poursuite, avant tous autres; car ces frais ont servi à procurer le paiement à tous les autres.

2° On doit colloquer celui dont les deniers ont servi à payer la paulette du dernier bail; car il a conservé l'office à tous les autres créanciers.

Ceux qui ont payé la paulette pour les précédents baux n'ont aucun privilége; car le paiement qui en a été fait n'a pas servi à conserver l'office, qui auroit été conservé indépendamment.

3° On colloque ceux qui sont créanciers du saisi pour raison des fonctions de son office; par exemple, si c'est l'office d'un receveur des consignations qui est saisi, ceux qui sont ses créanciers pour raison de deniers consignés entre ses mains, en sa qualité d'officier, et qu'il a dissipés, sont créanciers privilégiés sur le prix de l'office.

4° On colloque la créance pour prix de l'office.

Après les priviléges, les simples créanciers hypothécaires sont colloqués, chacun selon l'ordre de son hypothèque.

Après eux, ce qui reste est distribué au marc la livre, entre les créanciers chirographaires, opposants au sceau. *Même édit de 1683, art. 3.*

Après tous les opposants au sceau payés, s'il reste encore quelque chose, ce qui reste doit être distribué entre les autres créanciers, à commencer par les privilégiés, ensuite les simples hypothécaires, chacun selon l'ordre de leur hypothèque, après lesquels viennent, en dernier lieu, les chirographaires qui partagent entre eux ce qui reste, au marc la livre de leur créance.

§. IV. Des offices de perruquiers et autres semblables.

Les offices de perruquiers et autres semblables, diffèrent des autres offices, en ce que les titulaires n'ont point besoin de prendre de provisions du roi, et qu'en justifiant de leur titre d'acquisition, ils sont reçus au bureau de la communauté. *Edit du mois de juillet 1746, registré au parlement le 11 octobre suivant.*

Ils ont cela de commun avec les autres offices, qu'ils se saisissent réellement de la même manière que les autres offices.

Ils ont encore cela de commun que, de même qu'il faut s'opposer au sceau des provisions des autres offices, pour conserver les droits d'hypothèques, ou autres droits qu'on peut y avoir, de même, ceux qui ont quelque droit d'hypothèque, ou autre droit sur ces sortes d'offices, doivent faire tous les ans leurs oppositions au bureau, à ce qu'aucun ne soit reçu en l'office qu'à la charge de l'opposition.

Ces oppositions ont le même effet à l'égard de ces offices, que l'opposition au sceau à l'égard des autres offices.

Pareillement la réception à ces offices a presque le même effet que le sceau des provisions, à l'égard des autres offices; car elle purge les droits de ceux qui n'ont point formé d'oppositions; elle ne purge pourtant pas le douaire, en quoi son effet est moins étendu.

APPENDICE.

Des lettres de ratification.

Les lettres de ratification ayant, à l'égard des rentes sur la ville de Paris, un effet à-peu-près semblable à celui qu'a le sceau à l'égard des offices, nous en dirons ici quelque chose par forme d'appendice.

Ces lettres sont celles qu'obtiennent, en la grande chancellerie, les acquéreurs des rentes sur la ville de Paris, à l'effet de purger les hypothèques des créanciers de leurs auteurs.

En effet, ces lettres purgent les hypothèques de tous ceux qui n'ont point formé leurs oppositions entre les mains du receveur des hypothèques; et ces oppositions, pour être recevables, doivent se renouveler tous les ans : cela est ainsi réglé par un édit du mois de mars 1673.

Ces lettres s'obtiennent non seulement par ceux qui acquièrent, soit à titre onéreux, soit à titre gratuit, la propriété de ces rentes, mais même par ceux qui en acquièrent l'usufruit, pour affranchir ce même droit d'usufruit.

Les oppositions au sceau des lettres de ratification se forment entre les mains des greffiers-conservateurs des hypothèques; et l'édit de 1673, que nous venons de citer, veut que ces conservateurs soient garants de l'effet des oppositions qu'ils auroient négligé ou omis d'inscrire sur les lettres de ratification.

CINQUIÈME PARTIE.

Nous allons traiter, dans cette dernière partie, de la procédure particulière aux contraintes par corps, au bénéfice de cession, aux lettres de répit, aux lettres de rescision, aux scellés, et au faux incident; et nous en formerons six chapitres séparés.

CHAPITRE PREMIER.
De la contrainte par corps.

Le droit de la contrainte par corps est le droit qu'a un créancier, pour certaines espèces de créances, de faire, par le ministère d'un sergent, arrêter son débiteur, et le constituer prisonnier, jusqu'à l'entier paiement de la dette.

§. I. Pour quelles espèces de créances peut-on exercer la contrainte par corps?

Autrefois celui qui avoit obtenu un jugement de condamnation d'une somme pécuniaire, certaine et liquide, pouvoit, lorsque ce jugement étoit en dernier ressort, ou qu'il n'étoit point suspendu par aucun appel, contraindre par corps au jugement la partie condamnée, quatre mois après la signification du jugement.

C'est ce qui est porté par l'*art.* 48 de l'ordonnance de Moulins, qui donne au créancier qui a obtenu le jugement, le choix, ou de cette contrainte par corps, ou de faire prononcer contre le condamné une condamnation du double, ou du triple, pour peine de sa contumace à satisfaire au jugement.

L'ordonnance de 1667, *tit.* 34, *art.* 1, a abrogé cette disposition de l'ordonnance de Moulins, et a défendu de condamner par corps pour dettes purement civiles.

Il y en a néanmoins quelques-unes pour lesquelles, en matière civile, la contrainte par corps peut avoir lieu.

1° La contrainte par corps peut être ordonnée pour les dépens, quatre mois après la signification du jugement de condamnation, lorsque cette condamnation de dépens monte à deux cents livres et au-dessus. *Ibid., art.* 2.

Cela a pareillement lieu en matière criminelle, *ordon-nance de* 1670, *tit.* 25, *art.* 20. Le coût des épices, et du jugement que la partie a levé, entre dans les dépens pour lesquels la contrainte par corps peut être ordonnée, lorsqu'ils montent à deux cents livres. M. Jousse, en ses notes sur l'*art.* 2 *du tit.* 34, cite deux arrêts qui l'ont ainsi jugé, le premier, du 13 juillet 1707, et le second, du 8 février 1708.

Si les dépens sont compris en différents exécutoires, qui composent ensemble la somme de deux cents livres, la contrainte par corps pourra-t-elle être ordonnée, lorsqu'ils procèdent d'un même fait?

Il a été jugé pour l'affirmative, par arrêt du 16 janvier 1692, rapporté par Boniface, *tom.* 5, *liv.* 5, *tit.* 9, *chap.* 11.

La raison pour laquelle on a conservé la contrainte pour les dépens, est parcequ'il n'y a pas d'autres manières de réprimer les téméraires contestations de plaideurs, qui plaident d'autant plus hardiment que, étant ordinairement sans biens, ils n'ont rien à perdre.

2° L'ordonnance, *même art.* 2, porte que ce qu'elle a ordonné pour les condamnations de dépens, aura pareillement lieu pour les condamnations de restitutions de fruits, et pour les condamnations de dommages et intérêts, lorsqu'elles excéderont la somme de deux cents livres.

3° La contrainte par corps peut pareillement être décernée contre les tuteurs et curateurs, après les quatre mois de la signification d'un jugement définitif de condamnation, pour le reliquat de leur compte, pourvu que la somme soit certaine et liquide. *Ibid.*, *art.* 3.

Cette disposition de l'ordonnance s'étend à toutes les autres personnes qui ont quelque administration publique, telles que sont des fabriciers, des administrateurs d'hôpitaux, des receveurs des deniers de villes.

Les juges peuvent aussi condamner par corps, même avant les quatre mois, dans les cas suivants, mentionnés en l'article 4 du même titre.

1° Pour *stellionat*. Le stellionat est un terme générique qui comprend toute espèce de dol, de fraude et d'imposture, qui n'a pas de nom particulier; *l.* 3, §. 1, ff. *stellionatus*. Par exemple, si quelqu'un a pris de moi une somme d'argent à constitution, sous l'hypothèque d'un héritage qu'il m'a assuré être franc de toute autre hypothèque, et que cet héritage se trouve avoir été par lui précédemment hypothéqué à d'autres dettes qui subsistent, ce mensonge est de sa part un stellionat, qui l'oblige à me rembourser la somme que je ne lui ai donnée à constitution que sous la foi que l'héritage n'étoit pas hypothéqué à d'autres, et il doit par conséquent y être condamné par corps. On peut imaginer une infinité d'autres espèces de stellionat.

2° En matière de réintégrande, celui qui s'est mis par violence en possession d'un héritage, peut être condamné par corps à le délaisser à celui sur lequel il l'avoit usurpé.

3° En matière de dépôt nécessaire ou judiciaire, le dépositaire peut être condamné par corps à la restitution des choses qui lui ont été confiées.

On appelle dépôt nécessaire celui qui se fait dans les circonstances d'un naufrage, ou d'un incendie, ou de la ruine d'un édifice qui vient à s'écrouler, ou d'une émotion populaire; les lois romaines appellent cette espèce de dépôt, *depositum miserabile.*

La condamnation par corps, pour la restitution de ces sortes de dépôts, est fondée sur la protection particulière que les lois donnent à ces dépôts, faits dans des circonstances aussi tristes, et dans lesquelles on est obligé de confier ses effets au premier venu, pour les sauver d'un péril imminent.

On trouve même, dans le troisième tome du Journal des Audiences, un arrêt du 8 août 1673, qui a condamné par corps un exécuteur testamentaire à payer les legs, quoique l'exécution testamentaire ne puisse être considérée que comme un dépôt volontaire, à cause du dol personnel de l'exécuteur.

Il y a trois espèces de dépôts judiciaires, qui sont tous les trois, par cet article de l'ordonnance, sujets à la condamnation par corps.

La première espèce de dépôt judiciaire est de ceux qui sont faits en conséquence d'une ordonnance de justice, soit qu'ils soient faits à une personne publique, soit qu'ils soient faits à une personne privée.

Les séquestres établis par ordonnance de justice, au régime des biens litigieux, sont réputés dépositaires judiciaires, et, comme tels, nommément compris en cet article, parmi ceux qui sont sujets à la condamnation par corps, quoique leur office soit plutôt celui d'un mandataire que d'un dépositaire.

La seconde espèce est de ceux qui sont faits à une personne publique, en sa qualité de personne publique, quoique sans ordonnance de justice, comme sont ceux qui sont faits aux receveurs des consignations; car étant faits à une personne établie par la justice pour les recevoir, ils peuvent être appelés *dépôts judiciaires.*

Un huissier qui reçoit des deniers pour sa partie, comme porteur de contrainte, passe aussi pour dépositaire judiciaire de cette seconde espèce, et est sujet à la condamnation par corps pour la restitution de ce qu'il a reçu, quoique le contrat qui se passe entre sa partie et lui soit plutôt un mandat qu'un dépôt; mais quant à la condamnation par corps, c'est la même chose.

Non seulement les officiers publics passent à cet égard pour personnes publiques, et sont sujets à la condamnation par corps, mais tous ceux qui, par leur état et leur profession, se chargent des affaires des autres, sont aussi réputés à cet égard pour personnes publiques, et sujets à la condamnation; tels sont les hôteliers, les messagers, les courtiers, proxenètes, agents de change; ils sont sujets à la condamnation pour la restitution des marchandises qu'on leur a données à vendre, ou du prix qu'ils en ont reçu, comme aussi des billets et papiers qu'on leur a remis entre les mains.

La troisième espèce de dépositaires judiciaires sont ceux qui sont établis, non par une ordonnance de justice, mais par un officier de justice; tels sont les gardiens et dépositaires des meubles saisis, les commissaires aux fruits saisis.

L'ordonnance ne parle pas des cautions judiciaires; néanmoins il est d'usage, suivant que l'atteste M. Rousseau, que les cautions judiciaires s'obligent par corps, ce qu'il limite néanmoins aux cautions judiciaires proprement dites, c'est-à-dire, à ceux qui se rendent cautions, ou pour l'exécution provisoire d'un jugement, ou pour surséance à l'exécution d'un jugement; à l'égard des autres cautions qui sont données pour satisfaire aux dispositions des coutumes, comme pour jouir d'un usufruit, quoiqu'elles soient reçues en justice, elles ne sont point sujettes à la contrainte par corps.

4° Suivant le même *art.* 4, la condamnation par corps peut être prononcée pour lettres de change, quand il y a remise de place en place.

La même chose s'observe pour les billets de change, c'est-à-dire, pour les billets portant promesse de fournir des lettres de change de place en place. *Arrêt du conseil de* 1669, *rapporté par Bornier, édit. de* 1755, *pag.* 308.

Cela a lieu non seulement à l'égard des marchands, mais à l'égard de toutes personnes, de quelque qualité qu'elles soient, qui tirent, endossent ou acceptent de pareilles lettres de change; car l'ordonnance ne distingue point : c'est ce qui a été jugé par un arrêt de 1682, contre le marquis de Choiseul; par un autre de 1687, contre un procureur, et par un de 1704, contre un conseiller du châtelet de Paris. Ces trois arrêts sont cités par M. Jousse, en ses notes sur cet article.

Il n'en est pas de même des simples billets pour valeur reçue, soit qu'ils soient payables à un particulier dénommé, ou à ordre, ou au porteur; ceux qui les ont subis, ou en ont passé l'ordre, ne sont point sujets à la condamnation par corps, à moins qu'ils ne fussent marchands.

Par la déclaration du 26 février 1692, tous les financiers comptables sont, à cet égard, comparés aux marchands, et sont sujets à la condamnation par corps pour les billets pour valeur reçue qu'ils subissent pendant le temps qu'ils sont pourvus des charges et emplois de comptables, soit que ces billets soient payables à un particulier y dénommé, ou à son ordre, ou au porteur.

5° La condamnation par corps peut être prononcée pour dettes entre marchands, pour fait de marchandises dont ils se mêlent.

On appelle marchands ceux qui achètent pour revendre : les artisans qui achètent de la matière pour employer aux ouvrages qu'ils vendent sont aussi réputés marchands; par exemple, un cordonnier peut être condamné par corps comme marchand, pour le prix des cuirs qu'il a achetés d'un corroyeur, parceque il a acheté ces cuirs pour les employer à faire les souliers qu'il vend; cette dette est une dette entre marchands, pour fait de la marchandise dont ils se mêlent.

Celui qui n'est pas marchand par état, mais qui fait néanmoins quelque trafic de certaines marchandises, lorsqu'il est prouvé qu'il fait ce trafic, peut aussi être condamné par corps pour les dettes relatives à ce trafic ; la raison est que, quoique son principal état ne soit pas celui de marchand, néanmoins, quant au trafic dont il se mêle, il est marchand, et c'est en cette qualité de marchand qu'il contracte dans ce qui a rapport à ce trafic. C'est ce qui a été jugé contre un gentilhomme, gendarme, qui se mêloit d'acheter et de revendre des pierreries, par arrêt du conseil, du 7 février 1709.

Cette condamnation par corps, pour dettes entre marchands, pour fait de marchandises, est permise par l'ordonnance, non seulement par la seule considération de la dette, mais aussi par la considération de la personne qui a contracté la dette, et de la qualité de marchand en laquelle elle l'a contractée.

C'est pour cela que la condamnation par corps n'a pas lieu contre l'héritier de celui qui l'a contractée ; *arrêt du conseil du 15 janvier 1642, règlement du 3 janvier 1613, rapportés par Bornier, sur l'art. 16 du tit. 12 de l'ordonn. de 1673* ; ce qui devroit néanmoins avoir lieu, si la seule cause de la dette donnoit lieu à la condamnation par corps.

L'héritier n'est pas sujet à la condamnation par corps, quand même il seroit lui-même marchand ; car ce n'est pas en sa qualité de marchand, mais en qualité d'héritier, qu'il en est débiteur.

Il suit de ce principe que celui qui se rend caution pour un marchand, pour dette contractée pour fait de marchandises, ne doit pas être condamné par corps ; car cette condamnation n'étant pas accordée par la seule considération de la cause de la dette, il ne suffit pas, pour qu'il puisse être condamné par corps, qu'il se soit, par son cautionnement, rendu débiteur d'une dette contractée entre marchands, pour fait de marchandises ; au contraire, il suffit, pour qu'il ne soit pas sujet à cette condamnation, que ce ne soit pas en qualité de marchand, mais comme caution, et faisant un office d'ami, qu'il a contracté cette dette.

M. Jousse rapporte néanmoins un arrêt du 7 juillet 1676,

14.   23

qui a condamné par corps une caution; mais il se peut faire que ce soit par des considérations particulières, *putà*, parcequ'il y avoit lieu de présumer que la caution étoit secrètement intéressée au marché, auquel cas la caution auroit vraiment contracté comme marchand.

Je pense même que si la caution étoit marchand par état, et qu'il n'y eût aucun lieu de présumer qu'elle fût intéressée au marché (ce que sa qualité doit faire présumer plus facilement), elle ne devroit pas être sujette à la condamnation par corps.

Lorsqu'un bourgeois a vendu des marchandises de son crû à un marchand, peut-il obtenir contre lui une condamnation par corps? Il peut bien l'assigner en justice consulaire; mais je ne vois pas décidé que le marchand soit, en ce cas, sujet à la condamnation par corps, l'ordonnance ne parlant que des dettes entre marchands; néanmoins c'est le sentiment de M. Rousseau qu'ils y sont sujets, et c'est la jurisprudence.

Outre les cas mentionnés en l'art. 4, il y a encore d'autres espèces de dettes pour lesquelles il peut y avoir lieu à la condamnation par corps.

1° Pour tous les contrats concernant le commerce et la pêche de mer, tels que sont les contrats à la grosse aventure, les contrats d'assurance, les contrats pour fret, naulage, vente ou achat de vaisseaux, engagements ou loyers de pilotes, matelots, etc. *Ordonn. de 1673, tit. 7, art. 2; ordonnance de la marine de 1681, liv. 1, tit. 3, art. 5.*

On appelle contrat *de grosse aventure* celui qui est appelé dans le Digeste, *fœnus nauticum*, ou *pecunia trajectitia;* c'est un contrat par lequel une personne prête à un maître de vaisseau une somme d'argent pour servir à un voyage de mer, aux conditions que si le vaisseau périt sur mer, l'emprunteur ne rendra rien de la somme à lui prêtée, et que si, au contraire, il arrive à bon port, il la rendra avec un gros intérêt, dont ils conviennent, en récompense du risque de la mer dont le prêteur se charge.

Le contrat *d'assurance* est celui par lequel l'assureur promet, moyennant tant pour cent qu'on lui donne, d'indemniser un marchand, qui envoie quelque part des marchandises, de la perte qu'il en pourroit faire par les risques du trajet. *Voyez ces deux espèces de contrats dans notre Traité des Contrats aléatoires, imprimé en 1767.*

On appelle *fret* le prix dont on convient avec le maître d'un vaisseau, pour le transport des marchandises qu'on y charge; *naulage*, le prix que paient les passagers.

2° Suivant plusieurs coutumes, du nombre desquelles est celle d'Orléans, *art.* 428, les acheteurs de bestial, vin, blé et autres grains, en marché public; de poissons, tant d'eau douce que salés, peuvent être contraints au paiement par corps, dans la huitaine; ce que l'ordonnance de 1667 a confirmé, en déclarant, *art.* 5, qu'elle n'entend déroger aux priviléges des foires, ports, étapes, marchés, pour la contrainte par corps : la raison se tire de la faveur que mérite la foi publique des marchés, et de ce qu'il y a une espèce de dol de la part de l'acheteur, qui, n'ayant point d'argent, achète à la charge de payer comptant.

3° La même raison rend aussi sujets à la condamnation par corps ceux qui achètent des biens meubles ou immeubles en justice, lorsqu'ils n'en paient pas le prix. La coutume d'Orléans, *art.* 439, en a une disposition précise; on ne doit pas croire que l'ordonnance y ait dérogé; les ventes en justice méritent pour le moins autant de faveur que celles faites en marchés publics, pour lesquelles l'ordonnance ne déroge point à la contrainte par corps.

4° Ceux qui, ayant été condamnés à délaisser un héritage, par un arrêt ou jugement qui n'est point suspendu par l'appel, n'obéissent pas, peuvent, pour leur contumace, quinzaine après la sommation qui leur en a été faite, être condamnés par corps à le faire. *Tit.* 23, *art.* 3 *de l'ordonnance de* 1667.

5° Par l'ordonnance de 1673, *tit.* 6, *art.* 8, celui qui a reçu des gages sans en passer acte par-devant notaire, peut être condamné par corps à la restitution et représentation des gages; cela a lieu en cas de faillite du débiteur; les syndics des créanciers peuvent obtenir cette condamnation; cela est ordonné pour empêcher les fraudes.

6° Suivant plusieurs règlements rendus pour la ville de Paris, il y a lieu à la condamnation par corps pour ce qui est dû aux nourrices et sevreuses. *Déclaration des 29 janvier 1715, et mars 1727, et arrêt de règlement du 4 juin 1737.*

7° Les juges peuvent aussi condamner par corps en l'amende, en matière de police, pour cause d'irrévérence et trouble fait à l'audience.

8° L'article 5 de l'ordonnance de 1667 déclare qu'il n'est point dérogé à la contrainte par corps qui a lieu pour les deniers royaux; elle a lieu, au profit du roi, contre tous les comptables, et elle a pareillement lieu, au profit des fermiers, contre les sous-fermiers et contre les commis. *Voyez aussi la déclaration du 26 février 1692.*

Elle a lieu aussi pour les droits d'aides, contre les cabaretiers. *Ordonnance des aides, du droit de détail, tit. 6, art. 3.*

Hors les cas exprimés par les ordonnances, les particuliers ne sont point sujets à la contrainte par corps pour ce qu'ils doivent au roi; par exemple, on ne peut contraindre quelqu'un par corps pour la taille, la capitation, le dixième, etc.

9° Les bourgeois de certaines villes ont, par privilége, le droit d'y faire arrêter, et constituer prisonniers, les forains, pour les dettes qu'ils y ont contractées; on appelle ces villes, *villes d'arrêt;* l'ordonnance de 1667, *tit. 34, art. 5,* déclare qu'elle ne déroge point à ces priviléges.

Dans la plupart des cas auxquels nous avons dit qu'il pouvoit y avoir lieu à la contrainte par corps, il faut qu'elle soit expressément prononcée par une sentence de condamnation, autrement il n'y a pas lieu.

Il y a néanmoins quelques cas où elle peut avoir lieu, même sans sentence de condamnation; par exemple, pour les droits du roi, elle a lieu sur une simple contrainte décernée par les fermiers; pour les contrats maritimes, lorsque le débiteur s'y est soumis par le contrat. *Ordonnance de la marine, tit. 13, art. 6.*

Hors les cas que nous avons rapportés, les juges ne peuvent condamner par corps, pour dettes civiles, les sujets du roi, suivant l'article 4, ci-dessus cité; qui porte : « Défendons aux cours et à tous autres juges de condamner « aucuns de nos sujets par corps, sinon, etc. »

La défense n'étant faite qu'à l'égard des sujets du roi, il suit de là que l'ordonnance de Moulins subsiste encore à l'égard des étrangers, et qu'ils peuvent être sujets à la contrainte par corps, après les quatre mois, du jour que le jugement de condamnation a été signifié.

A l'égard des sujets du roi, ils ne peuvent pas même valablement se soumettre, en contractant, à la contrainte par corps, pour l'exécution de leurs engagements. *Tit.* 34, *art.* 6.

Cette règle souffre exception à l'égard des baux à ferme des héritages de campagne, par lesquels il est permis aux bailleurs de stipuler, de ceux à qui ils les afferment, la soumission à la contrainte par corps. *Ibid., art.* 7.

Cette clause de soumission à la contrainte par corps (quoique permise), étant une clause exorbitante, elle doit être expresse, et par conséquent elle n'a point lieu pour la tacite réconduction.

Elle n'a aussi lieu que contre la personne du fermier qui s'y est soumis, et non contre ses héritiers; car il ne peut soumettre à cette contrainte que sa propre personne; il n'a pas le droit de disposer de la personne de ses héritiers.

§. II. Des personnes qui ne sont pas sujettes à la contrainte par corps.

1° Les ecclésiastiques constitués ès ordres sacrés ont été exceptés, par l'article 57 de l'ordonnance de Blois, de la disposition de l'ordonnance de Moulins, qui soumettoit, comme nous l'avons dit, les débiteurs à la contrainte par corps, quatre mois après la signification du jugement de condamnation.

La déclaration du roi, du 30 juillet 1710, *art.* 3, porte aussi que les personnes constituées dans les ordres sacrés ne peuvent être contraintes par corps pour dépens dans lesquels elles succomberont, et elle défend à tous juges de décerner contre elles des contraintes par corps pour raison de ces mêmes dépens.

Les simples clercs pourvus de bénéfices jouissent-ils de ce privilége? La raison de douter est qu'ils jouissent de la plupart des autres priviléges accordés aux ecclésiastiques; néanmoins il a été jugé, par arrêt du 14 juillet 1688, rapporté au Journal des Audiences, qu'ils ne jouissent pas de celui-ci, cet arrêt ayant déclaré valable l'emprisonnement d'un chanoine clerc, pour dépens auxquels il avoit été condamné; la raison est que l'ordonnance de Blois n'ayant parlé que des ecclésiastiques *constitués aux ordres sacrés*, il n'y a qu'eux qui puissent prétendre à ce privilége, *inclusio unius est exclusio alterius*. La déclaration de 1710 n'a pareillement parlé que des personnes constituées aux ordres sacrés.

Si un ecclésiastique, depuis la condamnation par corps contre lui prononcée, se faisoit promouvoir aux ordres sacrés, pourroit-il être emprisonné après qu'il y auroit été promu? Je le pense; car il ne peut par son propre fait, en se faisant promouvoir aux ordres, se libérer d'un droit acquis contre lui; il paroît par le procès-verbal de l'ordonnance de 1667, que tel étoit le sentiment de ceux qui l'ont rédigé. *Voyez ce procès-verbal, p.* 433.

Les ecclésiastiques peuvent quelquefois être condamnés par corps lorsque, par quelque fourberie insigne, ils se sont rendus indignes de leur privilége, sur-tout s'ils ont caché leur qualité pour prendre celle de marchand, ou s'ils ont changé de nom; il y a des arrêts, rapportés par le Prêtre et par Filleau, qui l'ont ainsi jugé.

2° Les femmes et filles, suivant l'*art.* 8 du *tit.* 34 de l'ordonnance de 1667, ne sont point sujettes à la contrainte par corps, si ce n'est en deux cas.

Le premier, lorsqu'elles sont marchandes publiques; en ce cas, elles sont sujettes à la contrainte par corps comme tous les autres marchands, pour les dettes qu'elles ont contractées pour le fait de leur commerce.

Observez que la femme d'un marchand n'est pas marchande publique, ni par conséquent sujette à la contrainte par corps pour les dettes qu'elle contracteroit avec son mari, pour le fait du commerce de son mari; on n'appelle marchande publique que celle qui fait un commerce séparé, dont son mari ne se mêle point. *Voyez la coutume de Paris, art.* 255; *et celle d'Orléans, art.* 197.

A l'égard de la veuve d'un marchand, qui continue le commerce de son mari, il n'est pas douteux qu'elle devient marchande publique, et par conséquent sujette à la contrainte par corps.

Le second cas auquel les filles et les femmes sont contraignables par corps, c'est pour *stellionat* procédant de leur fait. On appelle stellionat, comme nous l'avons déja observé, un dol caractérisé, une fourberie marquée.

L'ordonnance veut que le stellionat procède du fait de la femme, c'est-à-dire, comme l'interprète l'édit de 1680, pour celui qu'elles ont commis en contractant, lorsqu'elles étoient libres, et même depuis qu'elles sont mariées, en contractant séparément de leur mari, d'avec qui elles seroient séparées; mais à l'égard des contrats que les femmes communes font avec leurs maris, quelque stellionat qu'il y ait dans ces contrats, l'édit ne veut pas que la femme soit réputée stellionataire, ni sujette à la contrainte par corps; la raison est qu'on présume, en ce cas, que le stellionat vient de la part du mari; la puissance du mari, sous laquelle est la femme, l'excuse en quelque façon, suivant cette règle de droit, *non videtur consentire qui obsequitur imperio patris vel domini.*

L'ordonnance n'ayant excepté que ces deux cas, il s'ensuit que les femmes et les filles ne peuvent, en aucun autre cas, en matière civile, être contraignables par corps, ni pour dépens, ni pour adjudications en justice, ni en vertu des priviléges des villes d'arrêt; ce qui avoit même été jugé • avant l'ordonnance.

Doivent-elles y être sujettes pour lettres de change par elles tirées ou acceptées, avec remise de place en place? La raison de douter est que c'est une espèce de commerce, et que la femme, ou fille, qui les tire ou accepte, se constitue à cet égard marchande; néanmoins, par arrêt du conseil du 2 septembre 1704, une fille majeure a été en ce cas déchargée de la contrainte par corps; la raison est que l'ordonnance n'excepte que le cas auquel les femmes, ou filles, sont marchandes publiques, c'est-à-dire, marchandes d'état et de profession.

Il ne suffit donc pas qu'elles aient fait un acte particulier de mercantille.

3° Les septuagénaires, par l'*art.* 9 du *tit.* 34, ne peuvent être emprisonnés pour dettes purement civiles; mais ils peuvent l'être pour stellionat, recélés, et dépens en matière criminelle.

Les septuagénaires sont ceux qui ont passé l'âge de soixante et dix ans, et non pas ceux qui sont seulement entrés dans la soixante-dixième année; c'est ce qui a été jugé par un arrêt du 6 septembre 1706, rapporté par Augeard; et par deux autres de 1737, et de 1742, rapportés par Lacombe, en son Recueil d'Arrêts, imprimé en 1743, *chap.* 12. Le contraire avoit été jugé par arrêt du 24 juillet 1710, rapporté au Journal des Audiences; mais les derniers arrêts doivent prévaloir, et sont conformes aux lois romaines, qui ne réputoient septuagénaires, à l'effet de jouir de certains priviléges, que ceux qui avoient passé cet âge. La loi 2, ff. *de excus. tut.*, s'exprime ainsi, *excusantur à tutelâ et curatoriâ, qui septuaginta annos compleverunt. Excessisse autem oportet septuaginta annos tempore illo, etc.*

Les septuagénaires doivent jouir de l'exemption de la contrainte par corps, même pour les dettes qu'ils auroient contractées avant cet âge, et pour lesquelles ils auroient été emprisonnés avant cet âge; en conséquence, lorsqu'ils ont accompli cet âge, ils peuvent, en justifiant de leur âge, faire prononcer leur élargissement sur une assignation donnée au créancier qui les retient; c'est ce qui a été jugé. *Voyez les arrêts du conseil, rendus en interprétation de l'ordonnance, à la fin de Bornier.*

L'ordonnance n'ayant excepté que les cas de stellionat, recélés, et dépens en matière criminelle, il s'ensuit que les septuagénaires ne peuvent être emprisonnés pour quelque autre cas que ce soit, même pour deniers royaux; c'est ce qui a été jugé par arrêt de la cour, du 28 février 1716. On rapporte un arrêt contraire du parlement, de la même année; mais il pouvoit y avoir des circonstances particulières.

4° Il est de jurisprudence que les mineurs, pour dettes civiles, et hors le cas de dol, sont aussi exempts de la contrainte par corps : il en faut excepter les mineurs marchands par état et de profession; car, pour raison de leur commerce, ils sont réputés majeurs, et par conséquent sujets à la contrainte par corps.

Il en est de même des mineurs financiers, ils sont réputés majeurs, et contraignables par corps, pour raison de ce qui concerne leur état, et par conséquent pour raison des billets subis par eux pour valeur reçue.

A l'égard des mineurs bénéficiers, quoiqu'ils soient réputés majeurs pour raison de leurs bénéfices, et que, en conséquence, ils puissent plaider pour raison de ce qui concerne leurs bénéfices, sans assistance de curateurs, néanmoins ils ne sont pas sujets à la contrainte par corps pour les dépens auxquels ils auroient été condamnés, dans les procès où ils auroient succombé. *Arrêt du 21 mars 1676, rapporté au Journal du Palais.*

5° Les fermiers du domaine du roi, suivant un arrêt du conseil, du 3 février 1672, ne peuvent être contraints par corps, pour ce qu'ils doivent à des particuliers ; ce qui a été établi en faveur du domaine du roi, afin que les domaines ne fussent pas négligés pendant que les fermiers seroient emprisonnés.

6° Les gens de guerre ne peuvent pareillement être contraints par corps, pendant qu'ils sont en service ou garnison.

7° Les maîtres, patrons, pilotes, matelots, étant à bord pour faire voile, ne peuvent aussi être contraints par corps pour dettes, si ce n'est pour celles qu'ils ont contractées pour raison du voyage. *Ordonnance de la marine, l. 2, tit. 1, art. 14.*

§. III. De ce qui doit précéder l'arrêt de la personne contraignable par corps.

Dans les cas exprimés par les articles 2 et 3 de l'ordonnance de 1667, auxquels le condamné n'est sujet à la contrainte par corps qu'après les quatre mois, depuis la signification du jugement, il faut que le créancier, après ce délai de quatre mois expiré, lève au greffe de la cour, ou juridiction où le premier jugement de condamnation a été rendu, un second arrêt, ou sentence, qui porte que la partie condamnée, faute de paiement dans la quinzaine, sera contrainte par corps.

Le créancier ayant levé cet arrêt, ou sentence, qu'on appelle d'*iterato*, doit le faire signifier à la partie condamnée, et la quinzaine après cette signification expirée, sans autre procédure, la contrainte par corps peut être exercée, et la partie saisie au corps et emprisonnée. *Tit.* 34, *art.* 10 et 11.

Dans les cas auxquels on peut obtenir condamnation par corps sans attendre les quatre mois, il suffit au créancier de signifier le jugement qui contient la condamnation par corps, et de faire un commandement au débiteur, avec déclaration que, faute par lui de payer, il sera contraint par corps; et il n'est point, en ce cas, nécessaire de lever au greffe un second jugement, ni de faire aucune procédure, pour pouvoir exercer la contrainte.

Le créancier doit-il laisser quelque intervalle de temps, depuis la signification du jugement portant condamnation par corps, et le commandement, avant de pouvoir exercer la contrainte? L'ordonnance ne s'en explique pas; mais de ce que, dans les cas auxquels il faut, après les quatre mois, lever un second jugement pour contraindre par corps, elle décide que, avant de l'exercer, il faut laisser passer quinzaine, il me paroît qu'on en doit conclure que, dans le cas auquel le jugement porte condamnation par corps, sans qu'il soit besoin d'en lever un second après les quatre mois, et dans le cas auquel le titre porte, même sans jugement, l'exécution par corps, le créancier doit pareillement laisser passer au moins quinzaine avant de mettre sa contrainte à exécution, en arrêtant le débiteur; la même raison subsiste : il est de l'humanité, avant de pouvoir saisir au corps le débiteur, de lui laisser un certain temps pour chercher de l'argent, *creditor non protinus cum sacco adire debet*. Il y a même plus de raison de lui donner ce délai dans ce dernier cas, que dans le cas précédent, puisque dans celui-ci il avoit déjà joui d'un délai de quatre mois pour chercher son argent.

On ne peut saisir au corps la partie condamnée en vertu d'un jugement suspendu par un appel, ou par une opposition signifiée au créancier qui l'a obtenu; le créancier est obligé de surseoir, en ce cas, à ses poursuites, jusqu'à ce qu'il ait été statué sur l'appel, ou sur l'opposition, et il ne peut les exercer qu'après qu'il aura signifié l'arrêt, ou jugement, qui aura confirmé celui dont on avoit appelé, ou qui aura débouté de l'opposition.

Mais si la partie condamnée avoit été emprisonnée, en vertu du jugement, avant que son appel, ou son opposition, eussent été signifiés au créancier, l'emprisonnement tiendroit pendant l'appel ; *tit.* 34, *art.* 12.

Si le jugement portant condamnation par corps est du nombre de ceux qui doivent s'exécuter nonobstant l'appel, on peut, en ce cas, nonobstant l'appel, tant qu'il n'y a point de défenses, exercer la contrainte par corps.

Lorsque la partie condamnée a été déboutée par un arrêt, quoique rendu par défaut, de son opposition à l'arrêt d'*iterato* obtenu contre elle, elle ne peut plus former une seconde opposition à cet arrêt qui l'a déboutée de la première qu'elle avoit formée, *alioquin nullus esset litium finis,* et en conséquence, si elle la forme, elle pourra être emprisonnée, nonobstant une pareille opposition dans laquelle elle n'est pas recevable.

§. IV. En quel temps la contrainte par corps peut-elle être exercée?

La contrainte par corps, comme tout autre acte de justice, ne peut être exercée que de jour. Un emprisonnement devroit donc être déclaré nul, s'il avoit été fait après le soleil couché.

Pareillement elle ne peut s'exercer les jours de dimanches et de fêtes, non plus que tous les autres exploits de justice ; cela est conforme à un acte de notoriété du châtelet de Paris, du 5 mai 1703 ; et à un arrêt du 14 janvier 1708, rapporté par Augeard en ses Arrêts, *tom.* 3.

Néanmoins, quand un débiteur s'est tenu caché en sa maison long-temps, sans en sortir que les fêtes et dimanches, les créanciers, sur une requête présentée au juge, obtiennent quelquefois, et en certains cas, la permission d'exercer la contrainte par corps, même les jours de fêtes et de dimanches.

Cette permission est fondée sur l'impossibilité qu'il y a d'exercer cette contrainte en un autre temps : de même qu'en cas de nécessité, on peut faire d'autres actes de justice, même les jours de fêtes et de dimanches, *putà,* de donner une assignation, *quùm dies actionis extitura est ;* de même, en ce cas, le juge peut permettre d'exercer la contrainte les jours de fêtes et de dimanches, parce qu'il y a une nécessité, la contrainte ne pouvant s'exercer dans un autre temps, par l'obstination que témoigne le débiteur à ne point sortir un autre jour.

Boniface, *tom.* 1, *liv.* 1, *tit.* 17, rapporte un arrêt du parlement de Provence, du 16 avril 1663, qui a confirmé un semblable emprisonnement.

Cependant Lacombe, en son Recueil de Jurisprudence civile, *verbo* Emprisonnement, n° 4, rapporte un arrêt du 5 mai 1744, qui a infirmé l'ordonnance du juge de Chinon, qui avoit permis d'arrêter un débiteur en sa maison, même les dimanches et fêtes. Ainsi cette permission ne doit s'accorder, comme on voit, que très-rarement, et dans des cas extraordinaires.

Enfin la contrainte par corps ne peut s'exercer contre les bouchers de Paris, que les mardis et les samedis; différents règlements les affranchissent de cette contrainte les autres jours, afin de ne les pas priver des moyens qu'ils ont pour faire les achats de bestiaux aux marchés de Sceaux et de Poissy, ainsi qu'à la Place aux veaux. *Arrêt de règlement du 13 juillet 1699; édit du mois de décembre 1743, art.* 6.

§. V. En quel lieu la contrainte par corps peut-elle être exercée?

La contrainte par corps doit être exercée *loco congruo;* elle ne seroit pas faite *loco congruo,* si on arrêtoit un débiteur à l'église, sur-tout pendant le service divin, ou à l'audience d'un juge, ou dans une université, pendant la leçon d'un professeur.

On ne peut pas non plus, régulièrement, arrêter un débiteur dans sa maison, *quùm domus tutissimum cuique refugium, atque receptaculum sit,* dit la loi 18, ff. *de in jus vacando,* dans un cas qui a quelque affinité avec le nôtre : de là cette règle, *nemo de domo suâ extrahi debet.* L. 103, ff. *de regulis juris.* Arrêt de règlement du 19 décembre 1702, dans le Recueil chronologique de M. Jousse, *tom.* 2, *pag.* 292; arrêt du 17 septembre 1707, rapporté au Recueil des règlements de justice, *tom.* 2, *pag.* 223.

Cette règle souffre exception : 1° à l'égard des sentences

de la conservation de Lyon, en vertu desquelles, par un privilége particulier, la partie condamnée peut être arrêtée tous les jours sans distinction, même les fêtes solennelles, et en sa maison. *Edit du mois d'août* 1714, *rapporté au Journ. des Aud., tom.* 6.

La seconde exception est qu'après des procès-verbaux dressés par un huissier, de la retraite du débiteur en sa maison, d'où il ne sort point, le créancier peut, en certain cas, sur une requête, obtenir du juge une ordonnance d'arrêter le débiteur en sa maison.

Cette ordonnance ne doit point s'accorder indistinctement, mais selon les circonstances; par exemple, si la dette est considérable, s'il y a malice de la part du débiteur; on doit aussi avoir égard à la qualité et dignité du débiteur.

Denizart, en sa Collection de jurisprudence, *verbo* Contrainte par corps, rapporte un arrêt du 17 août 1751, qui a déclaré nul l'emprisonnement du baron de Caule, fait à la requête du vicomte de Melun, dans un appartement que le baron de Caule occupoit chez un baigneur. Le vicomte de Melun avoit exposé que son débiteur, qu'il avoit fait condamner comme stellionataire, à lui payer 160,000 liv., ne sortoit point de son château d'Heuqueville, où il se tenoit renfermé; et, sur cet exposé, il avoit obtenu arrêt qui lui avoit permis de le faire arrêter dans le château d'Heuqueville, et par-tout ailleurs; mais comme le baron de Caule soutenoit que cet arrêt avoit été obtenu sur un faux exposé, et sans enquête ni procès-verbal préalable, son emprisonnement fut déclaré nul.

On peut se pourvoir par opposition, ou par appel, contre les permissions accordées pour arrêter un débiteur dans sa maison.

Les lieux où on arrête le plus communément les débiteurs, ce sont les rues et les chemins.

§. VI. Par qui, et comment s'exerce la contrainte.

C'est un huissier ou sergent qui doit exercer la contrainte par corps.

Cet huissier doit être compétent, c'est-à-dire qu'il doit

avoir le droit d'exploiter dans le lieu où il arrête le débiteur.

Il doit être porteur des titres en vertu desquels il exerce la contrainte, tels que sont, par exemple, l'exécutoire de dépens, le jugement d'*iterato*, etc. Ces titres doivent être en bonne forme et revêtus des formalités nécessaires pour ces saisies; c'est pourquoi ils doivent être scellés, et en parchemin. *Voyez ce que nous avons dit ci-dessus en parlant des saisies.*

L'huissier, muni de ces pièces, fait commandement au débiteur, lorsqu'il le rencontre, de le suivre en prison, faute de paiement de la somme pour laquelle il est contraignable; et, sur le refus qu'il feroit de l'y suivre, il le fait conduire de force par les gens dont il s'est fait, pour cet effet, assister.

L'huissier, arrivé à la prison, remet le débiteur qu'il a arrêté, à la garde du geôlier, et il dresse son procès-verbal, qu'il inscrit sur le registre de la prison, destiné pour cet effet; ce procès-verbal s'appelle *écrou*, et le registre sur lequel on l'inscrit, *registre des écrous.*

Cet acte d'écrou doit faire mention; 1° des arrêts, jugements, et autres actes en vertu desquels l'emprisonnement est fait; 2° du nom, surnom, et qualité du prisonnier; 3° de ceux du créancier à la requête de qui l'emprisonnement est fait; 4° il doit contenir une élection de domicile dans le lieu où est la prison, *ordonnance de 1670, tit. 13, art. 13.* L'huissier donne copie de ce procès-verbal au prisonnier, en parlant à sa personne.

L'huissier doit, outre cela, à peine d'interdiction, consigner entre les mains du geôlier, la somme taxée par le juge des lieux pour un mois de nourriture du prisonnier. *Déclaration du 10 janvier 1680.*

§. VII. Des recommandations.

La recommandation est un acte par lequel un créancier qui a une contrainte par corps contre son débiteur, qui est déja constitué prisonnier à la requête d'un autre créancier, déclare qu'il entend pareillement le tenir prisonnier, et charge le geôlier de sa garde.

Les personnes emprisonnées en vertu de décret, peuvent être recommandées pour dettes lorsque le créancier a obtenu contre elles la contrainte par corps. La jurisprudence est à cet égard uniforme.

Cette recommandation se fait par le ministère d'un huissier, qui en dresse un acte qu'il inscrit sur le registre des écrous.

Cet acte étant de rigueur, il doit contenir les mêmes formalités que celles prescrites pour les emprisonnements et les actes des écrous : savoir, 1° la mention des jugements, et autres actes en vertu desquels la recommandation est faite; 2° le nom, surnom et qualité du prisonnier recommandé; 3° ceux du créancier à la requête de qui la recommandation est faite; 4° une élection de domicile de ce créancier au lieu où est la prison. *Ordonnance de* 1670, *tit.* 13, *art.* 13.

Cet acte doit être signifié au prisonnier, entre les deux guichets, parlant à sa personne; il lui en doit être laissé copie, et il en doit être fait mention dans le procès-verbal de l'huissier qui fait la recommandation. *Ordonnance de* 1670, *tit.* 13, *art.* 12.

L'huissier qui fait la recommandation doit, outre cela, consigner un mois d'aliments, si la consignation n'en a pas été faite par celui qui a fait emprisonner le débiteur, ou par ceux qui l'ont précédemment recommandé. *Déclaration de* 1680, *art.* 2.

§. VIII. De l'effet de l'emprisonnement.

L'emprisonnement a cet effet, que le créancier peut retenir le prisonnier dans les prisons, jusqu'à ce qu'il lui ait payé la somme pour laquelle il a été emprisonné, à la charge par le créancier, de payer de mois en mois d'avance, et entre les mains du geôlier, la somme taxée par le juge pour les aliments du prisonnier, pendant tout le temps qu'il le retiendra en prison; sauf à ce créancier à s'en faire rembourser sur les biens du prisonnier, sur lesquels il a pour cet effet un privilége, comme nous l'avons vu ci-dessus.

L'emprisonnement fait, par le créancier, de la personne de son débiteur, n'empêche point le créancier de saisir et faire vendre les biens de ce débiteur, pour avoir paiement de ce qui lui est dû. *Ordonnance de* 1667, *tit.* 34, *art.* 13.

§. IX. De la main-levée que le débiteur obtient de sa personne.

Le débiteur peut obtenir main-levée de sa personne, soit à cause de la nullité de son emprisonnement, soit pour quelque cause survenue depuis son emprisonnement valablement fait.

Le débiteur qui prétend que son emprisonnement est nul, doit faire signifier, au créancier qui l'a fait arrêter, un acte par lequel il déclare qu'il s'oppose à l'emprisonnement fait de sa personne, l'assigner pour voir déclarer la nullité de l'emprisonnement, et en conséquence prononcer la main-levée de sa personne, avec dépens, dommages et intérêts.

On plaide sur cette opposition, et les moyens de nullité concernent, ou le fond, ou la forme.

Ce sont des moyens de fond, lorsque le débiteur prétend qu'il ne doit rien, ou que le titre par lequel il est constitué débiteur, n'est pas un titre qui le rend sujet à la contrainte par corps.

Les moyens de nullité qui concernent la forme sont, lorsque le débiteur a été arrêté dans un temps, ou dans un lieu qui n'étoit pas convenable, ou lorsqu'il se trouve quelque défaut de formalité dans l'acte d'emprisonnement.

Lorsque l'emprisonnement est déclaré nul dans la forme, sa nullité entraîne celle des recommandations survenues depuis.

Au contraire, s'il est déclaré nul par quelques moyens du fond, *putà*, parcequ'il n'étoit rien dû à celui à la requête de qui il a été fait, et que d'ailleurs il ait été régulièrement fait, avec toutes les formalités requises, les recommandations ne laissent pas de subsister.

La raison de différence est, que les créanciers qui ont recommandé le débiteur, peuvent bien employer pour eux l'emprisonnement qui a été fait de leur débiteur à la requête d'un autre, comme s'il eût été fait à leur propre requête, en y accédant, lorsque l'emprisonnement a été fait avec toutes les formalités requises pour les emprisonnements; mais lorsqu'il se trouve quelque défaut de formalités, inutilement l'emploieroient-ils comme fait à leur requête, puisque cet emprisonnement pèche dans la forme; il n'en seroit pas moins nul, quand même ce seroit à leur requête qu'il auroit été fait (1).

Les causes survenues depuis l'emprisonnement valablement fait, pour lesquelles le débiteur doit avoir main-levée de sa personne, et issue des prisons, sont celles qui suivent.

1° Le débiteur, en rapportant un consentement par-devant notaires, des créanciers à la requête de qui il a été fait prisonnier, et recommandé, doit être mis hors de prison, sans même qu'il soit nécessaire de le faire ordonner par le juge. *Ordonnance de* 1670, *tit.* 13, *art.* 31. La raison en est évidente : le débiteur n'étoit tenu que par l'ordre, et sur la requête des créanciers; cet ordre étant révoqué, il ne subsiste plus de cause pour le retenir.

2° Il doit pareillement être mis hors de prison, en consignant entre les mains du geôlier les sommes pour lesquelles il est retenu, sans qu'il soit besoin de jugement, *Ibid., art.* 32 : c'est la même raison; la cause pour laquelle il étoit détenu étant le défaut de paiement, cette cause ne subsiste plus lorsqu'il a payé, ou du moins lorsqu'il a consigné de quoi payer.

Il en seroit de même s'il remettoit au geôlier la quittance des sommes qui auroient été payées aux créanciers; mais comme le geôlier n'est point obligé de connoitre leurs écritures, elles doivent être par-devant notaires.

Si un débiteur offroit à son créancier de lui donner bonne et suffisante caution, et, sur son refus, l'assignoit devant le juge pour accepter cette caution, et voir ordonner qu'en

---

(1) Denizart, en sa Collection de Jurisprudence, *verbo* Recommandation, n. 8, rapporte un arrêt du 2 août 1760, qui paroît avoir rejeté cette distinction; et il ajoute que M. Séguier, avocat-général, qui porta la parole dans cette affaire, cita un autre arrêt de l'année 1758, par lequel la même chose avoit été jugée en faveur du sieur Bentabol.

conséquence il auroit main-levée de sa personne, le juge
devroit-il l'ordonner? Régulièrement il ne le doit pas; car
la loi donne au créancier le droit de retenir en prison son
débiteur jusqu'au paiement, et il ne doit point être privé
malgré lui du droit qu'il a; l'offre d'une caution n'est point
un paiement, *non est solutio, sed satisfactio*; il faut,
pour qu'elle produise l'élargissement du débiteur, que le
créancier s'en contente, *solvitur quidem invito, sed non
satisfacit nisi volenti :* le juge néanmoins, en certains cas,
et eu égard aux circonstances, pourroit l'ordonner.

3° Le défaut du créancier à fournir les aliments est une
cause d'élargissement qui étoit exprimée par l'ordonnance
de 1670, *tit.* 13, *art.* 24, dont voici les termes : *Sur deux
sommations faites à différents jours aux créanciers qui
seront en demeure de fournir la nourriture au prisonnier,
et trois jours après la dernière, le juge pourra ordonner
l'élargissement du prisonnier, partie présente, ou dûment appelée.*

Mais comme il arrivoit que souvent le prisonnier n'avoit
pas le moyen de faire ces sommations (c'est le motif exprimé dans le préambule de l'édit du 10 juillet 1680), le
roi, par ce même édit, *art.* 5, ordonna qu'après l'expiration des premiers quinze jours du mois pour lequel la somme
nécessaire aux aliments n'auroit point été payée, le juge,
sur la simple réquisition du prisonnier, et le certificat du
geôlier, que la somme n'a point été payée, ordonneroit l'é-
largissement du prisonnier, pourvu que les causes de l'emprisonnement et des recommandations n'excédassent pas la
somme de deux mille livres; et, si les causes excédoient
cette somme, que l'élargissement, en ce cas, ne pourroit
être prononcé qu'au siége.

Dans le second, est-il nécessaire d'appeler le créancier
pour ordonner l'élargissement? L'édit de 1680 ne parle pas
plus de sommation en ce cas-ci, que dans le premier. C'est
pourquoi l'auteur des additions sur Bornier décide que
l'élargissement peut s'ordonner, sans sommation faite au
créancier, dans ce cas-ci, comme dans le premier, et que
toute la différence entre l'un et l'autre, est que dans le premier cas l'élargissement peut être ordonné par le seul juge

commissaire, au lieu que dans le second cas il doit être
ordonné par tout le siége : néanmoins cela me paroît souffrir difficulté ; car, à quoi bon auroit-il été ordonné que
la requête seroit rapportée à la cour, et l'élargissement
prononcé par tout le tribunal, s'il s'y prononçoit sans connoissance de cause ? Qu'est-il nécessaire d'assembler tout
le tribunal, s'il suffit, comme dans le premier cas, de voir
le certificat du geôlier ?

Le prisonnier pourroit-il avant les quinze jours passés
du mois, temps réglé par l'édit de 1680, demander son élargissement, en satisfaisant aux sommations prescrites par
l'ordonnance de 1670, qui avoit lieu avant cet édit ? L'auteur des additions sur Bornier pense qu'il le peut : sa raison est que l'édit a été fait en faveur du prisonnier débiteur,
pour le dispenser de satisfaire aux formalités des sommations, et d'appeler les créanciers ; d'où il conclut qu'il n'est
pas nécessaire d'attendre passer les quinze jours ; l'édit de
1680 ayant voulu que le seul laps des premiers quinze jours
du mois constituât le créancier également en demeure,
comme l'auroient constitué les sommations prescrites par
l'ordonnance de 1670 ; mais lorsque le débiteur y satisfait,
le créancier ne peut pas, pour se prolonger un terme, se
servir de l'édit de 1680, qui n'a point été fait en sa faveur ;
cette décision me paroît assez juste.

Il arrive quelquefois que le débiteur emprisonné déclare
qu'il n'entend point recevoir d'aliments du créancier qui
l'a fait emprisonner, auquel cas il est évident que le créancier n'est point obligé de lui en fournir ; et même, en ce
cas, ceux que le créancier auroit consignés lui doivent être
rendus. *Déclaration de* 1680, *art.* 9.

Mais comme il arrivoit quelquefois que des sergents in-
séroient faussement dans leurs procès-verbaux d'emprisonnement, que le débiteur emprisonné, qui ne savoit pas signer, avoit fait cette déclaration, la cour, pour prévenir cet
abus, a fait défenses aux huissiers, à peine d'interdiction
pendant six mois, d'emprisonner, ou de recommander aucun prisonnier pour dettes, sans consigner, nonobstant le
prétendu refus que le prisonnier pourroit faire de recevoir
des aliments de son créancier, à moins que l'acte de refus

ne fût passé devant notaire. *Règlement de la cour, du premier juillet* 1681, *rapporté dans le Recueil chronologique de M. Jousse, tom.* 1, *pag.* 492.

Quoique le débiteur ait refusé de recevoir des aliments de son créancier, il peut changer de volonté par une simple sommation qu'il fera au créancier, au domicile élu par l'écrou, de lui donner des aliments, de laquelle il doit être fait mention sur le registre des écrous ; et, en cas de refus ou demeure du créancier, il pourra obtenir son élargissement. *Déclaration de* 1680, *art.* 9.

L'âge de soixante-dix ans accomplis depuis l'emprisonnement, est une cause pour obtenir l'élargissement, suivant que nous l'avons déja vu ci-dessus.

Le bénéfice de cession est encore une cause pour laquelle le débiteur emprisonné peut obtenir son élargissement; nous allons en traiter dans un chapitre particulier.

CHAPITRE II.

Du bénéfice de cession.

§. I. Ce que c'est, et son origine.

Le bénéfice de cession est la remise que la loi fait de la contrainte par corps, à un débiteur, en faisant cession et abandon de tous ses biens à ses créanciers.

L'origine du bénéfice de cession vient des lois romaines; on en trouve l'origine dans la loi *Julia*, portée par Jules César, ou par Auguste; car il n'est pas certain lequel de ces deux empereurs avoit ordonné que les citoyens romains qui feroient abandon, en justice, de leurs biens, ne pourroient être emprisonnés pour leurs dettes. Cette loi fut par la suite étendue aux provinciaux. *Voyez le tit. de Cessione bonorum,* ff.

§. II. Quelles personnes peuvent jouir du bénéfice de cession.

Il n'y a que les François naturels, ou naturalisés, qui soient admis au bénéfice de cession. Les étrangers non naturalisés n'y sont pas reçus. *Ordonnance de* 1673, *tit.* 10, *art.* 2.

Les François qui ont perdu la vie civile par une condamnation à la peine capitale, ne doivent pas y être reçus; car, en perdant la vie civile, ils ont perdu tous les droits de citoyen françois; *finge :* un homme a été condamné aux galères perpétuelles par contumace; il n'a pu être arrêté pendant trente ans, depuis l'exécution de la sentence par effigie : on ne peut pas, après ce temps, l'arrêter et le mettre à la chaîne ; mais il n'en a pas moins perdu la vie civile, que le laps de temps ne peut lui rendre ; c'est pourquoi, s'il contracte des dettes, il ne sera plus reçu au bénéfice de cession.

§. III. Pour quelles dettes n'a pas lieu le bénéfice de cession.

1° Le bénéfice de cession n'a pas lieu pour dettes qui procèdent de crime, dol, ou fraude; *V. G.*, si quelqu'un a été condamné, quoiqu'en matière civile, à une restitution de deniers, pour cause de *stellionat*, ou de détournements : la raison est, que le bénéfice de cession, qui a été inventé pour subvenir aux débiteurs misérables, ne doit pas servir à procurer l'impunité aux fripons.

De là il suit que tous dépositaires et administrateurs ne doivent point être reçus au bénéfice de cession, pour la restitution des deniers, et autres choses, qui leur ont été confiés, ou qu'ils ont reçus pour autrui; car c'est un dol de leur part de s'en être servi, et de s'être mis par-là hors d'état de les rendre. C'est pourquoi, par le droit romain, la condamnation *in judicio tutelæ, mandati, depositi et societatis,* emportoit infamie.

C'est sur ce fondement que, suivant notre coutume d'Orléans, *art.* 429, les courtiers et proxenètes sont exclus du bénéfice de cession.

C'est encore sur ce fondement qu'on trouve des arrêts qui ont jugé qu'un tuteur n'étoit pas reçu au bénéfice de cession, et je pense que cela ne doit avoir lieu que lorsque le tuteur est débiteur pour le reliquat des sommes qu'il a reçues; et qu'il en devroit être autrement, si la cause de la dette du tuteur ne procédoit que de sa négligence dans sa gestion, qui le rendit responsable des pertes souffertes par le mineur.

C'est aussi une espèce de dol de la part d'un fermier, de détourner les fruits et autres effets qui servent de gage pour les fermes et moissons qui sont dues au propriétaire de la métairie ; et je pense que les arrêts rapportés par Louet et Brodeau, *lettre C, n° 57*, qui ont jugé qu'un fermier n'étoit pas recevable au bénéfice de cession, doivent être présumés rendus dans cette espèce, et ne doivent être suivis que dans ce cas.

A plus forte raison, je pense qu'on ne doit pas suivre un arrêt rapporté *dicto loco,* qui a exclu du bénéfice de cession la caution du fermier.

Si le débiteur est privé du bénéfice de cession, en matière civile, toutes les fois qu'il y a du dol, à plus forte raison, ce bénéfice ne doit pas avoir lieu en matière criminelle, pour réparation civile.

Mais le bénéfice de cession peut avoir lieu pour les dépens auxquels quelqu'un a été condamné, quoiqu'en matière criminelle, lorsque cette condamnation de dépens est, par le jugement, distinguée de la condamnation de la réparation civile ; car, en ce cas, c'est la dette de la réparation civile qui procède du crime, la dette des dépens procède plutôt du procès, et elle ne procède qu'indirectement du crime : c'est ce qui a été jugé par arrêt du 14 juillet 1661, rapporté au *tome 2 du Journal des Audiences,* conformément à plusieurs autres précédemment rendus, qui y sont cités.

Si ces dépens étoient adjugés pour tenir lieu des dommages et intérêts, en ce cas, le bénéfice de cession n'auroit pas lieu : c'est la distinction que fit M. Talon, sur les conclusions duquel fut rendu l'arrêt de 1661.

2° Le bénéfice de cession n'a pas lieu pour les sommes qui font le prix de marchandises achetées en marché public, comme bestial, vin, blé et autres grains. *Coutume d'Orléans, art.* 428.

Il est dit, en ce même article, que les acheteurs de poisson d'eau douce et salée n'y sont pas admis non plus ; ce qui doit pareillement s'entendre, lorsqu'il est acheté en lieu public, comme sur les ports et chaussées de l'étang.

La coutume d'Orléans, *art.* 459, décide la même chose

à l'égard de tous acheteurs de biens meubles ou immeubles vendus à l'encan. La raison de ce droit est tirée de la foi publique, des marchés publics et de l'encan; et on peut dire que ces ventes se faisant à la charge de payer comptant, c'est, de la part de l'acheteur, violer la foi publique, et commettre une espèce de dol, que d'acheter sans avoir son argent prêt.

Comme cette raison cesse lorsque le vendeur veut bien faire crédit à l'acheteur, il a été jugé par arrêt de 1656, confirmatif d'une sentence du bailliage d'Orléans, qu'un acheteur de blé acheté au marché public, étoit recevable au bénéfice de cession envers le vendeur, parcequ'il en avoit passé obligation.

5° Le bénéfice de cession n'a pas lieu pour les dettes de deniers royaux. L'ordonnance des Fermes du mois de juillet 1681, au *titre commun des Fermes, art.* 13, le décide en ces termes : *Ne seront reçus au bénéfice de cession ceux de nos sujets qui sont contraignables par corps au paiement de nos droits.*

Cette décision ne doit pas être étendue aux dettes pour deniers publics. Brodeau, *let. E, somm.* 14, *n°* 14, rapporte un arrêt du 15 décembre 1620, donné en la chambre de l'édit du parlement de Grenoble, qui a admis au bénéfice de cession un receveur des deniers communs de la ville de Montelimart.

Je pense néanmoins que cet arrêt ne doit être suivi que dans le cas où un receveur seroit débiteur de deniers qu'il auroit omis par sa négligence de faire payer, et dont on l'auroit rendu responsable ; mais il ne doit point y être admis pour la restitution des deniers qu'il a reçus, car c'est un dol de sa part de ne les avoir pas conservés, comme nous l'avons remarqué à l'égard des tuteurs.

§. IV. Quand peut-on obtenir le bénéfice de cession; et que doit-on faire pour cela?

Le bénéfice de cession peut être obtenu par le débiteur, soit avant, soit depuis qu'il a été constitué prisonnier par ses créanciers.

Le débiteur, pour cet effet, doit dépose au greffe de la

jaridiction du lieu où il demeure, un état, signé de lui, de tous ses biens meubles et immeubles, qu'il certifie sincère et véritable, avec déclaration qu'il en fait cession et abandon à tous ses créanciers.

Il donne sa requête au juge, par laquelle il demande à être admis au bénéfice de cession, et à ce qu'il ait en conséquence main-levée de sa personne, s'il est déja constitué prisonnier; ou, à ce qu'il soit fait défenses d'attenter à sa personne, s'il ne l'est pas encore.

Il donne assignation aux créanciers aux fins de cette requête.

La cause est portée à l'audience sur un avenir, et il doit comparoir en personne à l'audience, pour y affirmer que l'état qu'il a donné comprend tous ses biens.

Les ordonnances défendent qu'il soit admis à demander cette cession par procureur; il faut absolument qu'il se présente à l'audience en personne; et, s'il est prisonnier, le juge l'y fait amener. *Ordonnance du commerce, de 1673, tit. 10, art. 1; ordonnance d'Abbeville pour le Dauphiné, art. 260.*

Si les créanciers n'allèguent aucuns moyens suffisants pour le faire débouter de sa requête, le juge, après avoir pris le serment du débiteur, que l'état qu'il a donné de ses biens est véritable, l'admet au bénéfice de cession.

L'ordonnance de 1673, au *titre des cessions*, veut que, outre cela, celui qui a été admis à faire cession, s'il est marchand en gros ou en détail, ou banquier, soit tenu de comparoir en personne à l'audience du consulat; ou, s'il n'y a point de consulat établi dans la ville, en l'assemblée de la ville, et qu'il y déclare ses nom, surnom, qualité et demeure, et qu'il a été admis à faire cession, et que cette déclaration soit lue et publiée par un greffier, et insérée dans un tableau.

§. V. De la condition de porter le bonnet vert, que le juge a coutume d'imposer à celui qu'il admet au bénéfice de cession.

Il est d'usage que les juges, en admettant quelqu'un au bénéfice de cession, lui imposent, pour condition de la décharge de la contrainte par corps qu'ils lui accordent, la charge de porter dans le public un *bonnet vert*, qui lui sera fourni par ses créanciers, et à leurs dépens, sous peine de déchoir du bénéfice, et de pouvoir être arrêté, s'il ne le portoit pas.

J'ai toujours vu prononcer ici cette condition de porter le bonnet vert; mais je n'ai jamais vu que des créanciers aient fait usage de ces sentences, et aient fourni à leur débiteur un bonnet vert, pour le porter. On prétend qu'à Bordeaux les créanciers ne manquent pas de faire porter le bonnet vert à leur débiteur.

La raison pour laquelle on fait porter le bonnet vert au débiteur qui a fait cession, ne me paroît pas celle qu'on a coutume d'apporter; savoir, qu'il soit connu, et qu'il ne puisse pas tromper ceux qui contracteroient avec lui; car si l'obligation de porter le bonnet vert étoit fondée sur cette raison, il ne devroit pas être au pouvoir des créanciers de les y obliger, ou de les en décharger. Il n'y a point d'autre raison, sinon qu'on a voulu obliger les citoyens, par la crainte de cette ignominie, à gouverner sagement leurs affaires, et à ne point s'exposer à être dans le cas de faire cession.

De là il suit que, s'il paroissoit qu'un débiteur fût tombé dans l'indigence, et réduit à faire cession, par des accidents qu'aucune prévoyance humaine n'eût pu éviter, il seroit, en ce cas, de l'équité du juge de ne le pas assujettir à cet affront.

Au reste, la qualité de la personne qui fait cession n'est pas une raison suffisante pour dispenser de subir cette confusion. Brodeau, sur Louet, *lettre G*, n° 56, rapporte deux arrêts, l'un, du 4 mai 1609, qui a condamné un gentilhomme âgé de plus de soixante-dix ans à porter le bonnet vert; et le second, du 10 mai 1622, qui a infirmé une sentence du juge de Châtillon-sur-Marne, qui avoit dispensé le cessionnaire de porter le bonnet vert, en conséquence de sa qualité de gentilhomme.

§. VI. De l'effet de la cession de biens.

La cession de biens que le débiteur fait en justice ne donne aux créanciers que le droit de les vendre, pour se payer de leurs créances sur le prix.

La propriété demeure vers le débiteur qui a fait cession jusqu'à ce qu'elle passe à ceux qui les achèteront des créanciers; il n'est dépouillé que de la jouissance des biens, qui sont régis par un syndic, ou autre personne préposée par les créanciers.

De là il suit que, tant que les créanciers n'ont pas encore vendu les biens, le débiteur peut, en payant, y rentrer. *L.* 3 et 5, ff. *de cess. bon.; l.* 2 et 4, *Cod. qui bon. ced.*

La cession n'a d'autre effet que de décharger le débiteur de la contrainte par corps; elle ne le libère point de ses dettes envers ses créanciers, si ce n'est jusqu'à concurrence seulement de ce qu'ils ont touché de ses biens, lorsqu'ils l'ont touché après la vente qu'ils en ont faite. *L.* 1, *Cod. dicto tit.*

C'est pourquoi les créanciers, nonobstant la cession de biens, peuvent encore contraindre leur débiteur sur les biens qu'il pourroit acquérir par la suite. *L.* 4, ff. *de cessione bonorum.*

Mais, en ce cas, ces contraintes ne doivent pas être exercées à la rigueur, et on doit laisser au débiteur, sur ses biens acquis depuis la cession, ce qui lui est nécessaire pour vivre : c'est la disposition des lois 6 et 7, ff. *eod. tit.*

La cession de biens n'emporte aucune infamie de droit; mais elle emporte une espèce d'infamie de fait.

C'est pour cet effet que l'ordonnance de 1673, *tit.* 9, *art.* 5, veut que ceux qui ont obtenu des lettres de répit (à plus forte raison ceux qui ont fait cession), ne puissent être élus maires, échevins, ni juges-consuls, ni parvenir à d'autres fonctions publiques, et même qu'ils en soient exclus, s'ils étoient en charge; elle veut aussi qu'ils soient interdits de toute voix active et passive dans les assemblées des marchands.

On trouve aussi des arrêts qui ont défendu, en pareil cas, à des officiers de judicature, d'exercer leurs fonctions, et les ont obligés à se défaire de leurs charges, en donnant leur procuration *ad resignandum.*

Lorsque celui qui a fait cession a acquitté, par la suite, toutes ses dettes, tant en principaux qu'intérêts, il purge

cette espèce d'infamie, et il peut être promu aux charges
publiques.

CHAPITRE III.

Des délais qu'on accorde quelquefois aux débiteurs pour le paiement de
leurs dettes ; autrement, des répits.

Le mot *répit*, que quelques auteurs font dériver du mot
latin *respirare*, signifie la même chose que *délai*. L'ordonnance du mois d'août 1669, *tit.* 6, l'emploie pour le terme
ou délai qui est accordé à des débiteurs qui, se trouvant
hors d'état de satisfaire leurs créanciers, n'ont besoin que
d'un certain temps pour s'acquitter.

Les débiteurs qui veulent obtenir ce délai doivent demander, en grande chancellerie, des lettres qu'on appelle
lettres de répit. Elles s'accordoient autrefois par les juges,
et il étoit même défendu, par l'*art.* 61 *de l'ordonnance
d'Orléans*, d'en expédier en chancellerie ; mais l'ordonnance de 1669, *art.* 1 et 2 *du tit.* 6, a dérogé à cet usage,
et avec raison, puisque, ces lettres étant une grâce qui
blesse le droit d'autrui, elles ne peuvent émaner que de la
puissance souveraine ; c'est pourquoi, suivant l'*art.* 1 *du
tit.* 6 de cette ordonnance, les juges, même les cours, ne
peuvent plus donner aucun terme, atermoiement, répit,
ni délai de payer, qu'en conséquence de ces lettres, prises
en chancellerie, à peine de nullité de leurs jugements,
d'interdiction contre les juges, de dépens, dommages et
intérêts des parties en leur nom, de cent livres d'amende
contre la partie, et de pareille somme contre le procureur
qui aura présenté la requête.

Ces termes de l'ordonnance sont trop précis pour qu'on
puisse s'adresser au parlement pour avoir des défenses générales et équipollentes à des lettres de répit ; cependant
Savary, *part.* 2, *liv.* 4, *chap.* 1, prétend qu'on peut, ou
obtenir des lettres de répit du roi, ou demander au parlement des défenses générales ; et ce sentiment de Savary paroîtroit même fondé sur l'*art.* 1 *du tit.* 9 *de l'ordonnance
de* 1673 ; mais ces défenses générales ne peuvent être ac-

cordées par les juges que lorsqu'il s'agit d'homologuer un contrat d'atermoiement passé entre le débiteur et la plus grande partie de ses créanciers, ou pendant le cours de l'instance, à fin d'entérinement des lettres de répit. Dans ces deux cas, les juges peuvent faire défenses d'attenter à la personne ou aux biens du débiteur.

Au reste, les juges peuvent, en ordonnant le paiement de quelque somme, donner surséance à l'exécution de la condamnation, qui ne peut néanmoins être que de trois mois au plus, sans qu'elle puisse être renouvelée. *Ordonnance de 1669, tit. 6, art. 1, in fine.*

Ces lettres ne s'accordent que pour cinq ans, et c'est ce qui les faisoit appeler autrefois *quinquenelle*, terme dont se sert encore la coutume de Bourbonnois, *art.* 68.

§. I. Pour quelles personnes, et pour quelles dettes, on ne peut obtenir des lettres de répit.

Les étrangers ne peuvent obtenir des lettres de répit, parcequ'elles contiennent une faveur accordée aux citoyens; ceux-ci même en sont exclus dans quelques cas, où les lois les en réputent indignes.

Ainsi on n'accorde pas de lettres de répit : 1° pour pensions, aliments, médicaments, loyers de maison et *moisson* de grains. *Ordonn. de 1669, tit. 6, art.* 11.

Ce mot de *moisson* s'entend ici du paiement qu'un fermier doit faire du prix de sa ferme en blé ou autres grains; c'est ce qu'on appelle *moissons* dans plusieurs provinces.

L'ordonnance ne parle point des fermages, mais il y a même raison de décider que pour les moissons; aussi notre coutume d'Orléans, *art.* 424, comprend-elle expressément *les fermes tenues, et l'exploitation d'héritages, fruits et revenus d'iceux*, parmi les choses pour lesquelles le répit n'a pas lieu. La coutume de Bourbonnois a une semblable disposition, *art.* 68; et Lange, en son Praticien François, *liv.* 3, *chap.* 19, dit que l'usage est de ne point recevoir au répit les fermiers, soit que leur fermage soit dû en grain ou en argent, comme tenant lieu d'aliments au propriétaire.

2° On n'accorde point pareillement de lettres de répit

pour gages de domestiques, journées d'artisans ou mercenaires, reliquats de compte de tutelle; *ordonn. de 1669, ibid.*; et notre coutume d'Orléans, dans le même *art.* 424, ajoute *pour reliquat de l'administration et gouvernement que les débiteurs ont eu des biens de l'église, chose publique, prodigues et insensés.*

3° Le bénéfice de répit n'a lieu ni pour dépôts nécessaires ou volontaires; *déclaration du 23 décembre* 1699, *art.* 10; ni pour maniement de deniers publics et lettres de change, qui participent de la nature du dépôt, ainsi qu'il a été jugé par *arrêt du 4 mars* 1672, *rapporté au Journal du Palais, tom.* 1.

4° L'ordonnance de 1669 défend encore d'accorder des lettres de répit pour marchandises prises sur l'étape, foires, marchés, halles et port public; pour poisson de mer frais, sec et salé; et notre coutume d'Orléans, *art.* 428, décide la même chose pour le poisson d'eau douce; ce qui doit s'entendre lorsqu'il est vendu sur la chaussée de l'étang, dans le temps de la pêche, ou en autre lieu public.

5° La même ordonnance refuse le bénéfice de répit à l'égard des cautions judiciaires, des frais funéraires, des arrérages de rentes foncières et redevances de baux emphytéotiques; ce qui doit s'étendre *à fortiori* aux cens et droits de fief.

6° La déclaration de 1699, *art.* 23, ajoute les cas du stellionat, des réparations et dommages et intérêts en matière criminelle; et ces derniers mots sont compris dans ceux que notre coutume emploie, *art.* 424, en disant pour les dettes qui procèdent de *crimes et délits,* ce qui ne doit pas s'étendre aux dépens.

7° Les coobligés, cautions et certificateurs ne peuvent jouir du bénéfice des lettres de répit accordées au principal débiteur, à moins qu'ils n'y soient compris nommément; *ordonn. de* 1669, *art.* 10 *du tit.* 6; mais s'ils sont poursuivis, ils ont leur recours contre le principal obligé, nonobstant ses lettres de répit, par les mêmes voies qu'on exerce contre eux. *Déclaration du 23 décembre* 1699, *art.* 10. *Voyez* les Règles du Droit François, par Pocquet de Livonnière, *liv.* 5, *chap.* 6, n° 12.

Notre coutume, *art.* 429 et 439, exclut pareillement

du bénéfice de répit les proxenètes, courtiers et autres, qui s'entremettent de faire vendre ou acheter des blés, vins, chevaux ou autres marchandises, et ceux qui achètent des biens vendus à l'encan, *la solennité de justice gardée.*

La coutume de Paris, *art.* 111, ajoute deux autres cas, savoir, celui où il s'agit de dettes contractées par des mineurs, avec eux ou avec leurs tuteurs, durant leur minorité, et celui où il s'agit de dettes adjugées par sentence définitive et contradictoire; mais comme l'ordonnance de 1669, ni la déclaration de 1699, ne font aucune mention de ces deux cas, la disposition de la coutume de Paris ne peut être étendue aux autres coutumes.

D'ailleurs, quelques auteurs observent, sur le premier cas, que l'article 111 n'est pas indistinctement observé à Paris, et que, dans l'usage, on le restreint au seul cas où il s'agit de dettes contractées des deniers des mineurs, et non quand ces dettes proviennent des deniers de ceux auxquels ils ont succédé.

A l'égard du second cas, Ferrière prétend, dans son introduction à la pratique, que cela ne s'observe que pour des dettes privilégiées, *V. G.*, pour des réparations pour crime, le jugement fût-il rendu en matière civile; car autrement, dit-il, les lettres de répit n'auroient jamais lieu, puisqu'il est impossible qu'un homme, qui a mal fait ses affaires, n'ait été poursuivi par quelques-uns de ses créanciers, qui aient obtenu des jugements contre lui. Mais on peut facilement opposer Ferrière à lui-même; car, dans son Commentaire sur la coutume, il dit, sans aucune distinction, que le répit ne peut avoir lieu contre une dette adjugée par sentence définitive et contradictoire, et ce, à cause de l'autorité des jugements, et parce que celui qui a contesté sa dette, est indigne du bénéfice du prince.

Les lettres de répit ne peuvent encore être admises en faveur des comptables des deniers royaux, par la raison que le roi n'accorde jamais de privilége contre lui-même; ni dans les affaires où les hôpitaux de Paris ont intérêt. *Déclaration du* 23 *mars* 1780, *confirmée par celle de* 1702, *art.* 25 : et Denizart, *verbo* Répit, n° 7, assure qu'il a été jugé par un arrêt du conseil, du 17 octobre 1684, que des héritiers bénéficiaires n'étoient pas recevables à se servir de lettres de répit contre les créanciers de la succession.

Ceux qui ont obtenu des lettres de répit ne peuvent pas en obtenir de secondes, si ce n'est *pour causes nouvelles et considérables, dont il y ait commencement de preuves.* Ordonn. de 1669, *tit. 6, art.* 13. Ce seroit en effet favoriser l'abus des lettres du prince, et faire perdre indirectement aux créanciers ce qui leur est légitimement dû, si l'on accordoit de pareilles lettres à l'infini, et sans connoissance de cause. Aussi le même article porte ces termes : *Sans que, pour quelque cause et prétexte que ce soit, il en puisse être accordé d'autres.*

§. II. Dans quels cas les lettres de répit doivent-elles être accordées ; et que faut-il faire pour les obtenir ?

Les lettres de répit ne peuvent être accordées que *pour des considérations importantes. Ordonn. de* 1669, *tit. 6, art.* 2. *V. G.* si le débiteur qui les demande a éprouvé des pertes considérables, soit par la faillite de ceux qui lui dévoient, soit par un incendie ou autres cas fortuits, comme guerres, naufrages, etc., qui aient tellement altéré sa fortune, qu'il soit dans l'impuissance de payer ses dettes, quant à présent.

M. Jousse, en sa note 2ᵉ sur cet article, observe que ces lettres ne s'accordent aujourd'hui que très difficilement ; et Lacombe, en son Recueil de Jurisprudence civile, *verbo* Lettres de répit, dit qu'on n'en obtient plus. Il prétend même que M. le chancelier a défendu aux secrétaires du roi d'en présenter au sceau.

Ceux qui veulent obtenir ces lettres doivent rapporter des commencements de preuves, par actes authentiques, des causes qui les leur font solliciter : on les explique dans les lettres, et on les attache sous le contre-scel. *Ordonnance de* 1669, *ibid.* Ils doivent, en outre, joindre aux lettres, un état certifié de leurs biens, meubles et immeubles, et de leurs dettes ; ils sont tenus de remettre cet état au greffe avec leurs lettres et registres, s'ils sont négocians, marchands ou banquiers, et d'attacher le certificat sous le contre-scel des lettres de répit. *Ordonnance de 1675, art.* 1er *du tit.* 9.

La déclaration du 23 décembre 1699, *art.* 8, veut que ceux qui auront obtenu des lettres de répit, remettent, s'ils en sont requis par leurs créanciers, au lieu et ès-mains de celui dont ils conviendront, ou qui sera nommé par le juge auquel les lettres auront été adressées, des titres et pièces justificatives des effets mentionnés dans l'état qu'ils auront certifié véritable, pour y demeurer jusqu'à la vente ou recouvrement desdits effets.

§. III. De la forme des lettres de répit.

L'adresse des lettres de répit se fait au plus prochain juge royal du domicile de l'impétrant, si ce n'est qu'il y eût instance par-devant un autre juge avec la plus grande partie des créanciers hypothécaires, auquel cas l'adresse lui doit être faite; et aucune des parties ne peut demander l'évocation ni le renvoi en vertu de son privilège. *Ordonn. de* 1669, *ibid., art.* 3.

Les juges-consuls sont incompétents pour cet entérinement; mais l'usage de presque toutes les juridictions consulaires est d'accorder sans lettres une surséance plus longue que celle permise par l'ordonnance, *V. G.*, de six mois ou d'un an, en plusieurs paiements, soit par moitié, soit par tiers ou par quart, en donnant, par la partie condamnée, bonne et suffisante caution, et même quelquefois un certificateur.

Ces lettres, qui ne peuvent être expédiées qu'au grand sceau, suivant l'*art.* 2 de la même ordonnance, doivent porter un mandement au juge à qui elles sont adressées, qu'en procédant à l'entérinement, les créanciers appelés, il donne à celui qui les a obtenues tel délai qu'il jugera raisonnable pour payer ses dettes. Ce délai néanmoins ne peut être plus long-temps que de cinq années, si ce n'est du consentement des deux tiers des créanciers hypothécaires. *Ibid., art.* 4.

Les lettres portent un délai de six mois, pour en poursuivre l'entérinement, et il est défendu à tous huissiers et sergents d'attenter à la personne du débiteur, et de saisir

les meubles qui servent à son usage, à peine de 100 liv.
d'amende, et de dommages et intérêts envers les parties.
Ibid.

Le délai de six mois fixé par l'ordonnance court du jour
de la signification des lettres de répit, pourvu que cette
signification contienne en même temps l'assignation devant
le juge auquel elles sont adressées, à l'effet de procéder à
l'entérinement. *Ibid.*, *art.* 5.

§. IV. Que doit-on faire après avoir obtenu les lettres de répit?

L'impétrant doit, aussitôt après le sceau et l'expédition
de ses lettres, remettre aux greffes, tant du juge auquel
l'adresse en est faite, que de la juridiction consulaire la
plus prochaine, un double, certifié de lui, de ses effets et
dettes, et en retirer des certificats des greffiers. *Déclaration de* 1699, *art.* 2.

Si cet état se trouvoit frauduleux, c'est-à-dire, s'il ne
contenoit pas généralement tous les effets appartenants au
débiteur, ou qu'il y supposât de fausses créances, il seroit
déchu du bénéfice des lettres de répit, même après un
entérinement contradictoire, sans pouvoir en obtenir de
nouvelles, ni même être admis au bénéfice de cession.
Ordonnance de 1673, *art.* 12; il faut dire la même chose
de l'état annexé aux lettres dont nous avons parlé ci-
dessus, §. 2.

Les lettres de répit doivent être signifiées, dans la huitaine, aux créanciers et autres intéressés qui sont sur les
lieux; par exemple, si le débiteur qui obtient ces lettres
demeure à Paris, il n'a que huitaine pour signifier ses lettres à ses créanciers demeurants à Paris, ordonn. de 1673,
art. 3 *du tit.* 9; et la déclaration de 1699, *art.* 4, inter-
prétant la disposition de l'ordonnance du commerce à cet
égard, porte que si les impétrants, ou leurs créanciers,
ont leur domicile ailleurs, le délai sera prorogé tant pour
les uns que pour les autres, d'un jour par cinq lieues de
distance, sans distinction du ressort des parlements; mais
dans tous les cas les lettres de répit n'ont d'effet qu'à l'é-
gard des créanciers auxquels la signification en a été faite.

C'est une question de savoir si on peut signifier les let-
14.							25

tres de répit après les délais fixés par les ordonnances;
M. Jousse, en ses notes sur l'ordonnance de 1669, *ibid.*,
art. 5, et sur celle de 1673, *art.* 3, prétend qu'on le peut,
mais qu'elles n'ont d'effet que du jour de leur signification.
Cette peine paroîtroit illusoire, puisqu'étant signifiées hors
les délais, elles auroient autant d'effet que si elles avoient
été signifiées dans les délais. Savary, *part.* 2, *liv.* 4, *ch.* 1,
prétend au contraire que l'impétrant est déchu du bénéfice de ces lettres, parce que l'ordonnance n'a pas pu
avoir d'autre intention en limitant un délai. Il remarque
deux inconvénients qui pourroient arriver, s'il étoit au
pouvoir des débiteurs de faire signifier ces lettres quand
bon leur sembleroit; le premier est qu'il pourroit arriver
de grandes contestations entre les débiteurs et les créanciers, pour raison de l'inexécution de l'ordonnance; car,
les débiteurs n'étant pas pressés par leurs créanciers au
paiement de leur dû, ils pourroient *faire leur main,* ensuite s'enfuir et emporter leur bien. Le second inconvénient est que, si un négociant qui auroit obtenu des lettres
de répit, ne les faisoit signifier, par exemple, que trois
mois après les avoir obtenues, il pourroit acheter des marchandises d'autres négociants, pendant ce temps, et, après
les avoir achetées, leur faire signifier ses lettres; car, encore qu'elles ne pussent avoir lieu pour les marchandises
qui auroient été achetées depuis l'obtention de ces lettres,
néanmoins c'est toujours un procès qu'il faut que le négociant essuie, pour des marchandises qu'il a vendues sur la
bonne foi de son débiteur; et encore bien que l'ordonnance ne dise pas que les impétrants seront déchus après
le délai, on doit croire que cette peine y est sous-entendue, parce qu'elle n'a été faite que pour empêcher les abus.

L'impétrant doit non seulement signifier ses lettres de
répit à chacun de ses créanciers, mais il doit encore leur
donner copie de l'état de ses effets et dettes, ensemble des
certificats, à peine d'être déchu de l'effet de ses lettres, à
l'égard de ceux auxquels il n'auroit pas fait donner copie
de toutes ces pièces. *Déclaration de* 1699, *art.* 2.

Si l'impétrant étoit marchand, négociant ou banquier,
il seroit tenu, outre les formalités dont nous venons de

parler, de remettre ses livres et registres au greffe du juge
à qui les lettres ont été adressées, d'en retirer un certificat
du greffier, et d'en faire donner copie à chacun de ses
créanciers. *Ibid.*, *art.* 3.

§. V. De l'effet de ces lettres.

Nous avons vu que ces lettres portoient une surséance
de six mois pour procéder à leur entérinement ; et, lorsqu'elles sont entérinées, leur effet consiste : 1° par rapport au débiteur, dans la surséance de quelques années
qui lui est accordée, pour qu'il puisse, soit en vendant
ses effets, soit en faisant le recouvrement de ce qui lui
est dû, satisfaire au paiement après le terme qui lui est
accordé.

Telle est la faveur de ces lettres, qu'on ne peut opposer
au débiteur qui les a obtenues, aucune fin de non recevoir résultante de la renonciation qu'il y auroit pu faire
dans les actes et contrats par lui passés ; l'ordonnance de
1669, *ibid.*, *art.* 12, déclare nulles de semblables renon-
ciations, comme contraires à l'humanité.

Mais si, avant la signification des lettres de répit, le débiteur avoit été constitué prisonnier pour dettes civiles, il
ne seroit pas élargi en vertu de ces lettres, à moins qu'il
n'en fût ainsi ordonné par le juge, après avoir entendu les
créanciers à la requête desquels ce débiteur auroit été arrêté et recommandé. *Déclaration de* 1699, *art.* 12.

2° L'effet de ces lettres, par rapport aux créanciers, est
que ceux auxquels elles ont été signifiées, avec assignation
pour les voir entériner, ne peuvent, dans le délai de six
mois qui est accordé au débiteur pour en poursuivre l'entérinement, ni encore moins après que ces lettres ont été
entérinées, attenter en aucune manière à la personne de ce
débiteur, ni aux meubles servant à son usage ; mais ces
lettres, quoiqu'entérinées, n'empêchent pas les créanciers
de pouvoir saisir et arrêter les autres meubles, et même
saisir réellement les immeubles, les mettre en criées, et
faire procéder au bail judiciaire, sans néanmoins qu'ils puissent, avant l'expiration du terme, faire procéder à la
vente, si ce n'est des meubles périssables, ou du consen-

tement du débiteur et des créanciers. *Ordonnance de* 1669, *ibid.*, *art.* 6; *déclaration de* 1699, *art.* 7.

Ceci reçoit exception dans le cas auquel les créanciers auroient commencé leurs exécutions, ou seroient poursuivant criées, avant la signification des lettres de répit, et qu'ils seroient sommés par des créanciers contre lesquels les lettres de répit ne peuvent avoir lieu, *V. G.*, un seigneur d'hôtel, de continuer leurs poursuites, ou de les y laisser subroger. *Déclaration de* 1699, *art.* 11. Ce même article permet, en outre, aux créanciers avec lesquels l'entérinement des lettres de répit a été prononcé, de former leur opposition à la vente poursuivie par d'autres créanciers, contre lesquels ces lettres n'ont pas lieu, de contester sur la distribution du prix, même de toucher les sommes qui leur seront adjugées.

Au reste, les créanciers à qui les lettres de répit ont été signifiées, et qui ne veulent point user des voies rigoureuses, peuvent s'assembler entre eux, et nommer des directeurs ou syndics pour assister aux ventes que leur débiteur commun pourra faire à l'amiable de ses effets, et poursuivre conjointement avec lui le recouvrement des sommes qui lui sont dues. *Ibid.*, *art.* 5.

Les actes de nomination des directeurs, ou syndics, ayant été signifiés à l'impétrant et à ses débiteurs, il ne peut disposer de ses effets, et en recevoir le prix; ses débiteurs ne peuvent le payer qu'en présence des directeurs ou syndics, ou eux dûment appelés, à peine contre l'impétrant, d'être déchu de l'effet de ses lettres, et contre les débiteurs, de nullité de leurs paiements. *Ibid.*, *art.* 6.

Quand même il n'y auroit pas eu de nomination de directeurs ou syndics, celui qui a obtenu des lettres de répit ne peut, de son chef, payer un créancier au préjudice des autres, à peine de déchoir du bénéfice de ses lettres. *Ordonnance de* 1673, *art.* 4 *du tit.* 9.

L'homologation des contrats d'abandonnement des biens et effets du débiteur, qui sont passés en conséquence des lettres de répit, doit être portée devant le juge auquel ces lettres ont été adressées; et les appellations des jugements rendus par ce juge ressortissent, sans moyen, au parlement. *Déclaration de* 1699 *, art.* 13*; ordonnance de* 1669 *, ibid.* *, art.* 9.

3° Les lettres de répit ne peuvent avoir d'effet en faveur des tiers; c'est pourquoi l'ordonnance de 1699 *, art.* 10 , du même titre, porte que les coobligés, cautions, et les certificateurs, ne peuvent jouir du bénéfice de ces lettres accordées au principal débiteur.

§. **VI.** De la tache qu'imprime à l'impétrant l'obtention de ces lettres.

Ceux qui ont obtenu des lettres de répit ne peuvent être élus maires et échevins des villes, juges ou consuls des marchands, ni avoir voix active et passive dans les corps et communautés, ni être administrateurs des hôpitaux, ni parvenir aux autres fonctions publiques, et, s'ils étoient en charge au moment de l'obtention de ces lettres, ils devroient en être exclus. *Ordonnance de* 1673 *, tit.* 9 *, art.* 5.

La disposition de cette ordonnance ne regarde pas seulement les négociants, marchands et banquiers, et elle doit s'étendre à tous ceux qui ont obtenu ces lettres, de quelque profession qu'ils puissent être. *Voyez* la déclaration de 1699, que nous avons déjà citée plusieurs fois *, art.* 9 , et qu'on trouve rapportée en entier par Savary *, part.* 2 , *liv.* 4 *, chap.* 1 , *in fine.*

Celui qui auroit obtenu de lettres de répit, mais qui les auroit gardées, sans vouloir s'en servir, encourroit-il la peine portée par l'ordonnance, et seroit-il diffamé pour les avoir obtenues? La raison de douter est que l'ordonnance dit, *ceux qui auront obtenu des lettres de répit,* sans distinguer entre ceux qui les ont signifiées, et ceux qui ne les ont pas signifiées; mais Savary, dans le chapitre qu'on vient de citer, décide que l'espèce d'infamie ne doit avoir lieu que contre ceux qui en ont fait usage, en les faisant signifier à leurs créanciers, pour jouir du délai qui leur a été accordé par ces lettres. Une des raisons qu'il donne de son sentiment, est qu'il en doit être de même que d'un édit, ou d'une déclaration du prince, qui seroit signée de lui et scellée du grand sceau de ses armes, qu'il garderoit dans son cabinet sans les faire promulguer; le prince, continue-t-il, ne pourroit, en ce cas, imputer à ses sujets la contravention à la loi; ainsi les lettres de répit qui n'ont point été signifiées, ne peuvent produire aucun effet dans le public contre celui qui les a obtenues.

Au reste, la tache qu'impriment les lettres de répit n'est pas perpétuelle; car un débiteur qui a payé ses créanciers, tant en principal qu'intérêts légitimement dus, peut, en rapportant la preuve de ce paiement, obtenir du roi des lettres de réhabilitation.

Ces lettres, pour produire leur effet, doivent être adressées à un juge royal, pour être par lui entérinées, sur les conclusions du ministère public. L'impétrant peut demander à ce juge la permission de les faire publier et afficher; et cette publication paroît d'autant plus nécessaire, que l'espèce de diffamation attachée au bénéfice de répit ayant été publique, la réhabilitation ne peut devenir trop publique.

L'effet de ces lettres, qui s'obtiennent en grande chancellerie, est de rendre à ceux qui les ont obtenues, tous les droits de citoyens, et de les rendre capables des fonctions et charges publiques.

CHAPITRE IV.

Des moyens de nullité; et des lettres de rescision.

Lorsqu'une partie rapporte quelque acte, soit sous signature privée, soit par-devant notaires, pour le fondement de sa demande, ou de ses défenses, l'autre partie peut, en convenant de la vérité de cet acte, l'attaquer, ou par des moyens de nullité, si elle en a à opposer, ou par des lettres de rescision. Nous allons parler de ces deux voies dans les deux articles suivants.

ARTICLE PREMIER.

Des moyens de nullité.

Il y a des actes qui sont nuls de plein droit, sans qu'il soit besoin de lettres de rescision pour les annuler, suivant cette maxime, *quod nullum est ipso jure, rescindi non potest. Chassan.*, *burg. rubr.*, *fol.* 232, *n°.* 14 ; mais il faut que cette nullité soit prononcée par quelque coutume ou quelque ordonnance. *Argou, liv.* 4, *chap.* 14.

Il suffit, en ce cas, à une partie de proposer, soit par écrit, soit en plaidant, les moyens de nullité qu'elle a à proposer contre l'acte sur lequel la partie adverse a établi sa demande, ou ses défenses ; et ces moyens de nullité peuvent être proposés jusqu'à la sentence définitive, et même sur l'appel.

Ces moyens de nullité contre un acte se tirent, 1° de la forme, si l'acte est de nature à être astreint à de certaines formalités, dont dépend sa validité ; par exemple, on peut opposer pour moyens de nullité, contre un acte de donation, qu'il n'est pas passé devant notaires, ou qu'il n'y a pas eu de minutes ; qu'il ne contient point une mention expresse de l'acceptation, qu'il n'a point été insinué. *Ordonnance du mois de février* 1731, *art.* 1, 6, 7, 19 et 20.

On peut pareillement opposer de la part de l'église, contre un acte d'aliénation des biens d'église, qu'on n'a point observé quelqu'une des formalités prescrites pour ces sortes d'actes.

Les moyens de nullité contre un acte se tirent, en second lieu, de l'incapacité de la personne ; par exemple, on opposera contre un contrat, quel qu'il soit, s'il est passé par une femme sous puissance de mari, qui n'étoit point autorisée, qu'elle étoit, par ce défaut d'autorisation, incapable de contracter, et que par conséquent l'acte est nul.

On opposera le même défaut d'incapacité contre des actes qui contiendroient quelque promesse, ou quelque aliénation faite par un mineur non émancipé, ou par un interdit.

Un acte peut, en troisième lieu, être nul par le vice de la convention même qui fait la substance de l'acte, comme si elle est contraire aux lois et aux bonnes mœurs.

Par exemple, c'est un moyen de nullité contre un acte, autre qu'un contrat de mariage, s'il contient quelque paction touchant la succession d'un homme vivant.

C'est un moyen de nullité contre une promesse, si elle a pour cause le jeu, ou si c'est un contrat usuraire.

ARTICLE II.

Des lettres de rescision.

Lorsqu'un acte n'est pas nul de plein droit, et que la partie qui a contracté, par cet acte, quelque engagement, et qui se trouve lésée, a quelque juste cause pour se faire restituer contre son obligation, et faire rescinder l'acte, elle ou ses héritiers peuvent se pourvoir par lettres de rescision contre cet acte, pour le faire rescinder, et se faire remettre en pareil état que s'il n'eût point été passé.

Par le droit romain, le magistrat pouvoit, pour justes causes, de sa seule autorité, restituer les parties contre les actes qu'elles avoient passés; parmi nous il faut avoir recours à l'autorité du prince, et obtenir des lettres qu'on appelle de *rescision*.

Ces lettres s'obtiennent dans les chancelleries des parlements, ou même des présidiaux, lorsque la matière est dans le cas de l'édit des présidiaux; par ces lettres, le roi mande au juge de restituer l'impétrant contre de certains actes, et de le remettre au même état que s'ils n'eussent point été passés, au cas qu'il se trouve fondé dans de justes causes pour cette restitution.

§. I. Pour quelles causes les mineurs peuvent-ils être restitués?

Les mineurs sont restitués beaucoup plus facilement que les majeurs.

On appelle *mineurs* ceux qui n'ont point encore accompli leur vingt-cinquième année, sauf en Normandie, où la majorité est parfaite à l'âge de vingt ans accomplis; car, en Artois et en Anjou, où un mineur de vingt-cinq ans est majeur à vingt ans, il a été jugé qu'il étoit restituable, pour la lésion par lui soufferte, jusqu'à vingt-cinq ans accomplis. *Arrêt du 13 juillet 1716, rapporté au Journal des Aud.,* tom. 6.

Les mineurs, soit qu'ils soient encore mineurs, soit qu'ils soient devenus majeurs, et leurs héritiers, sont restituables contre les actes qu'ils ont passés en minorité, pour quelque besoin que ce soit.

Par ██████ romain, les mineurs qui, en contractant, avoien ████████nsonge, persuadé à celui avec qui ils contractoient qu'ils étoient majeurs, n'étoient pas restituables contre cet acte. *L.* 2, *Cod. si minor se majorem dixerit.*

Nous ne suivons pas cette disposition de droit, parce-qu'elle ouvre une voie d'éluder la restitution en entier. Ceux qui contracteroient avec des mineurs feroient insérer dans l'acte qu'ils se sont dits majeurs, et diroient toujours que le mineur les a trompés, quoique souvent ce seroit plutôt un artifice pratiqué de leur part, que de celle du mineur; c'est pourquoi, dans notre jurisprudence, on n'a point égard à la fausse énonciation de majorité, pour exclure les mineurs de la restitution; c'est à celui qui contracte avec le mineur à s'informer de son âge : *Qui cum alio contrahit vel est, vel debet esse non ignarus conditionis ejus cum quo contrahit. L.* 19, ff. *de reg. jur.*

Il en seroit autrement si un mineur, pour se faire croire majeur, avoit rapporté et supposé un faux acte de baptême; il est évident qu'alors il seroit indigne de la restitution, conformément à la loi 3, *Cod. si minor,* etc. (1).

Les mineurs sont restituables, soit qu'ils aient passé ces actes depuis leur émancipation, soit qu'ils les aient passés avec l'autorité de leurs tuteurs.

Ils le sont pareillement contre ceux que leurs tuteurs ont passés pour eux, en qualité de leurs tuteurs. Par exemple, si un mineur, ou son tuteur pour lui, a accepté une succession, ou l'a répudiée, il est restituable contre cette acceptation, ou cette répudiation, si elles lui sont désavantageuses. *L.* 1, *Cod. si minor ab hæred. se abstineat; l.* 2, *Cod. si ut omissam hæred.; l.* 8, §. 6, *Cod. de bonis quæ lib.,* etc.; *l. ult., Cod. si tut. vel curat. interven.*

Ils sont pareillement restituables contre un cautionne-

---

(1) Cependant Denizart, en sa Collection de jurisprudence, *verbo* Mineurs, rapporte un arrêt récent, rendu en la grand'chambre le 5 février 1763, au rapport de M. le Noir, qui a entériné les lettres de rescision prises par la femme et curatrice du nommé Chàalons, mineur, qui s'étoit dit majeur, sur le fondement d'un extrait baptistaire falsifié, contre un contrat de vente fait par ledit Chàalons aux Sœurs hospitalières de la Charité.

ment qu'ils ont contracté pour quelqu'un ; ce ███████ution-
nement ne peut être que désavantageux à ████████ contracte, et en général les mineurs sont restituables contre
quelque espèce d'acte que ce soit, par lequel ils ont été
lésés ; contre une transaction, contre un emprunt de sommes
qui n'auroient pas tourné à leur profit, contre l'achat d'un
héritage, etc.

Le mineur est censé lésé par un acte, non seulement
lorsqu'il a souffert quelque diminution du bien qui lui appartient, mais même lorsqu'il est privé par cet acte de ce
qu'il auroit pu acquérir ; *certo jure utimur, ut et in lucro
minoribus succurratur; l. 7, §. 6, ff. de min.* C'est pour
cela qu'il est restituable contre la répudiation d'une succession avantageuse, comme nous l'avons déja vu, à plus
forte raison contre la répudiation d'un legs ; et par la même
raison, lorsqu'il a fait un choix désavantageux, il est restituable contre ce choix ; *V. G.,* si un aîné mineur choisit
entre plusieurs manoirs d'une succession, un manoir moins
précieux que celui qu'il auroit pu choisir, ou si deux choses
lui ayant été léguées à son choix, il a choisi la moindre.
L. 7, §. 7, de min.

Il est même censé lésé en cela seul qu'il s'est soumis à
des discussions et des embarras, et il est par cette raison
même restituable contre l'acte qui l'engageroit à ces discussions : « *Minoribus viginti quinque annis subvenitur,
« non solùm quùm de bonis eorum aliquid minuitur, sed
« etiàm quùm intersit ipsorum litibus et sumptibus non
« vexari; l. 6, ff. eod. tit.* »

Mais un mineur n'est pas censé avoir été lésé par un
acte, et n'est point admis à se faire restituer contre cet
acte, lorsque, n'ayant fait que ce qu'un prudent père de
famille auroit fait, il est arrivé, par un cas fortuit survenu
depuis, et qui n'avoit pu être prévu lors du contrat, qu'il
ait souffert quelque dommage qu'il n'auroit pas souffert s'il
n'eût pas fait le contrat. L'exemple que les lois donnent, est
d'un mineur qui a acheté un esclave nécessaire qui est décédé peu de temps après : *Nec enim captus est emendo sibi
rem pernecessariam, licet mortalem.* Il faudroit dire la
même chose si un mineur avoit employé une somme d'ar-

gent, qu'il avoit, à l'achat d'une bonne maison, pour un prix qui n'excédât point sa valeur, et que cette maison eût été depuis incendiée par le feu du ciel; il ne seroit pas pour cela restituable contre le contrat d'acquisition qu'il en a fait; car, quoique le dommage qu'il a souffert par l'incendie de cette maison soit un dommage qu'il n'auroit pas souffert s'il ne l'eût pas achetée, néanmoins ce n'est pas l'achat qu'il en a fait, mais le cas fortuit, qui est la cause de ce dommage, et on ne peut pas dire qu'il ait souffert aucune lésion par le contrat de vente qui lui en a été fait: *Non eventus damni restitutionem indulget, sed inconsulta facilitas;* l. 11, §. 4, ff. eod. tit.; *arrêt du 28 novembre* 1573, *rapporté par Chenu.*

Les mineurs ne sont pas restitués pour cause de lésion contre les actes qu'ils ont faits depuis leur émancipation, ou contre ceux que leurs tuteurs ont faits avant leur émancipation, lorsque ces actes sont des actes de pure administration nécessaire; par exemple, contre des baux faits de leurs héritages pour le temps qu'on a coutume de faire des baux; contre la vente ou l'achat des choses mobiliaires, etc. La raison est tirée de l'intérêt même des mineurs, parceque, autrement, ils ne trouveroient que difficilement des personnes qui voulussent contracter avec eux, dans la crainte qu'auroient ces personnes d'avoir des procès sous prétexte de lésion; ce qui leur causeroit un plus grand préjudice que ne leur seroit avantageux le bénéfice de restitution, s'il leur étoit accordé contre de pareils actes.

§. II. Des causes pour lesquelles les majeurs même sont restituables; et 1° de la violence et de la crainte.

La violence est une impression illicite qui porte une personne, contre son gré, par la crainte de quelque mal considérable, à donner son consentement.

Il n'importe qui ait commis la violence, pour qu'il y ait lieu à la rescision; quand même elle auroit été commise par un tiers, pour m'obliger à contracter avec une personne qui n'y auroit point eu de part, il y auroit lieu aux lettres de rescision; car il suffit que mon consentement n'ait pas été libre.

Toute espèce de crainte ne détruit pas cette liberté de consentement requise dans les conventions, et ne donne pas lieu, par conséquent, aux lettres de rescision; il n'y a que celle qui est capable d'ébranler un homme d'une fermeté ordinaire : « *Metus non vani hominis, sed qui merito et* « *in homine constantissimo cadat;* l. 6, ff. *quod metûs* « *causâ.* »

Il faut pour cela que deux choses concourent : 1° il faut que le mal, par la crainte duquel a contracté la personne qui réclame contre son engagement, soit un mal considérable, *metus majoris mali;* l. 5, eod. tit. : tels que sont la mort, les mauvais traitements, la prison, *metus mortis, aut cruciatus corporis;* l. 4, Cod. *de his quæ vi metûsve causâ;* l. 22, ff. eod. tit.

2° Il faut que la crainte ait été celle d'un mal imminent, qu'on auroit fait souffrir sur-le-champ à la personne si elle n'eût souscrit l'acte qu'elle a souscrit, et contre lequel elle veut se pourvoir; *V. G.*, si quelqu'un avoit le bâton levé sur elle, ou le pistolet à la main, pour lui faire souscrire cet acte.

Au contraire, de simples menaces d'un mal éloigné ne sont pas suffisantes pour produire, dans la personne à qui on les fait, cette espèce de crainte qui peut servir de fondement aux lettres de rescision : « *Metum præsentem accipere debemus, non suspicionem inferendi ejus;* lege 9, « ff. *quod metûs causâ. Metum non jactationibus tantùm,* « *vel contestationibus, sed atrocitate facti probari convenit;* l. 9, Cod. *de his quæ vi metûsve causâ.* »

La crainte de déplaire à des personnes qui ont autorité sur nous, tel qu'est un père, ne donne pas lieu aux lettres de rescision; l'impression que forme cette crainte n'est point une impression invincible. *Voyez les arrêts rapportés par Carondas,* l. 12, *rép.* 40; *et par Despeisses,* n° 10.

Lacombe, en son Recueil de Jurisprudence civile, *verbo* Restitution en entier, *sect.* 4, cite un arrêt du 19 janvier 1612, qui a jugé qu'une fille, par la seule crainte révérentielle, n'étoit pas recevable en restitution contre sa renonciation à la succession échue de sa mère, moyennant la dot qui lui avoit été constituée par son père, et que les dix ans de ma-

jorité avoient couru du vivant du père. Il faut observer
d'ailleurs qu'au fond on trouva que cette fille n'avoit point
été lésée.

§. III. Du dol.

On appelle *dol* tout artifice employé pour tromper quelqu'un : *Dolus malus est omnis machinatio, calliditas, fal-
lacia, ad circumveniendum, fallendum, decipiendum
aliquem adhibita; l.* 1, §. 1, ff. *de dolo malo.*

Les majeurs, aussi bien que les mineurs, sont restituables
contre les actes qu'ils ont passés à leur préjudice, lorsqu'on
a usé de dol pour les surprendre, et les leur faire passer;
mais celui qui allègue le dol doit le prouver par des indices
clairs : *Dolum ex perspicuis indiciis probari convenit; l.* 6,
Cod. *de dolo malo.*

§. IV. De l'erreur.

L'erreur peut être aussi un moyen de restitution, même
pour les majeurs, contre les actes qu'ils ont passés.

Il faut distinguer plusieurs espèces d'erreur : 1° celle
sur la chose même qui fait l'objet de la convention.

Elle détruit entièrement le consentement, et la convention, qui ne peut subsister que par le consentement; par
conséquent il n'est pas nécessaire, en ce cas, d'avoir recours aux lettres de rescision; par exemple, si l'une des
parties entendoit vendre une chose, et que l'autre enten-
dît en acheter une autre; l. 9, ff. *de contr. empt.*

2° Il en est de même de l'erreur qui concerne la personne; comme si je donne à Pierre, croyant donner à
Jacques, il n'y a aucun consentement, il n'y a aucune convention, aucune donation, et par conséquent je n'ai pas
besoin de lettres de rescision pour répéter de Pierre ce qu'il
a reçu ainsi de moi par erreur.

3° A l'égard de l'erreur qui a donné lieu à la convention, elle ne la détruit pas de plein droit, mais elle donne
lieu à la rescision de l'engagement; par exemple, si un héritier passe un acte par lequel il s'oblige de payer une rente
viagère à une personne à qui elle avoit été léguée par le
testament du défunt, dans l'ignorance où il est que ce testament a été révoqué, l'erreur dans laquelle il étoit sera

un moyen suffisant pour obtenir des lettres de rescision, afin de se faire restituer contre cet engagement, lorsqu'il aura appris la révocation du testament. *Non videntur enim qui errant, consentire;* l. 116, §. 2, ff. *de reg. jur.*

4° L'erreur sur la qualité des choses peut aussi donner lieu à la restitution.

Par exemple, étant à Paris, j'achète une terre en province, ignorant que, la veille du contrat, et avant que la nouvelle en eût pu venir à Paris, un ouragan a abattu toutes les fermes, déraciné les arbres, etc.; cette erreur est un moyen de rescision contre l'acquisition que j'en ai faite.

Un aîné partage également avec ses puînés une pièce de terre, ignorant qu'elle est en fief, et sujette à son droit d'aînesse; il découvre depuis des aveux qui en établissent la féodalité; cette erreur est une cause pour se pourvoir par lettres de rescision contre le partage.

Observez qu'une personne n'est pas recevable à alléguer l'ignorance de son propre fait, ou de quelque autre chose dont il lui a été facile de s'informer, et qu'elle ne peut par conséquent se faire restituer, sous prétexte d'une telle ignorance.

C'est par cette raison que l'erreur de droit n'est pas une cause de restitution pour les majeurs, parcequ'ils ont pu consulter, et se faire informer de leur droit. Par exemple, si un aîné partage également avec ses puînés une pièce de terre connue pour féodale, les aveux où elle est comprise ayant été inventoriés, il ne sera pas recevable à se faire restituer contre le partage, sous prétexte qu'il ignoroit les avantages que la coutume des lieux lui donnoit dans les biens nobles; car c'est une erreur de droit qu'il n'est pas recevable à alléguer.

C'est ce qui a été jugé par un arrêt solennel du 10 décembre 1708, cité par Denizart, *verbo* Erreur, n° 13. Dans l'espèce de cet arrêt, une succession noble ayant été partagée comme roturière, l'aîné n'eut que la moitié des fiefs situés dans la coutume de Noyon, au lieu des quatre quints que cette coutume lui défèroit. Il réclama contre le partage, mais sans succès; et M. le Nain, avocat-général, qui porta la parole, dit qu'entre majeurs l'ignorance de droit ne donnoit point ouverture à la restitution.

La même chose a encore été jugée depuis, en la seconde chambre des enquêtes, le 5 décembre 1724, au profit du sieur de la Boissière, seigneur de Chambord.

§. V. De la lésion.

La lésion qui se rencontre dans les contrats de commerce n'empêche pas que le contrat ne soit valable, mais elle blesse l'équité des contrats; car l'intention de chacune des parties, dans ces contrats, n'étant pas de faire un bienfait à l'autre, mais de recevoir d'elle autant qu'elle lui donne, lorsque l'une des parties reçoit moins qu'elle n'a donné, elle est trompée; l'équité du contrat, qui consiste dans l'égalité, se trouve blessée; l'autre partie, qui reçoit plus qu'elle n'a donné, s'enrichit aux dépens de celle qui reçoit moins; ce qui est contraire à cette règle de l'équité naturelle: *Neminem æquum est cum alterius detrimento locupletari.*

De là il suit que, dans le for de la conscience, la moindre lésion qui se trouve dans un contrat oblige à restitution; mais l'intérêt du commerce ne permet pas d'écouter, dans les tribunaux, les plaintes des personnes qui se prétendent lésées par un contrat, sur-tout lorsqu'elles sont majeures, à moins que la lésion ne soit très-considérable; elles doivent s'imputer leur négligence de ne s'être pas suffisamment informées de la vraie valeur de ce qu'elles ont donné ou reçu par ce contrat; et il vaut mieux qu'elles souffrent quelque lésion par leur faute, que de troubler le commerce par une infinité de procès, qu'il y auroit si on écoutoit les demandes de ceux qui se prétendroient lésés par les contrats qu'ils auroient faits. Mais si la lésion est énorme, elle peut seule être une cause de rescision à l'égard des majeurs.

Cela a principalement lieu à l'égard des partages, dont l'égalité doit être l'ame encore plus que de tout autre acte; les relations d'amitié et de fraternité qu'il y a entre des co-partageants, y exigent l'égalité d'une manière plus particulière.

C'est pourquoi, si, par un partage, l'une des parties se trouve lésée du tiers au quart, c'est-à-dire, s'il s'en faut, non pas à la vérité le tiers, mais plus du quart qu'elle n'ait autant qu'elle auroit dû avoir par le partage, selon l'exacte équité, elle peut, quoique majeure, être admise pour cette lésion à se faire restituer contre le partage.

Dans les autres actes, la lésion doit être plus énorme, et être au-delà de la moitié du juste prix, pour rendre un majeur restituable. Par exemple, si un majeur a vendu un héritage 10,000 livres, il n'est pas restituable pour cause de lésion, à moins que cet héritage ne valût plus de 20,000 liv. lors du contrat.

Un vendeur est toujours restituable lorsque l'héritage a été vendu au-dessous de la moitié du juste prix; *contrà vice versâ*, un acheteur peut ne l'être pas, quoiqu'il ait acheté au-delà du double du juste prix; car l'excédant du juste prix peut être le prix d'affection; et un vendeur qui a de l'affection pour sa chose, et qui n'est point disposé à la vendre, peut, avec l'acheteur qui a affection pour cette chose, mettre à prix l'affection.

Il y a certains contrats contre lesquels les majeurs ne sont pas restituables, pour cause de quelque lésion que ce soit: tels sont les contrats aléatoires, et tous ceux qui tiennent de cette nature.

La raison est que l'estimation des risques étant quelque chose de très-incertain, il n'est guère possible de déterminer la lésion dans ces sortes de contrats.

C'est pour cela qu'on n'admet pas les majeurs à la restitution contre les contrats de rentes viagères, ni contre les ventes de droits successifs, parceque, dans les uns, *incertum vitæ;* dans les autres, *incertum œris alieni, quod potest emergere*, rendent l'estimation du prix de la rente viagère, et celle du prix des droits successifs, trop incertaines.

Il en est de même des contrats d'échange; *quia non potest discerni uter emptor, uter venditor.*

Les majeurs ne peuvent pas non plus être restitués contre les transactions, pour quelque lésion que ce soit, suivant l'*édit de Charles IX, de* 1560.

On n'accorde pas non plus la restitution pour la seule cause de lésion, lorsqu'il n'est question que d'aliénation de simples meubles; notre coutume d'Orléans, *art.* 446, en a une disposition précise.

§. VI. De la procédure sur les lettres de rescision; et des fins de non recevoir qu'on peut proposer contre la demande en entérinement de ces mêmes lettres.

Les lettres de rescision s'obtiennent, ou incidemment à quelque contestation, dans laquelle on a opposé à l'une des parties quelque acte, de la rescision duquel il s'agit, ou sans qu'il y ait eu aucune contestation.

Lorsque les lettres sont obtenues incidemment à quelque contestation, elles doivent être adressées au juge devant qui est pendante la contestation : si ce juge n'est pas un juge royal, elles sont adressées au premier huissier royal, sur ce requis, à qui il est enjoint de commander au juge de restituer l'impétrant, si l'exposé des lettres se trouve justifié.

La partie qui les a obtenues présente au juge, pour l'entérinement de ces lettres, une requête au bas de laquelle le juge met son ordonnance de, *soient parties appelées;* ensuite elle signifie, par acte de procureur à procureur, tant les lettres de rescision, que la requête et l'ordonnance du juge, à la partie qui a opposé l'acte contre lequel les lettres sont obtenues, et lui donne, par le même acte, assignation à l'audience, pour y être statué.

Si les lettres sont obtenues sans qu'il y eût aucune contestation, elles s'adressent au juge royal du domicile de celui contre qui elles sont obtenues, à moins que l'impétrant n'eût droit, par privilége, de porter la cause devant un autre juge; l'impétrant présente sa requête à ce juge pour l'entérinement, et assigne, aux fins de la requête et de l'ordonnance du juge, la partie contre qui elles sont obtenues.

Les fins de non recevoir qu'on peut opposer contre ces lettres, résultent de l'approbation que l'impétrant majeur auroit faite de l'acte, depuis qu'il a pu réclamer contre. Par exemple, si celui qui a souscrit un acte par violence, ou par le dol de sa partie, ou par erreur, a, depuis que la violence a cessé, depuis qu'il a reconnu l'erreur, ou la fraude qui lui a été faite, approuvé de nouveau, ou ratifié cet acte, il ne sera plus recevable dans ces lettres.

Il en est de même si un mineur a ratifié en majorité l'acte qu'il avoit passé en minorité.

A l'égard de l'approbation faite en minorité, elle n'est d'aucune considération, parcequ'elle est elle-même, à cause de la raison de minorité, sujette à rescision.

Observez qu'il ne faut pas prendre pour approbation ce qui n'est qu'une exécution nécessaire de l'acte; c'est pourquoi si, par exemple, celui qui, en minorité, a accepté une succession, a reçu, depuis sa majorité, quelque chose des débiteurs de cette succession, cela ne passera pas pour une approbation, parceque ce n'est qu'une exécution nécessaire, et il n'en sera pas moins recevable dans ses lettres contre son acceptation *initio inspecto. L.* 3, §. 2, ff. *de minorib.*

La seconde fin de non recevoir, contre les lettres de rescision, est celle qui résulte du laps de temps que la loi a déterminé pour les obtenir. Cette seconde fin de non recevoir rentre en quelque façon dans la première; car ce long silence peut être regardé comme une approbation tacite de l'acte contre lequel on a tardé si long-temps à se pourvoir.

L'ordonnance de Louis XII, de 1510, *art.* 46, fixe ce temps à dix ans : « Ordonnons que toutes rescisions de con-
« trats, ou autres actes fondés sur dol, fraude, circon-
« vention, crainte, violence, ou déception d'outre moitié
« du juste prix, se prescriront par le laps de dix ans con-
« tinuels, à compter du jour que lesdits actes auront été
« faits, et que la cause de la crainte, violence, ou autre
« cause illégitime, empêchant de droit, ou de fait, la pour-
« suite desdites rescisions, cessera. »

Les rescisions pour cause de minorité se prescrivent par le même temps de dix ans, à compter depuis la majorité; c'est ce qui est porté textuellement par l'ordonnance de François Ier, de 1539, *art.* 134 : « Ordonnons qu'après
« l'âge de trente-cinq ans parfait et accompli, ne se pourra,
« pour le regard du privilége, ou faveur de minorité, plus
« déduire, ne poursuivre la cassation des contrats par res-

« titution, ou autrement, soit par voie de nullité, pour alié-
« nation de biens immeubles faite sans décret. »

Lorsqu'un héritier mineur succède à un majeur qui étoit
dans le temps de la restitution contre quelque acte qu'il avoit
passé, ce qui restoit de ce temps au défunt ne courra point
pendant la minorité de son héritier, lequel aura, depuis sa
majorité, le temps qui restoit au défunt, pour se faire restituer du chef du défunt.

La raison est que, les mineurs étant restituables *etiàm
in his quæ prætermiserunt,* on ne peut leur opposer d'avoir
laissé passer, pendant leur minorité, le temps qui leur restoit, du chef du défunt, pour la restitution.

On demande si le temps de la restitution court contre
une femme tant qu'elle est sous puissance de mari. On répond par une distinction : si la rescision qu'auroit obtenue
la femme étoit de nature à donner lieu à quelque réflexion
d'action contre son mari, le temps de la prescription ne
courra point, parceque, son mari ayant intérêt de l'empêcher de se faire restituer, la présomption est qu'elle en
aura été effectivement empêchée par le pouvoir de son mari
sur elle, et que c'est le cas de la règle, *contrà non valentem agere non currit præscriptio.*

Mais si le mari étoit sans intérêt, le temps de la prescription courroit pendant le temps de son mariage.

§. VII. De l'effet de l'entérinement des lettres de rescision.

Par l'entérinement des lettres de rescision, l'acte est res-
cindé, et les parties sont mises au même état qu'elles
étoient auparavant; d'où il suit qu'elles sont libérées des
engagements qu'elles ont contractés par cet acte, et même
sont censées ne les avoir jamais contractés : elles rentrent
dans la propriété des choses qu'elles ont aliénées par cet
acte, et même elles sont censées ne les avoir point aliénées.

En conséquence, les parties doivent se restituer réciproquement ce qu'elles ont reçu l'une de l'autre, en vertu de
cet acte; les choses doivent se restituer avec les fruits qui
ont dû être perçus, et les sommes avec les intérêts. Quelquefois néanmoins, selon les circonstances, le juge peut
compenser les fruits des choses que l'une des parties doit

rendre, avec les intérêts des sommes que doit rendre l'autre partie.

La rescision de l'engagement de celui qui a obtenu les lettres, entraîne-t-elle la rescision des engagements de ses codébiteurs et cautions? Oui, lorsque la rescision est fondée sur quelque vice réel de l'engagement, comme dans le cas des rescisions pour cause de violence, de dol, d'erreur, de lésion énorme. Il en est autrement lorsque la cause de la rescision est personnelle : telle est la cause de la minorité. *L.* 3, ff. *de minorib. L.* 1, *Cod. cod. tit.*

Ainsi la restitution du mineur caution ne profite point au débiteur principal ; *L.* 48, ff. *de min.;* et, *vice versâ,* la restitution du mineur contre l'obligation principale ne sert point à la caution de ce mineur. *Argum. L. unic., Cod. si in comm. eâd. causâ in integ. restit. postul.*

Mais le majeur qui est héritier du mineur, doit obtenir la restitution, de même qu'auroit fait le mineur. *L.* 3, §. 9, *de minorib. quia æquitas quæ patrocinatur defuncto, patrocinatur hæredi. Gothofred. ad L.* 56, *de acquir. vel omitt. hæred.*

Le mineur communique-t-il son privilége au majeur dans les actes qu'ils ont passés solidairement, en sorte que la restitution profite en même temps au majeur comme au mineur?

Il faut à cet égard distinguer entre les choses indivisibles et les choses divisibles. Dans les choses absolument indivisibles, tels que sont les droits incorporels, un droit de servitude, par exemple, un droit de chemin attaché à un héritage commun entre le majeur et le mineur; comme celui-ci ne pourroit recouvrer ce droit, par la restitution, sans que le majeur en profitât, on doit décider, en ce cas, qu'il communique son privilége au majeur; mais il n'en est pas de même dans les choses divisibles, et dans lesquelles le majeur a un droit séparé, ou au moins divisible de celui qu'a son cohéritier mineur. *V. G.* Un mineur s'est fait restituer contre un contrat de constitution de rente, qu'il a subi solidairement avec un majeur; la restitution du mineur ne change point l'état du majeur, qui reste toujours obligé pour sa part, parcequ'une obligation n'est pas indi-

visible pour être hypothécaire. On trouve un autre exemple
dans un arrêt du 13 mars 1574, rapporté par Brodeau,
sur Louet, *lett. M.*, n° 15, par lequel un décret d'héritages communs entre des majeurs et des mineurs, a été
cassé pour la portion des mineurs, parcequ'il n'y avoit
point de discussion préalable de leurs meubles; et le même
décret a été jugé valable pour la part des majeurs, en conséquence de la maxime : *In individuis restitutio minoris
prodest majori, secùs in dividuis.*

CHAPITRE V.

Des scellés.

§. I. De la nature des scellés.

Le scellé est un acte judiciaire par lequel le juge, ou
commissaire, à la requête des créanciers, ou d'autres qui y
ont intérêt, fait enfermer sous le sceau de sa juridiction,
et met sous la garde de la justice les effets d'un défunt ou
d'un absent pour faillite.

On appelle cet acte *scellé*, parceque le juge, ou commissaire, fait sceller et boucher avec des bandelettes de papier
attachées avec de la cire, empreinte du sceau de sa juridiction, toutes les serrures des coffres et armoires où il fait
renfermer les effets, et les portes des chambres où ils sont.

Le scellé a cela de commun avec la saisie-arrêt, que
l'un et l'autre acte met les effets sous la main de justice;
et pour cet effet on établit, pour l'un comme pour l'autre,
un ou plusieurs gardiens pour garder les effets au nom et
sous l'autorité de la justice.

Mais ils diffèrent entre eux, 1° en ce que la saisie-arrêt
se fait par le ministère d'un huissier ou sergent, et le scellé
se fait par le ministère du juge assisté de son greffier, ou
d'un commissaire, dans les juridictions où il y en a.

2° La forme en est différente. Dans la saisie-arrêt, l'huissier se contente de faire une description des effets saisis et
arrêtés, et de remettre les clefs au gardien qu'il a établi,
et qu'il en charge; il n'y a point d'apposition de scellés,
comme dans l'acte que fait le juge.

3° La saisie-arrêt se fait pour empêcher que le débiteur ne détourne ses effets, et le scellé se fait pour empêcher que les effets du défunt, ou du débiteur, ne soient à l'abandon, et pour les conserver, soit aux héritiers, soit aux créanciers, et au débiteur même.

4° De là naît cette quatrième différence, que la saisie-arrêt se fait ordinairement des effets d'un débiteur vivant; le scellé ne se met que sur les effets d'un débiteur mort ou absent.

§. II. En quels cas les créanciers peuvent-ils requérir le scellé sur les effets de leur débiteur; et quels créanciers ont ce droit?

Il n'y a que deux cas auxquels les créanciers peuvent requérir l'apposition des scellés sur les effets de leur débiteur. Le premier cas est celui de la mort de ce débiteur, lorsqu'il n'y a point d'héritier qui ait accepté, ou se soit mis en possession de la succession, parcequ'alors, les effets étant à l'abandon, et les créanciers ayant intérêt à la conservation des effets de cette succession, pour être payés de leurs créances, ils peuvent requérir le juge, ou commissaire, d'y apposer les scellés.

C'est par cette raison que plusieurs de nos coutumes, comme celle de Sens, *art.* 83, et celle de Clermont, *art.* 201, prescrivent l'usage du scellé sur les effets d'un défunt.

Mais si l'héritier a déjà accepté la succession, ou si, sans l'avoir acceptée, il s'est mis en possession des effets par un inventaire qu'il en a fait faire, il n'y a pas lieu au scellé; car les effets ne sont pas à l'abandon.

Le second cas auquel les créanciers peuvent requérir le scellé sur les effets de leur débiteur, c'est celui de la banqueroute, lorsque ce débiteur s'est absenté, et a fermé sa boutique.

L'auteur du Traité des Scellés rapporte cette différence entre ce cas et le précédent, que, dans le cas précédent de la mort du débiteur, il n'y a aucune procédure qui doive précéder la réquisition des scellés, parceque la mort ne peut être équivoque; au lieu que, dans le cas d'absence d'un débiteur banqueroutier, comme une absence peut être équivoque, cet auteur prétend que les créanciers, avant de requérir le scellé, doivent rendre plainte de l'absence de leur débiteur, et en faire informer, et que c'est sur cette information qu'ils obtiennent du juge la permission de faire apposer le scellé ; je ne sais pas néanmoins si cette procédure est en usage.

Les créanciers qui peuvent, en l'un et l'autre cas, requérir le scellé, sont non seulement les créanciers en vertu d'un titre authentique, tels que sont des sentences, des actes par-devant notaires, et des cédules reconnues, mais même ceux qui sont créanciers en vertu de billets, quoiqu'ils n'aient pas été reconnus par leur débiteur ; car l'ordonnance d'Orléans, *art.* 145, permettant aux créanciers de procéder par voie d'arrêt sur les effets de leurs débiteurs obligés par cédules, jusqu'à ce qu'ils les aient reconnus, on peut conclure la même chose à l'égard des scellés ; au reste, comme il faut, dans ce cas, une permission du juge pour arrêter, il faut pareillement une permission pour apposer les scellés, ainsi qu'il est porté au *tit.* 17, *lib.* 2, Cod. *ut nemini liceat sine judicis auctoritate signa rebus imponere alienis.*

Il ne suffiroit pas, en ce cas, suivant le même auteur, de requérir le commissaire, qui n'est qu'un simple exécuteur.

A l'égard de ceux qui sont créanciers sans titre, ils n'ont que la voie de la simple action.

Les propriétaires des maisons et métairies ayant le droit d'arrêter, et même, dans notre coutume d'Orléans, *art.* 406 et suivants, d'exécuter les meubles de leurs fermiers et locataires étant en leurs maisons et métairies, quoiqu'ils n'aient point de bail par écrit, on en conclut avec raison, qu'en cas de mort, ou de faillite de leurs débiteurs, ils peuvent aussi requérir l'apposition des scellés sur leurs effets ; on peut même tirer cet argument de la loi, *est differentia*, 9, ff. *in quibus causis pignus vel hypotheca tacitè contrahitur ;* et sur-tout de la note de Godefroy sur le mot *percludamur.*

§. III. Des autres cas auxquels il y a lieu aux scellés, à la requête d'autres parties que des créanciers.

Il n'est pas douteux qu'un héritier présomptif a droit de requérir l'apposition des scellés sur les effets d'un défunt, car il est permis à chacun de veiller à la conservation de ce qui lui appartient ; et l'héritier étant saisi de droit par nos coutumes, il ne lui faut d'autre titre que sa qualité.

Cela a lieu, quoiqu'il ne soit héritier qu'en partie ; car l'héritier en partie a une qualité suffisante pour veiller à la conservation des effets de la succession.

Je pense même que si, en l'absence des parents en degré plus proche pour succéder, un parent plus éloigné, qui se seroit cru de bonne foi en degré de succéder, avoit requis l'apposition des scellés, le scellé seroit valablement mis ; car, étant l'héritier présomptif apparent, puisqu'il ne s'en présentoit pas d'autres sur le lieu, quoiqu'il ne le fût pas réellement, il avoit qualité suffisante pour requérir cette apposition ; et Dumoulin, en ses Notes sur nos coutumes, dit que la seule possession de parentèle suffit en ce cas, *sufficit quasi possessio parentelæ;* et d'ailleurs, en requérant le scellé, il a fait le bien de la chose : il a fait l'avantage de l'héritier présomptif, qui ne peut par conséquent critiquer le scellé, ni refuser d'en supporter les frais.

L'exécuteur testamentaire, les légataires, sur-tout quand le legs est universel, les donataires des biens qui se trouvent lors du décès, les appelés à la substitution, ont aussi droit de requérir le scellé sur les effets de la succession, toutes ces personnes étant intéressées à la conservation des effets.

Le ministère public, tel que le procureur du roi, ou fiscal, peut aussi requérir le scellé sur les effets d'un défunt, suivant l'article 164 de l'ordonnance de Blois, en cas d'absence, ou de minorité des héritiers, c'est-à-dire, lorsqu'il ne se trouve sur le lieu aucun héritier présomptif qui puisse veiller par lui-même à la garde et conservation des effets de la succession, lesquels par conséquent paroissent à l'abandon ; il est en ce cas du devoir du ministère public de requérir l'apposition du scellé sur les effets de la succession, pour les conserver, soit aux héritiers lorsqu'ils se présenteront, soit au roi, ou autre seigneur, si le défunt n'a point laissé d'héritiers.

On ne doit pas conclure de cet article que, lorsqu'il y a une partie des héritiers présomptifs sur le lieu, qui veillent par eux-mêmes à la garde des effets de la succession, le ministère public soit en droit de requérir l'apposition des scellés, pour l'intérêt de quelqu'un des héritiers qui seroit absent; car il suffit qu'il y en ait de présents pour que son ministère cesse : les parents ont qualité pour garder par eux-mêmes les effets de la succession; ces effets ne sont point à l'abandon : on dira peut-être que l'intérêt de l'absent, que le ministère public doit prendre en mains, exige le scellé, afin que les héritiers présents ne détournent point à leur profit particulier des effets communs; la réponse est qu'un soupçon de cette nature est injurieux aux héritiers présents, que le ministère public ne doit pas par conséquent, sans aucun sujet, avoir ce soupçon de leur probité.

Le second cas auquel, suivant l'article ci-dessus cité de l'ordonnance de Blois, le ministère public peut requérir le scellé, est celui de la minorité de l'héritier; il faut, pour cela, que l'héritier mineur n'ait point de tuteur, ou qu'on ne puisse promptement l'en faire pourvoir; en ce cas, l'héritier mineur, quoique présent, n'est pas différent d'un absent, puisqu'il ne peut veiller à la conservation des effets de la succession, ni par lui-même, à cause de la foiblesse de son âge, ni par son tuteur, puisqu'on suppose qu'il n'en a pas; les effets de la succession sont également à l'abandon, comme lorsqu'il n'y a point d'héritiers sur le lieu, et par conséquent il y a même raison pour que le ministère public requière le scellé; il ne doit pas cependant le faire, s'il peut promptement le faire pourvoir d'un tuteur; car alors le tuteur sera tenu par office de veiller à la conservation des effets de la succession échue à son mineur, et il ne seroit par conséquent plus besoin de scellé. Il est du ministère public de ne pas omettre les moyens d'éviter les frais.

Les procureurs du roi, ou fiscaux, peuvent aussi, à la mort des bénéficiers, requérir le scellé des titres dépendants des bénéfices, quand même les héritiers du bénéficier seroient présents ; car ces titres n'appartiennent point à la succession du bénéficier, ils ne doivent pas être laissés aux héritiers, et doivent être sous la garde de la justice, jusqu'à ce qu'il y ait eu un successeur au bénéfice.

C'est l'économe qui requiert le scellé à la mort des évêques, abbés et autres prélats de nomination royale. *Edit du mois de décembre* 1691, *portant création d'économes séquestres.*

Il y a un arrêt du conseil d'état, du 16 décembre 1751, portant nouveau règlement pour la régie des économats.

Les économes peuvent requérir le scellé, non seulement sur les titres et effets dépendans du bénéfice, mais aussi sur les meubles du bénéficier, pour l'assurance des réparations à faire aux bâtiments du bénéfice, dont est tenue la succession du bénéficier. *Même édit de* 1691, *art.* 6.

On peut, par argument de cet article, décider qu'à l'égard des autres bénéfices, les procureurs du roi peuvent aussi faire mettre le scellé sur les meubles de la succession, lorsque le défunt est débiteur envers le bénéfice, pour réparations, ou autrement.

Outre ces cas, où le procureur du roi, ou fiscal, peut requérir le scellé sur les effets d'un défunt, il s'en rencontre quelquefois auxquels il peut le requérir sur les effets d'un homme vivant, comme en cas de démence d'une personne, ou dans le cas de la longue absence d'un débiteur en faillite, lequel se seroit absenté sans laisser de procuration à personne pour gérer ses affaires, et donner de ses nouvelles ; dans ces deux cas, lorsqu'aucun parent de l'imbécile, ou de l'absent, ne se présente, le procureur du roi, ou fiscal, peut d'office faire informer de la démence, ou absence ; et, après cette information, s'il ne peut faire assez promptement assembler la famille pour être pourvu de curateur à l'insensé, ou que les effets de l'absent soient à l'abandon, il peut requérir le scellé.

Les procureurs du roi, ou fiscaux, requièrent aussi quelquefois le scellé, en matière criminelle, sur des effets servant à la conviction de l'accusé. *Argument tiré de l'art.* 2 *du tit.* 4 *de l'ordonnance de* 1670.

§. IV. Quel juge est compétent pour l'apposition du scellé.

C'est le juge du lieu où sont les effets, qui est compétent pour apposer le scellé : c'est au premier juge à qui cela appartient.

Dans les juridictions où il y a des commissaires pour ces fonctions (comme Paris), c'est un commissaire qui appose le scellé.

Lorsqu'un défunt a laissé des effets en différents lieux, ce sont les différents juges des différents lieux où se trouvent ces effets, qui sont compétents pour y apposer le scellé.

C'est un privilége du châtelet de Paris, que le commissaire qui a apposé le scellé dans la maison d'un défunt domicilié à Paris, peut, par droit de suite, l'apposer dans les différents endroits du royaume où il y a des meubles dépendants de la succession.

Ce droit de suite n'a pas lieu lorsque le débiteur qui est mort à Paris n'y avoit pas son domicile; en ce cas, le commissaire au châtelet de Paris ne peut aller l'apposer dans le lieu du domicile du défunt, ni dans les autres lieux où il s'en trouveroit. *Voyez* l'arrêt du 23 janvier 1714, en faveur des officiers du bailliage d'Etampes, au 6e tome du Journal des Audiences, et les autres arrêts rapportés au Traité des Scellés.

Les nobles et les ecclésiastiques qui demeurent dans les enclos d'une justice seigneuriale en sont justiciables, suivant la déclaration du 24 février 1537; et il y a un arrêt du 28 avril 1715, qui a assuré cette jurisprudence : il n'y a donc aucun doute que les juges des seigneurs sont compétents pour apposer le scellé sur tous leurs effets dans leur juridiction; on n'en doit excepter qu'un très petit nombre de coutumes qui, comme celle de Vermandois, *art. 2*, attribuent la connoissance des causes des nobles au seul juge royal, ou qui, comme celle de Senlis, *art. 23*, donnent au prévôt la connoissance des gens d'église, et des nobles, à l'exclusion des hauts-justiciers.

Il a été jugé par plusieurs arrêts, que le juge d'une seigneurie est incompétent pour mettre le scellé sur les effets d'un seigneur décédé au lieu seigneurial, lorsque la'seigneurie et la justice, étant patrimoniales, passent aux héritiers de ce seigneur; la raison est que la seigneurie passant aux héritiers du seigneur, le juge devient officier de ses héritiers, et en conséquence incompétent pour connoître de leurs affaires, et rendre la justice, soit pour eux, soit contre eux : il ne peut donc pas mettre le scellé sur les effets de la succession qui appartiennent aux héritiers; c'est donc au juge supérieur à le mettre.

Il en est autrement lorsque la seigneurie dépend d'un bénéfice qu'avoit le défunt; comme la seigneurie ne passe pas, en ce cas, aux héritiers, le juge n'est point leur officier, et par conséquent rien n'empêche qu'il ne soit compétent pour apposer le scellé sur les effets de la succession; c'est la distinction établie dans le plaidoyer de M. de Fleury, sur lequel a été rendu l'arrêt du 23 avril 1704, que nous avons cité *suprà, partie* 1ère.

C'est un privilége des princes du sang, et des têtes couronnées qui se trouveroient en France, que le scellé, après leur mort, ne peut être mis sur leurs effets que par le parlement, qui commet, pour cet effet, deux conseillers. C'est ce qui s'est pratiqué lors du décès de Jean Casimir, roi de Pologne, mort abbé de Saint-Germain-des-Prés, à Paris, en 1672.

Il y a des juges compétents pour apposer des scellés pour raison de certaines matières. *V. G.* Les trésoriers de France et les juges du domaine mettent le scellé lorsqu'il y a ouverture au droit d'aubaine par la mort d'un étranger.

La chambre des comptes a le droit de le mettre sur les effets des comptables, en cas de mort ou de faillite; déclaration du 7 janvier 1727, *art.* 2; ce qui n'empêche pas aussi les juges des seigneurs de mettre le leur pour l'intérêt des particuliers. *Voyez différents arrêts et règlements au Traité des Scellés.*

L'ordonnance sur le fait des Aides, du mois de juin 1680, permet aussi aux officiers des élections d'apposer les scellés sur les effets des marchands et vignerons redevables des droits de gros, en cas de mort, absence, ou faillite; mais ils en sont exclus, si le scellé a déjà été apposé à la requête d'un autre créancier, et que le fermier soit seulement opposant, ou en cas de concurrence. *Tit. 8 des Contraintes pour les Gros, art. 24.*

§. V. De la forme de l'apposition des scellés; et quels effets y doivent être compris.

Le juge, ou commissaire, qui a été requis pour apposer les scellés, s'il juge à propos de faire droit sur la requête, rend son ordonnance portant qu'il se transportera à l'effet d'apposer les scellés : en conséquence, il se transporte avec son greffier, et le procureur de la partie qui le requiert, en la maison où sont les effets : le procureur du roi ne doit pas s'y trouver, si ce n'est que le scellé ait été requis par lui; le juge, étant arrivé en la maison, visite tous les cénacles, depuis la cave jusqu'au grenier; il fait mettre le scellé sur tous les coffres et armoires où il y a quelque chose de renfermé, après y avoir fait mettre toutes les choses qui se trouveroient éparses dans les différents endroits de la maison; il fait pareillement mettre le scellé sur les portes des chambres et cénacles dont il juge que l'entrée ne sera pas nécessaire jusqu'à la levée des scellés.

Il est inutile de faire aucune description des choses renfermées, soit dans les coffres, soit dans les chambres où les scellés ont été apposés; à plus forte raison ne doit-on pas faire l'estimation des effets.

A l'égard des chambres, et autres cénacles dont l'entrée est nécessaire, telles que sont les chambres où couchent les personnes qui demeurent pour la garde de la maison, les écuries, et étables où sont les chevaux et bestiaux, il ne les faut point fermer, et se contenter de faire une description sommaire des effets qui ne sont point en évidence, et qui n'ont point été renfermés; le juge ne doit pas mettre sous le scellé tout l'argent qu'il a trouvé; il en tire une certaine somme pour les besoins de ceux qui restent dans la maison, jusqu'à la levée du scellé, et renferme seulement le reste.

Il doit établir à la garde des scellés quelqu'un de la maison, ou quelque voisin; s'il ne trouvoit personne pour se charger de cette garde, il établiroit un ou plusieurs gardiens, comme on en établit dans le cas d'une saisie; il doit enfin dresser son procès-verbal d'apposition des scellés, et le faire signer à la partie à la requête de qui le scellé est mis, et par les gardiens qu'il a établis.

Si quelqu'un se prétend propriétaire d'effets qui se trouvent en la maison, et justifie pleinement et promptement de la propriété de ces effets, le juge ne les comprend pas sous le scellé, et en accorde la récréance à cette personne. *V. G.* Si une femme séparée de biens d'avec son mari, représentoit une adjudication qui lui a été faite des meubles qu'elle réclame; si un donataire représente la donation entre-vifs qui lui a été faite, avec l'état détaillé joint à la donation, conformément à l'*art.* 15 de l'ordonnance de 1731; si un tapissier représente le bail des meubles qui se trouvent occuper la maison.

Mais si celui qui réclame la récréance des meubles n'est pas en état de prouver sur-le-champ et pleinement son droit de propriété, le juge ne laisse pas de les mettre sous le scellé, sauf à cette personne à faire opposition au scellé, et à poursuivre son action, pour la récréance de ces effets contre la succession; car il y auroit beaucoup plus de danger à laisser échapper des effets du scellé, que de réduire ceux qui prétendent une propriété sur ces effets, à se pourvoir par action pour s'en faire adjuger la récréance : autrement un juge qui défèreroit trop facilement à de semblables réclamations, pourroit causer des dommages irréparables, et s'exposer à une prise à partie.

§. VI. Des oppositions aux scellés.

L'opposition aux scellés est un acte judiciaire par lequel une personne qui se prétend créancière du défunt, ou de l'absent, sur les effets duquel les scellés ont été mis, ou qui prétend quelque droit ou propriété sur quelqu'un de ces effets, s'oppose à ce que le scellé ne soit levé, ni les effets délivrés, sans qu'elle y soit appelée pour débattre ses moyens.

Cette opposition se peut former de deux manières : 1° par une signification faite par un huissier, à la requête de l'opposant, au greffe du juge, ou au domicile du commissaire qui a apposé le scellé; et cette signification doit être revêtue de la forme ordinaire des exploits.

2° Par la comparution de l'opposant par-devant le juge, ou commissaire, lorsqu'il procède à la levée des scellés ; de laquelle comparution, ainsi que de son dire et réquisition, le juge, ou commissaire, doit donner acte par son procès-verbal.

L'opposition aux scellés doit contenir une élection de domicile de l'opposant, dans le lieu où le scellé a été apposé, où il puisse être assigné. *Argument tiré de l'art. 1 de l'ordonn. de 1667 ; édit du mois d'août 1539.*

§. VII. De la levée des scellés.

Les effets mis sous le scellé demeurent sous la main de justice jusqu'à ce que le scellé soit levé ; le juge ne le doit point lever, qu'il n'ait été requis de le faire *in tempore opportuno.*

L'arrêt de règlement, du 8 juin 1695, fait défenses de lever les scellés mis sur les effets d'un défunt, plus tôt que vingt-quatre heures après l'enterrement fait publiquement, à peine de nullité (1).

Le motif de cet arrêt est expliqué dans le réquisitoire de M. de Lamoignon, avocat-général ; c'est afin de donner le temps aux créanciers qui auroient des oppositions à y faire, de pouvoir les y former.

On peut, après ce temps de vingt-quatre heures, requérir la levée du scellé, et le lever en conséquence de la réquisition, lorsque tous les héritiers sont présents, soit par eux-mêmes, soit par des procureurs fondés de leur procuration, et s'ils sont tous majeurs, ou pourvus de tuteurs, s'ils sont mineurs ; s'il y en a quelqu'un de mineur, on doit le faire pourvoir auparavant d'un tuteur, ou d'un curateur, s'il est

_____

(1) On trouve dans le Recueil chronologique de M. Jousse, *tom.* 3, *pag.* 434, un arrêt de règlement du 18 juillet 1733, qui a ordonné qu'à l'avenir les scellés ne pourront être levés, et l'inventaire commencé, soit dans la ville de Paris, soit dans les bailliages et sénéchaussées du ressort, que trois jours francs après les enterrements faits publiquement, des corps des défunts, à peine de nullité..., d'interdiction, et de 100 liv. d'amende contre les commissaires, notaires et procureurs qui y assisteront, à moins que pour des causes urgentes et nécessaires, justifiées au juge, et dont il fera mention dans son ordonnance, il n'en soit autrement ordonné.

émancipé, suivant les arrêts des 11 janvier 1666, et 23 juillet 1676, cités dans le Recueil des règlements sur les scellés.

S'il y a des héritiers absents, et sur-tout si on ne connoît pas les héritiers, on doit attendre, pour la levée des scellés, un temps convenable, à la discrétion du juge, pour que les héritiers absents puissent arriver, ou donner leur procuration.

La levée du scellé doit se faire, toutes les parties intéressées présentes, ou dûment appelées, par une assignation qui doit leur être donnée de se trouver à tel jour en la maison où se fera la levée du scellé.

Les parties intéressées sont les héritiers et les opposants : lorsqu'on ne connoît pas leur demeure, la levée du scellé se fait sans qu'ils y soient appelés; mais, en ce cas, le procureur du roi y doit être présent en leur place.

Les créanciers, et autres qui ont formé des oppositions aux scellés, sont aussi des parties intéressées, qui doivent être assignées au domicile élu par leur acte d'opposition, pour se trouver à la levée des scellés ; et comme leur opposition aux scellés leur a donné un droit de gage sur les meubles compris sous les scellés, ils peuvent en requérir la vente pour le paiement de leurs créances, après qu'ils ont été inventoriés.

S'il y a un testament découvert, et un exécuteur testamentaire, il doit être présent aux scellés, ou avoir été assigné pour s'y trouver.

Le juge, ou commissaire, pour la levée des scellés, se transporte en la maison où ils ont été apposés, avec son greffier; le procureur du roi, ou fiscal, l'y accompagne dans les cas particuliers où il doit être présent; savoir, en cas de banqueroute, absence, minorité, démence, substitution, ou lorsque le roi, l'église et les hôpitaux y ont intérêt. *Voyez* les lettres patentes du roi, du 16 juin 1661, touchant les fonctions du procureur du roi du châtelet de Paris.

Le juge, par son procès-verbal, donne acte de la comparution des parties, et défaut contre celles dûment appelées, qui ne s'y trouvent pas; après quoi il reconnoît si les scellés qui ont été mis se trouvent sains et entiers, les lève, et dresse du tout son procès-verbal ; et ensuite il se retire.

Si, avant la levée des scellés, ils se trouvoient altérés ou falsifiés, le juge en doit être averti, et dresser son procès-verbal dans la forme prescrite par le *tit.* 4 de l'ordonnance de 1670. Ce délit doit être poursuivi par la voie extraordinaire ; et par arrêt du 7 mai 1732, le parlement de Paris a infirmé une sentence du châtelet, par laquelle le lieutenant criminel avoit renvoyé à l'audience, sans décret ni interrogatoire, sur une accusation de corruption contre des domestiques pour bris de scellés.

Lorsque les scellés ont été levés, et reconnus par le juge, les parties font faire ensuite, à l'amiable, par un notaire, l'inventaire des effets qui étoient compris sous le scellé : voilà la forme de lever les scellés à Orléans.

A Paris, les commissaires au châtelet lèvent d'abord les scellés mis sur une cassette, coffre ou armoire, et jusqu'à ce que tous les effets tirés d'une cassette aient été inventoriés, ils ne lèvent point le scellé sur une autre cassette ou coffre ; cette manière de lever les scellés est bien longue, et par conséquent très coûteuse aux parties, à cause du grand nombre de vacations.

Le règlement du 15 janvier 1684 ordonne aux juges de se retirer aussitôt qu'ils auront levé leurs scellés, et leur défend d'assister à l'inventaire.

Ce règlement doit sur-tout être exécuté, lorsque les parties déclarent qu'elles se fient les unes aux autres, et qu'elles requièrent la levée de tous les scellés à la fois.

Il reste à observer que lorsque les effets qui sont sous les scellés n'excèdent pas la valeur de deux cents livres, le scellé doit être mis et levé *gratis*, suivant le même règlement.

CHAPITRE VI.

Du faux incident.

§. I. Ce que c'est, à quelle fin, et en quels cas y a-t-il lieu.

Le faux incident est l'accusation de faux ou d'altération, que l'une des parties, dans une matière civile, propose contre quelque pièce sur laquelle l'autre partie prétend établir sa demande, ou ses défenses.

Cette accusation de faux, de la part de la partie qui la propose, n'a d'autre fin que de faire rejeter la pièce du procès.

Elle peut se former en tout état de cause jusqu'au jugement définitif, et même sur l'appel.

Elle se feroit néanmoins à tard, après que, dans une cause d'audience, les gens du roi auroient donné leurs conclusions : M. Jousse rapporte un arrêt du 15 juillet 1703, qui a déclaré en ce cas une partie non recevable en une pareille demande.

Cette accusation de faux peut se faire, tant contre des pièces authentiques, que contre des écritures privées, qui sont signifiées, communiquées, ou produites dans un procès : elle est toujours nécessaire à l'égard des pièces authentiques, dont la fausseté ne peut être établie que par cette voie.

A l'égard des écritures privées, elle n'est nécessaire que lorsqu'elles ont été déclarées pour reconnues ; car, si elles ne l'ont pas été, il suffit, lorsqu'on m'opposera cette écriture privée, qu'on prétend signée de moi, que je dénie ma signature ; ou, si c'est l'écriture d'un autre que de moi, il suffit que je déclare que je ne connois pas la signature, sans qu'il soit nécessaire que je passe à l'inscription de faux.

Si les écritures ont été signifiées, ou déclarées pour reconnues, par un jugement rendu par défaut, auquel il ne soit plus temps de s'opposer, alors on ne peut plus en opposer la fausseté que par la voie d'inscription de faux.

Mais je peux user de cette voie, quand même la pièce

auroit été vérifiée avec moi, et quand même, dans une autre instance, il seroit intervenu quelque jugement avec moi sur le fondement de cette pièce, comme véritable; *ordonnance de* 1737, *tit.* 2, *art.* 1; pourvu néanmoins que, lorsqu'elle a été vérifiée, ou lorsqu'il est intervenu un jugement sur le fondement de cette pièce, elle ne fût pas dès-lors arguée de faux; car si, sur une première poursuite de faux, principal ou incident, la pièce arguée de faux a été jugée véritable, la partie n'est plus recevable à renouveler la même question. *Ibid., art.* 2, *obstat enim exceptio rei judicatæ.*

§. II. De la procédure qui précède l'inscription en faux.

La partie, pour arguer de faux quelques pièces signifiées, communiquées ou produites par la partie adverse, doit commencer par donner requête au juge par-devant qui est pendant le procès auquel cette accusation de faux est incidente, à ce qu'il lui soit permis de s'inscrire en faux contre telle et telle pièce, et à ce que la partie soit tenue de déclarer si elle entend s'en servir. *Ibid., art.* 2.

Cette requête doit être signée de la partie qui est demanderesse en faux, ou d'un procureur fondé de sa procuration spéciale, à peine de nullité. *Ibid.*

Il faut attacher à cette requête la quittance de l'amende que le demandeur en faux est obligé de consigner pour être admis à sa requête. *Ibid., art.* 17.

Cette amende est différente dans les différentes cours et juridictions; elle est de cent livres au parlement, aux requêtes de l'hôtel et du palais; elle est de soixante livres dans les bailliages, présidiaux et autres siéges ressortissants immédiatement dans les cours; et dans tous les autres siéges, elle est de vingt livres. *Ibid., art.* 4.

Le juge à qui la requête est présentée doit mettre au bas son ordonnance, qui porte permission au demandeur de s'inscrire en faux au greffe, et qu'à cet effet il sera tenu de sommer dans les trois jours le défendeur de déclarer s'il entend se servir de la pièce arguée de faux. *Ibid., art.* 8. Le juge doit aussi faire mention, dans le vu, de la quittance de consignation. *Ibid., art.* 7.

27.

En exécution de cette ordonnance, le demandeur doit, dans les trois jours de sa date, faire sommation au défendeur, au domicile de son procureur, et lui donner copie par le même acte : 1° de la requête ; 2° du pouvoir spécial de celui qui l'a signée pour lui ; 3° de la quittance de consignation ; 4° de l'ordonnance du juge. *Ibid.*, *art.* 9.

Le défendeur, ainsi sommé, doit signifier au demandeur, à domicile de procureur, sa déclaration précise, s'il entend, ou non, se servir de la pièce, laquelle déclaration doit être signée de lui, ou d'un fondé de procuration, de laquelle procuration il doit être donné copie par le même acte. *Ibid.*, *art.* 11.

Le délai qu'a le défendeur pour faire cette déclaration est de trois jours, s'il demeure sur le lieu ; de huitaine, s'il demeure dans les dix lieues ; et s'il demeure plus loin, le délai doit être augmenté de deux jours par dix lieues ; et il court du jour de la signification qui lui a été faite. *Ibid.*, *art.* 10.

Le défendeur, qui a déclaré vouloir se servir de la pièce arguée de faux, doit, dans les vingt-quatre heures de la signification de sa déclaration, déposer sa pièce au greffe ; et dans un autre semblable délai de vingt-quatre heures, il doit donner au demandeur, à domicile de procureur, copie de l'acte de mis au greffe ; *art.* 14.

§. III. Des cas auxquels le rejet de la pièce accusée de faux est ordonné, sans que le demandeur passe à l'inscription de faux.

Le demandeur en incident de faux, à qui le juge a permis de s'inscrire en faux, n'a pas besoin de s'y inscrire, et peut sans cela se pourvoir à l'audience, et y faire prononcer le rejet de la pièce, dans les cas suivants :

1° Lorsque le défendeur, sur la sommation qui lui a été faite, n'a pas signifié sa déclaration dans le délai et dans la forme qui sont ci-dessus prescrits. *Ibid.*, *art.* 12.

2° A plus forte raison, si le défendeur a déclaré qu'il n'entendoit point se servir de la pièce, *art.* 13.

3° Si, après avoir déclaré qu'il entendoit s'en servir, il ne l'a pas remise au greffe dans les vingt-quatre heures, *art.* 14.

Le demandeur a néanmoins, en ce cas, le choix de faire prononcer qu'il lui sera permis de faire remettre la pièce au greffe, et d'en avancer les frais, dont il lui sera délivré exécutoire contre le défendeur. *Ibid.*

Mais il lui est bien plus avantageux d'en faire prononcer aussitôt le rejet, sans se livrer à cette procédure dispendieuse.

Dans tous ces cas, le rejet de la pièce ne peut être ordonné que sur les conclusions du procureur du roi, ou du procureur fiscal, à peine de nullité du jugement. *Ibid.*, *art.* 18.

L'effet du jugement qui ordonne en ce cas le rejet de la pièce, est que la partie contre qui le rejet en est ordonné, ne peut plus en tirer aucune induction en faveur de son droit. Mais celle qui l'a fait rejeter en peut tirer telles inductions qu'elle jugera à propos, et former telles demandes qu'elle avisera pour ses dommages et intérêts. *Ibid.*, *art.* 12.

Elle peut aussi prendre la voie du faux principal, c'est-à-dire, donner la plainte sans retardation de l'instruction, et du jugement de la contestation, à laquelle la requête en inscription de faux a été incidente, à moins que, par les juges, il n'en soit autrement ordonné. *Ibid.*, *art.* 15.

§. IV. De l'inscription de faux.

Dans les vingt-quatre heures de la signification qui a été faite au demandeur en faux, que la pièce a été mise au greffe, ou dans les vingt-quatre heures qu'elle y a été mise, si c'est lui-même qui l'y a mise, il doit former au greffe son inscription en faux.

Cette inscription de faux est un acte par lequel celui qui accuse une pièce de faux le déclare solennellement, et s'engage par écrit de prouver son accusation.

Pour cet effet il comparoît au greffe en personne, ou par un fondé de sa procuration spéciale, et il y déclare qu'il accuse de faux telle et telle pièce, offre d'en donner les moyens dans les délais de l'ordonnance, et fait une élection de domicile.

On en dresse un acte qu'il signe, lui, ou son procureur fondé de sa procuration spéciale.

Cette procédure nous vient du droit romain, par lequel celui qui vouloit accuser quelqu'un d'un crime, présentoit au magistrat un écrit signé de lui, par lequel il déclaroit qu'il se portoit accusateur contre un tel, d'un tel crime, et s'engageoit, sous la peine du talion, de poursuivre et prouver son accusation; c'est ce qui s'appeloit *inscriptio in crimen*.

Cette procédure d'inscription *in crimen* ne s'est conservée que dans le cas du faux incident; encore est-elle différente de celle du droit romain, comme il est facile de le remarquer.

§. V. Du procès-verbal de l'état des pièces, et du rapport des minutes.

La première instruction qu'il y a à faire, en conséquence de l'inscription de faux formée au greffe, est le procès-verbal, qui doit être dressé par le juge, de l'état des pièces accusées de faux. L'ordonnance de 1737, *art.* 23, porte qu'il sera fait dans les trois jours, après la signification faite au demandeur de la remise au greffe des pièces accusées de faux, ou dans les trois jours après cette remise, si c'est le défendeur qui les y a fait mettre lui-même, dans le cas de l'*art.* 14.

Le demandeur obtient, à cet effet, sur son requis, une ordonnance du juge qui donne assignation à jours, heures et lieu certains, pour être dressé procès-verbal de la pièce prétendue fausse, laquelle ordonnance doit être signifiée au défendeur, à domicile de procureur, avec sommation d'y comparoir dans les vingt-quatre heures.

Ce procès-verbal se fait au greffe, ou autre lieu destiné pour les instructions, *même ordonn. de* 1737, *tit.* 1, *art.* 10; *tit.* 2, *art.* 25. Il se fait en présence du demandeur en incident de faux, du procureur du roi, et même du défendeur; en quoi il est différent de celui qui se fait en cas de faux principal.

Si le défendeur ne s'y trouvoit pas, le juge donneroit défaut contre lui, et passeroit outre, sur-le-champ, au procès-verbal. *Ibid., art.* 25.

Le juge doit parapher, et faire parapher les pièces, de
l'état desquelles il dresse son procès-verbal, par le demandeur, ou faire mention qu'il n'a pu parapher ; comme
aussi par le défendeur, s'il est présent, ou faire mention
qu'il n'a pu, ou n'a voulu les parapher. Le procureur du
roi doit aussi les parapher. *Ordonn. de* 1737, *tit.* 2, *art.* 25;
tit. 1, *art.* 11.

Ce procès-verbal doit faire mention des ratures, sur-
charges, interlignes, et de toutes les autres circonstances de
même genre, qui se trouvent dans les pièces accusées de
faux, et que le demandeur fait remarquer au juge. *Tit.* 1,
art. 10.

Le juge diffère quelquefois ce procès-verbal, lorsque les
pièces arguées de faux sont des pièces dont il y a minute,
et qu'il a ordonné, soit sur la réquete du demandeur, soit
d'office, le rapport des minutes : en ce cas, il peut surseoir au procès-verbal de l'état des expéditions qui en ont
été mises au greffe jusqu'à l'apport des minutes, afin de
ne faire qu'un seul et même procès-verbal de l'état des expéditions et des minutes. En conséquence, le délai de trois
jours, pour procéder au procès-verbal, ne doit courir que
du jour de la signification faite au demandeur que les minutes ont été apportées au greffe, ou du jour qu'elles y ont
été apportées, si c'est le demandeur qui les y a fait apporter. Cette surséance est néanmoins laissée à la prudence du
juge. *Ibid., art.* 24.

Lorsque le juge, soit sur la requête du demandeur, soit
d'office, a ordonné l'apport des minutes, le défendeur
doit, dans le délai qui lui est prescrit pour cela par l'ordonnance du juge, et qui court du jour de la signification qui
lui en est faite, faire les diligences nécessaires pour l'apport des pièces; faute par lui de les avoir faites, le demandeur peut se pourvoir à l'audience, pour faire prononcer
le rejet de la pièce, sans qu'il soit besoin de continuer la
poursuite du faux, si mieux il n'aime demander à être autorisé lui-même à la faire apporter, et à en avancer les
frais, dont il lui sera délivré exécutoire contre le défendeur,
comme de frais préjudiciaux, ainsi que nous l'avons vu
ci-dessus, *art.* 16 et 17.

Les dépositaires des minutes, tels que sont les notaires, greffiers et autres, sont obligés de les porter aux greffes, dans les trois jours de la signification qui leur est faite de l'ordonnance, à leur domicile, avec commandement d'y satisfaire dans les trois jours, s'ils sont demeurants sur le lieu; dans la huitaine, s'ils sont demeurants dans les dix lieues, et d'un jour de plus par dix lieues, s'ils sont plus éloignés. Le juge peut néanmoins augmenter le délai, pourvu qu'il n'excède pas deux jours par dix lieues.

Faute par eux d'y satisfaire, ils peuvent y être contraints par corps s'ils sont laïques et dépositaires publics; par saisie de leur temporel s'ils sont ecclésiastiques; et s'ils ne sont point dépositaires publics, par telle voie que le juge jugera à propos, même par corps. *Ordonn. de* 1737, *tit.* 1, *art.* 5 *et* 6; *tit.* 2, *art.* 16.

§. VI. Des moyens de faux, et du jugement qui intervient sur ces moyens.

Trois jours après que le procès-verbal de l'état des pièces aura été dressé (lequel délai ne doit courir que du jour du dernier procès-verbal, lorsqu'il en a été fait deux séparés des expéditions et des minutes), le demandeur doit mettre au greffe ses moyens de faux; faute de quoi, le défendeur peut se pourvoir à l'audience, pour le faire déchoir de son inscription en faux. *Tit.* 2, *art.* 27.

On peut apporter quantité d'exemples de moyens de faux : *V. G.*, si le demandeur soutient que la signature qui est au bas de l'acte n'est pas la sienne; ou si, en convenant de sa signature, il soutient qu'on a inséré quelques lignes, qu'on a altéré des mots, qu'on a surchargé l'écriture.

Ces moyens ne doivent point être communiqués au défendeur. *Ibid.*, *art.* 28.

Après qu'ils ont été mis au greffe, le greffier les remet au procureur du roi, ou fiscal, sur les conclusions duquel il intervient un jugement qui les admet, ou rejette en tout ou en partie, ordonne qu'il en sera informé, tant par titres que par témoins, comme aussi par experts et comparaison d'écritures, selon que le cas le requiert. *Ibid.*, *art.* 29 *et* 30.

Il est défendu, à peine de nullité, d'ordonner que les experts feront leur rapport sur les pièces accusées de faux, ni qu'il sera procédé à leur vérification. *Même art.* 30.

Lorsque le jugement qui admet les moyens de faux ordonne qu'il en sera informé par experts, le juge doit nommer d'office, par le même jugement, les experts; *tit.* 1, *art.* 18; sauf à l'accusé à fournir contre eux ses reproches, en la même forme que contre les autres témoins, lors de la confrontation, et non autrement. *Même tit., art.* 9.

§. VII. De l'instruction qui se fait en exécution du jugement qui permet d'informer du faux.

En exécution du jugement qui permet d'informer du faux, on fait entendre tous les témoins qui peuvent avoir connoissance de la fabrication, altération, et en général de toute la fausseté des pièces accusées de faux, ou des faits qui peuvent servir à en établir la preuve.

On peut même, pour cet effet, en tout état de cause, obtenir et faire publier monitoires. *Tit.* 2, *art.* 40.

Le juge doit représenter aux témoins, lors de leurs dépositions, les pièces prétendues fausses, et les autres pièces servant à conviction, et les leur faire parapher, ou faire mention qu'ils n'ont pu, ou n'ont voulu les parapher. *Tit.* 2, *art.* 41; *tit.* 1, *art.* 25, 26 et 27.

Si cette représentation n'avoit pas été faite lors de la déposition, elle pourroit se suppléer lors du récolement et de la confrontation. *Tit.* 1, *art.* 28; *tit.* 2, *art.* 41.

A l'égard des pièces de comparaison, il n'est nécessaire de les représenter qu'aux experts, qui sont entendus comme témoins. *Tit.* 1, *art.* 26.

Si les témoins, lors de leurs dépositions, récolement et confrontation, représentent quelques pièces, elles doivent être jointes au procès, après avoir été paraphées par le juge et les témoins, ou mention faite qu'ils ne l'ont pu, ou voulu; ou si ces pièces tendent à conviction, elles seront dorénavant représentées aux autres témoins, suivant ce qui a été dit ci-dessus, *tit.* 2, *art.* 4; *tit.* 1, *art.* 40.

Lorsque le jugement ordonne qu'il sera informé du faux

par comparaison d'écritures et signatures, c'est le demandeur qui les doit fournir. On ne doit recevoir celles qui
seroient représentées par le défendeur, si ce n'est du consentement du demandeur, et du procureur du roi, ou
fiscal, à peine de nullité ; sauf, après l'instruction achevée, à ordonner, s'il y échet, sur la requête de l'accusé,
et le vu du procès, que le défendeur sera reçu à fournir de
nouvelles pièces de comparaison. *Tit.* 2, *art.* 33 ; *tit.* 1,
art. 46. Les pièces qui peuvent être admises pour comparaison, sont les authentiques, telles que sont :

1° Les signatures apposées aux actes devant notaires,
ou autres personnes publiques, tant séculières qu'ecclésiastiques, dans le cas où elles ont droit de recevoir
des actes ;

2° Celles étant aux actes judiciaires, faits en présence
du juge et du greffier;

3° Les pièces écrites et signées par celui dont il s'agit
de comparer l'écriture, comme faisant fonction de juge,
greffier, notaire, procureur, sergent, ou quelque autre
fonction publique. *Tit.* 2, *art.* 23 ; *tit.* 1, *art.* 13.

On peut aussi admettre pour pièces de comparaison les
écritures et signatures privées que l'accusé auroit reconnues lui-même ; mais il ne suffiroit pas qu'elles eussent été
vérifiées avec lui sur sa dénégation. *Tit.* 2, *art.* 33 ;
tit. 1, *art.* 14.

Lorsque l'accusation de faux ne tombe que sur un endroit de la pièce, il est laissé à la prudence du juge d'ordonner que le surplus de la pièce servira de comparaison.
Tit. 1, *art.* 15.

Tout ce qui a été dit au paragraphe V, touchant la manière de faire apporter les minutes des pièces arguées de
faux par ceux qui les ont, a lieu aussi à l'égard de ceux qui
sont dépositaires des pièces qui doivent servir de pièces de
comparaison. *Tit.* 2, *art.* 33 ; *tit.* 1, *art.* 16.

Les pièces qui doivent servir de pièces de comparaison,
doivent demeurer au greffe pour l'instruction, quand même
les dépositaires offriroient de les représenter toutes fois et
quantes il seroit nécessaire. Cette règle néanmoins souffre
exception à l'égard des registres de baptême, à cause du

besoin continuel qu'en ont les curés pour le service du public. *Tit.* 1, *art.* 16.

Le juge, sur le simple réquisitoire verbal du demandeur, dresse au greffe, ou autre lieu destiné pour les instructions, procès-verbal des pièces de comparaison, en présence du demandeur et du procureur du roi, ou fiscal, et même du défendeur, lequel, à cet effet, doit être toujours auparavant sommé au domicile de son procureur, de s'y trouver ; et s'il ne s'y trouve pas, le juge donne défaut contre lui par son procès-verbal, et passe outre. *Tit.* 2, *art.* 34 ; *tit.* 1, *art.* 17.

Lors de ce procès-verbal, les pièces de comparaison doivent être représentées au défendeur, s'il y comparoît, pour en convenir ou les contester, sans que, pour raison de ce, il lui soit donné délai ni conseil. *Tit.* 2, *art.* 35. S'il les conteste, ou s'il refuse d'en convenir, le juge en fait mention en son procès-verbal, et, sur les conclusions du procureur du roi, ou fiscal, statue sur l'admission ou rejet de ces pièces, à moins qu'il ne juge à propos d'en référer au siége. *Tit.* 2, *art.* 36 ; *tit.* 1, *art.* 19.

S'il admet les pièces de comparaison, il doit les faire parapher par le demandeur, le procureur du roi, ou fiscal, et même par le défendeur, s'il est comparu, ou faire mention qu'il n'a pu, ou n'a voulu le faire. *Tit.* 2, *art.* 34.

Si les pièces de comparaison sont rejetées, le juge ordonne que le demandeur, dans un certain délai qu'il lui prescrit, en rapportera d'autres ; et, faute par lui de le faire, le juge peut, si bon lui semble, ordonner que, sans s'arrêter à l'inscription de faux, il sera passé outre au jugement de la contestation principale. *Ibid.*, *art.* 37.

Observez que le demandeur, ainsi que le défendeur, peuvent comparoir à ce procès-verbal, et aux autres dont nous avons traité au paragraphe précédent, par procureurs fondés de leurs procurations spéciales devant notaires, qui doivent être paraphées par le juge et les porteurs de procuration, et annexées à la minute de l'acte pour lequel elles sont données ; et si elles sont données pour plusieurs procès-verbaux, à la minute du premier qui se passera. *Tit.* 2, *art.* 38 ; *tit.* 1, *art.* 57 et 58.

Les experts qui sont nommés pour la comparaison des écritures, doivent être entendus séparément par forme de déposition, lors de laquelle le juge doit les entendre, et leur remettre, 1° la requête à fin de permission de s'inscrire en faux; 2° l'ordonnance sur cette requête; 3° l'acte d'inscription de faux; 4° les pièces arguées de faux; 5° le procès-verbal de l'état de ces pièces; 6° les moyens de faux; 7° le jugement qui les a admis, et qui ordonne l'information; 8° les pièces de comparaison; 9° le procès-verbal de présentation d'icelles; 10° le jugement qui les a admises, pour, par chacun desdits experts, examiner le tout sans déplacer, et ensuite faire sa déposition, dans laquelle sera fait mention de tout ce que dessus, sans qu'il en soit dressé aucun procès-verbal. *Tit.* 1, *art.* 39; *tit.* 2, *art.* 22 et 23.

Observez aussi que les experts, lors de leurs dépositions, doivent parapher les pièces accusées de faux. *Tit.* 1, *art.* 23.

En cas de contrariété dans la déposition des experts, ou de doute sur la manière dont ils se sont expliqués, le juge peut, sur le réquisitoire du procureur du roi, ou fiscal, même d'office, nommer de nouveaux experts, même ordonner qu'il sera fourni de nouvelles pièces de comparaison. *Tit.* 1, *art.* 36.

Il peut ordonner cela, soit avant, soit après avoir décrété, pourvu que ce soit avant le règlement à l'extraordinaire; car, après ce règlement, cela ne peut plus être ordonné qu'en jugeant. *Ibid.*

§. VIII. Des décrets, et des interrogatoires.

Après l'information faite, le juge, suivant le mérite de l'information, peut, sur les conclusions du procureur du roi, ou fiscal, ordonner contre le défendeur, ou contre d'autres, tels décrets qu'il jugera à propos, ou de soit ouï, ou d'ajournement personnel, ou de prise de corps; ou, s'il ne juge pas qu'il y ait lieu au décret, il peut ordonner que l'information sera jointe au procès, ou statuer telle autre chose qu'il jugera à propos. *Tit.* 2, *art.* 42; *tit.* 1, *art.* 30.

Il peut même, sans information, décréter, s'il y a d'ailleurs des charges suffisantes. *Même art.* 30.

Lorsque le juge a décrété, il doit représenter aux accusés, lors de l'interrogatoire, les pièces accusées de faux, et les autres pièces qui sont déposées au greffe, et peuvent servir de conviction, les leur faire parapher, ou faire mention qu'ils n'ont pu, ou voulu le faire. *Tit. 2, art.* 43; *tit.* 1, *art.* 31. Si cela a été omis, le juge doit réparer cette omission par un nouvel interrogatoire, à peine de nullité du jugement qui interviendroit sans avoir réparé cette omission. *Même art.* 31.

A l'égard des pièces de comparaison, elles ne doivent pas être représentées aux accusés, lors de l'interrogatoire, mais seulement à la confrontation. *Tit.* 1, *art.* 32.

Si l'accusé représente lui-même quelques pièces, lors de ses interrogatoires, elles doivent y demeurer jointes, après avoir été préalablement paraphées par le juge et par l'accusé; sinon, il doit être fait mention que l'accusé n'a pu ou voulu le faire. *Tit.* 1, *art.* 41; *tit.* 2, *art.* 43.

§. IX. De la procédure qui se fait, lorsque le juge ordonne que l'accusé écrira un corps d'écriture.

En tout état de cause, soit avant, soit après le règlement à l'extraordinaire, les juges peuvent, ou sur la requête du demandeur, ou sur celle du procureur du roi, ou fiscal, même d'office, ordonner que l'accusé sera tenu de faire un corps d'écriture, tel qu'il lui sera dicté par les experts. *Tit.* 2, *art.* 44; *tit.* 1, *art.* 33.

En exécution de ce jugement, le juge fait procéder à ce corps d'écriture au greffe, ou autre lieu destiné pour les instructions, en présence du procureur du roi, ou fiscal, et du demandeur; et après que l'accusé l'a achevé, le juge le paraphe, et le fait parapher par toutes les parties, ou fait mention qu'elles n'ont pu, ni voulu parapher. *Tit.* 1, *art.* 34.

A la fin du procès-verbal, sans qu'il soit besoin d'autre jugement, le juge ordonne, s'il y échet, que le corps d'écriture sera reçu pour pièce de comparaison, et que les experts seront entendus, par forme de déposition, sur ce qui peut résulter du corps d'écriture comparé avec les pièces accusées de faux, quand même ces experts auroient déja déposé sur d'autres pièces de comparaison. *Tit.* 1, *art.* 35.

Le juge peut aussi, s'il y échet, nommer d'autres experts. ou en ajouter d'autres aux premiers : mais il ne le peut faire que par délibération du conseil, et après en avoir référé aux autres juges. *Ibid.*

§. X. Du règlement à l'extraordinaire, et des récolements et confrontations qui se font en exécution de ce règlement.

Si les faits de faux paroissent assez graves pour qu'il y ait lieu de passer au règlement à l'extraordinaire, ce règlement est rendu par le siége, sur les conclusions du procureur du roi, ou fiscal. En conséquence, on procède, comme dans tous les autres procès criminels, au récolement des témoins, et à leur confrontation avec l'accusé.

Si le témoin, lors de son récolement, ou de la confrontation, représente quelques pièces qui puissent servir, elles doivent être jointes au récolement ou à la confrontation, après que le juge les aura paraphées, et fait parapher par le témoin, ou fait mention qu'il n'a pu, ou voulu le faire; et pareillement si l'accusé en représente quelqu'une, lors de la confrontation, elle y doit être jointe, après que le juge l'aura pareillement paraphée, et fait parapher par l'accusé et le témoin, ou fait mention qu'ils n'ont pu, ni voulu le faire.

On doit représenter aux témoins, lors de leur récolement, et tant aux témoins qu'à l'accusé, lors de la confrontation, les pièces accusées de faux, et toutes celles qui servent à conviction, dont les témoins peuvent avoir connoissance, soit que ces pièces aient déja été représentées lors de leurs dépositions, soit qu'elles n'aient été au procès que depuis, même celles qui auroient été représentées par l'accusé, lors de ses interrogatoires, ou confrontations, et jointes aux interrogatoires, ou confrontations, ou par d'autres témoins, lors de leurs dépositions, récolement et confrontation, toutes lesquelles pièces le juge doit faire parapher par le témoin, s'il ne les a pas déja paraphées; ou il doit faire mention qu'il n'a pu, ou voulu le faire ; et pareillement par l'accusé, lors de la confrontation, ou faire mention qu'il n'a pu ou voulu le faire.

Le défaut de représentation, lors de la déposition, ou récolement, n'emporte pas nullité de la déposition, ou récolement des témoins autres que des experts, ce défaut pouvant se suppléer par la représentation qui se peut faire lors de la confrontation. Si le défaut n'a pas été réparé lors de la confrontation, il n'y a que la confrontation de nulle, et il suffit d'en faire une autre.

Lorsque les accusés sont récolés dans leurs interrogatoires, et confrontés les uns aux autres, on leur représente les pièces qui leur ont déja été représentées, ou qu'ils ont eux-mêmes rapportées lors de leurs interrogatoires, et on observe tout ce qui est marqué ci-dessus.

A l'égard des experts, on doit, à peine de nullité, leur représenter, lors de leur récolement, les pièces accusées de faux et les pièces de comparaison, et tant à eux qu'aux accusés, lors de la confrontation.

Cette confrontation a cela de particulier, qu'il n'est point nécessaire d'interpeller les experts, si c'est de l'accusé présent dont ils ont entendu parler. Tout ceci résulte des *art. 37, 38, 39, 40, 41, 42, 43, 44 et 45 du tit. 1, et de l'art. 45 du tit. 2 de l'ordonnance de 1737.*

§. XI. De la requête de l'accusé, pour faire nommer de nouveaux experts, ou pour fournir nouvelles pièces de comparaison.

Comme cette requête tend à la justification de l'accusé, et que c'est une règle, en matière criminelle, qu'on ne fait droit sur les requêtes tendantes à faits justificatifs, qu'après l'instruction faite, et lors de la visite du procès pour le jugement définitif, l'ordonnance, *tit. 1, art. 46, et t. 2, art. 46,* veut aussi qu'il ne soit statué sur cette requête qu'en ce temps, et sur le vu du procès.

Lorsque, sur la requête de l'accusé, il a été rendu un jugement, portant qu'il pourra fournir nouvelles pièces de comparaison, ce jugement doit lui être prononcé dans les vingt-quatre heures au plus tard, lors de laquelle prononciation, le juge doit l'interpeller de déclarer les pièces de comparaison qu'il entend fournir; ce qu'il est tenu de faire sur-le-champ, sinon que le juge jugeât à propos de lui accorder un délai qui ne pourra être prorogé; et il ne peut en fournir d'autres que celles par lui indiquées, sauf à les contester par la partie civile ou publique. *Tit.* 1 , *art.* 47.

On suit, à l'égard de la qualité que doivent avoir ces pièces de comparaison, les mêmes règles qu'à l'égard de celles qui sont fournies par le demandeur, suivant que nous l'avons expliqué au paragraphe troisième, sauf qu'on n'admet point les écritures privées de l'accusé qui les fournit, quand même elles auroient été reconnues, à moins que le demandeur et la partie publique n'y veuillent bien consentir. *Tit.* 1, *art.* 48 *et* 49.

L'apport et la remise au greffe des pièces indiquées par l'accusé pour pièces de comparaison, se fait à la diligence de la partie publique. *Même art.* 49.

Le procès-verbal de présentation des pièces de comparaison se fait aussi à la requête de la partie publique, en présence de l'accusé, ou par défaut contre lui, après qu'il a été dûment appelé à domicile de procureur, lorsqu'il n'est pas prisonnier.

On observe au surplus toutes les formalités expliquées ci-dessus, paragraphe septième, touchant le procès-verbal de présentation, le rejet ou l'admission des pièces. *Ibid.*, *art.* 50.

Le procureur du roi, ou fiscal, ou le demandeur, peuvent aussi, à l'occasion de nouvelles pièces de comparaison indiquées par l'accusé, être admis à en produire aussi de leur part; lesquelles pièces doivent être présentées, admises ou rejetées en la manière ci-dessus expliquée. *Ibid.*, *art.* 53.

Lorsque les pièces indiquées par l'accusé ont été admises, on ordonne une nouvelle information sur ce qui a pu résulter de leur comparaison avec les pièces accusées de faux, laquelle se fait à la requête de la partie publique; et si la partie publique et le demandeur ont aussi fourni de leur côté des pièces de comparaison, le juge peut ordonner qu'il ne sera fait qu'une seule et même information, tant sur celles produites par l'accusé, que sur celles produites par l'autre partie. *Ibid.*, *art.* 51 *et* 53.

Cette information se fait par les mêmes experts qui ont déjà été entendus, s'il n'en a été autrement ordonné; et, lors de la déposition de chacun d'eux, sur la comparaison des nouvelles pièces, on remet à l'expert, tant les anciennes que les nouvelles pièces, les procès-verbaux de présentation, ordonnances ou jugements de réception. *Même art.* 51.

Quelquefois, lorsque l'accusé le demande, le juge ordonne que cette nouvelle information se fera par de nouveaux experts : ils doivent toujours être nommés d'office par le juge. *Ibid., art.* 55.

Les juges peuvent, sur cette nouvelle information, la joindre au procès, et statuer tout ce que leur prudence leur suggère. *Ibid., art.* 56.

§. XII. **Des cas auxquels le demandeur en incident de faux doit être condamné en l'amende; et des cas auxquels on doit lui accorder la restitut.on de celle qu'il a consignée.**

Le demandeur en incident de faux encourt l'amende réglée par l'*art.* 49 *du tit.* 1; 1° lorsqu'après avoir formé son inscription au greffe, il s'en désiste volontairement.

2° Lorsqu'il a été déclaré déchu, faute d'avoir, dans les délais prescrits, donné ses moyens de faux, et suivi la procédure, quand même il offriroit de poursuivre le faux, comme faux principal, faute d'avoir fourni des preuves suffisantes.

3° Lorsqu'il a succombé par le jugement rendu définitivement sur l'incident de faux, quand même le jugement seroit conçu par un simple *hors de Cour*, et quand même le jugement ne contiendroit pas expressément la condamnation de l'amende. *Tit.* 2, *art.* 50.

Au contraire, il y a lieu à la restitution de l'amende, 1° lorsque le demandeur en requête d'inscription de faux n'a point formé au greffe son inscription, sa requête ayant été rejetée auparavant.

2° Lorsqu'après l'inscription de faux, et la poursuite de faux, il a obtenu au moins en partie, et que l'une des pièces par lui accusée de faux a été déclarée fausse, en tout ou en partie, ou du moins lorsqu'elle a été rejetée du procès. *Ibid., art.* 5.

Les jugements pour la condamnation, ou la restitution de l'amende, ne peuvent être rendus que sur les conclusions du procureur du roi ou fiscal. *Ibid.*, *art.* 52.

§. XIII. De l'exécution du jugement qui ordonne la radiation ou réformation d'une pièce.

Lorsque, sur l'inscription de faux, il a été rendu définitivement un jugement par lequel la lacération, radiation en tout ou partie, même la réformation ou rétablissement de quelque pièce a été ordonné, il doit être sursis à l'exécution, jusqu'à ce qu'il y ait été statué par la cour sur le vu du procès, qui y doit être à cet effet envoyé, et sur les conclusions du procureur général. *Tit.* 2, *art.* 47, *t.* 1, *art.* 59.

Cela a lieu, quand même l'accusé auroit acquiescé à la sentence dans le cas où il peut le faire; mais cela n'empêchera point l'exécution du surplus de la sentence, ni l'élargissement de l'accusé, lorsqu'il n'y a point d'appel. *Art.* 59 et 60.

Lorsque le jugement a été rendu par contumace contre quelqu'un des accusés, soit par un premier juge, soit par la cour, il doit être sursis à l'exécution de ce qui a été ordonné touchant la pièce, tant que les contumaces ne se seront point représentés, quand même les cinq ans seroient expirés, si ce n'est que, par la suite, il en soit autrement ordonné par les cours sur les conclusions du procureur général. *Art.* 61 et 62.

§. XIV. De la remise et renvoi des pièces déposées au greffe sur l'inscription de faux.

Lorsqu'il n'y a point eu de règlement à l'extraordinaire, les juges doivent statuer sur la remise ou renvoi des pièces déposées au greffe, tant de celles inscrites de faux que des autres.

Ce jugement ne peut néanmoins être rendu que sur les conclusions du procureur du roi ou fiscal, et ne peut être exécuté nonobstant l'appel. *Tit.* 2, *art.* 48.

Après le règlement à l'extraordinaire, ce n'est que par le jugement définitif, rendu sur l'accusation ou inscription de faux, qu'il doit être statué sur la restitution des pièces, tant de celles accusées de faux, lorsqu'elles n'ont pas été déclarées telles, que de celles dont le dépôt a été ordonné pour servir à l'instruction du procès. *Tit.* 2, *art.* 47; *tit.* 1, *art.* 65 et 66.

Elles ne peuvent même en être retirées après le jugement, lorsqu'il y a appel, jusqu'à l'arrêt qui sera rendu sur l'appel ; et même, dans le cas où il n'y a pas d'appel, et où l'appel n'est pas nécessaire, elles doivent rester au greffe six mois après le jugement, par lequel la remise en est ordonnée ; et il doit être donné avis au procureur général du jugement, et de tous ceux qui sont rendus en matière de faux, soit contradictoirement, soit par contumace. *Tit.* 1, *art.* 65 ; *tit.* 2, *art.* 47.

On ne peut exécuter aucunes transactions sur le faux incident, de même que sur le faux principal, qu'elles n'aient été homologuées en justice sur les conclusions du ministère public, à peine de nullité. *Tit.* 2, *art.* 52.

FIN DU TRAITÉ DE LA PROCÉDURE CIVILE.

TRAITÉ

DE

LA PROCÉDURE CRIMINELLE.

ARTICLE PRÉLIMINAIRE.

La *procédure criminelle* est la forme dans laquelle on poursuit la réparation, tant publique que particulière, des crimes, contre ceux qui les ont commis.

Un crime est une action injuste, qui tend à troubler l'ordre et la tranquillité publique.

Il faut examiner, 1° par qui, aux dépens de qui, contre qui, et devant quel juge s'intentent et se poursuivent les accusations des crimes ; 2° quelle est la forme d'intenter ces accusations, et des procédures qui précèdent le décret que le juge rend contre les accusés. 3° Il convient de traiter des différents décrets que ce juge rend contre les accusés, de leur exécution et de la procédure contre les contumaces. 4° De l'instruction qui suit le décret jusqu'au jugement définitif ; des différentes requêtes des parties, et des conclusions définitives du procureur du roi. 5° Des jugements définitifs, de l'appel et de leur exécution. 6° Des procédures particulières à certains juges, à certains accusés, et à certains crimes. 7° De l'extinction, de l'abolition et pardon des crimes, et purgation de la mémoire des défunts.

SECTION PREMIÈRE.

Par qui, aux dépens de qui, contre qui, et devant quel juge
s'intentent et se poursuivent les accusations des crimes?

ARTICLE PREMIER.

Par qui, aux dépens de qui, et contre qui s'intentent et se poursuivent
les accusations?

§. I. Par qui doivent s'intenter les accusations de crimes?

CHEZ les Romains, chaque citoyen avoit droit d'intenter
l'accusation des crimes contre ceux qui les avoient commis. *L. popularis* 4. *de popularib. actionib. L. qui accusare*
8. ff. *de accusat.* §. *instit. de publicis judiciis.*

Dans notre droit, ce soin est réservé à certains officiers,
qu'on appelle *partie publique* : ce sont les *procureurs généraux* dans les cours, leurs *substituts* dans les juridictions
royales inférieures, et les *procureurs fiscaux* dans les justices des seigneurs. Il y a des crimes qui, en même temps
qu'ils blessent l'ordre et la tranquillité publique, offensent
encore quelque particulier dans sa vie, son honneur ou ses
biens: tels sont l'homicide, le vol, le viol, etc. L'accusation de ces crimes peut être intentée, non-seulement par
la partie offensée, mais encore par le mari pour la personne de sa femme, en cas d'homicide ou d'excès commis
sur elle; le père pour ses enfants, ou leur mère, si le père
est mort; la veuve de l'homme homicidé, et les enfants,
quand même ils auroient renoncé à la succession, peuvent
intenter l'accusation : à défaut d'enfants, les pères et mères,
quand même ils ne seroient point héritiers, le peuvent
aussi; à défaut d'enfants et d'ascendants, les collatéraux
sont aussi reçus à l'intenter. Une femme même, sous puissance de mari, peut accuser sans être autorisée de son mari,
hoc tuendi honoris causâ. Notre coutume d'Orléans en a une
disposition précise pour le fait d'injure, *art.* 200; mais les
mineurs ne peuvent rendre plainte sans l'assistance de leurs

tuteurs ou curateurs. *L.* 8. ff. *de accusat. L.* 2. §. *unic. cod. eod.*

Ces personnes, aussi bien que la partie offensée en sa propre personne, en intentant l'accusation contre le coupable du crime, ne peuvent demander qu'une réparation civile, qui consiste en une somme de deniers, qui est arbitrée par le juge pour réparation du tort que le crime leur a causé; c'est pourquoi ces accusateurs sont appelés *partie civile.*

L'officier chargé du ministère public intente de son côté l'accusation pour la poursuite de la vengeance publique et de la peine publique. Cette accusation précède quelquefois celle de la partie civile, auquel cas la partie civile intervient, lorsqu'elle le juge à propos. Si la partie civile a prévenu la partie publique sur la communication qui lui est donnée, par l'ordonnance du juge, de la plainte rendue par la partie civile, alors la partie publique intervient, et se rend conjointement accusateur: bien souvent la partie offensée laisse agir la partie publique, et ne forme point de plainte, pour ne pas supporter les frais de l'accusation.

§. II. Aux dépens de qui se poursuivent les accusations?

Lorsqu'il y a une partie civile, la poursuite de l'accusation se fait aux dépens de cette partie; et si elle obtient condamnation, l'accusé est condamné envers elle en ses dépens.

Lorsqu'il n'y a point de partie civile, et que l'accusation est poursuivie par la seule partie publique, elle se fait aux dépens du roi, ou autre seigneur à qui appartient la justice où l'accusation a été intentée; *Ordonn. de* 1670, *tit.* 1, *art.* 1, *in fine*; et, en cas de condamnation, l'accusé n'est point condamné aux dépens envers le roi, ou le seigneur; *Arrêt du* 12 *juillet* 1702, *rapporté par Bruneau, Mat. crim. part.* 2, *tit.* 30, *Max.* 7; mais le juge le doit condamner en une amende qui dédommage le roi, ou le seigneur, des dépens du procès.

§. III. Contre qui s'intentent les accusations de crimes?

L'accusation ne peut être valablement intentée que contre les personnes même qui ont commis le crime, ou qui y ont participé; car les crimes s'éteignent par la mort du coupable avant sa condamnation. *L. 3. ff. de publicis judiciis. L. ult. ff. ad Leg. Jul. Majest. L. 1. §. ult. ff. de requirendis reis*, et *L. 2. cod. si reus vel accusat.*

Il y a cependant certains crimes, dont l'accusation peut être intentée après la mort du coupable contre sa mémoire. Ces crimes sont: 1°. Celui de relaps ou d'hérésie. 2° Celui de lèse-majesté au premier chef, tel qu'est celui de ceux qui ont attenté à la vie du roi, ou qui ont pris les armes, ou conjuré contre l'état. *L. ult. ff. ad Leg. Jul. Majest.* Ainsi jugé par arrêt du 15 mai 1604, contre Nicolas l'Hôte, natif d'Orléans, commis de M. de Villeroi, qui avoit trahi Henri IV, en donnant avis au roi d'Espagne des délibérations prises au conseil du roi. 3° La rébellion à justice avec force ouverte, dans la rencontre de laquelle l'accusé a été tué. 4° Le duel. 5° Le suicide.

Au reste, il n'importe de quelle condition est la personne qui a commis le crime, contre qui l'accusation est intentée; car on peut intenter l'accusation contre les étrangers trouvés en France, pour crimes qu'ils y ont commis, et contre les regnicoles. *Voyez les arrêts rapportés par Lacombe, Mat. criminel. part. 2, chap. 1, n° 34.* On peut l'intenter même contre ceux qui sont morts civilement, contre ceux qui sont sous la puissance d'autrui, contre les mineurs et même les impubères qui, approchant de l'âge de puberté, sont capables de malice.

Il est évident qu'on ne peut intenter d'accusation contre des enfants, ni contre des insensés; car n'ayant pas l'usage de la raison, ils ne sont pas capables de la malice qui fait le caractère du crime.

ARTICLE II.

Devant quel juge l'accusation doit-elle s'intenter?

§. I. Règle générale.

De droit commun, la connoissance des crimes appartient au juge du lieu où ils ont été commis. *Ordonn. de 1670, tit. 1, art. 1.*

La raison est que chaque juge ayant autorité dans son

territoire pour maintenir l'ordre et la tranquillité publique, c'est une conséquence qu'il a droit de punir tous ceux qui l'y troublent, soit qu'ils soient domiciliés, soit qu'ils ne le soient pas. On peut ajouter pour raison accessoire, que l'instruction du procès se fait plus facilement, plus promptement, et à moins de frais, dans le lieu où le crime a été commis.

Lorsque le crime a été comploté dans un lieu, exécuté et consommé dans un autre lieu, c'est le lieu où il a été exécuté et consommé qui est le lieu du délit; car c'est l'exécution qui fait proprement le délit : ce qui trouble l'ordre et la tranquillité publique, doit être quelque chose d'extérieur; ce complot n'est point le délit, il n'est qu'une circonstance.

Si une personne étant, par exemple, sur les limites de la justice d'Ingré, tire un coup de fusil sur un homme qui est dans la justice de Saint-Mesmin, qui en est voisine, et le tue, il y a plus de difficulté de savoir quel est le lieu du délit. La décharge du coup de fusil qui s'est faite dans le territoire d'Ingré, et qui a causé l'homicide, est une action extérieure en laquelle le délit peut paroître consister; il est vrai que cette action n'a eu son effet que dans la justice de Saint-Mesmin, où l'homme a été atteint de ce coup : mais, dira-t-on, le délit consiste plutôt dans l'action que dans l'effet qu'elle a eu, puisque, quand même l'action n'auroit pas eu son effet, il suffiroit que le coup eût été tiré dans le dessein de tuer l'homme, pour que ce fût un délit punissable par les lois; d'où il semble suivre que le lieu du délit est celui d'où le coup a été déchargé. Nonobstant ces raisons, je pense que le lieu du délit est celui, non d'où le coup a été déchargé, mais le lieu où étoit l'homme sur lequel on a tiré, soit qu'il ait été atteint du coup, ou non; car un délit étant une action qui tend à troubler l'ordre et la tranquillité publique, c'est ce lieu où la tranquillité publique est troublée qui est le lieu du délit; or, ce n'est plus dans le lieu d'où l'on a tiré le coup de fusil, mais dans le lieu sur lequel on a tiré, qu'est troublée la tranquillité publique, et par conséquent c'est dans ce lieu où, à proprement parler, le délit a été commis; c'est donc au juge de ce lieu à qui il appartient le mainte-

nir l'ordre et la tranquillité publique dans son territoire,
et de venger tout ce qui tend à l'y troubler, par conséquent
à connoître de ce crime, plutôt qu'au juge du lieu d'où le
coup a été tiré. M. Jousse est d'un sentiment contraire; il
prétend que le crime, dans cette espèce, est censé commis
dans l'un et l'autre lieu, et que c'est le plus diligent de l'un ou
de l'autre juge qui en doit connoître par prévention : c'est
aussi l'opinion de le Prêtre, *cent.* 4, *chap.* 52; mais je ne
suis pas de leur avis.

Il y a de certains crimes qui consistent dans une continuation d'action, qui se continue par différents lieux; tel
est le crime de rapt d'une personne que le ravisseur a enlevée de l'endroit d'où il l'a ravie pour la conduire dans un
autre endroit éloigné. On demande quel est l'endroit du
délit. Il paroit, par le procès-verbal de l'ordonnance, que
M. Pussort pensoit que tous les lieux par où passoit le ravisseur étoient également lieux du délit; mais il est plus
véritable que le lieu du délit, en ce cas, est celui d'où la
personne a été enlevée.

Dans ces sortes de crimes, le lieu du délit est celui où
s'est commis ce qu'il y a de principal dans le délit, et non
pas ce qui n'en est que la continuation et la suite; or, ce
qu'il y a de principal dans le rapt, est l'enlèvement de la
personne du lieu où elle étoit, le reste n'en est que la suite;
c'est donc le lieu où s'est fait l'enlèvement qui est le seul
lieu du délit; car, comme dans le vol, quoique le vol continue par tous les lieux par où le voleur passe, néanmoins
personne ne disconviendra que le lieu du délit est celui
où la chose a été prise.

Si le ravisseur avoit violé sur un autre territoire la personne ravie, il y auroit deux crimes, le rapt et le viol;
celui des deux juges qui préviendroit, paroîtroit devoir avoir
la préférence.

Lorsque nous disons que la connoissance du crime appartient au juge *du lieu* où il a été commis, nous entendons
parler du juge ordinaire de la première instance. *V. G.* Si
c'est dans une prevôté royale, c'est le juge-prevôt qui doit
connoître préférablement au bailli royal.

Lorsqu'il a été commis dans le territoire d'une justice

de seigneur, c'est le juge de cette justice, préférablement au bailli royal du ressort, qui en doit avoir la connoissance, comme étant le juge naturel et ordinaire du lieu.

Cette règle reçoit plusieurs exceptions et limitations; savoir :

1° A l'égard de certains crimes dont la connoissance est attribuée à certains juges.

2° A l'égard de quelque qualité de la personne des accusés.

3° A l'égard de la prévention qu'ont certains juges sur les juges ordinaires, soit pour tous les crimes, soit pour certains crimes.

§. II. Première exception de la règle générale, à l'égard des cas royaux.

Il y a certains crimes dont la connoissance est attribuée par les ordonnances aux baillis et sénéchaux royaux, privativement aux juges de seigneurs et prevôts royaux, dans le territoire desquels ils sont commis, et que pour cet effet on appelle *cas royaux*. Les juges de seigneurs et prevôts royaux peuvent néanmoins informer de ces crimes, rendre des décrets contre les personnes qui en sont prévenues, et mettre leurs décrets à exécution; car c'est une maxime, en matière criminelle, que tout juge qui a une juridiction criminelle ordinaire dans le lieu, est compétent pour informer et décréter; mais ces juges doivent renvoyer l'accusé et le procès au bailli, ou sénéchal royal, pour le surplus de l'instruction et la connoissance du crime.

Il n'est pas facile de déterminer quels sont ces cas royaux. L'ordonnance de 1670 s'est contentée d'en annoncer un certain nombre, et elle a compris les autres sous cette expression générale, *et autres cas expliqués par nos ordonnances et règlements, tit.* 1, *art.* 11, *in fine.*

M. Talon, dans le procès-verbal de l'ordonnance, les définit : « Tous les crimes dans lesquels la majesté du « prince, la dignité de ses officiers et la sûreté publique « dont il est le protecteur, ont été violées; » mais cette dernière expression de *violement de la sûreté publique* est très équivoque.

Nous nous contenterons de rapporter ceux qui sont exprimés par l'article de l'ordonnance ci-dessus cité, *tit.* 1, *art.* 11.

Il y en a trois qui concernent la religion :

1° *L'hérésie*; ce qui comprend le crime des relaps, le crime de ceux qui, contre les lois du royaume, tiennent des assemblées, où ils font l'exercice de la religion protestante; le crime des prédicants qui vont par les maisons enseigner les dogmes de cette religion; enfin le crime de tous ceux qui par leurs écrits, ou dans les conversations, attaquent la religion en établissant l'athéisme, le déisme, et autres erreurs.

Le simple blasphème, à moins qu'il ne paroisse accompagné d'un dessein formé de décrier la religion, ne fait point partie du crime d'hérésie, et n'est point un cas royal; la preuve s'en tire de plusieurs anciennes ordonnances, qui enjoignent aux juges de seigneurs de punir les blasphémateurs. *Ordonn. de 1347, 14 octobre 1460, et 9 mars 1510.*

Le crime de magie ou sortilége n'appartient point non plus au crime d'hérésie, et n'est point cas royal. *Voyez les arrêts cités par M. Jousse en la note 14, sur l'art. 11 du tit. 1.*

2° *Le trouble public fait au service divin.* On comprend sous ce terme de service divin, non-seulement la messe, les vêpres et autres offices de l'église, mais encore les sermons, prônes, catéchismes et autres instructions qui se font dans l'église; les processions qui se font dans les rues peuvent aussi passer pour service divin.

Pour qu'il y ait du trouble au service divin, il faut que ce qui s'est passé ait donné lieu à la cessation, ou du moins à l'interruption du service divin. Une simple irrévérence commise pendant le service divin, qui ne l'a point interrompu, n'est point un cas royal.

3° *Le sacrilége avec effraction.* On appelle sacrilége, non-seulement le vol des choses consacrées par une consécration particulière, tels sont les vases sacrés, mais encore le vol de toutes les choses qui servent pour le service divin, tels que sont les ornements d'autel, les chapes, chasubles, bannières, les cloches, etc. Le vol de l'argent qui est dans les troncs et coffres qui sont dans l'église, peut aussi être regardé comme sacrilége, comme étant fait dans un lieu sacré, et étant d'ailleurs le vol d'un argent dédié en quelque façon à Dieu.

Le sacrilége n'est cas royal qu'autant qu'il est accompagné d'effraction; mais il n'est pas nécessaire que cette effraction soit extérieure; l'effraction d'un tronc, d'un coffre, d'une armoire, dans une église, ou dans une sacristie, rend le sacrilége cas royal.

Les autres crimes qui sont rapportés parmi les cas royaux, sont:

1° Le crime de lèse-majesté, en tous ses chefs; nous examinerons ci-après, dans un appendice, quelles en sont les branches.

2° La rébellion aux mandements du roi ou de ses officiers.

3° Les assemblées illicites.

4° La fabrication, altération, ou exposition de la fausse monnoie; et il faut observer que ces crimes sont regardés comme des branches de celui de lèse-majesté.

5° La police pour le port des armes.

6° Les séditions et émotions populaires.

7° La force publique, c'est-à-dire, toute violence commise avec armes, ou avec attroupement.

8° Le rapt et enlèvement d'une personne par violence. Ces crimes intéressent particulièrement la sûreté publique.

9° La correction des officiers royaux, pour raison des malversations par eux commises en leurs charges.

L'ordonnance ajoute, *et autres crimes expliqués par les ordonnances.*

M. Jousse en a recueilli un très-grand nombre. *Voyez ses notes sur le même article.*

Les anciens aveux rendus au duché d'Orléans, et plusieurs coutumes, font mention de trois autres cas royaux, dont les juges de seigneur ne peuvent connoître : *le rapt, le meurtre* (c'est-à-dire celui de guet-apens), *et l'encise,* qui est le meurtre d'une femme enceinte, ou de l'enfant dont elle est grosse, suivant la définition qui s'en trouve au livre des Etablissements de Saint-Louis, *chap.* 25.

M. Talon, au procès-verbal de l'ordonnance, remarque aussi que tous les cas prevôtaux, dont il sera parlé ci-après, doivent être supposés royaux.

Outre les cas royaux dont la connoissance est attribuée aux baillis, sénéchaux royaux, privativement aux juges des seigneurs, et aux prévôts royaux, il y a certains crimes dont la connoissance est attribuée à certains juges extraordinaires, *ratione materiæ*, et qui par cette raison ne sont pas de la compétence du juge ordinaire du lieu où ils ont été commis, mais de celle de ces juges d'attribution; tels sont les crimes qui concernent *la chasse*, *les rivières navigables*, *les forêts*, lesquels sont de la compétence du juge *des eaux et forêts*; *Ordon. de* 1669, *tit.* 1, *art.* 7 *et* 8; tels sont ceux qui concernent les matières attribuées aux *élections et greniers à sel*; ordonnances des fermes du mois de juillet 1681, *tit. dernier*, *art.* 36; ordonnance des gabelles, du mois de mai 1680, *tit.* 17, *art.* 12; tels sont encore les crimes commis sur mer, dont la connoissance est attribuée aux juges des amirautés, par l'ordonnance de la marine, du mois d'août 1631, *liv.* 1, *tit.* 2, *art.* 10.

APPENDICE.

Quels crimes comprend le crime de lèse-majesté?

Le crime de lèse-majesté, au premier chef, est tout attentat direct contre la personne du roi et de l'état; tel qu'est le crime de tous ceux qui entrent dans quelque conspiration ou conjuration contre la personne du roi et de l'état, ou qui en ayant connoissance ne la révèlent pas; le crime de ceux qui entretiennent des correspondances contre les intérêts de l'état, soit avec les étrangers, soit avec des sujets révoltés; à plus forte raison, le crime de ceux qui portent ouvertement les armes contre le roi; c'est ce qu'on appelle *crimen perduellionis*; ceux qui fournissent des secours aux ennemis de l'état. *Voyez le Code pénal, tit.* 8.

On appelle crime de lèse-majesté, *au second chef*, les crimes qui, ne contenant point d'attentat contre la personne du roi, ni contre l'état, blessent néanmoins, soit directement, soit indirectement, le respect dû à la majesté et autorité royale. Tel est le crime de ceux qui tiennent des discours contraires au respect dû à la majesté royale, à plus forte raison de ceux qui composent, impriment, ou distribuent des écrits injurieux à la personne sacrée du roi, à la maison royale, au gouvernement; le crime des prédicateurs qui prêcheroient contre le roi, contre son gouver-

nement, ou contre ses lois; le crime de ceux qui brise-
roient, ou déshonoreroient ses statues. *Code pénal, tit.* 9.

Ces crimes n'appartiennent qu'au second chef, lorsqu'il
ne paroît pas qu'ils soient commis dans la vue d'exciter une
sédition, ou soulèvement; car s'ils étoient commis dans
cette vue, et qu'il s'ensuivît effectivement quelque sédition,
ce crime seroit du premier chef.

L'usurpation de certains droits attachés à la souveraineté blesse aussi indirectement la majesté royale; c'est
pour cette raison que la *Loi* 9, *de falsâ monetâ*, déclare
crime de lèse-majesté le crime de fausse monnoie; car le
droit de battre monnoie, et d'y donner cours, étant un
droit attaché à la souveraineté, il s'ensuit que ceux qui
font de la monnoie, ou qui donnent cours à une monnoie
qui n'a pas été fabriquée dans les Monnoies du prince,
usurpent un droit de sa souveraineté, et par conséquent
blessent la majesté royale.

Le crime de ceux qui tiennent chartres privées en leurs
maisons, est aussi déclaré appartenir au crime de lèse-majesté, en la loi première, *Cod. de priv. carcer. et en la loi unic.
Cod. Theod. de priv. carcer.*

La raison est, que le droit d'avoir prison étant un droit
attaché à la puissance publique qui réside dans le souverain, et dans les seigneurs hauts-justiciers, auxquels le souverain a bien voulu en communiquer une partie, c'est de
la part des particuliers une usurpation de la puissance
attachée à la souveraineté, et un attentat à l'autorité royale,
que de tenir prison chez eux.

Par la même raison, les levées, ou enrôlements de gens
de guerre, les levées d'impôts sans commission du roi,
sont des crimes de lèse-majesté; car le droit de lever des
troupes, comme celui des levées d'impôts, étant un droit
attaché à la souveraineté, c'est un attentat à l'autorité
royale que d'en lever sans sa permission.

Le duel appartient aussi au crime de lèse-majesté; car
le duel étant une espèce de guerre entre des particuliers,
suivant que le désigne le terme *duellum*, synonyme de *bel-
lum*, le duel étant une manière de se faire justice par les
armes, c'est une manifeste usurpation des droits du sou-

verain, à qui seul appartient aujourd'hui le droit de faire la guerre, et de faire justice.

L'amas d'armes appartient aussi au crime de lèse-majesté; car cet amas d'armes ne peut se faire que dans la vue de quelque conjuration contre l'état, ou de quelque guerre privée; et l'une et l'autre de ces vues est criminelle de lèse-majesté.

Les assemblées illicites appartiennent aussi au crime de lèse-majesté; car nul corps ne pouvant se former, nulle assemblée ne pouvant se tenir sans l'autorité du souverain, c'est un attentat à cette autorité, et une usurpation des droits du souverain, que de tenir des assemblées sans son autorité, sous quelque prétexte que ce soit.

On doit enfin comprendre sous le nom de crime de lèse-majesté, tout violement de l'autorité royale, soit par rapport aux personnes à qui le roi en communique quelque partie, ou qui sont sous sa protection spéciale, soit par rapport aux choses, ou aux lieux qui appartiennent au roi, ou portent quelque empreinte de son autorité, ou sont sous sa protection spéciale.

Par exemple, tout trouble fait à des juges, à des commissaires de police, à des sergents dans leurs fonctions, toute injure ou excès commis contre eux lorsqu'ils exercent leurs fonctions, toute rébellion aux mandements de justice, toute injure ou excès commis contre ceux qui sont sous la sauvegarde du roi; tels sont les messagers royaux, ou tous ceux que le roi mande de venir vers lui, et autres cas semblables, sont des branches du crime de lèse-majesté.

L'infraction de la sauve-garde accordée par le roi à certains lieux, le bris de ses prisons, la démolition des murs et fortifications des villes, etc., sont aussi des branches du crime de lèse-majesté; car ces crimes contiennent un violement de l'autorité royale, dont ces lieux sont munis.

Par la même raison, la chasse dans les plaisirs du roi tient du crime de lèse-majesté; car si un seigneur se tient personnellement offensé, lorsque quelqu'un chasse sans sa permission sur ses terres, sur-tout autour de son château, à plus forte raison la majesté royale doit être censée offensée lorsque quelqu'un a la hardiesse de chasser sur ses plaisirs.

Les vols et autres crimes faits dans les appartements du roi, dans un auditoire de justice, tiennent aussi du crime de lèse-majesté; car c'est offenser la majesté du lieu et l'autorité royale dont ces lieux sont munis, que d'y commettre des crimes.

La falsification du sceau royal, l'altération de la monnoie, appartiennent par la même raison au crime de lèse-majesté; car c'est un vol de l'autorité royale, dont ces choses portent l'empreinte.

§. III. Seconde exception de la règle générale, par rapport à certaines qualités de la personne des accusés.

La règle que le juge royal, ou même le juge de seigneur, a la connoissance des crimes commis dans son territoire, reçoit une seconde exception à l'égard de certaines qualités des accusés; car, suivant l'ordonnance de 1670, *tit.* 1, *art.* 10, les prevôts royaux ne peuvent connoître des crimes commis par des gentilshommes, et par des officiers de judicature.

Ce terme de *gentilhomme* ne doit pas être restreint aux personnes nobles de naissance; il comprend ici toutes les personnes qui jouissent des titres et priviléges de noblesse.

Le terme d'officier de judicature comprend les avocats et procureurs du roi, quoiqu'ils ne soient pas juges.

Les baillis n'ont ce droit de connoître des crimes des nobles, que privativement aux prevôts royaux, lorsqu'ils ont été commis dans le territoire d'une prevôté royale; mais lorsqu'ils ont été commis dans le territoire d'une justice de seigneur, les juges de ce seigneur en peuvent connoître. *Déclaration du 24 février 1536, sur l'édit de Crémieu.*

Les pairs de France, les officiers du parlement ne peuvent être poursuivis pour crimes qu'au parlement.

Ce privilége a aussi été accordé aux présidents, maîtres, correcteurs, auditeurs, et gens du roi de la chambre des comptes : néanmoins, lorsque le crime a été commis hors la prevôté de Paris, et qu'il est capital, les baillis royaux peuvent informer et décréter, sauf à renvoyer, après le décret, en la grand'chambre, à moins que les parties n'eussent procédé volontairement devant eux. *Tit.* 1, *art.* 22.

Il y a certains officiers qui ont leurs causes commises, même en matière criminelle, devant certains juges, et qui peuvent en conséquence décliner la juridiction du juge du lieu du délit, et demander à être renvoyés devant le juge de leur prevôté ; mais ce droit n'a lieu que de particulier à particulier, et non pour les crimes pour lesquels ils sont poursuivis à la requête de la partie publique. *Ordonnance de* 1669.

Un ecclésiastique peut être poursuivi, comme pourroit l'être un laïque, devant le juge séculier du lieu du délit, lorsque le délit dont il est accusé est un délit *privilégié*, c'est-à-dire, un délit qui tend à troubler l'ordre et la tranquillité publique, et qui est punissable par les lois. Il peut être poursuivi, non-seulement devant les juges royaux, mais même devant les juges des seigneurs, lorsque le cas est de leur compétence. *Arrêt du* 14 *juillet* 1722, *au tome VII du Journal des Audiences.*

Mais comme le délit *privilégié* renferme en même temps un *délit commun*, c'est-à-dire un délit contre les lois de l'église, qui défendent tout ce que les lois séculières défendent, l'accusé ecclésiastique, si le renvoi est requis, doit être renvoyé en l'officialité, pour le procès être instruit par l'official, conjointement avec le juge séculier, et jugé, pour le *délit commun*, par l'official, et ensuite, pour le *délit privilégié*, par le juge séculier. Tant que le renvoi n'est pas requis, le juge séculier peut valablement seul instruire le procès jusqu'au jugement définitif inclusivement, et il n'est pas tenu d'appeler l'official ; au contraire, l'official qui instruit le procès contre un ecclésiastique, doit, lorsque le délit est reconnu pour *privilégié*, appeler le juge séculier ; et toute la procédure qu'il fait sans lui est nulle.

§. IV. Troisième limitation, qui concerne la prévention touchant les cas ordinaires.

Il y a deux espèces de droits de *prévention*; la prévention *parfaite*, et la prévention *imparfaite*. La prévention parfaite est le droit qu'a le juge royal d'informer et connoître des crimes commis dans son ressort, sans que le juge ordinaire, dans le territoire duquel il a été commis, puisse en demander le renvoi.

Dans plusieurs coutumes, les juges royaux ont ce droit de prévention parfaite sur les juges des seigneurs, dans lequel l'ordonnance de 1670, *tit.* 1, *art.* 9, les a maintenus.

Hors ces coutumes, et de droit commun, le juge royal, s'il n'est fondé en bonne et due possession, n'a point ce droit de *prévention parfaite* sur les juges des seigneurs, lorsque ces juges ont informé et décrété dans les vingt-quatre heures, depuis que le crime a été commis.

Mais lorsque ces juges ont laissé passer le temps sans décréter, le juge royal, par droit de *dévolution*, peut connoître du crime, sans que les juges puissent demander le renvoi. *Ibid.*

Les baillis royaux n'ont pareillement aucun droit de prévention parfaite sur les prevôts royaux de leur ressort, dans le territoire desquels le crime a été commis, pourvu que ces prevôts aient informé et décrété dans les trois jours après que le crime a été commis. *Ibid.*

Mais si ces juges ont laissé passer ce temps, le bailli royal peut connoître du crime, sans que le prevôt puisse demander le renvoi. *Tit.* 1 , *art.* 7.

Entre deux juges de seigneur, dont l'un est le supérieur de l'autre, le supérieur a le même droit de dévolution sur l'inférieur : il n'y a lieu au droit de prévention du juge supérieur sur l'inférieur, en cas de négligence, qu'à l'égard des délits qui intéressent le ministère public. *Même tit. art.* 8.

La *prévention imparfaite* est le droit qu'a un juge de connoître d'un crime, à la charge néanmoins du renvoi, lorsqu'il en est requis par celui qui en est le juge naturel. Les baillis ont ce droit de *prévention imparfaite* sur les prevôts royaux et sur les juges subalternes. Le juge du lieu, qui n'a pas décrété dans le temps de trois jours, ou de vingt-quatre heures, qui lui est prescrit pour décréter, doit avoir dans ce temps demandé le renvoi ; faute de quoi, il n'y est plus reçu.

Le juge du lieu *du domicile* qu'a l'accusé lors de la plainte, a aussi un droit de prévention imparfaite pour en connoître sur celui du lieu *du délit.* C'est ce qui résulte de l'ordonnance de Moulins, *art.* 35, qui porte : *Sera tenu le juge du lieu du domicile renvoyer le délinquant au lieu du délit, s'il en est requis;* ce qui suppose qu'il a droit d'en connoître, tant que le juge du lieu du délit n'en requiert pas le renvoi. Cela est confirmé par l'ordonnance de 1670, qui dit aussi que l'accusé sera renvoyé au lieu du délit, *si le renvoi en est requis. Tit. 1, art. 1.*

Ce droit de prévention imparfaite du juge du domicile est fondé sur la juridiction qu'a ce juge sur toutes les personnes domiciliées dans son territoire, qui sont ses justiciables.

Le juge qui a arrêté un vagabond, est son juge : ces gens n'ayant aucun domicile, n'étant attachés à aucun lieu, sont nécessairement justiciables du juge du lieu où ils se trouvent, sans quoi ils ne le seroient d'aucuns.

Le juge qui a droit de prévention imparfaite, n'est obligé de renvoyer l'affaire que lorsque c'est le juge du lieu du délit, à qui la connoissance en appartient, qui la revendique : l'accusé ne peut décliner sa juridiction étant son justiciable.

§. V. Quatrième limitation touchant les cas prevôtaux.

Le droit qu'ont les prevôts des maréchaux de connoître des cas prevôtaux, n'est qu'une espèce de droit de prévention parfaite à l'égard de ces crimes sur les juges ordinaires, à qui la connoissance en appartient de droit commun. On n'en doit excepter que le crime de désertion, qui leur est attribué privativement à tous autres juges. *Déclaration du roi, du 5 février 1731, art. 7.*

Les crimes prevôtaux sont tels, ou par *la qualité de la personne de l'accusé*, ou par la nature du crime. Les crimes prevôtaux, par la qualité de la personne de l'accusé, sont ceux qui ont été commis, 1° par des vagabonds et gens sans aveu. La déclaration de 1731, *art. 1*, définit ainsi ces sortes de gens : « Ceux qui n'ayant profession, ni métier, « ni domicile certain, ni bien pour subsister, ne peuvent « être avoués, ni faire certifier de leurs bonne vie et « mœurs par personnes dignes de foi. »

Il ne suffit donc pas qu'une personne n'ait pas de domicile, pour être de la compétence du prevôt; il faut qu'elle ne puisse se faire avouer, et certifier de ses vie et mœurs. Ceux qui, sans avoir aucun domicile fixe, vont travailler de côté et d'autre, et sont en état de se faire avouer des personnes chez qui ils travaillent, ne sont point des vagabonds, et ne sont point de sa compétence : c'est pourquoi, lors du jugement de compétence des accusés qu'on prétend être vagabonds, quoique ces gens conviennent n'avoir point de domicile, s'ils disent qu'ils se sont occupés à travailler de côté et d'autre, on ne doit point les réputer vagabonds, ni en conséquence déclarer le prevôt des maréchaux juge compétent, qu'après un jugement interlocutoire, par lequel on ordonne qu'ils feront certifier de leurs vie et mœurs dans un terme qu'on leur prescrit.

2° Tous crimes commis par des personnes qui ont été condamnées à quelques peines corporelles, bannissement ou amende honorable, sont de la compétence du prevôt. *Déclaration de* 1731, *art.* 2.

3° Tous crimes commis par gens de guerre dans leurs marches, lieux d'étapes, ou d'assemblées, ou de séjour. *Même déclaration, art.* 3.

Les lieux où ils sont en quartier d'hiver, ou en garnison, sont-ils compris sous ce terme, *lieux d'étapes?* cela fait difficulté : néanmoins M. Talon décide pour l'affirmative dans le procès-verbal des conférences sur l'ordonnance de 167 , *pag.* 35.

Lorsqu'un crime n'est prevôtal que par la qualité de l'accusé, et qu'il y a plusieurs accusés, il faut que tous soient de cette qualité; si un seul n'en est pas, le crime n'est pas prevôtal. *Ibid.*, *art.* 20, *in fine.*

Observez aussi que la règle qui rend le prevôt compétent de tous les crimes commis par les personnes des qualités ci-dessus expliquées, reçoit exception à l'égard de certains crimes, qui sont spécialement attribués à certains juges : c'est pourquoi il ne connoît pas de l'infraction de ban, à moins que ce ne fût lui qui eût rendu la sentence de bannissement; car c'est celui qui l'a rendue, qui doit connoître de l'infraction. *Déclaration de* 1731, *art.* 2.

Les crimes prevôtaux, par la nature du crime, sont:

1° Le vol sur les grands chemins, *ibid*, *art.* 5; ce qui doit s'entendre, lorsqu'il est fait avec agression; car si un voleur, qui me trouve endormi le long d'un grand chemin, me dérobe ma bourse pendant mon sommeil, le vol n'est pas un vol de grand chemin.

Observez aussi que les rues des villes et faubourgs ne sont point comprises à cet égard sous le nom de grand chemin. *Ibid.*

2° Les vols faits avec effraction, lorsqu'ils sont *accompagnés de port d'armes, ou de violence publique,* ou lorsque l'effraction est *extérieure.*

Le terme de *port d'armes* ne comprend pas seulement les épées et les fusils, mais généralement toutes les choses dont un voleur peut se servir pour maltraiter, ou intimider ceux qui s'opposeroient à son vol : « *Armatos non utique eos intelligere debemus qui tela habuerunt, sed etïam quid aliud, quod nocere potest.* » L. 9, ff. ad Legem Juliam de vi publicâ. *Armorum appellatio non utique scuta et gladios et galeas significat, sed et fustes et lapides.* L. 41, ff. de verb. signif.

La violence publique se commet même sans armes, lorsqu'il y a attroupement. L. 10, §. 1, ff. *ad Legem Juliam de vi publicâ.*

Combien faut-il de personnes pour qu'il y ait attroupement ? Trois ou quatre personnes ne font pas un attroupement : « *Si plures fuerunt, decem aut quindecim homines, turba dicitur. Quid ergo, si tres aut quatuor ? Turba utique non erit,* L. 4, §. 3, ff. *de vi bonorum captorum, et de turbâ.* » La déclaration du 8 juillet 1724, concernant les mendiants, qui leur défend de s'attrouper, les répute attroupés lorsqu'ils sont en plus grand nombre que quatre, non compris les femmes et enfants, *art.* 6.

Toute effraction, ne fût-ce que d'un coffre, ou d'une armoire, lorsqu'elle est accompagnée de port d'armes et de violence publique, rend le vol crime prevôtal. S'il n'y a point d'armes, ni violence publique, il faut que l'effraction soit extérieure ; c'est-à-dire, comme l'explique la déclaration de 1731, *art.* 5, qu'elle soit faite dans les murs de clôture, ou toits des maisons, portes et fenêtres extérieures.

3° Les sacriléges accompagnés des mêmes circonstances.

4° Les séditions et émotions populaires.

5° Les attroupements et assemblées illicites, avec port d'armes.

6° Les levées de gens de guerre sans commission.

7° La fabrication, ou exposition de fausse monnoie.

8° Le crime de désertion, tant contre le déserteur, que contre ceux qui l'ont favorisé.

Les assassinats prémédités étoient aussi cas prevôtaux par l'ordonnance de 1670; mais ils ont cessé de l'être par la déclaration de 1731.

Les crimes prevôtaux, qui sont tels par la nature du crime (si on en excepte celui de la désertion, *art.* 7), cessent d'être de la compétence du prevôt, en trois cas :

1° Lorsqu'ils ont été commis dans la ville et faubourgs de sa résidence, ou de ses lieutenants, *art.* 6.

2° Lorsqu'ils ont été commis dans une ville où il y a parlement, quoiqu'elle ne soit pas le lieu de la résidence du prevôt, *art.* 16.

3° Lorsqu'un des accusés est, ou ecclésiastique, ou gentilhomme, ou secrétaire du roi, ou officier de judicature, du nombre de ceux dont les procès criminels ont coutume de se porter en la grand'chambre. Les gentilshommes qui ont été condamnés à quelque peine corporelle, bannissement, ou amende honorable, ne jouissent point de ce privilége, *art.* 11, 12 *et* 13.

Les exceptions que nous venons de rapporter sont particulières aux crimes prevôtaux, qui sont tels par la nature du crime; ceux qui le sont par la qualité de l'accusé, sont de la compétence du prevôt, en quelque endroit de son département qu'ils aient été commis, fût-ce dans le lieu de sa résidence, ou dans une ville de parlement, *art.* 4 *et* 16.

Les crimes qui sont prevôtaux, soit par la qualité des accusés, soit par la nature du crime (à l'exception de celui de désertion), sont aussi de la compétence des présidiaux qui, comme le prevôt, en peuvent connoître en dernier ressort, préférablement au prevôt, s'ils ont décrété avant, ou le même jour. Ces crimes cessent d'être de la compétence des présidiaux dans tous les cas d'exception ci-dessus rapportés, dans lesquels ils cessent d'être de la compétence du prevôt, *art.* 11, 12, 13 *et* 16.

Il n'y a que l'exception du cas auquel le crime auroit été commis dans le lieu de la résidence du prevôt, qui soit une exception particulière aux prevôts, *art.* 6.

Les présidiaux n'ont la connoissance de ces crimes, que lorsqu'ils ont été commis dans l'étendue du bailliage royal où ils sont établis; et ils ne l'ont pas, s'ils ont été commis dans un autre bailliage ressortissant au siége présidial dans les cas de l'édit, *art.* 8.

Nous avons dit que le droit qu'a le prevôt de connoître de la plupart des crimes qui lui sont attribués, n'est qu'un droit de prévention parfaite qu'il a sur les juges ordinaires, qui ne laissent pas d'en être les juges naturels. En effet, lorsque le crime n'est prevôtal que par la qualité de vagabond, ou de personne reprise de justice, qui se trouve dans l'accusé, et que ce crime n'est pas un cas royal, le prevôt royal, ou le juge subalterne, dans le territoire duquel il a été commis, en connoît comme juge naturel, préférablement aux prevôts des maréchaux, s'il a décrété avant lui, ou le même jour. *Déclaration de* 1731, *art.* 10.

Lorsque le crime est cas royal et prevôtal par sa nature, les présidiaux, et même les simples baillis royaux, dans le territoire desquels le crime a été commis, en connoissent préférablement au prevôt, lorsqu'ils ont décrété avant lui, ou le même jour, *art.* 9 *de la même déclaration.*

Il y a plus : lorsque le juge ordinaire a décrété avant le prevôt des maréchaux, quoique le crime soit royal, le prevôt est exclu, et le lieutenant criminel du bailliage, où ressortit le juge ordinaire, en connoît, comme étant censé avoir, par ce juge inférieur, prévenu le prevôt. *Ibid.*, *art.* 22.

Il y a plus : il suffit, pour exclure les prevôts des maréchaux et les présidiaux, que l'accusé, qu'ils ont décrété pour un cas prevôtal, ait été décrété auparavant, ou le même jour, pour un autre crime ordinaire, par le prevôt royal, ou juge subalterne du lieu du délit; et comme ce juge subalterne, ou le prevôt royal, ne peut connoître du crime prevôtal, ce sera le bailli royal qui connoîtra en ce cas des deux crimes, pourvu que le crime prevôtal ait été commis dans son ressort; sinon, il faudra que le parlement commette un juge pour connoître des deux crimes, à la charge de l'appel. *Ibid.*, *art.* 17.

Si les présidiaux et prevôts des maréchaux ont décrété les premiers, ils doivent connoître, tant du crime prevôtal,

que du crime ordinaire, pourvu que le crime ordinaire ait
été commis dans leur département; sinon, il faudroit se
pourvoir devant le roi, pour obtenir un arrêt d'attribution.
Ibid., *art.* 18.

§. VI. De quelques crimes sur la compétence desquels il y a des règles
particulières.

Du crime de vie vagabonde.

La règle pour la compétence de ce crime, est que c'est
le juge qui a fait arrêter dans son territoire le vagabond,
qui en est le juge naturel et compétent.

Ce crime n'est attaché à aucun lieu déterminé, ou plutôt il se commet également dans tous les lieux par où passe
le vagabond : le juge qui l'arrête dans son territoire, en
même temps qu'il est le juge du lieu de la capture, est
donc toujours aussi en quelque façon le juge du lieu où le
crime est commis, puisque le vagabond le commet dans
tous les lieux où il se trouve. D'ailleurs, ce vagabond
n'ayant aucun domicile, est, comme nous l'avons déjà observé ailleurs, le justiciable du juge de chaque lieu où il
se trouve; ce qui donne un nouveau titre au juge, dans le
territoire duquel il a été trouvé et pris, pour être son juge
compétent.

Du crime d'adultère.

Le crime d'adultère, lorsqu'il est commis sans scandale
et débauche publique, est de la compétence du juge du
lieu du domicile des époux : c'est devant lui, et non devant
le juge du lieu où il a été commis, que le mari en doit intenter l'accusation. La raison est que, lorsque ce crime
se commet dans le secret, il ne tend pas à troubler l'ordre,
la sûreté et la tranquillité publiques du lieu où il se commet, comme les autres crimes. Il trouble l'ordre public
seulement par rapport au mari et à sa famille; ce ne doit
donc pas être le juge du lieu où il a été commis, qui en
doit connoître, mais le juge du lieu du domicile des époux
qui sont ses justiciables.

Du crime de rébellion à justice.

Chaque juge est le juge naturel de la rébellion à ses
mandements. La raison en est évidente : si, dans les crimes

ordinaires, le juge du lieu où ils ont été commis, en est
le juge naturel, c'est que ces crimes attaquant principalement l'ordre et la tranquillité publique du lieu où ils sont
commis, dont le juge a la manutention, par la même
raison, le crime de rébellion aux mandements d'un juge
attaquant principalement l'autorité de ce juge, c'est ce
juge à qui appartient la manutention de sa propre autorité,
qui doit avoir la connoissance de ce crime.

Quoique la rébellion ait été faite au décret du juge, hors
de son ressort, il ne laisse pas d'être compétent pour connoître de la rébellion. C'est ce qui est nettement décidé,
à l'égard des prevôts des maréchaux, par l'ordonnance de
1670, *tit.* 11, *art.* 2, et ce qui résulte du procès-verbal
de cette ordonnance, sur l'*art.* 13 du titre des décrets.

Il faut excepter de cette règle, qui attribue aux juges
la connoissance de la rébellion à leurs mandements, ou
décrets, les juges-*consuls* et les *officiaux*; ces juges n'étant
revêtus d'aucune magistrature, ou puissance publique, ne
peuvent pas avoir le pouvoir de venger la rébellion à leurs
décrets; c'est aux juges royaux, sous la protection desquels
sont ces consuls, ou officiaux, à connoître de cette rébellion, d'autant plus que c'est aux juges royaux à qui l'exécution de leurs décrets est confiée.

Des malversations des officiers dans les fonctions de leurs offices.

C'est au juge qui est le supérieur de ces officiers, à qui
la connoissance de ce crime appartient; car il est naturel
que des officiers inférieurs répondent devant leur supérieur
de ce qui concerne les fonctions de leurs offices.

§. VII. Des crimes accessoires.

Le juge qui a la connoissance du crime principal, a la
connoissance de tout ce qui est accessoire de ce crime,
de tout ce qui en est une suite et une dépendance.

Par exemple, le juge du lieu où un vol s'est commis, qui
a la connoissance de ce vol, a, par suite, la connoissance
du recélé des choses volées, quoique ce recélé se soit fait
hors de son territoire; car ce recélé est une suite, une
dépendance, une complicité du vol qui est le crime prin-

cipal; et ce crime principal, dont il a la connoissance, lui attire la connoissance de tout ce qui en est accessoire et dépendant.

La calomnie de l'accusateur, ou du dénonciateur, est aussi une dépendance de l'accusation dont le juge a la connoissance; c'est pourquoi l'accusé, qui a été témérairement accusé, peut demander des dommages et intérêts contre la partie civile, ou contre le dénonciateur, devant le juge qui connoît de l'accusation, quoique cette partie civile, ou dénonciateur, ne soit point d'ailleurs justiciable de ce juge. C'est ce qui a été jugé par arrêt du 6 septembre 1664. *Tom. V. du Journal des Audiences.*

Cela est incontestable à l'égard des juges qui ont une juridiction ordinaire; mais il a été jugé que le prevôt des maréchaux, qui est un juge extraordinaire, n'avoit pas ce droit. *Arrêt du 15 janvier 1724.*

Tout juge est compétent aussi pour connoître du crime de *faux incident* aux affaires pendantes devant lui. Cette décision a lieu même à l'égard des juges civils, et à l'égard du crime de faux qui seroit incident à une affaire civile.

Il faut pourtant excepter de cette règle les juges qui, n'étant revêtus d'aucune magistrature, ni puissance publique, n'ont pas le pouvoir de connoître d'aucun crime; tels sont les officiaux, les consuls, les moyens et bas-justiciers. *Ordonnance de 1670, tit. 1, art. 20.*

Non-seulement le juge peut connoître de tout ce qui est une suite et dépendance du crime dont il a la connoissance, il peut même (suivant M. Jousse) connoître conjointement des autres crimes commis par l'accusé, quoique hors son ressort, pourvu néanmoins que l'accusation n'en fût pas pendante devant un autre juge. Cela me paroît néanmoins souffrir quelque difficulté.

Il faut au surplus que ces crimes ne soient pas d'une nature qui excède le pouvoir de ce juge : par exemple, un prevôt royal, ou un juge subalterne, devant qui quelqu'un est accusé pour un crime ordinaire, ne pourroit pas connoître d'un autre crime commis par cet accusé, si cet autre crime étoit un cas royal.

Un juge d'attribution, comme un juge des eaux et forêts, devant qui quelqu'un seroit accusé pour un crime concer-

nant la matière des eaux et forêts, ne pourroit pas connoître d'un autre crime commis par cet accusé, qui ne
concerneroit pas les eaux et forêts. C'est ce qui a été jugé
par un arrêt du 6 juin 1710, au sujet d'un procès instruit
par le maître particulier des eaux et forêts d'Angers, contre un nommé Michel, qui étoit accusé de viol et de vol,
dont ce juge avoit pris connoissance, sous prétexte d'accusation conjointe de chasse. *Voyez* cet Arrêt qui est rapporté dans les Matières criminelles de Lacombe, *part.* 2,
chap. 1, *n° 3, in fine.*

Cependant l'ordonnance de 1670, *tit.* 11 *art.* 23, permet aux prevôts des maréchaux qui connoissent d'un crime
prevôtal, de connoître des nouvelles accusations qui sur-
viendroient contre l'accusé pour des crimes non prevôtaux, pour lesquels il n'y a point eu de plainte en justice.

SECTION II.

De la procédure criminelle qui précède le décret.

ARTICLE PREMIER.

Exposition générale de cette procédure.

Cette procédure commence ordinairement par la plainte,
qui est donnée au juge qui doit connoître du crime, par la
partie civile, ou par l'officier chargé du *ministère public*,
qui est le procureur du roi dans les juridictions royales,
ou le procureur fiscal dans les juridictions subalternes.

J'ai dit *ordinairement;* car quelquefois, dans les cas de
flagrant délit, le juge informe d'office avant aucune plainte;
et cette information étant ensuite communiquée au procureur du roi, ou fiscal, par ordonnance du juge, cet officier
rend ensuite sa plainte.

Les plaintes que donne le procureur du roi, ou fiscal,
lorsqu'il n'y a point de partie civile, sont assez souvent
précédées de *dénonciations;* quelquefois néanmoins elles
sont données sans dénonciations.

Le juge à qui la plainte est présentée, rend au bas son
ordonnance, par laquelle il *permet d'informer*, et ordonne
les autres choses qu'il juge à propos; par exemple, qu'il

sera obtenu des *monitoires* ; que le *cadavre sera anatomisé* par le médecin du roi, et chirurgien commis au rapport; que la personne *blessée sera visitée* par les médecins et chirurgiens; que lui, juge, se transportera sur le lieu où s'est fait le vol, pour dresser procès-verbal des effractions qui ont été commises, etc.

En exécution de cette ordonnance du juge, les témoins sont assignés pour déposer, et le juge les entend : l'acte qui contient leur témoignage, est ce qu'on appelle *information*.

S'il a été ordonné quelques autres procédures, telles que celles énoncées ci-dessus, elles se font aussi en exécution de son ordonnance.

Ensuite il rend une ordonnance qui ordonne de la communication au *procureur du roi, ou fiscal*. Cet officier, après avoir pris communication, tant de l'information, que des autres procédures, s'il en a été fait quelques-unes, donne par écrit ses *conclusions* pour tel décret qu'il juge à propos, contre les personnes qui lui paroissent chargées par l'information.

Il faut traiter séparément de ces différentes procédures.

ARTICLE II.

Des plaintes et des dénonciations.

§. I. Des plaintes.

La plainte est un acte par lequel la partie lésée ou la partie publique expose au juge le délit qui a été commis, et demande à en faire la preuve, et à en poursuivre la réparation.

Il résulte de cette définition que la plainte peut être donnée, soit par la partie lésée, qu'on appelle *partie civile*, soit par la *partie publique*.

Elle peut être donnée, ou contre des *personnes certaines*, ou contre des *personnes incertaines*; car il suffit qu'il y ait eu un délit commis pour que la partie lésée ou la partie publique puisse donner plainte, quoique les auteurs en soient inconnus. C'est au juge à qui la plainte doit être donnée; il est défendu aux notaires, sergents et archers d'en recevoir, et aux juges de les leur adresser : néanmoins les commissaires du châtelet de Paris se sont maintenus en la possession d'en recevoir. *Ordonnance de* 1670, *tit.* 3, *art.* 2 *et* 3.

Les plaintes peuvent se faire en deux formes différentes.

La première forme est *une requête* que le plaignant présente au juge, par laquelle le plaignant expose le fait dans lequel consiste le délit, avec toutes les circonstances, et demande la permission d'en informer, et de le constater.

Cette requête n'est pas datée, et n'a d'autre date que celle de l'ordonnance que le juge rend au bas. *Ibid.*, *art.* 1.

La seconde forme est *un procès-verbal* écrit par le greffier en présence du juge, qui contient l'exposition du délit dans toutes ses circonstances, telle qu'elle a été faite par le plaignant, et par lequel le juge donne acte au plaignant de la plainte qu'il en rend, et lui permet *d'en informer.*

La plainte, soit qu'elle soit en forme de requête, ou en forme de procès-verbal, doit être signée en tous les feuillets par le juge et le plaignant, s'il sait et peut signer, ou par son procureur fondé d'une procuration spéciale; et il doit être fait mention sur la minute et sur la grosse, de sa signature ou de son refus. *Ibid.*, *art.* 4.

Lorsque c'est le procureur du roi ou fiscal qui rend la plainte, il doit pareillement la signer avec le juge en tous les feuillets.

La plainte donnée par la partie lésée doit contenir une déclaration expresse qu'elle se rend partie civile. *Ib.*, *art.* 5.

Lorsque c'est la partie publique qui a donné la plainte, si la partie lésée veut se rendre partie civile, elle peut le faire en tout état de cause. *Ibid.*

Celui qui s'est déclaré partie civile, soit en rendant plainte, soit en intervenant sur celle du procureur du roi, peut s'en désister dans les vingt-quatre heures, et non après, *ibid.*; mais ce désistement ne le décharge pas des dommages et intérêts qui pourroient être prétendus contre lui par celui qu'il a témérairement accusé.

§. II. Des dénonciations.

La *dénonciation* est un acte par lequel un particulier donne avis à l'officier chargé du ministère public, d'un crime qui a été commis.

Non-seulement celui qui a souffert quelque préjudice du crime, mais tout citoyen, par le seul motif de la part qu'il prend à la conservation du bon ordre et de la tranquillité publique, peut se rendre dénonciateur. Cette dénonciation s'inscrit sur un registre destiné à cet effet, que doivent avoir les procureurs du roi ou fiscaux, *tit. 3*, *art.* 6. Elle doit être signée par le dénonciateur, s'il sait signer; s'il ne savoit pas signer, elle doit être écrite, en présence du dénonciateur, par le greffier du siége, qui fera mention qu'il l'a écrite en présence du dénonciateur, telle qu'il l'a dictée, et que le dénonciateur a déclaré ne savoir signer.

Cette dénonciation engage le dénonciateur aux dommages et intérêts envers l'accusé, au cas qu'il se trouvât qu'elle eût été faite témérairement; et il peut même être sujet à plus grande peine, s'il paroissoit que la dénonciation eût été évidemment calomnieuse. *Ibid.*, *art.* 7.

ARTICLE III.
Des procès-verbaux des juges, et des rapports.
§. I. Des procès-verbaux des juges.

Dans les procès criminels, il y a deux choses à prouver : 1° qu'il a été commis un tel délit : c'est ce qu'on appelle *le corps de délit;* 2° que tels et tels en sont les *auteurs ou les complices.*

Dans les crimes d'homicides, ou d'excès contre les personnes, *le corps du délit* se prouve par le procès-verbal que le juge doit dresser de l'état de la personne blessée ou du cadavre, et par les rapports des médecins et chirurgiens.

Pour cet effet, le juge ordonne qu'il se transportera sur le lieu où est la personne blessée ou le cadavre. Il est d'usage qu'il s'y transporte avec le procureur du roi et son greffier, sur-tout lorsque c'est sur la réquisition du procureur du roi qu'il a ordonné de son transport.

Je ne pense pas néanmoins que la présence du procureur du roi soit nécessaire; et il suffit que le *procès-verbal*, après qu'il est fait, lui soit communiqué.

Le juge peut sur-tout se passer du procureur du roi dans

le cas de flagrant délit, auquel cas il peut faire le procès-verbal, même avant aucune plainte.

Le procès-verbal, qu'un juge fait en cas d'excès contre une personne, contient la description du lieu où se trouve la personne blessée, l'état dans lequel il a trouvé cette personne blessée, *la déclaration* que cette personne aura faite, *la mention du serment* que le juge fait faire à cette personne avant de recevoir ses déclarations, et enfin l'*ordonnance que le juge rend* pour faire visiter cette personne par les médecins et chirurgiens. *Tit.* 4, *art.* 1.

En cas de meurtre, le procès-verbal contient la description du lieu où s'est trouvé le cadavre, l'état du cadavre, la reconnoissance que le juge fait faire du cadavre, pour être le cadavre d'un tel, par les personnes qui se trouvent sur le lieu et qui en ont connoissance, *la prestation de serment* de ces personnes, avant de donner leur déclaration sur cette reconnoissance; enfin, *l'ordonnance pour l'anatomisation* du cadavre par les médecins et chirurgiens, à l'effet de connoître la cause de la mort.

Il y a plusieurs autres crimes à l'égard desquels le corps du délit se prouve par les procès-verbaux du juge : par exemple, l'incendie, le vol avec effraction ; le juge dresse procès-verbal de l'état des lieux incendiés, de l'état des effractions, en la même forme que ci-dessus.

Ces procès-verbaux contiennent aussi la description des choses qui se trouvent sur le lieu, et paroissent avoir été laissées par le meurtrier, et pouvoir servir à conviction. *Ibid.*

Ces procès-verbaux sont rédigés en présence du juge par le greffier ; ou, en l'absence du greffier, par une personne que le juge commet pour greffier, après avoir pris son serment, et sont signés par le juge, le greffier et les personnes dont le juge a pris des déclarations.

Ils doivent être remis au greffe dans les vingt-quatre heures, avec les armes, meubles et hardes qui ont été trouvés et qui peuvent servir à la preuve. *Ibid.*, *art.* 2.

§. II. **Des rapports des médecins et chirurgiens.**

Il y a deux espèces de rapports ; le rapport *dénonciatif*, et celui qui est ordonné par le juge.

Le *rapport dénonciatif* est celui qui, sans aucune autorité de justice, à la seule requête de la personne blessée, ou de celles qui agissent pour la personne décédée, se fait par des médecins et chirurgiens, de l'état de la personne blessée, ou du cadavre.

L'ordonnance permet aux personnes blessées, attendu *le cas urgent*, de se faire ainsi visiter, sans l'avoir fait ordonner par le juge, et même avant d'avoir rendu plainte. *Tit.* 5, *art.* 1.

Les médecins et chirurgiens qui ont fait le rapport, doivent *l'affirmer véritable* devant le juge, et le déposer au greffe; et on le joint aux pièces du procès.

Le rapport de la seconde espèce est celui qui est *ordonné par le juge*, lorsqu'il n'y a point eu de rapport dénonciatif.

Lorsque le juge se transporte sur le lieu où est la personne blessée, ou le cadavre, il ordonne par son procès-verbal qu'il sera fait un rapport de l'état de la personne blessée, ou de l'anatomisation du cadavre, lequel rapport est fait par les médecins et chirurgiens, par un acte séparé du procès-verbal.

Quoiqu'il y ait déjà eu un rapport dénonciatif, le juge peut en ordonner un autre. *Ibid.*, *art.* 2. Lorsque le rapport dénonciatif ne lui paroît pas bien expliqué, ou lui paroît suspect, il le peut d'office; mais il doit sur-tout l'ordonner, lorsque l'accusé le demande à ses frais.

Les rapports de l'une et de l'autre espèce doivent contenir la description des blessures de la personne blessée, par quelle espèce d'instrument les médecins et chirurgiens estiment que les blessures ont été faites, jusqu'à quel point ils estiment qu'elles soient dangereuses, et quel temps ils croient être nécessaire pour leur guérison.

Lorsqu'il s'agit d'un cadavre, le rapport contient l'anatomisation qu'ils en ont faite, la description des blessures qu'ils ont trouvées en faisant cette anatomisation, avec quel instrument ils estiment qu'elles ont été faites, et s'ils estiment que ces blessures aient été la cause de la mort.

Les médecins et chirurgiens qui font le rapport ordonné par le juge, prêtent serment avant de le faire, et il n'est plus nécessaire qu'ils l'affirment après l'avoir fait ; en quoi ces rapports diffèrent des dénonciatifs, pour lesquels le serment ne se prête qu'après qu'ils sont faits. *Ibid.*, *art.* 1 *et* 2.

Le roi, par un édit du mois de février 1692, a créé dans toutes les villes des médecins du roi, et des chirurgiens jurés, qui ont le droit de faire tous les rapports, soit ordonnés par justice, soit dénonciatifs, à l'exclusion de tous autres médecins et chirurgiens. Comme ils ont serment en justice par celui qu'ils font lors de leur réception en leur charge, il n'est pas nécessaire qu'ils prêtent serment pour les rapports qu'ils font, ni qu'ils les affirment véritables après les avoir faits.

Dans les lieux où la création de ces charges n'a pas eu lieu, les rapports se font par des chirurgiens ordinaires, avec un médecin, ou même sans médecin, lorsqu'il n'y en a point.

Il n'est pas nécessaire, pour que ces rapports fassent foi en justice, que ceux qui les ont faits soient répétés et entendus en déposition. *Arrêt du* 31 *mars* 1714, au rapport de M. le Nain, et sur les conclusions de M. d'Aguesseau, cité par M. Jousse, en sa note 5ᵉ sur l'*article* 2 *du tit.* 5 *de l'Ordonnance criminelle.*

ARTICLE IV.

Des monitoires.

Les monitoires sont des lettres qui se publient aux prônes des paroisses, par lesquelles l'official du diocèse avertit les fidèles de révéler la connoissance qu'ils ont des auteurs et complices du crime qui y est exposé, avec menace d'excommunication contre ceux qui ne viendroient pas à révélation.

§. I. A la requête de qui s'obtiennent les monitoires? A qui faut-il s'adresser pour avoir la permission de les obtenir? et en quel cas y doit-on avoir recours ?

C'est à la requête de la partie civile, lorsqu'il y en a une, ou de la partie publique, que s'obtiennent les monitoires. Il faut pour cela que la partie civile ou publique s'adresse au juge qui a la connoissance du crime, pour obtenir de lui une ordonnance qui permette de les obtenir. *Ordonnance de* 1670, *tit* 7, *art.* 1.

On ne doit avoir recours aux lettres monitoires que pour des faits graves. *Edit de* 1695, *art.* 26. *Voyez* aussi l'*art.* 18 de l'ordonnance d'Orléans, et l'*art.* 18 de la déclaration de 1560.

Au reste, on y a recours non-seulement en matière criminelle, mais même en matière civile, en cas de divertissement et recélés d'effets d'une succession, ou d'une communauté de biens, ou en cas de banqueroute.

Il faut aussi, pour y avoir recours, qu'on ne puisse faire la preuve d'ailleurs. Au reste, il n'est pas nécessaire qu'il y ait déjà eu un commencement de preuve, ou refus des témoins de déposer. *Ibid.*

§. II. De la forme des monitoires.

1° Ces lettres sont intitulées des noms et qualités de l'official, adressées aux fidèles du diocèse.

2° Après l'intitulé, est une exposition sommaire du crime, ou délit, et de ses principales circonstances.

Il est défendu, sous de très grosses peines, de nommer dans l'exposé des monitoires, ni même de désigner les personnes accusées, ou soupçonnées du crime : on s'exprime par les termes de *certains quidams*, ibid., *art.* 4. *Voyez* le commentaire de M. Jousse, sur l'*art.* 26 *de l'Edit de* 1695.

Il est aussi défendu, à peine de nullité des monitoires, et de tout ce qui aura été fait en conséquence, d'y faire mention d'autres faits que de ceux compris au jugement qui a permis de les obtenir. *Voyez* le même commentaire sur le même article. Il y a diverses limitations et exceptions admises à cette règle.

3° Après cette exposition du crime, est l'admonition que l'official fait aux fidèles qui auroient quelque connoissance du crime, des auteurs et des complices, de venir à révélation dans un certain terme marqué, qui court de la dernière publication.

4° Enfin les menaces d'excommunication contre ceux

qui n'obéirent point aux monitoires, et ne révéleroient point ce qu'ils savent.

§. III. De l'obligation en laquelle sont tous les officiaux d'accorder les monitoires, et les curés de les publier, et de leurs droits.

C'est au juge séculier seul, à qui la connoissance du crime appartient, à décider s'il est à propos d'avoir recours aux monitoires; et, lorsqu'il l'a décidé, en rendant une ordonnance portant permission de les obtenir, l'official, à qui la partie civile, ou publique, s'adresse pour les obtenir, en conséquence de cette ordonnance du juge, doit les accorder, et il ne lui est point permis de les refuser. *Tit.* 7, *art.* 2.

S'il les refusoit, le juge, sur la réquisition de la partie, peut l'y contraindre par la saisie de son temporel, jusqu'à ce qu'il ait obéi; et, s'il persévéroit dans son refus, le juge peut, en punition de sa contumace, ordonner la distribution de son revenu aux hôpitaux et pauvres des lieux. *Ibid.*, *art.* 2 *et* 6.

L'article 6 dit: *Nos juges pourront ordonner la distribution, etc.* Il paroît résulter de ce terme, *nos juges*, que le droit d'ordonner cette distribution, en cas de contumace de l'official, est un droit particulier aux juges royaux. M. Jousse paroît penser de même en son commentaire.

Les curés et leurs vicaires sont obligés, sous les mêmes peines, de les publier, à la première réquisition qui leur en est faite. *Ibid.*, *art.* 5 *et* 6.

Le juge peut aussi, en cas de refus de la part des curés, nommer d'office un prêtre, pour en faire la publication à leur place. *Art.* 5.

Les droits des officiaux pour les monitoires sont de trente sous, et de dix sous pour le greffier : ceux du curé, ou vicaire, sont de dix sous pour la publication. Il est fait défenses à eux d'exiger plus, à peine du quadruple, *ibid.*, *art.* 7, sans déroger aux usages des lieux où on exige moins.

§. IV. De l'opposition à la publication des monitoires.

Il arrive quelquefois qu'on s'oppose à la publication des monitoires. Il peut y avoir des raisons pour cette opposi-

tion : par exemple, si une personne s'y croyoit désignée
et notée. *Voyez* dans le commentaire de M. Jousse, sur
l'*art.* 26 de l'édit de 1695, les moyens principaux sur lesquels l'opposition, ou appel comme d'abus, peuvent être
fondés, *pag.* 216.

L'opposition à la publication des monitoires se fait par
un acte que l'opposant signifie, par le ministère d'un sergent, aux curés, par lequel il leur déclare qu'il s'oppose
à la publication des monitoires, pour les moyens qu'il dé-
duira en temps et lieu (l'effet de l'opposition est d'empêcher les curés de publier le monitoire avant qu'elle ait été
jugée; elle peut être formée avant, ou après la publication).

Cet acte d'opposition doit contenir une élection de domicile dans le lieu de la juridiction du juge qui a permis
d'obtenir les monitoires, à peine de nullité de l'opposition.
Ordonnance de 1670, *art.* 8.

La partie civile, ou publique, à la requête de qui les
monitoires ont été obtenus, peut assigner l'opposant à certains jour et heure, et dans les trois jours au plus tard,
devant le juge qui a permis de les obtenir, pour être débouté de son opposition. *Ibid.*

Ces oppositions doivent se juger sommairement, sans
appointer. *Arrêt du* 25 *mars* 1743, *de la Tournelle.*

Le jugement qui intervient sur cette assignation, s'exécute nonobstant opposition, ou appellation, même comme
d'abus : il est défendu aux cours de donner des défenses,
si ce n'est après avoir vu les monitoires, l'information, et
sur les conclusions du procureur général. *Ibid.*, *art.* 9.

§. V. Des révélations.

Les curés et vicaires doivent recevoir les révélations, et
les envoyer cachetées au greffe de la juridiction où le procès est pendant. *Tit.* 7, *art.* 10.

La partie publique prend communication de ces révélations; mais la partie civile ne doit avoir communication
que des noms et domiciles des personnes qui sont venues à
révélation. *Ibid.*, *art.* 11.

La raison de cette différence paroît être que la partie

blique ne peut être supposée abuser du secret de la révélation : il en est autrement de la partie civile.

Ces révélations ne font point partie des actes du procès, et servent seulement de mémoire pour assigner en témoignage les personnes qui sont venues à révélation.

ARTICLE V.

Des informations.

L'information est l'acte qui contient les dépositions des témoins.

§. I. Quelles personnes peuvent être appelées en témoignage, et en quel nombre ?

On peut appeler, pour rendre témoignage, toutes les personnes qu'on croit avoir quelque connoissance du crime, et de ceux qui en sont les auteurs, ou complices. On appelle en témoignage les femmes aussi bien que les hommes, même les impubères, sauf néanmoins par les juges à avoir tel égard qu'ils jugeront à propos à la nécessité, ou solidité de leurs témoignages. *Tit. 6 , art.* 2.

On peut appeler en témoignage même les parents de la partie; cela résulte de l'ordonnance de 1667, *tit.* 22, *art.* 11, où il est dit que les parents et alliés des parties ne pourront être témoins en matière civile, etc. ; donc ils peuvent l'être en matière criminelle, puisque l'ordonnance de 1670, *tit.* 6, *art.* 3, dit indistinctement *toutes personnes*, etc. Il est, au reste, de la prudence des juges d'avoir égard à la parenté du témoin sur la foi que leur paroîtra mériter sa déposition.

Il en est de même des serviteurs et domestiques.

Les étrangers, comme les François, peuvent être appelés en témoignage : les religieux et les religieuses, comme les séculiers, même les personnes infâmes, sauf à avoir tel égard que de raison à leur déposition.

Le nombre des témoins qu'on peut faire entendre, n'est point limité; l'ordonnance de 1667 ne l'a limité que pour les matières civiles.

§. II. A la requête de qui, devant qui, et dans quel délai les témoins sont-ils appelés ? et de l'obligation en laquelle ils sont de rendre témoignage.

Les témoins sont assignés pour rendre témoignage à la requête de la partie publique, comme aussi par la partie civile. *Tit.* 6, *art.* 1.

Ils sont assignés devant le juge qui a permis d'informer.

Lorsqu'ils sont assignés devant ce juge, ils peuvent être assignés en vertu de la seule ordonnance qui porte permission d'informer; il n'est pas nécessaire d'en prendre une autre. *Arrêt du* 12 *mars* 1712, *au sixième tome du Journal des Audiences.*

Ce juge en commet quelquefois un autre, lorsque les témoins sont éloignés; en ce cas les témoins sont assignés à comparoir devant le juge commis, en vertu de l'ordonnance qu'il rend après avoir accepté la commission.

Le délai, dans lequel les témoins doivent être assignés, n'est point déterminé par l'ordonnance; ce doit être un délai compétent, suivant la distance des lieux, la qualité des personnes et de la matière. C'est ainsi que s'explique l'ordonnance à l'égard des assignations pour le récolement, *tit.* 15, *art.* 1; et il y a même raison à l'égard des assignations pour déposer.

Lorsque le témoin est sur le lieu, il peut être assigné pour comparoir dans le jour même, sur-tout dans les matières qui exigent une prompte instruction, telles que sont les accusations de séditions et émotions populaires.

Les témoins appelés en témoignage doivent comparoir aux jour, lieu et heure auxquels ils sont assignés; ou, en cas d'indisposition, en certifier par un certificat du médecin, ou du chirurgien.

Lorsque le témoin ne comparoît pas, sans rapporter d'excuse légitime, le juge séculier, en donnant défaut contre lui, et ordonnant qu'il sera assigné de nouveau, peut le condamner en une amende; et, s'il ne comparoît pas à la seconde assignation, et qu'il soit laïque, le juge peut le contraindre à déposer par emprisonnement de sa personne. *Tit.* 6, *art.* 3.

Les ecclésiastiques ne peuvent être contraints à déposer

que par amendes, pour lesquelles on saisit seulement leur
temporel. *Ibid.*

Lorsqu'un religieux est appelé en témoignage, le supérieur peut être contraint à le faire comparoître par la saisie
du temporel du monastère, et par la suspension des priviléges accordés par le roi au monastère. *Ibid.*

Il y a certaines personnes qui ne peuvent être obligées
à déposer contre certaines personnes. Par exemple, un
mari ne peut être obligé à déposer contre sa femme, ni
une femme contre son mari, les enfants contre leurs pères
et mères et autres ascendants, ni les pères et mères contre
leurs enfants; ce qui doit être étendu aux beaux-pères et
belles-mères contre leurs privignes, gendres ou brus, *et
vice versâ.*

Les lois romaines étendoient la liberté de n'être point
obligé de déposer contre ses parents, jusqu'aux enfants des
cousins issus de germains. *L.* 4, ff. *de testibus.* Je ne sais
si, dans nos usages, on l'étendroit si loin, lorsqu'il s'agit
de crimes graves.

Cette liberté de ne pas déposer contre ses parents, ne
doit point avoir lieu dans le crime de lèse-majesté au premier chef, la patrie devant être plus chère que les parents. Cette liberté peut être aussi plus ou moins restreinte,
selon l'atrocité des crimes.

Un confesseur n'est pas obligé à déposer ce qu'il sait
par la confession.

Je ne penserois pas non plus qu'un avocat fût tenu de
déposer ce qu'il sauroit par la confidence que l'accusé lui
auroit faite, en le consultant sur l'accusation contre lui
intentée. *Voyez* les arrêts et autorités cités par Lacombe
en ses Matières criminelles, *part.* 3, *chap.* 4, *sect.* 2, *n°* 4.

Toute autre confidence ne doit pas, je crois, excuser de
déposer. Le témoin qui se prétend excusé de déposer doit
comparoître à l'assignation, et exposer au juge commissaire
pour informer, les raisons qu'il prétend avoir pour ne pas
déposer. Ce n'est pas au commissaire à décider, il en doit
dresser procès-verbal; ce qui forme un incident qui doit
être jugé au siége.

L'official ne peut contraindre les témoins à déposer devant lui par amende, ni par emprisonnement. *Arrêt du* 19 *mars* 1712.

§. III. Où les témoins doivent-ils être entendus?

Le juge, ordinairement, entend les témoins en sa maison; mais il faut pour cela qu'elle soit dans le territoire de sa juridiction; car il ne peut faire aucune fonction hors son territoire.

Lorsqu'un témoin est arrêté au lit, et ne peut sortir pour cause de maladie, le juge se transporte chez lui, pour recevoir sa déposition.

Il se transporte aussi dans les couvents des religieuses, et prend leurs dépositions au parloir; et si elles étoient détenues malades, il entre dans l'infirmerie, pour y prendre leurs dépositions.

Lorsqu'un témoin est d'une dignité éminente, tel qu'est un prince du sang, un gouverneur de province dans sa province, le juge, par déférence, se transporte chez lui, pour y recevoir sa déposition.

La novelle veut qu'on ait cette même déférence pour les évêques, lorsqu'ils sont assignés en témoignage. *Novelle* 123, *cap.* 70. Je pense qu'elle doit être suivie par-tout où le christianisme est en vigueur. Les évêques sont les princes de l'église, les dépositaires de la foi.... nos pères... D'ailleurs ils doivent être censés tellement occupés de la prière, de la méditation des saintes écritures et du gouvernement de leurs diocèses, qu'on doit se faire un grand scrupule de les distraire de leurs fonctions importantes; et quand cela est absolument nécessaire, on doit ménager avec soin des moments aussi précieux (1).

§. IV. Comment les témoins doivent-ils être entendus?

1° Les témoins doivent être entendus séparément et secrètement, *tit.* 6, *art.* 11. Il ne doit y avoir que le juge et son greffier présents, lorsque le témoin dépose.

2° Le juge, avant d'entendre le témoin, doit lui faire représenter l'exploit qui lui a été donné pour déposer. *Ib.*, *art.* 4.

---

(1) Cependant M. Jousse, en ses notes sur l'*art.* 5 *du tit.* 6 de l'ordonnance criminelle, cite un arrêt du parlement de Toulouse (sans date) qui a jugé contre l'évêque de Carcassonne, qu'il devoit se transporter chez le juge pour donner sa déposition.

La raison est qu'aucun témoin ne doit être admis à déposer, qu'il ne soit assigné par la partie publique ou civile ; autrement, il pourroit arriver que des personnes suscitées par l'accusé se présenteroient d'elles-mêmes, pour déposer à sa décharge.

Cette règle souffre exception dans le cas de flagrant délit ; car, en ce cas, il est permis au juge d'entendre d'office les témoins qui se trouvent sur le lieu, sans qu'ils aient été assignés. Le cas urgent du flagrant délit donne lieu à cette exception.

3° Le juge doit, avant d'entendre le témoin, prendre son serment qu'il dira vérité. *Ibid.*, *art.* 5.

4° Le juge doit enquérir ce témoin de son nom, surnom, âge, qualité et demeure ; s'il est serviteur, domestique ou parent des parties, et en quel degré. *Ibid.*

5° Il lui fait faire ensuite lecture de la plainte : si le témoin étoit sourd, il lui feroit prendre par lui-même lecture de la plainte.

Si le témoin est un étranger qui n'entend pas le françois, le juge, en ce cas, doit nommer un interprète pour assister le témoin ; et, après avoir fait prêter serment à cet interprète de fidèlement vaquer à sa commission, il fait faire lecture de la plainte en présence de l'interprète, lequel la rend au témoin dans la langue du témoin.

6° Après la lecture de la plainte, le juge entend ce que le témoin dépose sur les faits portés par la plainte. Il doit avoir attention à ce que le témoin s'explique sur toutes les circonstances du lieu, du temps, et de la manière dont la chose dont il dépose s'est passée.

Il doit surtout avoir attention à ce que le témoin s'explique comment il sait ce dont il dépose. Par exemple, il ne suffit pas que le témoin dise qu'il a la connoissance que c'est *Pierre qui a fait le meurtre*, ou le vol porté par la plainte ; il faut qu'il dise *comment il le sait*, *s'il l'a vu*, et s'il l'a seulement *reconnu à la voix*, ou *s'il lui a ouï dire*, etc.

Lorsque le témoin ne parle pas françois, l'interprète rend au juge, en françois, la déposition du témoin. Si le témoin étoit muet, on pourroit la lui faire écrire ; et sur ce qu'il auroit écrit, le juge la rédigeroit, et la feroit écrire par le greffier.

7° Le juge, après avoir entendu la déposition du témoin, la fait, en sa présence, rédiger par écrit par le greffier. Le juge doit faire attention à ne rien omettre, tant de ce qui peut faire charge, que de ce qui peut servir à la décharge de l'accusé. *Ibid.*, *art.* 10.

8°. Si le témoin, en déposant, a représenté au juge quelque chose qui puisse servir à charge ou à décharge, le juge en doit faire mention dans la déposition, et en ordonner le dépôt au greffe. Si c'est un écrit servant à conviction, il le doit préalablement parapher, et le faire parapher par ce témoin. *Arrêt de règlement du 20 avril 1717, pour la validité des informations, interrogatoires, procès-verbaux, et représentation des pièces servant à conviction. Journal des Audiences, tome VI.*

9° Après que la déposition a été écrite par le greffier, le juge doit la faire lire au témoin, pour savoir de lui s'il y persiste, et si on a bien pris le sens de ce qu'il a dit. *Ibid.*, *art.* 11.

10° Le juge doit signer la déposition, et la faire signer par le témoin, s'il le peut, et par le greffier, ou faire mention que le témoin n'a pu signer. *Ibid.*, *art.* 9.

11°. Il taxe les frais et salaire du témoin.

Observez que le juge ne peut commettre, pour écrire les dépositions des témoins, aucune autre personne que le greffier, ou commis à l'exercice du greffe, si ce n'est en cas d'absence, maladie, ou autre empêchement légitime du greffier ou commis, *Ibid.*, *art.* 6; auquel cas il doit faire prêter serment à celui qu'il commet, lequel doit être un homme majeur, et *integræ famæ*, c'est-à-dire, jouissant de tout son état civil.

Il y a en effet un arrêt rendu en forme de règlement en la Tournelle criminelle, le 25 avril 1716, qui fait défenses de faire fonction de greffier, jusqu'à ce qu'on ait atteint l'âge de vingt-cinq ans; et, auparavant ce règlement, il avoit été rendu un arrêt le 12 août 1712, qui avoit déclaré nulle toute la procédure faite en la justice de Gourville, avec défenses aux officiers de cette justice de recevoir ou commettre à l'avenir aucun greffier, qu'il n'eût atteint l'âge de vingt-cinq ans accomplis, à peine de nullité, et a ordonné qu'il seroit de nouveau informé par le lieutenant criminel de Poitiers. *Journal des Audiences, tome VI.*

§. V. De la forme générale de l'information, et de la forme particulière de chaque déposition.

Il est de la forme générale de l'information, que chaque page du cahier qui la contient, soit cotée par le juge, par première et dernière, et signée de lui, à peine de tous dépens, dommages et intérêts. *Ordonn. de 1670, tit. 6, art. 9;* et c'est un des points décidés par un arrêt rendu en la chambre de la Tournelle, le 22 septembre 1717, contre le juge de Champagne. *Journal des Audiences, tome VI.*

Il faut aussi qu'elle soit datée; qu'il soit dit par quel juge elle est faite.

Il est nécessaire aussi, lorsque ce n'est pas le greffier ordinaire, mais une personne commise par le juge, qui a fait fonction de greffier, qu'il soit fait mention, en tête de l'information, du serment qu'elle a prêté.

A l'égard de la forme particulière de chaque déposition, il faut, pour que la déposition soit valable, qu'elle contienne ce qui suit :

1° Le nom du témoin, c'est-à-dire son nom de baptême.

2° Son surnom, c'est-à-dire, son nom de famille.

3° L'âge qu'il a dit avoir.

4° Sa qualité ou profession.

5° Sa demeure en telle ville et sur telle paroisse.

6° La déclaration qu'il a faite, s'il est, ou non, parent, allié, serviteur ou domestique des parties; et, s'il est parent ou allié, en quel degré. *Ibid., art. 5.*

Il ne suffiroit pas que le témoin dît seulement qu'il n'est pas *serviteur*, ni qu'il dît seulement qu'il n'est pas *domestique*; il faut qu'il dise qu'il n'est serviteur ni domestique; car l'ordonnance ne s'est pas servie en vain de ces deux termes, qui ne sont point synonymes. *Arrêt du 8 avril 1702, rapporté par Bornier.*

Un homme de lettres, que vous logez chez vous, et que vous avez à votre table uniquement pour vous faire compagnie, et profiter de ses conversations, est votre domestique; car on appelle *domestiques* tous ceux qui logent en même maison, et mangent à la même table; mais il n'est pas *serviteur*. Au contraire, un valet-de-chambre, à qui vous donneriez son argent à dépenser, et qui iroit tous les soirs coucher chez lui hors de votre maison, après qu'il vous auroit mis au lit, n'est pas proprement votre domestique; mais il est votre serviteur. *Voyez* ce que nous avons dit à cet égard en notre Traité des Obligations, *part. 4, chap.* 2, *art.* 8.

L'ordonnance, en requérant que le témoin déclare s'il est parent, allié, etc., des parties, entend-elle parler même de la partie publique, ou seulement de l'accusé et de la partie civile?

La raison de douter est que la partie publique, tel qu'est un procureur du roi, n'étant pas partie en tant qu'une telle personne, mais en tant que procureur du roi, ceux qui sont les parents, alliés, serviteurs ou domestiques de ce procureur du roi, en tant qu'il est une telle personne, ne le sont pas proprement de la partie publique, qui n'en peut avoir; d'où il paroît suivre qu'il est superflu qu'un témoin déclare qu'il n'est parent, allié, serviteur ni domestique du procureur du roi, et que l'ordonnance n'a entendu parler que des parties qui sont parties en leur privé nom, et non pas de la partie publique. Nonobstant ces raisons, une déposition, dans laquelle le témoin auroit dit seulement qu'il est parent, allié, etc., de l'accusé, au lieu de dire des parties, souffriroit grande difficulté.

L'ordonnance, en prescrivant que le témoin déclare s'il est parent, etc., des parties, ne doit s'entendre que des parties connues lors de la déposition; car les lois n'obligent point à l'impossible, et il n'est pas possible au témoin de savoir, et par conséquent de déclarer s'il est parent, allié, etc., des parties inconnues. C'est pourquoi, lorsque le procureur du roi a donné plainte contre des quidams, ou parties inconnues, si le témoin a dit qu'il n'étoit parent, etc., *du procureur du roi*, au lieu de dire *des parties*, je pense que la déposition seroit valable.

7° Il doit être fait mention de la représentation de l'exploit d'assignation, donné au témoin pour déposer; il est bon même de faire mention du nom de l'huissier qui a donné cette assignation. Il ne suffiroit pas de faire une mention générale que les témoins ont été assignés. *Arrêt du 17 août 1706.*

8° Il doit être pareillement fait mention du serment fait par le témoin. *Ibid., art. 5.*

9° Il faut qu'il n'y ait aucune interligne, que les ratures soient approuvées, et les renvois signés par le témoin et le juge, *ibid., art.* 12, à peine de nullité.

10° Que la déposition soit signée par le témoin, ou que mention soit faite qu'il n'a pu, ou qu'il ne sait signer, et qu'elle soit pareillement signée par le juge et le greffier. *Tit.* 6, *art.* 9.

Il est aussi d'usage dans les dépositions de faire mention de la connoissance que le témoin a dit avoir, ou ne pas avoir des parties; mais l'ordonnance ne l'exigeant point, une déposition dans laquelle cette mention auroit été omise, ne devroit pas être déclarée nulle.

Les dépositions dans lesquelles il manqueroit quelqu'une des dix formalités ci-dessus, doivent être déclarées nulles; et, par arrêt du 10 janvier 1716, rapporté au *Journal des Audiences, tome VI*, il a été fait défenses au garde-marteau de Châtellerault d'entendre les témoins par forme d'interrogatoire, et il lui a été enjoint de les entendre, en forme de déposition, sur les faits résultants de la plainte, dont lecture leur seroit faite; le tout à peine de nullité.

Cette nullité peut être prononcée non-seulement par le juge supérieur, mais même par le juge qui a fait l'information : néanmoins lorsqu'il n'est pas seul juge, ce n'est pas lui, mais c'est le siége qui doit, en voyant le procès, statuer sur les nullités.

Le juge, en prononçant la nullité d'une déposition, peut ordonner qu'elle sera réitérée; et il le doit ordonner, lorsqu'elle est importante pour la décision du procès. *Tit.* 6, *art.* 4.

§. VI. **Du devoir des greffiers par rapport aux informations.**

Il est défendu aux greffiers, à peine d'interdiction et d'amende, de communiquer à personne l'information et les autres pièces secrètes du procès, dont ils sont dépositaires, ni, encore moins, de se dessaisir des minutes. *Tit.* 6, *art.* 15.

La règle souffre exception, 1° à l'égard du procureur du roi, ou fiscal, de la juridiction, qui peut retirer du greffe les minutes, à la charge par lui de s'en charger sur le registre du greffier, et de les remettre au plus tard dans les trois jours. *Ibid.*

2° A l'égard du rapporteur, à qui on les confie pour voir et rapporter le procès, à la charge par lui de les remettre vingt-quatre heures après le jugement. *Ibid.*, *art.* 16.

Les greffiers doivent avoir un registre relié, paraphé en tous les feuillets par le juge criminel, pour y enregistrer toutes les procédures qui seront faites, ou apportées, dont ils sont tenus d'envoyer des extraits tous les ans aux siéges ou aux cours d'où la juridiction ressortit pour le criminel. *Ibid.*, *art.* 18 *et* 19.

SECTION III.

Des différents décrets, de leur exécution, et procédure contre les contumaces; et des exoines.

ARTICLE PREMIER.

Des différents décrets.

§. I. Ce que c'est.

Le décret est une ordonnance du juge, par laquelle il cite l'accusé, pour répondre à l'accusation intentée contre lui.

Le décret, en matière criminelle, répond à la commission qui est nécessaire, en certains tribunaux, pour assigner en matière civile; il en est néanmoins bien différent.

La commission, en matière civile, se prend au greffe, sans l'office du juge, et sans aucune connoissance de cause. Le décret, en matière criminelle, se rend par le juge, sur l'examen de l'information qui a précédé.

§. II. Quelles sont les différentes espèces de décrets.

Il y a trois différentes espèces de décrets.

1° Le décret de *prise de corps*. C'est un décret par lequel le juge ordonne que l'accusé sera saisi au corps, et conduit dans les prisons.

2° Le décret d'*ajournement personnel*. C'est celui par lequel le juge ordonne que l'accusé sera assigné à comparoir en personne, pour être interrogé sur les faits de l'information.

3° Le décret d'*assigné pour être ouï*. C'est celui par lequel le juge ordonne que l'accusé sera assigné pour être ouï sur les faits de l'information. Ces différents décrets sont désignés par l'ordonnance de 1670, *tit.* 10, *art.* 2.

Le procès-verbal de l'ordonnance nous apprend que le décret d'assigné pour être ouï, est inconnu par les anciennes ordonnances, et de nouvelle institution; quoiqu'il paroisse ne différer du décret d'ajournement personnel que dans les termes, il en diffère néanmoins par rapport aux effets, comme nous le verrons ci-après.

On ne peut rendre aucune autre espèce de décret; l'ordonnance, *tit.* 10, *art.* 17, défend à tous juges, même des officialités, d'ordonner qu'une partie sera *amenée* sans scandale.

On distingue les décrets d'ajournement personnel, et ceux de prise de corps, en décrets *originaires*, et décrets de *conversion*.

On appelle décret originaire, le premier décret rendu contre un accusé.

Si on a rendu contre un accusé un décret d'ajournement personnel, faute par lui d'avoir obéi au premier décret de soit ouï rendu contre lui, ou qu'on ait rendu contre un accusé un décret de prise de corps, faute par lui d'avoir obéi au premier décret d'ajournement personnel, ces décrets sont des décrets de conversion. *Même ordonnance. Ibid.*, *art.* 3 et 4.

§. III. En quels cas, et contre quelles personnes se décernent les décrets.

Le juge doit avoir égard à la qualité du crime qui fait

l'objet de l'accusation, aux preuves qui se trouvent, et à la qualité de la personne de l'accusé, pour estimer quelle espèce de décret il doit rendre. L'ordonnance, *tit.* 10, *art.* 19, défend de décerner prise de corps contre les domiciliés, si ce n'est pour crime qui doive être puni de peine afflictive, ou infamante; ce qui doit sur-tout être observé à l'égard des personnes d'une condition honnête.

Il ne suffit pas que le crime, qui fait l'objet de l'accusation, soit un crime considérable; il faut, outre cela, qu'il résulte de l'information, ou autres actes du procès, un commencement considérable de preuve contre celui qu'on veut décréter de prise de corps.

Cette règle souffre exception, 1° à l'égard du crime de duel, pour lequel on peut décréter de prise de corps sur la seule notoriété, *ibid.*, *art.* 8, c'est-à-dire, sur le bruit public, sans information préalable.

2° A l'égard des vagabonds, qui peuvent aussi être décrétés de prise de corps sur la seule plainte du procureur du roi, sans information. *Ibid.*

3° A l'égard des crimes et délits domestiques, pour lesquels un domestique, sur la seule plainte de son maître, avant aucune information, peut être décrété de prise de corps. *Ibid.*

On peut aussi, pour quelque crime que ce soit, rendre un décret de prise de corps sur le seul procès-verbal d'un président, ou conseiller de cour souveraine, lequel, à cause de l'éminente dignité, fait une foi suffisante pour ce décret. *Ibid.*, *art.* 5.

A l'égard des procès-verbaux des autres juges royaux, ils n'ont pas le même effet : on peut seulement, sur leur procès-verbal, rendre un décret d'ajournement personnel; mais on ne peut rendre de décret de prise de corps sur les procès-verbaux de ces juges, sinon, après que leurs assistants auront été répétés, *tit.* 10, *art.* 5, c'est-à-dire, après que ceux qui auront assisté à leur procès-verbal, et dont ils auront pris les déclarations, auront été de nouveau entendus en déposition par une information.

A l'égard des procès-verbaux des sergents et huissiers, ils ne sont pas suffisants (sinon en un cas) pour aucune espèce de décret, tant que ces huissiers et leurs recors n'ont point été répétés ; mais après qu'ils l'ont été, on peut, sur leurs dépositions, décréter de prise de corps, si le cas y échet. *Ibid.*, *art.* 6.

Le cas auquel ces procès-verbaux peuvent donner lieu à un décret, avant que l'huissier et ses recors aient été répétés, est le cas de rébellion à justice ; et ce décret, tant qu'ils n'ont pas été répétés, ne peut être que d'ajournement personnel, *même art.* Voyez *l'édit d'Amboise du mois de janvier* 1572, *art.* 9.

Lorsque le crime est grave, et le commencement de preuve considérable, on peut décerner ces décrets de prise de corps contre les accusés, de quelque qualité et dignité qu'ils soient.

On a néanmoins égard à la qualité et dignité des accusés, pour rendre ces décrets, en ce qu'il faut une preuve plus ou moins considérable, suivant qu'est la qualité de l'accusé.

Lorsqu'un accusé a été décrété d'ajournement personnel, ou d'ajournement pour être ouï, il ne peut plus être décrété de prise de corps par le même juge, à moins qu'il ne survienne depuis de nouvelles charges contre lui, *ibid.*, *art.* 7 ; autrement il paroîtroit de la contradiction dans la conduite du juge.

Il est néanmoins permis aux cours, en donnant un décret d'ajournement personnel, ou de soit ouï, d'arrêter, par une délibération secrète, que l'accusé sera arrêté prisonnier, lorsqu'il comparoîtra ; mais cela n'est pas permis aux autres juges. Le cas de ces délibérations secrètes, est, lorsqu'on appréhende qu'il y ait trop de difficulté à arrêter l'accusé, qui se défendroit dans quelque maison forte, ou qui pourroit procurer une émotion du peuple en sa faveur. *Même art.* 7.

On peut décerner des décrets de prise de corps, nonseulement contre des personnes connues, mais même contre des personnes inconnues, sous un certain signalement exprimé par le décret, *ibid.*, *art.* 18. Par exemple, le juge ordonne qu'un quidam d'une telle taille, ayant les cheveux d'une telle couleur, etc., vêtu d'un tel habit, sera pris au corps.

Le juge rend ainsi le décret, lorsqu'un auteur, ou complice du crime, est désigné de cette manière par les témoins, qui ne le connoissent que par le signalement qu'ils en ont donné.

On rend aussi des décrets contre des personnes inconnues, à l'indication qui en sera faite. Par exemple, lorsque la plainte est donnée par une partie civile contre une certaine personne, et que les témoins ne l'ont point nommée, ne la connoissant pas, mais l'ont désignée par sa taille, ses habits, la couleur de ses cheveux, etc., le juge ne nomme pas la personne dans le décret qu'il rend, quoiqu'elle soit nommée par la plainte ; mais il ordonne qu'un certain quidam de telle taille, etc., sera saisi au corps à l'indication qui en sera faite par la partie civile. Par ce moyen, la partie civile qui aura indiqué la personne qui aura été arrêtée, demeurera responsable envers elle de ses dommages et intérêts, si on s'est trompé, et qu'il se trouve que ce n'est pas elle dont les témoins auront entendu parler.

Il y a lieu au décret d'ajournement personnel lorsque le crime est léger, ou même, dans les crimes graves, lorsque celui contre qui on le décerne, est peu chargé par les informations.

Lorsque le délit est très léger, ou même, dans les crimes graves, lorsqu'il y a très peu de preuves, et que l'accusé est de condition honnête, sur-tout lorsqu'il est ecclésiastique, ou officier, on rend le décret d'assigné pour être ouï. *Ibid.*, *art.* 2.

§. IV. Par qui, et comment se rendent les décrets?

Les décrets se rendent par le juge qui est chargé de l'instruction du procès. Il n'est pas obligé, pour les rendre, de prendre l'avis du siége : ils se rendent néanmoins quelquefois par le siége assemblé, lorsque le siége, en voyant le procès, juge à propos de rendre un décret contre quelque complice qui se trouve chargé par les actes du procès.

Les décrets doivent être rendus sur les conclusions du procureur du roi, ou du procureur fiscal, *tit.* 10, *art.* 1, c'est-à-dire que le juge, avant de rendre son décret, doit ordonner la communication de l'information, et autres actes du procès, au procureur du roi, ou fiscal, lequel, après la communication par lui prise, doit donner ses conclusions, par lesquelles il requiert ce qu'il juge à propos ; et ce n'est qu'après ses conclusions que le juge doit rendre son décret.

Au reste, quelles que soient les conclusions du procureur du roi, ou fiscal, quelque chose que ce soit qu'il ait requise, le juge est le maître de rendre tel décret qu'il veut, quoique le procureur du roi n'ait pas conclu au décret.

Cette règle, que les décrets doivent être rendus sur les conclusions du procureur du roi, souffre des exceptions.

1° Dans le cas de flagrant délit. 2° Lorsque ce décret est rendu à la chambre, en voyant le procès.

Par la déclaration du mois de décembre 1680, il est ordonné aux juges, à peine d'interdiction de leurs charges, de faire mention, dans les décrets d'ajournement personnel qu'ils rendent, du titre de l'accusation.

Le motif de cette loi est, afin que les cours, où l'appel de ces décrets seroit porté, puissent connoître si elles peuvent donner des *défenses de l'exécuter*, sans avoir vu les charges ; car il est défendu aux cours de donner des défenses d'exécuter les décrets dans certains crimes, sans avoir vu les charges, comme nous le verrons ci-après : au contraire, il y a des titres d'accusation si légers, que les cours, sans avoir vu les charges, peuvent se déterminer à donner des défenses.

Cette loi paroît peu exécutée dans l'usage, et l'omission de la mention du titre de l'accusation n'est pas une nullité ; car la loi n'ordonne pas cette mention à peine *de nullité*, mais sous une autre peine, qui est celle de l'interdiction du juge. C'est ainsi que, par arrêt du 12 mai 1711, rapporté au *Journal des Audiences*, tom. 6, il fut enjoint seulement au bailli de la terre du Châtelet d'exprimer à l'avenir dans ses décrets le titre de l'accusation, à peine d'interdiction de sa charge, et de telle autre peine qu'il appartiendroit.

D'ailleurs, ce n'est pas en faveur de l'accusé que cela est ordonné, mais contre lui, afin qu'il ne puisse pas surprendre des cours, des défenses contre des décrets, dans des cas auxquels il n'est pas permis d'en donner.

ARTICLE II.

De l'exécution des décrets, et de leurs effets.

§. I. De l'exécution des décrets de soit ouï, et d'ajournement personnel.

Le décret d'ajournement personnel, aussi bien que celui d'assigné pour être ouï, s'exécute par une assignation qui est donnée à la requête de la partie civile, ou de la partie publique, à la personne contre qui le décret est rendu, à ce qu'elle soit tenue de comparoir dans les délais de l'ordonnance, devant le juge qui l'a rendu, pour y subir interrogatoire, en tête de laquelle assignation, on donne copie à l'accusé du décret.

Les formalités de ces assignations, et les termes, ou délais auxquels elles doivent être données, sont les mêmes qui sont réglés pour les matières civiles : j'y renvoie. *Voyez au traité de la Procédure civile, part.* 1, *chap.* 1, *art.* 4, 5, 6, les formes intrinsèques, extrinsèques, et les délais des ajournements, *part.* 1, *pag.* 14, *et suiv.* Voyez encore l'*ordonnance de* 1667, *tit.* 2 et 3.

L'accusé doit, en conséquence de cette assignation, se présenter dans les délais, pour subir interrogatoire.

Si l'accusé ne s'est point, dans le délai de l'assignation, présenté pour subir interrogatoire, la partie civile, ou publique, après l'échéance de l'assignation, prend un défaut au greffe des présentations ; et, après les mêmes délais qui sont réglés pour les matières civiles, elle le fait juger (1).

Le juge, pour le profit du défaut, si le décret étoit d'assigné pour être ouï, ordonne qu'il sera converti en décret d'ajournement personnel.

S'il étoit d'ajournement personnel, il ordonne qu'il sera converti en décret de prise de corps.

Le décret de conversion en ajournement personnel s'exécute de la même manière que s'il étoit originaire ; et si l'accusé n'obéit pas au nouveau décret, le juge, après l'échéance du délai, et le défaut pris sur la requête de la par-

---

(1) Par l'article 8 de l'édit du mois de juillet 1775, concernant l'instruction des contumaces, *les délais pour lever le défaut, et l'usage des présentations,* ont été abrogés en matière criminelle.

tie civile, et sur les conclusions du procureur du roi, le convertit en décret de prise de corps.

§. II. De l'exécution du décret de prise de corps.

La partie civile, ou publique, qui veut faire exécuter le décret de prise de corps, en remet une expédition entre les mains d'un huissier, ou autre ministre de justice, ayant caractère pour l'exécuter.

Comme l'huissier, ordinairement, a besoin de main-forte pour exécuter le décret, il est enjoint à tous gouverneurs de provinces et villes, maires et échevins, et prevôts des marchands, de prêter main-forte pour l'exécution des décrets. *Tit.* 10, *art.* 15.

Ils sont obligés de prêter main-forte, à peine de radiation de leurs gages, non-seulement sur la réquisition du juge qui a donné les décrets, mais même sur la seule réquisition de l'huissier. *Ibid.*

L'huissier, porteur du décret de prise de corps, peut arrêter de nuit, comme de jour, celui contre qui il est rendu : il peut l'arrêter, ou dans les rues, ou dans sa propre maison, ou dans quelque autre maison que ce soit, même dans les églises. *Ordonnance de* 1539, *art.* 166 : mais pour arrêter quelqu'un dans les maisons royales, il faut une permission du roi.

Quoique l'ordonnance de 1539, dans l'article que nous venons de citer, parle indistinctement des matières civiles et criminelles, il n'est pas suivi pour les matières civiles : on n'arrête point la nuit, ni les dimanches et fêtes, ni à l'église, un débiteur, ni même dans sa propre maison, sans des raisons très-considérables, exposées au juge dans une requête, sur lesquelles il fait droit en connoissance de cause. *Voyez* notre Traité de la Procédure civile, *part.* 5, *chap.* 1, §. 4 *et* 5, et les règlements qui y sont cités.

L'huissier, aussitôt qu'il a arrêté l'accusé, doit le conduire dans les prisons du lieu de la juridiction, dont le décret est émané, *tit.* 10, *art.* 16. Si l'accusé étoit arrêté dans un lieu éloigné, il doit le conduire dans les prisons du lieu où il l'a arrêté, pour y demeurer comme en *prisons empruntées*, jusqu'à ce qu'il soit transféré dans celles du juge d'où le décret est émané.

Il est surtout défendu de retenir les accusés en maison particulière, si ce n'est pendant le temps de la conduite, et en cas de péril d'enlèvement; et il en doit être fait mention dans le procès-verbal de capture et de conduite. *Même art.* 16, *in fine*.

L'huissier, en arrivant aux prisons avec l'accusé qu'il a arrêté, doit écrire sur le registre des prisons un acte de l'emprisonnement, qui fasse mention du décret en vertu duquel il se fait. On appelle cet acte *un écrou*. Il doit aussi dresser un procès-verbal de la capture, et donner copie à l'accusé, tant du procès-verbal de capture, que de l'écrou.

L'huissier doit aussi faire un inventaire des papiers, hardes et meubles qu'il a trouvés sur l'accusé, lors de sa capture, et il doit être signé de deux témoins. Cet inventaire doit être inscrit sur un *registre de la geôle*, destiné à cet effet, *autre que celui des écrous*. Les choses qu'on croit pouvoir servir à conviction, doivent être remises au greffe sur-le-champ, et le surplus rendu à l'accusé, qui doit signer l'inventaire et le procès-verbal; sinon, il doit être fait mention de son refus.

Il est très-expressément défendu d'employer l'argent, et autres effets qu'on trouve sur l'accusé, aux frais du procès. *Arrêt du* 23 *février* 1713.

C'est dans le procès-verbal de capture, dans l'écrou, et dans la signification qui en est faite à l'accusé, que consiste l'exécution du décret.

Lorsque l'accusé a été arrêté, et mis en prison avant aucun décret, à la clameur publique, et que, sur le procès-verbal de capture, et sur les conclusions du procureur du roi, ou fiscal, le juge rend son décret contre lui, portant qu'il sera écroué à la requête du procureur du roi, ou fiscal, il est clair que c'est dans cet écrou, et dans la signification qui en est faite à l'accusé, que consiste l'exécution du décret.

Lorsque le décret de prise de corps ne peut être exécuté par la capture de l'accusé, il s'exécute par la perquisition de sa personne.

Cette perquisition se fait par l'huissier porteur du décret au lieu du domicile, ou de la résidence de l'accusé, s'il a un domicile, ou une résidence dans le lieu où le procès s'instruit, ou dans l'étendue de la juridiction : l'huissier dresse un procès-verbal de cette perquisition, dont il laisse copie au lieu où il l'a faite. *T. t.* 17, *art.* 1 *et* 2, *Édit de décembre* 1680.

Lorsque l'accusé n'a pas de domicile, ni de résidence sur le lieu, ni dans l'étendue de la juridiction, ce décret de prise de corps s'exécute par l'affiche d'une copie du décret à la porte de l'auditoire, *ibid.*, *art.* 3; et il n'est pas nécessaire de la faire à son domicile, qui est hors de l'étendue de la juridiction. *Même édit de* 16 0.

Cette perquisition n'est valable qu'au lieu de la résidence de l'accusé, et on ne doit se contenter d'afficher le décret à la porte de l'auditoire, que lorsque cette procédure se fait dans les trois mois depuis le crime commis, *même édit de* 1680. Lorsque l'accusateur ne l'a pas faite dans les trois mois, il ne peut plus faire la perquisition de l'accusé qu'à son vrai domicile, quoique situé hors l'étendue de la juridiction.

Mais si l'accusé étoit un homme sans domicile, dans les trois mois, comme après les trois mois, il suffit d'afficher le décret à la porte de l'auditoire. *Ibid.*

Il faut, outre cela, assigner l'accusé à comparoir à quinzaine par un exploit qui peut se donner au lieu de la résidence de l'accusé, ou même, lorsqu'il n'a ni domicile, ni résidence dans l'étendue de la juridiction, cette assignation peut se faire par affiche à la porte de l'auditoire, lorsque cet exploit est donné dans les trois mois du crime commis; sinon, et après les trois mois, il ne peut se donner qu'au vrai domicile, lorsque l'accusé en a un, quoique hors la juridiction. *Ibid.*

Outre ce délai de quinzaine, l'accusé doit avoir un jour de plus pour autant de dix lieues qu'il y a de distance du lieu de son domicile au lieu de la juridiction. *Ordonnance de* 1670, *tit.* 17, *art.* 7.

Outre cela, les biens de l'accusé, dont on a fait perquisition, peuvent être saisis à la requête de la partie civile, ou publique, sans qu'il soit besoin d'obtenir pour cela aucun jugement. *Ibid.*, *art.* 1.

La saisie des meubles de l'accusé se fait de la même manière, et doit être revêtue des mêmes formalités que celles qui se font en matière civile. *Ibid.*, *art.* 4.

Pareillement, on doit observer, pour la saisie des fruits des immeubles, les mêmes formalités qui sont prescrites pour les établissements des séquestres et commissaires en matière civile. *Ibid.*, *art.* 5.

Il est très-expressément défendu d'établir pour gardiens des meubles saisis, ou pour commissaires des immeubles de l'accusé, aucuns parents, ni domestiques du receveur, ou fermier du domaine du roi, ou de celui des seigneurs à qui la confiscation peut appartenir. *Ibid.*, *art.* 6.

Cette saisie se fait pour obliger l'accusé à obéir au décret de prise de corps, et à se constituer prisonnier; c'est pourquoi elle dure, et il ne peut en obtenir main-levée, jusqu'à ce qu'il se soit constitué prisonnier.

Cette saisie n'est point de nécessité; quand elle auroit été omise, la contumace n'en seroit pas moins valablement instruite contre l'accusé.

L'office du juge, par rapport à cette saisie, consiste; 1° à ordonner, sur les conclusions de la partie publique, la vente des effets périssables, ou qui se consommeroient par les frais de garde; 2° à adjuger, s'il le juge à propos, sur les revenus saisis, une provision alimentaire pour la femme et les enfants de l'accusé, sur leur requête, et les conclusions de la partie publique.

Quelquefois, au lieu de faire faire la saisie des meubles de l'accusé par l'huissier, la partie civile ou publique en demande le scellé au juge, qui se transporte en la maison de l'accusé, et l'y appose.

On a sur-tout recours au scellé, lorsqu'il y a lieu de croire qu'on trouvera parmi les papiers et effets de l'accusé, des choses qui pourroient servir à conviction.

La saisie ou le scellé ne peuvent se faire qu'en vertu du décret d'un juge séculier; on ne peut les faire en vertu du décret de l'official, et il ne pourroit pas même, sans abus, l'ordonner par son décret, le pouvoir de l'official ne s'étendant pas sur les biens.

Il est vrai que l'édit de 1695 permet, *art.* 44, d'exécuter les décrets des officiaux sans *pareatis*, ni permission du juge séculier; mais cette saisie est quelque chose de plus que l'exécution du décret.

On ne peut faire cette saisie que lorsque l'accusé est fugitif : il y auroit lieu à la prise à partie, si un juge faisoit saisir les meubles de l'accusé depuis son emprisonnement. *Arrêt du 25 janvier 1715, contre les officiers de Graçay.*

Le juge peut seulement faire perquisition des choses qui pourroient servir à conviction, et les déposer au greffe.

Si l'accusé, dont on a fait la perquisition, et qui a été assigné à la quinzaine, n'est point arrêté, ou ne se constitue pas volontairement prisonnier, il doit être, après le délai de quinzaine expiré, assigné à cri public à huitaine, à la requête de la partie civile ou publique : il n'est pas besoin d'obtenir pour cela aucun jugement.

On ne peut donner cette assignation à cri public avant que le délai de l'assignation à quinzaine soit entièrement expiré; et on ne comprend dans ce délai, ni le jour que l'assignation à quinzaine a été donnée, ni le jour de l'échéance de cette assignation : c'est pourquoi, si elle a été donnée le 1er juin, l'assignation à quinzaine ne pourra se faire plus tôt que le 17. *Tit.* 17, *art.* 8.

Le cri se fait en trois endroits; à la place publique du lieu où est établie la juridiction, à la porte de l'auditoire, et au-devant du domicile, ou résidence de l'accusé, s'il en a. *Ibid., art.* 9.

L'huissier, pour faire ce cri public, se fait assister d'un trompette, avec lequel il se transporte dans les trois endroits, où, après que la trompette a sonné, l'huissier appelle à haute voix l'accusé, et le somme de se représenter dans la huitaine dans les prisons, et en fait mention dans son exploit d'assignation, lequel, au surplus, doit être revêtu des mêmes formalités que les autres exploits d'assignation.

§. III. En quoi conviennent, et en quoi diffèrent les différentes espèces de décrets, quant à la manière de les exécuter, et quant à leurs effets.

Les différentes espèces de décrets conviennent entre eux : 1° en ce qu'ils peuvent être exécutés hors le territoire du juge dont ils sont émanés, sans aucun *pareatis* du juge du lieu où ils sont exécutés. *Tit.* 10, *art.* 12.

Mais la partie, à la requête de qui le décret est exécuté hors le territoire du juge dont il est émané, doit faire élection de domicile dans le lieu où il est exécuté, soit par l'exploit d'assignation, lorsque c'est un décret d'assigné pour être ouï, ou d'ajournement personnel, soit par le procès-verbal de capture, si c'est un décret de prise de corps. *Ibid., art.* 13.

Cette élection de domicile n'attribue aucune juridiction au juge du lieu où elle se fait, et elle ne se fait que pour que l'accusé puisse y faire à la partie les sommations et significations qu'il jugeroit à propos. *Ibid.*

2° Tous les décrets conviennent encore entre eux, en ce qu'ils peuvent être exécutés, nonobstant l'appel qui en auroit été interjeté, quand même ce seroit un appel comme de juge incompétent ou récusé. *Ibid., art.* 12.

Mais si les cours ou autres juges, devant qui l'appel auroit été porté, avoient donné des défenses d'exécuter le décret, du jour de la signification faite à la partie civile ou publique, le décret ne peut plus être mis à exécution, jusqu'à ce que les défenses aient été levées.

Les cours ne doivent pas facilement accorder ces défenses, sans avoir vu les charges ; il leur est expressément défendu par l'*édit de décembre* 1680, *concernant les défenses d'exécuter les décrets d'ajournement personnel, registré en parlement le* 10 *janvier* 1681, d'accorder des défenses, sans avoir vu les charges, même contre les ajournements personnels, lorsque le titre d'accusation est pour fausseté, ou malversations d'officiers ; ou, à l'égard des autres crimes, lorsqu'il y aura décret de prise de corps contre quelqu'un des coaccusés.

Les différents décrets diffèrent entre eux, quant à la manière de les exécuter, en ce que ceux d'*assigné pour être ouï*, et d'*ajournement personnel*, s'exécutent par un simple exploit d'assignation donné à l'accusé, sans attenter à sa personne ni à ses biens, jusqu'à ce que ces décrets aient été convertis; au lieu que les décrets de prise de corps s'exécutent sur la personne de l'accusé qu'on conduit en prison, et qu'on retient malgré lui; et lorsqu'on ne le peut prendre, on saisit ses biens.

Non-seulement les décrets d'assigné pour être ouï, et d'ajournement personnel, diffèrent de celui de prise de corps, mais ils diffèrent aussi entre eux; 1° en ce que le décret d'assigné pour être *ouï*, faute par l'accusé d'y avoir obéi, se convertit en décret d'ajournement personnel; au lieu que celui d'ajournement personnel se convertit en décret de prise de corps.

2° En ce que le décret d'assigné pour être ouï n'emporte aucune note contre l'accusé, ni par conséquent aucune interdiction de ses fonctions publiques; au contraire, le décret d'ajournement personnel, semblable en cela au décret de prise de corps, aussitôt qu'il est signifié à l'accusé, emporte de plein droit *interdiction de toutes fonctions publiques*, *tit.* 10, *art.* 10 *et* 11 : c'est pourquoi si l'accusé est officier, il ne peut plus faire aucunes fonctions de son office.

Si la personne décrétée est un ecclésiastique, elle demeure aussi de plein droit interdite de ses fonctions ecclésiastiques, aussitôt que le décret lui a été signifié : ce n'est pas que ce décret, *per se*, emporte cette interdiction; on convient que le pouvoir de lier et de porter des censures, n'est point du ressort de la puissance séculière; que c'est à l'église à qui le pouvoir a été donné, et qu'il ne peut être exercé que par les ministres de l'église; mais, comme les canons de l'église suspendent les ministres des fonctions du ministère, lorsqu'ils sont prévenus de crimes, la sainteté et la pureté du ministère ne permettant pas qu'il soit exercé non-seulement par des criminels, mais même par des personnes qui soient un peu soupçonnées de crime, il s'ensuit que celui qui, par le décret d'ajournement personnel, se trouve prévenu et soupçonné de crime, devient, non par le décret d'ajournement personnel, *per se*, mais

par les canons, en conséquence de l'ajournement personnel, suspens de ses fonctions. *Voyez* les arrêts rapportés
par M. Jousse sur *l'art.* 40 *de l'édit de* 1695.

Le décret d'ajournement personnel, comme celui de
prise de corps, ôtent même à un collateur l'exercice de la
collation des bénéfices; c'est un des points jugés par un
arrêt du 19 juin 1711, rapporté au *Journal des Audiences*,
tom. 6, en faveur d'un préventionnaire en cour de Rome,
contre un pourvu par le cardinal de Bouillon, postérieure-
ment au décret de prise de corps décerné contre lui; et il
paroît même que, par une déclaration du 7 juillet 1710,
registrée en parlement le 10 du même mois, il avoit été
décidé que la nature du décret décerné contre le cardinal
de Bouillon le privît non-seulement des revenus de ses
abbayes, mais encore de la disposition des bénéfices qui
en dépendoient.

ARTICLE III.
Des exoines.

§. I. Ce que c'est, en quel cas, et pour quelles causes adhère-t-on à
l'exoine?

L'exoine est un acte qui contient les raisons pour lesquelles un accusé ne se présente pas sur l'assignation qui
lui a été donnée en conséquence d'un décret.

Quelle que soit l'espèce de décret qui ait été décerné
contre un accusé, cet accusé peut proposer une exoine,
lorsqu'il ne peut comparoir sur l'assignation qui lui a été
donnée en conséquence du décret.

La principale cause d'exoine est la maladie, ou blessure
de l'accusé. *Tit.* 11, *art.* 1.

Il faut, pour que cette maladie ou blessure soit une
cause suffisante d'exoine, que cette maladie ou blessure
soit considérable, et telle, que l'accusé ne puisse se mettre
en chemin sans péril de sa vie. *Ibid.*, *art.* 2.

Il sembleroit que l'ordonnance, *art.* 1 du même titre,
à s'en tenir aux termes, restreindroit les causes d'exoines
aux causes de *maladies* ou *blessures*; néanmoins, on doit
décider que toutes les causes qui mettent l'accusé dans
une impossibilité morale de se mettre en chemin, pour

comparoir sur l'assignation qui lui est donnée, sont des causes valables d'exoines qui doivent être admises : car c'est une maxime de droit naturel, et prise dans la nature, que, *impossibilium nulla obligatio est.* L. 185, ff. *de Div. Reg. Jur.*

Par exemple, ce sont des causes valables d'exoines, si la communication des chemins est empêchée par des inondations, par la contagion, par la guerre; ou si l'accusé est, pour une autre cause, détenu prisonnier ou relégué, par ordre du roi, dans quelque lieu d'où il ne peut sortir sans la révocation de cet ordre.

§. II. De la forme en laquelle doit être présentée l'exoine.

L'accusé, pour présenter l'exoine, doit envoyer à un procureur une procuration *spéciale*, passée par-devant notaires, pour demander, en son nom, d'être *exoiné*, c'est-à-dire, excusé de comparoir.

Cette procuration doit contenir les causes de l'exoine, le nom de la ville, bourg ou village, paroisse, rue et maison où est détenu l'accusé. *Ibid.*, *art.* 1.

A cette procuration doivent être joints, 1° le rapport d'un médecin de faculté approuvée, qui déclare la qualité et les accidents de la maladie, et atteste que l'accusé ne peut se mettre en chemin sans péril de sa vie; 2° un acte de prestation de serment, que le médecin doit faire devant le juge du lieu, pour affirmer la vérité de son rapport. *Ibid.*, *art.* 2.

Il paroît, par le procès-verbal de l'ordonnance, que M. le premier président ayant observé qu'il y avoit bien des lieux où il n'y avoit point de médecin, M. Pussort repartit qu'on en pourroit faire venir; d'où il résulte que l'esprit de l'ordonnance a été que le rapport de simples chirurgiens ne devoit pas suffire, même lorsque l'accusé se trouvoit dans les lieux où il n'y avoit pas de médecin, et que l'accusé en devoit faire venir du lieu le plus proche pour se faire visiter. Cela doit néanmoins dépendre des circonstances.

Cette procuration contenant les causes de l'exoine, ensemble le rapport et le procès-verbal de prestation de serment du médecin, doivent être communiqués, tant au procureur du roi, ou fiscal, qu'à la partie civile, s'il y en a, avec avenir pour venir plaider à l'audience. *Ibid.*, *art.* 5.

Si l'exoine n'est point contestée, et que les causes soient légitimes, le juge y fait droit, et ordonne en conséquence *qu'il sera sursis à l'exécution du décret, et de la procédure de la contumace.*

Si ces causes sont légitimes, mais que la vérité de ces causes soit contestée, le juge en ordonne la preuve respective dans un bref délai; après quoi il fait droit. *Tit.* 11, *art.* 3, 4 *et* 5.

SECTION IV.

De l'instruction qui se fait depuis le décret; des différentes requêtes qui peuvent être ordonnées pendant l'instruction, et des conclusions définitives.

ARTICLE PREMIER.

Exposition générale de cette instruction.

La première procédure qui se fait après le décret signifié et exécuté, est l'interrogatoire de l'accusé, lorsqu'il comparoît sur l'assignation pour être ouï, ou qu'il a été arrêté prisonnier en conséquence d'un décret de prise de corps.

Cet interrogatoire doit être communiqué avec les autres actes au procureur du roi, ou fiscal, *tit.* 14, *art.* 17. L'interrogatoire doit aussi être communiqué à la partie civile. *Ibid.*, *art.* 18.

Ensuite, sur les conclusions du procureur du roi, ou fiscal, on rend le règlement à l'extraordinaire, par lequel il est ordonné que les témoins *seront récolés en leurs dépositions, et confrontés à l'accusé.*

Lorsque l'accusé, après les assignations à quinzaine, et à huitaine, n'a pas comparu, on rend aussi, sur les conclusions du procureur du roi, ou fiscal, le règlement à l'extraordinaire, par lequel on donne *défaut; et on ordonne que les témoins seront récolés, et que le récolement vaudra confrontation.*

Ce règlement ne se rend pas dans les affaires légères:

dans ces affaires, après les assignations à quinzaine et à huitaine, lorsque l'accusé n'a pas comparu, l'affaire se porte à l'audience, et y est jugée définitivement.

En exécution du règlement à l'extraordinaire, les témoins sont assignés à la requête de la partie civile, ou publique, pour être récolés en leurs dépositions, et confrontés aux accusés.

Le juge fait ce récolement et cette confrontation, et il peut, durant le cours de l'instruction, faire subir des interrogatoires à l'accusé, autant que bon lui semble.

Nous traiterons séparément de ces différentes procédures, aussi bien que des principales espèces de requêtes qui sont données pendant le cours de l'instruction, soit par le plaignant, soit par l'accusé.

ARTICLE II.

Des interrogatoires des accusés.

§. I. Ce que c'est que l'interrogatoire, et quand il doit être fait.

L'interrogatoire est un acte qui contient les interrogations faites par le juge à l'accusé sur les faits qui sont l'objet de l'accusation, et les réponses de l'accusé.

Les accusés qui ont été assignés en vertu d'un décret de soit ouï, ou d'un décret d'ajournement personnel, lorsqu'ils se sont présentés, subissent interrogatoire au jour et à l'heure qui leur ont été indiqués par le juge.

A l'égard des accusés contre lesquels il y a décret de prise de corps, le juge doit, aussitôt qu'ils ont été constitués prisonniers, et, au plus tard dans les vingt-quatre heures après leur emprisonnement, leur faire subir interrogatoire. *Tit.* 14, *art.* 1.

La raison de cette disposition est afin que, si l'accusé est innocent, et que, par ses réponses, il fasse connoître son innocence, il ne reste pas long-temps en prison, et que, s'il est coupable, il n'ait pas le loisir d'inventer des réponses pour déguiser la vérité.

Au reste, l'interrogatoire ne peut jamais se faire qu'après le décret, si ce n'est dans le cas du flagrant délit. *Arrêt du 22 août* 1709.

Le juge peut, pendant le cours de l'instruction, réitérer

l'interrogatoire toutes les fois que le cas le requiert, et qu'il le jugera à propos , ainsi que nous l'avons déja observé ci-dessus.

Il est indispensable de le réitérer lorsqu'il survient de nouveaux chefs d'accusation , l'accusé n'ayant point été interrogé sur ces chefs d'accusation dans le premier interrogatoire qu'il a subi.

Lorsqu'il ne survient point de nouveaux chefs , il est à la discrétion du juge de réitérer, ou non, l'interrogatoire pendant le cours de l'instruction.

Dans les procès où il y a eu règlement à l'extraordinaire , les accusés doivent encore subir interrogatoire après la visitation du procès avant le jugement.

Nous parlerons de cet interrogatoire dans la section suivante.

§. II. Par qui, où, et sur quels faits se font les interrogatoires ?

Il résulte de la définition que nous avons donnée de l'interrogatoire , que c'est le juge qui doit le faire : il y doit vaquer en personne , à peine de nullité ; et il est défendu , sous de grosses peines, au juge, de le laisser faire par le greffier. *Tit.* 14, *art.* 2.

L'interrogatoire doit se faire dans le lieu où se rend la justice, ou dans la chambre du conseil, ou de la geôle : il est défendu aux juges de le faire dans leurs maisons ; *ibid.*, *art.* 4. La dignité du lieu imprime plus de respect aux accusés , et peut servir à tirer d'eux la vérité.

Il y a des arrêts de règlement, au 6ᵉ volume du Journal des Audiences, des 31 décembre 1711, et 20 septembre 1712, qui déclarent nuls les interrogatoires , récolements et confrontations, faits dans les maisons des juges ; font défenses aux juges de faire ces actes dans leurs maisons , quelle que soit l'espèce de décret de l'accusé, même en cas de maladie du juge, et même dans le cas où toutes les parties y consentiroient par écrit.

Dans le cas de flagrant délit, le juge peut le faire dans le premier lieu qui se trouve commode. *Ibid.*, *art.* 5.

§. III. **Comment se fait l'interrogatoire; et sur quels faits l'accusé doit-il être interrogé?**

L'interrogatoire se fait secrètement; il ne doit y avoir, au lieu où il se fait, aucune autre personne que l'accusé qui est interrogé, le juge qui l'interroge, et le greffier qui écrit l'interrogatoire. *Tit.* 14, *art.* 6.

Néanmoins, si l'accusé ne savoit pas le françois, le juge appelleroit un interprète, comme nous le verrons *infrà, sect.* 6 : mais on n'admet l'assistance d'aucune autre personne; l'accusé, de quelque qualité qu'il soit, doit répondre par sa bouche, sans ministère de conseil. *Ibid., art.* 8.

Lorsqu'il y a plusieurs accusés, chacun doit être interrogé séparément, et hors la présence des autres. *Ibid., art.* 6.

Le juge, avant de procéder à l'interrogatoire, doit faire prêter serment à l'accusé de dire vérité. *Ibid., art.* 7.

Il y a, dans le procès-verbal de l'ordonnance, un beau discours du premier président contre l'usage de ce serment : il dit que ce serment n'est établi par aucune ordonnance de nos rois; qu'on ne voit pas qu'il fût en usage chez les Romains, ni chez les Grecs; qu'il y a apparence que c'est le tribunal de l'inquisition qui a établi cet usage; qu'il est contre la justice, ou du moins contre l'humanité, d'obliger, par la religion du serment, un accusé à faire une confession qu'il sait devoir lui faire perdre la vie; que ce serment, ou est obligatoire, ou ne l'est pas : s'il ne l'est pas, comme le pensent plusieurs docteurs, contre le sentiment de saint Thomas, exiger ce serment, c'est faire prendre en vain le nom Dieu; s'il est obligatoire, c'est engager infailliblement un criminel à faire un parjure, parce qu'on ne doit pas se flatter de trouver un criminel qui soit assez touché de la religion, pour aimer mieux perdre sa vie que de la violer.

MM. Pussort et Talon ont reparti que l'usage du serment étoit très ancien; qu'il étoit d'autant plus respectable, qu'il s'étoit établi sans loi; que dispenser les accusés du serment, ce seroit comme reconnoître qu'ils peuvent ne pas dire la vérité dans leurs interrogatoires; ce qui est une opinion fausse et dangereuse dans la société; que le droit naturel nous ordonne de conserver notre vie, mais qu'il ne le permet que lorsque nous le pouvons faire par des moyens justes, mais non pas aux dépens de la vérité, et en recourant au mensonge et à l'imposture; que le serment n'est point inutile, et qu'il peut se rencontrer, même dans les criminels, des consciences timorées, que la religion du serment peut engager à reconnoître la vérité; que si ce serment engage souvent à des parjures, il n'y engage pas moins souvent dans les affaires civiles, dans lesquelles on convient néanmoins qu'on doit l'employer.

Le juge, après avoir fait prêter le serment à l'accusé, l'interroge de son nom, surnom, âge, qualité et demeure; ensuite il l'interroge sur les faits qui sont l'objet de l'accusation; et il dicte au greffier chaque interrogat qu'il a fait à l'accusé, et la réponse que l'accusé y a faite.

Le juge peut, pour les faits sur lesquels il juge à propos d'interroger l'accusé, faire usage des mémoires qui lui sont fournis, soit par la partie publique, soit par la partie civile. *Tit.* 14, *art.* 3.

Il ne doit pas néanmoins faire usage de ces mémoires pour interroger l'accusé sur des crimes qui n'ont aucun rapport à ce qui fait l'objet de l'accusation, et dont il n'y a aucuns indices au procès, à moins que l'accusé ne soit d'une mauvaise renommée, déja repris de justice; auquel cas, le juge peut, sur des mémoires qu'on lui donne, l'interroger sur des crimes étrangers au procès, et dont il n'y a aucuns indices.

Le juge doit, lors de l'interrogatoire, représenter à l'accusé les choses qui peuvent servir à conviction, lui demander s'il les reconnoît: si ce sont des papiers, le juge doit les parapher, et les faire parapher par l'accusé, ou faire mention de son refus. *Ibid., art.* 10.

Ce défaut de représentation des choses qui ont été déposées au greffe, pour servir à conviction, n'opère pas la nullité de l'interrogation: ce défaut peut être réparé, en faisant cette représentation lors d'un autre interrogatoire; mais il est indispensable de la faire lors de quelque interrogatoire, ou des confrontations; autrement, ces effets ne feroient aucune charge contre l'accusé.

Lorsque l'accusé, dans la suite de l'interrogatoire, rétracte ce qu'il avoit dit au commencement, on ne doit pas le raturer; mais on doit, dans la suite de l'interrogatoire, faire mention des changements. *Ibid., art.* 12.

Lorsque l'accusé refuse de répondre, soit qu'il refuse dès le commencement, soit qu'il refuse dans la suite d'un interrogatoire, après avoir déja répondu, le juge le doit sommer verbalement par trois fois de répondre, et, à chacune des trois sommations verbales, lui déclarer que faute par lui de répondre, son procès lui sera fait comme à un muet volontaire, et qu'il ne sera plus reçu par la suite à répondre sur ce qui aura été fait en sa présence, pendant son refus à répondre; après quoi, le juge ayant fait faire mention dans son interrogatoire des trois sommations et déclarations, continue cet interrogatoire, et fait faire mention à chaque article que l'accusé n'a voulu répondre.*Tit.*18, *art.* 8.

Ces trois sommations et déclarations se font sur-le-champ, et dans la même séance; mais, comme cette procédure paroissoit trop rigoureuse à plusieurs de MM. les commissaires, lors de la confection de l'ordonnance de 1670, on a apporté ce tempérament, que le juge, lorsqu'il le jugeroit à propos, pourroit accorder un délai à l'accusé pour répondre, qui ne pourroit être plus long que de vingt-quatre heures.

Observez que le refus de répondre ne forme qu'un indice contre l'accusé; en quoi les matières criminelles diffèrent des civiles, dans lesquelles les faits sur lesquels la partie refuse de répondre, sont tenus pour confessés par elle. *Ibid., art.* 8, 9 et 11.

Lorsque l'accusé refuse de prêter le serment, on lui fait aussi trois sommations, et on fait mention de son refus.

L'interrogatoire fini, le juge en doit faire lecture à l'accusé, le signer, et faire signer par l'accusé. *Tit.* 14, *art.* 13.

Lorsque l'interrogatoire se fait en plusieurs séances, la lecture et la signature doivent se faire à la fin de chaque séance.*Ibid.*

§. IV. De la forme des interrogatoires.

L'interrogatoire doit contenir une mention du serment prêté par l'accusé, à peine de nullité, *tit.* 14, *art.* 7; ou mention de son refus, lorsqu'il a refusé de le faire, et des trois sommations qui lui ont été faites de le prêter.

Il doit aussi, sous les mêmes peines, être coté et paraphé en toutes ses pages, et signé par le juge et par l'accusé; et si l'accusé ne sait, ou n'a voulu signer, il en doit être fait mention. *Ibid., art.* 13.

L'ordonnance ne fait pas mention de la signature du greffier; c'est pourquoi l'omission de sa signature ne rend pas l'interrogatoire nul (1).

Il ne doit y avoir ni rature ni interligne. *Ibid., art.* 12.

Lorsque l'accusé a refusé de répondre sur quelque article, il doit être fait mention de son refus, et des trois sommations et déclarations qui lui ont été faites. *Tit.* 18, *art.* 9.

Lorsque le juge réitère l'interrogatoire, chaque interrogatoire doit être mis en cahier séparé. *Tit.* 14, *art.* 15.

Pareillement, lorsqu'il y a plusieurs accusés, l'interrogatoire de chaque accusé doit être en cahier séparé.

§. V. Des déclinatoires.

C'est lors du premier interrogatoire que l'accusé doit proposer son déclinatoire, s'il en a à proposer : s'il a répondu au premier interrogatoire, sans proposer de déclinatoire, il a, en répondant, reconnu la juridiction du juge; et il n'est plus recevable à demander son renvoi (2).

_____

(1) L'art. 4 de l'édit du mois de juillet 1773, portant règlement pour l'instruction des contumaces, enjoint à tous juges de donner connoissance aux accusés, lors du premier interrogatoire, de ce qui est prescrit par les trois précédents articles du même édit, pour l'élection de domicile, et d'en faire mention dans cet interrogatoire; ce qui s'observe en faisant élire domicile aux accusés lors de leur premier interrogatoire.

(2) Lacombe, en ses Matières Criminelles, *part.* 2, *chap.* 1, *n.* 13, prétend, au contraire, qu'en suivant les termes dans lesquels est conçu l'art. 3 du tit. 1 de l'ordonnance de 1670, on doit décider qu'un accusé peut demander son renvoi, tant que lecture ne lui a pas été faite de la déposition d'un témoin.

Le déclinatoire est une exception par laquelle l'accusé décline la juridiction du juge de qui est émané le décret rendu contre lui, et demande à être renvoyé devant certain juge, qu'il prétend être son juge.

L'accusé doit comparoir en personne devant le juge qui l'a décrété, pour proposer son déclinatoire. *Ordonnance du mois de mars* 1549, *art.* 10.

Lorsqu'il l'a proposé, il n'est point obligé de répondre, jusqu'à ce qu'il y ait été statué.

Ce n'est point au juge d'instruction qu'il appartient d'y statuer; il doit seulement dresser procès-verbal du déclinatoire qui lui a été proposé; et sur la communication faite, tant à la partie publique qu'à la partie civile, et les réponses que l'une et l'autre y auront données, l'incident doit être jugé par le siége assemblé. Ainsi jugé par arrêt du 23 août 1663, rendu entre les officiers du présidial d'Angoulême, rapporté au Journal des Audiences, *tom.* 2, et cité par M. Jousse, en ses notes sur l'*art.* 8 *du tit.* 14 *de l'ordonnance criminelle.*

Si l'accusé est débouté du renvoi, quoiqu'il soit appelant de la sentence qui l'en déboute, le juge peut l'obliger de répondre, sauf à lui à faire les protestations et les réserves de son appel; et s'il refuse de répondre, le juge procède contre lui comme contre un muet volontaire. *Tit.* 16, *art.* 2.

Par la même raison, s'il n'est décrété que de soit ouï, ou d'ajournement personnel, et qu'après avoir été débouté du renvoi, il ne comparoisse pas, le juge, nonobstant l'appel de la sentence qui l'a débouté du renvoi, peut donner défaut contre lui, et instruire la contumace.

ARTICLE III.

Du règlement à l'extraordinaire.

§. I. Ce que c'est; et pour quels délits a-t-il lieu?

Le règlement à l'extraordinaire est un jugement qui ordonne que les témoins ouïs et à ouïr seront récolés en leurs dépositions, et confrontés aux accusés. *Tit.* 15, *art.* 1.

Lorsqu'il est rendu contre un contumace, le jugement

porte que les témoins seront récolés, et que le récolement vaudra confrontation.

Lorsqu'il y a plusieurs accusés, on ajoute que les accusés, s'il est besoin, seront confrontés les uns aux autres.

Le règlement à l'extraordinaire est ainsi appelé, parceque c'est depuis ce règlement, et en conséquence de ce règlement, que se fait la procédure criminelle extraordinaire, c'est-à-dire, celle qui n'a pas lieu pour les délits légers et ordinaires, mais pour les crimes graves qui peuvent mériter quelques peines afflictives ou infamantes.

De là il suit que les juges ne doivent point rendre ce règlement à l'extraordinaire pour les délits légers, et qu'ils doivent les juger sans cette procédure.

Mais dans les délits qui peuvent mériter une peine afflictive ou infamante, ce règlement à l'extraordinaire est indispensable, les peines ne pouvant être prononcées sur les dépositions des témoins, si elles n'ont été confirmées par le récolement et la confrontation.

§. II. Quand, et comment ce règlement est-il rendu?

Ce règlement ne peut être rendu qu'après que l'accusé a été interrogé sur tous les faits sur lesquels ce même règlement sera rendu; c'est pourquoi si, depuis le premier interrogatoire, il est survenu de nouveaux chefs d'accusation, le juge doit faire subir un nouvel interrogatoire avant de rendre le règlement. *Arrêt du 25 février* 1718.

Ce règlement se rend sur les conclusions de la partie publique : il n'est pas néanmoins nécessaire qu'elle ait conclu à ce règlement; il suffit que, sur la communication qui lui a été faite du procès, depuis l'interrogatoire de l'accusé, ensemble de cet interrogatoire, ou depuis l'instruction de la contumace, lorsque l'accusé est contumace, le procureur du roi, ou fiscal, ait donné des conclusions, telles qu'elles soient, et suivant ce qu'il aura jugé à propos, pour que les juges puissent rendre le règlement à l'extraordinaire.

Le juge d'instruction ne peut pas seul rendre ce règlement; il doit être rendu par le siége assemblé. *Arrêt du* 26 *août* 1733, *rapporté dans le Code de Louis XV, tom.* 4, *pag.* 471.

§. III. A l'égard de quels crimes, et de quels accusés, ce règlement
a-t-il effet ?

Le règlement à l'extraordinaire tient lieu de litiscontestation en matière criminelle : la litiscontestation ne pouvant se faire que sur les instances déja nées, et entre les
parties actuellement plaidantes, il s'ensuit que le règlement
à l'extraordinaire ne peut concerner que les accusations
déja formées, et les accusés déja décrétés, lorsque ce règlement a été rendu.

C'est pourquoi si, depuis le règlement rendu à l'extraordinaire, le procureur du roi, ou fiscal, donne une addition de plainte contre l'accusé, pour un crime qui n'étoit
point contenu dans la plainte sur laquelle est intervenu le
règlement à l'extraordinaire, il faudra, après que les témoins auront été entendus sur cette addition de plainte, et
l'accusé interrogé sur le nouveau chef d'accusation, rendre,
sur les conclusions du procureur du roi, ou fiscal, un nouveau règlement à l'extraordinaire sur cette addition de
plainte.

Pareillement, si, depuis le règlement à l'extraordinaire,
le juge rend des décrets contre des complices de l'accusé,
quoique pour le même fait pour lequel a été rendu le règlement à l'extraordinaire, il faudra rendre un nouveau règlement à l'extraordinaire, qui ordonne que les témoins ouïs
et à ouïr seront récolés, s'ils ne l'ont déja été, et confrontés à ces nouveaux accusés.

ARTICLE IV.

Du récolement des témoins.

Le récolement est la perfection, et comme la dernière
main que le témoin met à la déposition qu'il a faite, par sa
persistance, ou par les changements qu'il y fait, après
qu'on lui en a donné lecture.

§. I. Quels témoins doivent être récolés ?

Les témoins, de quelque qualité et dignité qu'ils soient,
doivent être récolés, leurs dépositions ne pouvant sans cela
faire foi contre les accusés.

La raison est que, de quelque qualité et dignité que soit un témoin, il n'est point infaillible; c'est pourquoi le juge doit le récoler, pour s'assurer s'il ne s'est point trompé dans quelques circonstances de sa déposition.

La dignité du juge qui a reçu la déposition n'empêche point non plus que le témoin ne doive être récolé; car, quelque exact que le juge ait pu être à recevoir sa déposition, il n'a pu empêcher que le témoin n'ait pu se tromper.

C'est pourquoi l'ordonnance, *tit.* 15, *art.* 4, porte que les témoins seront récolés, quoiqu'ils aient été entendus par un conseiller de cour souveraine.

Les témoins ne sont pas non plus dispensés du récolement, parceque c'est le même juge qui les a entendus qui fait le récolement. *Ibid.*

Le juge d'instruction n'est pas obligé de récoler tous les témoins qui ont été entendus; il peut omettre le récolement des témoins dont la déposition est inutile au procès, lorsqu'il n'a aucun sujet d'espérer que le témoin ait quelque chose à ajouter, lors du récolement, qui puisse servir à faire preuve : c'est dans ce sens qu'on doit entendre la restriction, *si besoin est*, que renferme l'*art.* 1 *du tit.* 16.

On ne laisse pas néanmoins souvent de récoler des témoins, quoiqu'ils aient dit, par leurs dépositions, ne rien savoir, parcequ'il se peut faire qu'ils disent quelque chose, lors du récolement, qui leur auroit échappé, ou qu'ils n'auroient pas voulu dire lors de leur déposition.

Lorsqu'un accusé, par ses réponses aux interrogatoires, a chargé quelqu'un de ses complices, comme, en ce cas, cet interrogatoire équipolle à une déposition, il doit y être récolé.

§. II. Quand le récolement doit-il être fait?

Régulièrement, le récolement ne peut être fait qu'après le règlement à l'extraordinaire qui l'ordonne. *Ordonnance de 1670, tit.* 15, *art.* 3.

Cette règle, néanmoins, souffre exception dans le cas d'une urgente nécessité; c'est pourquoi l'ordonnance permet de récoler les témoins, même avant aucun jugement qui l'ait ordonné, lorsque les témoins sont fort âgés, malades, valétudinaires, prêts à faire voyage, et généralement dans tous les cas d'une urgente nécessité. *Ibid.*

Dans le crime de duel, les témoins doivent être récolés dans les vingt-quatre heures, et le plus tôt qu'il se pourra, après qu'ils ont été entendus, sans qu'il y ait aucun jugement qui l'ordonne; *édit du mois d'août* 1679, *portant règlement pour les duels, art.* 26; ce qui a été ainsi ordonné pour éviter que, pendant l'instruction d'une contumace, on ne se serve de moyens pour écarter les témoins, et détourner les preuves du duel.

Lorsque le règlement à l'extraordinaire ordonne le récolement des témoins, sans ajouter ces termes, *ouïs et à ouïr*, plusieurs pensent qu'il faut un nouveau jugement qui ordonne le récolement des témoins entendus depuis le règlement pour les récoler, et que pareillement, lorsque le règlement ne parle que des témoins, et non des accusés, il faut un nouveau jugement qui ordonne le récolement des accusés à leurs interrogatoires; on cite même un arrêt du 28 mai 1696, qui l'a ainsi jugé contre le juge du comté de Lyon.

Lorsqu'un témoin est entendu depuis le règlement à l'extraordinaire, on a demandé s'il falloit laisser un intervalle de quelques jours entre le récolement et la déposition. Je pense que, n'y ayant aucune loi qui requière cet intervalle, le récolement qui seroit fait en ce cas le même jour que la déposition, seroit valable. Boniface, *tom.* 1, *liv.* 1, *tit.* 27, n° 4, rapporte un arrêt du parlement de Provence, du 24 mai 1653, qui l'a jugé ainsi.

§. III. De l'assignation des témoins pour le récolement; et comment ils peuvent y être contraints.

Les témoins sont assignés à la requête de la partie publique, lorsqu'elle est seule, pour être récolés en leurs dépositions, et confrontés, si besoin est, aux accusés.

Lorsqu'il y a une partie civile, l'assignation se donne à la requête de cette partie; et si elle négligeoit de le faire, le juge, sur la réquisition du procureur du roi, ou fiscal, peut ordonner que, faute par la partie civile d'assigner les témoins dans un certain temps qu'il lui prescrira, ils seront assignés par le procureur du roi, ou fiscal, et que la partie civile sera contrainte de consigner la somme qu'il arbitrera pour les frais des assignations. Ces assignations sont données à deux fins, pour le récolement et pour la confrontation, si besoin est.

A l'égard du délai qui doit être donné aux témoins par ces assignations, il doit se régler *suivant la distance des lieux, la qualité des personnes, et la matière*; tit. 15, art. 1. *Voyez* ce que nous avons dit ci-dessus, *sect.* 2, *art.* 5, §. 2.

Les témoins sont contraints à comparoir sur cette assignation, par amende, pour le premier défaut, et, en cas de contumace, par emprisonnement de leur personne; *tit.* 15, *art.* 2. *Voyez* ce que nous avons dit sur les informations, *loco citato.*

Il reste une question, de savoir si l'assignation est nécessaire lorsque le témoin se présente de lui-même pour le récolement et la confrontation.

On pourroit peut-être dire qu'elle n'est pas, en ce cas, nécessaire, l'ordonnance n'exigeant point que le témoin fasse apparoir de l'assignation qui lui a été donnée, comme elle l'exige pour l'information. La raison de différence est en effet sensible; l'ordonnance, à l'égard des informations, a voulu éviter que des témoins suscités par l'accusé, ou sa famille, ne vinssent se présenter d'eux-mêmes pour déposer, et le décharger. Mais on n'a pas cela à craindre à l'égard du récolement, parcequ'il n'y a que ceux qu'on a déja jugé à propos d'entendre, qui peuvent être récolés.

L'assignation ne peut donc être nécessaire à leur égard, que pour les obliger à comparoir; d'où il semble suivre qu'on peut s'en passer lorsqu'ils comparoissent d'eux-mêmes; ce que je ne voudrois pas néanmoins assurer.

§. IV. Comment et où se fait le récolement; et de sa forme.

Lorsque le témoin comparoît devant le juge, pour être récolé en sa déposition, le juge doit observer ce qui suit :

1° Il doit prendre le serment du témoin, qu'il dira vérité.

2° Il doit lui faire faire lecture de sa déposition.

3° Il doit l'interpeller de déclarer s'il veut y ajouter, ou diminuer, et s'il y persiste.

4° Il doit faire mention, dans l'acte de récolement, de toutes ces choses, ensemble de ce que le témoin aura dit, de ce qu'il aura ajouté ou diminué.

5° Il doit lui faire lecture de l'acte de récolement, et faire mention de cette lecture.

6° Il doit le parapher et signer dans toutes les pages, le faire pareillement parapher et signer par le témoin dans toutes les pages, ou faire mention de son refus. *Tit.* 15, *art.* 5.

Chaque témoin doit être récolé séparément, *ibid.*, et secrètement, comme il est ordonné pour l'information.

Les récolements doivent être mis dans un cahier séparé des autres procédures. *Ibid., art.* 7.

Ces actes doivent se faire en la chambre du conseil ou de la geôle. *Voyez* à cet égard ce que nous avons dit ci-dessus sur les interrogatoires, et l'*art.* 17 du règlement de 1665, rapporté au Journal des Audiences.

Cette décision néanmoins n'a lieu que lorsque le juge procède au récolement des témoins dans le lieu où est établi le siége de sa juridiction; car, en ce cas, il lui est défendu d'y procéder dans sa maison, et à plus forte raison dans aucune autre maison particulière.

Mais lorsqu'il y procède hors de ce lieu, il y peut procéder dans l'hôtellerie où il est logé : ainsi jugé par arrêt du 12 mars 1712.

§. V. De l'effet du récolement.

L'effet du récolement est de mettre la dernière main à la déposition du témoin, de manière qu'il ne lui soit plus permis de la rétracter.

C'est pourquoi l'ordonnance veut que les témoins qui, depuis le récolement, se rétracteroient dans quelques circonstances essentielles, soient poursuivis et punis comme faux témoins. *Tit.* 15, *art.* 21.

En conséquence, si un témoin, lors de la confrontation, se rétractoit dans quelque circonstance essentielle, le juge peut le faire arrêter, et lui faire son procès comme faux témoin.

Il suit encore de ce principe que, lorsqu'un témoin a été une fois récolé, son récolement ne doit point être réitéré, quoiqu'il ait été fait pendant l'absence de l'accusé, c'est-à-dire, avant que l'accusé ait été arrêté, et même avant qu'il fût connu, n'étant encore que désigné. En effet, le récolement, comme la déposition, ne se faisant point en présence de l'accusé, il est indifférent que l'accusé ait été arrêté, ou ne l'ait pas été, lorsqu'il l'a fait.

Il en est de même, *quoique le procès ait été instruit en différents temps,* ou même par différents juges; le récolement, une fois valablement fait, ne se réitère pas. *Tit.* 15, *art.* 6.

Il en est encore de même, quoiqu'il y ait plusieurs accusés; *putà,* quoique lors du récolement du témoin, il n'y eût encore qu'un accusé, et que, dans la suite, on ait donné des décrets contre d'autres complices du même crime, on ne réitérera pas pour cela le récolement du témoin.

ARTICLE V.

De la confrontation.

§. I. Ce que c'est ; et de sa nécessité.

La confrontation est un acte par lequel le témoin est re présenté à l'accusé, pour que l'accusé fournisse contre lui ses reproches, s'il en a, et pour que le témoin reconnoisse l'accusé, et lui soutienne la vérité de sa déposition.

La déposition d'un témoin ne peut faire aucune charge contre l'accusé, qu'il ne lui ait été confronté.

Cette règle souffre exception à l'égard de ceux qui sont condamnés par contumace; car le règlement à l'extraordinaire, qui est rendu contre eux, porte que le récolement vaudra confrontation.

Il en est de même de ceux qui se sont évadés des prisons.

Cette exception cesse d'avoir lieu lorsqu'ils se représentent; car, en ce cas, les témoins doivent leur être confrontés, et ne peuvent faire charge contre eux qu'ils ne l'aient été.

Néanmoins, si les témoins, après avoir été récolés,

étoient décédés pendant la contumace, c'est-à-dire, depuis l'échéance de la dernière assignation à huitaine, et avant que l'accusé se soit représenté, les dépositions de ces témoins, morts pendant ce temps intermédiaire, ne laisseront pas de subsister, quoiqu'ils ne puissent plus lui être confrontés; et il suffira, en ce cas, de faire une confrontation littérale. (Nous traiterons ci-après de cette espèce de confrontation.)

Il en est de même lorsque les témoins ne peuvent pas être confrontés à l'accusé, qui ne s'est présenté que depuis la contumace, dans le cas où il est survenu quelque empêchement qui empêche qu'ils ne puissent l'être, comme une longue absence du témoin, son bannissement, sa condamnation aux galères, et quelque autre empêchement. *Tit.* 17, *art.* 22.

Ces dispositions de l'ordonnance sont fondées sur ce que les témoins ayant pu être confrontés à l'accusé, s'il se fût présenté, c'est par son fait que la confrontation ne peut se faire. Or, l'accusé n'est pas recevable à opposer le défaut de confrontation, lorsque c'est par son fait qu'elle n'a pu se faire, suivant cette règle de droit : *In omnibus causis, pro facto id accipitur, in quo per alium mora fit quominùs fiat. L.* 139, ff. *de reg. jur.*

§. II. Quels témoins doivent être confrontés ?

On doit confronter à l'accusé, non seulement les témoins qui ont déposé formellement que l'accusé a commis le crime dont il est accusé, mais même ceux qui ont déposé de quelque chose faite ou dite par l'accusé, qui peut l'en faire soupçonner.

On doit même confronter à l'accusé les témoins qui n'ont point parlé en aucune manière de l'accusé, mais dont les dépositions sont nécessaires pour constater le corps du délit; car les témoins ne pouvant faire aucune charge au procès, s'ils n'ont été confrontés à l'accusé, il arriveroit que, s'ils n'étoient pas confrontés, ce corps de délit ne se trouveroit pas prouvé.

Lorsqu'un accusé, dans ses réponses à ses interrogatoires, a chargé d'autres accusés, il doit aussi, après avoir été récolé aux interrogatoires, être confronté aux autres accusés qu'il a chargés.

Cette confrontation d'un accusé à d'autres accusés, s'appelle *affrontation* ou *accarement*.

§. III. Quand peut se faire la confrontation; et par qui doit-elle être ordonnée ?

Quoique le récolement, en certains cas particuliers, puisse se faire avant le règlement à l'extraordinaire qui l'ordonne, il n'en est pas de même de la confrontation; elle ne peut jamais se faire avant qu'elle ait été ordonnée.

Le règlement à l'extraordinaire porte ordinairement que les témoins ouïs et à ouïr seront récolés et confrontés, même les accusés, s'il est besoin, récolés et confrontés les uns aux autres.

Mais si ce règlement ne parloit point des témoins *à ouïr*, ni des *accusés*, il faudroit un nouveau jugement pour ordonner leur récolement et confrontation : c'est le siège assemblé qui doit donner ces jugements.

Observez aussi qu'on ne doit point procéder à la confrontation des témoins, que l'accusé n'ait été interrogé sur tous les chefs contenus aux charges et informations, et que les pièces et autres effets servant à conviction, ne lui aient été représentés lors de ses interrogatoires. *Arrêt du 24 mai 1712.*

§. IV. Des assignations pour la confrontation.

Les témoins sont assignés pour la confrontation par la même assignation par laquelle ils sont assignés pour le récolement; et ils peuvent être contraints à comparoir pour la confrontation comme pour le récolement.

Lorsque l'accusé est prisonnier, il n'est pas besoin de l'assigner pour la confrontation; le juge le mande lorsqu'il veut lui confronter les témoins.

Si l'accusé s'étoit évadé des prisons depuis son interrogatoire, il ne seroit pas nécessaire de l'ajourner, ni de le proclamer à cri public; sur le simple procès-verbal de son évasion, on peut ordonner que les témoins ouïs et à ouïr seront récolés, et que le récolement vaudra confrontation. *Tit. 17, art. 24.*

Lorsque l'accusé est en état d'ajournement personnel, ou de soit ouï, il doit être assigné à comparoir aux lieu, jour et heure indiqués par l'ordonnance du juge d'instruction, pour la confrontation. Cette assignation peut lui être donnée au domicile qu'il a élu par son interrogatoire.

Il doit, sur cette assignation, comparoir, ou proposer un exoine, lorsqu'il a quelque empêchement légitime ; et il faut, à cet égard, observer ce qui s'observe lorsqu'un accusé est assigné pour subir interrogatoire. *Voyez* ce que nous avons dit ci-dessus.

Si l'accusé ne comparoît pas, et ne propose point d'exoine, le juge d'instruction donne défaut contre lui ; il doit, en ce cas, convertir le décret, et faire la procédure de la contumace, qu'on fait contre un accusé qui ne comparoît pas sur un décret décerné contre lui, et qui a été expliquée *suprà*.

Il semble résulter des *art.* 10 *et* 11 *du tit.* 17, que cette procédure ne doit point se faire, et qu'il suffit, en ce cas, d'assigner l'accusé qui n'est pas comparu, par une proclamation à la porte de l'auditoire, et d'y afficher le procès-verbal de proclamation ; après quoi, on peut ordonner que, faute par l'accusé d'avoir comparu pour la confrontation, le récolement vaudra confrontation : c'est ce qui est ordonné par l'*art.* 10, à l'égard de ceux qui ont pour prison la suite du conseil, ou le lieu de la juridiction où s'instruit le procès, ou les chemins de celle où il a été renvoyé. Il paroît, par le procès-verbal sur cet article, que M. Talon en tire cette maxime générale, *que les contumaces de présence sont abolies*, c'est-à-dire, qu'on ne doit pas instruire la contumace contre ceux qui, ayant exécuté leur décret et comparu pour subir leur interrogatoire, font ensuite défaut sur les autres assignations qui leur seroient données dans le cours de l'instruction ; néanmoins il faut décider qu'on doit convertir le décret, et instruire la contumace. La cour l'a observé dans le procès criminel contre le chapitre d'Orléans, à l'égard du sous-chantre *Huard*, qui, après avoir subi interrogatoire, fit défaut pour la confrontation : la cour convertit le décret, et fit instruire la contumace. Il y a des arrêts du 8 juin 1711 et du 8 août 1712, rapportés aux 6ᵉ et 7ᵉ tomes du Journal des Audiences, qui ont jugé qu'il falloit en ce cas convertir le décret, et instruire la contumace (1).

Lorsque l'accusé a été originairement décrété de prise de corps, quoiqu'il ait été depuis remis en état d'ajournement personnel, ou même de soit ouï, il doit, sur l'assignation qui lui est donnée pour la confrontation, se rendre prisonnier, et rester en prison pendant le temps de la confrontation, dont il doit être fait mention dans la procédure, à moins que les cours, sur l'appel du décret, n'en eussent ordonné autrement. *Tit.* 15, *art.* 12.

§. V. Où la confrontation doit-elle se faire ?

La confrontation, comme l'interrogatoire et le récolement, doit se faire dans le lieu où se rend la justice, ou dans la chambre du conseil, ou dans celle de la geôle. *Voyez* ce que nous avons dit sur les interrogatoires.

Lorsque la maladie ou la blessure d'un témoin empêche qu'il ne puisse être transporté, le juge peut faire mener, sous bonne garde, l'accusé au lieu où est le témoin, et y faire la confrontation en vertu de son ordonnance, après avoir fait constater l'empêchement par le rapport des médecins ou chirurgiens. C'est ce qui résulte d'un arrêt du 12 mars 1712, rapporté au *Journal des Audiences, tom.* 6.

§. VI. Comment se fait la confrontation; et sa forme.

1° Le juge fait paroître le témoin et l'accusé l'un devant l'autre. *Tit.* 15, *art.* 14.

2° Il leur fait à l'un et à l'autre, et en présence l'un de l'autre, prêter le serment de dire vérité. *Ibid.*

3° Il les interpelle de déclarer s'ils se connoissent. *Ibid.*

---

(1) Ceci peut d'autant moins souffrir aujourd'hui de difficulté, que, par l'*art.* 9 du nouvel édit de 1773, *concernant les contumaces*, que nous avons déja cité, il est porté que si l'accusé, décrété d'assigné pour être ouï, après avoir comparu sur ledit décret, et subi interrogatoire, ne comparoît pas pour les récolements et confrontations, et autres instructions, il sera, sur les conclusions de la partie publique, décrété de prise de corps, sans observer le décret intermédiaire d'ajournement personnel; et ce, sur le certificat du greffier de la juridiction, que l'accusé ne s'est pas présenté, lequel certificat sera joint au procès.

4° Il fait faire lecture à l'accusé des premiers articles de la déposition du témoin, contenant son nom, surnom, âge, qualité et demeure, la connoissance qu'il aura dit avoir des parties, et s'il est leur parent, ou allié, serviteur, ou domestique. *Ibid., art.* 14.

Lorsqu'un accusé est confronté à son coaccusé, comme son interrogatoire, qui sert de déposition contre l'accusé à qui on le confronte, ne contient, dans les premiers articles, que son nom, surnom, âge, qualité et demeure, et rien de plus, il est d'usage, lors de la confrontation, et avant le surplus de l'interrogatoire, d'interpeller l'accusé qui sert de témoin, de déclarer s'il connoît les parties, s'il est leur parent, allié, serviteur, ou domestique. Mais si on l'avoit omis, seroit-ce une nullité? Je ne le pense pas.

5° Le juge somme ensuite l'accusé de fournir sur-le-champ ses reproches, s'il en a quelqu'un à fournir contre le témoin; et il l'avertit qu'il n'y sera plus reçu, après avoir entendu la lecture de la déposition. *Ibid., art.* 16.

Si l'accusé fournit quelque reproche, le juge doit s'enquérir du témoin, de la vérité du reproche, et faire écrire ce que l'accusé et le témoin auront dit à ce sujet. *Ibid., art.* 17.

Quels que soient les reproches, cela n'empêche pas le juge de procéder à la confrontation, après qu'il a fait écrire tout ce qui a été dit de part et d'autre sur les reproches, sauf au siége assemblé, lors de la visitation du procès, à avoir égard, ou non, aux reproches.

Si l'accusé n'a point de reproches à fournir, le juge en fait mention.

La règle, que l'accusé n'est plus reçu à fournir des reproches après qu'il a eu lecture de la déposition, souffre exception à l'égard de ceux dont il a la preuve par écrit, *ibid., art.* 20, lesquels il peut proposer en tout état de cause, par une requête qui doit être signifiée à la partie civile, et communiquée à la partie publique.

6° Après que l'accusé a fourni ses reproches, ou déclaré qu'il n'en a point à fournir, le juge fait faire lecture à l'accusé, et au témoin, de la déposition et du récolement, et les interpelle de déclarer s'ils contiennent vérité; ensuite il interpelle le témoin de déclarer si l'accusé présent est celui dont il a entendu parler dans ses déposition et récolement, et fait écrire ce qui est dit par l'un et par l'autre. *Ibid.*, *art.* 18.

Si l'accusé remarque dans la déposition, dont il lui a été fait lecture, quelque contrariété, ou quelque chose qui puisse tendre à justifier son innocence, il peut requérir le juge de faire au témoin telles interpellations qu'il croira pouvoir servir à sa défense : le juge doit faire ces interpellations, et faire écrire ce qui aura été dit de part et d'autre. *Ibid.*, *art.* 22.

7° S'il y a quelques pièces de conviction au procès, qui doivent être reconnues par le témoin, et par l'accusé, le juge les leur représente, les interpelle de déclarer s'ils les reconnoissent, et fait écrire tout ce qui est dit de part et d'autre à cet égard.

On dresse un acte qui doit faire mention de l'observation de toutes les formalités ci-dessus rapportées, et de tout ce qui a été dit, tant par l'accusé que par le témoin : on en fait lecture au témoin et à l'accusé.

L'ordonnance ne s'explique pas, à la vérité, formellement sur cette lecture de la confrontation ; mais c'est une formalité commune à tous les actes ; et ce que l'ordonnance a prescrit, à cet égard, pour l'information, peut s'étendre à la confrontation.

Enfin, cet acte doit être signé et paraphé dans toutes les pages, non seulement par le juge, mais encore par l'accusé et par le témoin ; sinon, il doit être fait mention de la cause de leur refus, c'est-à-dire qu'ils ont déclaré ne savoir, ou ne vouloir signer. *Ibid.*, *art.* 13. Ce qui est dit au *Titre des Informations*, sur la défense des interlignes, et l'approbation des ratures et renvois, peut s'étendre aux confrontations et récolements.

Les confrontations doivent être écrites dans un cahier séparé de celui qui contient l'information, et de celui qui contient le récolement ; et lorsqu'il y a plusieurs accusés, les confrontations faites à chaque accusé sont mises en cahier séparé. *Ibid.*

Dans les confrontations des accusés les uns aux autres,

il faut observer les mêmes formalités qu'entre les témoins et l'accusé, *ibid., art.* 23 : mais, comme la déposition de chaque accusé ne consiste que dans les interrogatoires qu'ils ont subis, le juge doit dater ces interrogatoires dans les récolements et confrontations des accusés les uns aux autres ; et c'est ce qui a été enjoint au lieutenant-criminel du siége royal de Civray, par arrêt de la Tournelle, du 31 décembre 1711, rapporté au 6ᵉ tome du Journal des Audiences.

Pareillement, on doit interpeller chaque accusé de déclarer si c'est de l'accusé présent dont il a entendu parler par ses interrogatoire et récolement, ainsi qu'il a été jugé contre le lieutenant, et autres officiers, du bailliage d'Enghien, par arrêt du 9 mai 1712, rapporté au même volume du Journal des Audiences.

La confrontation étant close, on ne peut en faire une nouvelle des mêmes témoins, et du même accusé. *Voyez* le règlement du 9 juillet 1716, pour les confrontations. *Ibid.*

§. VII. Des confrontations littérales.

Lorsque le témoin est mort, ou s'est absenté pendant la contumace de l'accusé, à défaut de la confrontation personnelle de ce témoin, qui ne peut plus se faire à l'accusé depuis arrêté prisonnier, on lui fait une confrontation littérale, c'est-à-dire que le juge fait venir l'accusé, lui fait prêter serment ; lui fait faire lecture des premiers articles de la déposition du témoin, le somme de fournir ses reproches.

Observez néanmoins que les juges, en ce cas, n'ont égard qu'à ceux qui sont justifiés par pièces. *Tit.* 17, *art.* 22.

Ensuite il lui fait faire lecture de la déposition et récolement du témoin, l'interpelle de déclarer ce qu'il a à dire contre ce témoin, et fait dresser de tout ceci un acte, en la même forme que les autres confrontations.

L'ordonnance nous fait remarquer deux choses essentielles à l'égard de cette confrontation littérale : la première, c'est qu'elle ne peut avoir lieu lorsque le témoin est décédé avant le récolement, à moins que sa déposition ne soit à la décharge de l'accusé, *ibid., art.* 21 ; ce qui fait connoître toute l'importance du récolement.

La seconde est que si le témoin qui a été récolé pendant la contumace, vient à décéder naturellement, ou civilement, depuis le récolement, sa déposition subsiste ; et la confrontation littérale en doit être faite à l'accusé, dans la même forme que si l'accusé étoit présent.

ARTICLE VI.

Des différentes requêtes des parties ; et des conclusions définitives du procureur du roi, ou fiscal.

§. I. Des requêtes à fin de provision ; et des sentences de provision.

La partie civile qui se plaint d'excès commis en sa personne, ou en celle de sa femme, de ses enfants, etc., peut, pendant le cours de l'instruction, demander que l'accusé soit, par provision, condamné à lui payer une somme pour ses aliments et médicaments.

Pour l'obtenir, après l'information décrétée, ce plaignant doit présenter sa requête au juge, à laquelle il attache le rapport des médecins et chirurgiens qui l'ont visité.

Le juge, sur ce rapport, peut seul, sans conclusions de la partie publique, adjuger, par forme de provision, au plaignant, telle somme de deniers qu'il jugera à propos, au paiement de laquelle il ordonne que l'accusé sera contraint. *Tit.* 12, *art.* 1.

La partie qui a déja obtenu une provision, peut quelquefois en demander une seconde, lorsqu'il est arrivé des accidents, ou que la guérison des blessures est plus longue qu'on ne s'étoit attendu ; mais il faut pour cela qu'il y ait quinzaine au moins entre la première provision et la seconde. *Ibid., art.* 3.

Cette seconde provision se demande par une nouvelle requête, à laquelle on joint un nouveau rapport de médecins ou chirurgiens ; et elle s'adjuge en la même forme que la première.

On ne peut en adjuger un plus grand nombre. *Ibid.*

Lorsqu'il y a des plaintes respectives, et des décrets respectifs, le juge ne peut adjuger de provision qu'à l'une des parties. *Ibid., art.* 2.

Lorsqu'il y a plusieurs accusés décrétés, le juge les condamne solidairement au paiement de la provision.

Ces sentences s'exécutent par saisie, et emprisonnement de la personne du condamné. *Ibid., art.* 6.

Le juge qui les a rendues, ne peut accorder de surséance pour leur exécution ; et, s'il y est formé opposition, il doit statuer promptement sur l'opposition, sans joindre au principal. *Ibid., art.* 4.

Elles s'exécutent nonobstant l'appel, lorsqu'elles n'excèdent pas 200 livres, si elles sont rendues par un juge ressortissant nûment en la cour ; ou 120 livres, si c'est un autre juge royal ; ou 100 livres, si c'est un juge subalterne. *Ibid., art.* 7.

Il faut observer que cette exécution provisoire ne peut avoir lieu que jusqu'à ce qu'il y ait arrêt de défenses ; mais cet arrêt ne peut être rendu que sur le vu des charges, et des rapports de médeciens et chirurgiens, et sur les conclusions du procureur-général. *Ibid., art.* 8.

Ces provisions ne sont susceptibles d'aucunes saisies. *Ibid., art.* 5.

§. II. Des requêtes des accusés, pour être élargis, ou remis en état de soit ouï.

Lorsqu'un accusé n'a pas été décrété originairement de prise de corps, mais par conversion, faute d'avoir obéi à un précédent décret, et qu'il a été constitué prisonnier, aussitôt qu'il a subi interrogatoire, s'il n'est survenu contre lui aucune nouvelle charge, soit par la déposition de nouveaux témoins, soit par ses réponses à l'interrogatoire, le juge doit, sur sa réquisition, l'élargir, et le remettre au même état qu'il étoit par le décret originaire rendu contre lui.

Le juge d'instruction peut seul, sans en référer au siége, ordonner cet élargissement, par une ordonnance qu'il met au bas de l'interrogatoire. M. Jousse rapporte deux arrêts qui l'ont décidé.

Il n'est pas même besoin pour cela de conclusions du procureur du roi, ou fiscal.

Lorsqu'un accusé a été originairement décrété de prise

de corps, son élargissement est plus difficile; néanmoins il arrive quelquefois qu'un accusé originairement décrété de prise de corps, demande à être élargi, et renvoyé en état d'ajournement personnel, et même de soit ouï, et pareillement qu'un accusé décrété originairement d'ajournement personnel, demande à être renvoyé en état d'assigné pour être ouï.

Pour qu'un accusé puisse être reçu à cette demande, il faut, avant toutes choses, qu'il ait obéi à son décret, en se constituant prisonnier, si le décret est de prise de corps; et en subissant interrogatoire, soit que ce décret fût de prise de corps, soit qu'il fût d'ajournement personnel.

L'accusé, après avoir subi interrogatoire, donne, à cet effet, une requête, au bas de laquelle le juge met une ordonnance de soit communiqué : en vertu de cette ordonnance, la requête doit être signifiée à la partie civile, s'il y en a une, et communiquée au procureur du roi, ou fiscal.

Il ne peut être statué sur cette requête, que la partie civile n'y ait répondu, ou n'ait été sommée d'y répondre; il faut aussi que le procureur du roi, ou fiscal, ait donné ses conclusions.

Le juge d'instruction ne peut seul statuer sur cette requête; elle doit être rapportée au siége assemblé; et ce n'est que sur le vu des charges et informations, et de l'interrogatoire de l'accusé, et après avoir vu la réponse de la partie civile, ou les sommations qui lui ont été faites d'y répondre, et les conclusions du procureur du roi, ou fiscal, qu'il peut y être statué.

Au reste, pourvu que le procureur du roi, ou fiscal, ait donné des conclusions, il n'importe qu'il ait consenti à la requête, ou conclu au débouté, les juges n'étant pas obligés de les suivre.

Les juges font droit sur cette requête lorsque le crime ne leur paroît pas assez grave pour retenir l'accusé en prison, ou en état d'ajournement personnel, ou en cas d'insuffisance de preuves dans les crimes considérables.

L'appel interjeté par le procureur du roi, ou fiscal, du jugement qui ordonne l'élargissement de l'accusé, paroît devoir en suspendre l'exécution; car le grief seroit irréparable.

§. III. Des requêtes des accusés, pour être reçus en procès ordinaire.

Lorsque les faits portés par l'information ne paroissent pas devoir mériter une peine publique, et qu'ils ne sont pas d'ailleurs assez éclaircis pour décider des dommages et intérêts qui peuvent être prétendus par le plaignant, le juge reçoit les parties en procès ordinaire, sauf à reprendre la voie extraordinaire, au cas qu'il survienne des preuves de faits plus graves, et de nature à y donner lieu.

Recevoir les parties en *procès ordinaire*, c'est convertir l'instance criminelle en une instance civile. Pour cet effet, le juge ordonne que la plainte sera convertie en demande, et l'information convertie en enquête; permet au plaignant de faire entendre de nouveaux témoins, et à l'accusé de faire enquête contraire; ordonne que le plaignant donnera copie à l'accusé des noms, surnoms, âges, qualités et demeures des témoins ouïs en l'information, pour fournir contre eux ses reproches, s'il y en a. Après ce jugement, le procès se continue, et s'instruit dans la même forme que les procès civils.

Ce jugement se rend à l'audience, lorsque la cause y est portée après l'interrogatoire devant le juge, ou sur l'appel : il se rend sur la requête, ou sur les conclusions prises, en plaidant, par l'avocat, ou procureur de l'accusé; peut-être même le juge pourroit-il le rendre d'office. Je ne vois rien qui l'empêche.

Après la confrontation, l'accusé ne peut plus être reçu en procès ordinaire. *Tit.* 20, *art.* 4.

Cette réception en procès ordinaire n'a lieu que lorsqu'il y a une partie civile.

Si la partie publique interjette appel du jugement qui reçoit les parties en procès ordinaire, il ne doit pas s'exécuter nonobstant l'appel; car la communication qui, en exécution de ce jugement, seroit faite à l'accusé de l'information convertie en enquête, seroit un grief irréparable. *Arrêt du* 12 mai 1704, qui fait défenses aux juges d'Issoudun d'exécuter ces jugements, nonobstant l'appel.

§. IV. Des requêtes des parties au principal.

Après que le procès a été instruit par la confrontation des témoins, la partie civile et l'accusé peuvent respectivement donner leur requête.

La partie civile conclut, par sa requête, à ce que l'accusé soit déclaré convaincu du crime qui fait l'objet de l'accusation, et à ce qu'il soit condamné à une certaine somme pour intérêts civils, et aux dépens.

Cette requête contient sommairement les moyens sur lesquels la partie civile établit ses conclusions, et l'exposition du tort que lui a causé le crime.

Si la partie civile a quelques pièces sur lesquelles elle fonde les conclusions de cette requête, elle doit les y attacher ; et, après que la requête a été répondue par le juge, elle doit donner copie, tant de la requête que des pièces y attachées, à l'accusé, ou à son procureur, s'il en a un de constitué : autrement la requête et les pièces y jointes doivent être rejetées.

L'accusé, de son côté, peut donner une requête, par laquelle il conclut à être déchargé de l'accusation, et quelquefois même en des dommages et intérêts contre la partie civile, pour l'avoir calomnieusement accusé.

Cette requête contient les moyens, tant de la forme, que du fond ; l'accusé relève les nullités, s'il prétend en trouver dans la procédure, et demande qu'on en prononce la nullité ; il établit les reproches contre les témoins, il relève les contradictions qu'il prétend trouver dans les dépositions, les choses qui paroissent hors de vraisemblance, etc. S'il fonde quelqu'un de ses moyens sur des pièces, il doit les attacher à sa requête ; et, après qu'elle a été répondue, il doit donner copie, tant de la requête, que des pièces, à la partie civile, à domicile de procureur.

Les requêtes se donnent de part et d'autre, sans qu'il doive intervenir aucun appointement qui l'ordonne ; il n'y a aucun délai fixé, dans lequel les requêtes doivent être données ; le jugement du procès n'en doit point être retardé, et on peut procéder au jugement définitif sans qu'elles aient été données, ni qu'il y ait eu de sommations faites pour en donner. *Tit.* 23, *art.* 3.

§. V. Des conclusions définitives du procureur du roi, ou fiscal.

Lorsque l'instruction du procès est finie, les témoins ayant été récolés et confrontés, le greffier remet le procès au procureur du roi, ou fiscal, pour qu'il en prenne communication, et qu'il donne ses conclusions. *Tit.* 24, *art.* 1.

Dans les juridictions où il y a des avocats du roi, le procureur du roi doit leur faire le rapport du procès au parquet, et prendre leur avis pour donner ses conclusions.

Le procureur du roi doit donner ses conclusions par écrit : il lui est défendu d'assister à la visitation des procès, et d'y donner ses conclusions de vive voix. *Ibid., art.* 2.

Le procureur du roi, ou fiscal, par ces conclusions, conclut, ou à la condamnation, ou à l'absolution, ou à un plus amplement informé, ou à une question préparatoire, ou à quelque autre interlocutoire.

Ces conclusions ne doivent point être motivées. *Ibid., art.* 3.

Il doit les remettre cachetées au greffe, avec le procès, *ibid.*; et il n'en est fait ouverture par les juges, lors de la visitation du procès, qu'après que tout le procès a été vu, afin que les juges ne se préviennent point.

ARTICLE VII.

En quel cas l'accusé peut-il avoir un conseil, pendant l'instruction du procès, et communication des charges?

§. I. En quel cas un accusé peut-il avoir conseil?

Il est commun à tous les crimes pour lesquels un accusé est constitué prisonnier, qu'on ne lui permet point de communiquer avec qui que ce soit, jusqu'à ce qu'il ait subi le premier interrogatoire.

Cela est très sagement établi, afin qu'un accusé ne soit point détourné de confesser la vérité, et qu'on ne lui suggère pas des moyens pour la déguiser.

Lorsqu'un accusé a subi son premier interrogatoire, on distingue si le crime est capital, ou s'il ne l'est point. Lorsque le crime n'est pas capital, c'est-à-dire, lorsqu'il n'est pas de nature à mériter peine de mort naturelle, ou civile, aussitôt que l'accusé a subi son premier interrogatoire, il peut, pendant tout le cours du procès, appeler le conseil qu'il juge à propos, et conférer avec lui dans la prison, tant et aussi souvent que bon lui semblera, *tit.* 14, *art.* 9, sans pourtant qu'il puisse s'en faire assister, quand il sera mandé pour subir de nouveaux interrogatoires, ou pour être confronté aux témoins.

L'accusé peut bien, à l'égard des crimes non capitaux, appeler tel conseil qu'il jugera à propos; mais lorsqu'il n'en demande point, le juge n'est point obligé de lui en fournir, et lui en nommer un.

A l'égard des crimes capitaux, l'ordonnance, *ibid.*, *art.* 8, interdit aux accusés les conseils, même après la confrontation; en quoi notre procédure est plus rigoureuse que celle de tous les états de l'Europe.

Elle excepte néanmoins de cette règle certains crimes, sur lesquels il seroit difficile à l'accusé de se défendre sans communiquer avec quelqu'un. Ces crimes sont ceux de péculat, de concussion, de banqueroute frauduleuse, de vols de commis, ou associés en affaire de finance, ou de banque; de faussetés de pièces, ou autres, où il s'agiroit de l'état des personnes.

· L'ordonnance permet aux juges, lorsque la matière paroîtra le requérir, de permettre aux accusés de ces crimes de communiquer avec leurs commis, et avec tels conseils qu'ils voudront appeler, même avant la confrontation.

Dans les autres crimes capitaux, où il n'est question que de savoir si un accusé a fait, ou non, telle chose, on ne permet pas aux accusés d'avoir un conseil, parce qu'on n'a pas besoin de conseil pour convenir de la vérité de tels faits; mais comme les accusés pourroient prétexter qu'ils en ont besoin, pour relever les nullités qui peuvent se trouver dans la procédure, et qu'ils ont intérêt de relever, l'ordonnance charge les juges d'y suppléer, et de faire eux-mêmes cet examen. *Même art.* 8.

§. II. En quel cas l'accusé peut-il avoir communication des charges ?

Dans les crimes légers, où il ne peut échoir de peine afflictive, l'accusé, après avoir subi interrogatoire, peut être admis à prendre droit par les charges, dont on lui permet à cet effet la communication. *Tit.* 14, *art.* 19.

Dans les autres crimes plus considérables, l'accusé n'en doit avoir communication que par la lecture qui lui est faite lors de la confrontation.

SECTION V.

Des jugements, de l'appel qui s'en interjette ; et de leur exécution.

ARTICLE PREMIER.

Règles générales sur ce qui doit être observé dans les jugements criminels.

Lorsque le procès a reçu son entière instruction, et que le procureur du roi, ou fiscal, après en avoir pris communication, l'a remis au greffe avec ses conclusions cachetées, le procès doit être remis à l'un des juges, qui en fait le rapport au siége assemblé.

Dans les juridictions où il n'y a qu'un juge, il ne peut juger seul le procès, quoiqu'à la charge de l'appel, lorsqu'il y a des conclusions à peine afflictive ; il doit appeler au moins deux gradués, qui voient avec lui le procès, assistent à l'interrogatoire que l'accusé subit avant le jugement, et jugent avec lui ; *tit.* 25, *art.* 10 ; *arrêt du* 31 *mars* 1711, *rapporté au Journal des Audiences, tom. VI.*

L'ordonnance veut que ceux qui assistent le juge soient gradués, parce que des gradués sont présumés avoir la connoissance des lois, et par conséquent plus en état que d'autres d'aider le juge de leurs lumières.

De là il suit que l'ordonnance entend parler de gradués en droit, et non pas dans les autres facultés, l'étude des autres sciences ne donnant pas les connoissances nécessaires pour juger les procès.

Suffiroit-il d'être bachelier? Il sembleroit, à s'en tenir à la lettre de l'ordonnance, que cela suffiroit; car l'ordonnance dit, *des gradués;* et un bachelier est gradué.

Néanmoins, j'y trouve beaucoup de difficulté, et j'inclinerois à penser que l'ordonnance entend parler de licenciés, ou docteurs, et non de simples bacheliers; car le degré de bachelier n'étant pas suffisant pour la fonction d'avocat, il semble qu'il ne doit pas l'être pour la fonction de juge.

Si le juge n'étoit pas lui-même gradué, pourroit-il être juge? Oui; l'examen qu'il est censé avoir subi, lorsqu'il a été reçu en son état de juge, assure sa suffisance aussi bien que des degrés. L'ordonnance de 1670, en *l'art.* ci-dessus cité, dit : *Assisteront au moins trois juges, qui seront officiers, si tant il y en a dans le siége, ou gradués.* Par ces termes, *officiers* ou *gradués,* il paroît qu'elle ne requiert la qualité de gradué que dans ceux qui ne sont pas officiers, et qui sont appelés à leur défaut.

Il faut que ces gradués le soient dans une université du royaume : les degrés pris dans les universités étrangères ne sont point reconnus en France.

Il faut qu'ils soient François ou naturalisés, et qu'ils jouissent de tout leur état civil; non seulement ceux qui l'ont entièrement perdu, tels que sont les religieux, et ceux qui ont été condamnés à une peine capitale, mais même ceux dont l'état civil a reçu quelque atteinte par quelque condamnation à peine infamante, ou même par quelque décret qui ne soit pas purgé, sont incapables de la fonction de juge.

Les mineurs, les interdits, les sourds, les muets, en sont aussi incapables; mais les aveugles en sont capables.

Il est évident que le procureur du roi, ou fiscal, ne peut pas suppléer le nombre des juges, puisqu'il est partie; les avocats du roi, ou fiscaux, ne le peuvent pas non plus; car leur ministère et celui du procureur du roi est un seul et même ministère; ils sont censés, comme lui, la partie publique.

Lorsque le jugement se rend en dernier ressort, il faut au moins sept juges pour le rendre; et lorsque ce nombre ne se trouve pas dans les officiers du siége, il doit être suppléé par des gradués.

Pour le crime de duel, lorsqu'il est jugé par les présidiaux, quoiqu'ils le jugent à la charge de l'appel, il faut cinq juges.

Les juges assemblés voient les actes du procès. S'il y a des reproches proposés par les confrontations contre des témoins, il faut, auparavant que de lire la déposition, et le récolement du témoin reproché, statuer sur les reproches : le président prend la voix des juges; et si l'avis qui prévaut, est que les faits de reproches proposés par l'accusé sont insuffisants et inadmissibles, on n'y a aucun égard; et on lit la déposition, et le récolement du témoin reproché.

Si, au contraire, le reproche est admissible, et qu'il soit justifié, soit par l'aveu des faits de la part des témoins reprochés, soit par pièces produites au procès par l'accusé, on fait droit sur les reproches, et en conséquence on ne lit point les dépositions et récolements de ces témoins.

Si les faits de reproches sont admissibles, mais ont besoin d'être justifiés par la preuve testimoniale que l'accusé a offert d'en faire, on surseoit à la lecture des dépositions, et des récolements reprochés, on lit les autres actes du procès; et, s'il est évident qu'il n'en résulte pas une preuve suffisante pour la conviction de l'accusé, et que les dépositions des témoins reprochés soient de quelque importance, on rend un interlocutoire pour admettre la preuve des faits de reproches. Cette preuve doit se faire aux dépens de l'accusé, s'il a le moyen; sinon, les frais en doivent être avancés par la partie civile, s'il y en a une; sinon, par le domaine.

Si la preuve qui résulte des actes du procès paroît pouvoir être suffisante pour la conviction, on surseoit à statuer sur les reproches, lorsque, après avoir entendu l'accusé, on appointe sur le fond du procès.

Après avoir vu le procès, avant de procéder au jugement, on prend lecture des conclusions, et on mande l'accusé pour subir interrogatoire.

Si le procureur du roi, ou fiscal, a conclu à une peine

afflictive, l'accusé subit interrogatoire sur la sellette, sur laquelle on le fait asseoir.

Pareillement, dans les cours, si la sentence dont est appel, ou les conclusions du procureur-général, sont à peine afflictive, l'accusé subit l'interrogatoire sur la sellette. Hors ces cas, il le subit debout, et nu-tête derrière le barreau : lorsque l'accusé a besoin d'interprète, l'interprète est toujours derrière le barreau.

C'est le président qui interroge l'accusé. Après l'avoir interrogé, et avant de terminer l'interrogation, il demande aux autres juges s'ils ont quelque autre chose à demander à l'accusé ; et si quelqu'un des juges suggère au président quelque nouvel interrogat, le président le fait à l'accusé.

Tout cet interrogatoire se fait dans la même forme que les autres interrogatoires qui se font dans le cours de l'instruction : aucun autre juge que le président ne le signe.

Observez que ce dernier interrogatoire, qui se fait lors de la visitation du procès, se fait principalement pour les défenses et justification de l'accusé, au lieu que ceux qui se font dans le cours de l'instruction, se font pour tirer de lui la vérité, et tirer des indices des contradictions dans lesquelles il tomberoit, en répondant sur les différentes circonstances sur lesquelles il est interrogé ; c'est pourquoi ce dernier interrogatoire doit être beaucoup plus court, et plus simple que les autres.

Lorsque l'accusé, qui n'est décrété que d'ajournement personnel, ou d'assigné pour être ouï, ne se trouve pas sur l'assignation qui lui a été donnée pour venir subir interrogatoire en la chambre, après la visitation du procès ? on donne défaut contre lui : mais, pour juger le procès, faut-il faire contre lui toute la procédure de la contumace ? ou suffit-il de l'assigner par une seule proclamation à la porte de l'auditoire, dont on dresse procès-verbal, qui y est affiché ?

C'est la même question que celle qui a été faite déjà ci-dessus sur la confrontation.

Lorsque l'accusé est contumace, et qu'on a fait contre lui toute la procédure de la contumace, il est évident qu'on peut procéder au jugement sans l'entendre.

Lorsque, après la visitation du procès, l'accusé a été en-tendu, ou que sa contumace a dispensé de l'entendre, on procède au jugement.

On ne peut y procéder de relevée, lorsqu'il y a des conclusions à mort, ou qu'il peut y échoir peine de mort, galères, bannissement à temps; *tit.* 25, *art.* 9. En cas de partage d'avis, le jugement passe par l'avis le plus doux.

Lorsque le jugement est à la charge de l'appel, il suffit que l'avis le plus rigoureux passe d'une voix de plus que l'autre, pour prévaloir; mais lorsque le jugement est en dernier ressort, il faut que l'avis le plus rigoureux passe de deux voix; autrement, le jugement passe par l'avis le plus doux.

On auroit pu quelquefois douter entre deux avis, lequel doit être censé le plus rigoureux, ou le plus doux. L'or-donnance, *tit.* 25, *art.* 13, a décidé cette question, en réglant l'ordre des différentes peines dont les juges peu-vent être d'avis. Voici cet ordre :

1° La mort naturelle.

2° La question avec la réserve des preuves.

3° Les galères perpétuelles.

4° Le bannissement perpétuel.

Je pense que l'ordonnance entend parler du bannisse-ment hors du royaume, qui emporte mort civile; et non du bannissement hors d'une province, qui n'emporte point mort civile, et est une moindre peine que les peines cor-porelles.

5° La question sans réserve de preuves.

6° Les galères à temps.

7° Le fouet.

8° L'amende honorable.

9° Le bannissement à temps.

Après les opinions finies, on mande le greffier, qui écrit le jugement sous la dictée du rapporteur; et tous les juges qui ont assisté au procès le doivent signer.

ARTICLE II.

Des différents jugements définitifs et interlocutoires qui peuvent intervenir.

Le jugement qui intervient, est ou interlocutoire ou définitif, d'absolution ou de condamnation : les principaux jugements interlocutoires sont , celui qui admet l'accusé à la preuve de ses faits justificatifs , celui de la question préparatoire , et celui de plus ample informé.

§. I. Du jugement qui reçoit l'accusé à la preuve de ses faits justificatifs.

Les faits justificatifs sont les faits qui sont allégués pour prouver et justifier l'innocence de l'accusé. Cette preuve ne peut être admise qu'après toute l'instruction et la visite du procès. *Tit.* 28 , *art.* 1.

Les juges-conservateurs de Lyon prétendoient n'être point assujettis à cet article de l'ordonnance ; mais, par arrêt intervenu en la chambre de la Tournelle, le 27 août 1717, et rapporté au *Journal des Audiences, tom.* 6 , il leur a été enjoint de s'y conformer, et de ne point admettre les accusés à aucuns faits justificatifs , ni qui tendent à détruire les dépositions des témoins , qu'après l'instruction du procès parachevée , suivant l'ordonnance.

L'accusé n'est pas admis à la preuve de toutes sortes de faits justificatifs , mais seulement de ceux qui ont été choisis par les juges , du nombre de ceux que l'accusé a articulés dans les interrogatoires et confrontations. *Ibid.*, *art.* 2.

Il faut que ces faits soient pertinents, c'est-à-dire qu'ils soient tels que , lorsqu'ils seront justifiés , on puisse en tirer une conséquence certaine, que l'accusé n'est pas coupable du crime dont on l'accuse.

Un de ces faits le plus ordinaire, est le fait de l'*alibi* : par exemple, lorsqu'un homme accusé d'un assassinat commis un tel jour , à une telle heure , dans un certain endroit, offre de prouver qu'il étoit ce jour-là même, à telle heure , dans un autre endroit fort éloigné.

Il faut , pour que ce fait soit pertinent et admissible , que l'endroit dans lequel il offre de justifier qu'il étoit ce

jour-là, soit tellement éloigné de celui où le crime s'est
commis, qu'il soit impossible qu'il ait pu, dans le jour,
s'être trouvé dans les deux endroits.

Lorsque les juges, après avoir vu le procès, jugent à
propos d'admettre la preuve de certains faits justificatifs,
ils rendent un jugement qui permet cette preuve, dans
lequel les faits, dont la preuve est permise, doivent être
détaillés et insérés. *Ibid.*, *art.* 3.

Le juge doit prononcer ce jugement à l'accusé, au plus
tard dans les vingt-quatre heures; et il doit, après le lui
avoir prononcé, l'interpeller de nommer les témoins par
lesquels il prétend justifier les faits; ce que l'accusé est
tenu de faire sur-le-champ, sans pouvoir, par la suite, en
nommer d'autres. *Ibid.*, *art.* 4 et 5. Le chancelier Poyet
éprouva dans son procès la rigueur de cette disposition,
sans pouvoir obtenir un plus long délai.

Tout ceci doit être inséré dans le procès-verbal de prononciation du jugement.

Le juge doit aussi ordonner que l'accusé consignera une
certaine somme au greffe pour les frais de cette preuve : si
l'accusé n'étoit pas en état de le faire, par sa pauvreté, les
frais doivent, en ce cas, s'avancer par la partie civile, s'il
y en a, sinon par le domaine. *Ibid.*, *art.* 7.

Les témoins nommés pour cette preuve doivent être
assignés par la partie publique, en vertu d'une ordonnance du juge, qui porte le jour auquel il les entendra.
Ibid., *art.* 6.

Lorsque l'enquête est achevée, elle doit être communiquée à la partie publique, et à la partie civile, s'il y en a,
et être jointe au procès. *Ibid.*, *art.* 8.

Les parties peuvent donner leurs requêtes, et joindre
telles pièces qu'elles jugent à propos sur les faits de l'enquête, avec les pièces y jointes, qui doivent être respectivement signifiées, sans qu'il soit besoin d'aucun jugement qui l'ordonne. *Ibid.*, *art.* 9.

Pendant toute l'instruction sur la preuve des faits justificatifs, l'accusé ne doit point être élargi. *Ibid.* *art.* 5.

C'est une question, si ce jugement doit s'exécuter nonobstant l'appel qu'en interjetteroit la partie civile, ou la

partie publique. Il semble qu'on devroit décider pour l'affirmative ; car c'est une règle générale, que les jugements
interlocutoires s'exécutent nonobstant l'appel, lorsque le
grief qui résulteroit de leur exécution n'est pas irréparable : or, il semble que le grief qui pourroit résulter du
jugement qui reçoit à la preuve des faits justificatifs, n'est
point de ces griefs irréparables, puisque le remède est
de ne point avoir égard à l'enquête qui se seroit faite en
conséquence de ce jugement. Néanmoins, l'auteur des Lois
criminelles rapporte plusieurs arrêts qui ont enjoint à des
juges de déférer à l'appel de leurs sentences qui reçoivent
l'accusé à la preuve des faits justificatifs, et cassent les
enquêtes faites au préjudice de l'appel. Ces arrêts me paroissent d'autant plus durs, que si le grief qui résulte de
l'exécution du jugement pour les appelants, n'est point
irréparable, comme on l'a prouvé, le grief qui résulte
pour l'accusé de l'inexécution du jugement, peut être
irréparable, parce que sa preuve peut périr pendant la poursuite du jugement sur l'appel. Il seroit à souhaiter qu'un
arrêt de règlement fixât la jurisprudence sur ce point
important.

§. II. Du jugement qui ordonne la preuve de la démence de l'accusé.

Le fait de démence de l'accusé, dans le temps que le
crime a été commis, est un véritable fait justificatif; car,
s'il est vrai que l'accusé n'eût pas l'usage de la raison lorsqu'il a commis le crime dont on l'accuse, il s'ensuit qu'il
n'est pas coupable de ce crime, ne pouvant y avoir de
crime véritable sans malice, ni de malice sans l'usage de la
raison.

L'accusé ne pouvant par lui-même alléguer ce fait justificatif, puisqu'il lui faut l'usage de la raison, dont on le
suppose privé, pour l'alléguer, à moins qu'il ne l'eût re-
couvrée depuis le crime commis, c'est le juge qui ordonne
d'office la preuve de ce fait, sur les conclusions du procureur du roi, ou fiscal.

Au reste, ce fait a cela de commun avec les autres faits
justificatifs, que la preuve n'en doit être admise qu'après
l'instruction achevée, et la visitation du procès.

Il diffère des autres faits justificatifs, en ce que l'accusé n'est point tenu de nommer les témoins ; car, s'il est privé de l'usage de la raison, il est évident qu'il ne les peut nommer ; et d'ailleurs, ce n'est point à sa réquisition que cette preuve se fait : le procureur du roi, ou fiscal, fait entendre sur ce fait tels témoins que bon lui semble.

Lorsque les témoins ouïs sur la plainte contre l'accusé, en déposant du fait dont on l'accuse, déposent en même temps de la démence de l'accusé, il sembleroit qu'il seroit inutile de rendre un jugement pour informer de la démence, et qu'on pourroit aussitôt absoudre l'accusé ; néanmoins j'ai vu un exemple où, dans un pareil cas, quoique tous les témoins eussent déposé de la démence de l'accusé, le parlement ordonna qu'il seroit informé de la démence.

Il y a quelques arrêts qui ont jugé que les premiers juges ne devroient point admettre la preuve des faits de démence, mais condamner l'accusé, sauf à la cour, sur l'appel, à permettre la preuve de ces faits : mais ces arrêts ne me paroissent pas devoir être suivis ; car, obliger les premiers juges à condamner un homme qu'on a lieu de croire avoir été en démence lors du crime dont on l'accuse, sans pouvoir s'enquérir de sa démence, c'est vouloir les obliger de condamner un homme qu'ils ont lieu de croire innocent, puisqu'un fou est innocent, ce qui est contre le droit naturel ; et d'ailleurs, les premiers juges ayant le droit, par l'ordonnance, conforme en cela au droit naturel, de s'enquérir de tout ce qui peut constater l'innocence de l'accusé, en informant des faits justificatifs qui peuvent la constater, pourquoi ne pourroient-ils pas informer du fait de démence, qui est un fait justificatif des plus décisifs (1) ?

_____

(1) Nonobstant ces raisons, M. le chancelier d'Aguesseau, consulté dans un procès criminel, instruit par contumace contre un particulier accusé d'un meurtre, et pour lequel on employoit le fait justificatif de la démence, décida, en 1742, *que les premiers juges auroient dû prononcer la peine de mort contre ce particulier, parceque, étant juges de rigueur, il ne leur étoit pas permis d'admettre la preuve du fait de démence, ce pouvoir étant réservé aux cours supérieures.* Tom. 8 de ses OEuvres in-4°, lett. 228.

§. III. Du jugement qui ordonne la question préparatoire.

La question préparatoire est l'interrogatoire que le juge fait subir à l'accusé dans les tourments, pour l'obliger, par leur violence, à confesser la vérité. *Quæstionem intelligere debemus tormenta et corporis dolorem, ad eruendam veritatem. L.* 13, §. 41, ff. *de injur.*

La question doit être ordonnée par un jugement qui se rend après la visitation du procès, et l'interrogatoire subi à la chambre par l'accusé.

Il y a différentes espèces de jugements qui ordonnent la question; on ordonne, ou la question ordinaire seulement, ou la question ordinaire et extraordinaire.

La question extraordinaire consiste en une augmentation de tourments qu'on fait endurer à l'accusé, incontinent après ceux de la question ordinaire.

Les tourments, soit de la question ordinaire, soit de l'extraordinaire, sont différents, suivant les différents usages des juridictions.

Il n'y a que les cours souveraines qui puissent ordonner que l'accusé sera seulement présenté à la question. *Tit.* 19, *art.* 5.

On ordonne la question sans réserve de preuves, ou avec la réserve de preuves. *Ibid., art.* 2.

Pour pouvoir ordonner la question, de quelque manière que ce soit, il faut que trois choses concourent. *Ibid., art.* 1.

1° Que le crime, qui fait l'objet de l'accusation, soit capital, et mérite peine de mort naturelle.

2° Que le crime soit constant, c'est-à-dire qu'il soit pleinement justifié qu'il a été commis par quelqu'un.

3° Qu'il y ait une preuve considérable contre l'accusé : au reste, cette preuve doit être plus ou moins considérable, selon la qualité de la personne accusée. Il en faut moins pour appliquer à la question un vagabond, que pour y appliquer un domicilié; il en faut moins pour y appliquer un homme de mauvaise réputation, convaincu d'autres crimes, que pour y condamner un homme bien famé.

Lorsque la question est ordonnée par un jugement qui

n'est pas en dernier ressort, les juges ne peuvent pas l'exécuter ; mais ils doivent envoyer le procès et l'accusé par-devers la cour, pour confirmer ou infirmer le jugement. *Ibid., art.* 7.

Lorsque le jugement est en dernier ressort, aussitôt qu'il a été arrêté, dressé par le greffier, et signé par tous les juges, le rapporteur, assisté d'un autre juge, sans divertir à d'autres actes, se transporte en la chambre de la question, pour le faire prononcer à l'accusé. *Ibid., art.* 6.

Voici ce qui doit être observé en faisant donner la question préparatoire.

1.º Après la prononciation du jugement, et avant de faire appliquer l'accusé à la question, le juge lui fait subir un interrogatoire, le serment de lui pris dans la forme des autres interrogatoires, et le lui fait signer, ou fait mention de son refus. *Ibid., art.* 8.

2.º Il doit lui être fait lecture de l'arrêt, ou jugement en dernier ressort, qui a ordonné la question ; et l'accusé doit être à genoux et tête nue.

3.º Le juge fait appliquer l'accusé à la question ; il dresse procès-verbal de la manière dont il y est appliqué, et des tourments qu'il lui fait endurer ; des différents articles d'interrogatoire qu'il lui fait pendant les tourments, et des réponses, confessions, dénégations et variations de l'accusé à chaque article. *Ibid., art.* 9.

4.º Il est laissé à la prudence des juges, ou commissaires, de faire relâcher et modérer une partie des rigueurs de la question, si l'accusé confesse ; et de le remettre dans les mêmes rigueurs s'il varie. *Ibid., art.* 10.

5.º La question doit être donnée de manière que l'accusé n'en soit point estropié.

Un médecin ou chirurgien assiste à la question, afin que, si l'accusé se trouvoit mal, le juge fît modérer les rigueurs de la question, ou même entièrement délier l'accusé, si le médecin attestoit que l'accusé n'est pas en état de la souffrir davantage sans péril de la vie.

6.º Lorsqu'une fois l'accusé a été délié, pour quelque chose que ce soit, quoiqu'il n'ait pas enduré la question entière, il ne peut plus y être appliqué. *Même art.* 10.

7° La question finie, l'accusé est mis sur un matelas, et, sur-le-champ, le juge lui fait subir de nouveau un interrogatoire sur les faits par lui confessés, ou déniés, durant la question. *Ibid., art. 11.*

L'effet de la question est que, si l'accusé a confessé le crime dont il est accusé, sa confession complète ce qui manquoit à la preuve pour sa conviction, sur-tout s'il persiste dans cette confession dans l'interrogatoire qu'il subit sur le matelas, incontinent après la question : mais s'il rétractoit cette confession, et disoit que c'est la force des tourments qui la lui a arrachée, cette confession feroit peu de preuve : il y a même une ancienne ordonnance de Louis X, qui ordonne que nul ne soit condamné ni jugé, *s'il ne persévère en sa confession par temps suffisant après la gehenne.* Néanmoins, si toutes les circonstances du crime, expliquées par l'accusé durant la question, cadroient tellement avec tout ce qui est au procès, qu'il parût moralement impossible que l'accusé en eût une si exacte connoissance sans avoir eu part au crime, cette confession, quoique rétractée, ne laisseroit pas d'être de quelque poids. Au reste, tout cela est laissé à la prudence du juge.

Lorsque l'accusé n'a point confessé à la question le crime dont il est accusé, si le jugement qui a ordonné la question ne fait point réserve de preuves, toutes les preuves et les indices qui étoient au procès contre l'accusé, sont purgées par la question ; et s'il n'en survient point de nouvelles entre la question et le jugement, il doit être absous.

Pourroit-on au moins ordonner qu'il en seroit plus amplement informé contre lui? Je ne le pense pas; car ce jugement de plus amplement informé doit être fondé sur des preuves et indices qui subsistent contre lui. Or, il n'en subsiste plus, la question les ayant purgées : mais si le jugement qui a ordonné la question est avec réserve de preuves, l'accusé, quoiqu'il n'ait rien confessé à la question, peut, sur les preuves et indices réservés, être condamné à telle peine pécuniaire ou afflictive, que le juge jugera à propos. *Ibid., art. 2.*

Il faut néanmoins en excepter celle de mort, à laquelle

l'accusé, qui a enduré la question sans rien confesser, ne peut plus être condamné, à moins qu'il ne survienne de nouvelles preuves depuis la question; ce que les criminalistes entendent par ces termes, *omnia citrà mortem :* car le juge, en ordonnant la question préparatoire, ayant témoignage qu'il ne trouvoit pas la preuve suffisante pour condamner l'accusé à mort, il se contrediroit si, n'étant point survenu de nouvelles preuves, au contraire la question endurée par l'accusé, sans rien confesser, ayant atténué les anciennes preuves, il le condamnoit à mort.

L'accusé qui a enduré la question peut bien, sur de nouvelles preuves survenues depuis la question, être condamné à mort; mais, quelque nouvelle preuve qui survienne, il ne peut y être appliqué une seconde fois. *Ibid., art.* 12.

§. IV. Des jugements de plus amplement informé.

Lorsqu'il n'y a pas une preuve suffisante pour la conviction de l'accusé, et que la qualité du crime, ou de la preuve, ne permet pas non plus d'ordonner la question préparatoire; que, d'un autre côté, les juges ne jugent pas à propos d'absoudre l'accusé, soit parcequ'ils prévoient qu'il pourra survenir de nouvelles preuves, soit parcequ'ils le trouvent trop chargé pour l'absoudre d'abord, ils rendent un jugement interlocutoire, par lequel ils ordonnent qu'il en sera plus amplement informé pendant un certain temps.

Ce temps est, à l'arbitrage du juge, ou d'un an, ou de six mois, ou de trois mois, ou d'un mois : quelquefois même les juges ordonnent un plus amplement informé *indéfini,* qui met l'accusé perpétuellement *in reatu;* ce qui ne doit être ordonné qu'à l'égard des grands crimes, et lorsque la preuve est considérable.

Quelquefois les juges, en ordonnant qu'il en sera plus amplement informé, ordonnent que l'accusé sera élargi en état d'ajournement personnel ou de soit ouï; quelquefois ils ordonnent qu'il tiendra prison.

Quel que soit le plus amplement informé, il ne peut jamais être ordonné qu'après la visite de tout le procès, et après avoir fait subir à l'accusé un interrogatoire à la chambre, devant tous les juges.

Après ce temps du plus amplement informé expiré, l'accusé présente sa requête pour être absous de l'accusation; il est laissé à la prudence des juges, quoiqu'il ne soit survenu aucunes nouvelles preuves en voyant de nouveau le procès, ou d'absoudre l'accusé, ou de rendre un nouveau jugement de plus amplement informé. On peut même condamner l'accusé à quelque peine; car le jugement de plus amplement informé ne purge pas les preuves qui sont au procès.

§. V. Des jugements définitifs d'absolution.

Il y a deux espèces de jugements d'absolution : celui qui met sur la plainte les parties hors de cour, et celui qui en donne congé, et décharge l'accusé de l'accusation.

On met les parties hors de cour lorsque l'innocence de l'accusé n'est pas bien pleinement justifiée, et que l'accusation, quoique non prouvée, n'a pas néanmoins été intentée sans quelque fondement. Lorsque les parties sont mises hors de cour, la partie civile, s'il y en a une, n'est point condamnée aux dépens envers l'accusé; encore moins doit-elle être, en ce cas, condamnée en des dommages et intérêts : la compensation des dépens est une suite ordinaire des hors de cour.

L'autre espèce de sentence d'absolution, qui donne à l'accusé congé de la plainte, ou le décharge de l'accusation (car ces différentes formules ont le même sens), est la plus honorable pour l'accusé : elle le justifie pleinement; elle porte que l'écrou de l'accusé sera rayé. Elle est aussi ordinairement accompagnée d'une condamnation de dépens contre la partie civile, s'il y en a une, et même souvent de dommages et intérêts, qui sont plus ou moins forts, suivant ce que l'accusé a souffert, et aussi suivant qu'il paroît de la malice, ou de la calomnie, ou seulement de l'indiscrétion dans l'accusation, et suivant que cette indiscrétion paroît plus ou moins excusable.

Lorsque la partie publique est seule partie, l'accusé, quoique renvoyé de la plainte, n'obtient point de condam-

nation de dépens; car, de même que l'accusé n'est jamais
condamné aux dépens envers la partie publique, lorsqu'il
est condamné, cette partie n'est point non plus condamnée
envers lui, lorsqu'il est absous.

§. VI. Des sentences définitives de condamnation.

Lorsque les juges trouvent une preuve suffisante contre
l'accusé, ils rendent contre lui une sentence de condamnation, par laquelle ils le déclarent atteint et convaincu
du crime, et le condamnent à la peine que ce crime mérite.

Les juges inférieurs doivent exprimer le crime pour lequel ils rendent le jugement de condamnation; ils ne peuvent pas prononcer en termes généraux *pour les cas résultants du procès*. Pareilles défenses ont été faites aux officiaux, par arrêt du 19 mars 1712.

Les peines sont ou capitales, ou afflictives; non capitales, ou seulement infamantes; ou ni afflictives ni infamantes.

Les peines capitales sont celles de la mort naturelle, des
galères à perpétuité, du bannissement perpétuel hors le
royaume.

Il y a différents genres de peine de mort naturelle; les
juges ne peuvent condamner qu'à quelqu'un des genres qui
sont en usage dans le royaume.

Le genre de peine de mort le plus ordinaire, est la peine
de la potence.

Les gentilshommes ne sont pas condamnés à cette peine,
mais à celle de la *décollation*.

La peine de la roue est aussi un genre de peine auquel
on condamne pour les crimes les plus atroces, tels que l'assassinat prémédité, le vol sur les grands chemins, ou dans
les maisons, avec effraction et violence publique : on ne
condamne jamais les femmes à cette peine.

La peine du feu est aussi en usage pour certains crimes,
tels que les sacrilèges énormes, les crimes contre nature, etc., selon le degré d'atrocité du crime. On condamne quelquefois une personne à être brûlée vive, quelquefois seulement à être pendue et étranglée, et le corps
jeté au feu.

Ceux qui ont attenté à la vie de nos rois ont été condamnés à être écartelés.

Quelquefois on gémine les peines. Il y a quelques années, la cour condamna un parricide de ce pays-ci à être roué, et ensuite jeté au feu tout vivant.

On joint quelquefois à la peine de mort, celle de faire amende honorable, d'avoir le poing coupé, et la langue percée.

On ordonne aussi, assez souvent, que celui qui est condamné à mort sera préalablement appliqué à la question, pour avoir par lui la révélation de ses complices.

Les peines capitales ont cela de commun, qu'elles font perdre la vie civile au condamné, et qu'elles emportent la confiscation de ses biens. Il y a néanmoins quelques provinces où la confiscation n'a pas lieu, et où la loi défère les biens du condamné à ses héritiers. On doit suivre, à cet égard, la loi du pays où les biens sont situés.

Les peines afflictives non capitales sont, suivant l'idée que présente le terme *afflictive*, toutes celles qui affligent le corps ou la liberté. Telles sont : 1° celles des galères à temps; ce temps est de trois ans, cinq ans, six ans, ou neuf ans, à l'arbitrage du juge; il ne passe jamais neuf ans. On ajoute à la condamnation des galères, soit perpétuelles, soit à temps, celle d'être flétri sur l'épaule des lettres G. A. L.

2° Celle de la réclusion à temps; on y condamne les femmes, et ceux qui, par leurs infirmités, ne sont pas capables du service des galères. Le temps de la réclusion est, comme celui des galères, de trois, cinq, six ou neuf ans.

3° La peine du fouet; elle est le plus souvent accompagnée du bannissement à temps. On ajoute à cette peine, contre les voleurs, celle de la flétrissure de la lettre V sur l'épaule, ou d'un W, lorsque c'est une récidive; on y ajoute ordinairement celle du bannissement.

4° La peine du bannissement perpétuel hors d'une province n'est pas capitale, mais elle est afflictive, puisqu'elle afflige l'homme en sa liberté, en ne lui permettant pas de demeurer où il voudrait. Il en est de même du bannisse-

ment à temps; ce temps est, comme celui des galères et
de la réclusion, de trois, cinq, six ou neuf ans. Le lieu
d'où les juges bannissent est ordinairement l'étendue de
leur territoire. Il est défendu par plusieurs règlements,
entre autres par un du 17 septembre 1719, aux juges inférieurs, de bannir hors leurs ressorts; et, avant cet arrêt,
il en avoit été rendu un autre, le 11 septembre 1717, rapporté au *Journal des Audiences, tom.* 6, qui avoit fait défenses au juge de Vouwant de bannir hors l'étendue de sa
justice, conformément à cette maxime de droit : *Extrà ter-
ritorium jus dicenti impunè non paretur.*

Lorsque les juges rendent une sentence de bannissement
contre quelqu'un, ils doivent ajouter dans leurs jugements,
qu'il sera fait lecture au condamné, si c'est un homme, de
la déclaration du roi, du 31 mai 1682; et, si c'est une femme,
de celle du 29 avril 1687, qui contiennent les peines contre
les hommes, ou les femmes, qui enfreignent leur ban.

5° Les peines du pilori et du carcan sont aussi rangées
au nombre des peines afflictives, parceque le corps est dans
un état de gehenne pendant que le condamné les subit,
quoiqu'il ne souffre pas de douleur.

6° Il y en a qui rangent aussi parmi les peines afflictives
l'amende honorable; elle ne l'est pourtant pas proprement,
car elle n'afflige l'homme ni dans son corps ni dans sa
liberté; elle le couvre seulement de confusion et d'infamie.
Il est vrai que, dans l'ordre des peines, elle est placée avant
celle du bannissement à temps, qui est afflictive; mais il
en résulte qu'à cause de la grande confusion qu'elle cause,
elle peut être regardée comme plus rigoureuse que certaines peines afflictives; et, en ce sens, on peut impropre-
ment la comprendre parmi les peines afflictives.

Les peines qui sont seulement infamantes sont le blâme
et l'amende.

Toutes les peines, tant capitales qu'afflictives, ou simplement infamantes, sont accompagnées d'une peine qu'on
appelle *amende.*

Il faut, suivant une lettre de M. le chancelier d'Aguesseau, écrite au présidial d'Orléans, en excepter celle des
galères, qui ne doit point être accompagnée d'aucune

amende envers le roi, parceque les condamnés paient de leur personne (1).

La condamnation d'amende seule, sur un procès instruit à l'extraordinaire, est peine infamante.

Les peines non infamantes sont, l'admonition, la condamnation à une aumône, l'injonction portée par le jugement.

Lorsqu'il y a une partie civile, le juge doit condamner celui qu'il juge atteint et convaincu du crime, en une réparation civile, qui consiste en une somme d'argent que le juge arbitre.

Lorsqu'il y a plusieurs accusés qu'on juge être atteints et convaincus, on doit les condamner solidairement à la réparation civile; car les obligations qui naissent d'un délit commis par plusieurs, sont solidaires, chacun de ceux qui l'ont commis ayant, autant qu'il étoit en lui, causé tout le tort qui a été fait, ainsi que nous l'avons décidé en notre Traité des Obligations, *tome* 1, n° 268.

On condamne aussi aux dépens, envers la partie civile, celui qui a été atteint et convaincu de délit; et quoiqu'en matière civile, lorsqu'il y a plusieurs défendeurs à une demande, chacun ne doit être condamné aux dépens que pour sa part virile et personnelle; au contraire, en matière criminelle, on peut condamner les accusés solidairement aux dépens, les dépens, en matière criminelle, tenant lieu et faisant partie de la réparation civile. On trouve un arrêt du 21 mars 1712, *au Journal des Audiences*, qui approuve cette condamnation solidaire de dépens.

ARTICLE III.

Des appellations.

L'appellation est le recours d'une partie au juge supérieur, contre la sentence du juge inférieur, pour la faire corriger, s'il y a lieu.

(1) Voyez la lettre 141, tom. 8 de ses OEuvres *in-4°*.

§. I. De quelles sentences peut-on appeler; et quand l'appellation est-elle nécessaire?

On peut appeler de toutes les sentences des juges qui ne sont point juges en dernier ressort, non seulement des sentences définitives, mais même des sentences interlocutoires de simple instruction, et des décrets, sauf que l'appel des décrets et sentences d'instruction n'a point d'effet suspensif, comme nous le verrons ci-après.

Il y a certaines sentences dont l'appel même est nécessaire, et qui ne peuvent être exécutées qu'elles n'aient été confirmées par arrêt de la cour où les juges qui les ont rendues ressortissent, quand même aucune des parties n'en voudroit appeler, et quand même l'accusé y acquiesceroit formellement. Telles sont toutes les sentences définitives et contradictoires qui contiennent des condamnations à peine capitale, ou des peines corporelles, galères, bannissement à perpétuité, ou d'amende honorable. *Tit.* 26, *art.* 6.

Par un arrêt du 4 mai 1662, cité par M. Jousse, les condamnations au pilori et au carcan ont été déclarées du nombre de celles qui ne peuvent être exécutées sans avoir été confirmées; on les regarde, en quelque façon, comme corporelles, le corps étant dans un état de gehenne pendant que le condamné subit la peine.

Les sentences qui ordonnent la question ne peuvent aussi être exécutées qu'après avoir été confirmées.

§. II. Quelles parties peuvent appeler, et par-devant quel juge.

Non seulement l'accusé peut appeler, s'il se trouve injustement ou trop durement condamné, la partie civile le peut aussi, si elle trouve qu'on ne lui a pas adjugé une réparation civile suffisante; la partie publique le peut aussi, si elle trouve que l'accusé n'est pas condamné à une peine publique proportionnée au crime dont il est déclaré convaincu. On appelle cette appellation un appel *à minimâ*.

L'appel des sentences, soit définitives, soit interlocutoires, ou d'instruction, des juges qui ne ressortissent pas nûment aux cours, ne laisse pas d'y être porté, *omisso medio*, lorsque le crime, qui fait l'objet de l'accusation, est un crime de nature à mériter peine afflictive; s'il n'est pas tel, il est au choix de l'accusé de porter l'appel devant le bailli royal où ressortit le tribunal d'où est émanée la sentence, ou de le porter, *omisso medio*, en la cour. *Tit.* 26, *art.* 1.

Quoique le juge qui a rendu la sentence ressortisse, dans les affaires civiles, à un prevôt royal, ou à un juge de pairie, l'appel de ses sentences criminelles ne peut se porter devant le prevôt royal, ni devant le juge de pairie, mais devant le bailli royal. *Voyez* plusieurs arrêts sur ce sujet, aux 6ᵉ et 7ᵉ tomes du Journal des Audiences. Il y en a néanmoins quelques-uns de contraires, en faveur des juges de pairie.

§. III. De ce qui doit être observé sur l'appel.

Dans le cas des sentences de condamnation à peine afflictive, ou de jugement de question dont l'appel est de droit, on doit envoyer en la cour, sur l'appel, l'accusé et les grosses des actes du procès en un sac cacheté, et non séparément. *Tit.* 26, *art.* 6.

Lorsqu'il y a plusieurs accusés, quoiqu'il n'y en ait eu qu'un de condamné, et que les autres n'aient pas été jugés, ou même aient été absous, on les y doit envoyer tous. *Ibid.*, *art.* 7 *et* 8.

A l'égard des autres sentences définitives, dont l'appel n'est pas de droit, s'il n'y a que la partie civile qui en appelle, il suffit d'envoyer le procès au greffe de la cour, ce que le greffier est tenu de faire dans les trois jours, du jour du commandement qui lui en est fait, si la juridiction est dans le même lieu que la cour; sinon, dans huitaine, avec augmentation d'un jour pour chaque espace de dix lieues, si la juridiction est hors les dix lieues.

Mais si c'est la partie publique qui appelle *à minimâ*, les accusés, s'ils sont prisonniers, doivent être transférés aux prisons de la conciergerie, de même que dans les cas auxquels l'appel est de droit; et, s'ils avoient été élargis depuis la sentence, et avant l'appel, ils sont tenus de se rendre et constituer prisonniers en la conciergerie; sinon on instruit sur l'appel la contumace contre eux. *Ibid.*, *art.* 13.

Lorsqu'un accusé prisonnier interjette appel d'une sentence définitive, dont l'appel n'est pas de droit, il doit aussi être transféré, aussi bien que les autres accusés.

Les frais du port du procès, et transport de l'accusé, s'avancent par la partie civile; lorsqu'il n'y en a point, les frais se font par le domaine.

Les procédures criminelles doivent être envoyées directement au greffe criminel de la cour, ponctuellement et sans délai; elles ne doivent point être adressées à des particuliers, ainsi qu'il a été jugé par l'arrêt du 4 juin 1715, rapporté au *Journ. des Audienc.*, *tom.* 6.

Lorsque l'accusé n'est qu'en décret d'ajournement personnel, ou de soit ouï, le procès est envoyé en la cour; et l'accusé, sur l'assignation qui lui est donnée, doit subir interrogatoire en la cour, lors du jugement.

Le procès arrivé, est distribué par le président, lorsqu'il en est averti, à un rapporteur et au procureur-général, qui le remet à l'un de ses substituts, pour, sur son rapport, donner des conclusions, s'il y échet. *Ibid.*, *art.* 10.

L'ordonnance dit, *s'il y échet;* car si le procureur-général approuve celles qui ont été données dans la juridiction dont est appel, il n'est pas nécessaire qu'il en donne de nouvelles.

Les parties peuvent, de part et d'autre, donner des requêtes en cause d'appel, comme en cause principale, sans retardation du jugement.

Lorsque le procureur-général a remis ses conclusions au greffe, s'il en est besoin, le procès est remis au rapporteur, qui le rapporte. Lors de la visitation, ou avant le jugement, l'accusé doit subir interrogatoire sur la sellette, si la sentence dont est appel porte condamnation à peine afflictive, ou si le procureur-général y a conclu; sinon, il subit interrogatoire derrière le barreau.

Lorsque l'appel est d'une permission d'informer d'un décret, ou autre sentence d'instruction, il se porte à l'audience, et y est jugé sur les conclusions de l'un des avocats-généraux, à qui on remet les actes du procès.

§. IV. De l'effet de l'appel.

Il n'y a que l'appel des jugements définitifs, et celui de certains jugements qui ne seroient plus réparables, tel que le jugement qui ordonne la question, qui aient un effet suspensif.

Les sentences définitives, lorsqu'elles ne contiennent que des condamnations pécuniaires, qui, outre les dépens, n'excèdent pas 40 livres envers la partie, et 20 livres envers le seigneur, si c'est un juge subalterne; ou 50 livres envers la partie, et 25 livres envers le roi, si c'est un juge royal qui ne ressortit pas nûment au parlement; ou 100 livres envers la partie, et 50 livres envers le roi, si c'est un bailli royal, ou juge de pairie, qui l'a rendue, peuvent être exécutées nonobstant l'appel.

Les appels des décrets, même de prise de corps, fussent-ils interjetés comme de juges incompétents, ou récusés, et l'appel de tous jugements préparatoires, ou d'instruction, s'exécutent nonobstant l'appel, à moins que la cour n'ait rendu un arrêt portant défenses, ou surséance d'exécuter, qui ait été signifié. *Tit.* 10, *art.* 12.

C'est encore une maxime, en matière criminelle, que l'appel éteint la condamnation : *In criminalibus appellatio extinguit judicatum;* ce qui doit s'entendre jusqu'à ce qu'il ait été prononcé sur l'appel; et l'accusé qui meurt avant le jugement, meurt *integri statûs,* comme s'il n'y avoit eu aucune peine prononcée contre lui (1).

ARTICLE IV.

De l'exécution des jugements contradictoires.

§. I. De ce qui doit précéder l'exécution des jugements.

Le jugement doit être prononcé au condamné, avant de pouvoir être exécuté. *Ordonnance du mois de mars* 1498, *art.* 116; *ordonnance de* 1535, *chap.* 13, *art.* 44.

Cette prononciation, lorsque le jugement est en dernier

---

(1) Voyez la lettre 149 de M. le chancelier d'Aguesseau, dans le tom. 8 de ses Œuvres *in-*4°.

ressort, se fait à l'accusé peu après que le jugement a été arrêté et signé par les juges.

Il en est de même lorsque le jugement est à la charge de l'appel, et que l'appel n'est pas de droit, mais au choix des parties.

Lorsque le jugement est un jugement de condamnation à peine de mort, ou afflictive, dont l'appel est nécessaire, le jugement ne se prononce point à l'accusé, jusqu'à ce qu'il ait été statué sur l'appel; mais lorsqu'il y a été statué, si la sentence a été confirmée, ou que l'accusé ait été condamné à une autre peine afflictive, on le renvoie, sous bonne garde, au lieu où le premier jugement a été rendu, *ordonnance de* 1670, *tit.* 26, *art.* 16; et le juge qui l'a rendu, après que le condamné est de retour, et le jour destiné pour l'exécution, lui fait faire lecture de sa sentence et de l'arrêt intervenu sur icelle.

Si, sur l'appel, l'arrêt ne condamne pas l'accusé à une peine afflictive, on ne renvoie pas l'accusé au lieu où le premier jugement a été rendu, l'arrêt lui est prononcé à la conciergerie.

La prononciation des jugements se fait à la prison; le juge mande l'accusé dans la chambre de la geôle, le fait mettre à genoux, et lui fait faire lecture du jugement.

Après la prononciation du jugement, si c'est un jugement dont l'appel soit au choix des parties, le juge doit demander à l'accusé s'il y acquiesce, et lui donner un temps pour délibérer. S'il y acquiesce, le juge fait dresser un procès-verbal de son acquiescement par le greffier, et le fait signer à l'accusé, ou fait mention qu'il ne sait signer.

On doit aussi communiquer ce jugement au procureur du roi, ou fiscal, afin qu'il puisse, s'il le juge à propos, interjeter appel *à minimâ*.

Lorsque le procureur du roi avoit conclu à la même peine, ou à une peine moindre que celle portée par la sentence, comme, en ce cas, il ne peut appeler *à minimâ*, on peut, sans lui communiquer, exécuter le jugement.

Lorsque le jugement est de mort, on doit, avant l'exécution, offrir le sacrement de confession au condamné, et appeler à cet effet le prêtre qui a coutume d'assister les condamnés à la mort, ou tel autre prêtre approuvé qu'il demande, *tit. 25, art. 24*; mais, en France, on n'accorde point aux condamnés le sacrement d'eucharistie.

§. II. Quand l'exécution doit-elle être faite?

Autant que faire se peut, les jugements doivent être exécutés le même jour qu'ils ont été prononcés. *Tit. 25, art. 21.*

La raison est afin qu'une trop longue attente du supplice n'augmente pas la peine du condamné.

C'est pour cela que, dans les cas auxquels l'appel est de droit, la sentence n'est point prononcée à l'accusé, ni l'arrêt qui la confirme, jusqu'au jour auquel on fait l'exécution.

Quoique la raison sur laquelle est fondée cette disposition de l'ordonnance milite principalement à l'égard des jugements de mort, néanmoins, comme la disposition est conçue en termes généraux, et qu'elle milite aussi en partie à l'égard des condamnations à d'autres peines, elle a lieu pour tous les jugements de condamnations, quels qu'ils soient; c'est pourquoi, lorsque quelqu'un est condamné à être exposé au pilori, ou au carcan, au prochain jour de marché, par un jugement en dernier ressort, ou par un jugement confirmé par arrêt, la prononciation n'en doit être faite que le jour auquel le condamné doit être exposé.

La disposition de l'ordonnance, qui veut que les jugements soient exécutés le jour qu'ils ont été prononcés, souffre exception : 1° lorsqu'une femme, à qui son jugement de mort a été prononcé, déclare, après la prononciation, qu'elle est enceinte; car, en ce cas, le juge la doit faire visiter par des matrones nommées d'office; ou, à défaut de matrones, par chirurgiens; et si, par le rapport qui s'en fait, selon les formes prescrites pour les matières civiles, il paroît qu'il y a lieu de soupçonner que la femme soit enceinte, on doit surseoir à l'exécution jusqu'à ce qu'elle soit accouchée, ou jusqu'à ce qu'il soit constaté, par un nouveau rapport, qu'elle n'est point enceinte. *Tit. 26, art. 23. Non enim nocere debet ei qui in ventre est calamitas matris*, dit la loi 5, §. 2, ff. *de statu hominum.*

Quoique la disposition de l'ordonnance ne parle que de la peine de mort, néanmoins il est de la prudence du juge de différer l'exécution des autres peines corporelles pour cause de grossesse, lorsqu'il pourroit y avoir du péril pour le fruit dont la femme est enceinte.

2° L'exécution peut encore quelquefois être différée au-delà du jour que le jugement a été prononcé, savoir, lorsque le condamné, depuis la prononciation qui lui a été faite de son jugement, a déclaré plusieurs complices prisonniers avec lui, ou qui ont été arrêtés le même jour, et que le temps, pour le confronter à ces complices, conduit plus loin que le jour auquel le jugement a été prononcé ; il faut, en ce cas, différer l'exécution jusqu'à ce que ces confrontations aient été faites. Si le temps des confrontations a mené jusqu'à la nuit, l'exécution doit se faire aussitôt qu'elles ont été faites, quoique de nuit.

Hors ces cas, l'exécution doit se faire de jour, pour l'exemple. Si le temps des confrontations menoit au lendemain, qui se trouveroit un jour de fête, l'exécution se feroit le jour de fête ; *l.* 6, *Cod. de fer.*; car il est de l'humanité de ne la point différer.

§. III. Où l'exécution doit-elle être faite ? et de l'acte qui en doit être fait.

L'exécution doit se faire au lieu public où il est d'usage de la faire.

Lorsqu'il y a eu appel du premier jugement, l'arrêt rendu sur icelui, lorsqu'il porte condamnation à peine afflictive, soit en confirmant, soit en infirmant le premier jugement, doit s'exécuter sur le lieu où le premier jugement a été rendu.

Il doit être dressé un acte, par le greffier, de l'exécution des jugements, et, pour cet effet, le greffier doit assister à toutes les exécutions.

Lorsque le jugement est un jugement de mort, le juge doit aussi assister à l'exécution, pour recevoir les déclarations que voudroit faire le condamné sur ses complices, et les autres crimes qu'il a commis, s'il en avoit à faire.

§. IV. Du refus fait par le condamné d'exécuter la peine.

Il y a des peines qui peuvent s'exécuter malgré le condamné, comme la peine de mort, du fouet, de la flétrissure, du carcan, etc.; mais il y en a quelques-unes pour l'exécution desquelles la volonté du condamné doit concourir. Telle est la peine de l'amende honorable. Lorsqu'un homme est condamné à faire amende honorable, et à dire, à haute et intelligible voix, qu'il se repent d'un tel crime, qu'il en demande pardon à Dieu, au roi, et à justice, on peut bien le mener malgré lui au lieu où se doit faire l'amende honorable; mais on ne peut pas le faire parler malgré lui. En ce cas, le juge lui doit faire trois injonctions consécutives, en dresser procès-verbal, et de son refus; sur le procès-verbal, l'affaire référée au siége, le refusant doit être condamné à une plus grande peine.

ARTICLE V.

De l'exécution des jugements définitifs rendus contre les contumaces.

§. I. Comment s'exécutent ces jugements.

Les jugements de condamnation à une peine de mort naturelle s'exécutent par effigie. *Tit.* 17, *art.* 16.

Les condamnations à la peine des galères à perpétuité, ou à temps, de l'amende honorable, du bannissement perpétuel et du fouet, s'exécutent par un tableau, dans lequel est écrite la sentence, sans aucune effigie. *Ibid.*

L'effigie contient la représentation en peinture du genre de supplice auquel l'accusé a été condamné, et au bas de laquelle est la sentence; ou, seulement, lorsqu'il n'y a pas de condamnation à mort, la sentence est attachée par l'exécuteur à un poteau, ou potence, dans la place publique où il est d'usage de faire les exécutions, et doit y rester un temps suffisant pour être vue par les passants : il en est dressé un procès-verbal par le greffier, qui doit être présent à cette exécution; et ce procès-verbal, signé du greffier, doit être mis au pied du jugement. *Tit.* 17, *art.* 17 (1).

_____

(1) Par une déclaration du 11 juillet 1749, registrée le 21, et rapportée dans le Recueil chronologique de M. Jousse, *tom.* 3, *pag.* 660, il est or-

A l'égard des autres condamnations rendues par contumace, elles s'exécutent par une simple signification du jugement, faite au lieu du domicile, ou résidence du contumax, s'il en avoit au lieu de la juridiction; sinon, par l'affiche du jugement à la porte de l'auditoire.

Cette signification doit être faite à la requête de la partie civile, s'il y en a une; et, si elle différoit à la faire, elle se feroit à la requête de la partie publique, et aux dépens de la partie civile.

§. II. Quand s'exécutent les jugements par contumace.

Les sentences par contumace peuvent s'exécuter aussitôt qu'elles ont été rendues; il n'est pas même nécessaire de les faire confirmer par arrêt, quoiqu'elles contiennent des condamnations à peine de mort, et que les juges qui les ont rendues ne soient pas juges en dernier ressort; en quoi elles diffèrent des sentences contradictoires. Le contumax n'est pas même recevable à en appeler, à moins qu'il ne se constitue prisonnier.

Mais si la partie publique en interjetoit appel *à minimâ*, la sentence ne pourroit s'exécuter, qu'il n'eût été statué sur l'appel.

§. III. De l'effet de l'exécution des jugements par contumace; et comment se purge la contumace.

L'effet de l'exécution du jugement par contumace, est (lorsqu'il est capital, c'est-à-dire, lorsqu'il contient une condamnation de mort naturelle, ou des galères perpétuelles, ou de bannissement perpétuel hors du royaume) de faire perdre au condamné la vie civile, du jour de cette exécution, ou plutôt de suspendre son état civil; car si le condamné meurt après les cinq ans que la loi lui accorde pour se présenter, sans s'être représenté, il est censé avoir perdu la vie civile dès l'instant de l'exécution de la sentence. Si, au contraire, il meurt pendant les cinq ans,

---

donné que les condamnations à la peine du pilori, et à celle du carcan, qui seront prononcées par contumace, seront transcrites dans un tableau; et ce tableau attaché dans la place publique.

quoique sans s'être représenté ; ou , s'il s'est représenté , ou a été arrêté pendant ce temps , la contumace est purgée , et mise à néant; et il est censé n'avoir point perdu son état civil. Il en est de même lorsque l'accusé se représente , ou est constitué prisonnier après les cinq ans , en obtenant en chancellerie des lettres pour ester à droit, c'est-à-dire , pour se défendre en jugement, et purger la contumace ; l'effet en est purgé , et il est censé n'avoir jamais perdu son état civil : ces lettres pour ester à droit ne se refusent point.

Lorsqu'il s'est écoulé trente ans depuis l'exécution du jugement par contumace , le condamné ne recouvre pas l'état civil, que l'exécution du jugement par contumace lui a fait perdre. Ce laps de temps opère bien une prescription , et fin de non recevoir contre les peines auxquelles il a été condamné , et qu'il n'a pas subies ; par exemple , s'il a été condamné par contumace à être pendu , ou aux galères , il ne peut plus , après ce temps , être pendu , ni envoyé aux galères ; mais ce laps de temps ne fait pas cesser les peines qu'il a déja subies , et qu'il encourt de plein droit, par l'exécution de la sentence , telle qu'est la mort civile ; car le temps ne fait pas recouvrer la vie , lorsqu'on l'a une fois perdue.

Il ne seroit pas même recevable , après ce temps de trente ans , à obtenir des lettres pour ester à droit, et se défendre de l'accusation sur laquelle est intervenue la sentence par contumace.

Lorsque la sentence par contumace contient la confiscation des biens du condamné , le roi, ou les seigneurs, au profit de qui est la confiscation, ne peuvent se mettre en possession des biens confisqués, qu'après que le condamné a persévéré dans la contumace pendant cinq ans , du jour de l'exécution de la sentence par effigie , ou par tableau , parceque , jusqu'à ce temps , il y a espérance qu'il purgera sa contumace.

Le roi et les seigneurs, jusqu'à ce temps , peuvent seulement percevoir les revenus des biens confisqués par les mains des fermiers , ou des commissaires établis à la saisie des biens du condamné ; il sembleroit même qu'ils ne pourroient ainsi les percevoir qu'après l'année révolue depuis l'exécution de la sentence.

Ce qu'il y a de certain, c'est que si le condamné se représente, ou est constitué prisonnier dans l'année, il doit avoir main-levée entière de la saisie faite, lors de son décret, de ses biens meubles et immeubles, et qu'il est seulement tenu de consigner l'amende.

Par la même raison, s'il meurt dans l'année, on doit tout rendre à ses héritiers : mais si le contumax ne se représentoit qu'après l'année, quoique dans les cinq ans, il n'auroit pas main-levée de la saisie de ses biens ; car l'ordonnance la lui accordant, lorsqu'il se représente dans l'année, elle la lui refuse tacitement, lorsqu'il ne se représente qu'après l'année : *Qui dicit de uno, negat de altero.*

Il n'aura pas, à la vérité, main-levée de la saisie ; mais la sentence rendue par contumace, qui prononçoit la confiscation, n'ayant plus d'effet par la représentation de l'accusé qui recouvre son état, jusqu'à ce qu'il en ait été rendu une contradictoire qui l'en prive, les seigneurs ne pourront plus dès-lors percevoir les revenus de ses biens, comme leur étant confisqués.

Mais ceux qu'ils ont perçus avant la représentation du contumax, seront-ils perdus pour lui, dans le cas où, par le jugement qui interviendroit depuis, il ne seroit pas condamné à une peine qui emportât la confiscation ?

Il paroît, par le procès-verbal de l'ordonnance, qu'on y avoit inséré un article qui portoit que le contumax ne pourroit prétendre les fruits de ses immeubles, s'il ne se représentoit qu'après l'année ; ce qui étoit conforme à l'ordonnance de Roussillon, qui décide expressément qu'il perd les fruits lorsqu'il ne se représente qu'après l'année. M. le premier président soutint qu'elle n'étoit pas suivie dans l'usage. MM. Pussort et Talon soutenoient qu'elle l'étoit. L'article a été supprimé, et il sembleroit qu'on pourroit conclure de cette suppression, qu'on a voulu qu'il ne perdît les fruits qu'après une contumace de cinq années. D'un autre côté, la fin de l'*art.* 31 *du tit.* 17 semble insinuer que le seigneur n'est pas obligé de les rendre ; car, en déclarant nulles toutes les donations de biens confisqués, qui seroient faites par le roi, ou les seigneurs, des biens confisqués, pendant les cinq ans, l'article ajoute, *sinon pour les fruits des immeubles seulement.*

Après les cinq années, l'accusé persévérant dans sa contumace, le receveur du domaine du roi, les seigneurs ou donataires des biens confisqués peuvent donner requête au juge, qui, sur cette requête, les met en possession des biens confisqués, en faisant un procès-verbal préalable de la valeur et qualité des meubles, et de l'état des immeubles; et ils en acquièrent la pleine propriété. *Ordonn. de Moulins*, art. 28. Néanmoins, si le condamné se représentoit, ou étoit arrêté après les cinq ans, et que, ayant obtenu lettres pour ester à droit, il intervînt un jugement d'absolution, ou même de condamnation à une peine qui n'emporte point de confiscation, les biens confisqués lui doivent être rendus, mais sans aucune restitution de fruits.

Les titulaires de bénéfices, lorsqu'ils sont condamnés par contumace à des peines emportant mort civile, sont pareillement privés des fruits et revenus de leurs bénéfices, à compter du moment de l'exécution : il est même d'usage de déclarer en ce cas leurs bénéfices vacants et impétrables. On en trouve un exemple dans l'arrêt rendu le 17 janvier 1759, contre le curé de Saint-Nicolas-des-Champs, à Paris, et autres ecclésiastiques de la même paroisse, condamnés par contumace au bannissement perpétuel hors du royaume.

A l'égard des amendes, et des réparations civiles auxquelles le contumax a été condamné par la sentence, le roi, le seigneur et la partie civile peuvent bien en poursuivre le paiement par la vente des biens saisis, un an après que la sentence rendue par contumace a été exécutée, soit par effigie, soit par tableau, soit par simple signification, ou affiche, suivant la différente nature de la peine publique qu'elle prononce; mais ils ne peuvent en être ainsi payés, que par forme de provision ; et la partie civile doit, pour recevoir, donner caution de rapporter.

Mais le contumax n'en peut avoir de répétition, s'il persévère dans sa contumace pendant les cinq années ; et , s'il se représente depuis, et a des lettres pour ester à droit , quand même il interviendroit à son profit un jugement d'absolution, il n'auroit aucune répétition des amendes et réparations civiles. *Tit.* 17, *art.* 28.

SECTION VI.

Des procédures particulières à certains juges, à certains accusés et à certains crimes.

ARTICLE PREMIER.

Des procédures particulières au prevôt des maréchaux.

Lorsque le prevôt des maréchaux, ses officiers ou archers, arrêtent quelqu'un, soit en vertu d'un décret de lui rendu, soit en flagrant délit, ou à la clameur publique, il doit, en l'arrêtant, faire inventaire de l'argent, hardes, chevaux, et papiers, dont la personne arrêtée se trouve saisie ; faire signer cet inventaire par deux habitants des plus proches du lieu de la capture, ou faire mention pourquoi ils n'ont pu signer, et remettre l'inventaire, et les effets y compris, au plus tard dans les trois jours, au greffe du lieu de la capture ; *tit.* 2, *art.* 9. *Voyez* dans le texte de cet article, les peines contre le prevôt qui ne l'observe pas.

Les chevaux, et autres effets dont les frais de garde consommeroient la valeur, doivent être vendus, en vertu de l'ordonnance du prevôt ; il lui est défendu, et à tous ses officiers, de s'en rendre adjudicataires.

Ces effets doivent rester au greffe trois mois après la sentence, pendant lequel temps ils peuvent être réclamés par ceux à qui ils appartiennent.

L'accusé doit, à l'instant de la capture, être conduit aux prisons du lieu, s'il y en a, sinon aux plus prochaines. Il est défendu au prevôt de retenir personne en sa maison. *Ibid.*, *art.* 10.

De là, l'accusé est conduit aux prisons du présidial, où le prevôt doit faire juger sa compétence. L'accusé, contre qui le prevôt a donné un décret de prise de corps, peut aussi se mettre volontairement dans les prisons du présidial, et obtenir, sur requête, une ordonnance du présidial, pour faire porter au greffe les charges et informations pour le jugement de la compétence. *Ibid., art.* 8.

Le prevôt doit (autant que faire se peut) interroger l'accusé dans les vingt-quatre heures de la capture.

Il peut faire seul cet interrogatoire, lorsqu'il le fait au moment de la capture, *ibid., art.* 12 ; ou dans les vingt-quatre heures, *déclaration du 5 février* 1731, *art.* 28. S'il le fait plus tard, il doit être assisté de son assesseur, et, en cas d'absence de l'assesseur, par un officier de robe longue, commis par le siége. *Ibid.*

Il doit, au commencement de cet interrogatoire, déclarer à l'accusé qu'il entend lui faire son procès prevôtalement, et en dernier ressort, et faire mention de cette déclaration. *Ibid., art.* 13.

Dans les vingt-quatre heures, à compter depuis l'interrogatoire, le prevôt, qui se reconnoît incompétent, peut renvoyer la connoissance du procès, sans prendre l'avis du présidial ; mais, ce temps passé, il doit faire juger sa compétence. *Ibid., art.* 14; *même déclaration de* 1731, *art.* 23.

Il ne peut, avant le jugement de compétence, élargir l'accusé contre qui il a rendu un décret de prise de corps, pour quelque cause que ce soit. Cet élargissement ne peut être prononcé qu'après le jugement de compétence, et par une sentence rendue avec le présidial, qui doit connoître avec lui de l'affaire. *Ibid., art.* 17.

La compétence doit être jugée au présidial dans le ressort duquel la capture a été faite, dans les trois jours au plus tard. *Ibid., art.* 15.

Le prevôt doit faire juger sa compétence, quand même l'accusé le reconnoîtroit pour juge, et ne proposeroit aucun déclinatoire : il doit la faire juger, soit que le procès s'instruise contradictoirement, soit même lorsqu'il est par contumace ; et, quoique le prevôt ait été déclaré compétent pour juger la contumace, si l'accusé se présente, il faut qu'il fasse juger de nouveau la compétence. C'est la disposition précise de la déclaration en forme d'édit, du mois de décembre 1680, registrée le 10 janvier 1681, et rapportée dans le Recueil chronol. de M. Jousse, *tome* 1, *page* 468.

Pour parvenir au jugement de la compétence, le prevôt fait remettre le procès au greffier du présidial, d'où il est porté chez le procureur du roi du présidial, qui donne ses conclusions sur la compétence; après quoi, le président distribue le procès à un conseiller, pour en faire le rapport au siége.

Sur le rapport de ce conseiller, la compétence est jugée par le siége assemblé; il doit s'y trouver au moins sept juges. *Ibid., art.* 18.

L'accusé, après la visite du procès, doit être interrogé derrière le barreau seulement, et entendu, en présence de tous les juges, sur les moyens de son déclinatoire; et on dresse un acte de cet interrogatoire, qui est signé par le président.

Le présidial, par sa sentence, déclare que le prevôt est compétent, ou déclare qu'il est incompétent.

Lorsqu'il est déclaré compétent, la sentence doit faire mention du motif de compétence. *Ibid., art.* 19.

Quelquefois le présidial rend une sentence interlocutoire, portant que, dans un certain temps, l'accusé se fera avouer, et fera certifier de ses vie et mœurs par personnes dignes de foi.

Les sentences de compétence, soit définitives, soit interlocutoires, doivent être signées par tous les juges. *Ibid., art.* 18.

La sentence doit être prononcée sur-le-champ à l'accusé, en présence de tous les juges; il en doit être dressé acte au bas de la sentence, lequel doit être aussi signé de tous les juges, et de l'accusé; sinon, il doit être fait mention de la cause pour laquelle il n'a pas signé. *Déclaration de* 1731, *art.* 25. Elle doit, outre cela, être signifiée à l'accusé, et il lui en doit être donné copie. *Ordonnance de* 1670, *tit.* 2, *art.* 20.

Lorsque le prevôt a été déclaré incompétent, ni lui, ni le procureur du roi, ni la partie civile, ne peuvent se pourvoir contre le jugement. *Même déclaration de* 1731, *art.* 26.

Lorsqu'il a été déclaré compétent, l'accusé peut se pourvoir en cassation contre le jugement de compétence. *Règlement du conseil, du 28 juin 1738, part.* 1, *tit.* 5 : mais l'accusé ne peut y être admis si le jugement a été rendu par défaut contre lui ; *ibid.*, *art.* 2 ; et les arrêts interlocutoires, qui interviennent sur la requête en cassation, n'arrêtent pas l'instruction que le prevôt des maréchaux peut faire entièrement jusqu'au jugement définitif inclusivement. *Même règlement; ibid.*, *art.* 7.

Lorsque le prevôt a été déclaré incompétent, il doit, dans les deux jours, au plus tard, renvoyer l'accusé dans les prisons du juge ordinaire du lieu du délit, qui en doit connoître ; et il doit pareillement, dans le même délai, renvoyer le procès au greffe de ce juge. *Ordonn. de* 1670, *tit.* 2, *art.* 21.

Lorsqu'il est déclaré compétent, il doit procéder incessamment à l'instruction du procès avec son assesseur, ou, à son défaut, avec un conseiller du présidial. *Ibid.*, *art.* 22.

Il doit rendre le règlement à l'extraordinaire avec le présidial, avec qui il doit juger le procès. Ce règlement, ainsi que tous les autres jugements préparatoires et interlocutoires, doivent être rendus par sept juges au moins, et ils doivent être signés par tous les juges. *Ibid.*, *art.* 24.

Lorsqu'il survient de nouvelles accusations contre l'accusé, quoique pour des crimes non prevôtaux, le prevôt peut les instruire et les juger, pourvu qu'un autre juge n'ait pas informé et décrété avant lui. *Ibid.*, *art.* 23 ; *déclaration de* 1731, *art.* 17.

Lorsque toute l'instruction est faite, et que le procureur du roi a donné ses conclusions, le prevôt doit faire porter le procès au président du présidial, qui le distribue à un conseiller, pour le rapporter au siége.

Le prevôt assiste à la visitation et jugement du procès en la chambre du conseil du présidial : il y a une séance honorable, et voix délibérative; mais ce sont les présidents, ou, en leur absence, un autre officier du présidial, suivant l'ordre du tableau, qui préside et qui fait l'interrogatoire que doit subir l'accusé avant le jugement.

Lorsqu'on ordonne que l'accusé sera appliqué à la question, c'est le conseiller-rapporteur qui doit faire cette instruction, en présence d'un autre conseiller du siége, et du prevôt. *Ibid., art.* 26.

Néanmoins l'usage est qu'il n'y a que le conseiller-rapporteur et l'autre conseiller qui signent le procès-verbal, quoique le prevôt y assiste.

S'il y a quelque autre instruction à faire, elle se fait pareillement par le rapporteur et un autre conseiller du siége.

Les jugements définitifs, comme les interlocutoires et préparatoires, sont tous intitulés du nom du prevôt, quoiqu'il n'ait pas la présidence; et il doit être fait mention, en fin du jugement, qu'il a été donné par le lieutenant de résidence qui a fait l'instruction. *Déclaration du 28 mars 1720, art.* 4, *rapportée dans le Recueil chronologique de M. Jousse, tome 3, page* 191.

On fait deux minutes des jugements prevôtaux, dont l'une reste au greffe du présidial, et l'autre au greffe de la maréchaussée; et ces deux minutes doivent être signées de tous les juges. *Ordonnance de* 1670, *tit.* 2, *art.* 25.

Lorsqu'il y a partie civile, et qu'il y a, par une sentence prevôtale, une condamnation de dépens, la taxe en doit être faite par le prevôt, en présence du rapporteur; et l'appel de cette taxe se porte au présidial qui a connu du procès, et s'y juge en dernier ressort. *Ibid., art.* 27.

Lorsque les lieutenants criminels des présidiaux jugent en dernier ressort, ils doivent pareillement le déclarer à l'accusé, lors du premier interrogatoire, et faire juger leur compétence par le présidial, comme le fait le prevôt; *tit.* 1, *art.* 17. Les mêmes choses doivent, à cet égard, s'observer, sauf que le prevôt n'assiste point au jugement de sa compétence, n'étant point officier du présidial, par qui elle doit être jugée; au lieu que le lieutenant criminel est lui-même juge de sa compétence, avec les autres officiers du présidial.

ARTICLE II.

De la procédure particulière à l'égard de certains accusés.

§. I. Des sourds et muets, et de ceux qui ne veulent pas répondre.

Lorsque l'accusé est muet, ou qu'il est tellement sourd qu'il ne peut pas entendre, le juge, dès le commencement de l'instruction, lui doit nommer un curateur qui réponde pour lui. *Ordonn. de 1670, tit. 18, art. 1.*

Ce curateur doit être un homme de bien, et d'une probité reconnue; autrement un accusé seroit exposé, quoique innocent, à subir des peines afflictives par les déclarations et réponses de ce curateur; mais l'ordonnance exige sur-tout qu'il sache lire et écrire. *Ibid.*

Le juge lui doit faire prêter serment de bien et fidèlement défendre l'accusé. Il doit être fait acte de cette nomination de curateur, et prestation de son serment, soit par acte séparé, soit par le premier interrogatoire de l'accusé, où le ministère de ce curateur est employé. *Ibid., art. 2.* On doit laisser au curateur la liberté de s'instruire secrètement avec l'accusé, par signes, ou autrement, sans que le juge et le greffier puissent l'entendre. *Ibid., art. 3.*

La fonction de ce curateur est de répondre pour l'accusé aux interrogatoires et aux confrontations; de proposer pour lui les reproches contre les témoins, s'il y en a à fournir, et de dire tout ce qu'il convient pour la défense de l'accusé.

Il doit, pour cet effet, assister l'accusé; cela n'empêche pas que l'accusé, lorsqu'il sait écrire, ne puisse lui-même écrire tous ses dires, réponses et reproches; et il doit signer avec son curateur, ou il doit être fait mention qu'il n'a pu, ou voulu signer. *Ibid., art. 4 et 5.*

Le curateur assiste aussi à l'interrogatoire qui se fait lors du jugement; il n'y a que l'accusé qu'on fait asseoir sur la sellette; le curateur l'assiste *debout et nu-tête;* même art. 5.

Il n'est fait aucune mention du curateur dans le dispositif de la sentence. *Ibid., art. 6.*

Quoique l'ordonnance ne s'explique pas sur la question de savoir si les sourds et muets peuvent être condamnés à la question, il y a de bonnes raisons pour décider qu'ils n'y doivent pas être appliqués ; car le juge ne pouvant les interroger que par signes, ce seroit une dérision de vouloir tirer de ces signes, souvent équivoques, l'aveu et l'éclaircissement du crime pour lequel on fait subir à l'accusé les tourments de la question.

Un sourd et muet de naissance pourroit-il être admis à rendre plainte, et à se rendre partie civile? Encore bien que ce sourd et muet paroisse hors d'état de rendre compte par lui-même des circonstances du délit, néanmoins, comme il peut en administrer la preuve par des témoins qui parlent, et qui entendent, il n'y a guère de difficulté à décider qu'une pareille plainte seroit admissible; et Sauvageau, dans ses Arrêts, *chap.* 32, en rapporte un qui a admis la plainte d'un sourd et muet de naissance, qui avoit été excédé de coups par son frère, et dont il avoit rendu compte par signes au lieutenant de Lannion, qui lui en avoit donné acte.

A l'égard des accusés qui peuvent parler, et qui entendent, mais qui refusent de répondre, on ne leur donne point de curateur, *ibid.*, *art.* 7 : il suffit que le juge leur fasse trois interpellations, comme nous l'avons vu ci-dessus, en parlant des interrogatoires et des confrontations; et tous les actes de procédures, dans lesquels l'accusé n'aura pas répondu, ne laisseront pas d'être valables, et ne se recommenceront pas, quand même dans la suite il répondroit. *Ibid.*, *art.* 8, 9, 10 et 11.

§. II. Des corps et communautés.

Il y a certains crimes qui sont commis par des corps et des communautés, et pour lesquels on fait le procès aux corps et communautés : *V. G.* si une communauté, par une délibération, avoit commis quelque rébellion aux ordres du roi, ou de justice, quelque violence, etc.; et *l'art.* 1 *du tit.* 21 *de l'ordonnance criminelle* ajoute ces termes génériques, *ou autre crime.*

Pour faire le procès à une communauté, le juge, sur la plainte du procureur du roi contre la communauté, permet d'informer, et, sur l'information et les conclusions du procureur du roi, rend une ordonnance qui porte que la communauté sera assignée, pour répondre sur les faits de la plainte, dans les délais de l'ordonnance, par un syndic, ou député qu'elle sera tenue de nommer à cet effet, *ibid.*, *art.* 2. Sur cette assignation, la communauté doit s'assembler, et nommer un syndic, ou député, à qui elle doit donner une procuration par-devant notaire, qui contienne ce qu'il doit répondre.

Ce syndic se présente en conséquence, pour subir interrogatoire pour la communauté, en faisant, au préalable, apparoir de ses pouvoirs. Toutes les assignations qui sont depuis données dans le cours de l'instruction, sont données au syndic : c'est lui qui subit pour la communauté tous les interrogatoires que le juge estime à propos de faire subir; c'est à lui que se font les confrontations des témoins ; c'est lui qui subit l'interrogatoire, lors de la visitation du procès; et il le subit debout, nu-tête, et derrière le barreau.

Ce syndic est en qualité dans tous les actes du procès; mais, dans le dispositif du jugement, ce n'est point le syndyc, mais la communauté qui est nommée, et contre qui la condamnation est prononcée. *Ibid.*, *art.* 3.

Si la communauté n'avoit point nommé de syndic, le juge, en ce cas, lui nommeroit d'office un curateur, à qui il feroit prêter serment de bien et fidèlement vaquer à cette commission; et tous les actes du procès, toute la procédure, se feroient, avec ce curateur, de la même manière que s'il eût été nommé syndic par la communauté. *Ibid.*, *art.* 2.

Les peines qu'on prononce contre les communautés, sont les amendes, ou bien la peine de la suspension pendant un certain temps, ou de la privation de leurs priviléges, ou d'une partie d'iceux. *Ibid.*, *art.* 4.

L'ordonnance ajoute que la condamnation peut porter quelque autre punition qui marque publiquement la peine du crime de la communauté : par exemple, la destruction des murs est une peine qui peut quelquefois être prononcée pour le crime d'une ville.

Pasquier rapporte que, par arrêt de 1561, contre la Sorbonne, qui avoit laissé soutenir une thèse qui portoit *que le Pape avoit le droit de priver le roi de son royaume,* il fut ordonné que le bedeau, habillé d'une chape rouge, en présence des principaux de la faculté, déclareroit à l'audience que cette thèse avoit été témérairement soutenue.

Lorsqu'on fait le procès à une communauté, il est ordinaire qu'on fasse, en même temps, le procès en particulier à des membres de cette communauté, qui ont eu le plus de part au crime qui fait l'objet du procès; mais, en ce cas, s'il intervient contre eux, en particulier, quelque condamnation pécuniaire, ils ne doivent point porter leur part dans celles prononcées contre la communauté, *ibid.*, art. 5. La raison est qu'on ne peut être puni deux fois pour un même crime.

§. III. **Des procès faits aux cadavres, ou à la mémoire des défunts.**

Il y a certains crimes pour lesquels on fait le procès après la mort de ceux qui les ont commis.

Ces crimes sont:

1° Celui de lèse-majesté divine, à l'égard des hérétiques relaps, c'est-à-dire, des calvinistes qui, après s'être convertis à la religion catholique, déclarent à la mort qu'ils veulent mourir dans le calvinisme. *Déclarations du 29 avril 1686, et du 14 mai 1724, rapportées au Recueil chronol. de M. Jousse, tom. 1, pag. 576, et tom. 3, pag. 253.*

2° Celui de lèse-majesté humaine au premier chef, tel qu'est celui de ceux qui auroient attenté à la personne du roi, pris les armes contre l'état, ou entretenu des intelligences avec les ennemis.

3° Le duel.

4° La rébellion à justice avec force ouverte, lorsque le criminel a été tué dans la rencontre.

5° Le suicide. *Tit.* 22, *art.* 1.

Dans tous ces cas, on fait le procès au cadavre du défunt, lorsqu'il est extant; sinon, on le fait à la mémoire du défunt. *Ibid.*, art. 2.

Pour cet effet, le juge, après avoir informé sur la preuve qui en résulte, ordonne que le cadavre sera apporté à la prison, en fait faire la reconnoissance, et le fait saler ou embaumer pour le conserver; après quoi il nomme d'office un curateur au cadavre du défunt.

Lorsqu'il n'y a point de cadavre, c'est à sa mémoire qu'il nomme un curateur.

Ce curateur doit être un homme qui sache lire et écrire; s'il se présente quelque parent du défunt pour cette charge, il doit être préféré à un étranger. *Ibid., art.* 2 et 3.

On instruit le procès en la forme ordinaire contre ce curateur, sauf que ce n'est point sur la sellette, mais derrière le barreau, qu'il subit l'interrogatoire lors du jugement. *Ibid., art.* 3.

Le curateur est en nom dans toute la procédure ; mais il ne l'est point dans la sentence de condamnation, et elle est rendue contre le cadavre du défunt, ou sa mémoire. *Ibid.*

La peine qu'on a coutume de prononcer contre un cadavre, est de le condamner à être traîné sur une claie, la face contre terre, par les rues et carrefours, pendu à une potence, et ensuite traîné à la voirie.

La peine contre la mémoire est de la condamner à être supprimée. On prononce dans l'un et l'autre cas la confiscation des biens.

Suivant un arrêt du 2 décembre 1737, rendu pour le bailliage d'Orléans, et un règlement du 31 janvier 1749, il a été jugé que ces sentences ne pourroient s'exécuter qu'elles ne fussent confirmées par arrêt, quoique l'ordonnance paroisse insinuer le contraire, en disant : *Le curateur pourra interjeter appel, etc. Il pourra même y être obligé par quelqu'un des parents, qui, en ce cas, sera tenu d'avancer les frais.* Tit. 22, art. 4.

Observez, à l'égard des curateurs qu'on nomme au cadavre, ou à la mémoire d'un défunt, que les cours peuvent, sur l'appel, en nommer un autre que celui qui l'étoit devant le premier juge. *Ibid., art.* 5.

Il peut en être de même à l'égard des autres curateurs qu'on nomme aux sourds et muets, ou aux communautés qui n'ont point nommé de syndic.

ARTICLE III.

Des procédures particulières pour certains crimes.

Ces crimes sont le duel et le faux.

Voyez, sur le premier, les édits et déclarations rapportés par Lacombe; sur le second, le titre 9 de l'ordonnance de 1670, la nouvelle ordonnance du mois de juillet 1737, et ce que nous avons dit ci-dessus dans la cinquième **partie** du Traité de la Procédure civile.

SECTION VII.

De l'extinction et prescription des crimes; de leur abolition et pardon; et de la manière de purger la mémoire.

ARTICLE PREMIER.

De la prescription des crimes.

Les crimes s'éteignent proprement par la mort de celui qui les a commis, soit qu'il meure avant l'accusation intentée, soit même qu'il meure depuis l'accusation.

Il y a plus : si le criminel meurt, même depuis la condamnation portée par un jugement contradictoire, pendant l'appel, ou depuis une condamnation par contumace, dans les cinq ans depuis l'exécution, l'accusation est anéantie.

Les crimes s'éteignent aussi par la prescription de vingt ans, à compter du jour qu'ils ont été commis : ce temps passé, ni la partie civile, ni la partie publique, ne sont plus recevables à donner plainte pour raison du crime.

Cette prescription nous vient du droit romain, suivant lequel la plupart des accusations criminelles se prescrivoient par vingt ans. *L. querela* 12. *Cod. ad L. Cornel. de fals. L. quamcumque* 3. ff. *de requirend. vel absent. damn.*

Cette prescription a lieu quand même, pendant le temps de vingt ans, il y auroit eu plainte, décret, et même condamnation par contumace, si elle n'a point été exécutée ar effigie, ou affiche, dans le même temps. *Voyez* les arrêts rapportés par Brodeau sur Louet, *l. C.*, *n.* 47.

Mais si la sentence rendue par contumace a été exécutée par effigie, affiche, ou autrement, selon la nature de la peine, cette exécution perpétue l'action criminelle pendant trente ans, à compter depuis cette exécution.

L'atrocité du crime ne le soustrait point à la prescription. Brodeau, au lieu cité, rapporte un arrêt du 18 décembre 1599, qui a jugé que le parricide se prescrivoit par vingt ans, comme les autres crimes. Lemaître, *Plaidoyer* 28, en rapporte un autre du mois de décembre 1634, qui a jugé la même chose à l'égard du fratricide.

Les règles que nous avons établies reçoivent néanmoins une exception à l'égard du crime de duel; car, suivant l'édit du mois d'août 1679, portant règlement général sur les duels, *art.* 35, ce crime n'est sujet à aucune prescription de vingt ans, ni de trente ans, ni aucune autre, à moins qu'il n'y ait *ni exécution, ni condamnation, ni plainte.*

Il y a plus : ceux qui ont été accusés du crime de duel, peuvent être poursuivis nonobstant le laps de vingt ans, ou trente ans, même des autres crimes commis avant, ou depuis, pourvu que le procès leur soit fait en même temps pour le crime de duel, et devant les mêmes juges, et qu'ils s'en trouvent convaincus.

L'effet de la prescription est de mettre le criminel à couvert des peines qu'il n'a pas encore subies.

Par exemple, lorsqu'un criminel a été condamné par contumace à être pendu, on ne peut plus, après les trente ans, l'arrêter et le pendre.

Mais la prescription ne décharge pas le criminel des peines qu'il a subies : par exemple, dans la même espèce, la prescription ne fait pas cesser la peine de la mort civile que le criminel encourt de plein droit, lors de l'exécution par effigie de la sentence (1).

_____

(1) C'est ce qui a été jugé par deux arrêts des 4 mai et 12 août 1738, rapportés par Denizart, *verbo* Prescription en matière criminelle, n⁰ˢ 7 et 9.

Par la même raison, lorsque quelqu'un a été condamné à une peine infamante, la prescription ne fait pas cesser l'infamie qu'il a encourue de plein droit.

C'étoit une question autrefois, si la prescription de vingt ans avoit lieu à l'égard de la réparation civile. Quelques anciens arrêts avoient jugé qu'elle n'avoit pas lieu; mais depuis, on a jugé que la réparation civile étant un accessoire de l'accusation criminelle, et ne pouvant être prétendue sans entrer dans la question du crime, elle étoit sujette à la prescription de vingt ans. *Voyez*, sur cette question, les Matières criminelles de Lacombe, *part. 3, chap. 1*, xxxx où elle est traitée très au long.

ARTICLE II.

Des lettres de grace.

§. I. A qui appartient le droit d'accorder grace aux criminels.

C'est un droit attaché à la souveraineté, et qui en est inséparable, que celui d'accorder grace aux criminels.

Quelques seigneurs s'étant autrefois arrogé le droit d'accorder des lettres de rémission, ou pardon, à leurs justiciables, Louis XII, par son ordonnance de 1499, réprima cet abus, en faisant défenses à toutes personnes d'entreprendre de donner des graces. C'est pourquoi, quoique les princes apanagistes jouissent des droits royaux dans leurs apanages, ils ne peuvent pas néanmoins accorder des graces aux criminels, ce pouvoir étant un droit attaché au droit de souveraineté que le roi se réserve sur les terres qu'il donne en apanage.

Si quelques églises, à certains jours solennels, ou quelques évêques, à leur entrée, ont le privilége d'accorder des graces à des criminels, ce n'est que sous le bon plaisir et l'autorité du roi qu'ils les accordent, et de qui ils tiennent ce privilége précairement, pour en jouir autant et si long-temps, et de la manière qu'il le voudra permettre (1).

_____

(1) Voyez l'édit du mois d'avril 1758, concernant la délivrance des prisonniers à l'entrée et prise de possession des évêques d'Orléans, registré en parlement le 18 du même mois, et rapporté par Lacombe, en ses Mat. crim., *part. 4.*

§. II. Des différentes espèces de graces; des crimes, et délits pour lesquels elles peuvent, ou non, être obtenues; et où elles s'obtiennent.

Nous distinguons trois différentes espèces de lettres de grace; les lettres d'abolition, les lettres de rémission et les lettres de pardon.

On appelle *lettres d'abolition* les lettres de grace que le roi accorde pour un crime capital. Elles sont appelées *lettres d'abolition*, du terme *d'abolition* qui est employé dans ces lettres, par lesquelles, après l'exposé du crime contenu dans la supplique qui y est insérée, le roi déclare qu'il accorde à l'exposant une pleine et entière abolition du crime pour ce qui concerne la peine publique qui lui est due.

Ces lettres doivent être obtenues en grande chancellerie.

Quoique le roi, dont la puissance n'a point de bornes, ait le pouvoir d'accorder l'abolition de quelque crime que ce soit, néanmoins il y a certains crimes pour lesquels il a déclaré qu'il n'en accordoit point; tels sont :

1° Le crime de duel.

2° Le crime d'assassinat, tant à l'égard des principaux auteurs que des complices.

3° Le crime de ceux qui se sont loués à prix d'argent, pour tuer ou outrager quelqu'un, ou pour recouvrer quelqu'un des mains de la justice, et celui de ceux qui les ont loués pour cet effet, quand même il n'y auroit que la seule machination, ou attentat, et que l'effet ne s'en seroit pas suivi.

4° Le crime de rapt commis par violence, et non celui commis par simple séduction.

5° Le crime de ceux qui auroient outragé quelques magistrats, officiers, huissiers, ou sergents exerçant, ou exécutant quelque acte de justice.

Toutes ces exceptions sont spécifiées dans l'ordonnance de 1670, *tit.* 16, *art.* 4.

Les lettres *de rémission* sont celles qui sont accordées pour les homicides involontaires, ou dans la nécessité d'une légitime défense de la vie. *Ibid., art.* 2.

Quoique ces homicides ne soient pas des crimes, et semblent n'avoir point besoin de grace, néanmoins, comme il peut y avoir de l'imprudence dans celui qui a commis l'homicide involontaire, et que l'imprudence, en ce cas, est répréhensible; pareillement, comme, dans l'homicide fait pour la défense de sa vie, il n'est pas ordinairement bien certain si celui qui l'a commis s'est exactement contenu dans les bornes d'une juste défense, et s'il pouvoit autrement défendre sa vie, nos lois veulent que, pour purger ce qu'il pourroit y avoir de répréhensible dans ces homicides, ceux qui les ont commis obtiennent du roi des lettres de rémission.

Ces lettres peuvent s'obtenir dans les petites chancelleries des parlements dans le ressort desquels l'homicide a été commis.

Lorsque l'homicide est volontaire, et n'est pas fait en défendant sa vie, quoiqu'il soit fait en défendant son bien, ou son honneur, et quelque excusable qu'il soit, on n'en peut obtenir grace qu'en grande chancellerie.

Les lettres *de pardon* sont celles qui s'obtiennent pour les cas auxquels il n'échet point peine de mort, et qui, néanmoins, ne peuvent être excusés.

Il y a une autre division de ces différentes lettres; on les divise en lettres *de justice* et lettres *de grace proprement dites*.

Les lettres de justice sont les lettres de rémission qui sont accordées pour les homicides involontaires et ceux faits en défendant sa vie; on les appelle *de justice*, parcequ'il est, en quelque façon, de la justice du roi de les accorder, et qu'il y auroit de l'injustice de punir de tels homicides; toutes les autres lettres de grace sont des graces proprement dites, parceque ceux à qui elles sont accordées les tiennent de la pure clémence et miséricorde du roi, qui pourroit, sans blesser la justice, les leur refuser.

Il y a encore d'autres espèces de graces, dont nous nous réservons de traiter à la fin de cet article, savoir, les lettres de rappel de ban ou de galères, de commutation de peine et de réhabilitation.

§. III. De la forme des lettres de grace, et où elles doivent être
adressées.

Les lettres de grace sont intitulées du nom du roi; elles contiennent l'exposé du crime et délit dont l'impétrant demande le pardon.

En suite de cet exposé, est le dispositif par lequel le roi accorde l'abolition, rémission, ou pardon du crime; impose, sur ce, silence à son procureur général et ses substituts; anéantit toutes les procédures criminelles qui auroient pu être faites; remet toutes peines que l'impétrant pourroit avoir méritées, à la charge néanmoins par lui de satisfaire à la partie civile, s'il y en a une, et si fait n'a été: après le dispositif, est l'adresse qui est faite à la cour, ou autre juridiction, pour entériner les lettres.

Le sceau de celles d'abolition est en cire verte, à lacs de soie verte et rouge; le sceau des autres lettres est à simple queue, et de cire jaune. Lorsque l'impétrant est un gentilhomme, il faut que sa qualité soit nommément exprimée dans les lettres. *Ordonnance de* 1670, *tit.* 16, *art.* 11.

L'adresse de ces lettres doit être faite aux juges qui ont la connoissance des cas royaux.

L'ordonnance de 1670, *ibid.*, *art.* 17, portoit qu'elle seroit faite aux baillis des lieux où il y a siège présidial; mais la déclaration du 27 février 1703 porte qu'elle ne leur sera faite que lorsque le délit aura été commis dans le ressort du bailliage où est établi le présidial, et que, s'il a été commis dans un autre bailliage royal, où il n'y a point de présidial établi, l'adresse sera faite à ce bailliage, et non point au bailliage où est établi le présidial de la province, et où ce bailliage ressortit pour les cas présidiaux.

Lorsqu'un bailliage est divisé en plusieurs siéges, l'adresse doit être faite au siége principal, quoique le crime ait été commis dans le district de quelqu'un de ces siéges particuliers. Par exemple, les lettres de grace pour un crime commis dans le district de Beaugency, ou de Yenville, doivent être adressées au bailliage d'Orléans : cela a été ainsi décidé en 1716, par M. le chancelier Voisin.

Lorsque l'impétrant est gentilhomme, l'adresse n'en

peut être faite qu'au parlement dans le ressort duquel le crime, ou délit, a été commis, ou dans une autre cour souveraine, suivant la qualité du crime; comme si c'est un crime qui concerne les droits d'aides, l'adresse en sera faite à la cour des aides, etc.

Cela a été ordonné par l'édit d'Amboise, *art.* 12, sur les plaintes que plusieurs sujets faisoient de la facilité dont les juges usoient dans l'entérinement des lettres de rémission par eux présentées; et cette disposition a été confirmée depuis par l'ordonnance de Blois, et enfin par celle de 1670, *tit.* 16, *art.* 12.

L'edit d'Amboise, et l'ordonnance de Blois, ordonnoient la même chose à l'égard des lettres de grace obtenues par les officiers du roi, sur le même motif; l'ordonnance de 1670 ne s'en est pas expliquée, et Bornier pense qu'elle n'a pas dérogé, par son silence à cet égard, aux anciennes ordonnances.

§. IV. De la présentation des lettres de grace.

L'impétrant, après avoir obtenu ses lettres, doit les présenter au juge à qui elles sont adressées, dans les trois mois du jour de l'obtention; *ordonnance de 1670, tit.* 16, *art.* 16; passé lequel temps, il est défendu aux juges d'y avoir égard; et l'impétrant n'en peut plus obtenir de nouvelles, ni être relevé du laps de temps, *ibid.*; ce qui ne s'observe pas néanmoins à la rigueur en chancellerie.

Cela avoit été ainsi ordonné par les anciennes ordonnances, pour ôter le moyen aux impétrants de se pratiquer un temps favorable pour faire entériner des lettres subrepticement obtenues.

L'impétrant, pour être admis à cette présentation, doit se constituer prisonnier dans la prison du juge à qui les lettres sont adressées. *Ibid., art.* 15.

La copie de l'acte de l'écrou doit être attachée aux lettres. *Ibid.*

La présentation des lettres doit être faite à l'audience, par l'impétrant, en personne, qui doit être tête nue, à genoux pendant la lecture qui en est faite par le greffier; après quoi, le juge prend le serment de l'impétrant, lui

demande si les lettres contiennent vérité, s'il a donné
charge de les obtenir, et s'il veut s'en servir : après qu'il a
répondu à ces demandes, il est renvoyé en prison. *Ibid.*,
art. 21.

Il doit y rester jusqu'au jugement définitif d'entérinement des lettres, sans qu'il soit permis aux juges de l'élargir plus tôt. *Ibid.*, *art.* 15.

La présentation des lettres de rémission et de pardon
n'empêche point le cours de la procédure criminelle contre
le rémissionnaire ; et, nonobstant la présentation qu'il en a
faite, la partie civile, ou la partie publique, peuvent faire
entendre de nouveaux témoins, faire procéder, ou au récolement, ou à la confrontation. *Ibid.*, *art.* 22.

L'ordonnance ne parle que des lettres de rémission et
de pardon ; il n'en est pas de même de celles d'abolition.
Comme, par ces lettres, le roi impose silence à son procureur général, toutes procédures doivent cesser lorsque les
lettres ont été présentées, ou même lorsque l'impétrant
s'est, pour cet effet, constitué prisonnier.

Mais l'obtention, et la signification qui en seroit faite par
l'impétrant, avant de se représenter, ne peuvent empêcher
l'exécution des décrets, ni l'instruction, jugement, et exécution de la contumace. *Tit.* 16, *art.* 17.

§. V. De la procédure pour parvenir à l'entérinement des lettres.

Le demandeur en lettres, après les avoir présentées à
l'audience, en la forme ci-dessus, donne sa requête au
juge à qui elles sont adressées, aux fins qu'elles soient entérinées.

Si ce juge n'est pas le même qui a informé du crime, il
doit, avant toutes choses, ordonner que les charges et informations seront apportées à son greffe. *Ordonnance de*
1670, *tit.* 16, *art.* 18.

Cette ordonnance est signifiée au greffier de la juridiction où le procès a été instruit, qui doit, sur la sommation
qui lui en est faite, envoyer la grosse des charges et informations : après que le juge en a pris communication, il
doit faire subir interrogatoire, dans la prison, au demandeur en entérinement des lettres. *Ibid.*, *art.* 24.

Après l'interrogatoire subi par l'impétrant, le juge ordonne que le procès, ensemble l'interrogatoire, seront communiqués au procureur du roi; et, après que le procureur du roi, sur cette communication, a donné des conclusions, l'affaire est en état, et le juge peut procéder à la visite du procès, et au jugement sur l'entérinement. *Ibid., art.* 20 et 23.

Ceci a lieu lorsqu'il n'y a point de partie civile, ou lorsque le demandeur en lettres rapporte transaction faite avec elle sur les intérêts civils qu'elle peut prétendre.

Mais lorsqu'il y a une partie civile, pour que le juge puisse statuer sur l'entérinement, il faut de plus que le demandeur en lettres les fasse signifier à la partie civile, lui en donne copie, avec assignation devant le juge, dans les délais ordinaires de l'ordonnance, pour qu'elle ait à donner ses moyens d'opposition, si aucuns elle a. *Ibid., art.* 19.

On ne peut statuer sur l'entérinement des lettres, que la partie civile n'ait donné ses moyens d'opposition, ou n'ait consenti de procéder avant l'échéance des délais, par acte signé d'elle, et dûment signifié; ou que le demandeur, après les délais de l'ordonnance, n'ait pris défaut contre elle, et que les délais, pour faire juger le défaut, ne soient expirés.

§. VI. Du jugement pour l'entérinement des lettres.

Lorsque la demande en entérinement des lettres est en état d'être jugée, le rapporteur en fait le rapport au siège assemblé. Il faut le nombre de trois juges, au moins, pour prononcer sur l'entérinement de ces lettres, ainsi qu'il a été décidé par un arrêt du conseil, du 30 mars 1719, servant de règlement pour les officiers du présidial de Brives, *art.* 3.

Après la visitation du procès, immédiatement avant le jugement, l'impétrant doit être interrogé en la chambre sur la sellette, devant tous les juges; et cet interrogatoire doit être rédigé par écrit par le greffier; après quoi on procède au jugement. *Ordonnance de* 1670, *tit.* 16, *art.* 20.

Lorsque l'exposé des lettres se trouve conforme aux charges, il n'y a aucune difficulté à les entériner.

Il est d'usage, par le jugement qui entérine les lettres, et qui ordonne *que l'impétrant jouira de l'effet d'icelles*, de condamner l'impétrant en quelque somme, par forme d'aumône, qui doit être appliquée au pain des prisonniers, suivant une déclaration du 21 janvier 1685, rapportée au Recueil chronologique de M. Jousse, *tom. 1, pag.* 567.

Lorsqu'il s'agit d'un homicide, on condamne aussi l'impétrant à faire prier Dieu pour le défunt : mais on ne peut, en ce cas, condamner en l'amende, suivant la même déclaration. Quelquefois même, en entérinant les lettres, on inflige à l'impétrant quelque peine légère, comme le blâme, ou l'abstention d'un lieu pendant un certain temps. Lacombe, en ses Matières criminelles, *part.* 3, *chap.* 14, n° 13, rapporte plusieurs arrêts qui l'ont ainsi jugé.

Il arrive aussi que l'on condamne l'impétrant en une amende envers le seigneur dans la justice duquel le procès a été instruit; et on cite plusieurs arrêts qui ont prononcé de semblables amendes; mais tous les auteurs conviennent qu'elles ne sont point infamantes.

Lorsqu'il y a une partie civile, on statue par le jugement sur la somme qui doit lui être adjugée pour réparation civile.

Lorsque l'exposé des lettres n'est pas conforme aux charges, et que la différence des circonstances qui se trouvent prouvées par les charges change la qualité de l'action, et la nature du délit exposé par les lettres; en ce cas, si ce sont des lettres obtenues en petite chancellerie, près les cours, les juges déboutent l'impétrant de ses lettres. *Ordonnance de* 1670, *tit.* 16, *art.* 27.

Il en est de même lorsque le délit est de ceux pour la rémission desquels ces lettres n'ont pu être obtenues en petite chancellerie, comme si on avoit pris des lettres en petite chancellerie pour un homicide involontaire, fait hors le cas de nécessité et d'une juste défense.

Lorsque les lettres sont des lettres d'abolition, ou même lorsqu'elles sont de simples lettres de rémission, mais obtenues en grande chancellerie, et qu'il se trouve une différence de la nature ci-dessus dite entre l'exposé des lettres et le contenu aux charges, les juges, même les cours, ne doivent pas pour cela débouter d'abord l'impétrant ; mais ils doivent surseoir à statuer sur l'entérinement, jusqu'à ce qu'ils aient reçu de nouveaux ordres, sur les informations que le procureur général, ou ses substituts, doivent en ce cas envoyer incessamment à M. le chancelier ; et, pendant ce temps, il doit être sursis à toutes procédures, et l'impétrant doit rester en prison. *Déclaration du 10 août 1686, interprétative de celle du 22 novembre* 1683.

Mais si les lettres sont conformes aux charges, les cours et autres juges ne peuvent se dispenser d'entériner les lettres d'abolition, soit même celles de rémission, lorsqu'elles sont obtenues en grande chancellerie, quelque atroce que soit le crime pour lequel elles sont obtenues, sauf aux cours à faire des remontrances au roi, et sauf aux autres juges à faire leurs représentations à M. le chancelier sur l'atrocité du crime, *pour y faire pour l'avenir la considération convenable. Déclaration du 22 novembre* 1683, *ci-dessus citée.*

Enfin il faut observer que celui qui a obtenu une fois des lettres de grace, ne peut en obtenir de secondes sur un nouveau crime, qu'en faisant mention dans la supplique de la première grace qui lui a été accordée ; autrement, les secondes lettres seroient subreptices et nulles.

§. VII. De l'effet de l'entérinement des lettres de grace ; et de l'appel.

Lorsque les lettres ont été entérinées, et qu'il n'y en a point d'appel, il n'est pas douteux que l'impétrant doit être élargi ; on ne peut le retenir pour l'aumône en laquelle il a été condamné, ni encore moins l'obliger à lever la sentence d'entérinement.

Mais s'il a été condamné en une somme pour réparation civile, il peut être retenu en prison pour le paiement de cette somme, par la partie civile.

Lorsque l'impétrant a été débouté de ses lettres, et qu'il en est appelant, il n'est pas douteux qu'il doit rester en prison jusqu'à ce qu'il ait été statué sur l'appel.

Lorsque ses lettres ont été entérinées, et qu'il y a appel de sa part pour la réparation civile, qu'il prétend excessive, doit-il être élargi ? Il sembleroit que rien ne pourroit mettre obstacle à cet élargissement ; car la condamnation de la réparation civile étant suspendue par son appel, il en résulte qu'elle ne peut être un titre suffisant pour le tenir en prison ; néanmoins, j'aurois de la peine à croire qu'il pût être élargi, sinon, en payant par provision; autrement, il scroit au pouvoir d'un rémissionnaire d'éviter, par un appel, de satisfaire à la condition sous laquelle sa grace lui a été donnée, qui est *de satisfaire la partie civile.*

Si c'est la partie civile qui appelle, et qui prétend que la réparation civile qui lui est adjugée n'est pas suffisante, je pense qu'elle ne peut, sur le prétexte de cet appel, empêcher l'élargissement, aux offres par l'impétrant de payer, ou consigner la somme adjugée.

On a mis en question si le procureur du roi pouvoit injeter appel de l'entérinement des lettres de grace. Bornier prétend que non ; et il fonde son sentiment sur un arrêt du conseil, qui a cassé un arrêt du parlement de Toulouse, qui avoit reçu un pareil appel ; mais je ne vois pas quel fondement peut avoir cette opinion : pourquoi le procureur du roi ne seroit-il pas recevable à appeler, s'il pense que l'impétrant auroit dû être débouté de ses lettres, comme non conformes aux charges, ou comme étant obtenues dans une petite chancellerie pour un cas non rémissible? Si, comme je le pense, le procureur du roi peut appeler dans ces cas, l'impétrant doit demeurer en prison jusqu'à ce que l'appel ait été jugé.

On ne transfère point ce rémissionnaire en cas d'appel ; on envoie seulement au greffe de la cour les actes du procès, et son interrogatoire.

§. VIII. Des lettres de commutation de peine, de rappel de galères, de rappel de ban et de réhabilitation.

Les lettres *de commutation de peine* sont des lettres obtenues en grande chancellerie, par lesquelles le roi, par grace, change la peine à laquelle l'impétrant a été condamné, en une autre plus douce. Par exemple, le roi commue quelquefois la peine de mort en celle des galères perpétuelles, ou d'une prison perpétuelle, ou du bannissement. Il commue quelquefois celle des galères en celle du bannissement, etc.

Les lettres *de rappel de galères,* et celles *de rappel de ban,* soit à temps, soit à perpétuité, sont des lettres obtenues en grande chancellerie, par lesquelles le roi remet à l'impétrant la peine des galères, ou du bannissement, à laquelle il a été condamné.

Les lettres *de réhabilitation* sont des lettres obtenues en grande chancellerie, par lesquelles le roi restitue à l'impétrant la vie civile qu'il avoit perdue par une condamnation capitale, ou l'état de bonne renommée qu'il avoit perdue par une condamnation infamante.

Ces différentes lettres sont des espèces de lettres de grace, puisqu'elles contiennent une grace que le roi fait à l'impétrant, et qui part de la pure clémence du roi.

Elles diffèrent des lettres d'abolition, de rémission et pardon, en plusieurs points.

1° Celles-ci sont des grâces plénières, qui remettent toutes les peines dues au crime, ou délit commis par l'impétrant, de quelque nature qu'elles soient, et le conservent en sa bonne renommée ; au contraire celles-là ne sont point plénières ; les lettres de commutation de peine ne font que changer la peine, et n'ôtent point l'infamie encourue par le jugement de condamnation. Les lettres de rappel de ban, ou de galères, remettent bien la peine du ban, ou des galères ; mais elles ne rétablissent pas l'impétrant dans l'état de bonne fame qu'il a perdue par la condamnation. Celles de réhabilitation rendent à l'impétrant sa bonne fame ; mais elles ne lui remettent pas l'amende en laquelle il a été condamné : d'ailleurs, souvent, lorsque les graces sont accordées, l'impétrant a déja subi une partie de la peine, et par conséquent ces lettres ne peuvent la remettre en entier.

2° Elles diffèrent en ce que les lettres d'abolition, de rémission, ou de pardon, remettent les peines auxquelles l'impétrant n'a point encore été condamné, si ce n'est peut-être quelquefois par contumace. Celles-ci, au contraire, remettent celles auxquelles l'impétrant a été condamné par un jugement contradictoire en dernier ressort.

Ces lettres s'obtiennent en grande chancellerie. *Ordonn. de* 1670, *tit.* 16, *art.* 5.

Elles ont cela de commun avec les autres lettres de grâce, que si elles sont obtenues par un gentilhomme, sa qualité y doit être exprimée nommément, à peine de nullité. *Ibid.*, *art.* 11.

L'arrêt, ou jugement de condamnation, doit être attaché sous le contre-scel de ces lettres ; faute de quoi, il est défendu aux juges d'y avoir égard. *Ibid., art.* 6.

Elles sont adressées aux cours, ou autres juges qui ont rendu l'arrêt, ou jugement en dernier ressort, contre lequel elles sont obtenues. Elles y sont présentées par une simple requête, signée d'un procureur, à laquelle elles sont jointes ; et, sur la communication faite au procureur du roi, et sur ses conclusions, les cours et juges doivent les entériner sans examiner si l'exposé des lettres est conforme, ou non, aux charges et informations, sauf aux cours à représenter au roi ce qu'elles jugeront à propos. *Ibid., art.* 7.

ARTICLE III.

De la révision des procès.

Lorsque celui qui a été condamné par un arrêt, ou jugement en dernier ressort, a recouvré des pièces, ou découvert des faits par lesquels il prétend justifier son innocence, il peut avoir recours au roi, pour obtenir de lui des lettres qui ordonnent la révision du procès. Ces lettres s'accordent en connoissance de cause. La procédure pour y parvenir consiste :

1° En ce que le condamné doit présenter une requête au roi et à son conseil, dans laquelle il est tenu d'exposer le fait avec ses circonstances. *Ordonnance de* 1670, *tit.* 16, *art.* 8.

2° Cette requête est rapportée au conseil par un maître des requêtes, et, s'il est jugé à propos, renvoyée aux maîtres des requêtes pour avoir leur avis. *Ibid.*

3° Sur l'avis des maîtres des requêtes, si les moyens paroissent pertinents, le conseil rend un arrêt qui porte que les lettres seront expédiées.

4° Sur cet arrêt, les lettres sont expédiées en grande chancellerie, et signées par un secrétaire des commandements ; et l'avis des maîtres des requêtes, aussi bien que

14.   57

l'arrêt, doivent être attachés sous le contre-scel des lettres. *Ibid., art.* 5 et 9.

5° Si l'impétrant est gentilhomme, sa qualité doit être exprimée dans les lettres, à peine de nullité. *Ibid., art.* 11.

6° Ces lettres de révision de procès sont adressées aux cours qui ont rendu l'arrêt contre lequel elles sont obtenues ; mais, lorsqu'elles sont obtenues contre un jugement présidial, ou prevôtal, elles ne sont pas adressées au prevôt, ni au présidial qui a rendu le jugement : elles sont adressées, en ce cas, au grand conseil ; car alors c'est plutôt un appel de la sentence presidiale, ou prevôtale, auquel le roi admet extraordinairement l'impétrant, qu'une révision du procès.

7° L'impétrant donne sa requête à la cour à qui les lettres sont adressées, à laquelle requête sont attachées les lettres de révision et les nouvelles pièces, s'il y en a, sur lesquelles il prétend prouver son innocence ; et sur l'ordonnance rendue sur cette requête, il donne copie du tout à la partie civile, s'il y en a une, avec assignation pour procéder sur la requête : s'il n'y a point de partie civile, on ordonne seulement la communication au procureur général.

8° La partie civile assignée répond aussi par requête, qui est signifiée, avec les pièces sur lesquelles elle se fonde, à l'impétrant, dans le délai ordonné, pour que l'impétrant réplique ; et, sur la communication du tout, faite au procureur général, on statue sur les lettres.

Si l'impétrant succombe, il doit être condamné en 300 livres d'amende envers le roi, et 150 livres envers la partie civile. *Ibid., art.* 28.

Il reste à observer que les lettres de révision de procès peuvent s'obtenir même après la mort du condamné, par sa veuve, ses enfants, et même, à défaut d'enfants, par ses collatéraux.

ARTICLE IV.

De la procédure pour purger la mémoire d'un défunt.

La veuve, les enfants, et même les parents collatéraux d'un défunt qui a été condamné de son vivant, par jugement, soit contradictoire, soit par contumace, ont intérêt à purger sa mémoire, s'ils le peuvent, la flétrissure de sa mémoire rejaillissant sur eux.

Lorsque la condamnation est portée par un jugement contradictoire en dernier ressort, on ne peut purger la mémoire du défunt qu'en obtenant des lettres de révision de procès, dont nous avons parlé en l'article précédent.

Lorsque la condamnation est portée par un jugement par contumace, et que le condamné est mort dans les cinq ans de l'exécution, les personnes ci-dessus mentionnées sont reçues à appeler de la sentence : et si le jugement est en dernier ressort, elles sont reçues à y former opposition devant les juges qui l'ont rendu. *Ordonn. de* 1670, *tit.* 27, *art.* 1.

Mais si le condamné est mort après les cinq ans, l'opposition ou l'appel ne sont pas recevables, et aucune personne ne peut être admise à purger la mémoire du défunt, à moins qu'elle n'obtienne des lettres du roi, en grande chancellerie. *Ibid.*, *art.* 2.

L'ordonnance prescrit des formalités indispensables pour parvenir, en vertu de ces lettres, à purger la mémoire d'un défunt :

1° Celui qui les a obtenues doit assigner M. le procureur général, ou le procureur du roi, et la partie civile, s'il y en a une, pour procéder avec eux, et faire rendre le jugement qui purgera la mémoire du défunt. *Ibid.*, *art.* 3.

2° Il faut donner, par l'assignation, copie des lettres obtenues. *Ibid.*

3° Les délais sur cette assignation doivent être les mêmes que pour les affaires civiles. *Ibid.*

4° La partie qui fait cette poursuite doit, avant aucune procédure, rembourser les frais de justice à la partie civile, s'il y en a une, et consigner l'amende.

5° Le jugement qui doit intervenir en l'instance, à l'effet de purger la mémoire d'un défunt, ne peut être rendu que sur le vu des charges et informations, procédures et pièces sur lesquelles la condamnation par contumace est intervenue; et les parties peuvent produire de nouveau, de part et d'autre, telles pièces que bon leur semble, auxquelles elles peuvent répondre respectivement par simple requête, dont copie doit être signifiée, ensemble des pièces, sans pouvoir prendre aucun appointement. *Ibid.*, *art.* 5, 6 et 7.

Lorsqu'il y a une partie civile, ou même un dénonciateur, la condamnation des dommages et intérêts et la réparation civile se prononcent par le même jugement.

Si le défunt dont on veut purger la mémoire avoit obtenu des lettres de rémission, et qu'il fût mort avant de pouvoir parvenir à leur entérinement, la veuve ou ses parents pourroient demander qu'il leur fût permis de poursuivre cet entérinement, comme l'auroit pu faire le défunt, à la charge de payer les frais, et de consigner l'amende.

Enfin, cette poursuite ne peut s'exercer après les trente ans, du jour de l'exécution. *Voyez* les Matières criminelles de Lacombe, *part.* 3, *chap.* 26.

FIN DES TRAITÉS DE LA PROCÉDURE CIVILE
ET CRIMINELLE,
ET DU QUATORZIÈME VOLUME.

www.ingramcontent.com/pod-product-compliance
Lightning Source LLC
Chambersburg PA
CBHW031723210326
41599CB00018B/2492